LE CODE

DES ÉTRANGERS.

Paris. — Typographie de Firmin Didot Frères, rue Jacob, 56.

LE CODE

DES ÉTRANGERS,

OU

RECUEIL DES LOIS

ET DE LA

JURISPRUDENCE ANGLAISE,

CONCERNANT LES ÉTRANGERS

DANS LE ROYAUME-UNI DE LA GRANDE-BRETAGNE ET D'IRLANDE,

ET TOUS LES AUTRES DOMAINES BRETONS.

PAR FÉLIX-AMÉDÉE LE BARON, AVOCAT.

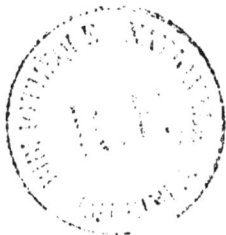

« Tout étranger, sujet d'un état ami, prendra
et possédera, pourra prendre et posséder par
suite d'achat, de donation, legs, représentation ou de toute autre manière, toute espèce
de propriété personnelle, à l'exception de
propriétés immobilières, aussi amplement et
efficacement, sous tous les rapports, et avec
les mêmes droits, actions, exceptions, priviléges et capacités, que s'il était sujet naturel-
ne du Royaume-Uni. »

[Statut 7 et 8. Victoria, chapitre 66, § 4.
(6 août.)]

LONDRES,

LIBRAIRIE DE FIRMIN DIDOT FRÈRES,

IMPRIMEURS DE L'INSTITUT DE FRANCE,

21, KING WILLIAM STREET, WEST-STRAND;

ET A PARIS, RUE JACOB, 56.

1849.

PRÉFACE.

———

Les relations entre l'Angleterre et tous les États
du monde prenant chaque jour une plus grande
extension, il devient indispensable de connaître les
lois et la jurisprudence anglaises qui règlent les
droits et les devoirs des étrangers dans le Roya me-
Uni de la Grande-Bretagne et d'Irlande et les autres
domain bretons. C'est surtout pour les Français
que cette connaissance est nécessaire; les Français,
qui déjà étaient en contact presque continuel avec
les Anglais, le sont bien plus encore depuis que les
chemins de fer de Paris à nos frontières maritimes,
et notamment celui de Paris à Boulogne, sont
terminés. Les deux grandes capitales du monde
civilisé et commercial ne font plus, pour ainsi
dire, qu'une seule ville : de là le besoin que leurs
citoyens connaissent la législation respective des
pays dans lesquels ils résideront, soit comme simples passagers, soit comme habitants temporaires,
soit comme y exerçant un commerce quelconque.
C'est cette partie, en ce qui concerne les étrangers

dans le Royaume-Uni et ses dépendances, que nous
voulons traiter; et malgré les difficultés que présente à cet égard la législation anglaise, nous espérons pouvoir tracer, aussi bien dans l'intérêt des
étrangers, en général, que dans celui des Français
en particulier, une voie sûre pour invoquer, au besoin, la loi anglaise, ou ne pas s'exposer à enfrein-
dre ses prescriptions. Pour arriver à ce résultat, il
a fallu compulser de nombreux volumes, et notamment les *Statutes at large* (c'est le Bulletin des lois
de l'Angleterre), à partir des temps précédant la
Grande Chartre, ainsi que la jurisprudence anglaise
jusqu'à nos jours; mais, à travers ces siècles, nous
avons trouvé, de distance en distance, quelques ja-
lons qui nous ont dirigé dans la marche que nous
avions à suivre. Cette étude, toute difficile qu'elle
était, a, en outre, perdu une partie de ses difficultés
pour nous, parce que déjà nous nous occupions
d'un travail qui nous a fait connaître les institutions
politiques de l'Angleterre, l'histoire de son Parlement, histoire qui paraîtra incessamment; et parmi
ces institutions politiques, on peut ranger presque
toutes les lois concernant les étrangers. Mais il faut
dire qu'un pareil travail ne pouvait guère se faire
qu'à Londres, parce qu'à la bibliothèque du Muséum
britannique seulement on peut trouver réunis tous
les renseignements nécessaires; et, en effet, rien ne
nous a manqué. Il y a là, pour les étrangers qui

veulent s'instruire, une source intarissable et à laquelle ils peuvent aisément puiser, grâce à l'obligeance des sociétaires et à la complaisance du bibliothécaire, sir H. Ellis. J'ai mis largement à contribution l'une et l'autre, et je leur en adresse ici mes sincères remerciments. C'est donc le résultat de ce travail que nous offrons aux étrangers, à nos compatriotes particulièrement, et, pour leur en donner une idée première, nous en indiquerons ici la division, qui comprendra vingt et un chapitres, renfermant :

CHAPITRE PREMIER.

Un essai historique et chronologique sur les lois concernant les étrangers en Angleterre, à partir des temps précédant la *Grande Chartre*, donnée en 1215 par Jean-sans-Terre, jusqu'à nos jours.

CHAPITRE II.

Le rapport fait par un comité-spécial de la Chambre des communes, le 2 juin 1843, concernant les lois relatives aux étrangers, et le statut 7 et 8, Victoria, chapitre 66 (6 août 1844), rendu par suite de ce rapport.

CHAPITRE III.

Ce que la loi anglaise entend par étranger, et quels sont les devoirs de celui-ci en Angleterre.

CHAPITRE IV.

Les droits de l'étranger en ce qui concerne les choses corporelles, personnelles et mobilières.

CHAPITRE V.

Les droits de l'étranger en ce qui concerne les choses immobilières.

que des dessins à appliquer sur métaux, sur bois et autres substances, comme aussi sur tissus de laine, de coton, de lin, de soie et de crin.

CHAPITRE XVI.

Le droit de l'étranger de prendre des lettres patentes ou des *caveat*, pour une invention nouvelle.

CHAPITRE XVII.

Le cartel entre la France et l'Angleterre, concernant l'extradition réciproque d'individus accusés ou condamnés pour certains crimes.

CHAPITRE XVIII.

Le droit de l'étranger, dans les procès criminels soumis à un jury, de faire entrer dans ce jury six étrangers, compatriotes ou non.

CHAPITRE XIX.

Les droits et les devoirs des locateurs et des locataires, avec le statut 8 et 9, Victoria, chap. 124, concernant la forme des baux (8 août 1845).

CHAPITRE XX.

Des formalités à remplir par l'étranger, pour les actes de naissance, de mariage et de décès, en Angleterre, d'après les deux législations anglaise et française, ou du pays de cet étranger.

CHAPITRE XXI et dernier.

Convention entre Sa Majesté la reine Victoria et le roi des Français, pour la suppression de la traite des noirs; convention signée à Londres, le 29 mai 1845, et dont les ratifications ont été échangées à Londres le 7 juin suivant.

LE CODE

DES ÉTRANGERS.

CHAPITRE PREMIER.

Essai historique et chronologique sur les lois concernant les étrangers en Angleterre, précédemment et notamment à partir de la grande chartre donnée par Jean sans Terre, en 1215, jusqu'à nos jours.

Lorsqu'on veut remonter à la source primitive des lois concernant les étrangers en Angleterre, on la trouve perdue dans des incertitudes qui ne semblent s'éclaircir que sous le règne de Henri II, surnommé Plantagenêt (1), et petit-fils de Guillaume le Conquérant. Étienne, son prédécesseur immédiat, s'était entouré d'étrangers, et notamment, il avait pris à son service une armée de mercenaires qui épuisaient le trésor et ne vivaient que de brigandages : c'était pour se soutenir sur un trône qu'il avait usurpé sur Mathilde, alors veuve de l'empereur Henri V, et appelée à y monter par la volonté de Henri Ier son père. Mathilde avait un fils, depuis connu sous le nom de Henri II, qui disputa à Étienne la couronne que celui-ci avait usurpée sur sa mère. A la tête de nombreux partisans, Henri fit une descente en Angleterre, et s'avança vers Wallingford, dont Étienne faisait le siége. Là devait se donner une sanglante bataille, lorsque les barons des deux partis proposèrent un accommodement qui laissait la couronne à Étienne jusqu'à sa mort et la mettait après cet événement sur la tête de Henri ; il fut stipulé, en outre, que les étrangers seraient chassés du royaume, et notamment les Picards et les Flamands, dont Étienne s'était entouré. Ce prince mourut un an

_____

(1) Parce qu'il avait l'habitude de mettre, en guise de plume, une branche de genêt à son chapeau.

1

après ce traité, et à son avénement Henri II bannit tous les étrangers qui se trouvaient en Angleterre.

D'autres historiens, nous devons le dire, donnent à l'*aliénage* le même berceau qu'à la féodalité, berceau qui fut apporté en Angleterre par Guillaume le Conquérant. Ils disent qu'en vertu des lois féodales, nul homme ne pouvait acquérir de terres, qu'il ne fût tenu au serment de foi et hommage envers les seigneurs dont il tenait ces terres, en telle sorte que l'étranger, qui déjà devait un premier hommage à son prince, ne pouvait prêter un serment de fidélité dans les domaines d'un autre prince. On donnait encore pour motif à ces lois d'*aliénage*, que tout homme est censé porter foi et hommage au prince dont et dans le domaine duquel il reçoit protection durant son enfance; que, les étrangers pouvant parfois remplir le triste rôle d'espions, le droit des gens ne permettait pas qu'ils fussent regardés autrement que comme tolérés dans le pays; enfin, et spécialement, on disait que les revenus d'un pays ne pouvaient être distribués aux habitants d'un autre.

Quelle que soit cette incertitude, quelles que soient ces raisons, le doute s'évanouit en lisant la grande chartre, accordée par Jean sans Terre en 1215. L'article 50 s'exprime ainsi : « Les mar-« chands, s'ils ne sont publiquement empêchés, pourront libre-« ment aller et venir dans le royaume, en sortir, y demeurer, le « traverser par terre et par eau, vendre selon les anciennes cou-« tumes, sans qu'on puisse imposer sur eux aucune maltôte, ex-« cepté en temps de guerre, *ou quand ils seront d'une nation* en « guerre avec nous. » L'article suivant développe encore mieux cette dernière idée; on y lit (article 51) : « S'il se trouve de tels « marchands dans le royaume au commencement d'une guerre, ils « seront mis en sûreté sans aucun dommage de leurs personnes « ni de leurs effets, jusqu'à ce que nous ou notre grand-justicier « soyons informés de la manière dont nos marchands sont traités « chez les ennemis : et si les nôtres sont bien traités, ceux-ci le « seront aussi parmi nous. » Telles sont les premières dispositions qui se trouvent si clairement exprimées dans la législation anglaise. Elles ont, il est vrai, pour objet spécial la protection des marchands étrangers, et elles prouvent la faveur qu'on accordait déjà au commerce. Plus tard, et dans la grande chartre accordée par Henri III, on retrouve les mêmes dispositions dans l'art. 30, ce qui prouve que le commerce en Angleterre a commencé avec ses institutions.

Il faut bien remarquer que ces lois ne favorisaient les marchands étrangers que sous le rapport de leurs transactions commerciales; hors de là il n'y avait plus de protection pour eux. Ainsi parvenaient-ils à acquérir des biens-fonds, ces biens étaient par droit d'aubaine dévolus au roi, et le premier acte du Parlement qui prononce cette dévolution par droit d'aubaine date du règne d'Édouard II. Cet acte frappa du droit d'aubaine les terres des Normands, et, en outre, déclara étranger tout individu né sous une souveraineté étrangère. Le statut 2 de la 17e année de ce roi, chapitre 12, s'exprime ainsi : « Le roi prendra, à titre d'aubaine, « les terres des Normands, quels que soient les fiefs dont elles re- « lèvent, sauf le service appartenant aux seigneurs dominants de « ces fiefs. Et par là on devait aussi entendre que, si quelque hé- « ritage tombait à un individu né au delà des mers, et dont les « ancêtres étaient au temps du roi Jean sous l'allégeance des rois « de France, et non des rois d'Angleterre, comme il en advint de « la baronnie de Monmouth après la mort de Jean de Monmouth « (dont les héritiers étaient de la Bretagne ou de ses dépendances), « le roi Henri, en pareille occasion, recouvra une infinité de ter- « res des Normands à titre d'aubaine, sauf les fiefs dus à d'autres, « et les donna en tenure aux seigneurs dominants du fief, sous la « charge des services dus comme d'usage à raison d'iceux. » Et, chose singulière, cette défense prononcée contre les étrangers de posséder en Angleterre des biens-fonds, par ce statut d'Édouard, se retrouve, malgré les progrès de la civilisation, consacrée dans le statut 7 et 8, Victoria, chap. 66 (6 août 1844), qu'on lira tout entier au chapitre suivant.

L'acte du Parlement qu'on trouve ensuite dans le recueil des statuts relatifs aux droits des étrangers, est le 2e statut de la 25e année d'Édouard III. Il paraît avoir eu pour motifs les dommages causés aux Anglais, tant par l'inobservation des statuts antérieurs, que par la peste qui régnait alors dans le royaume, et comme étant un remède nécessaire au repos et à l'intérêt du peuple. Par ce statut il fut déclaré que la loi de la couronne d'Angleterre était, comme elle avait toujours été, que les enfants des rois d'Angleterre, quel que fût le lieu de leur naissance, soit en Angleterre, soit partout ailleurs, pouvaient hériter

1.

de leurs ancêtres, laquelle loi « fut sanctifiée à tout jamais par
« ledit roi, et les prélats, comtes, barons et autres gens consi-
« dérables (*cusot other great men*) et toutes les communes alors
« assemblés en Parlement; » et par ce statut, les enfants de certains individus y spécifiés, et tous les enfants héritiers qui, à
l'avenir, naîtraient hors de l'allégeance du roi de pères et mères
soumis à cette allégeance au moment de leur naissance, auraient
et posséderaient les mêmes avantages et bénéfices, relativement
aux héritages situés sous cette allégeance, que les autres héritiers pour l'avenir; pourvu cependant que les mères de ces
enfants n'aient quitté le sol de l'Angleterre que du consentement de leurs maris. On régla également le mode de décider
les questions concernant les bâtards contre les personnes nées
hors du royaume. Par le statut 2 de la 25ᵉ année d'Édouard III,
chap. 8, il fut pourvu au mode de juger les contestations entre
marchands étrangers. Ces contestations devaient être portées
devant le maire et les constables de lestaple; et si une enquête
devenait nécessaire pour découvrir la vérité, cette enquête (c'est
le jury) devait être ainsi composée : la contestation était-elle née
entre des marchands tous étrangers, l'enquête était composée
d'étrangers; la contestation était-elle née entre dénisés, l'enquête était composée de dénisés; enfin, la contestation était-elle
née entre étrangers et dénisés, l'enquête était composée moitié
d'étrangers et moitié de dénisés. Par un statut de la 28ᵉ année
d'Édouard III, chap. 13, cette règle fut appliquée non-seulement
aux marchands étrangers, mais à tous *les autres* étrangers, et
fut observée non-seulement devant le maire et les constables de
lestaple, mais devant tous les autres juges. Par un statut de la
2ᵉ année d'Henri V, il avait été ordonné que tous ceux qui
devaient composer une enquête, lorsqu'il s'agissait de mort
d'homme, ou de contestation entre partie et partie en procès réel
et personnel, dans lequel la dette et les dommages seraient déclarés s'élever à 40 marcs (1), devaient justifier d'un revenu annuel de 40 shillings, outre les charges en terres et ténements;
et comme les étrangers n'avaient pas été exceptés de cette obligation, ils s'y trouvaient assujettis. Mais par un statut de la
8ᵉ année de Henri VI, il fut ordonné que les étrangers, ne pou-
van. habiter légalement le royaume, ni y acquérir, ni y possé-

---

(1) Le marc valait 13 shillings 4 pence (16 fr. 75 c.).

der des terres, ils ne pouvaient être assujettis à justifier d'un revenu annuel de 40 shillings; que cette disposition ne s'appliquait pas à eux, qu'elle ne s'appliquait qu'aux dénisés; que dès lors ils rentraient dans leurs anciens droits. Enfin, pour terminer sur ce point le droit des étrangers, droit appelé dans la loi anglaise *de medietate linguæ*, il fut ordonné par le statut 6 de Georges IV, chap. 50, § 47, qu'en cas de crime ou de félonie, l'étranger avait le droit d'être jugé par un jury composé de medietate linguæ, c'est-à-dire de six étrangers, ses compatriotes ou non, et de six Anglais (1).

Des doutes s'étaient aussi élevés concernant les enfants nés à Calais, de sujets anglais qui s'y étaient établis après la conquête de cette place par Édouard III, et il fut déclaré, par le chap. 10 du statut de la 42e année de ce roi, qu'ils jouiraient des bénéfices du 2e statut de la 25e année du règne du même roi, c'est-à-dire qu'ils seraient considérés comme sujets anglais.

Il ne faut pas oublier qu'à la même époque les étrangers jouissaient des bénéfices des statuts 13, Édouard Ier, chap. 4, 27; Édouard III, statut 2, chap. 9 et 36; Édouard III, chap. 27, qui accordent aux marchands, pour le payement des sommes à eux dues, une action résultant du statut *merchant et staple* contre les terres de leurs débiteurs.

Comme les privilèges ecclésiast'ques étaient grands en Angleterre, une foule d'étrangers vinrent s'y établir, pour y posséder des bénéfices dont les profits étaient enlevés au pays; alors furent rendus les statuts 3 de la 3e année de Richard II, et 12 de la 7e année du même roi, qui, pour porter remède à ce mal, défendirent aux étrangers de posséder aucun bénéfice sans les licences du roi; et ces statuts furent renforcés encore par le 7e de la 1re année du règne de Henri V.

Quant aux terres et autres propriétés appartenant aux étrangers, il y fut pourvu sous le règne de Henri IV. Par le statut 11 de la 5e année de ce règne, il fut ordonné que les fermiers ou tous autres tenants des terres d'étrangers en payeraient les dîmes, quoique ces terres fussent forfaites au roi, et, par le 7e statut de la 9e année du même règne, il fut ordonné que tout étranger possédant des terres, tènements, bestiaux, biens, meu-

(1) Voir le chapitre 18 de cet ouvrage.

bles ou immeubles, dans une ville, au jour de la concession d'un dixième, d'un quinzième ou de touteautre taxe, encore qu'il eût enlevé les bestiaux ou meubles de cette ville après le jour de cette concession, contribuerait à cette taxe conjointement avec les habitants de cette ville; et un pouvoir nécessaire fut accordé aux collecteurs pour taxer en conséquence ces étrangers.

Jusqu'au règne de Richard III, plusieurs dispositions furent faites pour régler les droits des marchands étrangers en Angleterre (1), et la plus remarquable est celle résultant du statut 9, Henri III, chap. 30, qui ordonnait aux marchands étrangers d'employer dans le pays l'argent provenant de leurs marchandises.

Le génie du peuple anglais ne se développait guère : c'était toujours l'étranger qui apportait ou ses marchandises ou son industrie; et, au commencement du règne de Richard III, les ouvriers étrangers, et notamment les ouvriers italiens se trouvèrent portés à un si grand nombre, que la législature fut contrainte de venir au secours des ouvriers anglais, et, en conséquence, par le statut 9 de la 1re année de Richard III, il fut ordonné : 1° que tout marchand italien vendrait ses marchandises en gros, et en emploierait le prix en produits du royaume; 2° que tout étranger vendrait ses marchandises dans les huit mois de son arrivée, et en emploierait le prix en Angleterre; 3° que tout étranger pourrait emporter celles de ses marchandises qu'il n'aurait pas vendues dans les huit mois; 4° que tout étranger pourrait porter ses effets d'un port à un autre; 5° qu'aucun étranger ne pourrait être l'hôte d'un étranger, à moins qu'ils ne fussent du même pays; 6° qu'aucun étranger ne pourrait acheter et vendre de laine ou de drap de laine dans le royaume, ni faire de drap de laine, ni délivrer de laine à cet effet; 7° qu'aucun étranger ne pouvait être artisan; 8° qu'aucun étranger ne pouvait fabriquer de drap dans

(1) Voir les statuts 9, Henri III, chap. 30; statut 9, Édouard III; statut 1, chap. 1; statut 11, Édouard III, chap. 5; statut 14, Édouard III, ch. 2; st. 2; statut 25, Édouard III, chap. 2, st. 4; statut 27, Édouard III, chap. 6, st. 1; statut 27, Édouard III, st. 2; statut 2, Richard II, chap. 1, st. 1; statut 5, Richard II, chap. III, st. 1; statut 11, Richard II, chap. 7; statut 14, Richard II, chap. 1 et 2; statut 16, Richard II, chap. 1; statut 4, Henri IV, chap. 15; statut 5, Henri IV, chap. 7 et 9; statut 6, Henri IV, chap. 4; statut 4, Henri V, chap. 5; statut 18, Henri VI, chap. 4; statut 27, Henri VI, chap. 3; statut 4, Édouard IV, chap. 8.

le royaume ; 9° que tout étranger vendrait ses marchandises en gros et non en détail; et 10° que les étrangers ne prendraient pour domestiques que des sujets du roi. Des confiscations et des peines furent prononcées par cet acte; ainsi on confisquait les biens de l'artisan étranger, on confisquait la valeur des draps ou des laines vendus par l'étranger, etc. Mais il y avait une exception en faveur des ouvriers ou marchands étrangers, de quelque nation qu'ils fussent, lorsqu'ils apportaient dans le royaume, pour y vendre en détail ou de toute autre manière, des livres écrits ou imprimés, ou lorsqu'ils venaient habiter dans le royaume avec cette intention ; cette exception s'appliquait aussi aux écrivains ; aux enlumineurs, aux lecteurs ou aux imprimeurs de livres, soit pour les vendre comme marchandises, soit pour habiter dans ce royaume pour l'exercice de leurs occupations. Mais sous la première année du règne de Henri VII les six premières dispositions de ce statut furent abrogées (voir le statut 1er, Henri VII, chap. 10), et par le statut 13 de la 25e année de Henri VIII, la faculté accordée aux étrangers par le statut de Richard III, de vendre des livres, fut aussi retirée. Mais dans le 12e statut de la 1re année de Richard III, on trouve de nouvelles dispositions concernant les étrangers ou les ouvriers étrangers.

Le génie des étrangers avait blessé l'orgueil national britannique, et partout, sur terre comme sur mer, ils étaient maltraités par les Anglais. Il y eut nécessité d'arrêter une telle violation du droit des gens, et dans le 4e statut de la 31e année du règne de Henri VI, statut intitulé *Acte pour redresser les griefs faits aux étrangers en violation d'amitié, de trêve ou de sauf-conduit*, il fut ordonné qu'en cas de griefs à la personne ou aux biens d'étrangers en amitié, fédération ou trêve, ou sauf-conduit, le chancelier, les juges du banc du roi ou des plaids communs, sur plainte à eux portée, pourront procéder contre les offenseurs, et les forcer à réparer le mal fait à la personne ou aux biens de l'étranger ainsi maltraité.

Sous le règne de Henri VII plusieurs statuts furent également rendus concernant les marchands étrangers (1).

Sous le règne de Henri VIII, ce roi, dont un historien anglais

---

(1) Voir les statuts 1, Henri VII, chap. 2; statut 1, Henri VII, chap. 9; statut 3, Henri VII, chap. 11 ; statut 11, Henri VII, chap. 23.

a dit que, si le portrait d'un mauvais roi était perdu, il suffirait, pour le retrouver, de faire celui de ce monstre ; sous ce règne plusieurs statuts furent faits concernant les étrangers ou les marchands étrangers.

Par le 2e statut des 14e et 15e années de ce roi, des dispositions réglèrent la condition des apprentis employés par les artisans étrangers, le nombre que ceux-ci pourraient employer, et les articles que les étrangers pourraient fabriquer, ainsi que les employés nommés pour examiner leurs produits. Cet acte cependant autorisa les étrangers à garder les apprentis qu'ils occupaient alors, et il fut déclaré en même temps que ses dispositions ne s'appliquaient pas aux universités d'Oxford ou de Cambridge, non plus qu'aux maisons d'asile de Saint-Martin le Grand dans la cité de Londres.

Sous ce règne, quelques Anglais avaient déserté leur patrie et prêté serment de fidélité aux souverains qui les avaient reçus. Des doutes s'élevèrent sur leur qualité, et par l'acte 4 des 14e et 15e années de Henri VIII, il fut déclaré que tout Anglais qui prêterait serment comme sujet d'un État étranger, serait considéré comme étranger et payerait les mêmes droits que les étrangers ; mais que tout Anglais qui reviendrait dans le royaume pour y rester et demeurer recouvrerait sa qualité de sujet anglais.

Outre le Parlement, qui ne marchait que sous ses inspirations, Henri VIII avait dans ses mains un autre instrument qui couvrit l'Angleterre de sang et de deuil : c'était sa Chambre étoilée, la digne sœur protestante de l'inquisition catholique d'Espagne. Cette Chambre étoilée faisait des décrets que le Parlement convertissait en lois ; et par un de ces décrets, portant dans l'histoire d'Angleterre la date du 15 février 1528, confirmé par le 16e statut de la 21e année du règne de Henri VIII, il fut ordonné qu'aucun étranger n'aurait plus de deux domestiques étrangers ; que tout étranger tenant maison supporterait les mêmes charges que les sujets, sous les pénalités prononcées par le statut des 14e et 15e années de Henri VIII, chap. 2, et statut 1, Richard III, chap. 9 ; que tout étranger payerait allégeance au roi ; qu'aucun étranger ne pourrait ouvrir de nouvelles boutiques ou chambres, pour y exercer un métier ou un art, sous les peines portées par lesdits statuts ; que les étrangers ne pourraient se réunir en assemblée, si ce n'est dans leurs halles, et que le statut 14 et 15, Henri VIII, chap. 8, concernant les étrangers prenant des apprentis, devenait perpétuel. Cependant cet acte limitait le nombre des étrangers employés par des étrangers dans les universités d'Oxford et de Cambridge, et dans Saint-Martin le Grand, à dix pour chaque étranger.

Le mot d'artisan avait donné lieu à une infinité d'interprétations, et par le 13ᵉ statut de la 22ᵉ année du même règne, il fut déclaré que tout étranger, boulanger, brasseur, chirurgien ou écrivain, ne serait ni considéré ni pris comme artisan, pour raison de l'exercice desdites professions ou arts de boulangerie, brasserie, chirurgie ou écriture ; et par la 1ʳᵉ section du 8ᵉ statut de la 22ᵉ année du même règne, il fut dit que les étrangers de naissance, quoique dénisés, payeraient, après leur dénisation, les mêmes droits de douanes qu'auparavant (1).

Ces restrictions apportées aux étrangers dans l'exercice de leurs métiers ou professions, étaient levées par la dénisation ; et on voit en effet que, vers la 32ᵉ année du règne de Henri VIII, on reconnut qu'une foule d'étrangers avaient obtenu des lettres patentes de dénisation (2), lesquelles donnaient à ces étrangers une liberté aussi grande que celle des Anglais nés dans les domaines et sous l'obéissance du roi. En vertu de ces lettres, les dénisés refusaient d'exécuter et remplir les prescriptions ordonnées aussi bien aux étrangers nés hors de l'obéissance du roi, qu'aux dénisés existant à cette époque, ou qui le deviendraient par la suite. Ce refus portait un grand préjudice aux artisans anglais, et, pour y remédier, fut rendu le 16ᵉ statut de la 32ᵉ année du règne de Henri VIII, régularisant la manière dont seraient conçues les lettres de dénisation ; et après avoir rappelé les statut 1ᵉʳ, Richard III, chap. 9 ; statuts 14 et 15, Henri VIII, chap. 2 ; et statut 21, Henri VIII, chap. 16 , il fut ordonné que tout étranger fait dénisé obéirait auxdits statuts, ainsi qu'à tous les autres, et que toutes lettres patentes accordant la dénisation contiendraient la prescription que les dénisés seraient soumis aux lois du pays, et spécifieraient les priviléges particuliers qu'elles accorderaient ; que nul étranger, habitant Oxford ou Cambridge, ou la banlieue de Saint-Martin le Grand, ne pourrait avoir en

(1) Les droits additionnels mis sur les étrangers ont été abolis par acte du parlement. Blacks, Comment., 16ᵉ édit., vol. II, p. 316, note 15.

(2) On verra, au chapitre XII, ce que c'est que la *dénisation*.

même temps plus de deux domestiques étrangers ; que tout étranger serait soumis aux lois du royaume, et qu'aucun sujet ou dénisé ne pourrait avoir en même temps dans sa maison plus de quatre étrangers, sous peine de 10 livres sterling pour chaque. Mais cet acte n'affectait pas l'usage, et conservait à chaque lord du Parlement la liberté d'employer en même temps six étrangers. Il était de plus déclaré, par le même acte, que nul étranger, s'il n'était pas dénisé, ne pouvait prendre à bail une maison, sous peine de 5 livres sterling ; que tout bail fait à un étranger, artisan ou ouvrier, né hors de l'obéissance du roi (s'il n'était pas dénisé), d'une maison d'habitation, d'une boutique dans le royaume, ou un domaine quelconque du roi, était déclaré nul et de nul effet ; que l'étranger prenant un tel bail encourait une forfaiture de 100 livres sterling, et la personne l'accordant, 100 liv. sterling de plus, la moitié pour le roi, et l'autre moitié pour le poursuivant (1).

Il est à remarquer que cette défense prononcée contre l'étranger par cet acte, de faire un bail, n'a été légalement levée que par l'acte des 7e et 8e années de Victoria (6 août 1844), § 5.

Il faut ici faire deux remarques pleines d'intérêt : c'est que la dénisation a été accordée avant la naturalisation ; c'est que la dénisation, dans la dernière partie du règne de Henri VIII, a été accordée par actes privés du Parlement ; plus tard, par actes publics, et enfin par lettres patentes émanées de la couronne.

Sous le règne de Philippe et Marie, années 4 et 5, le Parlement rendit un acte, motivé par la conduite de quelques Français alors dénisés, et d'autres étrangers, qui, n'ayant pas obtenu du roi la licence de rester dans le royaume, furent sommés de le quitter ; quelques-uns cependant eurent la liberté de rester, en faisant certaines soumissions ; mais le même acte régla l'ordre de succession concernant les terres des étrangers ou dénisés forcés de sortir d'Angleterre.

Le premier acte parlementaire de naturalisation, consigné dans le recueil des statuts, fut passé dans la première année du règne d'Élisabeth ; et, à partir de cette époque, on trouve plusieurs actes de naturalisation rendus privativement par le Parle-

---

(1) De droit commun, le bail fait à un étranger ouvrier, soit d'une maison, soit d'une boutique, était valable entre le bailleur et le locataire ; mais il pouvait être confisqué au profit du roi. (*Voyez* Viner's Abridgment Tit. Alien.)

ment. Et, en effet, c'est le Parlement seul qui peut accorder la naturalisation, tandis que la couronne aussi bien que le Parlement peuvent accorder la dénisation.

Élisabeth, à laquelle l'histoire d'Angleterre accorde, à si juste titre, la première place parmi ses souverains, voulant protéger l'industrie anglaise, fit accepter par le Parlement un acte qui prohiba l'importation des marchandises étrangères fabriquées par des ouvriers au delà des mers : c'est le statut de la 5ᵉ année de son règne, chapitre 7.

Lorsque la couronne d'Angleterre passa, après la mort d'Élisabeth, sur la tête de Jacques Iᵉʳ, roi d'Écosse et fils de cette intéressante Marie Stuart qu'elle avait fait si inhumainement décapiter, les Écossais, qui jusque-là avaient été considérés comme étrangers, en leur qualité de sujets du roi d'Écosse, furent, à partir de cette époque, considérés comme sujets naturels-nés : ce qui doit cependant s'entendre en ce sens, que les Écossais nés à partir du moment de l'avénement de Jacques Iᵉʳ doivent être considérés comme sujets naturels-nés, parce qu'ils sont nés en dedans de l'allégeance et sous la protection de la couronne d'Angleterre (1).

La réforme religieuse opérée par Henri VIII, et achevée par sa fille Élisabeth, devait entrer aussi dans la législation ; et sous le règne de Jacques Iᵉʳ, on voulut que la naturalisation ne fût accordée qu'aux étrangers de la même religion que celle établie dans le royaume. En conséquence, par le 2ᵉ statut de la 7ᵉ année du règne de ce prince, et après avoir rappelé et mentionné que la naturalisation d'étrangers et la réhabilitation de condamnés n'avaient jamais été que des actes de grâce et de faveur, qui ne devaient être accordés qu'aux individus de la même religion que celle établie dans le royaume, il fut ordonné que nul, de quelque qualité, condition, ou lieu qu'il soit, âgé de dix-huit ans et plus, ne serait naturalisé ou réhabilité, qu'il n'eût reçu le sacrement du souper du Seigneur (*the sacrament of the Lord's supper*) un mois avant le bill présenté à cet effet ; qu'il n'eût aussi prêté le serment de suprématie et d'allégeance dans la chambre du Parlement, où ce bill serait lu deux fois ; et que le lord chancelier ou le lord garde du grand sceau alors en fonction, si le bill était porté devant la chambre haute, et le speaker (président) de la chambre des com-

(1) On peut consulter les Abregements de Bacon, 7ᵉ édit., vol. I, p. 165.

munes alors en fonctions, si le bill était porté devant cette chambre, seraient autorisés, à toutes les époques de la session du Parlement, d'administrer ces serments. On verra plus tard que la législature, par un acte qui ne fut cependant que temporaire, protégea bien plus encore les protestants étrangers en les naturalisant de droit, par le fait seul de leur présence en Angleterre.

C'est sous le règne de Jacques Ier qu'a été fait le premier règlement concernant les lettres patentes pour inventions nouvelles. On voit, en effet, au statut 21 de ce roi, chap. 3, parag. 5, que les prohibitions concernant les monopoles ne s'appliquent pas aux inventions nouvelles, pour lesquelles le roi pouvait accorder un privilége exclusif ayant une durée de quatorze ans d'après le paragraphe 6. Ce privilége peut être prolongé de sept ans en vertu des statuts 5 et 6 de Guillaume IV, chapitre 83, et 2 et 3 Victoria, chapitre 67 (1).

Sous le règne de Charles Ier et la domination de Cromwell, les lois sur les étrangers ne reçurent ni modification, ni altération, ni amélioration; mais dans la 12e année du règne de Charles II, par le statut 2, chapitre 18, qui eut pour objet d'encourager et d'augmenter la marine et la navigation, il fut ordonné que nul étranger, ou nul individu né hors l'allégeance du roi d'Angleterre, ses héritiers et successeurs, nul naturalisé ou franc-dénisé n'exercerait la profession ou l'emploi de marchand ou facteur dans les terres, îles, colonies ou territoires appartenant à Sa Majesté, ou en sa possession, ou qui pourront appartenir ou être en la possession de Sa Majesté, ses héritiers et successeurs, en Asie, en Afrique ou en Amérique, sous peine de forfaiture et de perte de tous ses biens meubles et immeubles, ou de tous autres en sa possession. Il fut aussi ordonné que nulles marchandises ne seraient chargées ou portées d'un port d'Angleterre à un autre dans aucun vaisseau d'étranger n'étant ni dénisé ni naturalisé, sous les mêmes peines. Cet acte a été expliqué et renforcé par le statut 7 et 8, Guillaume III, chap. 22, § 4. Les provisions navales peuvent être achetées par les commissaires de la marine à bord de vaisseaux neutres et apportées dans le port par les vaisseaux du roi, 29,

_____

(1) On verra, au chapitre 16 de cet ouvrage, tout ce qui concerne les lettres patentes pour inventions nouvelles.

Georges II, chap. 34, § 38. Mais en même temps cet acte a été altéré à l'égard des étrangers résidant dans les Indes occidentales rendues à S. M. (voyez le statut 34, Georges III, chap. 42, § 6), ainsi qu'à l'égard des étrangers résidant en général dans les lieux rendus à S. M. (Voyez encore les statuts 37, Georges III, ch. 63, § 5, et statut 45, Georges III, chap. 32, § 5.)

Les restrictions ont été portées plus loin encore quelque temps après, car, par le 11e statut des 13e et 14e années de Charles II, article 10, il fut ordonné qu'aucun enfant d'étranger, mineur de vingt et un ans, ne pourrait être marchand, et qu'aucuns effets ou marchandises ne pourraient être introduits sous son nom.

Mais cette sévérité de la législature à l'égard des étrangers savait s'adoucir avec les besoins, et on va en voir une preuve sous le règne du même roi. Il s'agissait d'encourager les manufactures de toiles, de draps et de tapisseries : la France avait fait de grands progrès dans ce genre de productions, et pour se procurer des ouvriers, il fut ordonné, par le statut 15 de la 15e année du règne de Charles II, que les étrangers pourraient exercer le commerce des objets faits avec le lin et le chanvre, de filets pour la pêche, et de tapisseries pour tentures, et que, dans le cas où ils auraient exercé de bonne foi un pareil commerce pendant trois ans en Angleterre et dans les pays de Galles et de Berwick sur la Tweed, après les serments d'allégeance et de suprématie, ils seraient admis à tous les priviléges de sujets naturels-nés, et ne payeraient point les droits imposés aux étrangers, à moins que leurs marchandises ne vinssent des pays étrangers, ou n'y fussent envoyées, et alors ils payeraient ces droits pendant cinq ans, et pas plus longtemps.

Pendant les guerres civiles de l'Angleterre, beaucoup de familles anglaises s'étaient vues forcées de quitter leur patrie ; elles avaient formé des alliances à l'étranger ; des enfants étaient nés de ces mariages : quelles devaient être leurs qualités, et surtout quels devaient être leurs droits ? Un acte fut passé dans la 29e année du règne de Charles II, qui accorda la naturalisation à tous les enfants des sujets anglais nés dans les pays étrangers pendant les guerres civiles ; et un acte semblable fut également passé dans les 9e et 10e années de Guillaume III, concernant les enfants des officiers et soldats et des autres personnes sujettes naturelles nées d'Angleterre qui étaient nés à l'étranger pendant les dernières guerres de ces temps, et dont les parents avaient été au service du gouvernement d'alors.

Sous le règne du même roi, une autre difficulté s'éleva concernant les droits héréditaires de personnes nées dans les domaines du roi, mais dont les parents ou autres ascendants étaient étrangers, et cette difficulté fut levée par le statut des 11° et 12° années du même roi, chap. 6, qui déclara que tout individu, sujet naturel-né du roi, et se trouvant dans les royaumes et domaines du roi, pourrait hériter légalement, en qualité d'héritier, des honneurs, manoirs, terres, ténements ou autres immeubles, et établir leur généalogie et droits de descendance de leurs ancêtres en ligne directe ou collatérale, quoique le père ou la mère, les pères ou les mères, ou tout autre ancêtre de cet individu, dont ils établissent leur généalogie ou leurs droits, fussent nés hors de l'allégeance et des royaumes ou domaines de Sa Majesté, et cela aussi librement, complétement et efficacement, et dans le même esprit et le même effet, que si ce père, cette mère, ces pères ou ces mères, ou tous autres ancêtres dont ils feraient descendre leur généalogie et leurs droits, avaient été naturalisés ou sujets naturels-nés, ou sujets dans les domaines du roi, nonobstant toute loi ou coutume à ce contraire.

La religion anglicane avait pris de si profondes racines, la haine contre le papisme s'était si fortement prononcée, que la législature crut devoir y mettre le dernier sceau en réglant le mode de succession à la couronne. En conséquence, par le statut des 12° et 13° années de Guillaume III, appelé l'*acte de limitation*, il fut dit qu'après la mort du roi décédé sans enfants, la couronne passerait à la princesse Anne de Danemark, et à ses enfants, et, à défaut d'enfants, à la princesse Sophie, électrice de Hanovre, et fille de la princesse Élisabeth décédée reine de Bohême, et qui eut Jacques Ier pour père. Des dispositions furent établies concernant les personnes susceptibles de remplir des offices de confiance, dans le cas où elles pourraient être étrangères; et par la section 3° de ce même statut, chap. 2, il fut, entre autres choses, déclaré qu'après que la limitation à la princesse Sophie, alors électrice de Hanovre, et à ses héritiers de la religion protestante, après la mort de Guillaume III, et de la princesse Anne de Danemark, depuis la reine Anne, et à défaut d'héritiers respectifs, aurait produit son effet, nul individu né hors des royaumes d'Angleterre, d'Écosse et d'Irlande, ou des domaines en dépendant (quoiqu'ils fussent

naturalisés ou dénisés, à moins qu'ils ne fussent nés de parents
anglais), ne pourrait être membre du conseil privé, ni de l'une ou
l'autre chambre du Parlement, ni remplir aucun office ou place
de confiance, soit civile, soit militaire, ni recevoir de la couronne,
soit pour lui, soit par toute autre personne interposée pour lui,
aucune concession de terres, ténements ou autres héritages.

Cette loi, qui frappait indistinctement tous les étrangers, pouvait frapper également les prétendants appelés à la couronne par
l'acte de limitation, quoique le statut de la 25ᵉ année d'Édouard III,
rappelé ci-dessus, eût fixé ce point; mais pour éviter toute espèce
de doute, le Parlement rendit un acte dans les 4ᵉ et 5ᵉ années du
règne de la reine Anne, par lequel il fut déclaré que la princesse
Sophie et ses enfants et descendants en ligne directe, nés ou à
naître, seraient, selon l'esprit et la lettre de la loi, regardés, pris
et considérés comme sujets naturels-nés du royaume d'Angleterre,
de la même manière que si ladite princesse, ses enfants et descendants en ligne directe, nés ou à naître, étaient nés dans ledit
royaume, nonobstant toute loi, statuts, dispositions ou autres
choses à ce contraires. Mais il fut dit également que toute personne
naturalisée de droit par cet acte du Parlement, qui deviendrait
papiste, ou professerait la religion papiste, ne jouirait pas des bénéfices et des avantages d'un sujet naturel-né d'Angleterre; qu'au
contraire cette personne serait considérée et regardée comme un
étranger né hors de l'allégeance de la reine d'Angleterre, selon la
lettre et l'esprit de la loi, nonobstant toutes choses à ce contraires.
Toutefois, il faut observer que les dispositions du 2ᵉ statut de la
7ᵉ année du règne de Jacques Iᵉʳ, qui voulait que tout individu
demandant la naturalisation, et avant qu'un bill ne fût présenté
à cet effet au Parlement, reçût le sacrement du souper du Seigneur,
et avant la seconde lecture de ce bill prêtât les serments d'allégeance et de suprématie au Parlement même, furent modifiées au
bénéfice de la princesse Sophie; et par un bill il fut ordonné qu'en
conséquence de l'absence du royaume de la princesse Sophie au
moment de sa naturalisation, un acte serait présenté, et fut en effet
présenté et accueilli préalablement à l'acte de naturalisation,
pour dispenser des dispositions du statut de Jacques en pareille
circonstance.

On trouve une pareille mesure dans la 7ᵉ année du règne de
Georges II, pour naturaliser le prince d'Orange, qui épousa la

fille aînée de ce roi ; dans la 9e année du même roi, lorsque son fils aîné, le prince de Galles, se maria ; dans la 4e année du règne de Georges III, lors du mariage de la princesse Augusta, sœur aînée de ce roi, avec le prince héréditaire de Brunswick-Lunenbourg ; et enfin, dans la 3e année du règne de Victoria, lorsqu'elle épousa le prince Albert.

La réformation avait fait de tels progrès, que l'Angleterre offrit une naturalisation générale aux protestants qui viendraient sur son sol. C'était du reste offrir un refuge honorable aux malheureux Français proscrits par l'édit de Nantes, cet édit qui a flétri les vieux jours de Louis XIV. Dans la 7e année du règne de la reine Anne, chap. 5, un acte fut rendu par le Parlement, lequel, après avoir annoncé que l'accroissement de la population était un mode d'augmenter le bien-être et la force d'une nation, et qu'une foule d'étrangers de la religion protestante ou réformée, en dehors de la considération due à l'heureuse constitution du gouvernement du royaume d'Angleterre, seraient portés à se rendre avec leurs biens dans le royaume, s'ils pouvaient prendre part aux avantages et aux priviléges possédés par les sujets naturels-nés Anglais, déclara, entre autres choses, que tout individu prêtant les serments et faisant et souscrivant la déclaration prescrite par le statut de la 6e année de la reine Anne, chap. 23 (ce statut est relatif aux individus autorisés à siéger au Parlement d'Écosse, au procès des pairs pour crimes commis en Écosse, et au mode de voter pour les membres du Parlement), serait considéré comme sujet naturel-né, et que nul ne jouirait des bénéfices de cet acte, qu'il n'eût reçu le sacrement. Il fut aussi déclaré que les enfants de tout sujet naturel-né, nés hors de l'allégeance du roi, ses héritiers et successeurs, seraient considérés, regardés et pris comme sujets naturels-nés du royaume, et les dispositions de ce statut furent étendues à l'Irlande.

Il est à remarquer que la disposition des enfants nés d'Anglais à l'étranger a dû être aussi explicite, parce qu'il avait été décidé par les cours de justice que, lorsqu'un Anglais avait des enfants en Angleterre et des enfants à l'étranger, les premiers avaient seuls le droit de lui succéder, encore que les seconds fussent dénisés (1).

(1) Co. Litll. 129 a; et note 2, au même passage.

Mais cet acte philanthropique de naturalisation générale et de droit ne fut pas de longue durée ; il fut reconnu préjudiciable au commerce et à l'intérêt du royaume, et il fut abrogé par le statut de la 10e année de la reine Anne, chap. 5, qui en même temps maintint les dispositions concernant les enfants d'Anglais nés à l'étranger, ainsi que la naturalisation accordée avant le 4 février 1711, conformément aux dispositions du 5e statut de la 7e année du règne d'Anne.

Le statut de limitation des 12e et 13e années de Guillaume III avait prononcé, comme nous l'avons vu, des incapacités contre les naturalisés : ces incapacités devaient-elles frapper les personnes demandant la naturalisation à l'avenir, comme aussi les personnes naturalisées au moment de la passation de cet acte ? La loi ne dispose jamais que pour l'avenir, et comme des doutes s'étaient élevés cependant à cet égard, le Parlement, sanctifiant ce grand principe, déclara par le statut 1er, Georges Ier, chap. 4, qu'il n'était ni dans l'esprit ni dans la lettre de l'acte des 12e et 13e années de Guillaume III, que la clause relative aux personnes occupant des offices de confiance, ou toute autre clause semblable, déclarât et fût considérée, jugée et prise pour déclarer tout individu qui, avant ou à l'accession de Sa Majesté à la couronne, était naturalisé, incapable ou inhabile à être du conseil privé, membre de l'une ou l'autre chambre du Parlement, à prendre ou posséder aucun office ou place de confiance, soit civile, soit militaire, ou à prendre ou tenir de la couronne pour lui ou par toute autre personne interposée pour lui, aucune concession de terres, ténements ou autres héritages ; et pour mieux conserver entière et inviolable cette dernière clause, il fut ordonné que nul ne serait dorénavant naturalisé, à moins que, dans le bill proposé à cet effet, on n'insérât une clause ou des mots spéciaux, pour déclarer que l'impétrant ne serait pas par cela même capable d'être du conseil privé, membre de l'une ou l'autre chambre du Parlement, occuper aucun office ou place de confiance, soit civile, soit militaire, ou tenir de la couronne pour lui, ou toute autre personne interposée pour lui, aucune concession de terre, ténements ou autres héritages, et qu'aucun bill de naturalisation ne serait dorénavant reçu dans l'une ou l'autre chambre du Parlement, à moins que cette clause ou ces mots n'y fussent préalablement insérés ou contenus.

2

Dans la même année un acte fut passé, qui accorda ur. délai à deux cent treize familles des palatinats protestants, alors établies en Irlande, pour prêter leurs serments, afin de les faire jouir ensuite des bénéfices accordés par le 5⁰ chapitre du statut de la 7⁰ année du règne de la reine Anne, concernant la naturalisation des protestants étrangers. Mais cet acte ne fut que temporaire.

On a vu qu'il a été défendu aux artisans étrangers de s'établir en Angleterre, afin de protéger les artisans anglais ; le moment était arrivé où une nouvelle mesure devenait nécessaire pour encourager le commerce et défendre aux artisans anglais de quitter leur pays pour aller porter leur industrie dans les pays étrangers ; et un acte du Parlement fut passé dans la 5⁰ année de Georges I⁰ʳ, statut 27, par lequel il fut déclaré que tout fabricant ou artisan, sujet du roi d'Angleterre, se rendant, après le 1⁰ʳ mai 1719, dans un pays en dehors des domaines de Sa Majesté, pour y faire, exercer, ou enseigner aux étrangers son mode de commerce ou de fabrication, ou tout sujet de Sa Majesté se trouvant déjà ou qui se trouverait à l'avenir dans un pays étranger, où il ferait et exercerait le genre de commerce ou de fabrication susmentionné, qui ne retournerait pas dans le royaume dans les six mois après l'avis à lui donné par l'ambassadeur, l'envoyé, le résident, le ministre ou le consul de la couronne de la Grande-Bretagne, accrédité près du pays où se trouverait cet artisan, ou par toute autre personne autorisée par cet ambassadeur, envoyé, résident, ministre ou consul, ou par l'un des secrétaires d'État de Sa Majesté alors en fonctions, et qui continuerait à habiter et résider dans ce royaume, serait incapable de recevoir aucun legs qui serait ouvert à son profit dans le royaume, ou d'être exécuteur ou administrateur d'aucune personne dans le royaume, comme aussi de posséder aucunes terres, ténements ou autres héritages dans le royaume, par succession, legs ou acquisition, et de voir confisqués au profit de Sa Majesté ses terres, ténements, héritages, biens meubles et immeubles, dans le royaume, et serait en outre, à partir de cette époque, considéré et regardé comme étranger et privé de la protection de Sa Majesté.

Jusqu'à la 3⁰ année de Georges II, aucun acte ne fut rendu concernant les étrangers ; mais dans cette année la législature défendit à tout sujet anglais, ou à toute autre personne résidant

en Angleterre, d'avancer ou de prêter aucunes sommes d'argent
à aucun prince, État ou potentat étranger, sans une licence
obtenue du roi et revêtue de son sceau privé, ou de toute autre
personne dûment autorisée. Mais cet acte, qui ne devait durer
que deux ans, ne s'appliquait pas aux négociations sur les fonds
étrangers.

Des décisions judiciaires, rendues en sens opposés, avaient créé
des doutes sur l'effet des statuts 7, Anne, chap. 5, et 10 de la même
reine, chap. 5, concernant les enfants des sujets naturels-nés de
la couronne d'Angleterre ou de la Grande-Bretagne (1); et la
législature leva ces doutes par le statut 21 de la 4ᵉ année de
Georges II, intitulé : *Un acte pour expliquer une clause d'un
acte fait dans la 7ᵉ année du règne de feu Sa Majesté la reine
Anne, concernant la naturalisation de protestants étrangers, et
relatif aux enfants des sujets naturels-nés de la couronne d'Angleterre ou de la Grande-Bretagne.* Par ce statut 21, il fut déclaré que les enfants nés hors de la ligence de la couronne d'Angleterre ou de la Grande-Bretagne, ou qui naîtraient dorénavant
hors de cette ligence, et dont les pères étaient ou seraient sujets
naturels-nés de la couronne d'Angleterre ou de la Grande-Bretagne, au moment de la naissance de ces enfants, respectivement,
seraient et devraient être, en vertu de ladite clause dudit acte de
la 7ᵉ année du règne de feu Sa Majesté et du présent acte, considérés et regardés, et étaient par cela même déclarés sujets naturels-nés de la couronne de la Grande-Bretagne, d'après l'esprit
et la lettre de la loi. Mais en même temps il fut déclaré que le
statut 5 de la 7ᵉ année du règne de la reine Anne ne s'appliquait
pas et ne devait pas être considéré, jugé ou pris comme s'appliquant à rendre sujets naturels-nés de la couronne d'Angleterre
ou de la Grande-Bretagne, les enfants nés hors de la ligence de
la couronne d'Angleterre ou de la Grande-Bretagne, de pères qui,
au moment de la naissance de ces enfants respectivement, étaient
ou seraient convaincus de haute trahison par jugement, proscription ou de toute autre manière, soit en Angleterre, soit en Ir-

(1) Il est nécessaire, pour ne pas faire de méprise, de ne pas oublier que le
royaume d'Angleterre comprend l'Angleterre seulement; que le royaume de la
Grande-Bretagne comprend l'Angleterre et l'Écosse, en vertu de l'acte d'union
de 1707; et que le royaume-uni de la Grande-Bretagne et d'Irlande comprend
les trois royaumes d'Angleterre, d'Écosse et d'Irlande, aux termes de l'acte
d'union de 1801.

lande, ou de pères qui, au moment de la naissance de ces enfants
respectivement, étaient ou seraient, en vertu de quelque loi
passée dans le royaume ou l'Irlande, soumis aux peines de haute
trahison ou de félonie, en cas de retour dans le royaume ou l'Irlande sans la licence de Sa Majesté, ses héritiers ou successeurs,
ou ses prédécesseurs ; ou de pères qui, au moment de la naissance
de ces enfants respectivement, étaient ou seraient au service
actuel d'un prince étranger, ou d'un État en hostilité avec la
couronne d'Angleterre ou de la Grande-Bretagne ; qu'alors ces
enfants étaient, seraient et resteraient dans les mêmes état, qualité et condition, suivant l'esprit et la lettre de la loi, qu'ils
auraient eus, si ledit acte de la 7ᵉ année du règne de feu Sa
Majesté, ou le présent acte, n'eussent jamais été faits, nonobstant
toutes clauses, dans le présent acte ou dans ledit acte de la 7ᵉ année de feu Sa Majesté, à ce contraires. Il fut encore déclaré par
cet acte qu'il y avait exception en faveur des enfants dont le
père, au moment de leur naissance, était convaincu de haute
trahison, comme il est dit, ou était soumis aux peines de haute
trahison ou de félonie, en cas de retour dans le royaume ou l'Irlande sans la licence requise, ou était au service actuel d'un
prince étranger, ou d'un État alors en hostilité avec la couronne
d'Angleterre ou de la Grande-Bretagne (autres que, et excepté
toujours de cette exception, les enfants d'individus qui quittèrent
l'Irlande en vertu des articles de Limerick), et était revenu dans
la Grande-Bretagne ou l'Irlande, ou l'un des domaines dépen-
dants de la couronne de la Grande-Bretagne, et avait continué
de résider dans la Grande-Bretagne ou l'Irlande, ou tout autre
domaine en dépendant, durant l'espace de deux années, dans l'intervalle écoulé entre le 16 novembre 1708 et le 25 mars 1731,
et pendant sa résidence avait professé la religion protestante.
Cette exception s'étendit aussi aux enfants dont le père, au moment de leur naissance, se trouvant dans une des circonstances
ci-dessus prévues, était venu dans la Grande-Bretagne ou l'Irlande, ou l'un des domaines dépendant de la couronne de la
Grande-Bretagne, y professait la religion protestante, et mourut
dans la Grande-Bretagne ou l'Irlande, ou tout autre domaine en
dépendant, dans l'intervalle écoulé entre ledit 16 novembre 1708
et ledit 25 mars 1731. Cette exception s'étendit encore aux enfants dont le père, au moment de leur naissance, était dans un

des cas ci-dessus mentionnés, et avait été ou continué d'être dans la possession et recette actuelle des rentes et profits provenant de terres, ténements ou autres héritages situés dans la Grande-Bretagne ou l'Irlande, pendant l'espace d'une année entière, dans l'intervalle écoulé entre lesdits 16 novembre 1709 et 25 mars 1731, ou avait de bonne foi, et par des motifs bons et valables, vendu, transporté et cédé des terres, ténements ou autres héritages dans la Grande-Bretagne ou l'Irlande, ou toute autre personne qui, y réclamant des droits à ces titres de vente, transport ou cession, avait été et continué d'être dans la possession et recette actuelles des rentes et profits d'iceux pendant six mois, dans l'intervalle écoulé entre lesdits 16 novembre 1708 et 25 mars 1731.

C'est du règne de Georges II que datent particulièrement les lois concernant la protection à accorder aux arts du dessin, de la gravure et du mode de graver à l'eau-forte ou de toute autre manière. On voit en effet dans le statut de la 8ᵉ année de ce prince, chap. 13, que le temps était arrivé d'encourager cette production intellectuelle, en accordant à son inventeur un privilége exclusif pendant la durée qu'il détermine. Par deux autres statuts de Georges III, l'un de la 7ᵉ année de son règne, chap. 38, et l'autre de la 17ᵉ, chap. 57, cette protection fut encore rendue plus efficace; et enfin dans les 6ᵉ et 7ᵉ années de Guillaume IV, chap. 59, les dispositions antérieures furent appliquées à l'Irlande, et formèrent, aux termes d'un statut de la 7ᵉ année de la reine Victoria, chap. 12, un seul corps de législation, connu sous le nom de *droit exclusif de propriété de gravure* (engraving copyright acts) (1).

Les colonies anglaises dans l'Amérique étaient devenues un refuge pour les protestants maltraités en Europe, et la législation anglaise, voulant encourager cette émigration qu'elle regardait alors comme favorable, mais qui, plus tard, ne contribua pas peu à l'émancipation américaine, rendit, dans la 13ᵉ année du règne de Georges II, un statut qui, dans son chap. 7, s'exprime ainsi :
« Quiconque, né hors la ligence de Sa Majesté, ses héritiers et
« successeurs, aura habité ou résidé, ou habiterait ou résiderait
« pendant l'espace de sept ans ou plus dans l'une des colonies de
« Sa Majesté en Amérique, et n'en aurait pas été absent pendant

(1) Ce droit se trouve développé totalement au chapitre 15 de cet ouvrage.

« plus de deux mois à la fois durant lesdits sept ans, et prêterait
« et souscrirait la déclaration prescrite par l'acte fait en la 1re an-
« née du règne de feu Sa Majesté le roi Georges Ier, chap. 13
« (cet acte fut rendu pour protéger la personne du roi et le gou-
« vernement, et assurer la succession à la couronne aux héritiers
« protestants de feu la princesse Sophie, et détruire les espérances
« du prétendu prince de Galles et ses partisans publics ou se-
« crets), ou, s'ils sont quakers, feraient et souscriraient la décla-
« ration de fidélité, et prêteraient et affirmeraient l'effet du ser-
« ment d'adjuration désigné et prescrit par un acte passé en la
« 8e année du règne de feu Sa Majesté, chap. 13, intitulé : *Acte*
« *pour accorder aux quakers telles formes d'affirmation ou de*
« *déclaration qui puissent écarter les difficultés existantes au-*
«*jourd'hui par rapport à eux*, et de plus feraient et souscriraient
« la profession de leur croyance chrétienne ordonnée et prescrite
« par un acte fait en la 1re année du règne de feu Leurs Majestés
« Guillaume et Marie, intitulé : *Acte pour exempter les sujets*
« *protestants de Leurs Majestés des pénalités de certaines lois*,
« devant le chef de justice ou tout autre juge de la colonie
« dans laquelle ces individus avaient ainsi habité ou résidé, ou
« habiteraient ou résideraient, ils seraient alors considérés, re-
« gardés et tenus comme sujets naturels-nés de Sa Majesté, d'après
« la lettre et l'esprit de la loi, comme s'ils avaient été ou étaient
« nés dans le royaume ; que le chef de justice ou tout autre juge
« des susdites colonies respectives étaient autorisés et avaient
« pouvoir d'administrer et recevoir lesdits serment ou affirma-
« tion et souscription desdites déclarations ; que la prestation et
« la souscription de ces serment ou affirmation, et que chaque dé-
« claration faite, renouvelée ou souscrite, auraient lieu devant ce
« chef de justice ou tout autre juge en séance publique, entre neuf
« heures du matin et midi, et seraient enregistrées dans la cour
« et au bureau du secrétaire de la colonie dans laquelle cet in-
« dividu habiterait ou résiderait ; et que tout chef de justice ou
« tout autre juge de chaque colonie respectivement, devant lequel
« ces serments ou affirmations auraient été prêtés, et ces déclara-
« tions faites, répétées et souscrites, comme dit est, était requis
« d'en faire un enregistrement bon et loyal sur le registre tenu à
« cet effet dans ladite cour. » Que pour cette opération il serait
payé deux schellings et non davantage dans chaque place respec-

tive, sous la pénalité et la forfaiture de 10 livres sterling de mon-
naie légale de la Grande-Bretagne pour chaque négligence ou
omission ; que de même le secrétaire de la colonie dans laquelle
un individu prêterait lesdits serment ou affirmation , et ferait,
répéterait et souscrirait lesdites déclarations respectivement
comme dit est, était requis d'en faire un enregistrement légal et
convenable sur le registre tenu à cet effet à son bureau , sur notification à lui faite par le chef de justice ou tout autre juge de la
même colonie, et ce, sous les mêmes peine et forfaiture pour chaque négligence ou omission. Cet acte renfermait, en outre, la clause
que nul individu, de quelque qualité, condition ou pays qu'il fût,
à l'exception des quakers, se qualifiant ainsi et naturalisés par
les voies et moyens ci-devant mentionnés, à l'exception aussi des
sectateurs de la religion juive, ne serait naturalisé en vertu du
présent acte, à moins qu'il n'eût reçu le sacrement du souper du
Seigneur dans une congrégation protestante et réformée dans le
royaume de la Grande-Bretagne ou l'une de sesdites colonies en
Amérique, et cela dans les trois mois de la prestation et souscription desdits serments, ou de ladite déclaration faite, répétée
et souscrite, et ne produisit au moment de la prestation et souscription desdits serments et de ladite déclaration faite , répétée
et souscrite, un certificat signé par la personne administrant ledit sacrement et attesté par deux témoins dignes de foi , dont
l'enregistrement serait fait au bureau du secrétaire de la colonie dans laquelle cet individu demeurerait et résiderait, comme
aussi dans la cour où seraient prêtés lesdits serments, sans aucuns
frais ou indemnités. Cet acte renfermait encore quelques exceptions, quant à la forme ordinaire du serment, en faveur des juifs,
les juifs étant autorisés à retrancher du serment d'abjuration les
mots « sur la véritable foi d'un chrétien; » et un certificat sous le
sceau desdites colonies, émanant des individus ayant résidé et
habité pendant l'espace de sept ans ou plus, comme dit est, dans
ces colonies ou celle de ces colonies qui sera spécifiée et dans ce
certificat, ensemble avec le temps particulier de résidence dans
chacune d'icelles respectivement (dont le sceau sera celui porté
sur le certificat); attestant leur prestation et souscription desdits
serments, et ladite déclaration faite, répétée et souscrite; et, s'il
s'agit d'un quaker, sa déclaration de fidélité faite et souscrite,
ainsi que d'avoir reconnu et affirmé l'effet du serment d'abjuration,

comme dit est ; et s'il s'agit d'un individu professant la religion juive, qu'il a prêté le serment d'abjuration, comme dit est, dans la même colonie, sous le sceau de laquelle ce certificat sera délivré, comme dit est, ce certificat sera pris et considéré comme un témoignage suffisant et une preuve de son contenu, et donnera à cet individu la qualité de sujet naturel-né de la Grande-Bretagne dans toute l'extension possible, et comme tel il sera admis dans toutes les cours des royaumes de la Grande-Bretagne et d'Irlande, ainsi que dans lesdites colonies en Amérique. Et le secrétaire de chaque colonie était tenu, sous la pénalité de 50 livres sterling, d'envoyer des listes annuelles à l'office des commissaires du commerce et des colonies établi à Londres ou à Westminster; et ces listes ainsi transmises et envoyées devaient, d'année en année, être dûment et régulièrement enregistrées par lesdits commissaires sur des livres destinés et tenus à cet effet dans ledit office à la disposition et à l'inspection publique. Mais cet acte renfermait encore cette clause, que quiconque deviendrait sujet naturel-né du royaume en vertu dudit acte, ne serait ni du conseil privé, ni membre de l'une ou de l'autre chambre du Parlement, ni capable de tenir, avoir ou posséder aucun office ou place de confiance, soit civile, soit militaire, dans le royaume de la Grande-Bretagne ou d'Irlande, ou d'avoir, d'accepter ou de tenir de la couronne, pour lui, ou par toute autre personne interposée pour lui, aucune concession de terres, ténement ou autres héritages dans les royaumes de la Grande-Bretagne ou d'Irlande, nonobstant toutes dispositions à ce contraires contenues audit acte.

Cette disposition légale fut étendue aux étrangers qui avaient des scrupules de conscience contre la prestation d'un serment, par le statut 20 de la 20ᵉ année du règne de Georges II, chap. 44, lequel, rappelant le statut 13 de Georges II, chap. 7, et rappelant aussi qu'une infinité d'individus de la congrégation appelée les frères moraves et autres protestants étrangers, à l'exception des quakers, qui avaient des scrupules de conscience à prêter un serment, étaient alors établis dans les colonies de Sa Majesté en Amérique, et s'y distinguaient par leur sobriété, leur tranquillité et leur industrie, et que beaucoup d'autres de la même secte désiraient s'y transporter ; et que si le bénéfice dudit acte, fait en la 13ᵉ année du règne de feu Sa Majesté, leur était appliqué, ceux qui s'y trouvaient alors seraient encouragés à continuer leur ré-

sidence dans les colonies de Sa Majesté, et que d'autres s'y ren-
draient en grand nombre : ce qui améliorerait ces colonies, aug-
menterait leur force et étendrait leur commerce. En conséquence
ledit acte 20, Georges II, chap. 44, déclara qu'à partir du et
après le 25 décembre 1747 les protestants étrangers qui avaient
des scrupules de conscience contre la prestation d'un serment, et
qui étaient nés hors de la ligence de Sa Majesté, ses héritiers ou
successeurs, qui avaient habité et résidé, ou qui habiteraient et
résideraient, pendant l'espace de sept ans ou plus, dans l'une des
colonies de Sa Majesté en Amérique, et n'en auraient pas fait une
absence de plus de deux mois à la fois durant lesdits sept ans, et
feraient et souscriraient la déclaration de fidélité et feraient et affirmeraient l'effet du serment d'abjuration ordonné et prescrit par
l'article 13 de la 8e année du règne de feu Sa Majesté le roi Georges 1er, feraient aussi et souscriraient la profession de leur croyance
chrétienne, ordonnée et prescrite par le susdit acte 18 de la 1re
année du règne de feu Leurs Majestés Guillaume et Marie, devant le chef de justice ou tout autre juge de la colonie dans laquelle ces individus respectivement avaient ainsi habité et résidé,
ou devraient ainsi habiter ou résider, ils seraient considérés, jugés et tenus comme sujets naturels-nés du royaume, selon l'esprit
et la lettre de la loi, de même que si tous ou chacun d'eux avaient
été ou étaient nés dans le royaume; que le chef de justice ou tout
autre juge desdites colonies respectives avaient pouvoir et autorité d'administrer et recevoir lesdites affirmation et souscription
de déclaration; que la réception de ces affirmations, l'octroi et la
souscription de ces déclarations se feraient de la manière, au lieu,
au temps, à l'heure, que l'enregistrement en serait opéré moyennant les droits et sous les pénalités mentionnés dans le susdit
acte de la 13e année du règne de Sa Majesté, et que les listes des
personnes qui auraient invoqué le bénéfice de cet acte seraient
transmises aux commissaires du commerce et des colonies de la
même manière et sous les mêmes pénalités que les listes des personnes prenant le bénéfice dudit acte devaient être transmises.
Cet acte renfermait aussi la clause que nul ne serait naturalisé, en
vertu de ses dispositions, qu'il n'eût reçu le sacrement du souper
du Seigneur dans une congrégation protestante ou réformée dans
l'une desdites colonies en Amérique, dans les trois mois avant la
réception de cette affirmation, et la prestation et souscription de

cette déclaration, et qu'au moment de la réception de cette affirmation et de la prestation et souscription de cette déclaration, il ne produisît un certificat signé par la personne administrant ledit sacrement et attesté par deux témoins dignes de foi, et dont l'enregistrement serait fait au bureau du secrétaire de la colonie dans laquelle cet individu habiterait et résiderait, ainsi que dans la cour où ladite affirmation serait reçue, comme il est dit, sans aucuns frais ni dus. Il était encore déclaré que les dispositions contenues dans ledit acte de la 18e année du règne de Sa Majesté, en ce qui concerne les certificats de résidence, la prestation et souscription de déclaration, la réception de l'affirmation, et l'effet de preuve accordé à ces certificats dans les cours de la Grande-Bretagne et de l'Irlande, ainsi que dans lesdites colonies, comme aussi tous les autres bénéfices dudit acte, s'étendraient à tous les protestants étrangers qui auraient des scrupules de conscience contre la prestation d'un serment, et qui seraient qualifiés, comme nous avons dit : qu'ainsi lesdits protestants étrangers jouiraient des privilèges des sujets naturels-nés, ensemble de tous les bénéfices du présent acte et de celui de la 13e année du règne de Sa Majesté. Mais en même temps il fut déclaré que quiconque deviendrait sujet naturel-né du royaume en vertu de cet acte, ne pourrait être du conseil privé, ni membre de l'une ou l'autre chambre du Parlement, ni capable d'occuper, avoir ou posséder aucun office ou place de confiance dans les royaumes de la Grande-Bretagne ou d'Irlande, soit civile, soit militaire, d'avoir, d'accepter ou de tenir pour lui, ou par toute autre personne interposée pour lui, de la couronne aucune concession de terre, ténements ou autres héritages dans les royaumes de la Grande-Bretagne ou d'Irlande, nonobstant toutes dispositions contraires aux présentes. Il fut encore déclaré que rien dans le présent acte, non plus que dans le susdit acte de la 13e année du règne de Sa Majesté, ne s'appliquerait, ou ne serait considéré comme s'appliquant à naturaliser tout individu quelconque qui, en vertu du 21e statut de la 4e année du roi Georges II, était déclaré et reconnu comme n'ayant aucun titre au bénéfice dudit acte de la 7e année de feu Sadite Majesté ; mais que cet individu serait et resterait dans les mêmes état, qualité et condition, sans exceptions quelconques, dans lesquels il aurait été si le susdit acte de la 13e année du règne de Sa Majesté ou le présent acte n'eussent jamais été faits, nonobstant toutes dispositions contenues dans le susdit acte de la 18ᵉ année du règne de Sa Majesté ou le présent acte à ce contraire. Voyez encore les statuts 22, Georges II, chapitre 45 ; statut 2, Georges III, chapitre 25, et statut 13, Georges III, chapitre 25.

Nous avons vu que par le statut 5 de Georges Iᵉʳ, chap. 27, des pénalités étaient prononcées contre les artisans anglais qui se mettaient au service des pays étrangers ; par le statut 23, Georges II, chap. 13, de nouvelles dispositions furent faites pour punir les individus coupables de séduire les ouvriers employés dans les fabriques de la Grande-Bretagne ou d'Irlande et les emmener au dehors.

Il faut encore remarquer que, sous les règnes des rois Georges II et Georges III, d'autres statuts furent passés relativement aux ouvriers embauchés pour aller au dehors. Tel est le statut 23, Georges II, chap. 13, intitulé : Acte pour la punition efficace des individus convaincus d'embauchage d'ouvriers employés dans les fabriques de la Grande-Bretagne ou d'Irlande, pour les occuper dans les pays hors des domaines de la couronne de la Grande-Bretagne ; et aussi pour prévenir l'exportation des machines employées dans les fabriques de laine et de soie de la Grande-Bretagne ou d'Irlande dans les pays étrangers ; et enfin pour rendre plus faciles et plus expéditifs les appels autorisés dans certains cas par un acte fait dans la dernière session du Parlement relativement aux individus employés dans les fabriques mentionnées audit acte : les articles remarquables de cet acte sont les deux premiers ; tels sont les statuts 22, Georges III, et 25, Georges III, chap. 60, intitulé : Acte pour prévenir l'embauchage des ouvriers et artisans employés dans l'impression des calicots, cotons, mousselines ou toiles, ou dans la fabrication ou préparation des formes, chaînes ou autres ustensiles employés dans cette fabrication, pour passer à l'étranger, et prohiber l'exportation dans les pays étrangers de ces formes, chaînes ou autres ustensiles. (Voir notamment les deux premiers articles.) Tel est un acte passé dans le Parlement irlandais dans la 25ᵉ année du règne du roi Georges III, intitulé : Un acte pour prévenir les manœuvres d'embauchage des ouvriers et manufacturiers du royaume, et l'exportation des outils et instruments en usage dans la préparation et le travail de ces fabriques dans les pays au delà des mers ; tel est le statut 25, Georges III, chap. 67, intitulé : Un acte pour prohiber l'exportation à l'étranger des outils et ustensiles employés dans les fabriques d'acier du royaume, et pour prévenir l'embauchage pour les pays étrangers des ouvriers ou artisans employés dans ces fabriques; tel est enfin un statut de la 30ᵉ année de Georges III, chap. 56, intitulé : Un acte pour expliquer et amender les lois relatives aux mines de charbon dans cette partie de la Grande-Bretagne appelée l'Écosse.

L'encouragement de la pêche à la baleine sous le règne de Georges II, et la probabilité que, si certaines restrictions étaient abrogées, des étrangers seraient disposés à prendre du service sur les bâtiments employés à cette pêche, firent sentir la nécessité d'offrir les bénéfices de la naturalisation à tous ceux qui se présenteraient dans ce but : en conséquence, un acte fut passé dans la 22ᵉ année du règne de Georges II, chap. 45, intitulé : « Acte pour encourager et augmenter la pêche de la baleine, « et pour raviver certaines lois mentionnées dans cet acte; « comme aussi pour naturaliser les protestants qui, pendant le « temps y mentionné, serviraient à bord des bâtiments équipés « pour cette pêche ; » et en conséquence, tout individu né en dehors de la suzeraineté de Sa Majesté, ses héritiers et successeurs, et étant protestant, qui servira pendant l'espace de trois ans à bord d'un bâtiment équipé de la manière indiquée par ledit acte de la 6ᵉ année du règne de Sa Majesté, ou par le présent acte, et qui sera employé à cette pêche, ainsi qu'il est dit, et qui prêtera en même temps et souscrira les serments, et fera, répétera et souscrira la déclaration prescrite par le statut 1ᵉʳ de Georges Iᵉʳ, chap. 13, sera regardé, considéré et pris comme sujet naturel-né de Sa Majesté et du royaume, sans exception aucune et de la même manière que s'il était né dans le royaume. Mais nul ne sera naturalisé en vertu de cet acte, qu'il n'ait reçu le sacrement du souper du Seigneur dans quelque congrégation protestante ou réformée située dans les domaines de Sa Majesté, dans les trois mois précédant la prestation de ces serments et la passation et souscription de cette déclaration, et au moment de la prestation de ces serments, et de la passation et souscription de cette déclaration, ne produise un certificat signé par la personne ayant administré ce sacrement et attesté par deux témoins dignes de foi, dont l'enregistrement sera fait en la cour qui recevra ces serments, et ce sans frais ni honoraires. Il sera aussi tenu de produire en même temps un certificat signé par le propriétaire et le maître du bâtiment ou vaisseau dans lequel il aura servi, constatant sa probité et sa bonne conduite pendant toute la durée de son service. Mais cet acte contenait encore la clause que nul individu qui, en vertu dudit acte, deviendrait sujet naturel-né du royaume, ne pourrait être du conseil privé, ni membre de l'une ou l'autre chambre du Parlement, ni capable de tenir, avoir ou posséder aucun office ou place dans les royaumes de la Grande-Bretagne ou d'Irlande, nonobstant toutes dispositions à ce contraires. Il était également déclaré que nulle disposition ne s'appliquerait, et ne serait considérée comme s'appliquant à naturaliser tout individu qui, en vertu du 21e statut de la 4e année du règne de Sa Majesté, était déclaré n'avoir aucun droit au bénéfice dudit acte de la 7e année du règne de feu Sadite Majesté ; mais que ces individus seraient et resteraient dans les mêmes état, qualité et condition, sans aucune exception quelconque, qu'ils auraient eus si cet acte n'avait jamais été fait, nonobstant toutes dispositions à ce contraires contenues audit acte. Toutefois nulle personne naturalisée en vertu du présent acte ne pouvait sortir des domaines de Sa Majesté dans la Grande-Bretagne ou l'Irlande, ou l'une des colonies de Sa Majesté en Amérique, pendant plus de douze mois en même temps, sous peine de perdre tous les avantages quelconques résultant dudit acte.

Sous le règne de Georges III, de nouvelles règles furent établies concernant les pêches dans les mers du midi, et par le statut 35 de Georges III, chap. 92, les étrangers protestants qui avaient été employés dans les mers du midi à la pêche à la baleine, et qui avaient prêté serment de fidélité et d'allégeance à Sa Majesté ; et qui, si c'était leur premier voyage d'un port de la Grande-Bretagne, avaient prêté serment que leur intention était de s'établir avec leurs familles dans la Grande-Bretagne, en qualité d'habitants et de sujets de Sa Majesté; ou s'ils avaient ait un voyage, prêteraient, avant de faire un nouveau voyage, e serment qu'ils s'étaient, eux et leurs familles, actuellement établis dans la Grande-Bretagne, étaient autorisés à être employés dans les mêmes pêcheries. Mais s'il s'agissait d'un quaker qui désirât être ainsi employé, il pouvait, conformément audit acte, faire une déclaration de son allégeance et sa fidélité, avec une affirmation de son intention de s'établir dans la Grande-Bretagne.

Cet acte fixait un délai à un certain nombre d'étrangers qui s'étaient antérieurement livrés à la pêche, ainsi qu'à leurs familles, à l'effet de s'établir à Abilford et d'importer des huiles sous les conditions fixées audit acte (1).

Cependant, antérieurement à ce dernier acte, et dans la 25e année du règne de Georges II, il fut rendu un statut qui expliqua les dispositions de l'acte 11 et 12 du roi Guillaume III, chap. 6. Ce statut 25 de Georges II, chap. 39, porte que le statut 6 des 11e et 12e années du roi Guillaume III ne s'appliquera pas, ou ne sera pas considéré, regardé ou pris comme s'appliquant à donner aucun droit ou titre à aucun individu d'hériter, en qualité d'héritier ou de cohéritier, d'une personne décédée, saisie par possession, réversion ou autrement, de manoirs, terres, ténements ou autres héritages, ni rendre cet individu capable d'établir sa généalogie en remontant à un ancêtre étranger, à moins que cet individu réclamant ou établissant ainsi son droit comme héritier ou cohéritier, ne soit capable de prendre les mêmes biens comme héritier ou cohéritier, en vertu dudit statut, à la mort de la personne qui serait dernièrement morte saisie de ces manoirs, terres, ténements ou autres héritages, et dont il réclamerait l'héritage ou le cohéritage par la force dudit statut.

Mais en même temps, il fut ordonné que, dans le cas où la personne qui serait capable d'hériter à la mort de son ancêtre, ainsi décédé saisi des honneurs, manoirs, terres, ténements ou autres héritages, et dont la descendance serait écartée en vertu de cet acte ou de l'acte ci-devant relaté, serait fille d'un étranger, et que le père ou la mère étrangers, dont la descendance serait ainsi représentée par cette fille, eussent ensuite un fils né dans les royaumes ou domaines de Sa Majesté, la descendance ainsi dépouillée au profit de cette fille serait rétablie en faveur de ce fils, et celui-ci hériterait et prendrait les biens de la manière qu'ils lui seraient dévolus par la loi commune du royaume, en cas de

_____

(1) Les actes concernant la pêche de la baleine sont tous expirés. Quoique par un acte du Parlement il fût défendu aux étrangers de pêcher à Terre-Neuve, cet acte peut être considéré comme également abrogé. Du reste, si nous les avons rapportés, c'est que, en cas d'une nouvelle guerre, ils seraient probablement remis en vigueur, et qu'il est bon de savoir à quoi s'en tenir dans toutes les circonstances sur la législation anglaise concernant les étrangers.

naissance d'un héritier plus proche; ou dans le cas où ce père ou cette mère n'aurait pas de fils, mais en aurait ensuite un ou plusieurs, nés dans les royaumes ou domaines de Sa Majesté, la fille ou les filles ainsi nées dans la suite hériteraient et partageraient avec la fille ou les filles dont la descendance serait dépouillée à la mort de l'ancêtre dernier saisi, nonobstant toutes dispositions contraires contenues audit acte (1).

Les juifs, qui occupent une place si singulière dans toutes les parties du globe, et qui, méprisant l'agriculture, s'adonnent spécialement au commerce; qui surtout s'occupent du négoce d'argent, et dont quelques-uns sont appelés aujourd'hui les banquiers des rois; les juifs, disons-nous, obtinrent aussi quelques faveurs sous le règne du même roi Georges II. Dans la 20ᵉ année de ce règne, chap. 26, il fut rendu un statut, appelé par Blackstone dans ses Commentaires, le célèbre bill des juifs (*famous Jew Bill*). Par ce statut, qui excita de violents débats, il fut permis aux personnes professant la religion juive d'être naturalisées par le Parlement, sans être tenues à aucun serment; mais elles ne pouvaient cependant ni acquérir, ni hériter de patronages. Nous devons dire sur-le-champ que cet acte fut abrogé par le premier statut de l'année suivante.

Dans la 29ᵉ année du règne de Georges II, un acte du Parlement fut rendu, qui autorisa Sa Majesté à accorder des commissions à un certain nombre de protestants étrangers, qui avaient servi comme officiers ou ingénieurs à l'étranger, pour servir avec leurs rangs et qualités, mais en Amérique seulement, et sous certaines restrictions et qualifications.

Ce dernier acte reçut une nouvelle sanction au commencement du règne de Georges III; car alors le Parlement rendit un statut qui étendit le bénéfice de la naturalisation aux protestants étrangers qui avaient servi, ou qui serviraient pendant le temps fixé dans cet acte, comme officiers ou soldats dans le régiment Royal-Américain de Sa Majesté, ou comme ingénieurs en Amérique.

---

(1) Blackstone, pour motiver cet acte 25 de Georges II, chap. 39, dit que, d'après le statut 11 et 12 de Guillaume III, chap. 6, des difficultés pouvaient s'élever concernant des individus frappés d'une incapacité future, mais n'existant pas à la mort de la personne saisie; et il cite un cas pour montrer combien l'intérêt d'une personne réclamant un héritage sous le statut de Guillaume III pourrait être frustré. (Black., Comment., vol. II, p. 251.)

Par ce statut, qui est le 2ᵉ de Georges III, chap. 26, il fut déclaré que les protestants étrangers, aussi bien les officiers que
les soldats, qui avaient servi ou qui serviraient à l'avenir dans
le régiment Royal-Américain, ou comme ingénieurs en Amérique, pendant l'espace de deux ans, et qui prêteraient et souscriraient les serments, et feraient, répéteraient et souscriraient la
déclaration prescrite par le 2ᵉ statut de la 1ʳᵉ année du règne de
Sa Majesté le roi Georges Iᵉʳ, et produiraient, au moment de la
souscription desdits serments, et de la passation, du renouvellement et de la souscription de ladite déclaration, des certificats
signés de la manière ordonnée par ledit acte de la 13ᵉ année
de feu Sa Majesté, constatant qu'ils ont reçu le sacrement dans
une congrégation protestante ou réformée dans le royaume de la
Grande-Bretagne, ou dans l'une de ses colonies en Amérique,
et ce dans les six mois précédant cette époque, seraient considérés, jugés et traités comme sujets naturels-nés du roi et du
royaume sous tous les rapports, et de la même manière que s'ils
avaient été ou s'ils étaient nés dans le royaume; et qu'aucuns
biens, de quelque nature ou espèce qu'ils fussent, achetés par
eux dans l'une des colonies de Sa Majesté en Amérique, depuis
la passation dudit acte de la 20ᵉ année du règne de feu Sa Majesté, ne seraient point sujets à tomber dans la saisine de Sa
Majesté, ses héritiers ou successeurs, ou que leurs droits ne
pourraient en aucune manière être suspendus, à raison de ce
qu'ils étaient étrangers au moment où ils firent leurs acquisitions, nonobstant les actes ci-devant relatés ou tous autres statut, loi ou disposition quelconque à ce contraires. Mais cet acte
contenait la clause qu'aucune de ses dispositions ne s'appliquerait et ne serait considérée comme s'appliquant à naturaliser
aucun individu quelconque qui, en vertu du 21ᵉ statut de
la 4ᵉ année du règne de Georges Iᵉʳ, serait déclaré et considéré comme n'ayant aucun droit au bénéfice de l'acte de la
7ᵉ année de la reine Anne, mais que ces individus seraient et
resteraient dans les mêmes état, qualité et condition, sans aucune exception, dans lesquels ils auraient été si le présent
acte n'avait jamais été fait, nonobstant toutes dispositions à ce
contraires. Cet acte contenait également la clause que quiconque
deviendrait sujet naturel-né du royaume en vertu de ses dispositions, ne serait pas par cela même capable d'être du conseil

privé, ou membre de l'une ou de l'autre chambre du Parlement, ni de tenir, avoir ou posséder aucun office ou place de confiance dans les royaumes de la Grande-Bretagne ou d'Irlande, soit civile, soit militaire, ni d'avoir, accepter ou prendre de la couronne, pour lui ou par une personne interposée pour lui, aucune concession de terres, ténements, ou autres héritages dans lesdits royaumes, nonobstant toutes dispositions à ce contraires.

La compagnie des Indes occidentales voyait son commerce prospérer; mais pour augmenter encore sa prospérité, elle avait besoin de nouveaux fonds, et elle se décida à faire un appel aux étrangers; mais pour que ceux-ci y répondissent, il fallait leur donner une garantie que la législation anglaise refusait en général aux étrangers, et c'est pour leur offrir cette garantie que le Parlement dans la 18ᵉ année du règne de Georges III, chapitre 14, rendit un acte intitulé : « *Acte pour* encourager « les sujets étrangers à faire des prêts d'argent sur garantie « de biens-fonds libres ou emphytéotiques dans les colonies de « Sa Majesté aux Indes occidentales, et pour rendre les ga- « ranties données à ces étrangers efficaces pour recouvrer le « payement de l'argent ainsi prêté en vendant ces fonds libres « ou emphytéotiques. » Par cet acte, après avoir mentionné, entre autres choses, que des doutes s'étaient élevés sur la question de savoir si, d'après la loi en vigueur, une garantie de la nature d'une hypothèque accordée à un étranger ou aubain, ou à leur mandataire, pouvait produire effet sur les biens-fonds pour le recouvrement de l'argent prêté sur iceux, et rappelant que nul étranger ou aubain, d'après la loi actuellement en vigueur, ne pouvait former ou suivre aucun procès pour recouvrement d'argent devant les cours de droit ou d'équité dans les domaines de Sa Majesté, à une époque où la puissance dont cet étranger était le sujet naturel-né était en guerre avec le royaume d'Angleterre, il fut déclaré que, à partir de et après la passation de cet acte, il serait et pourrait être également permis à tout étranger ou aubain de prêter de l'argent aux taux et intérêt n'excédant pas 5 livres sterling *per centum per annum* sur hypothèques sur biens-fonds libres ou emphytéotiques, dans l'une des colonies de Sa Majesté aux Indes occidentales, et de considérer ces biens comme efficacement hypothéqués à la garantie de l'argent prêté, et d'intenter tout procès pour le recouvrement de cet

3

argent, comme il est ci-devant mentionné, peu importe que la
puissance étrangère dont cet aubain était le sujet naturel-né fût
en guerre avec l'Angleterre. Et en cas de non-payement de l'argent prêté sur cette hypothèque au terme stipulé et convenu,
d'intenter et poursuivre tout procès, soit par eux-mêmes, soit
par leurs attorneys respectifs, suivant la loi commune, pour le recouvrement de leurs obligations en vertu de leurs actes ou autres
garanties équivalentes données ou convenues, ou en vertu de
tout contrat fourni par l'emprunteur et rapporté dans l'acte d'hypothèque; de déposer un bill dans la cour de chancellerie de la
colonie où sont situés les biens affectés à l'hypothèque, demandant
un décret pour la vente desdits biens hypothéqués, afin d'obtenir le
payement dû sur iceux. Dans ce procès, le demandeur aura droit,
pour le recouvrement de sa dette, de ses frais, aux mêmes actions et exceptions qu'aurait ou pourrait avoir un sujet breton;
excepté d'avoir ou d'obtenir directement ou indirectement la possession actuelle des biens ainsi hypothéqués, malgré toute preuve
d'exécution d'après la loi commune; ou de forclore l'équité de
la purge de ces biens hypothéqués par un décret ou un ordre
d'une cour d'équité quelconque. Et que la cour de chancellerie
où ce bill sera porté pourrait décider et ordonner, déciderait
et ordonnerait la vente de ces biens hypothéqués de la même
manière que le bailleur d'hypothèque aurait consenti à cette
vente, nonobstant toute loi, usage ou pratique à ce contraires.
Et rappelant que, sur les bills portés pour libération de ces hypothèques, des difficultés pourraient s'élever faute de moyen de
contraindre ces étrangers ou aubains, ou leurs représentants, de
comparaître sur ces bills, parce qu'ils pourraient résider hors
de la juridiction de la cour devant laquelle ces bills pourraient
être portés, il fut ordonné que dans ces cas pareils la délivrance
de tout *writ* ou procédure de cette cour à un procureur connu
ou agent de ces étrangers ou aubains, dans la juridiction de
ladite cour respectivement, serait considérée comme délivrance
valable de ce writ ou procédure audit étranger ou aubain; et
dans le cas où le défendeur serait absent et n'aurait pas de procureur ou d'agent résidant dans la juridiction de la cour, sur
l'*affidavit* qui en sera fait par la personne qui recourra à ce
moyen, ou par son procureur dûment constitué à la satisfaction de
la cour d'où émanera ce writ ou procédure (dans lequel affidavit

serait déclaré le lieu de résidence de cet étranger, conformément à la plus sûre information et croyance du déposant), il serait permis à la cour de former une commission, sous le sceau des commissaires y nommés, autorisant ces commissaires à dresser un affidavit de la délivrance de ce writ ou procédure au défendeur personnellement au lieu ordinaire de sa résidence, et de le certifier; et cet affidavit, retourné avec la commission à la cour serait une preuve suffisante de la délivrance de ce writ ou procédure, nonobstant toutes loi, coutume ou usage à ce contraires. Et si le défendeur dans les six mois après la délivrance dudit writ ou procédure à l'attorney ou agent dans la colonie, ou au défendeur, à l'étranger, ne comparaissait pas sur ledit bill, soit en personne, soit par attorney dûment désigné à cet effet par acte signé et scellé conformément à l'usage du pays auquel le défendeur appartient; alors, dans ce cas, la cour de chancellerie devant laquelle l'affaire sera portée est autorisée et requise de tenir le bill *pro confesso*, et d'ordonner et décider qu'un compte sera fait par l'un des maîtres de ladite cour de ce qui est dû au défendeur en principal et intérêts, ainsi que des frais, s'il y a lieu; et pour faire ce compte, le demandeur sera tenu de montrer et produire devant le maître les preuves justificatives de toutes les sommes qu'il réclame; et la cour est autorisée, sur la présentation du rapport dudit maître, de rendre un décret final fixant le délai et le lieu pour le payement de la somme qui, sur ce rapport, paraîtra être due au défendeur, ensemble de l'intérêt de cette somme principale jusqu'à son acquittement, comme il sera ci-après mentionné, et ordonnant la radiation de l'hypothèque sur les biens après le payement de ladite somme principale avec les intérêts et les frais, s'il y a lieu, soit au défendeur, soit à son attorney, dûment constitué, comme il est dit ci-dessus, soit à la banque d'Angleterre, comme il sera dit ci-après. Et il fut de plus ordonné qu'après le délai et le lieu fixés pour la libération de cette hypothèque, et après que la somme payée pour cette libération sera certifiée par ladite cour, conformément au mode usuel de procéder en cas de libération d'hypothèques, si la somme à payer est alors dûment offerte, et si le porteur d'hypothèque, son représentant ou son attorney refuse de recevoir cette somme, ou ne se présente pas à cet effet, alors, et dans tous les cas, il sera permis au débiteur hypothéqué, son

3.

représentant légal ou son attorney de payer cette somme à la banque d'Angleterre, au nom et à la diligence du comptable général de la haute cour de chancellerie de l'Angleterre, pour y être placée au compte du donneur d'hypothèque ou son représentant, conformément au mode prescrit par l'acte de la 12ᵉ année du règne de feu Sa Majesté le roi Georges Iᵉʳ, intitulé : « Acte pour « mieux garantir les sommes et effets aux postulants devant « la cour de chancellerie, et prévenir la contrefaçon des billets « de la compagnie des Indes orientales, ainsi que leurs endos, « comme aussi l'endos des effets des Indes méridionales, » et aux règles et ordres généraux de ladite cour, le tout sans frais ni dus, conformément à l'acte de la 12ᵉ année du règne de feu Sa Majesté le roi Georges II, intitulé : « Acte pour autoriser la haute « cour de chancellerie à faire retirer, sur garanties convena- « bles, toutes les sommes n'excédant pas celles qu'il limite, de la « caisse commune et générale de la banque d'Angleterre, appar- « tenant aux postulants devant ladite cour, pour l'avantage « desdits postulants, en réservant les intérêts produits par ces « sommes, à la responsabilité des faits de charge du comptable « général de ladite cour, » pour rester là au bénéfice du porteur d'hypothèque, son exécuteur, administrateur ou représentant, et en être employé, sur garanties gouvernementales ou parlementaires, comme il sera dit ci-après, jusqu'à ce que celui-ci, sur pétition présentée à la haute cour de chancellerie par voie sommaire et à ses frais, obtienne un ordre de cette cour pour en avoir le payement avec les intérêts, profits et autres dividendes en provenant. Il fut encore ordonné qu'un certificat du comptable général, signé par lui (qu'il était tenu de délivrer sans frais ni dus, aussi bien au bailleur d'hypothèque, ou ses héritiers, qu'au porteur d'hypothèque, son exécuteur, son administrateur ou son représentant, sur demande à lui faite à cet effet), que le bailleur d'hypothèque, ses héritiers ou représentants, ou son *attorney*, avaient payé cette somme à la banque d'Angleterre, serait une décharge bonne et valable pour le bailleur d'hypothèque ou ses héritiers, et qu'après que ce certificat serait ainsi délivré, le bailleur d'hypothèque, ses héritiers ou représentants, ou tout autre individu garant de la somme originairement prêtée, ou de ses intérêts, seraient et étaient totalement quittes, soldés et déchargés desdits somme et intérêts; et que les droits légaux et autres intérêts du porteur d'hypothèque ou de ses représentants sur les biens hypothéqués, seraient et étaient dès lors, à partir de et après la délivrance de ce certificat, remis en la possession du bailleur d'hypothèque, ou de ses héritiers, ou de ceux qu'il désignerait respectivement. Il fut encore ordonné que pendant ce temps, et jusqu'à ce que le créancier hypothécaire, ou son représentant légal, ait demandé par pétition à la haute cour de chancellerie un ordre de toucher ladite somme, ledit comptable général placerait et était autorisé à la placer sur le gouvernement ou sur garanties parlementaires, et en payerait les intérêts, dividendes ou profits en provenant de temps en temps, ainsi qu'ils seraient dus et payables, à la personne qui aurait droit à la somme ainsi remise à ladite banque. Il fut encore ordonné que ladite haute cour de chancellerie donnerait et était requise et autorisée à donner un ordre pour le payement de la somme qui serait ainsi remise à ladite banque, comme il est dit ci-devant, ensemble de tous les dividendes et intérêts en provenant, à toutes personnes y ayant droit, et sur demande adressée à ladite cour par pétition par voie sommaire, par le créancier hypothécaire, son exécuteur, son administrateur ou son représentant; et cette pétition ouïe, il suffirait pour le pétitionnaire de prouver, à la satisfaction de la cour, qu'il était la même personne au profit et bénéfice de laquelle cet argent avait été ainsi placé à ladite banque, ou qu'il était le représentant légal de cette personne, sans requérir qu'aucune des procédures de la cour de chancellerie dans la colonie, dans la cause en question, y fût transmise; et en produisant cet ordre au comptable général, l'argent serait remis à la personne désignée dans cet ordre, ou à son *attorney* légal, sans aucuns frais ni dus. Et cet acte fut considéré, jugé et placé au nombre des actes publics.

Sous le règne de Georges III, quelques Anglais protestants s'étaient établis à l'étranger pour y faire le commerce, et y avaient contracté des mariages. Il était urgent de fixer le sort des enfants nés de ces mariages; et à cet effet fut rendu le statut 13 de Georges III, chap. 21, intitulé : « Acte pour étendre les dis-« positions d'un acte fait dans la 4° année du règne de feu Sa « Majesté Georges II, intitulé : Acte pour expliquer une clause « d'un acte fait dans la 7° année du règne de feu Sa Majesté la

« reine Anne, pour naturaliser les protestants étrangers, lequel
« relate les enfants des sujets naturels-nés de la couronne d'An-
« gleterre ou de la Grande-Bretagne, aux enfants de ces enfants ; »
et mentionnant qu'aucune disposition n'avait été faite jusque-là
pour s'appliquer plus loin qu'aux enfants nés hors de la suzeraineté de Sa Majesté, de pères sujets naturels-nés de la couronne
d'Angleterre ou de la Grande-Bretagne. Il fut ordonné que tous
individus nés ou qui naîtraient dorénavant hors de la suzeraineté
de la couronne d'Angleterre ou de la Grande-Bretagne, de pères
qui avaient ou auraient, en vertu du 21ᵉ statut de la 4ᵉ année
du roi Georges II, des titres à tous les droits et priviléges des
sujets naturels-nés de la couronne d'Angleterre ou de la Grande-
Bretagne, seraient et pourraient être pris et considérés, et étaient
déclarés et reconnus comme sujets naturels-nés de la couronne
de la Grande-Bretagne, sans aucune exception quelconque, et de
la même manière que s'ils avaient été et étaient nés dans le
royaume, nonobstant toutes dispositions à ce contraires contenues dans le chapitre II des 12ᵉ et 13ᵉ années du règne du roi
Guillaume III ; avec cette condition, cependant, que nulle disposition du présent acte ne s'appliquerait, ou ne serait considérée,
jugée ou prise comme s'appliquant à rendre toute personne née
ou qui naîtra hors de la suzeraineté de la couronne d'Angleterre
ou de la Grande-Bretagne sujette naturelle-née de la couronne
de la Grande-Bretagne, contrairement aux conditions, exceptions, limitations et restrictions contenues dans ledit acte fait
dans la 4ᵉ année du règne de feu Sa Majesté, ou pour les abroger, restreindre ou altérer, mais que ces dispositions seraient et
resteraient dans les mêmes état, qualité et condition, sans exception aucune, qu'elles auraient eus, si le présent acte n'avait
jamais été fait. Avec cette condition, encore que rien, dans le
contenu du présent acte, ne s'appliquerait et ne serait considéré,
jugé et pris comme s'appliquant à abroger, restreindre ou altérer
en aucune façon le 27ᵉ statut de la 5ᵉ année du règne de feu Sa
Majesté le roi Georges Iᵉʳ, ni à abroger, restreindre ou altérer
en aucune façon, aucune loi, statut, coutume ou usage quelconques, alors en vigueur, concernant les droits, douanes et impôts
sur les étrangers, ni à établir aucun privilége, exemption ou diminution relativement à iceux, en faveur de toute personne naturalisée en vertu du présent acte, à moins que cette personne

ne vienne dans le royaume pour y habiter et demeurer, et ne
prête et souscrive les serments, et ne fasse, renouvelle et souscrive la déclaration ordonnée par le 2ᵉ statut de la première année du règne de feu Sa Majesté le roi Georges 1ᵉʳ, de la manière,
dans la forme et aux lieu et place spécifiés dans ledit acte, et ne
reçoive aussi le sacrement du souper du Seigneur, conformément
au rit de l'Église d'Angleterre, ou dans une congrégation protestante ou réformée dans le royaume de la Grande-Bretagne, et
ce dans les trois mois précédant la prestation des serments mentionnés audit acte ; et enfin ne produise au moment et au lieu de
la prestation et souscription desdits serments, de la passation,
du renouvellement et de la souscription de ladite déclaration, un
certificat signé par la personne administrant ledit sacrement, et
attesté par deux témoins dignes de foi, et dont l'enregistrement
sera fait *de record* dans les cours respectives devant lesquelles
ces serments auront été prêtés et souscrits, et ce sans frais ni dus.
Et avec cette autre condition, que nul n'aurait la capacité d'annuler un droit ou intérêt établi, lequel, au dernier jour de la session dans laquelle cet acte est passé, aurait été dûment accordé
à un individu quelconque ; ni de réclamer ou demander des droits
et intérêts qui pourraient écheoir à l'avenir, à moins que ces réclamations ou demandes ne soient faites dans les cinq ans après
leur échéance.

Dans la même année, les dispositions des statuts de la 13ᵉ année de Georges II, chap. 7, et de la 2ᵉ année de Georges III,
chap. 25 ; ces deux statuts, concernant les colonies américaines,
furent interprétés en ce qui concerne les offices de confiance occupés par des personnes qui avaient été naturalisées sous et en
vertu de ces actes : en conséquence, par le statut 13, Georges III,
chap. 25, il fut ordonné que tout individu qui était devenu ou
qui deviendrait sujet naturel-né de Sa Majesté, par la force ou
vertu desdits actes, ou de l'un ou l'autre d'iceux, était et serait
considéré comme capable de tenir et occuper un office ou place
de confiance, soit civile, soit militaire, et de tenir et occuper pour
lui, ou par un tiers pour lui, de la couronne, toute concession de
terres, ténements et autres héritages, aussi bien sous le grand
sceau de la Grande-Bretagne, que de toute autre manière (excepté les offices, places et concessions de terres, ténements et
autres héritages dans les royaumes de la Grande-Bretagne et

d'Irlande), nonobstant toute loi ou acte du Parlement à ce contraire.

L'année suivante, on remarqua que beaucoup d'individus nés
hors la suzeraineté de la couronne de la Grande-Bretagne obtenaient des bills de naturalisation dans l'intention de profiter, dans
les pays étrangers, des priviléges et avantages appartenant aux
sujets commerçants de Sa Majesté, en vertu des traités ou autrement, et aussi pour faire tourner ces priviléges et avantages à
l'augmentation du commerce du pays auquel les individus ainsi
naturalisés appartenaient originairement, et non avec le dessein
de fixer leur résidence dans la Grande-Bretagne ou d'en devenir
des sujets utiles. En conséquence, pour remédier à ces abus, il
fut jugé urgent de passer un acte renfermant les dispositions nécessaires pour y pourvoir : de là le statut 14, Georges III, ch. 84,
motivant que, comme il n'était ni juste ni convenable que de
tels abus sortissent de l'esprit de la naturalisation, il fut ordonné
que dorénavant nul ne serait naturalisé, que dans le bill proposé
à cet effet on n'insérât une clause ou condition déclarant qu'on
n'obtiendrait pas et qu'on n'aurait pas le droit de réclamer, dans
les pays étrangers, les priviléges et avantages commerciaux qui y
étaient ou pourraient y être possédés ou réclamés par les sujets
naturels-nés bretons, en vertu de traités ou de toute autre manière, à moins qu'on n'ait habité ou résidé dans la Grande-Bretagne ou les domaines en dépendant pendant l'espace de sept
années, à partir du premier jour de la session du Parlement dans
lequel le bill de naturalisation aura été passé, et sans avoir fait
une absence de plus de deux mois à la fois pendant lesdites sept
années; et que dorénavant aucun bill de naturalisation ne serait
reçu dans l'une ou l'autre chambre du Parlement, que cette
clause ou condition n'y soit d'abord insérée ou contenue.

Des doutes s'élevèrent sur la question de savoir si les dispositions des statuts 11e et 12e de Guillaume III, chap. 6, s'étendaient
à l'Écosse ; et comme il était rationnel d'appliquer à ces deux
parties du royaume de la Grande-Bretagne la même règle de succession, et par conséquent de lever ces doutes, un acte fut passé
dans la 16e année du même règne (c'est le chap. 52) par lequel il
fut déclaré que tout individu sujet naturel-né du roi, ou sujet du
Royaume-Uni, ou des autres royaumes ou domaines du roi, pourrait légalement hériter et hériterait en Écosse des honneurs, ma-

noirs, terres, ténements et autres biens, et établir sa généalogie
et ses droits par descendance de ses ancêtres en ligne directe ou
collatérale, quoique le père, la mère ou tout autre ancêtre de cet
individu, dont il ferait dériver son droit ou sa généalogie fût, était,
ou serait né hors de la suzeraineté du roi et hors des royaumes
et domaines de Sa Majesté, aussi librement, complétement et efficacement, sans aucune exception quelconque, que si ces père,
mère, ou tout autre ancêtre, dont il fait dériver son droit ou sa
généalogie, avait été naturalisé, ou sujet naturel-né dans les domaines de Sa Majesté, nonobstant toute loi et coutume à ce contraires; mais avec cette condition, que nul n'aurait la capacité
d'hériter d'une personne décédée saisie de ces manoirs, terres,
ténements ou autres biens par possession, réversion ou partage
du chef d'un ancêtre étranger, à moins que l'individu réclamant
ou se prévalant de son titre d'héritier ne fût ou ne pût être capable de prendre les mêmes biens comme héritier ou cohéritier, à
la mort de la personne qui serait ainsi morte dernière saisie de
ces manoirs, terres, ténements ou autres biens, et dont il se prétendrait héritier ou cohéritier; avec cette condition encore, que
dans le cas où il arriverait que la personne qui serait et pourrait
être capable de venir à la mort de l'ancêtre ainsi décédé saisi de
ces honneurs, manoirs, terres, ténements et autres biens, et auquel elle ferait remonter son origine, fût fille d'étranger, et que
le père ou la mère étrangers dont cette fille prouverait sa descendance eussent ensuite un fils né dans les royaumes et domaines
de Sa Majesté, la descendance ainsi établie en faveur de la fille
serait dévolue en faveur de ce fils, lequel hériterait et prendrait
les biens de la même manière qu'il y serait autorisé par la loi
commune en cas de naissance d'un héritier plus proche; ou dans
le cas où ces père ou mère n'auraient pas de fils, mais auraient
une ou plusieurs filles dans la suite nées dans les royaumes et domaines de Sa Majesté, ces filles ainsi nées par après hériteraient
et partageraient avec la sœur à laquelle la succession appartiendrait à la mort de l'ancêtre dernier saisi, nonobstant toute disposition à ce contraire contenue au présent acte.

Les colonies américaines s'étant séparées de l'Angleterre et
ayant été reconnues par le statut 22e de Georges III, chap. 46,
comme formant un État libre, souverain et indépendant, tous les
actes relatifs à ces colonies ont cessé d'avoir effet, et en consé-

quence leurs habitants, à partir de cette époque, ont été considérés comme étrangers.

La religion anglicane étant suivie dans des pays hors de la
souveraineté de la couronne d'Angleterre, on crut qu'il était convenable d'autoriser l'évêque de Londres alors en fonction, ou tout
autre évêque désigné par lui, d'admettre dans l'ordre de diacre ou
de prêtre tout individu, sujet ou citoyen d'un pays non soumis à
la souveraineté du roi, sans requérir de lui le serment d'allégeance prescrit par la loi ; en conséquence un acte fut passé dans
la deuxième session de la 24ᵉ année du règne de Georges III (c'est
le chap. 35ᵉ), par lequel, après avoir rappelé qu'aux termes des
lois du royaume, toute personne admise dans les ordres sacrés
était tenue de prêter le serment d'allégeance de la manière prescrite, et après avoir rappelé que plusieurs individus, sujets ou
citoyens de pays non soumis à la souveraineté du roi, demeurant
et résidant dans ces pays, et professant les fonctions publiques de
ministres de Dieu tout-puissant conformément à la liturgie de
l'Église d'Angleterre, désiraient que la parole de Dieu et les sacre-
ments continuassent à être administrés conformément à ladite
liturgie par eux, sujets ou citoyens desdits pays, et ayant reçu les
ordres conformément au mode d'ordination de l'Église d'Angleterre, il fut ordonné qu'à partir de et après la passation de cet
acte, il pourrait être et il serait permis à l'évêque titulaire de
Londres, ou tout autre évêque par lui désigné, d'admettre à l'ordre
de diacre ou prêtre, pour les causes susdites, tout individu sujet
ou citoyen d'un pays non soumis à la souveraineté de Sa Majesté,
sans requérir son serment d'allégeance, mais à condition que l'individu ainsi ordonné ne fût pas capable d'exercer l'office de
diacre ou de prêtre dans les domaines de Sa Majesté ; à condition
aussi que dans les lettres constatant cette ordination on insérerait le nom de la personne ainsi ordonnée, avec le nom du pays
dont elle est sujette ou citoyenne, et, de plus, la relation de sa non-
prestation de serment de fidélité à la cause de l'exemption établie
en sa faveur en vertu de cet acte. De plus, sous et en vertu du
chap. 84ᵉ du statut de la 26ᵉ année du règne du roi Georges III,
amendé par le chap. 6ᵉ du statut de la 5ᵉ année de la reine Victoria, des sujets ou citoyens d'un État ou royaume étranger, que
ces citoyens étrangers soient ou ne soient pas sujets ou citoyens
du pays dans lequel ils se trouvent, peuvent, sans licence de la

reine pour leur élection, ou sans mandat royal sous le grand sceau pour leur confirmation et consécration, et sans exiger d'eux, en leur qualité de sujets ou citoyens d'un État ou royaume étranger, la prestation des serments de fidélité et de suprématie, ainsi que du serment de due-obéissance à l'archevêque en titre, être consacrés comme évêques dans les pays étrangers par l'archevêque de Cantorbéry ou l'archevêque d'York alors en fonctions, assisté de celui des évêques qu'il appellera à cette solennité. Toutefois, par ce dernier acte il est ordonné que tout individu élevé à la dignité d'évêque de la manière susdite, non plus que tout individu tenant son ordination d'un évêque ainsi consacré, ni l'individu promu à l'ordre de diacre ou de prêtre par un évêque ou le successeur d'un évêque ainsi consacré, ne sera pas, par ce fait même, capable d'exercer ses fonctions dans les domaines de Sa Majesté en Angleterre ou en Irlande autrement que conformément aux dispositions d'un acte des 3e et 4e années de Sa Majesté la reine Victoria, intitulé : « Un acte pour établir des disposi- « tions et réglementations concernant l'exercice en Angleterre et en « Irlande de leurs fonctions par les évêques et le clergé de l'Église « épiscopale protestante en Écosse, et aussi pour étendre ces dis- « positions et réglementations aux évêques et au clergé de l'Église « épiscopale protestante dans les États-Unis d'Amérique, et enfin « pour établir d'autres réglementations relativement aux évêques « et au clergé, autres que ceux de l'Église unie d'Angleterre et « d'Irlande. »

Avant l'union de la Grande-Bretagne et de l'Irlande, un statut fut fait par le Parlement irlandais, dans les 14e et 15e années du règne de Charles II (c'est le 13e statut), par lequel les commerçants, fabricants, marins, etc., étrangers et protestants, qui, dans les sept ans, s'établiraient eux et leurs affaires en Irlande, seraient naturalisés en prêtant les serments voulus. Les dispositions de ce statut paraissent avoir conservé leur force avec quelques variations, et avoir été rendues plus explicites en les étendant à tous les individus, les juifs exceptés, sujets à certaines règles par les statuts irlandais 19 et 20, Georges III, chap. 29 ; statuts 23 et 24, Georges III, chap. 38. Ce dernier statut paraît avoir étendu le bénéfice de l'acte aux étrangers de toutes les sectes religieuses. Le Parlement irlandais, dans la 36e année de Georges III, chap. 48, établit de nouvelles dispositions sur ce sujet : il annula l'exception établie contre les juifs, mais il limita le bénéfice de ces statuts aux personnes qui auraient préalablement obtenu une licence du gouverneur général en conseil ; en outre, ces statuts irlandais contenaient des dispositions semblables aux statuts anglais, en ce qu'ils rendaient les personnes naturalisées incapables d'être membres du Parlement, du conseil privé, et d'occuper aucun office de confiance (1). D'après l'acte d'union, art. 8, acte que nous avons rapporté en entier dans notre *Histoire du Parlement d'Angleterre*, il fut déclaré que toutes les lois en vigueur au moment de l'union, et que toutes les cours de juridiction civile et ecclésiastique, dans les royaumes respectifs, resteraient telles qu'elles y étaient établies, sujettes seulement à telles altérations et réglementations que le Parlement du Royaume-Uni jugerait devoir faire de temps en temps et suivant les circonstances.

On a vu que c'est sous les premières années du règne de Georges II qu'ont été encouragés, par un droit de propriété exclusive, les arts du dessin, de la gravure, etc. Sous le règne de Georges III, et notamment dans les statuts 38, chap. 71, et 54, chap. 56, fut encouragé l'art de faire de nouveaux modèles, des moules de bustes, et autres choses y mentionnées : ces deux statuts furent désignés par le statut 7 de Victoria, chap. 12, sous le nom de Droit exclusif de propriété d'objets de sculpture (*Sculpture copyright acts*) (2).

Sous le même règne, une autre protection spéciale fut accordée à une autre production intellectuelle : c'est celle ayant pour objet l'art de dessiner et d'imprimer les toiles de lin et de coton, les calicots et les mousselines. Cette protection résulte des statuts 27, Georges III, chap. 38 ; 29 Georges III, chap. 19, et 34 Georges III, chap. 23 ; et ces trois statuts, constituant le droit exclusif de propriété de dessins pour l'impression du calicot, ont été étendus par le statut 2, Victoria, chap. 13, à tous les autres tissus (3).

Pendant les guerres de la révolution française, guerres qui

---

(1) Voyez les statuts d'Évan, vol. 1, p. 4 ; le statut irlandais des 14e et 15e années de Charles II, confirmé par le statut irlandais de la 2e année d'Anne, chap. 14, et rendu perpétuel par un autre statut irlandais de la 4e année de Georges Ier, chap. 9.

(2) Ce droit se trouve expliqué au chapitre 15 de cet ouvrage.

(3) Id., ibidem.

durèrent depuis 1793 jusqu'en 1815, le Parlement rendit plusieurs actes pour établir des règles concernant les étrangers arrivant ou résidant en Angleterre, dans certains cas (1). Le dernier de ces actes expira le 13 mai 1816. Toutefois ces statuts ne furent jamais applicables aux ambassadeurs étrangers, ou à tout autre ministre étranger dûment accrédité, ni à leurs domestiques enregistrés conformément aux lois en vigueur sur cette matière, ou actuellement à leur service. Jamais ils ne furent considérés comme étrangers selon l'esprit de cet acte. Ces actes cependant ne s'appliquaient pas à l'étranger âgé de moins de quatorze ans, qui aurait fait ce qu'ils défendaient, ou n'aurait pas fait ce qu'ils prescrivaient. De plus, s'il s'élevait la question de savoir si la personne prétendue étrangère, et sujette dès lors à toutes ou aucunes des dispositions de ces actes, était ou non étrangère, et était dès lors ou non une étrangère soumise à toutes ou aucunes de leurs dispositions, la preuve que cette personne était ou devait être légalement considérée comme sujette naturelle-née de Sa Majesté, ou dénisée du royaume, ou naturalisée par acte du Parlement; ou si, étrangère, elle n'était pas soumise à toutes ou aucunes des dispositions de cet acte, à raison de quelque exception par lui établie, ou qui serait prononcée dans une proclamation ou ordre du conseil, comme il y est dit, ou dans un ordre spécial émané de l'un des principaux secrétaires d'État de Sa Majesté, ou du lord-lieutenant, ou de tout autre gouverneur en chef de l'Irlande, ou de leur secrétaire en chef, comme il est dit ci-devant, cette preuve serait fournie par la personne ainsi prétendue étrangère, et en cette qualité soumise à toutes ou aucunes des dispositions de cet acte.

(1) On peut lire les statuts 33, Georges III, chap. 4; statut 35, Georges III, chap. 24; statut 37, Georges III, ch. 92; statut 38, Georges III, ch. 50 et 77; statut 42, Georges III, ch. 92; statut 54, Georges III, ch. 155, et statut 55, Georges III, chap. 54. Il faut observer que la 9e section du 50e statut de la 38e année de Georges III ordonna que les étrangers en Angleterre, qui avaient quitté leur patrie à cause de la révolution française, n'étaient pas soumis à être arrêtés pour dette ou toute autre clause des contrats passés lorsque ces étrangers n'étaient pas dans les domaines de Sa Majesté; et dans le cas où une pareille arrestation aurait été opérée, l'étranger en était affranchi par les cours de Sa Majesté, ou par un juge en cas de vacation. Ces dispositions ne furent que temporaires, d'où la conséquence qu'aujourd'hui un étranger pourrait être arrêté en Angleterre, soit pour dettes contractées à l'étranger, soit par suite de contrats passés ou de jugements rendus à l'étranger.

Plusieurs colonies étrangères s'étant rendues pendant les guerres dernières à l'Angleterre, il s'y trouva pour habitants des marchands qui, par suite des capitulations, devinrent sujets d'Angleterre, mais qui, à raison de leur qualité d'étrangers, ne pouvaient, aux termes des dispositions du statut de la 12ᵉ année du règne de Charles II, chap. 18, avoir le droit d'exercer la profession de marchands. Il fut nécessaire de pourvoir à cette difficulté; et par le statut de la 43ᵉ année du règne de Georges III, chap. 32, il fut permis aux étrangers, dans les colonies étrangères qui s'étaient rendues à Sa Majesté, d'exercer la profession de marchands et de facteurs tout le temps que pourrait durer la guerre, et pendant six mois après la ratification d'un traité définitif de paix.

Il est de droit politique en Angleterre que les individus nés dans un pays qui, par suite de conquête, est réuni à la couronne d'Angleterre, en deviennent sujets; mais si, par la suite, ce pays se trouve, par conquête, séparé de l'Angleterre, les personnes nées après cette séparation sont étrangères. C'est dans ce sens que s'expliquent Dyer, 224; Vaughan, 281 et 282, et 1ᵉʳ vol. de Bac. Abr. 7ᵉ édit., p. 168, lequel citant Wooddes, tome I, 382, prononce que les habitants d'une île cédée par suite d'un traité fait par le roi d'Angleterre, surtout si ce traité a été ratifié par le Parlement, doivent être considérés comme étrangers, encore qu'ils soient nés sous l'allégeance de la couronne. Moore, dans son recueil de décisions du conseil privé, rapporte l'affaire du maire de Lyon, en France, contre la Compagnie des Indes orientales, dans laquelle s'éleva la question de savoir si les lois anglaises concernant les étrangers étaient applicables aux Indes orientales; et des arguments considérables furent développés pour décider si de telles lois, qui n'avaient été promulguées dans les Indes orientales par aucun acte du Parlement ou par aucune charte, pouvaient être considérées comme s'opposant à ce qu'un individu étranger à la couronne d'Angleterre acquît un droit à une propriété franche de tout fief dans les Indes orientales, contrairement au droit de la couronne de la réclamer dans son propre intérêt. Et il fut décidé que l'introduction de la loi anglaise dans un pays conquis ou cédé ne comprend pas la loi exceptionnelle concernant les étrangers, si les actes du pouvoir qui l'introduit démontrent qu'il a fait cette introduction, non dans toutes ses branches, mais seulement *sub modo*, et avec l'exception de cette partie; et que la loi anglaise qui frappe l'étranger de l'incapacité de posséder des biens immeubles comme propriétaire, et de les transmettre par héritage ou testament, n'a jamais été introduite dans les Indes orientales, et n'a pu établir une forfaiture des biens tenus par l'étranger, soit à Calcutta, soit à Mofussil, et légués par un testament exécuté conformément au statut sur les fraudes dans un but charitable. Lord Brougham, en rendant son jugement dans cette cause, dit : « A quelque époque que la sou-« veraineté ait été acquise, et que le pouvoir d'introduire les lois « concernant les étrangers ait été accordé à la couronne, la pro-« priété réelle à Calcutta devait reposer indifféremment sur les « sujets et les étrangers. L'application subite de ces lois est de la « plus grande improbabilité, parce qu'elle aurait entraîné de « graves inconvénients et de grandes injustices. Mais si la souve-« raineté avait été acquise graduellement, si la transition de la « compagnie, de l'état de sujets du Mogol à une autorité indépen-« dante, s'était opérée lentement, à pas imperceptibles, l'intro-« duction des lois concernant les étrangers devenait encore plus « improbable; car aucun acte alors ne pouvait être fait par la « partie qui obtenait le dominium, aucune stipulation n'était faite « non plus par la partie qui devenait sujette, pour assurer les « droits de l'un ou restreindre le pouvoir de l'autre. Au contraire, « toutes ces circonstances se rencontrent toujours lorsqu'il s'agit « de conquête ou de cession donnant la souveraineté d'un terri-« toire dans un État qui, auparavant, appartenait à un autre. Le « traité doit assurer, et assure presque toujours, les droits relatifs « des parties, quant à la propriété du pays. Mais, dans l'espèce, « aucune définition semblable n'a pu avoir lieu, et ce silence aug-« mente considérablement l'improbabilité que ces lois y aient été « en aucune façon introduites. » Et de plus, concernant l'étranger tenant dans les Indes orientales une maison à bail emphytéotique ou franche de fief, aucun exemple n'a été produit; et il est en effet reconnu, sans conteste, qu'aucun exemple n'a jamais existé de forfaiture au profit de la couronne en pareille circonstance. On ne trouve dans ces contrées aucun fait connu, soit par suite d'enquête d'office, soit par une procédure analogue, soit par toute autre procédure, qui donne à la couronne, ou à ceux qui exercent son autorité par délégation, des droits aux propriétés réelles ou

aux biens immeubles qui y sont dans les mains d'étrangers.
Quand ces étrangers meurent, leurs biens immobiliers passent à
leurs héritiers, ou sont pris par leurs légataires, ou administrés
légalement (*as assets*) par leurs exécuteurs, sans qu'aucune réclamation ait été faite par le pouvoir souverain, qui, en Angleterre, serait saisi *hic et nunc*. Des tentatives ont été faites plus
d'une fois, mais jamais on ne conseille aux parties en possession
de céder leurs droits à celui qui les réclamait, à cause de leur
qualité d'étrangers; le douaire même a toujours été assigné à la
veuve, quoique étrangère. Et sa seigneurie, sur la question de
savoir si la loi frappant d'incapacité les étrangers est nécessairement applicable, du moment que la souveraineté de la couronne
est établie, ajoute : « Dans plusieurs autres pays, le souverain n'a
« pas un semblable droit. En France, par exemple, les étrangers
« peuvent posséder des immeubles sans que la couronne puisse y
« avoir aucun droit, et ils peuvent les transmettre à leurs héri-
« tiers. Ce droit fut abrogé par ordonnance le 13 octobre 1814,
« le droit d'aubaine ayant été aboli à la révolution; mais la clause
« de réciprocité fut introduite à la restauration (pourvu que la
« loi de leur pays donne le même droit aux sujets français alors
« saisis d'immeubles) (1). » Ce n'est pas tout encore : le même savant lord, sur la question de savoir si l'introduction générale de
la loi anglaise renferme cette partie concernant les étrangers,
après avoir rappelé l'opinion de sir Fletcher Norton, en 1764,
s'exprime ainsi : « La véritable raison de cette opinion en fut
« donnée ici, quoiqu'elle n'apparaisse pas avoir été soigneusement
« comprise auparavant. On tient très-distinctement que les sujets
« d'un territoire conquis ou cédé doivent être simplement consi-
« dérés comme n'étant pas étrangers, en vertu du traité qui leur
« donne les droits de sujets, et que nul autre que celui qui peut
« réclamer le bénéfice du traité ne peut posséder ou transmettre

---

(1) Il faut voir les art. 11 du Code civil et 1 et 2 de la loi du 14 juillet 1819.
Les art. 1 et 2 de cette dernière loi disent : « Art. 1er. Les art. 726 et 912 du
« Code civil sont abrogés : en conséquence, les étrangers auront droit de suc-
« céder, de disposer et de recevoir de la même manière que les Français dans
« toute l'étendue du royaume. — Art. 2. Dans le cas de partage d'une même
« succession entre des cohéritiers étrangers et français, ceux-ci prélèveront sur
« les biens situés en France une portion égale à la valeur des biens situés en
« pays étranger, dont ils seraient exclus, à quelque titre que ce soit, en vertu
« des lois et coutumes locales. »

« des immeubles. Nous disons que telle est la raison de cette opi-
« nion, et qu'elle fut ainsi présentée ici ; car, en effet, l'argument
« maintenu par la couronne exige que la proposition soit portée
« jusqu'à ce point, que, par la conquête ou la cession, tous les
« habitants continuent à être étrangers après leur changement de
« domination, à moins et tant que le conquérant ou le cession-
« naire ne leur accorde la naturalisation. Mais cette thèse paraît
« tout à fait insoutenable, car toutes les autorités sont d'accord
« que, par la conquête, les habitants, aussi bien ceux *ante nati*
« que ceux *post nati* du pays conquis, deviennent dénisés du pays
« conquis ; et vouloir soutenir que le peuple conquis devient
« étranger à son nouveau souverain par sa prise de souveraineté
« sur lui, c'est soutenir le système le plus absurde et presque con-
« traire au sens commun, comme lorsqu'on voulut prétendre que
« les habitants anglais étaient étrangers sous Jacques Ier, à une
« époque où s'éleva aussi la question de savoir si les *ante nati* de
« l'Écosse ne devenaient pas, par son accession à la couronne,
« dénisés en Angleterre. La cour en question, comme on doit la
« remarquer, admet distinctement que la conquête opère ce qu'on
« appelle une naturalisation virtuelle ; mais sir F. Norton prétend
« que, s'il n'y a de dispositions expresses dans le traité, les sujets
« conquis sont étrangers. Mais en admettant toutes les autres
« parties de l'argument, toujours est-il qu'on ne peut nier que la
« couronne a la faculté d'abandonner sa prérogative. En effet,
« lorsque les habitants des provinces conquises sont censés obte-
« nir les droits de sujets par suite du traité (et même sir F. Nor-
« ton ne doute pas que cela ne soit possible), ceux qui soutiennent
« la doctrine la plus rigoureuse sont forcés de dire que le traité
« est un abandon volontaire du droit de la couronne ; il prouve la
« volonté du souverain d'exempter le territoire conquis de cette
« branche de sa prérogative. Mais la même volonté du souverain
« peut résulter d'autres circonstances, et le même abandon de sa
« prérogative peut de cette manière être encore prouvé. Les
« chartes, les règlements, les actes du Parlement auxquels on a
« eu si souvent recours, montrent des circonstances suffisantes
« d'où peut résulter la volonté du souverain et prouver l'abandon
« de sa prérogative ; et, même en supposant que cette conséquence
« résulte en général de la prérogative, la preuve doit en être four-
« nie par ceux qui invoquent cette exception, par ceux qui veulent

4

« établir que la loi anglaise de forfaiture ne fut pas introduite à
« Calcutta, plutôt que par ceux qui s'appuient sur la thèse con-
« traire. » Il faut observer toutefois que par le statut 55 de
Georges III, chap. 84, les autorités des Indes orientales peuvent
défendre à tous individus autres que sujets-nés anglais, et autres
personnes appartenant à la juridiction de leur charte, de s'y établir. On peut consulter encore le recueil de Viner au titre *Étranger*; il s'agissait d'un sujet né à Tournay en France, lorsque
cette place était sous la domination de la couronne anglaise ;
ainsi que Blackstone, au vol. 1er, pag. 108 et suivantes de ses
Commentaires.

Il reste à faire sur ce sujet une observation essentielle : c'est
que, dans les questions relatives aux droits des étrangers dans les
colonies, les cours d'Angleterre se règlent sur les lois des colonies
particulières dans lesquelles ces questions s'élèvent, et n'appliquent la loi de l'Angleterre que pour déterminer s'il y a ou non
aliénage (1).

Le Parlement, à différentes époques, fit des actes pour encourager les marins à entrer au service de la Grande-Bretagne, et
les étrangers qui avaient pris ou qui prendraient cette détermination avaient droit aux bénéfices de la naturalisation en Angleterre.
C'est en ce sens que s'expliquent les statuts 6, Anne, chap. 37 ;
statut 13, Georges II, chap. 3, et statut 20, Georges III, chap. 20.
Mais, en vertu de ces statuts, aucun individu naturalisé ne pouvait être du conseil privé, ni membre du Parlement, ni tenir
aucun office ou place de confiance, soit civile, soit militaire, ni
recevoir de la couronne, pour lui ou par toute autre personne interposée pour lui, aucune concession de terre ; et des dispositions
furent faites pour autoriser Sa Majesté à publier dans les guerres
futures une proclamation pour permettre d'employer dans les
bâtiments des marins étrangers de la manière prescrite par la loi,
et par le seul fait de la publication de cette proclamation, la loi
était considérée comme en force et vigueur pendant toute la
durée de la guerre. C'est la disposition formelle du statut 2,
Georges III, chap. 25.

(1) Il faut consulter 3 *Knapp's privy Council*, cases 63, *Donegain versus
Donegain, et Re Adams,* 1 *Moore's privy Council*, cases 60, et 2 *Hare,* 1,
affaire Bentinck contre Willinck. On verra dans ces affaires jusqu'où la loi
générale de l'Angleterre peut être appliquée aux questions relatives aux immeubles dans les colonies.

Nous avons dit que le dernier statut concernant les étrangers était expiré en mai 1816, et en 1818 dans la 58e année du règne de Georges III, chap. 97, un acte fut rendu par le Parlement, intitulé : « Acte pour empêcher les étrangers, jusqu'au 25 mars 1819, « d'être naturalisés ou dénisés, excepté dans certains cas. » Cet acte, après avoir mentionné qu'il était urgent que, pendant un temps limité, les étrangers ne pussent être ni naturalisés ni dénisés, excepté dans les circonstances ci-après, ordonna qu'à partir de et après la passation de cet acte, jusqu'au 25 mars 1819, aucun étranger ne pût devenir sujet naturalisé, ni dénisé, ni prétendre à aucun des priviléges de la naturalisation ou de la dénisation, d'aucune autre manière ni par aucune autre autorité que par acte à rendre à l'avenir par le Parlement du Royaume-Uni de la Grande-Bretagne et d'Irlande, ou par lettres de dénisation qui seront à l'avenir accordées par Sa Majesté, ses héritiers et successeurs, nonobstant toute loi, coutume, ou usage à ce contraires ; mais il fut déclaré qu'aucune disposition du présent acte ne s'appliquerait ou ne serait considérée comme s'appliquant à affecter en aucune façon les droits de naturalisation ou dénisation que toute personne, dans le cas où cet acte n'aurait pas été passé, aurait acquis ou aurait pu acquérir en vertu d'un acte quelconque du Parlement fait pour encourager les marins à entrer au service de Sa Majesté, ou pour encourager les étrangers protestants à s'établir dans les colonies de Sa Majesté en Amérique, ou pour naturaliser les étrangers protestants qui avaient servi ou serviraient dans les troupes de Sa Majesté, ou pour l'encouragement de la pêche maritime. Ce statut fut ensuite prorogé par plusieurs statuts subséquents, dont le dernier fut passé dans la 3e année du règne de Georges IV ; mais celui-ci ne prolongea le précédent que d'une année, de manière qu'il cessa d'être loi au 25 mars 1823 (1).

Dans la dernière partie du règne de Georges III, d'autres actes furent passés pour établir des règles concernant les étrangers

(1) Il faut voir particulièrement les statuts 58, Georges III, ch. 97 ; statut 59, Georges III, chap. 8 ; statut 1, Georges IV, chap. 18 ; et statut 3, Georges IV, chap. 15. L'objet de ces statuts fut d'interdire aux étrangers, se fondant sur les actes écossais de 1693, d'établir la banque d'Écosse, ou se fondant sur des actes relatifs à d'autres corporations, de devenir dénisés en vertu de ces actes, pour un temps limité. (Voyez les Débats parlementaires de Hansard, vol. 38, col. 1307.)

4.

arrivant ou venant résider en Angleterre, dans certains cas, et
dans ces actes on retrouve des dispositions semblables à celles
déjà citées concernant les ambassadeurs et les serviteurs, les individus au-dessous de quatorze ans, et sur qui doit retomber la
preuve ou l'allénage (1). Ces statuts furent continués par plusieurs
autres faits successivement, et dont le dernier est de la 5° année
du règne de Georges IV; mais dans la 7° année du même règne,
cesactes furent remplacés par un autre intitulé : « Acte pour l'enregistrement des étrangers, » et daté de la 7° année de Georges IV,
chap. 54 ; et ce dernier fut abrogé par le statut 6 et 7, Guillaume IV,
chap. 11. Par ce statut il fut ordonné que tout maître de bâtiment
qui, après le commencement de ce statut, arriverait dans le
royaume, des pays étrangers, serait tenu, immédiatement après
son arrivée, de déclarer par écrit à l'officier en chef de la douane
au port de son arrivée, s'il y a, à sa connaissance, quelque
étranger à bord de son bâtiment, et si quelque étranger est, à sa
connaissance, débarqué dans un endroit quelconque du royaume,
et de spécifier dans sa déclaration le nombre d'étrangers, s'il y a
lieu, à bord de son bâtiment, ou qui, à sa connaissance, en étaient
débarqués, ainsi que leurs noms, qualités, professions et signalement, autant qu'il en sera informé lui-même ; et si le maître de
ce bâtiment refusait ou négligeait de faire cette déclaration, ou
faisait sciemment une fausse déclaration, il encourrait pour chaque
contravention une amende de 20 livres sterling (500 fr.), et de
plus une amende de 10 livres sterling (250 fr.) pour chaque étranger qui aurait été à bord au moment de l'arrivée de ce bâtiment,
ou qui, à sa connaissance, en serait débarqué dans un lieu quelconque du royaume, et que le maître de ce bâtiment aurait sciemment refusé ou négligé de déclarer; et, en cas de refus ou de négligence de la part de ce maître de payer immédiatement cette
amende, il serait permis à l'officier de la douane, et il était même
requis de retenir ce bâtiment jusqu'au payement de cette amende.
Le statut déclarait en même temps qu'aucune de ses dispositions
ne s'appliquerait aux marins actuellement employés dans la navigation de ce bâtiment, et tout le temps qu'ils resteraient ainsi
employés. Il ordonnait de plus que tout étranger qui, après sa

_____

(1) Statut 50, Georges III, chap. 80; statut 58, Georges III, chap. 90; statut 1, Georges IV, chap. 105; statut 3, Georges IV, chap. 97; et statut 5,
Georges IV, chap. 37.

promulgation, arriverait dans une partie du Royaume-Uni, des pays étrangers, serait tenu de présenter et de montrer, immédiatement après son arrivée, à l'officier en chef au port de débarquement, pour y être inspecté, le passe-port dont il serait porteur, et de déclarer par écrit à cet officier en chef, ou de lui faire une déclaration verbale, que cet officier rédigerait par écrit, du jour et du lieu de son débarquement et de son nom, de déclarer également le pays auquel il appartient et dont il est sujet, et le pays et le lieu d'où il vient, laquelle déclaration serait faite ou rédigée dans la forme approuvée par l'un des principaux secrétaires d'État de Sa Majesté. Et si un étranger arrivant dans le royaume négligeait ou refusait de présenter et montrer son passe-port, ou s'il refusait ou négligeait de faire la déclaration prescrite, il encourrait l'amende de 2 livres sterling (50 fr.). Il était encore ordonné que l'officier de douane auquel le passe-port serait présenté et la déclaration faite, enregistrerait immédiatement cette déclaration dans un livre par lui tenu à cet effet (dans lequel livre des certificats seraient imprimés en blanc, avec souches, dans la forme approuvée par l'un des principaux secrétaires d'État de Sa Majesté), et y insérerait les différentes particularités requises par cet acte, dans des colonnes exprès, en doubles parties, dont l'une serait délivrée à l'étranger qui aurait fait cette déclaration; que l'officier en chef de la douane dans chaque port transmettrait, dans les quarante-huit heures une copie exacte de la déclaration de chaque maître de bâtiment, et une copie exacte de chaque certificat, s'il s'agit d'une arrivée dans la Grande-Bretagne, à l'un des principaux secrétaires d'État de Sa Majesté, et s'il s'agit d'une arrivée en Irlande, au secrétaire en chef de l'Irlande ; que tout étranger devant quitter le royaume, avant son embarquement, remettrait le certificat dont il serait porteur en vertu de cet acte, à l'officier en chef de la douane du port de son départ, qui y ferait l'insertion que cet étranger a quitté le royaume, et le transmettrait immédiatement à l'un des principaux secrétaires d'État de Sa Majesté, ou au secrétaire en chef de l'Irlande, suivant le cas, de la manière ci-devant prescrite pour le certificat délivré à l'étranger lors de son arrivée dans le royaume. Que si le certificat délivré à un étranger en vertu du présent acte, se trouvait perdu, égaré ou détruit, et que cet étranger pût en fournir la preuve à l'un des juges de paix de Sa Majesté, et que ce magistrat reconnût que cet

étranger s'était dûment conformé aux prescriptions de cet acte,
il lui était permis et il était même requis d'en donner un certificat
signé de lui, et que par ce moyen cet étranger aurait droit de
recevoir de l'un des principaux secrétaires d'État de Sa Majesté,
ou du secrétaire en chef de l'Irlande, suivant le cas, un nouveau
certificat qui aurait la même force et valeur que le certificat ainsi
perdu, égaré ou détruit; que tout certificat ainsi requis serait accordé sans frais ou coûts quelconques, et que toute personne qui
prendrait des frais ou gratifications d'un étranger ou de tout autre individu pour un certificat ou autre chose ou raison faite par
suite de cet acte, encourrait pour chaque contravention une
amende de 20 livres sterling (500 fr.); que tout officier de douane
qui refuserait ou négligerait de faire l'inscription prescrite, ou
d'en accorder le certificat conformément aux dispositions de cet
acte, ou qui sciemment ferait une fausse inscription, ou qui négligerait d'en transmettre la copie, ou de transmettre la déclaration du maître du bâtiment, ou la déclaration de départ, de
la manière prescrite par le présent acte, encourrait, pour chaque
contravention, l'amende de 20 livres sterling (500 fr.); que quiconque ferait ou transmettrait sciemment une fausse déclaration, ou sciemment forgerait, contreferait ou altérerait, ou
ferait forger, contrefaire ou altérer, ou produirait, les sachant
forgés, contrefaits ou altérés, les déclarations et certificats prescrits, ou obtiendrait ce certificat sous un autre nom ou signalement que les vrais nom et signalement de l'étranger prétendu
nommé et signalé, sans découvrir à la personne délivrant ce certificat les véritables nom et signalement de cet étranger, ou prétendrait faussement être la personne censée nommée et signalée
dans ce certificat, chaque contrevenant, sur la preuve acquise
devant deux juges de paix de sa contravention, serait condamné
ou à une amende n'excédant pas 100 livres sterling (2,500 fr.) ou
à un emprisonnement n'excédant pas trois mois calendaires, à la
discrétion de ces juges; — que toutes les contraventions contre
les dispositions de cet acte seraient poursuivies dans les six mois
de leur perpétration, et devant deux ou un plus grand nombre de
juges de paix du lieu où aurait été commise la contravention,
lesquels étaient requis, à défaut de payement de l'amende, de faire
conduire le contrevenant à la prison commune pour un temps
n'excédant pas un mois calendaire, à moins que l'amende ne fût

payée plus tôt, et dans le cas où cette amende n'excéderait pas 20 livres sterling (500 fr.), et sur-le-champ de faire leur rapport à l'un des principaux secrétaires d'État de Sa Majesté, ou au secrétaire en chef de l'Irlande, suivant le cas, de la culpabilité de chaque contrevenant à cet acte, et de la peine prononcée contre lui; et qu'aucun writ de *certiorari*, ou d'advocation, ou de suspension, ne serait admis pour arrêter les procédures des juges de paix touchant les cas susdits, ou pour surseoir ou suspendre l'exécution ou toute autre procédure y relative; — qu'aucune desdispositions du présent acte ne s'appliquerait aux ambassadeurs étrangers, ou aux ministres publics dûment autorisés, ni aux serviteurs de ces ambassadeurs étrangers ou ministres publics enregistrés conformément à la loi, ou attachés actuellement à ces ambassadeurs ou ministres, non plus qu'à l'étranger qui aurait résidé continuellement dans le royaume pendant les trois dernières années précédant la passation du présent acte, ou qui à l'avenir, à quelque époque que ce soit, compléterait cette résidence de trois ans, et qui en aurait obtenu le certificat de l'un des principaux secrétaires d'État de Sa Majesté ou du secrétaire en chef de l'Irlande; non plus qu'à l'étranger par rapport à un acte fait ou omis d'être fait, au-dessous de l'âge de quatorze ans, au moment où cet acte fut fait, ou omis d'être fait; — que s'il s'élevait la question de savoir si un individu prétendu étranger et soumis aux dispositions du présent acte, était en effet, ou n'était pas étranger, ou était ou n'était pas soumis aux dispositions dudit acte, la preuve que cette personne était, ou devait être présumée par la loi être sujette naturelle-née de Sa Majesté, ou dénisée du royaume, ou sujette naturalisée, ou encore que cette personne, si elle était étrangère, n'était pas soumise à toutes ou aucunes des dispositions dudit acte à cause d'une exception y renfermée ou par tout autre motif, cette preuve incomberait à la personne ainsi prétendue étrangère et soumise dès lors aux dispositions de cet acte; — que ledit acte commencerait à produire effet à partir de et après le premier juillet de cette année; — enfin qu'il pourrait être modifié, changé ou abrogé par un acte à passer dans cette session du Parlement.

Les étrangers, à moins qu'ils ne soient naturalisés, dénisés, ou devenus sujets par suite de conquête, de cession, ou qu'ils n'aient servi dans les vaisseaux de guerre de Sa Majesté, ne sont pas autorisés à posséder un bâtiment breton enregistré. Cette prohibition fut prononcée par la 16ᵉ section du statut 3 et 4 du roi Guillaume IV, chap. 54, et intitulé : « Acte pour l'encourage-« ment de la marine et de la navigation bretonne. » Et les dispositions de cet acte furent reproduites dans la 12ᵉ section du statut 3 et 4 du même roi Guillaume IV, chap. 55, intitulé : « Acte « pour l'enregistrement des vaisseaux bretons. »

Il faut cependant observer ici que, par un statut de la 5ᵉ année du règne du roi Georges IV, chap. 97, tous les actes du Parlement ci-devant mentionnés ou relatés concernant les artisans allant à l'étranger, ensemble avec les autres lois, statuts ou actes traitant la même matière, et en force dans tout ou partie des Royaumes-Unis de la Grande-Bretagne et d'Irlande, furent abrogés, sauf et excepté en tant qu'ils puissent avoir abrogé quelque acte ou disposition antérieure.

Les lois de l'Angleterre ont aussi établi un système de répression en cas d'homicide ou d'assassinat commis sur un étranger dans les domaines extérieurs de Sa Majesté. Les procès dans ces cas sont suivis en Angleterre, en vertu des 7ᵉ et 8ᵉ sections du 9ᵉ statut de Georges IV, chap. 31, qui déclare que, si l'un des sujets de Sa Majesté est accusé en Angleterre de meurtre ou d'assassinat, ou d'être complice avant le fait de meurtre, ou après le fait de meurtre ou d'assassinat, leur perpétration ayant eu lieu sur des possessions hors du Royaume-Uni, soit dans les domaines ou hors des domaines de Sa Majesté, il est permis aux juges de paix du comté ou du lieu où la personne ainsi accusée sera trouvée, de prendre connaissance du crime dont elle est chargée, et de procéder à son instruction, comme si le crime avait été commis dans les limites de sa juridiction ordinaire ; et si une personne ainsi accusée est emprisonnée pour être jugée, ou admise à donner caution pour répondre à cette accusation, une commission d'*oyer et terminer* sous le grand sceau sera adressée à tels individus, et dans ces comté ou place, qui seront désignés par le lord chancelier, ou le lord garde du grand sceau, ou les lords commissaires du grand sceau, pour la prompte expédition du procès de cet accusé ; et ces individus auront plein pouvoir d'enquête, d'audition et de jugement de ces crimes dans le comté ou le lieu limités dans leur commission, par de bons et loyaux habitants desdits comté ou lieu, et tels qu'ils seront à cet effet envoyés devant eux, et de la même manière que si les crimes avaient été actuellement commis dans lesdits comté ou lieu ; — avec cette clause, que tout pair du royaume, ou tout individu ayant droit ou privilége de la pairie, étant accusé d'un pareil crime en vertu d'une commission désignée comme ci-devant, aura le bénéfice d'être jugé par ses pairs de la manière usitée jusqu'ici ; — avec cette clause encore qu'aucune disposition du présent acte ne s'opposera à ce qu'un individu ne soit jugé dans un lieu en dehors du royaume, pour meurtre ou assassinat commis en dehors du royaume, de la même manière que cet individu aurait été jugé avant la passation de cet acte ; — que, si un individu criminellement frappé, empoisonné ou de toute autre manière blessé sur mer, ou dans un lieu quelconque hors de l'Angleterre, meurt par suite de ces coups, empoisonnement ou blessures en Angleterre, ou criminellement frappé, empoisonné ou de toute manière blessé dans un lieu quelconque en Angleterre, même par suite de ces coups, empoisonnement ou blessures sur mer ou dans un lieu quelconque hors de l'Angleterre, tout crime commis dans chacune de ces circonstances, soit qu'il doive être considéré comme meurtre ou assassinat, ou comme complicité avant le fait de meurtre ou après le fait de meurtre ou d'assassinat, sera poursuivi, examiné, jugé, terminé et puni dans le comté ou le lieu de l'Angleterre où la mort, les coups, l'empoisonnement ou les blessures auront été portés, de la même manière, à tous égards, que si ce crime avait été entièrement commis dans ce comté ou ce lieu (1).

Nous avons vu que, dans la 7ᵉ année de Jacques Iᵉʳ, chap. 2 (page 14), il était ordonné que les étrangers qui obtenaient la naturalisation, ou ceux qui obtenaient leur réhabilitation, reçussent le sacrement du souper du Seigneur et prêtassent le serment d'allégeance et de suprématie : ce statut fut modifié par un acte de la 6ᵉ année du règne de Georges IV, chap. 67, lequel voulut qu'à partir de et après la passation, il ne serait dorénavant plus nécessaire pour tout individu naturalisé ou réhabilité de recevoir le sacrement du souper du Seigneur ; — que s'il paraissait à celle des chambres du Parlement devant laquelle le bill de réhabilitation serait primitivement porté, que la personne portée dans ce

___

(1) Nous verrons, au chapitre 18, comment la question doit être décidée, lorsque l'affaire se passe entre étrangers.

bill pour être réhabilitée, était incapable, par suite de maladie,
d'infirmité corporelle, ou de toute autre cause suffisante, de prêter les serments d'allégeance et de suprématie devant la chambre du Parlement où le bill qui la concerne serait lu deux fois,
comme il est prescrit par ledit acte, cette chambre pourrait,
avant que ce bil' ne soit lu deux fois, considérer comme preuve
suffisante la prestation de cesdits serments faite dans l'année précédant cette lecture, et devant un juge de paix, un maire ou
tout autre magistrat en chef de comté, cité ou ville dans la
Grande-Bretagne ou l'Irlande, ou devant l'un des juges de Sa
Majesté, ou l'un des juges dans les cours de judicature de Sa Majesté dans les colonies ou possessions étrangères de Sa Majesté.

Jusque-là on a pu remarquer que la législation anglaise ne
s'était occupée, pour ainsi dire, à l'égard des étrangers, que de
ce qui concerne, soit leurs personnes, soit leurs produits industriels; les produits intellectuels n'avaient pas encore excité l'attention du législateur d'une manière spéciale. Cependant, dans
certains pays étrangers, on avait senti la nécessité de protéger en général les auteurs d'ouvrages littéraires et scientifiques,
et comme cette protection s'étendait aux auteurs de livres publiés pour la première fois en Angleterre, le Parlement crut devoir une protection semblable aux auteurs d'ouvrages publiés
pour la première fois dans ces pays, et dans les 1re et 2e années du règne de Victoria, chapitre 59, fut rendu un premier
statut, intitulé : « Acte pour garantir aux auteurs, dans certains
« cas, les bénéfices du droit international de propriété litté-
« raire. » Ce statut, modifié d'abord par un second statut des 5e et
6e années de Victoria, chap. 45, a été totalement abrogé par
l'article 1er du statut de la 7e année du même règne, chap. 12 ; et
ajoutant à ces deux statuts les statuts 5 et 6, Victoria, chap. 100,
et 6 et 7, Victoria, chap. 65, concernant les dessins pour ornements, il en résultera un corps de législation complète sur la
matière, laquelle fera l'objet du chapitre 15 de cet ouvrage.

Par le statut 7 et 8, Victoria, chap. 66, les étrangers amis,
étant considérés comme sujets naturels-nés du Royaume-Uni', sont
dès lors soumis aux mêmes lois que ceux-ci. Ainsi, lorsqu'ils ont
à constater des actes de naissance, de mariage et de décès, ils
doivent se conformer aux formalités prescrites par le statut 6 et

7, Guillaume IV, chapitres 85 et 86 (1). S'agit-il de propos et de
libelles diffamatoires, ils peuvent exercer les poursuites autorisées par les statuts 6 et 7, chap. 96, et 8 et 9, chap. 75 de la
reine Victoria. Enfin, s'agit-il du recouvrement de sommes au-
dessous de 20 livres sterling, ils peuvent invoquer le bénéfice de
l'acte 9 et 10, Victoria, chap. 95, concernant les petites dettes.

Les lois concernant les étrangers et les modifications apportées
à l'aliénage, soit par la dénisation, soit par la naturalisation,
n'ont plus subi de changement législatif jusqu'au statut 7 et 8
de Victoria, auquel nous arriverons tout à l'heure, et la prohibition portée contre les étrangers dénisés ou naturalisés, de posséder aucun office de confiance du gouvernement, et d'être membres du Parlement ou du conseil privé, a été généralement admise
jusqu'à l'époque actuelle. On a toujours pensé, non sans quelque
apparence de raison, que la fidélité naturelle, que les sentiments in-
nés que tout individu doit avoir pour le souverain dans le domaine
duquel il est né, étaient des motifs suffisants pour ne pas donner
aux étrangers dénisés ou naturalisés les mêmes droits, les mêmes
priviléges, les mêmes avantages, que ceux possédés par les sujets
naturels-nés bretons, et dès lors on n'a plus revu cette naturalisation générale de droit accordée, comme nous l'avons rapporté,
par le statut 5 de la 7e année du règne de la reine Anne, sauf la
seule tentative faite sans succès sous le règne de Georges II. Mais,
en 1843, un bill pour régulariser et coordonner la législation
concernant les étrangers fut présenté par M. Hutt, député de Ga-
teshead. La Chambre des communes se montra opposée à une modification qu'elle trouva trop large, et le bill introduit par M. Hutt
fut rejeté sans division le 9 mars 1843, et il ne resta de sa présentation que le besoin senti de reviser la législation sur la matière, et de diminuer les frais de naturalisation.

M. Hutt, voulant profiter de cette tendance de la Chambre des
communes, fit une nouvelle motion, et le 15 mars 1843, un comité spécial fut nommé pour prendre connaissance de l'état de la
législation concernant les étrangers et autres individus résidant
dans le royaume et n'étant pas sujets naturels-nés de la couronne
anglaise, et faire connaître s'il ne serait pas convenable d'y faire
des modifications et la nature de ces modifications, à l'effet de

(1) Voir le chapitre 21.

faciliter l'admission des étrangers aux droits et privilèges des sujets bretons, excepté la capacité d'être membre du conseil privé ou du Parlement, ainsi qu'il a été réglé par l'acte 12 et 13 de Guillaume III, chap. 2.

Ce comité se livra sérieusement au travail qui lui fut remis; il reçut plusieurs témoignages, et après un profond examen de la matière, il fit, le 2 juin 1843, son rapport à la Chambre des communes. Par ce rapport, qui comprit l'état de la législation et les frais à débourser par les étrangers pour obtenir des lettres patentes de dénisation et des actes de naturalisation, et qui relata aussi le chiffre des étrangers en Angleterre, avec l'oubli par le plus grand nombre de s'être conformés aux dispositions de l'acte qui prescrit leur enregistrement, le comité demanda à la Chambre des communes d'investir le secrétaire d'État du pouvoir d'accorder les droits que la naturalisation avait jusque-là pu conférer, et que la loi renfermât des dispositions pour rendre plus facile l'admission des étrangers résidant en Angleterre à tous les droits que la législature jugerait convenable de leur accorder, mais que ces droits comprissent la capacité de remplir certains offices de confiance et emplois civils et militaires, et notamment les fonctions de juge de paix. Le comité, dans son rapport, recommanda, en outre, l'abolition des statuts 3 et 4 de Guillaume IV, chapitres 54 et 55, en tant qu'ils s'opposent à ce que les étrangers soient propriétaires de bâtiments anglais portés sur les registres de l'amirauté, et que les étrangers domiciliés en Angleterre fussent capables d'y posséder des biens immeubles. Après avoir aussi relaté les doutes qu'avaient fait naître quelques-uns des actes signalés dans son rapport, lesquels, pour ainsi dire, noyés dans la législation, la rendaient d'une application et dangereuse et difficile, le comité conclut par émettre l'opinion qu'il était de la plus haute urgence de fixer d'une manière claire et précise la législation concernant les étrangers. Le Parlement, comme on va le voir, sanctionna son rapport, sauf la partie qui demandait que les étrangers pussent posséder des immeubles en Angleterre, capacité que la politique ombrageuse et non motivée du Parlement ne voulut pas accorder.

Mais avant d'arriver à ce rapport, nous devons signaler deux grands actes politiques passés entre la France et l'Angleterre, et ayant pour objet, l'un portant la date du 22 août 1843, et formant le statut 6 et 7 de Victoria, chap. 75, l'extradition réciproque d'individus accusés ou condamnés pour certains crimes. Cet acte sera développé au chap. 17 de cet ouvrage.

Le second acte est la convention passée entre Sa Majesté la reine d'Angleterre et le roi des Français, le 29 mai 1845, et ratifiée à Londres le 7 juin 1845, pour la suppression de la traite des noirs. Cet acte sera l'objet du 21ᵉ chapitre de cet ouvrage.

L'on a vu aussi, à la page 15, que par le 16ᵉ statut de la 32ᵉ année de Henri VIII il était défendu à tout étranger de prendre une maison à bail, et à tout Anglais de la lui louer, à peine, outre la nullité du bail, d'une forfaiture de 100 livres sterling contre chacun, du locateur et du locataire. Cette législation barbare, dont les circonstances seules adoucirent la sévérité, est restée écrite dans le livre des lois anglaises jusqu'au statut 7 et 8 Victoria, chap. 66, qui enfin a donné aux étrangers des droits positifs; et ces droits seront développés au chap. 10.

Il est encore une matière de la plus haute gravité, du plus grand intérêt, puisqu'il s'agit de l'état civil de l'homme, c'est-à-dire de sa position légale dans le pays auquel il appartient, et dans le Royaume-Uni; cette matière, réglée par le statut 6 et 7, Guillaume IV, chap. 85 et 86, sera traitée au chapitre 21 et dernier de cet ouvrage.

Enfin les événements politiques ont donné lieu à un statut rendu dans la 11ᵉ année du règne de Victoria, chap. 20, lequel a modifié la position de l'étranger dans le Royaume-Uni. A cet égard, le gouvernement anglais a, sur l'étranger arrivé récemment ou séjournant en Angleterre depuis moins de trois ans, le droit de l'expulser du royaume dans les cas qui seront spécifiés à la fin du chapitre 10.

Tel est l'historique des lois concernant les étrangers, d'abord en Angleterre, puis dans la Grande-Bretagne, puis enfin dans le Royaume-Uni. En lisant ce précis, on voit d'abord que les étrangers ont été tolérés, et que ce n'est qu'à partir de 1844, sous le règne de la reine Victoria, que leur position a été enfin légalement fixée; cette preuve va surtout ressortir du chapitre suivant.

CHAPITRE II.

Rapport fait par un comité spécial de la Chambre des communes, le 20 juin 1843, concernant les lois relatives aux étrangers, avec le statut 7 et 8, Victoria, chap. 66 (6 août 1844), rendu par suite de ce rapport.

Les lois concernant les étrangers résidant en Angleterre sont aujourd'hui substantiellement dans le même état qu'à la fin du règne de Guillaume III.

La partialité que ce souverain montra envers les officiers et partisans hollandais qu'il amena avec lui dans ce royaume, avait soulevé dans l'esprit public une aversion et une jalousie considérables contre les étrangers qui venaient s'établir en Angleterre, et pendant son règne ces sentiments furent encore augmentés par la perspective prochaine de l'accession au trône anglais de Georges Ier, également étranger et entouré de favoris étrangers. La conséquence fut que, par le statut 12 et 13 de Guillaume III, chap. 2, les étrangers furent placés sous des incapacités civiles rigoureuses. « Aucun autre pays, dit M. Hallam « en rapportant ce statut, autant que je sache, n'a adopté des « incapacités aussi restrictives. »

Les lois qui ont été promulguées depuis, et qui sont aujourd'hui en force, pour réglementer les priviléges des étrangers en Angleterre (notamment 1, Georges Ier, chap. 4; statut 14, Georges III, chap. 84; et statut 3 et 4, Guillaume IV, chap. 54, 55), ont plutôt aggravé qu'amélioré les incapacités imposées par l'acte de limitation (seulement).

Les étrangers dans la Grande-Bretagne sont exclus de la possession de biens immeubles (1) et de quelques espèces de propriétés personnelles. Ils ne peuvent prendre de maisons à bail sans encourir les dangers de la confiscation (2). Ils ne peuvent possé-

(1) On verra, au chapitre 5, le motif qui interdit à l'étranger de posséder des immeubles en Angleterre.

(2) On verra, au chapitre 14, que la question de savoir si les étrangers peu-

der de bâtiments anglais enregistrés, ni y avoir un intérêt quelconque. Ils ne peuvent réclamer de priviléges commerciaux en vertu de traités anglais avec les autres États, et ils sont totalement exclus des places et offices de confiance civils et militaires.

En obtenant de la couronne des lettres patentes de dénisation, les étrangers sont relevés de ces incapacités, en ce sens qu'ils peuvent posséder et transmettre toutes sortes de propriétés réelles et personnelles ; mais ils ne peuvent transmettre leurs propriétés réelles qu'à ceux de leurs enfants qui sont nés postérieurement à leur dénisation. Ils peuvent aussi, quand ils y sont autorisés, voter aux élections des membres du Parlement.

En obtenant du Parlement un acte de naturalisation, les étrangers acquièrent tous les priviléges de la dénisation, avec quelque chose de plus. Les étrangers naturalisés peuvent hériter de propriétés réelles et les transmettre à tous leurs enfants, sans distinction de l'époque de leur naissance ; et lorsqu'ils ont résidé en Angleterre pendant sept années à partir de leur naturalisation, sans en avoir fait une absence de plus de deux mois à la fois, ils ont droit aux avantages des traités anglais quant à leurs relations commerciales avec les États étrangers (1).

De l'enquête faite par le comité il paraît douteux si les incapacités dont sont frappées les personnes de naissance étrangère, et résidant en Angleterre, ne sont pas plus rigoureuses que celles dont sont frappées les mêmes classes de personnes dans les autres États de l'Europe.

Quoi qu'on puisse alléguer en faveur du présent système à la fin du 17e siècle, lors même qu'il serait appuyé par les arguments pris dans les circonstances politiques de l'époque, il ne peut se justifier aujourd'hui par des motifs d'une nécessité spéciale.

Il a souvent été avancé, par les écrivains économiques, qu'il serait désirable pour chaque nation d'encourager l'établissement

---

vent tenir des maisons par bail emphytéotique dépend de celle de savoir s'ils tiennent ces maisons pour leur habitation seulement ou par une suite de leur commerce ; car, dans ce dernier cas, le bail emphytéotique est valable. Aujourd'hui cette question ne peut plus s'élever, car, d'après le statut 7 et 8, Victoria, chap. 66, art. 6, les étrangers peuvent faire des baux, mais n'excédant pas vingt et une années.

(1) C'est en ce sens que s'explique le statut 14, Georges III, chap. 84, rapporté page 79.

des étrangers chez elle, parce que c'est un moyen d'avoir une
instruction pratique dans les connaissances qu'il lui importe le
plus d'avoir, et de mettre à profit tout ce que la sagacité, le génie et l'expérience dans les sciences et les arts peuvent avoir produit de plus parfait. Rarement les hommes émigrent vers les
pays étrangers, si ce n'est pour améliorer leur condition ; et dans
les circonstances ordinaires ce but ne peut être atteint que
quand ils ont des connaissances, des talents et un genre d'écono-
mie supérieur à ceux en usage dans le pays qu'ils adoptent, et
dont la possession particulière peut compenser pour eux cette
foule de désavantages qu'ils y trouvent en leur qualité d'étrangers. Cette émigration de pareils étrangers dans un pays quelconque doit toujours être encouragée par des avantages réciproques.

Comme une preuve des avantages pratiques qu'on peut tirer de
l'apport en Angleterre du travail et de l'expérience des étrangers,
le comité constata, et c'est d'ailleurs un fait généralement reconnu, que la fabrication des pianos-forte fut introduite en Angleterre, il y a environ un demi-siècle, par des Allemands, qui s'é-
tablirent à Londres ; qu'aujourd'hui les fabricants anglais non-
seulement suffisent aux demandes du marché intérieur, mais
qu'ils exportent en quantités considérables, quelquefois même
jusqu'en Allemagne, ces produits de leur industrie. Si nous rétro-
gradons vers une époque encore plus éloignée, nous trouverons
des raisons de douter si aucun pays a autant profité que le nôtre
de l'affluence des étrangers. Lorsque la persécution chassait les
habitants du nord de l'Italie, des Pays-Bas et du midi de la
France de leurs propres habitations, ils se réfugièrent en foule
sur nos rivages, apportant avec eux leurs biens, lorsqu'ils en
avaient, mais, ce qui était bien plus précieux encore, apportant
leur esprit expérimenté et entreprenant, pour le fixer et trans-
planter en Angleterre. Et il ne peut y avoir question s'ils nous
payèrent à usure l'asile que notre humanité leur accorda, en ins-
truisant nos populations dans les emplois variés et précieux de
leur industrie.

Concluant donc qu'il est plus convenable de protéger que de
décourager l'admission des étrangers adroits et industrieux dans
la communauté bretonne, votre comité est d'avis que le mode
d'admission aujourd'hui en pratique donne lieu à des objections

de deux espèces : la première provenant des frais à faire pour obtenir, soit un acte du Parlement, soit un acte de la prérogative royale; la seconde provenant des délais pour arriver à cet acte.

Votre comité considère aussi qu'il est grandement à désirer qu'on augmente les priviléges à accorder aux étrangers par la naturalisation.

Les dépenses à faire pour arriver à un acte de naturalisation ont été représentées au comité comme ne devant pas dépasser cent livres sterling (2,500 fr). On peut douter cependant si tous les frais accessoires à cette procédure sont souvent couverts par cette somme; mais quelle qu'elle soit dans la pratique, elle paraît fréquemment suffisante pour détourner les étrangers de recourir au bénéfice d'un acte de naturalisation, et pour les y faire généralement renoncer à raison de son élévation. Quoiqu'il ait été constant pour votre comité que les bills pour naturaliser les étrangers ne soient jamais arrêtés par une opposition dans leur marche au Parlement, cependant il s'écoule un temps considérable avant que, dans aucuns cas, ils ne reçoivent la pleine sanction de la législature, et notamment un acte ne peut être obtenu qu'à cette partie de l'année où le Parlement est assemblé. Ces délais et ces obstacles sont considérés par les étrangers comme des maux pratiques.

Le nombre d'étrangers naturalisés en Angleterre ne s'élève pas, tout compte fait, à plus de huit par année; et cela n'est pas surprenant. La dépense d'un acte du Parlement est considérable, et la plus grande latitude avec laquelle le Parlement admet les étrangers aux droits de sujets bretons ne s'étend guère au delà du privilége de posséder des immeubles en Angleterre, au même titre que les sujets naturels, privilége que la France et les autres États européens accordent à tout le monde sans restriction et sans enquête.

Les priviléges acquis par la dénisation ne vont pas même jusqu'à ces légers avantages, et cependant les frais de lettres patentes de dénisation ne sont pas moindres de 120 livres sterling (8,000 fr).

Pour épargner aux impétrants une aussi lourde dépense, il a été admis dans la pratique ordinaire au département du ministère de l'Intérieur, depuis l'année 1705, de comprendre dans le même acte les noms de plusieurs individus, mais ne dépassant

pas sept, et par lesquels sont supportés par égales portions les
frais officiels ; mais cet arrangement n'est profitable pour la préparation des lettres patentes qu'autant qu'il se présente sept étrangers demandant au secrétaire d'État à être admis comme dénisés, ce qui occasionne toujours un délai considérable. Si dans
quelques circonstances il est trouvé convenable d'admettre les
étrangers à l'exercice de certains droits appartenant aux sujets
bretons, il semblerait plus rationnel que cet acte de faveur
ne fût ni retardé dans sa marche par des délais, ni alourdi par
les frais.

Aujourd'hui l'étranger qui demande au Parlement un acte de
naturalisation est tenu de produire un certificat de bonne vie et
mœurs, délivré par le secrétaire d'État du département de l'Intérieur. Sans ce document, la Chambre des lords, qui a toujours
l'initiative de ces actes, refuse la seconde lecture du bill ; mais
lorsque ce certificat est produit, le bill passe aux deux chambres
du Parlement sans autre difficulté.

La dénisation est accordée, par l'autorité de la couronne, par
l'intermédiaire du secrétaire d'État au département de l'Intérieur.

Il n'apparaît pas que, dans l'un ou l'autre cas, il soit fait un
examen fort sérieux sur les circonstances ou les intentions de
l'impétrant. Un document signé par une personne que le secrétaire d'État considère comme honorable, et attestant que l'étranger qui demande la naturalisation est connu de lui comme un
homme estimable, est regardé comme une preuve suffisante pour
accorder le certificat officiel, et les lettres de dénisation sont délivrées avec encore moins de formalités.

Dans les deux cas, il faut observer que le pouvoir d'accorder
ou de refuser aux étrangers les droits des sujets-nés réside dans
la pratique dans les mains du secrétaire d'État au département de
l'intérieur.

Votre comité est d'avis qu'il serait avantageux d'investir ce
ministre du plein pouvoir d'accorder aux étrangers tous ces droits,
aussi bien que la capacité de remplir tous ceux des offices et emplois qui sont le but de la présente enquête, et dont ils sont exclus par l'acte de limitation. De cette manière, la forme de la dénisation serait fiscalement abolie pour l'avenir.

Votre comité est d'avis aussi que, dans l'exercice de ce pouvoir par le secrétaire d'État, il serait convenable de se conformer, sous quelques rapports, au précédent offert par le statut irlandais 14 et 15 de Charles II, chap. 13 ; et, dans ce cas, une licence ou un certificat, comme cela se pratique aujourd'hui, dans de semblables circonstances, par le lord-lieutenant et le conseil privé d'Irlande, serait substitué aux formalités coûteuses des lettres patentes. Mais comme le comité considère que par ce moyen il sera accordé aux étrangers des droits plus considérables que ceux aujourd'hui conférés par un acte du Parlement, il serait à désirer que le secrétaire d'État requît de chaque candidat pour ces priviléges de plus grandes preuves de sa capacité à la naturalisation que celles qui lui sont aujourd'hui demandées, et que notamment la preuve de cette capacité ordonnée par la loi irlandaise, c'est-à-dire, l'intention de s'établir et de demeurer en Angleterre, fût adoptée aussi dans la Grande-Bretagne.

La partie la plus importante de l'enquête soumise à votre comité est celle concernant l'étendue des droits anglais qu'il serait convenable d'accorder aux étrangers résidants en leur accordant la naturalisation.

Quant aux étrangers de bonne réputation, et particulièrement les fabricants et artisans qui sont venus en Angleterre avec l'intention de s'y établir, plusieurs témoins firent douter s'il fallait leur refuser quelques-uns des droits des sujets naturels qu'ils pouvaient exercer avec avantage. Si ceux qui apportent dans notre patrie une industrie profitable ont la volonté de remplir toutes les obligations de sujets anglais et d'entrer dans tous les intérêts bretons, il paraîtrait d'une politique judicieuse de leur accorder, dans ce cas, tous les priviléges anglais. La perspective de ces priviléges amènerait probablement sur nos rivages des étrangers tout à fait utiles à notre intérêt national. Le succès remarquable avec lequel Venise, les villes anséatiques, et plus particulièrement la Hollande (comme cela est constaté par un document appelé *la Richesse de la Hollande*), attirèrent sur leurs territoires le savoir, le génie et l'esprit entreprenant des autres nations en offrant aux étrangers le droit de bourgeoisie, et les avantages extraordinaires que ces États en retirèrent, sont assez familiers à tous les esprits. Nous trouvons aussi dans notre histoire quelques faits semblables. Sous le règne de Charles II, à cette époque qui fut emphatiquement appelée « l'ère des bonnes lois, » un acte fut

5.

passé, accordant les droits civils de toute espèce aux étrangers qui s'y livreraient aux travaux variés ayant quelque connexion avec les fabriques de chanvre et de lin, ou avec les fabriques de toute espèce de tapisserie. Il est prouvé, dit-on, que cette loi fut très-avantageuse à l'industrie anglaise.

Quelques modifications à ces principes ont été adoptées par notre législature, à des époques récentes, dans les actes *pour encourager les marins à entrer au service de Sa Majesté, pour naturaliser les protestants étrangers qui s'établiraient dans les colonies américaines, et pour encourager la pêche.*

Le principe tout entier cependant fut adopté, et appliqué dans toute son étendue en Irlande par le statut 14 et 15 de Charles II, chap. 15, comme un moyen d'engager les marchands et artisans étrangers à s'établir dans ce pays.

La durée de ce statut fut limitée à sept ans; mais il fut prorogé de cinq ans encore par le statut 2 de la reine Anne, chap. 14, qui, dans son préambule, constate qu'*il a été trouvé extraordinairement avantageux;* et les mêmes expressions se retrouvent dans le préambule du statut 4 de Georges Ier, chap. 9, par lequel le statut primitif fut rendu perpétuel. Ce dernier statut ne concernait que les protestants étrangers; mais par l'acte 23 et 24 de Georges III, chap. 38, passé sous l'administration de M. Pitt, ces priviléges furent étendus aux étrangers de toutes les sectes religieuses, les juifs seuls exceptés. Cette loi est considérée aujourd'hui comme en force encore en Irlande.

L'acte anglais de Charles II, qui invitait certaines classes d'étrangers industriels à s'établir en Angleterre, fut, on doit le dire, abrogé par le statut 12 et 13 de Guillaume III, chap. 2 ; et par ce motif les étrangers fabricants ont cessé depuis longtemps de se réfugier en Angleterre. L'industrie étrangère ne vient plus chercher un asile dans notre patrie; et quand les artisans anglais vont s'établir librement dans les autres contrées, y portant avec eux et y répandant la connaissance des procédés de fabrication auxquels l'Angleterre est redevable de son bien-être commercial et de son pouvoir politique, nos lois n'apportent pas tout l'encouragement qu'on pourrait désirer pour porter les étrangers à s'établir parmi nous.

Il n'est pas du tout à désirer pour la Grande-Bretagne, qui est si grandement intéressée dans le commerce et la fabrication, de maintenir des lois dont la tendance est d'empêcher l'établissement chez elle d'étrangers qui peuvent avoir des connaissances plus grandes que nos compatriotes dans les procédés, les inventions et les découvertes, si intimement liés avec les résultats de l'industrie. Il n'est pas à désirer non plus de donner aux étrangers des motifs d'emporter et de dépenser dans d'autres pays les richesses qu'ils ont gagnées dans le nôtre; et il serait difficile de donner une raison satisfaisante pourquoi l'État refuserait les services d'un étranger naturalisé, si ses connaissances supérieures, son savoir ou sa capacité lui donnaient un droit particulier à quelque emploi.

Par ces raisons, votre comité recommande que des dispositions soient faites par la loi pour admettre plus facilement les étrangers résidant en Angleterre, à ceux des droits que la législature jugera à propos de leur accorder, et que ces droits comprennent la capacité de remplir certains offices de confiance et certains emplois civils et militaires.

Quelques doutes ont été exprimés par un des témoins dont le jugement et l'expérience ont droit à une grande déférence (lord Ashburton), c'est de savoir s'il serait convenable de revêtir une personne de naissance étrangère des fonctions de juge de paix. Sans doute qu'un individu auquel la langue, les lois et les coutumes anglaises ne seraient pas familières paraîtrait inéligible à cette magistrature; mais cette exclusion ne saurait être généralement applicable à ceux que nos lois considèrent comme étrangers. Quelques personnes sont frappées d'aliénat par nos lois, qui pourtant sont et ont toujours été membres de la communauté anglaise sous tous les rapports, sauf les légalités techniques. Il y en a d'autres qui, par une longue résidence dans le royaume (et notamment quand cette résidence date des jeunes années), et par des rapports continus et constants avec la société anglaise, ont toute la capacité nécessaire pour remplir avec légalité des fonctions magistrales, et gagner par là la satisfaction du public. Ces personnes, surtout si dans la dernière classe, comme dans la première, elles sont attachées au pays par des propriétés foncières, par mariage et par toute autre relation sociale, ne semblent pas à votre comité incapables des fonctions de juge de paix; et comme la capacité de chaque individu pour l'exercice de ces fonctions est une matière dont la considération est du domaine du pouvoir exécutif, votre comité ne croit pas devoir recommander qu'une incapacité générale sous ce rapport soit attachée à la naturalisation des étrangers.

Il y a encore d'autres incapacités que celles établies contre les étrangers naturalisés par l'acte de limitation, et il est à désirer qu'ils en soient affranchis. Par le statut 3 et 4 de Guillaume IV, chap. 54 et 55, les personnes de naissance étrangère ne peuvent posséder de bâtiment anglais enregistré, en telle sorte qu'un étranger exerçant la profession de marchand à Londres est contraint par la loi de reporter sur des bâtiments construits dans d'autres pays le capital qu'il aurait mis sur des vaisseaux anglais. « Il y a, dit M. M'Gregor dans sa déclaration devant le comité, « des marchands étrangers qui, au lieu de devenir propriétaires « de vaisseaux anglais, ont placé leurs fonds sur des vaisseaux « construits à Archangel, Dantzig et Rotterdam ; et il y a plusieurs « bâtiments de construction étrangère dans le commerce napolitain « également possédés par des sujets anglais et siciliens. »

Mais le mal ne se borne pas là. Le vaisseau étranger est nécessairement monté par des marins étrangers, conformément aux lois de navigation des autres États ; et par une des clauses de nos lois de navigation, il est défendu d'importer dans le Royaume-Uni aucunes marchandises, excepté celles produites par le pays où le bâtiment est enregistré, c'est-à-dire qu'un bâtiment construit à Hambourg ne peut importer dans la Grande-Bretagne aucune des productions des autres États de l'Europe (à l'exception de certains articles spécialement nommés), non plus qu'aucune des productions de l'Asie, de l'Afrique ou de l'Amérique.

En vertu du statut 14 de Georges III, chap. 84, nul étranger naturalisé ne peut réclamer dans les pays étrangers aucun des avantages commerciaux qui y sont accordés aux sujets anglais, à moins qu'il n'ait résidé dans le Royaume-Uni pendant sept ans, à partir de la date de son acte du Parlement, n'ayant jamais fait une absence de plus de deux mois à la fois. Cette loi doit causer des difficultés considérables aux étrangers se livrant au commerce dans le royaume ; et le motif sur lequel elle reposa, qui était d'empêcher les étrangers d'obtenir les droits de sujets anglais, à l'effet, à l'aide de ces avantages, de pouvoir se rendre dans d'autres pays, serait pratiquement garanti, si on mettait comme condition de la naturalisation l'intention de s'établir et de demeurer

dans le royaume, et si cette intention était soigneusement reconnue au département de l'intérieur avant la délivrance du certificat.

Plusieurs des témoins entendus par le comité ont émis l'opinion formelle qu'il serait convenable de permettre aux étrangers
d'acquérir des propriétés réelles dans le royaume, avec la même
facilité qu'on le fait en France et dans les autres États européens (1). On prétend que les étrangers ont la faculté de posséder des propriétés foncières de quelque étendue; qu'en payant
les frais de lettres de déulsation ils peuvent acquérir le droit légal de posséder une propriété foncière; que la loi qui défend à
l'étranger de posséder un immeuble est ouvertement et facilement
éludée, et que cette loi, ainsi que toutes celles auxquelles l'État ne
peut commander l'obéissance, il serait bien plus convenable de
les abandonner et de les abroger.

D'un autre côté, on a remarqué que, si on adoptait un meilleur
système de conférer aux étrangers les droits des indigènes, que
si les formalités étaient rendues moins coûteuses et plus expédi-
tives qu'à présent, il en résulterait un léger mal pratique d'attacher à la naturalisation la capacité pour l'étranger de posséder
quelque immeuble, et que, comme dans la Grande-Bretagne certains devoirs civils et moraux sont considérés comme attachés à
la possession de propriétés foncières, lesquels pourraient être difficilement remplis par les étrangers non-résidants, il conviendrait
drait mieux à l'intérêt de l'État, en ce sens, de refuser la capacité de posséder des immeubles aux étrangers non domiciliés en
Angleterre.

L'attention du comité s'est arrêtée sur le statut 4 et 5 de
Guillaume IV, chap. 3, appelé l'Acte des étrangers (*Alien. Act.*)(2),
lequel exige que tout étranger débarquant en Angleterre exhibe
immédiatement à l'officier en chef de la douane, au port de son
débarquement, son passe-port, et lui déclare, soit verbalement,

(1) Lord Brougham, possesseur lui-même de propriétés près de Cannes (département du Var), A. W. Kinglake, W. Ward, Esquire, *and the right hon.*
C. W. W. Wynn. La loi française permet aux étrangers d'avoir en France des
propriétés immobilières, comme les Français eux-mêmes; seulement ces propriétés ne leur donnent aucuns droits politiques.

(2) Le statut aujourd'hui en vigueur (1815) concernant l'enregistrement des
étrangers, est le statut 6 et 7 de Guillaume IV, chap. 11.

soit par écrit, son nom, le lieu de sa naissance, et le pays d'où il vient, sous la sanction pénale de 2 livres sterling (50 fr.) en cas de négligence ou de refus. Tel est cet acte du Parlement; mais il est très-généralement éludé par les étrangers, et il n'est jamais protégé par les autorités.

Pendant l'année 1842, il paraît que, des étrangers qui furent officiellement désignés pour être débarqués à Londres, moins de la moitié se sont conformés aux prescriptions de cet acte;

Que, durant la même année, sur 704 étrangers débarqués à Hull, un seul fut enregistré;

Qu'à Southampton, où 1174 étrangers arrivèrent dans le cours de la même année, pas un seul ne fut enregistré;

Qu'à Liverpool, pendant la même année, aucun étranger ne fut enregistré, et qu'il n'y eut pas même un rapport de fait sur le nombre de leurs arrivées.

Et, en effet, il n'y a dans le statut aucune disposition pour le recouvrement de la pénalité en cas de désobéissance; il est conséquemment observé seulement par les individus qui ignorent ce vice, ou sont portés à observer les lois du pays dans un sens de propriété.

Comme il y a une objection générale à l'existence des lois qu'on ne peut contraindre d'observer, et comme dans l'espèce la restriction imposée retombe seulement sur l'homme d'ordre et obéissant, tandis que l'impunité est pour le négligent et le récalcitrant, et comme en outre il y a une certaine dépense annuelle causée au pays pour le travail nécessaire à l'effet d'obtenir cette conformité pourtant douteuse, il paraît désirable de changer ou d'abroger la loi.

Votre comité ne veut pas terminer la tâche qu'il a acceptée sans rappeler son opinion, qu'il est tout à fait convenable de consolider et d'amender la loi entière concernant l'aliénat. Aujourd'hui cette loi n'est remarquable ni par sa clarté ni par son uniformité, et son opération est occasionnellement frappée de hardiesse et de mépris.

La loi d'Angleterre reconnaît trois sortes d'actes de naturalisation, ou, pour nous servir des paroles de lord Bacon, la loi distingue trois degrés de personnes dans la naturalisation : 1° la naturalisation par la naissance; 2° la naturalisation par statuts généraux, et 3° la naturalisation par acte spécial du Parlement.

Par la loi commune il fut établi que tout individu né sous la suzeraineté du roi d'Angleterre est un sujet anglais ; mais il s'éleva, dit-on, quelque doute pour savoir si les enfants de sujets anglais nés hors la suzeraineté du roi avaient, par la loi commune, droit à cet avantage. Il avait été décidé, par le statut 25 d'Édouard III, que tous les enfants de pères et mères anglais nés à l'étranger seraient naturalisés, excepté dans trois cas : 1° si les parents n'étaient pas, au moment de la naissance de ces enfants, sous la foi et l'obéissance du roi ; 2° si les enfants étaient illégitimes ; 3° si la mère était passée à l'étranger sans la permission de son mari.

La dernière loi générale sur cette matière est de la 7e année de la reine Anne, qui naturalise tous les enfants de sujets bretons nés hors du royaume, sans aucune des conditions apportées à l'opération de l'ancien statut. Quoique par une décision judiciaire rendue dans la 10e année de Charles Ier, dans l'affaire de *Bacon contre Bacon*, et *King contre Eaton*, il eût été déclaré que les enfants nés à l'étranger de pères anglais étaient sujets anglais ; cependant, sous le règne de Georges II, on paraît avoir douté si, en vertu des statuts ci-devant mentionnés, les droits des sujets naturels-nés étaient acquis à titre successif par ces enfants nés à l'étranger, mais dont l'un des parents seulement était sujet d'Angleterre ; et il fallut recourir au Parlement.

Par le statut 4 de Georges II, chap. 21, lequel est intitulé *Acte pour expliquer une clause du statut de la 7e année d'Anne*, il est ordonné que tous les enfants nés hors de la suzeraineté de la couronne d'Angleterre ou de la Grande-Bretagne, et dont les pères étaient ou seront sujets naturels-nés de la couronne d'Angleterre ou de la Grande-Bretagne à l'époque de la naissance de ces enfants respectivement, seront, en vertu de l'acte 7 de la reine Anne, considérés comme sujets naturels-nés, suivant l'esprit et la lettre de la loi. Ni l'acte de la reine Anne ni celui de Georges II ne font aucune mention du statut d'Édouard III, lequel avait été reconnu par deux décisions distinctes comme naturalisant tous ceux dont les pères étaient anglais, et qui paraît naturaliser aussi ceux dont les mères étaient anglaises.

Cependant il fut consacré par les juges, en 1701, dans l'affaire de *Duroure contre Jones*, que par l'acte 4 de Georges II la capacité d'hériter est limitée aux enfants de pères anglais seulement; et c'est dans ce sens qu'est aujourd'hui généralement appliquée la loi d'Angleterre: Ainsi un enfant né à l'étranger d'une mère anglaise et d'un père étranger ne peut succéder aux immeubles de sa mère, ni hériter des droits d'un sujet breton.

Ce n'est pas tout en ce qui concerne les descendants de sujets bretons en ligne paternelle, et nés à l'étranger. Par le statut 13 de Georges III, chap. 21, appelé *Acte pour étendre les dispositions du statut de Georges II, chap.* 21, il est déclaré que tous les enfants nés à l'étranger de pères naturalisés par l'acte de Georges II, seront naturalisés en vertu du présent acte de Georges III, c'est-à-dire que les petits-enfants de sujets bretons seront sujets bretons. Si, cependant, le statut 25 d'Édouard III naturalisait, en succession perpétuelle, tous ceux dont les pères étaient sujets, comme l'ont prétendu quelques individus, cette loi est tout à fait superflue et inutile.

L'acte même de Georges II paraît rendre ce statut superflu. Par cet acte, l'enfant d'un sujet breton est un sujet breton. Aujourd'hui un sujet a, de toute nécessité, la double capacité de recueillir et de transmettre par succession ses droits indigènes; car lord Bacon dit : « Il n'y a que deux conditions : celle d'indigène et celle d'étranger, *nam tertium penitus ignoramus* (car nous en ignorons tout à fait une troisième); » mais si, dans aucuns cas, un sujet breton a la capacité d'hériter et n'a pas la capacité de transmettre ses droits, alors il doit donc y avoir une condition troisième ou intermédiaire, que lord Bacon prétend inconnue à la loi d'Angleterre, et on ne peut soutenir que l'intention de l'acte de Georges II ait été de lever une distinction si importante.

Cependant le préambule de l'acte 13 de Georges III, chap. 21, relate que jusque-là aucune disposition n'avait été faite pour étendre la capacité d'héritier au delà des enfants nés, hors de la suzeraineté de Sa Majesté, de pères sujets naturels-nés de la couronne d'Angleterre ou de la Grande-Bretagne, et le statut va jusqu'à déclarer que la dernière génération sera aussi naturalisée par naissance.

Il règne tant de doutes sur ce sujet, que dans un cas qui s'est présenté il y a quelques années, où une partie dont le grand-père était né hors de la souveraineté bretonne voulait établir ses droits comme étant sujet breton, les avis des avocats les plus distingués de l'Angleterre furent pris sur la question. Cinq soutinrent que

la partie pouvait hériter, et cinq, qu'elle ne pouvait pas. D'un
autre côté, le comte d'Athlone, septième descendant de Godart
de Ginckell, créé par le roi Guillaume, en mars 1691-92, comte
d'Athlone, et qui réclamait de prendre son siége à la Chambre
des pairs d'Irlande, en 1795 (plus d'un siècle après que la famille
avait quitté les royaumes de la Grande-Bretagne et d'Irlande
pour résider en Hollande), fut considéré par cette assemblée
comme sujet naturel-né de la couronne bretonne, et il recueillit
son héritage dans la suzeraineté du roi, conformément à cette
décision.

Votre comité est d'avis qu'il est grandement à désirer de faire
cesser toutes ces ambiguïtés.

La seconde espèce d'acte de naturalisation est celle qui a lieu,
non par naissance, mais sur la demande d'un étranger avec les
conditions requises par le Parlement. Ces conditions sont différentes.

Les avantages de la naturalisation sont assurés par la loi à
ceux qui servent deux ans à bord des vaisseaux anglais, et par
proclamation en temps de guerre ; aux étrangers résidant sept
ans dans les colonies anglaises en Amérique; aux étrangers servant trois ans dans les pêcheries à la baleine dans les mers du
Nord et deux ans en Amérique; et, en Irlande, aux étrangers admis dans les corporations de Drogheda et de Dublin. Il est à remarquer que les personnes professant la religion catholique sont
soumises à quelques exclusions de ces avantages.

Votre comité est d'avis qu'il est grandement convenable de
consolider et de reviser ces actes divers, et d'introduire dans la
loi, sur cette matière, l'unité des principes et la conformité du
but.

La troisième sorte de naturalisation est celle qui s'obtient par
actes privés du Parlement, actes qui sont passés sur les demandes
d'individus qui acquièrent certains droits de sujets naturels-nés,
en payant les frais pour la passation de ces mesures dans le
Parlement, et en se soumettant aux conditions imposées à ces
personnes par les lois relatives à la naturalisation des étrangers.
Le comité a déjà traité entièrement ce sujet, qu'il a terminé en
émettant son opinion.

LOIS CONCERNANT LES ÉTRANGERS.

Acte pour amender les lois concernant les étrangers, fait et passé les 7e et 8e années de Victoria, le 6 août 1844.

Considérant qu'il est convenable d'amender les lois aujourd'hui en vigueur concernant les étrangers, et de donner à Sa Majesté le pouvoir d'accorder aux étrangers les droits et capacités des sujets bretons, sous les régularisations et avec les restrictions et exceptions ci-après établies ; et vu un acte du Parlement, fait et passé en la 12e année du règne de feu Sa Majesté le roi Guillaume III, intitulé : *Un acte pour la limitation ultérieure de la couronne, et mieux assurer les droits et libertés du sujet* (12 et 13, W. III, c. 2); vu un autre acte du Parlement, fait et passé en la 1re année du règne de feu Sa Majesté le roi Georges Ier, intitulé : *Un acte pour expliquer un acte fait en la 12e année du règne du roi Guillaume III, intitulé : Un acte fait pour la limitation ultérieure de la couronne, et mieux assurer les droits et liberté du sujet* (1. G. I, sess. 2, c. 4); vu encore un autre acte du Parlement, fait et passé en la 14e année du règne de feu Sa Majesté le roi Georges III, intitulé : *Un acte pour prévenir certains inconvénients pouvant résulter des bills de naturalisation* (14, G. III, c. 84). Par ces motifs, il est ordonné par la très-excellente majesté de la reine, par et avec l'avis et le consentement des lords spirituels et temporels et des communes en ce présent Parlement assemblés, et aussi de leur autorité, que les dispositions desdits actes du Parlement, en tant qu'elles sont incompatibles avec les dispositions du présent acte, sont abrogées.

Les trois actes ainsi rappelés sont ainsi conçus :

12 et 13, *Guillaume III*, chapitre 2 (1700).

Acte pour la limitation ultérieure de la couronne, et mieux assurer les droits et libertés du sujet.

Les premières sections de cet acte règlent les droits et les capacités des princes et princesses appelés à monter à l'avenir sur le trône d'Angleterre; et comme elles sont étrangères à la matière actuelle, nous croyons pouvoir nous dispenser de les exposer ici. Cependant si on désirait les connaître, on les trouvera à

leur date chronologique dans notre *Histoire du Parlement d'Angleterre*. Nous passons de suite à la section 3, la seule du
présent acte qui soit rappelée dans le préambule constituant
l'article 1er de l'Alien-bill du 6 août 1848.

3e sect. Et comme il est requis et nécessaire d'établir des provisions ultérieures pour assurer notre religion, nos lois et nos
libertés, à partir de et après la mort de Sa Majesté et de la
princesse Anne de Danemark, ainsi qu'à défaut de descendants
de ladite princesse et de Sa Majesté respectivement, il est ordonné par la très-excellente majesté du roi, par et avec l'avis et
le consentement des lords spirituels et temporels et des communes assemblés en Parlement, et aussi de leur autorité......

....

« Qu'après que ladite limitation aura sorti l'effet précité, nul
« individu né hors des royaumes d'Angleterre, d'Écosse ou
« d'Irlande, ou hors des domaines en dépendant (encore qu'il
« soit naturalisé ou dénisé, excepté les personnes nées de parents
« anglais), ne sera capable d'être du conseil privé, ou membre de
« l'une ou de l'autre chambre du Parlement, ou de remplir aucun
« office ou place de confiance, soit civile, soit militaire, ou de
« recevoir de la couronne pour lui, ou par toute autre personne
« interposée pour lui, aucune concession de terre, ténements ou
« héritages. »

Cet acte avait laissé indécis deux points, qui avaient donné
naissance à de grandes difficultés : l'un était de savoir si les
incapacités établies par ses dispositions devaient s'appliquer aux
ndividus naturalisés avant l'accession de Guillaume III à la
couronne d'Angleterre; et l'autre était relatif au mode de régle-
enter à l'avenir ces incapacités, de manière à ne laisser aucune
rise à l'interprétation : ce double point a été fixé par le second
es actes rappelés dans notre préambule, lequel est ainsi
onçu :

1, *Georges Ier*, *sess.* 2, *chap.* 4 (1714).

Acte pour expliquer l'acte fait en la 12e année du règne de
Guillaume III, intitulé : *Un acte pour la limitation ultérieure
la couronne, et mieux assurer les droits et libertés du
ujet*.

« 1er stat. Considérant que, par un acte du Parlement, fait en

« la 12ᵉ année du règne de feu notre souverain seigneur le roi
« Guillaume III, intitulé : *Un acte pour la limitation ultérieure*
« *de la couronne, et mieux assurer les droits et libertés du*
« *sujet*, il est, entre autres choses, ordonné qu'à partir de et
« après l'époque où la limitation ultérieure de la couronne aura
« sorti l'effet voulu par cet acte, nul individu né hors des
« royaumes d'Angleterre, d'Écosse et d'Irlande, ou hors des
« domaines en dépendant, quoique naturalisé ou dénisé, ex-
« cepté les personnes nées de parents anglais, ne sera capable
« d'être du conseil privé, ou membre de l'une ou l'autre cham-
« bre du Parlement, ou d'occuper aucun office ou place de
« confiance, soit civile, soit militaire, ou de recevoir de la
« couronne pour lui, ou par toute autre personne interposée
« pour lui, aucune concession de terres, ténements ou héri-
« tages. » Il est déclaré et ordonné par la très-excellente majesté
du roi, par et avec l'avis et le consentement des lords spirituels
et temporels et des communes assemblés en Parlement, et aussi
de leur autorité, qu'il n'entrait ni dans l'intention, ni dans la
pensée dudit acte, que ladite clause, non plus qu'aucune de ses
dispositions ne s'appliquerait, ou ne serait censée, considérée ou
prise pour s'appliquer à rendre toute personne qui, à, ou avant
l'accession de Sa Majesté au trône, était naturalisée, incapable
d'être du conseil privé, ou membre de l'une ou l'autre chambre
du Parlement, ou d'occuper ou remplir aucun office ou place de
confiance, soit civile ou militaire, ou de prendre ou tenir de
la couronne pour elle, ou par toute autre interposée pour elle,
toute concession de terres, ténements ou héritages.

« 2° stat. Et pour mieux conserver la clause ci-devant rap-
« pelée dans ledit acte de la 12ᵉ année du feu roi Guillaume III,
« entière et inviolable, » il est, en outre, ordonné, par les mêmes
autorités, que nul ne sera dorénavant naturalisé, à moins que,
dans le bill présenté à cet effet il ne soit inséré une clause ou
des mots particuliers, déclarant que cette personne ne sera pas,
par cela même, capable d'être du conseil privé, ou membre de
l'une ou l'autre chambre du Parlement, ou d'occuper aucun
office ou place de confiance, soit civile, soit militaire, ou de tenir
de la couronne pour elle, ou par toute autre interposée pour elle,
aucune concession de terres, ténements ou héritages; et qu'aucun bill de naturalisation ne sera reçu dorénavant dans l'une ou

l'autre chambre du Parlement, à moins que cette clause ou ces mots n'y soient d'abord insérés et contenus.

Ce dernier acte, qui réglementait la naturalisation, n'avait pas prévu les avantages commerciaux que les étrangers en pouvaient retirer; et ceux-ci, en effet, s'en étaient prévalus pour augmenter leurs relations mercantiles. Mais il était facile de prévoir que, dans un État qui s'appuie sur le commerce et qui, il faut bien le dire, ne vit que par lui, ces avantages ne seraient pas de longue durée; et, en effet, le Parlement décida que la naturalisation, outre les incapacités qui y étaient déjà attachées, ôterait en outre aux naturalisés certains droits, certains avantages commerciaux, réservés exclusivement aux commerçants anglais, et résultant des traités commerciaux faits entre leur pays et les pays étrangers : c'est ce dernier acte qui est rappelé dans le préambule, et qui s'exprime ainsi :

14. *Georges III*, c. 84 (1774).

Acte pour prévenir certains inconvénients pouvant résulter des bills de naturalisation.

Comme beaucoup d'individus nés hors du royaume de la Grande-Bretagne obtiennent des bills de naturalisation, pour se prévaloir dans les pays étrangers des avantages appartenant aux sujets commerçants de Sa Majesté, et aussi pour faire tourner ces avantages à l'augmentation du commerce du pays auquel ils appartiennent originairement, et non dans l'intention de fixer leur résidence en Angleterre, ou d'en devenir des sujets utiles, et comme il n'est pas convenable que de tels abus sortent de la naturalisation suivant son véritable esprit il est ordonné que nulle personne ne sera dorénavant naturalisée, à moins que dans le bill présenté il ne soit inséré une clause, déclarant que cette personne ne jouira pas dans les pays étrangers des avantages commerciaux qui y sont réclamés par les sujets naturellement nés anglais, en vertu de traités, etc., à moins que cette personne n'ait résidé en Angleterre ou dans les domaines en dépendant pendant sept années subséquentes au premier jour de la session du Parlement dans lequel le bill de naturalisation aura été accordé, et ne se soit pas absentée plus de deux mois de suite pendant lesdits sept ans; et qu'aucun bill de naturalisation ne sera dorénavant reçu dans l'une et l'autre chambre du Parlement, avant que cette clause n'y soit d'abord insérée.

Nous avons cru devoir remettre sous les yeux du lecteur les trois actes rappelés dans le préambule de celui-ci, afin qu'il comprît bien les abrogations qu'il prononce dans ce préambule, qui forme l'article 1er; abrogations qui s'expliqueront du reste par les articles suivants.

ARTICLE 2.

Certaine disposition du statut 1er de Georges Ier est abrogée.

Il est ordonné que ses dispositions de l'acte de la 1re année de Georges Ier, qui veut que nul ne sera dorénavant naturalisé, que dans le bill proposé à cet effet il ne soit inséré une clause ou des mots spéciaux déclarant que l'impétrant ne deviendra pas, par cela même, capable d'être du conseil privé ou membre de l'une ou l'autre chambre du Parlement, ou d'occuper aucun office, soit civil, soit militaire, ou de recevoir de la couronne, par lui par un tiers interposé pour lui, aucune concession de terres, ténements ou autres héritages, et qu'aucun bill de naturalisation ne sera à l'avenir reçu dans l'une ou l'autre chambre du Parlement, à moins que ces clauses ou mots n'y soient préalablement insérés, sont abrogées.

ARTICLE 3.

Tout individu né d'une mère anglaise est capable de posséder des biens meubles et immeubles.

Il est ordonné que tout individu aujourd'hui né, ou qui naîtra à l'avenir hors des domaines de Sa Majesté, d'une mère sujette naturelle-née du Royaume-Uni, sera capable d'appréhender pour lui, ses héritiers, exécuteurs ou administrateurs, toute espèce de propriété personnelle ou réelle, par suite de legs; acquisition ou héritage de succession.

ARTICLE 4.

Les étrangers amis peuvent posséder toute espèce de biens personnels, mais non des immeubles.

Il est ordonné qu'à partir de et après la passation du présent acte, tout étranger, sujet d'un État ami, prendra, appréhendera, et pourra prendre et appréhender, à titre d'achat, de donation, de legs, de représentation, ou de toute autre manière, toute espèce de propriétés personnelles, à l'exception de propriétés immobilières, et ce, aussi complétement et efficacement sous tous les rapports, et avec les mêmes droits, actions, exceptions, privilèges et capacités, que s'il était sujet-né du Royaume-Uni.

ARTICLE 5.

Les étrangers amis peuvent avoir des biens immeubles dans un but de résidence, etc., mais pendant vingt-un ans seulement.

Il est ordonné que tout étranger, sujet d'un État ami, résidant aujourd'hui, ou qui viendra dorénavant résider dans une partie du Royaume-Uni, pourra, par suite de concession, bail, décès, assignement, legs, représentation, ou de toute autre manière, occuper et tenir des terres, maisons ou autres héritages, dans un but de résidence ou d'occupation par lui-même ou ses serviteurs, ou dans un but d'affaires, de commerce ou de fabrication, pour un terme d'années n'excédant pas vingt-une années, et ce si complétement et efficacement sous tous les rapports, mes droits, actions, exceptions et privilèges, que s'il était sujet naturel-né du Royaume-Uni, à l'exception du droit de voter aux élections des membres du Parlement.

ARTICLE 6.

Pour être naturalisé, l'étranger doit obtenir un certificat, prêter un serment et résider dans le Royaume-Uni.

Il est ordonné que sur l'obtention du certificat, et après la prestation du serment ci-après prescrits, tout étranger aujourd'hui résidant, ou qui viendra dorénavant résider dans une partie de la Grande-Bretagne et de l'Irlande, avec l'intention de s'y établir, jouira de tous les droits et capacités dont un sujet naturel-né du Royaume-Uni peut jouir, ou qu'il peut transmettre, excepté que cet étranger ne sera pas capable d'être du conseil privé de Sa Majesté, ni membre de l'une ou l'autre chambre du Parlement, ni jouir d'aucuns autres droits et capacités, s'il en a aucuns, que ceux qui seront spécialement exceptés dans et par le certificat qui sera délivré de la manière ci-après mentionnée.

6

ARTICLE 7.

L'étranger qui demande la naturalisation doit présenter une pétition à cet effet.

Il est ordonné qu'il est permis à tout étranger ci-devant mentionné de présenter à l'un des principaux secrétaires d'État de Sa Majesté une pétition comprenant l'âge, la profession, le commerce ou toute autre occupation du pétitionnaire, ensemble la durée de sa résidence dans la Grande-Bretagne ou l'Irlande, et les autres motifs sur lesquels il se fonde pour obtenir les droits et capacités d'un sujet naturel-né breton, et priant ledit secrétaire d'État d'accorder au pétitionnaire le certificat ci-après mentionné.

ARTICLE 8.

La pétition doit être examinée par le secrétaire d'État au département de l'intérieur, qui peut délivrer le certificat.

Il est ordonné que toute pétition sera examinée par ledit secrétaire d'État, qui s'informera des circonstances de chaque pétition, et recevra telles preuves qui résulteront, soit d'*affidavit*, soit de toute autre manière, ainsi qu'il le jugera nécessaire et propre à prouver la vérité des allégations consignées dans cette pétition; et si ledit secrétaire d'État le trouve convenable, il pourra délivrer un certificat relatant celles des dispositions de la pétition qu'il considérera comme vraies et matérielles, et accordant au pétitionnaire (sur la prestation du serment ci-après prescrit) tous les droits et capacités d'un sujet naturel-né breton, excepté la capacité d'être membre du conseil privé ou membre de l'une ou l'autre chambre du Parlement, excepté aussi les droits et capacités (le cas échéant) spécialement exceptés dans et par ce certificat.

ARTICLE 9.

Le certificat doit être enregistré dans la cour de la chancellerie.

Il est ordonné que ce certificat sera enregistré, pour sûreté de sa conservation, comme *record* dans la haute cour de chancellerie de Sa Majesté, qu'il pourra être vérifié, et en être délivré des copies, sous telle régularisation qu'il plaira au lord haut chancelier d'établir.

ARTICLE 10.

Serment à prêter.

Il est ordonné que, dans les soixante jours à partir du jour de la date de ce certificat, tout pétitionnaire auquel auront été accordés des droits et capacités par ce certificat, prêtera et souscrira le serment suivant, savoir :

« Je A. B. promets solemment et jure que je serai fidèle et tien-
« drai loyale allégeance à Sa Majesté la reine Victoria; que je la
« défendrai de toute ma puissance contre toutes conspirations ou
« attentats quelconques qui pourraient être formés contre sa per-
« sonne, sa couronne ou sa dignité ; et je ferai tous mes efforts
« pour découvrir et faire connaître à Sa Majesté, ses héritiers et
« successeurs, toutes les trahisons et conspirations traîtresses qui
« pourraient être formées contre elle ou eux ; et je promets fidèle-
« ment de maintenir, supporter et défendre de toute ma puissance
« la succession de la couronne, laquelle succession, par un acte
« intitulé : *Acte pour la limitation ultérieure de la couronne,*
« *et mieux garantir les droits et libertés du sujet,* est et de-
« meure limitée à la princesse Sophie, électrice de Hanovre, et aux
« héritiers de son corps, protestants; renonçant entièrement par
« les présentes, et abjurant toute obéissance ou allégeance à toute
« autre personne réclamant ou prétendant un droit à la couronne
« de ce royaume. — Ainsi Dieu me soit en aide. »

Lequel serment sera prêté et souscrit par tout pétitionnaire, et lui sera dûment administré devant l'un des juges de Sa Majesté de la cour du banc de la reine ou de la cour des plaids communs, ou de la cour de l'échiquier, ou devant un maître ou maître extraordinaire en chancellerie ; et le juge, maître ou maître extraordinaire en chancellerie, soit en Angleterre, soit en Irlande, devant lequel ce serment peut être administré, délivrera au pétitionnaire un certificat conforme à la prestation et souscription de son serment, lequel sera signé par le juge, le maître ou le maître extraordinaire en chancellerie devant lequel ce serment sera administré.

ARTICLE 11.

Formalités pour obtenir le certificat.

Il est ordonné que les différentes formalités prescrites par cet

6.

acte pour obtenir le certificat ci-devant mentionné seront réglementées de la manière qui sera indiquée de temps en temps par
ledit secrétaire d'État.

ARTICLE 12.

Montant des frais à payer.

Il est ordonné que les frais à payer à raison des formalités
prescrites seront fixés et réglés par les commissaires du trésor
de Sa Majesté.

ARTICLE 13.

Les individus naturalisés avant cet acte et résidant depuis
cinq ans dans le Royaume-Uni jouissent de tous les droits de sujets bretons.

Il est ordonné que tous les individus qui auront été naturalisés
avant la passation du présent acte, et auront résidé dans le
Royaume-Uni pendant cinq ans consécutifs, seront considérés
comme ayant les droits et comme devant jouir de tous les droits
et capacités des sujets bretons, tels qu'ils sont conférés aux étrangers par les dispositions du présent acte.

ARTICLE 14.

Le présent acte ne doit toucher à aucun droit préexistant.

Il est ordonné qu'aucune des dispositions du présent acte ne
pourra préjudicier ou ne sera considérée comme préjudiciant aux
droits ou intérêts en droit ou en équité, soit appartenant, soit résultant d'un testament, d'un acte ou d'une convention exécutés par
un sujet naturel-né quelconque de la Grande-Bretagne ou d'Irlande, avant la passation du présent acte, ou résultant par succession ou représentation du décès d'un sujet naturel-né, arrivé
avant la passation dudit même acte.

ARTICLE 15.

Le présent acte ne peut enlever aux étrangers aucun de leurs
droits.

Il est ordonné qu'aucune des dispositions du présent acte ne
sera considérée comme enlevant ou diminuant les droits, priviléges ou capacités jusqu'ici légalement possédés ou appartenant
aux étrangers résidant dans la Grande-Bretagne ou l'Irlande, en

tant qu'ils se rapportent à la possession ou jouissance de propriétés réelles ou personnelles; mais que tous ces droits continueront à être possédés par ces étrangers d'une manière aussi entière et aussi ample qu'ils étaient possédés avant la passation de cet acte.

ARTICLE 16.

L'étrangère mariée à un sujet naturel-né est considérée comme naturalisée.

Il est ordonné que toute femme mariée, ou qui se mariera avec un sujet naturel-né, ou avec un individu naturalisé, sera prise et considérée comme étant naturalisée elle-même, et aura tous les droits et priviléges d'un sujet naturel-né.

ARTICLE 17.

Le présent acte peut être modifié dans cette session.

Il est ordonné que le présent acte pourra être modifié ou abrogé par un acte à passer dans la présente session du Parlement.

CHAPITRE III.

Ce que la loi anglaise entend par *étranger*, et quels sont les devoirs de celui-ci en Angleterre.

Ce chapitre, comme on le voit, se divise en deux parties distinctes, demandant nécessairement une explication séparée : nous suivrons donc cette division, et commencerons par définir ce que la loi anglaise entend par *étranger*, et, ce point bien fixé, nous verrons quels sont les devoirs de celui-ci en Angleterre.

PREMIÈRE DIVISION.

Ce que la loi anglaise entend par étranger.

1. Le mot anglais *alien*, en français, *étranger*, est pris du latin *alienus*, qui a la même signification, et on entend par étranger l'individu né hors du domaine de la couronne d'Angleterre, c'est-à-dire, hors de la suzeraineté (allégeance) de la reine. « L'étranger, « dit sir Edward Coke, dans ses Commentaires sur Littleton (1), « est l'individu né dans un pays étranger, sous l'obéissance d'un

(1) Comment. Littleton., 129, Alien.

« prince ou d'un pays étranger, ou non soumis à la suzeraineté
« du roi. » — « L'étranger, dit encore Blackstone dans ses Commen-
« taires (1), est, généralement parlant, l'individu né dans un pays
« étranger non soumis à la suzeraineté du roi. »

2. Il faut ajouter que cette définition doit être complétée, et
que l'étranger, dans le sens de la loi anglaise, est non-seulement
l'individu né hors de la suzeraineté de la reine; né dans un pays
étranger, sous l'obéissance d'un prince ou d'un pays étranger, et
non soumis à la suzeraineté du roi, selon Coke; né dans un pays
étranger, non soumis à la suzeraineté du roi, dit Blackstone; mais,
en outre, nés de parents étrangers non soumis à la suzeraineté
de la reine : car on verra plus loin que l'individu né à l'étranger
de père et mère anglais, ou d'un père seulement anglais, ou d'une
mère seulement anglaise, n'est pas étranger.

3. Le mot *étranger* peut cependant s'appliquer à des sujets nés
anglais. Nous avons vu, en effet (2), que par l'acte 4 des 14ᵉ et
15ᵉ années de Henri VIII tout   glais qui prête serment comme
sujet d'un État étranger, était considéré comme étranger et assujetti aux mêmes droits que celui-ci.

4. Mais pour mieux distinguer l'indigène de l'étranger, il est
nécessaire de définir ce que la loi anglaise entend par *sujet naturel-né*. Or, le sujet naturel-né est l'individu dont les parents,
au moment de la naissance, étaient soumis à l'obéissance actuelle
de la couronne d'Angleterre, et dont le lieu de naissance se
trouvait sous sa do   tion, et même hors sa domination,
comme nous le verrous au nº 6. Dans l'affaire de Calvin (3),
sur la définition du sujet naturel-né, il est dit que, « à moins qu'il
« ne s'agisse de cas spéciaux, il faut prendre en considération
« ces trois circonstances : 1º ses parents doivent être sous l'o-
« béissance actuelle du roi ; 2º le lieu de sa naissance doit être
« sous la domination du roi ; 3º enfin, il faut avoir égard à
« l'époque de sa naissance, parce que, s'il était né sous la su-
« zeraineté de notre roi, il ne pourrait être le sujet d'un au-
« tre roi. »

5. De là il résulte que l'individu né sur les mers anglaises,
est sujet naturel-né. Il faut dire cependant que, dans les temps
anciens, ce point parut douteux; mais, d'après la définition

(1) Blackstone's Comment., vol. 4, p. 372.
(2) Pag. 11.
(3) 7 Rep. 18.

donnée, ce doute cessa, ainsi qu'on peut le voir dans Molloy (1).

6. On a vu, au n° 4, que le sujet naturel-né était aussi bien celui dont le lieu de naissance se trouvait dans que hors la domination du roi. En effet, par le statut 2 de la 25ᵉ année d'É-douard III, tous les enfants héritiers qui, à l'avenir, naîtraient hors la suzeraineté du roi, de pères et mères étant, au moment de leur naissance, soumis à la foi et fidélité du roi d'Angleterre, auraient et posséderaient les mêmes bénéfices et avantages dans la succession ouverte sous cette domination que les autres héritiers; mais à condition que les mères de ces enfants aient passé la mer avec l'accord et le consentement de leurs maris. Mais la loi anglaise ne permettant pas l'application d'un cas à un autre, on avait pensé qu'en accordant à ces enfants nés hors de la domination du roi, le droit de venir à la succession de leurs auteurs, ils ne devaient cependant pas être considérés comme sujets naturels-nés (2). Mais par des statuts postérieurs ces doutes furent levés (3), et il fut décidé que tous les enfants nés hors de la suzeraineté de la couronne d'Angleterre *de pères* sujets naturels-nés de la couronne d'Angleterre ou de la Grande-Bretagne, au moment de la naissance de ces enfants, et qui, à ce moment, ne seraient pas frappés d'une condamnation de haute trahison, de proscription, ou toute autre, soit dans le royaume d'Angleterre, soit dans celui d'Irlande, ou qui ne seraient pas passibles des peines de haute trahison ou de félonie, en cas de retour en Angleterre ou en Irlande sans licence de Sa Majesté, ses héritiers ou successeurs, ou l'un des prédécesseurs royaux de Sa Majesté, ou encore, qui, au moment de la naissance de ces enfants respectivement, ne seraient pas au service actuel d'un prince ou d'un État étranger en hostilité avec la couronne d'Angleterre ou de la Grande-Bretagne; dans ces différents cas, ces enfants et les enfants de ces enfants sont des sujets naturels-nés.

7. Sont également sujets naturels-nés les individus qui, aux termes des dispositions de plusieurs statuts passés dans l'intérêt des colonies américaines appartenant encore aujourd'hui à l'Angleterre, ont habité ou résidé, habiteront ou résideront dans ces

(1) Molloy, 370.
(2) On peut voir le jugement de lord Kenyon, dans l'affaire de *Doe*, dem. *Duroure*, 4 Term Prep. 308.
(3) 7 Anne, c. 5, expliqué par 4 Georges II, c. 25, et statut 13, Georges III, chap. 21.

colonies, pendant le temps et sous les restrictions mentionnées
dans ces statuts, c'est-à-dire pendant sept années consécutives,
sans une absence de plus de deux mois (1).

8. Sont encore considérés comme sujets naturels-nés les
étrangers entrant dans le service de mer de la couronne d'Angleterre, après y être restés le temps et sous les conditions prescrites par différents statuts, c'est-à-dire trois ans consécutifs,
sans une absence de plus de douze mois (2).

9. Sont encore considérés comme sujets naturels-nés les
étrangers servant comme soldats et officiers dans le régiment
Royal-Américain, ou comme ingénieurs en Amérique pendant
l'espace de deux ans (3).

10. Il faut remarquer que les étrangers considérés comme
sujets naturels-nés dans les trois numéros précédents, n'obtiennent ce privilége qu'autant qu'ils appartiennent à la religion
protestante.

11. On a prétendu que l'enfant né de parents anglais ayant
traversé les mers sans licence, ou ayant prolongé leur absence
au delà du terme fixé par cette licence, était étranger d'après
les dispositions du statut 2 de la 25e année d'Édouard III ; mais
il serait difficile de soutenir aujourd'hui ce système devant les
cours anglaises, et surtout de le faire consacrer, sans introduire
le désordre dans toutes les familles.

12. Les enfants du roi nés, soit en Angleterre, soit à l'étranger, peuvent toujours hériter en Angleterre (4).

13. Les enfants des ambassadeurs anglais, nés à l'étranger
d'une femme anglaise, sont sujets naturels-nés (5). Il en est de
même des enfants d'un marchand anglais nés à l'étranger (6).
Il en est de même encore des enfants nés à l'étranger d'un père
anglais et d'une   étrangère. D'après le statut 2 de la 25e année d'Édouard   ,   fils d'un père étranger et d'une mère anglaise, né hors de la domination du roi, était étranger et ne pou-

---

(1) St. 13, Georges II, c. 7 ; statut 20, Georges II, c. 44 ; st. 22, Georges II,
c. 45 ; st. 2, Georges III, c. 25 ; st. 13, Georges III, c. 25.

(2) Voyez les statuts 5, Georges II, c. 28 ; st. 22, Georges II, c. 45, § 1 ;
st. 28, Georges II, c. 20 ; et st. 8, Georges III, c. 27.

(3) Statut 2, Georges III, c. 25.

(4) Cro. Eliz. 3, pl. 8.

(5) 7 Rep. 18, a.

(6) Voyez les espèces rapportées dans les Abrégements de Viner, au titre
Alien, A. 2.

vait hériter des biens de sa mère situés en Angleterre ; mais, d'après l'article 3 des statuts 7 et 8 de Victoria, chap. 66, un tel fils a la capacité d'hériter des biens réels et personnels de sa mère en Angleterre.

14. L'enfant illégitime d'un sujet naturel-né, lorsque cet enfant illégitime était né à l'étranger, était considéré comme étranger, et ne pouvait dès lors réclamer la succession de ses parents en Angleterre (1). Aujourd'hui, en vertu de l'art. 3 des statuts 7 et 8 de Victoria, cités au n° précédent, un pareil enfant pourrait réclamer cette succession. Il est vrai que l'article ne parle que de l'enfant né ou à naître d'une mère sujette naturelle-née, et non d'un père sujet naturel-né; mais ne peut-on pas dire que, si l'enfant d'une mère obtient un pareil droit, à plus forte raison ce droit est-il dévolu à l'enfant d'un père? L'enfant suit toujours la condition de son père : mais il faut cependant qu'il y ait une reconnaissance de la part du père.

15. L'étrangère aujourd'hui mariée ou qui se mariera avec un Anglais, jouira de tous les droits et priviléges d'une sujette naturelle-née. C'est la disposition formelle de l'art. 16 des statuts 7 et 8 de Victoria, ci-dessus cités.

16. Si le père d'un enfant né hors du royaume, et sujet-naturel-né dans le principe, avait perdu cette qualité de sujet naturel-né avant la naissance de cet enfant, celui-ci est étranger, et non sujet naturel-né (2).

17. Mais il faut observer que, si un étranger vient habiter l'Angleterre et y a deux fils, ces deux fils sont indigènes, c'est-à-dire sujets naturels-nés, parce qu'ils sont nés dans le royaume. Autrefois, ces deux fils, quant aux immeubles, étaient considérés comme étrangers l'un à l'autre, parce qu'il n'y avait jamais de lien héréditaire entre leur père et eux (3). Mais, la jurisprudence, dans le silence de la loi, est venue au secours de la nature, et depuis, le contraire a été décidé plusieurs fois (4).

18. Le fils d'un étranger, quand ce fils est né en Angleterre, est Anglais et non étranger (5). Les enfants d'un Américain *loya-*

(1) Argument tiré de l'affaire de Kent contre Burgess, 11 Sim. 361.
(2) *Doe* dem. Thomas contre Acklam, 2 Barn et c. 779.
(3) Commentaires de Littleton, 8, A.
(4) 1 Ventr. 413 ; 1 Lew. 59; et Sid. 193.
(5) Br. Denizen, pl. 9, cité 36, Henri VIII.

liste (1) qui continua sa foi et hommage à la couronne de la Grande-Bretagne après la séparation des colonies de la mère patrie, et s'établit en Amérique, ont droit à hériter de biens immeubles situés en Angleterre, en vertu du statut 4 de Georges II, chap. 21, comme s'ils étaient sujets naturels-nés de la couronne de la Grande-Bretagne (2).

19. Lorsque l'habitant d'une colonie anglaise quitte cette colonie, après sa cession à une puissance étrangère, mais avant l'expiration du délai accordé aux sujets anglais pour se retirer avec leurs biens, et qu'il y retourne à la fin de l'année, pour y rester plusieurs années encore, si finalement il quitte cette colonie pour aller résider dans une autre colonie anglaise où il meurt; comme on ne trouve pas que son retour dans la colonie cédée a eu lieu avec l'intention d'y fixer le lieu de son domicile, ou d'y transférer son allégeance, on a décidé que cette résidence occasionnelle ne pouvait pas le dépouiller de son caractère et de son privilége de sujet anglais (3).

20. Le sujet naturel-né d'Angleterre peut être en même temps citoyen d'Amérique, lorsqu'il ne prend cette dernière qualité que dans une intention de commerce, et alors il a droit à tous les avantages d'un Américain par suite d'un traité. La circonstance de sa présence en Angleterre dans un but temporaire ne peut le priver de ces avantages (4).

21. Dans tous les cas, où s'élève la question de savoir si un individu a perdu son caractère de sujet anglais en se retirant dans un pays étranger, il faut bien peser tous les actes qu'il a faits et leur rapport avec son émigration dans ce pays étranger. Aussi a-t-on décidé que le fils d'un père anglais, lequel père était entré au service de France, avait prêté serment comme chevalier de Saint-Louis, et avait épousé une Française en France, où ce fils était né et avait ensuite servi dans l'armée française, ce fils n'était pas par cela même privé de son caractère de sujet anglais et avait droit de réclamer une indemnité par rapport aux biens con-

(1) On entend par Américain loyaliste l'Américain qui, quoique habitant les États-Unis d'Amérique, reconnut toujours la suzeraineté de la couronne d'Angleterre.

(2) Doe d'Anchmuty contre Mulcaster, 8 D. et R. 593; S. C. 5, B. et C. 771; et Doe v. Birtwhistle contre Vardill, 8 D. et R. 185.

(3) Jephson contre Riera. 3 Knapp's P. C. 130.

(4) Wilson contre Marryat. 8 Term. Rep. 31.

fisqués de son père (1). Toutes ces circonstances ne furent pas considérées comme suffisantes pour prouver qu'il avait pris la qualité d'étranger et perdu celle qu'il tenait indubitablement de sa naissance.

20. On a demandé aussi quel laps de temps d'absence il fallait pour faire perdre sa nationalité, et cette question fut décidée dans l'affaire de *Re Bruce* (2) en ce sens que jamais la nationalité ne se perd par l'absence, quelque prolongée qu'elle soit. Un individu né en Amérique en 1764, se rendit mineur en Écosse, pour y faire son éducation; il y atteignit sa majorité, et en 1788 il s'embarqua pour les Indes, se faisant inscrire sur le registre du bâtiment comme étant Américain; il resta aux Indes pendant trente ans, puis revint en Europe, après avoir laissé dans le Bengale la masse de ses propriétés. Plus tard, après avoir revu l'Amérique, puis visité l'Angleterre, l'Écosse et le continent, il retourna en Amérique, s'y livra à l'agriculture et continua de faire valoir ses biens dans ce pays jusqu'à sa mort, arrivée à New-York en 1826. Il fut jugé qu'il était mort citoyen d'Amérique.

21. Nous venons de voir ce que la loi anglaise entend par sujet naturel-né; il faut voir maintenant ce qu'elle entend par étranger. Or elle reconnaît des étrangers de deux espèces : les étrangers amis, et les étrangers ennemis.

22. L'étranger ami est celui dont le souverain est en paix avec la couronne d'Angleterre.

23. Si un étranger ami vient en Angleterre dès ses plus jeunes années, et y reste continuellement, même toute sa vie, quand même il aurait prêté serment au roi, il ne cesse jamais d'être étranger (3).

24. L'étranger ennemi est celui dont le souverain est en hostilité avec la couronne d'Angleterre.

25. Pour faire reconnaître un étranger ennemi, il suffit que son prince ait fait quelques actes publics; il n'est pas nécessaire que la guerre soit déclarée (4).

26. Le sujet anglais, et à plus forte raison le sujet neutre, ré-

(1) Affaire Wall, 3 Knapp's P. C. 13, et Drummond contre Drummond, 2 Knapp's P. C. 295.

(2) 2 Crompt. et Jerv. 436.

(3) 14 Henri IV, 20; Br. Denizen, pl. 11; Fitzh. Denizen, pl. 3.

(4) Anon. Cro. Eliz. 142; Watford contre Marsham, Moor, 431; Brooks contre Philipps, Cro. Eliz. 683.

sidant dans un pays ennemi et y faisant un commerce, est considéré comme un étranger ennemi (1).

27. Le consul d'un État neutre (2), ou le représentant de la couronne résidant dans un État étranger en hostilité avec l'Angleterre (3), doivent être considérés et traités comme étrangers ennemis, s'ils font du commerce dans ces États; il n'en est pas de même de celui qui n'a qu'une simple résidence dans un pays ennemi (4).

28. Lorsqu'un pays neutre est pris de force par un État en guerre avec l'Angleterre, mais que les autorités civiles du pays conquis continuent à exercer leurs fonctions, quoique ce pays commette des actes hostiles contre le gouvernement anglais, cependant si ce gouvernement n'y répond pas par des actes hostiles, s'il ne fait rien qui prouve qu'il se considère comme étant en relation d'hostilité, les sujets du pays conquis ne sont pas des étrangers ennemis (5).

29. Le moyen de s'assurer si un étranger est ami ou ennemi résulte des actes du pouvoir exécutif, par exemple de la production de la proclamation de guerre (6).

30. L'étranger ennemi diffère de l'étranger ami, en ce sens que ce dernier peut ester en justice sur des actions personnelles, tandis que le premier, tout le temps qu'il est prisonnier de guerre, n'a le droit, dans aucun cas, d'invoquer l'acte d'*habeas corpus*, ni d'ester en justice; mais lorsque la paix est faite, il redevient étranger ami, et comme tel peut ester en justice (7), à moins qu'il ne puisse invoquer aucune paix en sa faveur (8).

(1) M'Connell contre Hector, 3 Bos. et Pull. 113 ; O'Maley contre Wilson, 1 Camp. 482 ; et de Luneville contre Phillips, 2 N. R. 97.

(2) Albretcht con   ussi   n. 2 Ves. et B. 323.

(3) Exparte Baglehose, 18,   ey 529.

(4) Roberts contre Hardy, 3 M...nse et Selw. 533. Relativement au neutre, faut voir Wool, Commerc. law of England, p. 100, et les causes qu'il cite.

(5) Hagedom contre Bell. 1 M. et Selw. 450.

(6) Commentaires de Littleton, 19e édition, 129 *b*, note 2.

(7) Anon. 2 Blacks. Rep. 1324 ; Comm. Littl., 129 *a*. Il faut voir toutefois la note 3 au même passage, où il est établi qu'en déclarant la guerre, le roi est dans l'usage, dans la proclamation de guerre, de permettre aux sujets de l'ennemi résidant en Angleterre d'y rester aussi longtemps qu'ils s'y conduiront paisiblement, et que ces individus seront considérés comme étant en fait des étrangers amis.

(8) Brandon contre Nesbitt, 6. T. R. 23, et Bristow contre Towers, ib. 35;

31. L'étranger ami peut ester en justice, quoique résidant à l'étranger (1).

32. Tout commerce avec l'ennemi est prohibé, à moins qu'il ne se fasse avec une licence du roi (2) ; et s'il y a licence, l'étranger ennemi peut passer tous contrats et intenter toutes actions (3).

33. Tout contrat fait avec un étranger ennemi en temps de guerre ne peut être contraint à l'exécution par les cours d'Angleterre, encore que le demandeur n'en demande l'exécution en justice qu'après le retour de la paix, et quoique le demandeur soit un Anglais né sujet, mais résidant dans le pays ennemi (4).

34. Si un individu a passé un contrat avec un étranger ennemi, ce contrat est nul à son égard, comme à l'égard des autres obligés (5); le roi seul en profite (6), et tous les biens de l'étranger ennemi peuvent être saisis par quiconque veut en profiter (7).

35. Indépendamment de la licence, il y a encore deux principes de droit qui gouvernent les contrats passés avec les étrangers ennemis. Le premier, c'est que tout contrat passé avec un étranger ennemi en état de guerre est nul, s'il est d'une telle nature, qu'il doive produire une communication entre les sujets de l'Angleterre et ceux de l'ennemi, et que, par conséquent, est nulle aussi la police faite sur les biens d'un ennemi, parce qu'il serait impolitique d'indemniser l'ennemi contre les risques encourus dans les chances commerciales. Le second principe, c'est que, quelque valide que   un contrat au moment d   sa passation, si, par la succession des événements, la personne avec laquelle un sujet anglais contracte, devient un étranger ennemi, il ne peut suivre sur ce contrat. La couronne peut suivre pendant la

---

Flent contre Waters, 15 East, 260; Daubuz contre Morshead, 6 Taunt. 44 ; Wool, Commerc. et Merc. law of England, pages 278 et 279.

(1) Dyer, 2 b ; Tuertcote contre Morison, Yelv. 198 et Bullt. 134 ; Pisani contre Lawson, 8 Scott, 182.

(2) Potts contre Bell, 8 Term Rep. 548.

(3) Voir Wool, Lois commerciales de l'Angleterre, 104 et suiv., et les causes qu'il rapporte.

(4) Wilson contre Pattison, 7 Taunt. 439; Evans contre Richardson, 3 Mer. 469; et Exparte Schmasing, 1 Buck. 93.

(5) Voyez les Abrégements de Viner, au titre Alien B.

(6) 1 Hale Hitt. P. C. 95.

(7) Finch on the law, 28. Mais quant à la probabilité que la couronne poursuivra sa réclamation, il faut voir Furtado contre Rogers, 3 Bos. et Pull. 201.

guerre, s'il s'agit d'une créance due à un étranger ennemi ; mais celui-ci ne peut la recouvrer qu'au rétablissement de la paix (1).

36. Maintenant qu'on connaît ce que la loi anglaise entend par sujet naturel-né, par étranger ami et par étranger ennemi, nous allons voir quels sont les devoirs des étrangers en Angleterre : c'est la seconde division de ce chapitre.

DEUXIÈME DIVISION.

Quels sont les devoirs de l'étranger en Angleterre.

37. L'étranger qui réside en Angleterre est soumis à toutes les lois du pays, et doit une fidélité locale et temporaire au souverain par l'autorité duquel ces lois sont administrées et qui protège sa personne et ses biens (2), et réciproquement l'étranger a droit à une égale justice, sans pouvoir réclamer plus d'indulgence des cours de justice que les sujets eux-mêmes (3).

38. Les étrangers, par une disposition expresse de la législation, sont soumis aux lois sur les banqueroutes, et peuvent également en invoquer les bénéfices (4).

39. Les étrangers sont soumis à la loi qui abolit l'arrestation dans les procès peu importants en matières civiles, excepté en certains cas, qui accorde de nouveaux moyens aux créanciers contre leurs débiteurs et modifie les lois en protégeant les débiteurs insolvables en Angleterre (5).

40. Les étrangers sont soumis à l'autorité de la cour d'équité, tout le temps qu'ils résident en Angleterre ; cependant si un étranger, résidant à l'étranger, laisse à son décès des biens personnels en Angleterre, ces biens sont soumis à la juridiction de la cour de chancellerie (6). Mais il faut bien remarquer que, s'il meurt *intestat* à l'étranger, ses biens suivront sa personne et seront partagés conformément aux lois du pays où il résidait (7).

(1) On peut voir le jugement de sir V. Gibbs dans Antoine contre Morshead, 1 Marshall, 561.

(2) 1 Woddel, 379 ; Fost. Cro. Laws, 185 ; 1 Hawk. Pl. c. 17, § 5 ; 32, Henri VIII, c. 16, § 9.

(3) Duckworth, Bart contre Taylor, 2 Taunt. 7.

(4) Statut 6, Georges IV, c. 16, § 135.

(5) Statut 1 et 2, Victoria, c. 60, § 121.

(6) Alk. 19.

(7) Piper contre Piper, Ambl. 25 ; Burn contre Cole, *ibid.*, 415.

41. On a douté si le droit de propriété littéraire appartenant à un étranger devait être protégé en Angleterre. Dans l'affaire de *Delondre* contre *Shaw* (1), la cour de chancellerie refusa sa protection au droit de propriété littéraire appartenant à un étranger. Mais il faut dire que, dans l'espèce, l'étranger résidait à l'étranger, quoique le droit de propriété dont il demandait le maintien fût usurpé en Angleterre. Au contraire, dans l'affaire de *d'Almaine* contre *Boosey* (2), la cour se montra disposée à maintenir que l'étranger, résidant et publiant un ouvrage en Angleterre, avait droit à réclamer son autorité relativement à son droit de propriété littéraire; mais dans la cause il ne fut pas nécessaire de décider ce point. Toutefois, lord Abinger, en rappelant cette espèce dans la cause de *Bac* contre *Longman* (3), déclara que, dans la forme, cette question avait décidé pour l'affirmative. Dans l'affaire de *Bentley* contre *Foster*, rapportée également par lord Abinger (4), le vice-chancelier de l'Angleterre était disposé à consacrer que si un étranger, résidant à l'étranger, y composait un ouvrage qui fût publié pour la première fois en Angleterre, il avait droit à la protection des lois anglaises concernant le droit de propriété littéraire, et conseilla au demandeur dans cette affaire (c'était un sujet naturel-né qui avait acheté de l'étranger le droit de propriété littéraire) d'intenter une action d'après le droit commun, et maintint en même temps une opposition qui avait été reçue dans cette affaire. L'action se suivit, mais le défendeur consentit au verdict qui fut rendu contre lui. Il faut remarquer que dans cette dernière espèce l'étranger ne suivait pas lui-même, comme dans l'affaire de *Delondre* contre *Shaw*, mais un sujet anglais représentait un étranger; et néanmoins la décision eût été la même, puisque le représentant n'a ni plus ni moins de droits que le représenté. On peut voir aussi les observations de lord Abinger sur ce droit dans la cause de *Chappell* contre *Durday* (5), où s'éleva la question de savoir si un étranger, après avoir publié son ouvrage dans un pays étranger, pouvait, de droit commun, céder son droit de propriété littéraire, limité à la

(1) 2 Simons, 237.
(2) 1 Younge et Collier, 288.
(3) Cowper, 623.
(4) 10 Simons, 329.
(5) 4 Younge et Collier, 495.

Grande-Bretagne, à un sujet anglais, et le faire jouir des avantages des statuts relatifs au droit de propriété littéraire. Cette question alors ne fut pas décidée; mais aujourd'hui elle ne peut plus s'élever, car, d'après le statut des 5e et 6e années de la reine Victoria, rapporté au chapitre 1er, page 56, et dont la matière fait l'objet du chapitre 15 ci-après de cet ouvrage, les auteurs étrangers ou leurs représentants peuvent, suivant les circonstances et conformément aux règles prescrites par ce statut, jouir des avantages attachés à la première publication d'ouvrages faite à l'étranger; mais ils n'ont pas ce droit, s'ils n'ont pas rempli les formalités voulues. Quant au droit de propriété littéraire réclamé par un étranger relativement à un ouvrage qui n'a pas été publié pour la première fois à l'étranger, il ne pourrait être invoqué qu'autant que cet étranger résiderait en Angleterre, et qu'il y ferait la première publication de son ouvrage.

42. On a demandé si l'ordre donné par un étranger ennemi, de céder une patente ou un droit de propriété littéraire, pouvait produire quelque effet (1). Mais d'après ce que nous avons dit aux nos 33 et 34, on peut répondre par la négative.

43. Si la loi du pays auquel un étranger appartient ne reconnaît pas l'arrestation pour dettes, néanmoins il fut décidé en droit, dans l'affaire de *de la Véga* contre *Vianna*, qu'un étranger peut être arrêté en Angleterre pour une dette contractée en pays étranger (2).

44. Lorsqu'un étranger contracte à l'étranger une dette avec un Anglais, celui-ci peut obtenir de la cour d'équité un writ *ne exeat* (une défense de sortir du royaume), lorsque l'étranger s'y trouve (3). Toutefois, dans cette affaire, le lord chancelier Idon, en prononçant sa décision, dit qu'il doutait qu'un pareil writ pût être accordé contre un étranger, si la dette pour laquelle on le demandait avait été contractée par les deux parties pendant leur résidence dans un pays qui n'admettait pas l'arrestation pour dettes. Mais la décision rapportée au n° 43, dans l'affaire *de la Véga* contre *Vianna*, décision basée sur le droit commun, paraît ne laisser aucun doute sur ce point.

(1) On peut consulter Jarman ou Conveyancing, 3e édit., vol. VII, p. 538, et l'affaire Bloxam contre Elsie, 1, Car. et Pay. 564, qui s'y trouve rapportée.
(2) 1 Barn. et Ad. 284.
(3) Flack contre Holm., 1 Jac. et Walker, 405.

45. Il résulte, des règles posées aux nos 43 et 44, que l'étranger qui a contracté une dette, soit avec un étranger, soit avec un Anglais, dans un pays étranger où la législation admet ou n'admet pas l'arrestation pour dettes, peut être poursuivi en Angleterre, s'il y est trouvé, pour le payement de sa dette avec la contrainte par corps, car le writ *ne exeat* of this country n'est autre chose que cette grave mesure.

46. Si l'étranger, pendant sa résidence en Angleterre, est soumis aux lois du pays, cela s'entend aussi bien des lois criminelles que des lois civiles. En conséquence, s'il commet une action qui, faite par un sujet naturel-né, serait considérée comme trahison, il doit être puni comme traître (1), et cela soit que son souverain soit ami ou ennemi de l'Angleterre.

47. L'étranger qui commet un crime en pleine mer peut être jugé en Angleterre, aux termes du statut 28 de Henri VIII, chap. 15, mais il n'est pas susceptible d'être jugé par une commission spéciale, formée conformément aux dispositions du 33e statut de Henri VIII, chap. 23, pour crimes commis sur les rivages des pays étrangers (2).

48. L'étranger peut invoquer le bénéfice de clergé (3); il peut également invoquer le bénéfice d'une amnistie, s'il réside dans le royaume au moment de sa promulgation (4).

49. Le meurtre volontaire d'un étranger est un assassinat, à moins qu'il n'ait lieu dans la chaleur de la guerre (5).

50. Quant au respect que les étrangers doivent aux lois criminelles de l'Angleterre, on peut consulter l'ouvrage intitulé *Abridgment* de Viner, au titre *Alien*, A. 3; et, au surplus, en Angleterre comme en France, « les lois de police et de sûreté « obligent tous ceux qui habitent le territoire » (art. 3 du Code civil français), et il ne peut entrer dans le plan de cet ouvrage de traiter de cette grande et difficile matière qui, à elle seule,

---

(1) Voir les Institutes de Coke, part. 3, p. 4; statut 9, Anne, chap. 16.

(2) Rex contre Depardo, 1 Taunt. 26.

(3) 2 Hewk. P. C. c. 17, § 5.

(4) Affaire de Courteen, Hob. 270.

(5) On peut voir le discours du recorder de Londres au grand jury, en ouvrant la commission spéciale, du 5 avril 1813, dans le procès de James Dawson, accusé d'assassinat d'un Arabe, commis à Zanzibar, en Afrique. Il cite sir Matthew Hale dans une pareille circonstance. Il faut bien remarquer que l'accusé fut jugé d'après les dispositions du statut 9 de Georges IV, ch. 31, § 8.

pourrait former un gros volume. Peut-être cependant nous livre-
rons-nous plus tard à ce pénible travail.

51. Si pendant sa résidence en Angleterre l'étranger est soumis à ses lois, réciproquement il a droit à leur protection. Ainsi,
en cas d'homicide ou d'assassinat, les étrangers résidant à l'étranger sont sous la protection de la loi anglaise, quand ces crimes ont
été commis contre eux par des sujets anglais et pendant leur résidence en Angleterre, quelque passagère qu'elle soit (1).

52. L'étranger ne peut faire partie d'un jury appelé à juger
un Anglais (2); mais lorsqu'un étranger est traduit en justice en
Angleterre pour un crime capital (*felony*) ou pour un autre
crime (*misdemeanor*), des étrangers peuvent faire partie de son
jury. Il adresse à cet effet une demande au shérif chargé de former la liste des jurés, et ce jury se forme *de medietate linguæ*,
c'est-à-dire, de six Anglais et de six autres jurés de la même nation que l'accusé (3).

53. L'étranger ne peut posséder aucune sorte de bien ecclésiastique; il ne peut, sans licence du roi, posséder aucun bénéfice (4).

54. L'étranger ne pouvait jadis être admis dans les ordres
sacrés sans prêter le serment de fidélité au roi, serment qui paraissait incompatible en sa qualité de sujet d'un autre souverain;
mais aujourd'hui les étrangers peuvent être admis dans les ordres
sacrés, mais pour n'exercer leurs fonctions que hors des domaines
de la couronne d'Angleterre (5). Encore cette consécration ne

(1) Voir ci-dessus, p. 54 et suiv., le statut 9 de Georges IV, ch. 31, § 7 et 8.
Une question s'est élevée sur l'application de ce statut. Il s'agissait de savoir si
ses effets s'étendaient d'étranger à étranger. Giuseppe Ozzorpaldi, Maltais,
était traduit devant une commission spéciale, pour avoir assassiné Rosa Sluyk,
femme hollandaise à Smyrne : on prétendait que pour donner juridiction à la
cour en vertu de ce statut, il fallait que l'accusé et la victime fussent sujets de
la couronne d'Angleterre, ce qui, dans l'espèce, n'existait pas. Ce point de
droit ayant été réservé à la considération des juges, il fut soulevé devant eux,
et tous furent d'avis que l'espèce se trouvait comprise dans le statut, et, en
conséquence, l'exception fut rejetée.

(2) Br. Denizen, pl. 2, citing 14, Henri IV, c. 19; Com. Littl., 156 *b*; st. 6,
Georges IV, c. 50, § 3; et Rex Conta Sutton, 8 Barn. et Cress. 417.

(3) Statut 6, Georges IV, c. 50, § 47. Voir, en outre, les chapitres 1er et 18
de cet ouvrage.

(4) St. 1, Richard II, c. 3; st. 7, Richard II, c. 12; et st. 1, Henri V, c. 7.
Voir à la page 8.

(5) Statut 24, Georges III, sess. 2, c. 35; st. 26, Georges III, c. 84; st. 5,
Victoria, c. 6, p. 42.

doit-elle s'entendre que quant aux fonctions de ministre dè l'Église anglicane.

55. Si les étrangers sont admis, comme nous l'avons vu déjà et comme nous le verrons encore, à certains droits civils, ils ne le sont jamais à aucun droit politique ; et c'est ici le lieu de faire remarquer que, lorsque la législation anglaise déclare que dans certaines circonstances l'étranger sera considéré comme sujet naturel-né, c'est toujours avec la restriction qu'il ne jouira d'aucun droit politique. Ainsi les étrangers sont incapables d'être membres de l'une ou l'autre chambre du Parlement, d'être membres du conseil privé, de posséder aucun office ou aucune place de confiance, soit civile, soit militaire, ou de recevoir de la couronne, soit pour eux, soit par personnes interposées pour eux, aucune concession de terres, ténements ou autres héritages. Mais il faut observer que, quant aux places de confiance civiles ou militaires et aux concessions de la couronne, cette prohibition est devenue facultative pour le gouvernement, en vertu des articles 2 et 6 du statut 7 et 8 de Victoria, chap. 66(1).

56. Les étrangers ne peuvent voter aux élections des membres du Parlement (2) ; c'est la disposition formelle de l'article 5 du même statut.

57. Les étrangers naturalisés dans les colonies américaines appartenant à la couronne de la Grande-Bretagne pouvaient occuper dans ces colonies des places de confiance (3), mais ils étaient incapables d'occuper de pareilles places dans la Grande-Bretagne ou l'Irlande ; aujourd'hui ils le peuvent, en vertu du

(1) Statut 12 et 13 de Guillaume III, chap. 2. On peut voir aussi Jenk. 130 ; pl. 4, où il cite 4, éd. 4, 9. Les étrangers, comme ignorant les lois et coutumes de l'Angleterre, et étant ou paraissant incapables de prendre les intérêts d'un État auquel ils ne sont pas naturellement attachés, furent toujours incapables d'être élus membres du Parlement, même lorsqu'ils étaient *dénisés ;* mais les étrangers *naturalisés* par acte du Parlement pouvaient jadis être élus. On peut voir Mase, sur les élections, 2ᵉ édition, p. 34', et les Institutes de Coke, 4ᵉ partie, p. 47. Nous avons un pareil exemple dans le prince Albert, qui, avant d'épouser la reine Victoria, fut naturalisé avec le droit d'être membre de la Chambre des lords. St. 3, Victoria, chap. 2.

(2) On peut voir l'espèce de Middlesex, rapportée par 2 Peck, sur les élections, nº 118 ; la ville de Bedford, dans Perry et Knapp, sur les élections, nº 147, et Mase, sur les élections, 2ᵉ édit., p. 163, 164 et 243.

(3) Statut 13, Georges III, c. 25.

statut précité, mais ils ne peuvent jamais être membres du Parlement ni du conseil privé (1).

58. L'étranger ami peut être exécuteur ou administrateur (2); il n'en est pas de même de l'étranger ennemi, à moins qu'il ne réside en Angleterre avec la licence du roi (3).

59. L'artisan étranger pouvait, sous les exceptions portées aux statuts passés sous le règne de Henri VIII (4), exercer son métier aussi librement que les autres individus, pourvu qu'il payât les droits de douane voulus (5), à moins qu'il n'existât un usage à ce contraire, comme on peut le voir dans l'affaire de Totterdell contre Glasby (6). Mais on regardait comme une mauvaise loi celle qui, comme dans cette espèce, accordait à une corporation l'amende prononcée contre un étranger qui exerçait un commerce prohibé par cette corporation. On voit, à la marge de cette décision, cette note : « Excepté à Londres, au Chambellan. » Aujourd'hui il semblerait que toutes ces exceptions sont disparues, en lisant l'article 5e du statut 7 et 8 de Victoria, chap. 66; mais la cité de Londres conserve toujours ses privilèges.

60. Mais pour que l'artisan étranger puisse exercer librement son commerce, il faut qu'il soit majeur, c'est-à-dire âgé de vingt et un ans (7).

61. L'étranger ne peut être tuteur. Cependant le père d'un enfant, encore que ce père fût un étranger ennemi, mais domicilié en Angleterre, et pourvu que la mère soit anglaise, a droit à la tutelle de cet enfant encore à la mamelle, si la cour ne trouve aucun motif de voir compromises par son père la santé et la liberté de cet enfant, comme par son transport hors du royaume; et une cour de justice a, par cette raison, refusé un *habeas corpus* demandé dans une telle circonstance (8). La demande, dans l'espèce, était faite en faveur de la mère de cet enfant, et dans la crainte que le père n'eût l'idée de faire passer cet enfant à l'é-

(1) Voyez la page 17.

(2) 1 Williams, sur les Exécuteurs, 163, 164 et 376.

(3) Le même, 163.

(4) Pag. 10 et suiv.

(5) Blackstone dans ses Commentaires, vol. I, p. 372, 16e édit., et la note 4 sur ce passage.

(6) Cette affaire est rapportée par 2 Wilson, 260, ainsi que d'autres affaires.

(7) Statut 13 et 14, Charles II, c. 11, § 10, p. 15.

(8) The King contre de Manneville, 5 East, 221.

tranger; mais on n'allégua aucun motif suffisant qui donnât lieu à cette crainte.

62. L'étranger n'est pas, à cause de sa seule qualité d'étranger, incapable d'être témoin devant une cour de justice ou devant une cour d'équité (1); il en serait autrement, s'il était sans intelligence, sans croyance religieuse, d'un caractère ou d'une profession infâmes. Et s'il était mandé *bona fide* de l'étranger, il aurait droit aux frais d'aller et de retour, à ceux causés pour donner son témoignage (2) et à une indemnité pour son temps (3).

63. Le mode de recevoir son témoignage dépend de sa religion; et pour savoir la manière de prendre le serment des témoins, on peut consulter le Traité de Starkie sur la preuve par témoin (4).

64. Si l'étranger est un témoin païen ou mécréant, sa déposition, faite conformément à sa religion, pourra être lue comme preuve dans la cause. C'est en ce sens que, dans l'affaire Omychund contre Barkor (5), a été considérée la déposition d'un témoin faite sur serment prescrit par la religion gentoo.

65. Si le témoin étranger ne parle pas anglais, sa déposition peut être reçue en droit comme en équité à l'aide d'un interprète. En équité, il a été admis que, devant une commission nommée pour l'examen de témoins français qui ne parlaient pas l'anglais, les dépositions ne seraient pas reçues en français, mais traduites en anglais par l'interprète, et reçues et écrites de cette manière (6).

66. L'interprète nommé pour traduire la déposition d'un témoin étranger doit prêter serment de bien et fidèlement remplir sa mission (7).

67. Les étrangers, à moins qu'ils ne fussent dénisés ou naturalisés, ne pouvaient posséder de vaisseaux anglais enregistrés (8); mais cette prohibition ne se trouvant pas dans le statut 7 et 8 de Victoria, chap. 66, et se trouvant même levée dans le rapport

(1) Institutes de Coke, 4e partie, p. 279.
(2) 1 Marsh. 563; 6 Taunt. 88; 4 Taunt. 55.
(3) 7 Bing. 729.
(4) Vol. I, 3e édit., p. 94 et les notes.
(5) 1 Atk. 21.
(6) Belmore contre Anderson, 2 Cox. 288; S. C. 4. Bro. C. c. 90.
(7) Smith contre Kirckpatrick, Dick. 103.
(8) Statut 3 et 4, Guillaume IV, c. 54 et 55.

fait à la Chambre des communes (1), il paraît qu'ils peuvent avoir aujourd'hui ce droit.

68. Les étrangers étaient tenus, lors de leur débarquement dans le Royaume-Uni, d'exhiber leur passe-port (2) et de remplir d'autres formalités, sous peine d'une amende de 2 livres sterling (50 fr.); mais le statut 6 et 7 de Guillaume IV, chap. 11, qui prescrivait ces formalités, n'ayant jamais été exécuté par les étrangers, ni forcé à exécution par les autorités, comme le dit le rapport du comité à la Chambre des communes, doit-il être considéré comme aujourd'hui en vigueur? Dans le doute, cependant, il est mieux de s'y conformer (3).

69. Les ambassadeurs accrédités près la cour de Saint-James, les ministres publics dûment autorisés, leurs attachés et leurs serviteurs, ont toujours été exceptés des mesures prises par la législature anglaise à l'égard des étrangers. C'est un point non contesté, ni contestable de droit politique (4).

70. Que faut-il observer à l'égard des biens et de la personne d'un étranger attaqué de folie? On dit qu'une commission peut être nommée dans ces circonstances; c'est l'opinion de Stock dans son Traité sur les fous, page 94; mais on ne trouve aucune décision à l'appui de ce système. Mais en admettant qu'en effet une telle commission pût être nommée, il en restera toujours une grande difficulté relativement à l'étranger qui réclamera des droits à quelques propriétés immobilières. Le droit de protéger ceux qui sont incapables de se protéger eux-mêmes semble dévolu au souverain, en sa qualité de *parens patriæ;* c'est un retour de la fidélité que chaque sujet lui doit, et le roi, par la loi de droit, est tenu de défendre ses sujets, leurs biens, meubles et immeubles, parce que ces loyaux sujets, de leur côté, sont placés, en contemplation de la loi, sous la protection du prince, qui doit prendre soin de la personne et des biens de celui qui est incapable de se défendre et de se gouverner lui-même (5). La garde des biens des fous est dérivée du statut *de prærogativa regis* (6), qui dit

(1) Pag. 68 et suiv.
(2) Statut 6 et 7, Guillaume IV, c. 11, page 70.
(3) Voir le chapitre 14 de cet ouvrage.
(4) Statut 6 et 7, Guillaume IV, c. 11, et page 53.
(5) Collinson, sur la Folie, 87.
(6) 17, Edward II, statut 2.

que le roi aura la garde des terres des fous naturels avec leurs produits, mais sans abus ni destruction, et leur donnera le nécessaire des revenus de leurs fermiers. Après la mort de ces fous, il est tenu de rendre leurs biens à leurs héritiers légitimes, et ces fous ne peuvent ni aliéner ces biens ni déshériter leurs héritiers (1). Le roi doit aussi, lorsqu'un individu, qui jusque-là avait eu sa raison et sa mémoire, vient à les perdre, encore qu'il ait quelques intervalles lucides, pourvoir à ce que ses terres et ténements soient administrés sans dégât ni dommage, et à ce que sa maison soit maintenue dans un état conforme à sa position, et que le reste de ses revenus, après un confort raisonnable, soit employé à son profit, pour lui être remis quand il recouvre sa raison, mais de manière que ces terres et ténements ne soient aliénés en aucune façon quelconque, pendant la durée de la maladie, et que le roi n'en tire aucuns profits personnels. En cas de décès, l'excédant de ses revenus doit être distribué pour son âme, en prenant l'avis de l'ordinaire (2). Par ce statut *de prærogativa regis*, et le droit qu'il donne au roi de prendre soin de la personne et des biens des fous, il semble en résulter que le lord chancelier ne peut former une commission contre l'étranger qui tombe en folie, quoiqu'il soit domicilié. Mais en admettant ce droit de juridiction, ne se présenterait-il pas de difficulté, si l'étranger avait seulement des propriétés réelles (3)? Ce droit n'appartient-il pas plutôt à la couronne? car d'après ce que nous avons dit, l'étranger ni dénisé, ni naturalisé, ne peut posséder d'immeubles, sous peine de forfaiture au profit de la couronne. Dans l'affaire Exparte Southcole(4), une commission fut nommée contre un sujet anglais résidant à l'étranger; et lord Hardwicke, rappelant l'ancien mode de constater la folie, notamment les writs envoyés, soit à l'escheator (aubainier), soit au shérif, et déclarant qu'il n'avait pu trouver aucun précédent concernant un writ délivré à l'escheator relativement à un individu tombé en folie, et rappelant en même temps les fonctions de l'escheator (5), il finit par dire : « En cas de folie, où

(1) Section 9.
(2) 17, Edward II, stat. 2, section 10.
(3) Quant aux propriétés personnelles, dans le sens du statut *de prærogativa regis*, on peut consulter Collinson, dans son Traité sur les Fous, vol. 1, page 93.
(4) 2 Ves. Sen. 401, et Ambl. 109.
(5) L'escheator (l'aubainier) était un officier nommé par le lord tréso-

« le roi ne tire jamais d'avantages personnels, mais un simple
« droit qui a sa source dans la protection que le roi, comme père
« de ce pays, doit accorder à tous ses sujets incapables de se pro-
« téger eux-mêmes, il n'y avait pas de writ délivré à l'escheator,
« qui, selon moi, n'était pas l'officier spécial pour ces sortes d'affai-
« res (1). » Dans l'affaire Exparte de la marquise d'Annandale (2),
une question s'éleva, celle de savoir si Otto Lewis, homme frappé
de folie, qui figurait dans l'affaire, et qui avait été déclaré fou à
Hambourg, où un curateur lui avait été nommé, se trouvait sous
le poids du statut, en ce sens que, quoiqu'il eût reçu la protection d'une cour étrangère, le chancelier pouvait autoriser ce fou
et son curateur à faire un transport en vertu du statut 4 de Georges II, chap. 10, statut qui donne aux idiots et aux lunatiques,
saisis ou possesseurs de fiefs, ou de biens à vie ou à termes d'années, soit par dépôt, soit par hypothèque, de faire des transports,
résignations ou substitutions de ces biens. Lord Hardwicke donna
sa décision dans le sens affirmatif sur cette affaire, où il n'y avait
pas d'opposition. Il faut observer que, dans les deux espèces rapportées, les hommes frappés de folie étaient, ou sujets anglais, ou
justiciables apparents de la juridiction anglaise ; mais s'il s'agissait d'un étranger résidant à l'étranger, peut-être n'y aurait-il
pas lieu à lui nommer une commission, quand même il posséde-
rait des immeubles en Angleterre.

Cependant une espèce récente s'est présentée, quant aux étrangers frappés de folie. L'affaire fut portée devant le lord chancelier, et là s'agita la question de savoir si la cour avait juridiction
pour nommer une commission de folie (o commission of lunaty)
contre un étranger. Dans la requête pour une commission, on
parla d'une dame de distinction née étrangère, mais domiciliée
en Angleterre. La question de juridiction n'a pas été décidée, et
un ordre fut donné d'accord, admettant de facto la juridiction (3).
Le savant éditeur du Juriste met aussi en question la juridiction
du chancelier pour nommer une commission contre un étranger

rier, etc., dans chaque comté, pour faire des enquêtes sur les droits d'aubaine, enquêtes qui résultaient des déclarations d'hommes loyaux et honnêtes
du comté, et portés sur une liste dressée par le shérif.

(1) Ces expressions se trouvent rapportées dans 2 Ves. Sen. 405.
(2) Ambl. 80.
(3) On peut voir le Juriste, 7e vol., page 453.

tombé en folie, et il termine ses remarques sur ce sujet par ces mots : « Il peut y avoir eu des cas dans lesquels des commissions « ont été formées contre des personnes actuellement étrangères, « mais on n'en trouve aucun, à ce que nous croyons, dans les « rapports imprimés; » et il ajoute : « A moins de produire des « autorités où la question se trouve décidée après argumentation, « que la lettre du statut (en vertu duquel est maintenue toute la « juridiction, soit qu'il soit créé *de novo*, ou seulement déclaré « loi), et que les plus petites conséquences données par les choses « qui sont dites dans les cas rapportés sont plutôt contraires que « favorables à l'existence de la juridiction du grand sceau pour « avoir la garde de la personne et des biens d'un étranger tombé « en démence. »

CHAPITRE IV.

Les droits de l'étranger en ce qui concerne les choses corporelles, personnelles et mobilières.

71. L'étranger ami a droit de posséder en Angleterre toute espèce de propriété personnelle, au même titre et de la même manière qu'un sujet anglais. Ainsi il peut recevoir et léguer par testament toute espèce de propriété personnelle (1).

72. Le legs fait au profit d'un étranger ennemi est acquis au roi (2); mais si un legs est fait à un étranger qui, ennemi au moment où il est fait, mais avant que la couronne n'ait usé de son droit cesse d'être étranger ennemi, en conséquence de la paix proclamée entre son pays et l'Angleterre, ce legs sera valable (3).

73. L'étranger ami peut prendre à bail, des terres, maisons, ou autres héritages, mais ces baux ne peuvent avoir une durée de plus de vingt-un ans (4). Nous avons vu, à la page 12, que si de droit

(1) Affaire de Calvin, 7 Coke, 17. Art. 4 du statut 7 et 8 de Victoria, ch. 66.

(2) L'attorney général contre Weadon, Parker, 267; Will., sur les Exécuteurs testamentaires, page 164.

(3) L'attorney général contre Weadon, Parker, 267; l'attorney général contre Duplessis, *ib.* 144.

(4) Statut 7 et 8, Victoria, chap. 66, § 5.

commun l'étranger pouvait faire un bail, pour que ce bail fût valable, il fallait faire une distinction entre le bail fait pour habitation et celui fait pour cause de commerce : dans le premier cas,
il était nul, et dans le second il était valable (1). Lord Coke
dit : « Quant au bail de plusieurs années d'une maison d'habita-
« tion, fait à un marchand étranger dont le roi est en alliance
« avec le nôtre, et celui de plusieurs années de prairies, terres,
« pâturages, bois et autres semblables, il y a cette différence
« que ce dernier reviendra au roi *sur office trouvé* (upon office
« found) (2) , tandis que le premier produira son effet, comme
« étant un accessoire du commerce, car sans habitation il est
« impossible de faire aucun commerce ou négoce. Cependant si
« l'étranger venait à quitter le royaume, le roi prendrait la
« suite de son bail. Il en est de même s'il meurt pendant son
« bail ; le roi seul continuera sa jouissance, mais ni ses exécu-
« teurs, ni ses administrateurs n'auront ce droit ; car ce bail
« n'est que la conséquence d'une habitation nécessaire pour
« son commerce ou son négoce, et non pour l'avantage de son
« exécuteur ou administrateur. Mais si l'étranger marchand est
« un étranger ennemi, le roi aura droit à son bail de plusieurs
« années, quoiqu'il soit fait pour son habitation. Cela résulte
« d'une décision rendue par les juges en assemblée générale à

(1) On peut consulter à cet égard les Commentaires de Littleton, 19, éd. 2 *b*,
et les notes 7 et 9.

(2) Il y a deux espèces d'office found : l'office de droit (*office of entitling*),
qui est sous le grand sceau, et l'office d'instruction (*office of instruction*), qui
est sous le sceau de l'échiquier. L'office de droit est une enquête qui donne au
roi un titre, comme on le voit ici, quand il s'agit d'étrangers, etc. Voir Page,
espèce 52, et Gilb. Hist. Traité de l'Échiquier, 132, 133 et 134; Gilb. Hist.
Chan. 12. Mais le roi a un titre antérieur à l'*office found* : l'office donne la
saisine, 5 Co. 52; Hob. 153; Parker, 152; et l'office a relation à la possession
de l'étranger, mais on ne peut dire que cette possession résulte de ce que l'é-
tranger n'a jamais la propriété. Anon. Golds. 102, pl. 7. Si, sur une enquête
ordonnée en faveur de la couronne, pour savoir si un individu est étranger ou
non, il résulte de cette enquête que l'individu n'est pas étranger, ce résultat
n'est pas définitif pour la couronne, et, s'il y a lieu, elle a droit à un *melius
inquirendum* (plus ample informé), mais non à une nouvelle commission. Et
si le second résultat est le même que le premier, il est définitif pour la couronne. On peut consulter sur ce point Exparte Duplessis, 2 Wes. Sen. 538.
Quant à l'époque où la couronne peut réclamer les droits en cas de co-usufruit,
nous en parlerons plus loin, chap. 5, p. 111.

« cet effet dans l'affaire de sir James Croft, Pasch, 20, sous le
« règne d'Élisabeth (1). »

74. Les droits de l'étranger, quant aux baux d'immeubles,
étaient régis par la section 13 du chapitre 16 de la 32ᵉ année du
règne de Henri VIII. Nous avons vu en effet, au chapitre 1ᵉʳ, page
11, que les étrangers, soit ouvriers, soit artisans, ne pouvaient
faire aucun bail de maison ou de boutique, à peine de nullité et
d'une amende de 5 livres sterling, à moins qu'ils ne fussent dénisés ; et si la jurisprudence a adouci cette sévérité de la législation,
il faut dire qu'à chaque instant elle pouvait reprendre ses droits,
et c'est pour éviter cet état provisoire qu'enfin le statut 7 et 8 de
la reine Victoria a donné aux étrangers le droit de faire des baux
d'une durée de vingt et un ans.

75. On avait demandé si le statut 32 d'Henri VIII s'appliquait à un agrément de bail, et il avait été décidé que, si un
étranger artisan occupait une maison ou une boutique en vertu
d'un agrément, qui ne pouvait être considéré comme un bail,
comme s'il le tenait d'année à année, ou pour une année, ou
pour un temps plus court, une action pour usage et occupation
était ouverte contre lui, malgré le statut ; et dans l'affaire de
Pilkington contre Peach (2), il fut dit, par la cour, qu'il y a des
voies et moyens pour éluder le statut, par exemple, en faisant un
agrément pour un temps aussi long que vous et moi nous le voudrons, moyennant 20 livres sterling par an, avec une promesse
verbale à cet effet, ou vous occuperez ma maison aussi longtemps
que vous et moi nous le voudrons, moyennant un prix convenable ; et si un étranger ami occupe une maison d'habitation
d'un revenu annuel de 10 livres sterling, s'il l'occupe pendant
quarante jours, il gagne le bénéfice du statut 13 et 14 de
Charles II, chapitre 12 (3). Mais dans l'espèce de Lapierre contre M' Intosch (4), où une personne avait fait un agrément écrit
d'accorder et faire à un artisan étranger un bail bon et valable
d'une maison d'habitation pour le terme de vingt et un ans et moyen-

(1) Affaire de sir Upwell Caroon, Cro. Rep. Temp. Cha., p. 8; King contre
Holland, Styl. 20, All. 14, et 1 Rol. Abr. 194.

(2) 2 Show. Rep. 135.

(3) On peut voir la note 1 dans l'affaire de Jeavons contre Harridge, 1 Wins.
Saunders, 8, rapportant l'espèce de Pilkington contre Peach, 2 Show. 135, et
le Roi contre Eastbourne, 4 East's Rep. 103.

(4) 4 East's. R. 103.

nant un loyer net et annuel de 70 livres sterling, payables par quartier, à commencer de la Saint-Michel alors prochaine, ce bail
contenant d'ailleurs les clauses usuelles et ordinaires, telles qu'entretien, payement des loyers, taxes, etc., acceptées par l'étranger, et en outre, pouvant finir à l'expiration des sept ou quatorze premières années, sur congé donné par écrit par l'étranger
six mois d'avance : des contestations s'élevèrent ; le locataire in-
tenta une action contre le locateur. On opposa que le demandeur
était un ouvrier étranger, et que le défendeur avait illégalement
consenti et le demandeur illégalement accepté un bail de maison
pour vingt-un ans ; que le demandeur entra en possession sous la
foi et les termes de l'agrément avec la vue et l'intention de l'exécuter, et par aucun autre motif, etc. ; d'autre part, que le défendeur
entra, etc., les portes étant ouvertes, et sans trouver personne à
qui il pût demander la possession ; il la prit de lui-même, par ce
motif que le bail était nul aux termes du statut 32 de Henri VIII,
chap. 16, ainsi que la possession résultant d'un agrément illégal
pour passer un tel bail : et il fut en effet décidé que le demandeur
était non-recevable en sa demande. Cette décision est basée incontestablement sur ce que le contrat fut considéré comme un
bail, et la même doctrine fut admise dans l'affaire de Pilkington
contre Peach (1).

76. Le bail fait à un cabaretier de vin (*vintuer*) n'était pas nul
aux termes du statut 32 d'Henri VIII, parce que le cabaretier
n'était pas regardé comme exerçant un art ou un commerce d'a-
près l'esprit de ce statut (2).

77. L'étranger marié à une sujette naturelle-née n'était pas
soumis aux prohibitions du statut, parce que sa femme pouvait
ester en justice comme *feme sole* (3).

78. Nous avons dit, au n° 71, que l'étranger ami a droit de posséder en Angleterre toute espèce de propriété personnelle au
même titre et de la même manière qu'un sujet anglais ; il a le
même droit quand il veut disposer de telles propriétés. Ce droit cependant ne s'appliquait pas autrefois aux baux à longues années,
car il ne pouvait en disposer qu'autant que ces baux lui étaient
légalement permis. Mais aujourd'hui il peut aussi disposer de ces

(1) 2 Lhow. 135.
(2) Bridgham contre Frontee, 3 Mod. 94.
(3) *Feme sole* est un vieux terme normand qui signifie *femme non mariée*.

baux, c'est-à-dire de la partie qu'il aurait encore à faire, s'il n'y avait pas de prohibition contraire dans la convention (1).

70. L'étranger ennemi qui réside en Angleterre sans une licence du roi, est incapable de faire un testament; c'est tout le contraire, s'il y réside avec cette licence (2).

80. L'étranger ami, résidant en Angleterre, avec ou sans licence du roi, peut léguer ses biens personnels (3).

81. L'étranger ami peut aussi léguer ses baux de plusieurs années, faits pour son commerce. Ainsi, dans l'affaire de sir Upwell Caroon, on remit à des étrangers l'administration de biens personnels appartenant à des étrangers, biens dont une partie consistait en baux de plusieurs années (4).

82. Si un étranger meurt intestat en Angleterre, ses propriétés personnelles seront réglées par les lois du pays dans lequel il avait son domicile au moment de son décès (5).

83. Le testament d'un étranger, qui ne laisse aucun bien personnel en Angleterre, n'a pas besoin d'y être prouvé, à moins que ses exécuteurs n'y intentent une action; mais s'il laisse des biens personnels en Angleterre, ce testament doit être prouvé, encore qu'il ait été fait à l'étranger (6).

84. Le testament d'un étranger domicilié en Angleterre, ou même à l'étranger, mais décédé en Angleterre où il possédait des biens personnels, est sujet aux droits de vérification, s'il y a nécessité de le prouver en Angleterre (7).

85. En ce qui concerne les droits de legs auxquels sont sujets les biens d'étrangers, il faut observer que, si l'étranger qui possède des biens en Angleterre décède à l'étranger où il était domicilié, après avoir nommé un exécuteur anglais, et nommé dans son testament des légataires anglais, ses biens ne seront pas soumis aux droits de legs. Cela résulte d'une décision rendue dans l'affaire de Re Bruce (8). Sir John Bayloy, qui rendit

(1) Argument de l'art. 4 et 5 du statut 7 et 8 de Victoria, chap. 66.
(2) 1 Williams, on Executors, 3e édit., p. 10.
(3) 1 Commentaires de Blackstone, 372; st. 7 et 8, Victoria, c. 66, § 5 et 6.
(4) Cro. Rep. Temp. Cha., p. 8.
(5) Voy. à la p. 10, n° 40, et 2 Williams, on Executors, 3e éd., p. 1197-1202.
(6) Williams, on Executors, p. 269 et suiv.
(7) Affaire de Re Bruce, 2 Cromp. et Jerv. 451.
(8) 2 Cromp. et Jerv. 436.

cette décision, dit : « Si le testateur avait nommé des exécuteurs
« étrangers, et fait des legs à des étrangers seulement, il n'y a pas
« de doute que l'exécuteur aurait eu le droit d'emporter du
« royaume la totalité des biens et d'acquitter en entier les legs
« aux étrangers, sans déduction aucune, et sans aucune autre
« charge en Angleterre, que la simple charge du droit de vérifica-
« tion imposé sur celles de ses propriétés mobilières laissées en ce
« royaume. Si ses exécuteurs avaient été étrangers, ou si les léga-
« taires avaient été étrangers, ils n'auraient pas été soumis aux
« droits de legs. Pourquoi y aurait-il une différence si l'exécuteur
« est un sujet anglais? Il est purement l'intermédiaire par lequel est
« distribué le bien appartenant au testateur. Pourquoi y aurait-il
« une différence, si le légataire est un sujet du royaume ? Si le
« légataire avait été un étranger, il aurait eu ses cent pour cent,
« et ce serait quelque chose de fort décourageant pour un testa-
« teur laissant ses biens à un sujet anglais, de ne lui laisser que
« quatre-vingt-dix pour cent au lieu de cent pour cent, parce que
« le reste de ces biens serait donné aux individus qui consti-
« tuent l'État de ce royaume. C'est pourquoi, sur ce principe qu'il
« n'est pas sujet anglais, qu'il n'est pas soumis aux lois de ce
« royaume, et qu'il a droit de considérer sa propriété, quoique
« locale ici, comme n'étant pas une propriété anglaise, mais
« une propriété américaine, nous sommes tous d'avis que les
« droits de legs, dans ce cas, ne sont pas dus. » Mais quant à la
question de savoir si des biens laissés à l'étranger ou en Angleterre, et appartenant à un étranger domicilié en Angleterre, sont
soumis aux droits de legs, cette question ne paraît pas avoir encore été décidée. Cependant, si elle se présente, elle serait probablement décidée par l'affirmative, en se fondant particulièrement sur le fait du domicile (1).

86. L'étranger peut acheter, vendre, en un mot disposer de la
même manière et aussi légalement que le ferait un sujet naturel-né
du Royaume-Uni, de toute espèce de choses personnelles et mobilières. Il peut donc, à raison de ces différentes opérations, ou
citer ou être cité en justice; et de même que les tribunaux anglais
le condamneront à tout ce qui peut être la conséquence de ses
actes, de même aussi ils protégeront à cet égard ses droits, et

(1) Williams, on Executors, 2e vol., p. 1288.

forceront ceux avec lesquels il aura traité à exécuter leurs engagements avec lui (1).

87. L'étranger peut également donner et recevoir à titre gratuit toute espèce de choses personnelles et mobilières, et il ⸗ ut aussi, à raison de cette libéralité, exercer les mêmes actions que le ferait un sujet naturel-né (2).

88. L'étranger peut être mandataire, dépositaire, administrateur, exécuteur, soit d'un étranger, soit d'un sujet naturel-né, et dans l'une ou l'autre de ces qualités, il aura les mêmes droits, actions, exceptions, priviléges et capacités que s'il était sujet naturel-né du Royaume-Uni (3).

88 *bis.* Enfin, aux termes du statut 1er et 2 de Victoria, chap. 110, article 121, les étrangers et les dénisés sont soumis à ses prescriptions et ont droit à ses avantages. Ce statut a pour objet d'abolir les arrestations dans les matières civiles de peu d'importance, excepté dans certains cas, comme aussi d'augmenter les droits des créanciers sur les biens de leurs débiteurs et de modifier les lois en faveur des débiteurs insolvables en Angleterre. Cette loi est du 16 août 1838.

CHAPITRE V.

Des droits de l'étranger en ce qui concerne les choses immobilières (*chastels real*).

89. Si, comme nous l'avons vu déjà, la loi anglaise donne les mêmes droits à l'étranger qu'à l'indigène, quand il s'agit de choses personnelles et mobilières, elle les lui refuse quand il s'agit de choses immobilières. Vainement a-t-on demandé au Parlement le droit de réciprocité relativement aux immeubles pour les étrangers en Angleterre; vainement lui a-t-on dit que, si les Anglais pouvaient acquérir des propriétés foncières à l'étranger, il était juste que la législature accordât les mêmes avantages aux étrangers en Angleterre; vainement le comité lui-même, dans son

(1) Statut 7 et 8, Victoria, c. 66, § 4.
(2) *Ibid.*
(3) *Ibid.*

rapport à la Chambre des communes, demanda-t-il (1) que les étrangers fussent admis à la propriété foncière comme à la propriété mobilière : le Parlement n'accueillit pas ce vœu de son comité, ou plutôt il y mit une condition qui sera rarement remplie : c'est la naturalisation. Nous disons, en effet, que rarement l'étranger recourra à la naturalisation, à l'effet de pouvoir posséder des immeubles en Angleterre, parce que, par le fait de la naturalisation, l'individu qui l'obtient abdique sa patrie, qui de son côté ne le regarde plus comme un de ses enfants. Mais pourquoi cette incapacité? Suivant Blackstone (2), cela est fondé sur deux raisons, dont la première est purement politique, et dont la seconde se rattache au principe de l'ancienne féodalité. D'une part, on craindrait que, par des acquisitions trop souvent répétées, les étrangers ne finissent par exercer une influence qui pourrait devenir préjudiciable à la nation. De l'autre, comme depuis le règne de Guillaume le Conquérant il est reçu pour maxime (maxime qui aujourd'hui n'est qu'une pure fiction), que le roi en Angleterre est le seigneur suprême de toutes les terres du royaume, l'on ne veut pas que quelques-unes de ces terres appartiennent à des individus qui ne lui doivent aucune allégeance.

90. Pour donner une idée bien nette que le caractère et la raison d'alténage procèdent de la foi et hommage, ainsi que de la nature de l'allégeance que tout individu doit à son prince, et que l'étranger ne peut prêter au souverain du pays auquel il est étranger, nous rapporterons ce que dit Blackstone dans ses Commentaires, 1er volume, chap. 10. Il partage en trois sortes d'individus les habitants de chaque pays : les indigènes, les étrangers et les dénisés, et il montre que, quoiqu'une allégeance locale soit due par l'étranger, aussi longtemps qu'il réside dans le domaine et reste sous la protection du roi dans le pays duquel il est étranger, et que, comme il est de l'essence de l'allégeance naturelle qu'elle soit due par les individus au souverain dans le pays duquel ils sont nés, et qu'elle ne peut être due à un autre souverain, il en résulte qu'ils restent toujours étrangers à tout autre prince que leur prince naturel ; c'est en effet un prin-

(1) Page 69.

(2) 1 Blackstone's Comment., 372. Attorney general versus Duplessis, Parker, 114, 5 Bro. P. C. 91.

cipe de loi universelle, que le sujet naturel-né d'un prince ne
peut par aucun acte volontaire, non plus que par un serment
d'allégeance à un autre prince, être relevé de son allégeance
naturelle envers son souverain légitime ; car cette allégeance
naturelle était intrinsèque et primitive, antérieure à la seconde, et
ne pouvait être annulée sans l'assentiment du prince auquel elle
était primitivement due. Cependant, sir John Taylor Coleridge,
l'un des juges actuels (1845) de la cour du banc de la reine,
dans son édition des Commentaires de Blackstone montre que
l'allégeance naturelle peut être détruite par le consentement réciproque du souverain et du sujet; et à l'appui de cette thèse, il
rapporte l'affaire de Doedem, Thomas contre Acklam, recueillie
par Barn. et Cress., t. II, p. 779, où il est établi que les sujets
naturels-nés des rois d'Angleterre, qui, après la reconnaissance
de Sa Majesté le roi Georges III de l'indépendance des États-
Unis de l'Amérique, constitués en États libres et souverains, indépendance établie par le traité de Paris de 1783, et sanctionnée
par le Parlement de la Grande-Bretagne, statut 22, Georges III,
chap. 46, avaient adhéré à cette indépendance, et étaient restés
attachés aux États-Unis d'Amérique, étaient par cela même devenus étrangers, et frappés de l'incapacité d'hériter de biens
immeubles en Angleterre. Il cite également l'affaire de Brighs's
Lessee contre Rochester, rapportée au 7ᵉ volume des rapports
de Wheaton, Recueil des causes des cours suprêmes des États-
Unis, et concernant l'incapacité des natifs de la Grande-Bretagne, d'hériter, en leur qualité d'étrangers, de biens immobiliers
en Amérique. Cependant, dans l'affaire Sutton contre Sutton,
rapportée au 1ᵉʳ vol. de Russel et Mylne, p. 663, il fu   décidé,
par suite du traité de 1794 entre la Grande-Bretagne et r Amérique, et en vertu de l'acte 37 de Georges III, chap. 97, qui
donna tous ses effets à ce traité, que les citoyens d'Amérique
qui, au 25 octobre 1795, possédaient des terres dans la Grande-
Bretagne, leurs héritiers et leurs représentants, devaient dans
tous les temps être considérés, relativement à ces terres, non
comme des étrangers, mais comme des sujets natifs de la Grande-
Bretagne. Il résulte, de cette théorie des auteurs anglais sur le
droit d'allégeance, que ce lien ne peut être brisé que par le concours réciproque du sujet et du prince.

91. L'étranger peut acquérir en fief absolu des terres, téne-

ments ou autres héritages, quoiqu'il ne puisse les posséder, puisque, en vertu de l'*office trouvé* (1), ils doivent retomber au roi (2); cependant s'il y a convention de saisine, il en naîtra pour l'étranger un droit d'usage (3). Le résultat serait le même si l'étranger faisait une acquisition conjointement avec un indigène (4). En vertu de l'*office trouvé*, le roi aurait droit à la moitié (5).

92. Si l'étranger ne peut être propriétaire d'immeubles par suite d'acquisition, il ne peut l'être non plus par suite de donation, testament ou succession, ou de toute autre manière. Le motif d'exclusion, à cet égard, est le même que pour l'acquisition. Il ne peut donc avoir aucun intérêt quelconque contingent à la propriété réelle, à peine de confiscation au profit de la reine (6). Toute donation qui lui serait faite dans le même sens retournerait également à la reine (7).

93. Mais quels sont les droits d'un étranger sur des biens-fonds jusqu'à l'exercice de l'*office trouvé?* Il a été décidé que, si l'étranger qui avait acquis des terres indivises dont la partie indivise tomberait en fief à B., formait avant l'exercice de l'office trouvé une action en revendication de la totalité, et mourait avant la fin du procès, la revendication serait valable et lierait le propriétaire indivis; mais le fief acquis dans ce cas reviendrait à la couronne, en vertu de l'office trouvé (8).

---

(1) Voir à la page 21, note 1, ce que la loi anglaise entend par office trouvé (*office found*).

(2) Com. Littl., 2 *b*, et 310 *b*. Duplessis contre l'attorney général, 1 Bro. P. C. 415; S. C. 2 Wes. 286; et Burk contre Brown, 1 Atk. 398.

(3) Godb. 275.

(4) Goldsb. 29, pl. 4; Lev. 47, pl. 61; Dyer, 283, pl. 31.

(5) Comm. Littl., 186 *a*. C'est une question s'il n'y a pas lieu à l'*office trouvé*, lorsque le sujet naturel-né, copropriétaire avec l'étranger, survit à celui-ci. Le droit du sujet naturel-né ne doit-il pas embrasser le tout de préférence à la couronne? M. Butler, dans ses notes sur les Commentaires de Littleton, 180 *b*, note 2, fait la remarque suivante : « Si le sujet naturel-né survit à l'étranger, celui-ci, par le fait même de sa copropriété, détruira-t-il l'*office trouvé* du roi, en se prévalant de sa survivance? ou, au contraire, le droit du roi sera-t-il ouvert? »

(6) L'attorney général contre Duplessis. Parker, 144.

(7) L'attorney général contre Sands, Hasdrel, 495. On peut voir aussi Roll. Abr. 191.

(8) Goldsb., pl. 7 et 10; Mod. 124.

94. L'étranger qui a contracté avec un Anglais peut prendre une hypothèque sur les immeubles de celui-ci (1), et exercer toutes les poursuites nécessaires sur les propriétés réelles de son débiteur, en vertu du statut commercial ou *de staple* (2). On ne peut pas alors dire qu'étant incapable de posséder des immeubles, il ne peut avoir d'hypothèque sur ces immeubles, l'hypothèque étant un droit réel, par ce qu'alors on répondrait que le résultat de cette hypothèque n'est pas la propriété de l'immeuble, mais le prix provenant de la vente ordonnée par la justice, lequel prix est devenu chose mobilière.

95. On a douté longtemps si l'étranger pouvait acquérir des terres relevant d'un fief, et ce doute était fondé sur ce que le seigneur du fief ne perdait ni ses services ni ses droits, et que peu lui importait alors d'avoir pour tenancier un indigène ou un étranger (3). Mais Watkins, dans son traité sur les terres relevant d'un fief, décide que l'étranger (4) ne peut tenir de pareilles terres : de là il faudrait décider que les terres relevant d'un fief, acquises par un étranger, devraient échoir au seigneur du fief (5). Cette conséquence est juste ; car le principe qui défend à l'étranger de posséder des immeubles ne fait aucune distinction.

96. Quant aux francs-fiefs, l'étranger qui en fait l'acquisition, en fait une acquisition valable à l'égard des tiers, sauf les droits de la couronne, aussi bien qu'à l'égard du seigneur, quand il s'agit d'acquisition de franc-fief de terres relevant d'un fief. Ce qui veut dire que dans tous les cas l'étranger n'encourt de forfaiture, quant aux francs-fiefs, qu'au profit de la couronne, en vertu du principe que toutes les terres relèvent du souverain.

97. Si l'étranger ne peut posséder d'immeubles en son nom, il ne le peut non plus au nom d'un tiers, ni pour le profit d'un tiers, ou en dépôt pour un tiers (6). Le droit de l'étranger à exercer le *cestui que use* ou cestui que trust (vieux termes normands

(1) Argument de l'affaire du Hourmelin contre Sheldon, 1 Beav. 84.

(2) 13, Édouard Ier, staf. 3; 27, Edouard III, staf. 2, c. 9. Voyez aussi Viner's Abridg. Tit. Alien. *a*, pl. 9.

(3) Roll. Abr. 194; Hob. 214; Cro. Jac. 512; Alleyn, 14; Style, 20, 21, 41, 76; Parker, 156; et 1 Sand., on Uses and Trusts, 269.

(4) Vol. I, p. 31.

(5) Com. Littl., 19e édit., 2 *b*, note 4.

(6) 1 Co. Rep. 122, Dyer, 283 *b*; Poph. 72 ; Fish contre Klein, 2 Mer. 431; King contre Boys, Dyer, 283 *b*.

restés dans le langage judiciaire anglais, qui signifient le séquestre volontaire ou judiciaire) s'arrête là où il paraît attaché à la propriété foncière (1).

98. L'étranger auquel a été légué l'argent à provenir de la vente facultative d'un immeuble, ne peut recueillir ce legs, qui par conséquent est nul. Ce point a été décidé dans l'espèce suivante (2). Un individu donna et légua tous ses francs-fiefs, ses terres tenues à fief et à bail, ses meubles meublants, son mobilier, sa vaisselle plate, ses vins, son linge, et généralement tout ce qu'il laisserait à son décès, pour le tout être vendu par ses exécuteurs testamentaires aussitôt qu'ils le jugeraient convenable après son décès, et l'argent en être délivré ainsi qu'il l'ordonnerait de la manière suivante : il enjoignait et requérait ses héritiers légitimes de concourir avec ses exécuteurs à la vente de ses francs-fiefs et de ses terres tenues à fief; et quant à toutes ses autres propriétés personnelles, il ordonnait à ses exécuteurs d'en consacrer le montant à un certain nombre de legs particuliers qu'il spécifiait. Enfin, il légua tout le reste de ses propriétés, payement préalablement fait de ses dettes et de ses frais funéraires et testamentaires, par portions égales entre ses trois frères et sœur, dénommés comme résidant en France ou ailleurs, et existant au moment de son décès, l'héritier, aussi bien que les autres personnes ayant droit à ce résidu étant étrangers. Sir John Leach, reconnaissant qu'un étranger pouvait profiter de l'argent ou des autres biens personnels, «pourvu qu'ils ne fussent pas des biens « immeubles, décida que la couronne avait droit aux biens réels, « et non les héritiers dénommés, » et il dit dans son jugement : « On a prétendu que ce n'était pas là un legs d'immeubles, parce « que le testateur ordonne que ses terres soient vendues, pour le « surplus du prix être payé à ses autres légataires, en telle sorte « que cette disposition peut être considérée comme en effet un legs « d'argent. Je suis d'accord avec le conseil qu'il n'y a pas ici un « legs pour les exécuteurs, mais un simple pouvoir à eux donné « de vendre, suivi de la volonté expresse que l'héritier, après la « vente, confirmera le titre de l'acquéreur. L'héritier, dès lors, en « vertu de cette volonté, prend les biens réels comme fidéicommis

(1) Affaire de Holland, Alleyn, 14; Styl. 20; 1 Roll. Abr. 194, pl. 8; 3 Ch. Rep. 35; l'attorney général contre Sands, Hard. 495.
(2) Fourdrin contre Gowdey, 3 Mylne et Keen, 383.

« par suite de cette volonté ; il prend donc la terre comme le tes-
« tateur la possédait lui-même, et non le simple prix en prove-
« nant, et ces immeubles ainsi convertis en argent, les personnes
« y ayant droit les prendront sous la forme sous laquelle le tes-
« tateur a voulu qu'ils fussent convertis ; ils les prendront comme
« bien personnel. Mais en considérant bien la loi, il faut regarder
« comme immeuble la propriété léguée à l'héritier avec le simple
« pouvoir donné à l'exécuteur de la vendre, et l'argument s'éva-
« nouit tout à fait quand on soutient qu'il y a legs d'argent et non
« legs d'immeubles. On a soutenu, en outre, que les héritiers
« étrangers, prenant leurs legs, non comme immeubles, mais
« comme argent, la loi qui déclare les étrangers incapables d'avoir
« aucuns bénéfices dans les biens-fonds ne serait pas applicable ;
« mais le testateur leur a donné les immeubles en question soumis
« à la seule charge imposée sur eux par sa volonté, c'est-à-dire, le
« payement de ses dettes et de ses legs, et les étrangers ne peuvent
« pas plus avoir d'intérêt sur un immeuble (ce qui arriverait) que
« l'immeuble lui-même. » Cependant dans son jugement sir John
Leach adopta, ainsi que cela est mentionné par le lord chancelier
Cottenham dans sa décision dans l'affaire de *Du Hourmelin* contre *Sheldon* (1), l'argument du conseil en faveur de la couronne,
que le testament n'attribuait pas les biens-fonds aux exécuteurs,
qui n'avaient qu'un simple pouvoir de les vendre, ces biens-fonds
étaient dévolus aux héritiers, et, attendu leur qualité d'étrangers
à la couronne, et cela d'autant plus que le testateur n'avait pas
ordonné une conversion totale, mais seulement une conversion
conforme à certaines dispositions. Dans une autre argumentation
développée devant sir John Leach, dans l'affaire de *Fourdrin*
contre *Gowdey*, l'attorney général, sir John Campbell, reconnut
que lorsque la vente est faite directement par l'exécuteur, l'acquéreur a les mêmes droits que le légataire, et la couronne n'en a
plus aucun. Il résulte évidemment de cette théorie, que l'argent
provenant de la vente d'un immeuble, faite *facultativement* par
un exécuteur testamentaire, et légué à un étranger, appartient à la
couronne, et qu'au contraire la couronne n'y a aucun droit, si
cette vente a été ordonnée par le testateur. Dans le premier cas,
c'est le legs d'un intérêt dans un immeuble : or l'étranger est aussi

(1) 4 Myl. et Craig. 531.

incapable d'avoir un intérêt dans un immeuble que d'avoir l'immeuble lui-même; dans le second, c'est un simple legs d'argent. C'est ce qui a été décidé dans l'affaire de *Du Hourmelin* contre *Sheldon* (1), ainsi rapportée par Beavan : Élisabeth, femme de Charles-Henri Sheldon, ayant six filles et ayant le pouvoir de disposer de ses immeubles, légua par son testament daté du 9 octobre 1824, dûment exécuté, ses immeubles à Édouard Sheldon, James-Somerville Fownes et Richard-Samuel White (tous sujets naturels–nés), ainsi qu'à leurs héritiers et représentants, avec la faculté d'en user, eux, leurs héritiers ou représentants pour toujours, à titre de fidéicommis, de les vendre et d'en disposer d'une manière absolue à toute personne qui voudrait les acheter, et d'en assurer la vente et la jouissance aux acquéreurs, leurs héritiers et représentants, et de donner, en remettant aux fidéicommissaires les fonds provenant de l'acquisition, des quittances de ces fonds, lesquelles quittances vaudraient décharges réelles aux acquéreurs et les délieraient de l'obligation de veiller à leur emploi et d'être responsables ou comptables de leur détournement ou de leur défaut d'emploi. Elle voulut que les curateurs restassent possesseurs des sommes provenant de ces ventes à titre de dépôt, après le payement des frais et des créances hypothéquées sur les immeubles, et de placer le reste sur les fonds publics, ou sur l'État, ou sur hypothèques, après la mort de Charles-Henri Sheldon (arrivée en 1826), pour être partagés entre six personnes, dont quelques-unes étaient étrangères. Une action fut intentée par quelques-uns de ces étrangers, pour réclamer la part qui leur était léguée, et la remise du dépôt qui leur revenait. Les immeubles furent vendus en vertu d'un décret rendu dans le procès, et des exceptions ayant été élevées, au nom de l'acquéreur judiciaire, ces exceptions furent développées devant le maître des rôles, lord Langdale. On prétendait, du côté de l'acquéreur, que si l'immeuble avait été légué à un étranger, celui-ci ne pourrait le posséder au préjudice de la couronne; que s'il en opérait la vente et déposait un bill pour donner à l'acte sa force spéciale, il était certain que le bill serait rejeté avec dépens; que le même principe était applicable, si le legs était fait à un étranger viagèrement, ou concernant toute autre espèce d'immeuble, et que, dans ce cas, ses

---

(1) 1 Beavan's reports, 79.

droits disparaissaient et le legs tournait au profit de la couronne ;
de plus que si le legs était fait à A. dépositaire ou fidéicommissaire pour un étranger, la même règle serait applicable ; qu'en supposant que des immeubles fussent légués à un sujet anglais, à titre de fidéicommis, pour les vendre et en payer le prix à un
étranger, ce mode particulier de legs ne devait produire aucune
différence, et que l'étranger devait, en équité, être considéré
comme le propriétaire absolu de ces immeubles, et qu'il pouvait
s'opposer à ce que les fidéicommissaires en opérassent la vente, et
s'emparer lui-même et personnellement de ces immeubles en nature. On prétendait encore que, quand même l'étranger n'aurait
qu'un intérêt partiel dans le résultat, la même objection se présenterait encore, parce qu'il pouvait, après avoir acquitté les
charges, conserver les immeubles ; et à l'appui de ce système on
citait l'affaire *Fourdrin* contre *Gowdey*. Mais lord Langdale, en
prononçant son jugement, dit : « Il est évident que si le fidéi-
« commis est exécuté d'après l'intention de la testatrice, les im-
« meubles resteront entre les mains des fidéicommissaires, jus-
« qu'à ce que la livraison soit faite à l'acquéreur, et ils ne peuvent
« jamais passer en la possession de l'étranger, et que le prix de
« la vente, payement préalablement fait des frais et autres charges,
« étant placé sur les fonds publics, l'intérêt de l'étranger sera sur ces
« fonds et non sur des immeubles. Si nous considérons les immeubles
« ou les fonds publics dans lesquels la testatrice a voulu qu'ils
« fussent convertis, il paraîtrait qu'il n'y aurait pas encore un
« droit ouvert au profit de l'étranger : ce droit ne le serait qu'en
« faveur de sujets anglais. Le droit de l'étranger est attaché à la
« détermination du droit de l'indigène. Celui-ci, au profit duquel
« le droit est ouvert, est fondé à l'exécution du fidéicommis, et
« à repousser la demande de l'attorney général qui voudrait in-
« vestir la couronne des avantages qui n'appartiennent qu'à l'é-
« tranger quand même le décret de vente n'aurait pas été rendu.
« Ce n'est pas une espèce dans laquelle la couronne ou l'attor-
« ney général, ayant des droits, pourraient exercer une option,
« et choisir qu'il n'y eût pas conversion. Il y a un décret de
« vente ; la vente a eu lieu, et lorsqu'elle est accomplie, les
« fonds en provenant forment la seule propriété à laquelle les
« étrangers ont des droits. Mais on prétend qu'en prenant l'espèce
« comme elle se présentait à la mort de la testatrice, et comme

« elle doit rester jusqu'à ce que la conversion soit complétement
« opérée, la terre est la source d'où doit sortir l'argent, ou le ca-
« pital dans lequel les étrangers ont un intérêt partiel, et que dès
« lors ces étrangers ont un intérêt sur des terres. Or comme le
« legs d'un intérêt sur un bien-fonds au profit d'un étranger peut
« être valable, et que cet étranger, quoique capable de recevoir
« ce legs, ne peut en profiter, dans son intérêt, mais seulement
« dans l'intérêt de la couronne, on a conclu que la couronne a
« ici droit à cet intérêt, et par conséquent à un intérêt dans
« l'argent ou le fonds provenant de la vente de la terre. » Et
après avoir rappelé l'espèce de *King* contre Holland (1), dans laquelle l'un des juges émit cette opinion, qu'un étranger ne pouvait
contraindre un fidéicommissaire à exécuter son fidéicommis, et
un autre juge, que, quoique le roi dût avoir le fidéicommis, il ne
pouvait cependant saisir l'immeuble lui-même, mais qu'il pouvait en équité avoir un décret pour en avoir la possession, ou,
en d'autres mots, qu'il pouvait, dans une cour d'équité, forcer
les fidéicommissaires à exécuter leur fidéicommis à son bénéfice, sa seigneurie dit : « Cette doctrine est applicable dans le cas
« où l'immeuble est donné à un fidéicommissaire, à la charge
« de le garder à titre de fidéicommis pour un étranger ; dans ce
« cas, l'étranger prend sur l'immeuble un équitable intérêt per-
« manent, lequel peut être considéré comme ayant à peu près
« les mêmes inconvénients que ceux attachés à un intérêt légal
« permanent dévolu à un étranger : mais la même doctrine n'est
« pas rigoureusement applicable, et il n'y a pas non plus d'ana-
« logie au cas où l'étranger n'a jamais été considéré comme
« ayant un intérêt quelconque sur un immeuble, cas dans lequel
« l'immeuble est dévolu aux fidéicommissaires, et considéré
« comme transmis par eux à l'acquéreur, cas dans lequel l'inté-
« rêt de l'étranger et son droit, s'il en a un, consistent uniquement
« dans l'immeuble converti en argent, c'est-à-dire, sont d'une
« nature transitoire, qui ne dure que jusqu'à ce que la volonté
« du donateur soit accomplie par l'exécution naturelle des fidéi-
« commis qu'il a institués. » Et de plus, « quand l'immeuble est
« converti en argent, il ne reste plus d'objection à cause de la
« tenure, de l'hommage et de l'allégeance, et on a toujours consi-

_____

(1) 1 Roll. Abr., 19 *b*; Styl. 20; Alleyn, 14.

« déré qu'il était conforme à la politique de la loi, que les étran-
« gers pussent avoir des intérêts dans les rentes ou fonds publics
« anglais. » Lord Langdale, en rapportant l'affaire de *Fourdrin*
contre *Gowdey*, ne se prononçait pas entièrement contre l'espèce ;
mais il pensait qu'en approfondissant les paroles de sir John
Leach, et sa décision rendue relativement aux immeubles tenus
à ferme dans cette espèce, il aurait probablement considéré un
intérêt semblable à celui donné à un étranger dans l'affaire de
Du Hourmelin contre *Sheldon* comme un intérêt pouvant être
sujet à être réclamé par la couronne : et sous ce rapport, si
l'espèce *Fourdrin* contre *Gowdey* pouvait être soutenue, elle
présentait à lord Langdale une autorité pour les exceptions tirées du rapport du maître dans la cause de *Du Hourmelin* contre *Sheldon ;* en conséquence ces exceptions furent rejetées, et
l'acquéreur fut considéré comme ayant un droit valable. La cause
de *Du Hourmelin* contre *Sheldon* fut postérieurement plaidée
sur appel devant le lord chancelier Cottenham (1) ; l'attorney
général intervint au procès, et l'affaire ayant été plaidée devant
sa seigneurie, elle dit : « Si la couronne a des droits dans cette
« cause, elle a des droits à toutes les sommes d'argent laissées
« ou payables à des étrangers, lorsqu'elles proviennent d'immeu-
« bles situés dans ce pays ; et s'il en est ainsi, pourquoi les droits
« de la couronne ne frapperaient-ils pas les legs de légataires
« étrangers, ou les dividendes de créanciers étrangers dans une
« banqueroute, si ces legs et dividendes sont payés avec des
« fonds provenant d'immeubles ? Et comment les créanciers
« étrangers auront-ils droit au payement de leurs dettes en vertu
« de décrets de la cour, ou à l'administration des immeubles de
« leurs débiteurs décédés, si les fonds applicables à leur paye-
« ment proviennent d'immeubles (2)? On a prétendu qu'après le
« payement des charges les légataires pouvaient choisir et pren-
« dre aussi bien les immeubles que les autres biens : non-seule-
« ment ce droit d'option n'existe pas, mais ce que réclame at-
« torney général, c'est de l'argent, et non des immeubles qui
« ont été vendus. L'incapacité des étrangers d'avoir des immeu-
« bles est fondée sur des raisons politiques et féodales, lesquelles

(1) 4 Myl. et Craig., 525.
(2) Jarman, Traité sur les Testaments, vol. I, p. 61, note (0), quant aux
droits des créanciers étrangers sur les immeubles de leurs débiteurs.

« ne s'appliquent pas à l'argent. Le testateur n'a laissé à ses lé-
« gataires aucune option : l'eût-il fait, ou la loi l'eût-elle fait, ce
« ne serait pas une raison pour confisquer contre le légataire l'ar-
« gent auquel il a droit, parce qu'il aurait pu choisir, au lieu de
« cet argent, un immeuble qu'il est incapable de posséder. On a
« cité beaucoup d'autorités, mais aucune ne soutient la proposi-
« tion avancée au profit de la couronne. Des décisions portant
« que des étrangers ne peuvent, au préjudice de la couronne,
« pas plus avoir des terres en fidéicommis qu'en propriété,
« laissent intacte la question actuelle. On a cité la cause de *Ro-*
« *per* contre *Radcliffe* (1) : mais il s'agissait d'un papiste et non
« d'un étranger. Or en vertu de l'acte 11 et 12 de Guillaume III, cha-
« pitre 4, étaient nuls tous les avantages, biens, profits ou intérêts
« quelconques provenant d'immeubles, faits, soit directement,
« soit indirectement au bénéfice d'un papiste. Le testateur légua
« des immeubles à des fidéicommissaires, pour les vendre à
« titre de fidéicommis, et avec les fonds à provenir de cette
« vente, payer certaines dettes, et disposer du reste conformé-
« ment à ses intentions et volontés, et, à défaut, d'en disposer
« dans son propre intérêt et celui de ses héritiers. Il n'y eut pas
« de vente, et le testateur par son testament, s'en rapportant au
« fidéicommissaire, voulut que certaines sommes fussent payées sur
« les produits de la vente, puis il donna tout le restant de ses biens
« mobiliers, personnels et réels, consistant en meubles ou immeu-
« bles, à certains individus qui étaient papistes. Il fut décidé que les
« légataires avaient un intérêt sur les immeubles ainsi restés in-
« vendus d'après l'esprit du statut. Mais cette espèce n'est pas
« applicable à l'affaire actuelle, non-seulement parce que la ques-
« tion s'éleva sous un acte du Parlement qui n'a aucun rapport à
« la situation des parties dans cette cause, mais parce que l'état
« de la propriété était tout à la fois fort différent : et cependant
« cette affaire présentait la plus grande analogie avec l'affaire
« actuelle, excepté celle de *Fourdrin* contre *Gowdey*. Étant donc
« d'avis qu'il n'y a pas de principe positif sur lequel la couronne
« puisse fonder sa réclamation, et qu'il n'y a aucune autorité
« qui puisse me porter à décider en sa faveur, je n'hésite pas à
« confirmer le jugement du maître des rôles, prononcé dans des

_____

(1) 9 Mod. 167.

« circonstances beaucoup moins favorables aux parties réclamant
« en vertu d'un testament, — s'agissant d'une contestation avec
« l'acquéreur, et à déclarer que la couronne n'a aucun droit à la
« propriété en question. » Le lord chancelier, en rendant son jugement dans l'affaire de *Du Hourmelin* contre *Sheldon*, ne rejeta
pas l'argument tiré de la cause *Fourdrin* contre *Gowdey*, mais
il dit à l'égard de cette affaire : « La question de savoir si les mo-
« tifs sur lesquels le jugement est fondé doivent ou non se soutenir
« ne peut se décider que lorsque les faits sont identiques avec les
« circonstances de cette cause. Quant à présent, il suffit d'ob-
« server qu'il n'en est pas ainsi dans l'espèce actuelle, où l'on ne
« peut soutenir qu'il n'y ait pas conversion absolue, mais simple-
« ment le legs d'un immeuble assujetti à une certaine charge. La
« vente et la livraison sont émanées du fidéicommis, et dans
« une semblable circonstance il est reconnu que la couronne est
« sans droit. »

99. Nous nous sommes étendus sur cette question, parce
qu'elle était infiniment grave, et des développements ci-dessus
il résulte bien évidemment, ainsi que nous l'avons déjà dit, que
lorsque la volonté expresse d'un testateur a été que ses fidéicommissaires vendissent ses immeubles après son décès, et payassent
à des étrangers l'argent provenant de cette vente, ces étrangers
seuls, et non la couronne, avaient droit à cet argent; mais que
si le testateur a laissé à ses fidéicommissaires la faculté de vendre
ou de ne pas vendre ses immeubles, les étrangers n'ayant plus
qu'un droit éventuel, qui devient un intérêt sur des immeubles,
sont exclus par la couronne, qui alors a droit, soit aux immeubles, soit à l'argent à en provenir.

100. Le transport fait à un sujet d'une hypothèque donnée à
un étranger, pour sûreté d'une somme d'argent en principal et
intérêt, et le pouvoir de vendre l'immeuble hypothéqué, pour,
sur le produit de la vente, être payé de sa créance, avec la
clause négative d'aucun droit à l'étranger forclore l'immeuble,
ou d'en toucher les revenus et profits, formerait un contrat valable et devrait être considéré comme un de ceux qui ne sont pas
contraires à la raison de l'intérêt public auquel il a été fait allusion plus haut, c'est-à-dire que l'étranger hypothécaire ne peut
réclamer que l'argent qu'il a prêté, avec les intérêts(1).

(1) Jarman's Conversancing, 3ᵉ édit., 5ᵉ vol., p. 300.

101. Nous avons dit que non-seulement l'étranger ne peut posséder d'immeuble en Angleterre, mais que même il ne peut avoir ni droit ni intérêt sur un pareil immeuble ; cette dernière doctrine paraît résulter du statut 13 de Georges III, chap. 14, rapporté au chapitre 1ᵉʳ, page 33. Ce statut autorise les étrangers, même les sujets d'une puissance ennemie, à prêter de l'argent sur garantie hypothécaire donnée sur des immeubles situés dans les Indes orientales. Or, *qui dicit de uno, negat de altero* ; d'où la conséquence que l'étranger paraît incapable d'avoir une hypothèque légale sur l'immeuble situé en Angleterre appartenant à son débiteur.

102. L'étranger peut-il léguer ses immeubles par un testament ? Puisqu'il ne peut posséder d'immeubles sans être exposé à les voir confisqués au profit de la couronne, s'il les lègue par testament, il les lègue avec les mêmes dangers : il peut donc les léguer ; mais que peut-on dire d'un acte sur lequel repose l'épée de Damoclès. Aussi si un savant auteur (1) prétend que les étrangers sont incapables de disposer par testament de leurs immeubles, un autre savant auteur (2) prétend au contraire qu'une pareille disposition peut être faite ; que seulement elle peut être annulée, et que les immeubles légués deviendront la propriété des légataires, même étrangers, jusqu'à ce que la couronne exerce son droit d'*office trouvé* (3).

103. L'étranger a-t-il des droits sur les immeubles affermés de sa femme anglaise ? La négative résulte des explications données aux nᵒˢ 100, 101 et 102, ci-dessus. Incapable d'avoir aucun droit sur des immeubles, il l'est aussi d'en avoir sur ceux de sa femme, parce qu'il ne peut être tenant à titre de courtoisie (*an alien cannot be tenant to the curtety*) des biens immeubles de sa femme (4). On verra cependant, au nᵒ 114, que la loi nouvelle a apporté à cet égard une restriction, et que si aujourd'hui l'étranger n'a pas un droit indéfini sur les immeubles de sa femme anglaise, il a au moins un droit qui peut embrasser une période de vingt et un ans.

(1) Roberts on Wills, vol. I, p. 35.
(2) Jarman on Wills, vol. I, p. 31.
(3) Jarman on Devises, vol. I, p. 59.
(4) Affaire de Calvin, 7 Rep. 25 *a* ; Collingwood contre Peace, Vent. 417 ; Roper on Husband, and Wife, vol. I, p. 5.

104. La doctrine établie ci-dessus, vraie en général, c'est-à-dire quant à la possession indéfinie par l'étranger d'immeubles en Angleterre, a été modifiée par le statut 7 et 8 de la reine Victoria, chap. 66. On voit, en effet, à l'art. 5 , que « l'étranger qui « réside actuellement, ou qui viendra dorénavant résider dans une « partie quelconque du Royaume-Uni, et qui sera le sujet d'un « État ami, pourra, par suite de concession, bail, décès, substi-« tution, legs, représentation ou de toute autre manière, pren-« dre et tenir des terres, maisons ou autres héritages dans un but « de résidence ou d'occupation, soit par lui-même, soit par ses « serviteurs, ou dans un but d'affaire, de commerce ou de fabri-« cation, mais pour un espace de temps n'excédant pas vingt et « une années; et les droits de l'étranger, sous tous ces rapports, « sont aussi complets, aussi positifs, ainsi que ses actions, ex-« ceptions et priviléges, que ceux du sujet naturel-né du Royaume-« Uni. Cependant, il ne peut voter aux élections des membres « du Parlement. »

105. Il résulte donc de l'article cité au numéro précédent que, sauf l'exclusion de voter à l'élection des membres du Parlement, les prohibitions absolues prononcées contre l'étranger, concernant la possession d'immeubles en Angleterre, sont levées, en tant que cette possession n'excède pas vingt et un ans. Nous aurions pu nous borner dans cet ouvrage à exposer les droits accordés à l'étranger par cet article; mais comme il ne s'agit pas de faire connaître une simple loi, mais un système de législation que l'état de guerre peut faire revivre, ainsi que l'a fait plus d'une fois la législature anglaise, nous avons cru devoir entrer dans des détails qui vont se trouver modifiés par les brièves explications à donner sur l'article 5 du statut 7 et 8 de Victoria, chap. 66.

L'étranger peut aujourd'hui, soit pour sa résidence, soit pour ses occupations, soit pour ses affaires, soit pour son commerce, soit pour s'y livrer à quelque fabrication, tenir et posséder des terres, maisons, ténements et autres héritages dans le Royaume-Uni; mais pour cela il faut qu'il réside ou qu'il vienne résider dans le royaume, soit par lui-même, soit par ses serviteurs; il faut aussi qu'il soit le sujet d'un État ami : cessant ces circonstances, ce droit cesse également.

106. Ce droit peut s'ouvrir, en faveur de l'étranger, de différentes manières :

Il peut résulter d'une concession faite, soit par la couronne, soit par le gouvernement. Nous avons vu, en effet, que par différents statuts, et notamment l'acte de limitation de Guillaume III, l'étranger ne pouvait recevoir de la couronne, soit pour lui directement, soit par un tiers interposé pour lui, aucune concession de terres, ténements ou autres héritages : aujourd'hui il le peut ; mais cette concession ne peut être faite que pour vingt et un ans.

107. L'étranger artisan, qui, sous Henri VIII, ne pouvait prendre à bail, à peine de nullité et d'amende, tant contre lui que contre son bailleur, la plus méchante boutique, peut aujourd'hui ouvrir un magasin ; et tous les autres étrangers, quelles que soient leur condition et leur profession, peuvent prendre à location, soit des terres, soit des maisons, soit tous autres héritages, pourvu que cette location ne dépasse pas vingt et un ans.

108. L'étranger peut hériter en Angleterre, soit de son parent étranger, soit de son parent anglais. Il pouvait hériter de sa succession mobilière, encore que le pays auquel cet étranger appartenait n'eût pas établi un droit de réciprocité, ou eût maintenu le droit d'aubaine sur les successions ouvertes sur son territoire, et auxquelles des Anglais auraient été appelés. Aujourd'hui l'étranger peut également hériter des immeubles. Mais peut-il disposer de ces immeubles, ou n'a-t-il sur eux qu'un droit temporaire, borné à vingt et un ans ? Il semble que l'affirmative ne peut s'appliquer qu'à cette dernière partie de la question.

109. L'étranger peut arriver aux droits d'un indigène dans des immeubles ; il devient alors ce que la loi anglaise appelle un *assigné*, un *substitué* ; mais le droit résultant de cette substitution sur les immeubles ne peut dépasser vingt et un ans. *Quid* si l'étranger qui a possédé ces immeubles pendant vingt ans, les cède à un autre étranger, qui, s'emparant de notre article, prétend avoir le droit de les posséder à son tour vingt et un ans ?

110. L'étranger, qui ne pouvait ni posséder d'immeuble ni avoir un intérêt sur des immeubles, peut aujourd'hui recevoir par testament des immeubles et en prendre possession, sans qu'il puisse y avoir lieu à l'*office trouvé* au profit de la couronne ; de même, il peut léguer des immeubles ; mais dans l'un et l'autre cas leur possession ne peut s'étendre au delà de vingt et un ans.

111. L'étranger peut, par représentation, posséder des im-

meubles; mais toujours sous la condition que cette possession ne dépassera pas vingt et un ans. Or, par *représentation*, il faut entendre tout fait, ou de l'homme ou de la loi, qui met le représentant aux lieu et place du représenté. Ainsi le mandataire étranger peut posséder aux lieu et place du mandant, soit indigène, soit étranger, parce qu'il le représente. Ainsi l'héritier étranger peut posséder aux lieu et place de celui dont il hérite, parce qu'il le représente.

112. L'étranger, qui ne pouvait dans aucun cas acquérir d'immeubles, le peut aujourd'hui, mais toujours sous la condition que la possession résultant de son acquisition ne dépassera pas vingt et un ans. Après ce délai s'ouvrirait contre lui le droit d'*office trouvé;* mais si avant l'expiration de ce délai il vend son immeuble à un autre étranger, celui-ci, à son tour, jouira-t-il du même droit et sous la même condition?

113. L'étranger peut-il avoir une hypothèque valable sur les immeubles situés en Angleterre de son débiteur anglais? Nous avons vu que ce droit lui était refusé légalement, parce que, de même qu'il ne pouvait posséder d'immeubles en Angleterre, de même il ne pouvait avoir d'intérêt sur ces immeubles, ni par conséquent d'hypothèque. Aujourd'hui la loi anglaise lui accorde cette garantie; mais comme l'accessoire ne peut avoir plus de durée que le principal, *accessorium sequitur principale*, il en résulte que l'hypothèque n'aura d'effet que pendant vingt et un ans, qui est le terme fixé à l'étranger dans la possession d'un immeuble.

114. En un mot, l'étranger peut aujourd'hui, non-seulement de la manière indiquée aux n°⁵ 106, 107, 108, 109, 110, 111, 112 et 113, mais encore de toute autre manière quelconque (*or other wise*, dit la loi anglaise), posséder des immeubles en Angleterre, sous la condition que cette possession ne dépassera pas vingt et un ans, et il jouira, à l'égard de cette possession, de tous les droits d'un sujet naturel-né. Ainsi est-il troublé dans sa jouissance, il pourra demander à y être maintenu par la justice anglaise, qui ne pourra lui refuser son appui. Il pourra être contraint aussi sur cet immeuble au payement d'une dette par lui contractée; il pourra également louer cet immeuble, et citer en justice à l'occasion de cette location; bref, il aura, dit la loi anglaise, les mêmes droits, actions, exceptions et priviléges que l'Anglais

lui-même. Mais, tout en faisant fléchir le principe d'incapacité civile de l'étranger à la possession d'immeubles, elle a néanmoins
maintenu le principe de l'incapacité politique; ainsi l'étranger
possesseur d'immeubles ne pourra voter aux élections des membres du Parlement.

CHAPITRE VI.

Ce qu'on entend par *femme d'un étranger* et par *femme étrangère*, et leurs droits respectifs.

115. La femme anglaise ayant épousé un étranger est, comme
nous l'avons dit au n° 77, regardée par la loi anglaise comme
femme libre (*as a feme sole*), et peut, par conséquent, sans,
comme avec le consentement de son mari, ester en justice, soit
en demandant, soit en défendant relativement à ses immeubles,
et dès lors le mariage ne fait pas entrer légalement le mari étranger dans les droits d'un bail d'immeubles appartenant à sa femme.
Toutefois, ce droit, dans ce dernier cas, peut comprendre une
période de vingt et un ans, comme on l'a vu aux n°s 103 et 114.

116. De là il faut tenir pour constant que la femme anglaise
qui épouse un étranger, si, d'après les lois du pays de celui-ci,
elle suit la condition de son mari, d'après les lois anglaises, elle ne
perd jamais sa qualité d'Anglaise. Elle reste dès lors maîtresse de
ses immeubles situés en Angleterre, comme seule elle recueille les
successions immobilières ou les legs immobiliers qui s'ouvrent à
son profit en Angleterre. Elle n'a besoin pour cela ni du consentement ni de l'assistance de son mari étranger, et la signature de
celui-ci est sans force pour valider tous les actes qu'elle a pu
passer sous ce rapport.

117. Les droits de la femme anglaise sur les propriétés personnelles et mobilières de son mari étranger décédé domicilié en
Angleterre et intestat, sont réglés par le statut de distributions (1)

---

(1) Statut 22 et 23, Charles II, c. 10, expliqué par le statut 29 de Charles II,
c. 30.

qui la considère comme un de ses plus proches parents : elle a les mêmes droits que la femme d'un sujet anglais.

118. Si l'étranger, mari d'une femme anglaise, était domicilié à l'étranger, les droits de celle-ci, en cas de décès de son mari, sur les propriétés personnelles et mobilières trouvées à sa succession en Angleterre, sont réglés par les lois du pays dans lequel son mari est décédé.

119. Quant aux droits de la veuve anglaise sur les immeubles laissés par son mari étranger en Angleterre, elle n'en pouvait réclamer aucun à titre de douaire ou de banc libre (*free-bench*) sur les francs-fiefs ou terres tenues à fief par lui, parce que, comme nous l'avons vu, en sa qualité d'étranger, il était incapable de posséder aucun immeuble; aujourd'hui l'Anglaise, veuve d'un étranger, aurait les mêmes droits que la veuve d'un sujet naturel-né sur les immeubles laissés par son mari; mais ces droits seraient limités à une durée de vingt et un ans.

120. Lorsqu'un Anglais épousait une étrangère, celle-ci, en cas de décès de son mari, n'avait aucun droit de douaire sur les immeubles de son mari situés en Angleterre, à l'exception de la veuve du roi. On peut voir ce que dit à ce sujet Littleton dans ses Commentaires (1), où il rapporte le cas d'Edmond, frère du roi Édouard Ier, qui avait épousé la reine de Navarre (2). C'était le contraire lorsqu'un Anglais épousait une étrangère avec la licence du roi; il appert d'un acte du Parlement qui n'est pas imprimé, mais se trouve à la rote parlementaire de la 8e année de Henri V, n° 15, que les femmes étrangères qui dorénavant épouseraient des Anglais avec la licence du roi, seraient capables de demander leur douaire après la mort de leurs maris, de la même manière que si elles étaient femmes anglaises (3). Si un Anglais épousait, sans licence du roi, une étrangère, même dénisée, elle n'avait droit à aucun douaire, tandis que le contraire arrivait si elle était naturalisée (4).

121. Aujourd'hui l'étrangère qui épouse un Anglais, avec ou sans la licence du roi, ou qui épouse un individu naturalisé an-

(1) Com. Littl., 19e édit., 31 *b*. Affaire de Calvin, 7 Rep. 25 *a* ; Collingwood contre Pace. Vente. 417.

(2) Voir la note 10 au même passage.

(3) Com. Littl., 19e édit., 31 *b*, note 9, et 129 *b*, note 4.

(4) Roper, Traité du mari et de la femme, vol. I, p. 340.

glais, est considérée elle-même, par le seul fait de son mariage, comme naturalisée, et elle jouit de tous les droits et priviléges d'un sujet naturel-né. C'est la disposition formelle de l'article 16 du statut 7 et 8 de Victoria, chap. 66.

122. Les veuves d'étrangers, quand même ces veuves seraient étrangères elles-mêmes, ont droit à leur douaire sur les propriétés immobilières de leurs maris situées dans une des colonies ou dépendances de l'Angleterre et appartenant à l'Angleterre par suite de conquête ou de cession, lorsque les lois concernant les étrangers n'y ont pas été spécialement promulguées (1). Elles ont le même droit aujourd'hui sur les propriétés immobilières de leurs maris situées en Angleterre, pourvu que ce droit de douaire ne dépasse pas vingt et un ans (2).

123. Quant aux droits du sujet anglais sur les propriétés immobilières de sa femme étrangère, ils dépendent ou des lois civiles du pays auquel appartient cette femme, ou des traités politiques de ce pays avec l'Angleterre. En France, ces droits sont réglés par les articles 11 du Code civil des Français, et 1 et 2 de la loi du 14 juillet 1819. Par l'article 11 du Code civil, l'étranger jouit en France des mêmes droits civils que ceux qui sont ou seront accordés aux Français par les traités de la nation à laquelle cet étranger appartient. Par l'art. 1er de la loi du 14 juillet 1819, abolitive du droit d'*aubaine* et de *détraction*, les étrangers auront droit de succéder, de disposer et de recevoir de la même manière que les Français dans toute l'étendue du royaume. Et, par l'article 2, il est établi que, dans le cas de partage d'une même succession entre des cohéritiers étrangers et français, ceux-ci prélèveront sur les biens situés en France une portion égale à la valeur des biens situés en pays étranger dont ils seraient exclus, à quelque titre que ce soit, en vertu des lois et coutumes locales. De là il suit que, s'il s'ouvre en France une succession dans laquelle se trouvent des immeubles en Angleterre, et dont les héritiers sont anglais et français, ceux-ci, dans le cas où la loi anglaise les exclurait des immeubles, comme elle le faisait avant le statut des 7° et 8° années de Victoria (6 août

(1) On peut voir le jugement dans l'affaire du maire de Lyon contre la compagnie des Indes orientales, rapporté vol. 1 des Décisions du conseil privé de Moore, p. 278.

(2) Statut 7 et 8, Victoria, c. 66, § 5.

1844), auraient le droit de conserver, sur la partie de la succession française, une somme égale à celle des immeubles situés en Angleterre, et dont ils auraient été repoussés par la loi anglaise. Quels seraient, dans la même thèse, les droits des héritiers français, aujourd'hui que les étrangers peuvent posséder des immeubles en Angleterre, mais pendant vingt et un ans seulement ?

124. Lorsqu'un Anglais est condamné pour trahison, les droits de sa femme étrangère sur ses biens personnels et mobiliers sont-ils ouverts au profit de cette femme ou de la couronne pour forfaiture? C'est une grave question qui n'a pas encore été catégoriquement décidée (1).

125. Nous devons observer que les cours de justice anglaises sont si strictement observatrices des lois concernant la propriété dans le royaume, que, si une femme d'origine anglaise, chargée d'un fidéicommis, vient à épouser un étranger, elle est *hic et nunc* déchargée de son fidéicommis, quoiqu'elle affirme n'avoir nullement l'intention de quitter le royaume, et qu'elle témoigne la volonté de continuer son fidéicommis (2).

CHAPITRE VII.

Des droits et devoirs des descendants d'étrangers.

126. Nous avons vu que l'étranger ne pouvait jamais posséder d'immeubles en Angleterre, il ne pouvait donc pas les transmettre non plus dans la succession (3) ; dès lors si son fils, ou tout autre individu ayant droit à cette succession, prenait possession des propriétés immobilières que son auteur étranger avait acquises durant sa vie, cette possession n'avait d'effet que jusqu'à ce qu'eût lieu l'*office trouvé* ou la saisine du roi. Toutefois, si ces propriétés immobilières se trouvaient dans quelque contrée acquise à l'Angleterre par suite de conquête ou de cession, et où les lois concernant les étrangers n'auraient pas été spécialement promul-

(1) 9 Mod. Reports, 100, et les autres cas y relatifs.
(2) Lake contre de Lambert, 4 Ves. 592.
(3) 2 Commentaires de Blackstone, 249; Comment. Littl., 2 *b*.

guées, ces propriétés pouvaient être recueillies par les héritiers de ces auteurs étrangers (1).

127. C'est un principe, en effet, qu'aucune des colonies anglaises et des autres pays dépendant du royaume-uni de la Grande-Bretagne et d'Irlande n'est régie par les mêmes lois que l'Angleterre (2). La métropole se borne à introduire ses institutions politiques, mais elle laisse les institutions civiles à ses nouvelles acquisitions; et spécialement les lois concernant les étrangers ne sont faites que pour le Royaume-Uni proprement dit, à moins que, par une disposition législative spéciale, elles ne soient applicables à telle ou telle de ses possessions extérieures.

128. Cependant lorsque l'étranger, qui ne peut avoir d'héritier pour ses immeubles en Angleterre, a épousé une Anglaise, l'enfant né de ce mariage, en Angleterre, pourra hériter des biens immobiliers auxquels sa mère pouvait avoir droit à titre de succession. C'est en ce sens qu'il a été décidé que si un étranger marié avec une sujette naturelle-née, a un fils avec elle en Angleterre, ce fils, après la mort de sa mère, hérite des immeubles laissés par celle-ci (3) : le sang de la mère suffit pour les rendre respectivement héritiers l'un de l'autre.

129. Si un étranger *dénisé* prend une femme étrangère, ou si une étrangère *dénisée* prend un mari étranger, les enfants nés de ce mariage hériteront du mari dans le premier cas, et de la femme dans le second, en admettant que, dans l'acte de dénisation, l'étranger dénisé ou l'étrangère dénisée aient été autorisés à acquérir des immeubles. Voir le nº 235 ci-après (4).

130. Le fils d'un étranger né en Angleterre a tous les droits d'un sujet naturel-né, mais, quoique né à l'étranger, il peut aussi acquérir par la naturalisation les mêmes droits; et dans l'un et l'autre cas, s'il vient à mourir, il meurt saisi des immeubles acquis par son auteur étranger pendant sa vie et décédé avant lui: car si cet héritier n'était ni né en Angleterre, ni naturalisé, les immeubles laissés par son auteur seraient revenus à la couronne

---

(1) Le maire de Lyon contre la compagnie des Indes orientales, 1 Moore's. P. C. 278.

(2) V. M. Burgie, *passim.* Comm. sur les lois coloniales; la Revue étrangère, t. VI, p. 271 et suiv.

(3) Jenk. 203, pl. 27; Com. Littl., 19ᵉ édit., 12 *a*, note 7.

(4) Comment. de Littleton, 12 *a*, note 7.

en vertu de l'*office trouvé*. Ce droit au profit de l'héritier de l'é-
tranger résulte des statuts 11 et 12 de Guillaume III, chap. 6, et
25 de Georges II, chap. 39 (1).

131. Il résulte de ces statuts que le descendant né en Angleterre, ou naturalisé, d'un père, d'une mère ou de tout autre auteur étranger, peut réclamer leur succession, quoiqu'ils fussent
étrangers. Et pour faire mieux comprendre les conséquences de
ce droit, nous poserons un exemple:

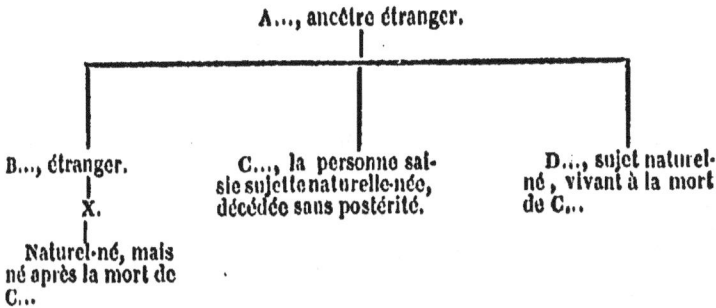

A..., ancêtre étranger.

B..., étranger.

X.

Naturel-né, mais
né après la mort de
C...

C..., la personne sai-
sie sujette naturelle-née,
décédée sans postérité.

D..., sujet naturel-
né, vivant à la mort
de C...

Dans l'espèce, à la mort de C... sans postérité, D..., sujet naturel-né, et vivant alors, lui succédera, et B..., étant étranger,
n'aura aucun droit. Et dans aucun cas X... n'aura de droit,
comme le prétend Blackstone (2), quoique enfant du fils aîné,
parce que celui-ci étant étranger, et par conséquent incapable
d'hériter, son fils est incapable comme lui, n'ayant pu lui transmettre plus de droit qu'il n'en avait lui-même. Il en eût été tout
autrement si le père de X... n'avait pas été étranger. Celui-ci, dit
Blackstone (3), en vertu de la troisième règle ou du troisième canon
des successions, qui veut que l'aîné des mâles appartenant au
même degré hérite de préférence aux plus jeunes, et en vertu aussi
de la quatrième règle ou du quatrième canon (4), qui veut qu'en
ligne descendante il y ait lieu à représentation à l'infini, *in infi-
nitum*, eût pris la succession de C... au préjudice de D..., tandis
qu'en vertu du statut 25 de Georges II, chap. 39, il en est exclu
de la manière la plus positive.

132. Pour éclaircir davantage l'application des statuts 11 et 12

(1) Ces statuts sont rapportés au chapitre 1er, p. 10 et 21.
(2) 2 Comment. 251.
(3) 2 Id. 214.
(4) 2 Id. 210.

de Guillaume III, chap. 6, et 25 de Georges II, chap. 30, nous poserons une nouvelle espèce :

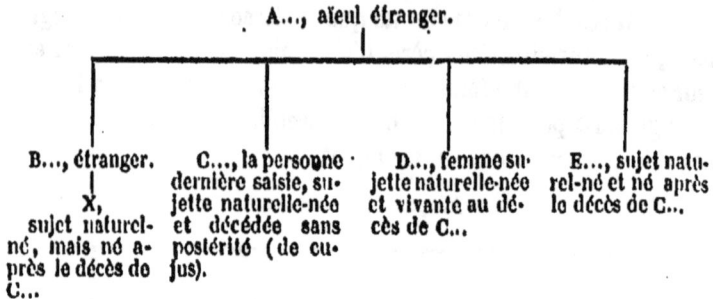

A..., aïeul étranger.

B..., étranger.	C..., la personne dernière saisie, sujette naturelle-née et décédée sans postérité (de cujus).	D..., femme sujette naturelle-née et vivante au décès de C...	E..., sujet naturel-né et né après le décès de C...
X, sujet naturel-né, mais né après le décès de C...			

A la mort de C..., décédé sans postérité, D..., quoique femme, mais étant sujette naturelle-née, prendra la succession de préférence à B..., qui est un étranger. Cependant E..., en sa double qualité et de mâle et de sujet naturel-né, encore que D... fût saisie de la succession immobilière de C..., aura, comme héritier, un droit de préférence à D..., qui sera tenue de lui restituer la succession, et ce, conformément aux dispositions du statut 11 et 12 de Guillaume III, chap. 6, et 25 de Georges II, chap. 30, dispositions prises du second canon ou de la seconde règle des successions en ligne directe, qui veut, comme le prétend Blackstone, que la ligne masculine soit toujours préférée à la ligne féminine (1). Si E... était du sexe féminin, alors les immeubles de C... seraient partagés également entre D... et E... Ce partage résulte du même acte du Parlement, et du troisième canon ou de la troisième règle des successions, ainsi que l'établit Blackstone, en disant que là où il y a deux, trois ou plus d'héritiers du sexe féminin, ils héritent ensemble (2), et de là sont appelés cohéritiers. Ainsi, E... aurait la moitié et D... l'autre moitié, et dans tous les cas excluraient X... qui est sans droit.

133. Nous avons dit, au n° 127, que les lois concernant les étrangers ne sont applicables ni aux colonies ni aux autres contrées dépendantes de l'Angleterre, à moins qu'il n'y ait une disposition spéciale à cet effet. Ce principe est tellement vrai qu'on avait mis en doute si les règles de succession concernant les étrangers étaient applicables à des individus descendants d'étrangers et réclamant des

_____

(1) 2 Comment. 212.
(2) 2 Id. 214.

biens immobiliers situés en Écosse, et, par un acte parlementaire
de la 10ᵉ année de Georges III, chap. 52, il fut décidé que ces règles étaient aussi bien applicables aux successions immobilières ouvertes en Écosse, qu'aux successions immobilières ouvertes en Angleterre et que dès lors le naturel-né et le naturalisé excluaient toujours le parent étranger, quoique celui-ci fût à un degré plus proche.

134. Dans les statuts 11 et 12 de Guillaume III, chap. 6, et
25 de Georges II, chap. 39, on ne voit aucune disposition qui les
déclare applicables à l'Irlande; et comme il a fallu un acte spécial
pour les déclarer applicables à l'Écosse, n'en doit-on pas tirer la
conséquence qu'en effet l'Irlande n'est pas assujettie à leurs règles ?
Cependant les enfants nés en Angleterre d'étrangers sont, par le
fait seul de leur naissance, sujets naturels-nés de la reine, et pourraient dès lors, en leur qualité de sujets naturels-nés, recueillir
des successions immobilières ouvertes à leur profit en Irlande. Ce
droit leur est accordé par les deux statuts ci-dessus relatés (1).

135. Le fils né en Angleterre d'un étranger dénisé peut-il hériter des propriétés immobilières de son frère né à l'étranger avant
la dénisation de son père, et naturalisé en Angleterre après la
mort de sondit père? L'affirmative a été décidée dans l'espèce suivante : Cornélius Godfrey, étranger natif d'Espagne, eut un fils
nommé Daniel, qui naquit en Flandre sous l'allégeance du roi
d'Espagne. Le fils et le père vinrent en Angleterre dans la quatrième année du règne d'Élisabeth. Le père se fit déniser, et après
sa dénisation il eut en Angleterre un second fils nommé Cornélius. Le père mourut, puis son fils aîné, Daniel, se fit naturaliser
par acte du Parlement; il acheta alors une terre relevant d'un
fief, et quelque temps après il mourut sans descendant. Son frère
Cornélius réclama cette propriété comme héritier de son frère, et
sa réclamation fut jugée légitime, en se fondant sur l'acte même
de naturalisation de Daniel, où se trouvent ces mots : « que Da-
« niel pourra acheter, hériter, avoir et posséder et aussi deman-
« der comme héritier tout ce qui pourra provenir de ses ancêtres,
« tant en ligne directe, qu'en ligne collatérale, et qu'il sera con-
« sidéré comme sujet naturel-né du royaume d'Angleterre, sous
« tous les rapports, condition et degré, et sans aucune exception

_____

(1) On peut consulter les Abrégements de Bacon, 7ᵉ édit., vol. 1, p. 170, sur
les effets de la naturalisation en Angleterre, en ce qui regarde l'Irlande.

« généralement quelconque. » Le doute était né de ces expressions, *qu'il hériterait de ses ancêtres en ligne directe ou collatérale*, mais qu'il n'était pas dit que ceux-ci réciproquement seraient ses héritiers. On objectait aussi qu'au moment de la mort du père, le fils aîné n'avait pas pour lui de sang héréditaire, à défaut de quoi le cadet ne pouvait pas hériter de lui. Mais on répondait à cela que, s'il y avait une incapacité, cette incapacité ne provenait pas du sang; que le sang n'était pas cause de cette incapacité, mais bien le lieu de sa naissance, car la loi ne considère pas le sang, lorsqu'il n'y a pas allégeance (1). On peut encore ajouter que la naturalisation ne fait aucune distinction, et que, plaçant le naturalisé sur la même ligne que le sujet naturel-né, il a les mêmes droits, les mêmes avantages que celui-ci.

136. Ces règles de succession ont été, sous quelques rapports, modifiées par le statut 3 et 4 de Guillaume IV, chap. 106. Mais il faut observer que ce dernier statut ne touche en rien aux dispositions des statuts 11 et 12 de Guillaume III, chap. 6, statut 25 de Georges II, chap. 39, et statut 16 de Georges III, chap. 52; et il faut observer particulièrement l'article 5 du statut 3 et 4 de Guillaume IV, chap. 106, lequel trace aux frères et sœurs la manière d'établir leur généalogie. Enfin il faut encore observer que tout individu, qui de toute autre manière pourrait se présenter comme héritier, conformément aux dispositions du statut dernier mentionné, n'aurait cependant pas droit de demander la succession d'une personne saisie d'immeubles, contrairement aux dispositions des statuts 11 et 12 de Guillaume III, chap. 6, statut 25 de Georges II, chap. 39, et statut 16 de Georges III, chap. 52 (2).

137. Le dernier état de la législation sur le mode de succession concernant les étrangers en Angleterre, se trouve réglé par les articles 4 et 5 du statut 7 et 8 de Victoria, chap. 66. S'agit-il de propriétés personnelles et mobilières, les étrangers amis sont considérés comme sujets naturels-nés; s'agit-il de successions immobilières, ils sont considérés également comme sujets naturels-nés, mais temporairement, c'est-à-dire que l'exercice de leurs droits, à cet égard, ne peut avoir qu'une durée de vingt et un ans. C'est ce qu'on peut voir aux numéros 104 jusqu'à 114.

(1) Cro. Jac. Rep., p. 539. Affaire de Godfrey contre Dixon.
(2) Statut 3 et 4, Guillaume IV, c. 106.

CHAPITRE VIII.

Les droits de l'étranger de comparaître en justice, soit en demandant, soit en défendant, suivant le droit commun.

138. Le droit de l'étranger de comparaître en justice réside tout entier dans ce fait, s'il appartient à un État ami ou ennemi, et si, appartenant à un état ennemi, il a une licence ou non pour résider ou commercer en Angleterre.

139. L'étranger ami peut ester en justice, soit en demandant, soit en défendant, et soit qu'il s'agisse de propriétés personnelles ou de propriétés réelles. Toutefois son droit, quant à ces dernières propriétés, ne peut dépasser la limite fixée par l'article 5 du statut 7 et 8 de Victoria, c'est-à-dire, vingt et un ans, ni le moment de la réclamation pour la couronne résultant de l'office trouvé.

140. L'étranger ennemi, au contraire, ne peut intenter, ni soutenir aucune action en justice. Toutes les portes du sanctuaire lui sont fermées : l'ennemi de la patrie n'a aucun droit à sa protection. Nul ne peut non plus se présenter pour lui, parce qu'il ne peut transmettre à un autre le droit qu'il n'a pas. Mais ces prohibitions cessent lorsqu'il a obtenu du roi ou de la reine une licence, soit pour résider, soit pour commercer en Angleterre. (Voir le n° 32.) Dans ce cas il doit justifier de cette licence. Et en effet, il a été décidé qu'il ne suffisait pas à l'étranger ennemi de prouver, dans sa réplique, qu'une licence lui avait été accordée avec l'autorisation de faire un voyage, qu'il ne put terminer qu'après le commencement des hostilités, et qu'alors il était retourné sans avoir été inquiété (1). Il fallait qu'après son retour, il obtînt une nouvelle licence. Il a été également décidé qu'il ne suffirait pas non plus de prouver qu'une licence eût été accordée conformément au statut 38 de Georges III, chap. 77, et qu'on eût résidé sans être inquiété en Angleterre, après l'expiration de ce statut, qui entraînait avec lui l'expiration de la licence (2) : la résidence

(1) Bouston contre Dobree, 2 Camp. 163.
(2) Alciator contre Smith, 3 Camp. 245.

était celle d'un étranger ennemi, qui n'avait plus de licence, et dès-lors n'avait plus de droit à la protection de la loi anglaise.

141. L'étranger, soit ami, soit ennemi, ne peut, en général, ester en justice, lorsqu'il s'agit de propriétés immobilières. Nous disons en général, parce que l'étranger ne peut posséder indéfiniment aucune propriété immobilière ; il n'a sur ce genre de propriété qu'un droit restreint, temporaire, passager, comme on l'a vu au n° 139, l'action résultant de ce droit est dès lors restreinte, temporaire, passagère comme lui, c'est-à-dire, peut s'exercer, soit en demandant, soit en défendant, pendant une période de vingt et un ans.

142. Quels sont les droits de l'étranger ami ou ennemi pour ester en justice dans les actions *mixtes?*

Les actions *mixtes*, dit Blackstone (1), « sont celles qui parti-« cipent à la fois des actions *personnelles* et des actions *réelles.* « Or, les actions personnelles sont celles par lesquelles un indi-« vidu réclame une dette ou une obligation personnelle, ou des « dommages en cas d'inexécution; ce sont celles encore par les-« quelles un individu réclame des dommages-intérêts pour attein-« tes portées à sa personne ou à ses propriétés. Les actions réel-« les, qui ne concernent que les propriétés immobilières seulement « sont celles par lesquelles le plaignant, appelé dans ce cas de-« mandeur, réclame des droits à la propriété de terres, téne-« ments, rentes, communes, ou autres héritages en fief absolu, « fief mouvant, ou viagèrement. Les actions mixtes sont donc « celles par lesquelles le demandeur réclame à la fois et une pro-« priété réelle et des dommages personnels pour un tort qui lui a « été causé. » De là il résulte que, dans les actions mixtes, l'étranger ennemi qui n'a pas de licence est sans aucune espèce de droit, tandis que l'étranger ami, ou ennemi avec licence, ont un droit temporaire, c'est-à-dire, qui ne peut avoir qu'une durée de vingt et un ans.

143. Si l'étranger ne peut indéfiniment exercer en son propre nom une action réelle, ou une action mixte, il peut, néanmoins, exercer ces sortes d'actions au nom d'un tiers indigène (2). Ainsi il a été décidé que, malgré les statuts 3 de Richard II, chap. 3;

---

(1) 3e vol., p. 117 et 118.
(2) Comment. de Littleton, 129 *a* et *b.*

7 de Richard III , chap. 12 , et 1 de Henri V , chap. 7, un étranger bénéficier d'un bien ecclésiastique, pouvait, en cette qualité, exercer les actions concernant la glèbe, la dîme, etc. (1). Cela résulte de ce que l'étranger ami peut être le mandataire d'un indigène.

144. Lorsqu'une action est formée par un étranger ennemi, l'adversaire peut opposer l'aliénage, et cette exception devient une réponse à l'action elle-même : elle peut être opposée aussi bien dans les actions personnelles que dans les actions réelles et mixtes, toutes les fois qu'elles sont formées par l'étranger en propre et privé nom (2).

145. Lorsque l'exception d'aliénage est opposée à une demande principale , le défendeur est tenu de prouver non-seulement que le demandeur est né dans un pays étranger en état d'hostilité avec l'Angleterre , mais en outre qu'il s'est rendu sur le sol britannique sans lettres de sauf-conduit du roi du Royaume-Uni (3).

146. Lorsque l'étranger veut repousser l'exception d'aliénage, qui lui est opposée, en alléguant qu'il n'est pas étranger et en signifiant une réponse conforme à cette allégation il doit faire connaître d'une manière non équivoque le pays où il est né (4).

147. Lorsque l'étranger a une licence de la reine pour exercer le commerce en Angleterre, et qu'il veut ester en justice, si on lui oppose l'exception d'aliénage , il doit dans sa réponse faire connaître si sa licence est générale ou spéciale (5). Dans le premier cas , il a les mêmes droits que l'étranger ami ; et dans le second, ses droits sont limités à la spécialité portée dans sa licence.

148. Quoiqu'il paraisse que l'exception d'aliénage puisse être plaidée après l'*impartance* aussi bien que sur le writ précédant l'impartance (6), cependant, si le demandeur étranger a été autorisé à ester en jugement pour certaines actions , l'exception d'aliénage ne pourra être plaidée à l'effet d'obtenir un jugement de *scire facias* (7).

(1) Bac. Abr., 7ᵉ édit. Tit. Alien , D, rappelant la loi du curé Hughes, c. 10. Affaire Seaton, M. 8 Jac. 1. C. B.

(2) V. Viner's Abr. Tit. Alien, et les espèces rapportées.

(3) Casseres contre Bell, 8 Term. Rep. 166.

(4) Br. Barre, pl. 63.

(5) Viner's Abr. Tit. Alien, 1, pl. 22.

(6) Jenk. 130, pl. 64.

(7) West contre Sutton, 2 Ld. Raym. 853.

140. Lorsque l'étranger ami ne devient étranger ennemi qu'après le verdict du jury, il n'y a pas lieu à suspendre ni l'exécution ni le jugement (1). La déclaration de guerre est sans résultat sur un fait accompli.

150. L'objection que l'étranger principal en faveur duquel un agent anglais poursuit par *assumpsit* en son propre nom, est devenu un étranger ennemi depuis la passation du contrat, ne peut être accueillie comme une fin de non-recevoir péremptoire (2).

151. Lorsqu'un étranger ennemi se présente en justice, l'exception d'aliénage doit être préposée la première, et précéder les autres exceptions, à l'effet de paralyser tous les droits qu'il pourrait avoir de paraître en justice, malgré sa qualité d'étranger ennemi (3).

152. L'exception d'aliénage ennemi ne peut être jointe à aucune défense qui reconnaît au demandeur un *locus standi* en cour. Il faut toujours qu'elle soit proposée sur le seuil de la justice, c'est-à-dire, la première, et seule, c'est-à-dire, isolée de tout autre moyen (4).

153. Il faut observer que, lorsqu'on oppose à un étranger demandeur une simple exception d'aliénage, il n'est pas nécessaire de répliquer que celui-ci n'est pas un étranger ennemi. C'est au demandeur à l'exception à prouver par son exception que l'étranger est un étranger ennemi (5). Or, nous avons dit, aux numéros 22 et 24, ce que la loi anglaise entend par étranger ami et étranger ennemi.

154. Les étrangers ennemis ont été quelquefois traités avec bienveillance. C'est une conséquence des articles 50 et 51 de la Grande Chartre accordée, en 1215, par Jean Sans-Terre. On lit à l'article 50 : « Nos marchands, s'ils ne sont publiquement « empêchés, pourront librement aller et venir dans le royaume, « en sortir, y demeurer, le traverser par terre et par eau, « vendre selon les anciennes coutumes, sans qu'on puisse imposer

---

(1) Vanbrynen contre Wilson, 9 East, 321.
(2) Flindt contre Waters, 15 East, 260.
(3) Casseres cont. Bell. 8. T. R. 166.
(4) Shombeck contre Delacour, 10 East, 326; Truckenhodt contre Payne, 12 East, 206.
(5) Openheimer contre Levy, 2 Str. 1082.

« sur eux aucune maltôte, excepté en temps de guerre, ou *quand*
« *ils seront d'une nation en guerre avec nous;* » et à l'article 51 : « *S'il se trouve de tels marchands* dans le royaume
« au commencement d'une guerre, ils seront mis en sûreté,
« sans aucun dommage de leurs personnes ni de leurs effets,
« jusqu'à ce que nous ou notre grand justicier soyons informés
« de la manière dont nos marchands sont traités chez les en-
« nemis; et, si les nôtres sont bien traités, ceux-ci le seront
« aussi parmi nous. » Ainsi il a été décidé que l'ennemi étranger,
après le retour de la paix, et faute par la couronne de n'avoir
pas exercé à son profit le droit qu'elle avait, pouvait demander
en justice l'exécution d'un contrat passé avec lui lorsqu'il était
prisonnier de guerre (1). Il avait été également décidé qu'une action pouvait être exercée par un étranger ennemi, à raison d'une
convention de rançon, quand même l'otage était décédé prisonnier (2). Aujourd'hui de pareilles questions ne peuvent plus s'élever, les règles concernant les rançons ayant été abolies par toutes
les puissances (3). Il avait été décidé aussi que, quoiqu'un étranger
ne pût, en vertu de la loi municipale de l'Angleterre, demander
en justice le recouvrement d'un droit qu'il réclamait comme l'ayant
acquis dans la guerre actuelle, on ne pouvait soulever l'objection
(au moins sur la défense de non-assumpsit) que le demandeur
était un étranger ennemi (4); mais cette affaire portée devant les
juges de l'échiquier, la décision précédente fut unanimement réformée, et il fut jugé que l'ennemi étranger ne pouvait, en vertu
de la loi commune du royaume, demander en justice le recouvrement d'un droit qu'il prétendait avoir acquis dans la guerre
actuelle (5). Cette dernière décision nous paraît tout à fait conforme aux vrais principes. L'étranger ennemi ne peut pas avoir
les mêmes droits que l'étranger ami.

155. L'étranger appartenant à un État neutre, pris combat-
tant à bord d'un vaisseau ennemi, et faisant route vers l'Angleterre sur un vaisseau anglais, où il était employé comme marin, a

(1) Maria contre Hall, 1, Taunt. 33.
(2) Ricord contre Bettenham, 1 Wm. Bl. 563; 3 Burr. 1734; Cornu contre
Blackborne; 2 Doug. 649.
(3) 2 Doug. 650, note.
(4) Anthon contre Fisher, 2 Doug. 649.
(5) Douglas's Rep. 4ᵉ édit., 2ᵉ vol., p. 649, note 132, et Mils., on pleadings,
4ᵉ édit., p. 229, note (z).

une action et peut la soutenir devant les tribunaux anglais pour
le payement de ses gages en sa qualité de marin sur ce vaisseau
anglais (1).

156. Pour donner à un étranger la qualité d'étranger ennemi,
il ne faut pas regarder comme une preuve suffisante le simple
fait de sa résidence dans un pays en hostilité avec l'Angleterre.
Il serait possible qu'il y eût été détenu malgré lui; et alors il faut
établir qu'ayant la facilité, l'occasion de quitter ce pays, il ne l'a
pas fait. Dans ce cas, il a embrassé la cause de ce pays; il est
devenu l'ennemi de l'Angleterre; il doit dès lors être considéré et
traité comme tel (2).

157. Nous avons vu, au n° 154, que le contrat passé en temps
de guerre avec un étranger ennemi ne pouvait donner ouverture
à aucune action en justice en faveur de cet étranger. Il en serait
de même si cet étranger transmettait ses droits à un sujet anglais (3); celui-ci n'aurait pas plus de droits que lui : *Plus juris
transferre quis nequit, quam ipse habet.*

158. L'étranger ennemi peut, au retour de la paix, demander
en Angleterre le payement d'effets passés à son ordre par un Anglais, au profit duquel ils avaient été souscrits par un autre Anglais, lorsque ces deux Anglais étaient prisonniers en France.
C'est en ce sens qu'il a été décidé que des effets souscrits par un
Anglais au profit d'un autre Anglais, tous deux prisonniers en
France, tirés sur un autre Anglais résidant en Angleterre, et en-
dossés au profit d'un étranger ennemi, donnaient à ce dernier le
droit, au retour de la paix, d'en demander le payement à l'accep-
teur anglais (4). La convention primitive était valable, et l'en-
dossement, suspendu dans ses effets par suite de la guerre, les a
repris à la paix, parce que c'est un principe que la guerre sus-
pend et ne détruit pas les droits.

159. Lorsqu'un étranger ne devient étranger ennemi qu'après
la passation d'un contrat, il peut intenter toute action concernant
l'exécution de ce contrat (5). C'est la date de l'acte qui en fixe les
effets.

(1) Sparenburgh contre Bannatyne, 1 Bos. et Pull. 163; Maria contre Hall,
1 Taunt. 33.

(2) Roberts contre Hardy, 3 Mause et Selw. 533.

(3) Willison contre Pattisson, 1 Moore, 133; S. C. 7 Taunt. 439.

(4) Antoine contre Morshead, 1 Mar. 558.

(5) Vanbrynen contre Wilson, 9 East, 321; et Flint contre Waters, 15
East, 260.

160. La faveur accordée aux étrangers ennemis a pourtant sa limite. Ainsi, il serait contre la police de la loi qu'un étranger ennemi pût faire assurer ses biens personnels. Une pareille assurance serait tout à fait illégale, et les tribunaux ne pourraient autoriser le défendeur anglais à établir la preuve par témoins que cette assurance avait pour objet des marchandises provenant d'un ennemi (1). De leur côté, les étrangers ennemis ne pourraient former aucune action non plus, à l'effet de forcer à l'exécution des polices d'assurance. Ainsi, dans l'affaire de *Brandon* contre *Nesbitt* (2), il y avait eu une police d'assurance sur des effets à bord du *Greyhound*, bâtiment américain, allant de Londres à Bayonne; cette assurance avait été faite pour le profit et le compte d'étrangers ennemis : une action fut intentée au nom d'un agent anglais, dans l'intérêt de ces étrangers; mais il fut décidé que cette action était non-recevable, et ce moyen péremptoire fut accueilli. Lord Kenyon, dans cette cause, dit : « La cour est « d'avis que le jugement doit être conforme à la défense, sur ce « motif qu'aucune action ne peut être ouverte ni pour ni en fa- « veur d'un étranger ennemi; que la cause de *Anthon* contre « *Fisher* (3), qui fut jugée dans cette cour, et dont le jugement « fut confirmé sur appel par la chambre de l'échiquier (4), procé- « dait des mêmes principes ; qu'on ne trouvait pas une espèce dans « laquelle une action eût été soutenue en faveur d'un étranger « ennemi; que s'il avait été décidé, dans la cause de *Ricord* contre « *Bestenham* (5), qu'un ennemi pouvait intenter une action à « raison d'une rançon, cette action n'avait été intentée qu'après le « retour de la paix, ce qui faisait disparaître l'objection. » Dans une autre affaire (6), une action fut intentée pour l'exécution d'une police d'assurance sur des effets à bord d'un vaisseau re- connu américain, et allant de Londres à Dunkerque; l'assurance était faite par un sujet anglais dans l'intérêt de certains individus tenant une maison de commerce sous la raison Arrouet et Mas-

---

(1) Voir le Traité de Marshall sur les assurances, vol. I, p. 80 et suiv.; et Gist contre Mason, 1 Term. Rep. 84.

(2) Brandon contre Nesbitt, 6 Term. Rep. 23.

(3) Douglas, 648, note 1.

(4) *Ibid.*, 649, note 132.

(5) 3 Burr. 1734, et 1 Bl. Rep. 563.

(6) 6 Term. Rep. 35.

sott, d'un nommé Jean-Baptiste Barrot, et de plusieurs autres
encore signalés dans la police, mais tous ennemis étrangers; mais
cette action fut repoussée par le même principe que dans l'affaire
Brandon contre *Nesbitt.*

161. Le commerce fait par un indigène avec un étranger ennemi, sans licence de la reine, est illégal, et ne peut dès lors
donner lieu à aucune espèce d'action en justice. Cette doctrine,
vraie du reste, a été consacrée dans l'affaire de *Potts* contre
Bell (1).

162. Il est aussi défendu à un sujet anglais d'apporter, en
temps de guerre, sans licence de la reine, et même sur un bâtiment neutre, des marchandises prises dans un port ennemi et
achetées par l'agent de cet Anglais résidant dans le pays ennemi
après le commencement des hostilités; et cette défense a lieu
quand même ces marchandises n'auraient pas été achetées d'un
ennemi. Toute action est refusée en justice relativement à ces
effets, et l'assurance qui en aurait été faite est également nulle (2).

163. L'assurance faite dans la Grande-Bretagne d'effets à bord
d'un vaisseau étranger avant le commencement des hostilités entre la Grande-Bretagne et la France est nulle, et ne peut couvrir
la perte résultant de la prise du bâtiment faite par un vaisseau
anglais (3).

Cette dernière doctrine est sujette à contradiction. On conçoit
en effet la nullité de l'assurance et la validité de la capture, lorsque l'une et l'autre ont été faites après le commencement des
hostilités, comme dans le cas du n° 162. Mais en doit-il être de
même lorsqu'elles ont eu lieu avant le commencement des hostilités? N'est-ce pas aller contre cette règle du droit des gens, qui
veut qu'en temps de paix les nations se fassent le plus de bien,
et en temps de guerre, le moins de mal possible?

164. L'étranger neutre est considéré comme l'étranger ami.
Ainsi, il a été décidé que l'assurance faite par un étranger neutre,
quoique résidant dans un pays occupé par l'ennemi, sur ses biens
personnels, dans un port neutre ou ami, était valable, quoiqu'il
ait paru douteux, dans la même espèce, si l'on devait également

(1) 8 Term. Rep. 548.
(2) *Ibid.*
(3) 3 Boss. et Pull. 191; Kellner contre le Mesurier, 4 East, 396; Lubbock
contre Potts, 7 East, 451.

considérer comme valable l'assurance faite par un neutre de ses effets et marchandises se trouvant dans un port occupé par l'ennemi (1). La raison de douter est que, dans le premier cas, les objets assurés se trouvaient dans un port neutre ou ami, et dans le second, dans un port occupé par l'ennemi. Lord Ellenborough dit à ce sujet : « Je ne sache pas que, par ce seul motif qu'un étranger soit résidant dans un pays ennemi, il ne puisse assurer les effets qui doivent lui être délivrés dans un port neutre ou ami. « Supposons qu'un négociant anglais soit surpris et confiné dans « un pays ennemi; il est difficile de dire que le négoce qu'il peut « encore faire doive tourner à l'avantage des ennemis du roi, et « être dès lors illégal et privé des avantages de l'assurance. » L'exemple donné par lord Ellenborough n'est pas du tout applicable. En effet, le marchand anglais, forcé de rester dans un pays ennemi, ne peut pas être considéré comme un marchand étranger; il reste toujours marchand anglais, et nous ne doutons pas un instant que l'assurance qu'il aurait faite de ses effets ne fût valable, sous la condition cependant que ces effets ne seraient achetés ni dans un pays ennemi, ni d'un ennemi (Voy. le n° 162).

165. Les marchandises et effets des étrangers neutres, capturés par un vaisseau du roi, peuvent être un objet légal d'assurance, encore que la cour de l'amirauté ait déclaré la capture bonne et valable, si elle a ordonné qu'ils fussent restitués à leurs propriétaires (2).

166. Les polices d'assurances dans lesquelles sont conjointement intéressés des indigènes et des étrangers ennemis, sont nulles en ce qui concerne ceux-ci et valables en ce qui concerne ceux-là. Ainsi il a été décidé (3) que si plusieurs personnes par pur hasard, et sans aucune communication quelconque, s'adressent à un agent commun pour assurer leurs effets, et que celui-ci assure le tout par un même acte de police ; la circonstance que la police comprend des étrangers n'opérera la nullité de cette police qu'à l'égard de ces étrangers et proportionnellement, et elle restera valable à l'égard des indigènes et aussi proportionnelle-

(1) Bromley contre Hesselline, 1 Camp. 75; Barker contre Blakes, 4 East, 283; Rotch contre Édie, 4 T. R. 413.
(2) Visger contre Prescott, 5 Esp. 184.
(3) Hagedorn contre Bazett, 1 Maule et Selwyn, 100.

ment. Il n'y a pas dans ce cas solidarité ; il y a autant d'intérêts qu'il y a de parties.

167. Mais s'il y a solidarité, indivision, si une assurance a été faite en faveur de deux individus, dont l'un est étranger ennemi et l'autre indigène, celui-ci ne pourra demander en justice l'exécution de cette assurance (1) ; car il est positivement établi qu'un Anglais ne peut avoir d'intérêt dans une assurance, qui a pour effet de protéger les effets de personnes sujettes d'un pays en hostilité avec l'Angleterre. Si de telles assurances étaient permises, il en résulterait qu'elles seraient autant d'indemnités contre toute capture faite, soit par les vaisseaux du roi, soit par des bâtiments privés autorisés par des lettres de marque à faire de telles prises, et en définitif les pertes tomberaient à la charge des sujets anglais. Ce principe a été appliqué dans une affaire où fut annulée une preuve qui avait été autorisée par les commissaires, concernant une dette qui résultait d'une police d'assurance en faveur de sujets français pendant la paix, et précisément avant le commencement de la guerre. Les objets assurés avaient été capturés par un vaisseau anglais, après que les hostilités avaient commencé : le droit à la police d'assurance était dès lors ouvert ; mais il demeura sans effet, par ce motif que l'assurance avait été faite au profit d'étrangers ennemis (2).

168. La licence donnée par le roi à un étranger ennemi d'importer certaines marchandises en Angleterre ne l'autorise pas à y rester, ou d'y poursuivre l'exécution d'une police d'assurance. Cette licence ne sert que pour la spécialité qu'elle désigne (3).

169. Dans les cas de prohibitions rigoureuses, les cours de justice cherchent cependant à adoucir les vérités de la loi à l'égard des ennemis. Ces dispositions bienveillantes se montrèrent surtout lorsqu'il s'est agi de lettres de change souscrites par un sujet anglais, prisonnier de guerre, en faveur d'un autre Anglais tirées également sur un sujet anglais résidant en Angleterre, et endossées à l'ordre d'un étranger ennemi. Mais il faut dire que, dans ces circonstances, les cours de justice se réglaient sur ce principe, que les actes dont il s'agissait n'étaient pas faits en faveur d'un

---

(1) Roberts contre Hardy, 3 Maule et Selwyr, 533.
(2) Affaire *ex parte* Lee, 13 Ves. 64.
(3) Boulton contre Dobree, 2 Camp. 163.

étranger ennemi, mais par un sujet anglais en faveur d'un sujet anglais, sur un sujet anglais(1). L'étranger ennemi n'était qu'un intermédiaire, dont l'intérêt n'était que minime et passager : les véritables intéressés étaient sujets anglais, et dès lors avaient droit à toute la protection de leurs tribunaux.

170. Lorsqu'un acte a été fait entre un indigène et un étranger ennemi avant la guerre, le droit d'en exiger l'exécution est purement suspendu pendant la durée des hostilités, et lorsque la paix est rétablie, les parties peuvent poursuivre l'exécution de leur acte (2). Cette doctrine est conforme à ce que nous avons dit au n° 158.

171. Lorsqu'un étranger a établi sa résidence en Angleterre, et qu'ensuite la guerre s'est déclarée entre l'Angleterre et le pays auquel cet étranger appartient, quoique par le fait de la déclaration de guerre il devienne étranger ennemi, cependant le gouvernement n'a pas le droit de s'emparer de ses propriétés mobilières (3). Toutefois, si le pays auquel cet étranger appartient s'emparait des biens des sujets anglais habitant son territoire, nous pensons que le gouvernement anglais aurait le droit d'user de représailles. Ce droit résulte de l'art. 51 de la Grande Chartre, cité textuellement au n° 154.

172. Nous avons dit, au n° 58, que l'étranger ennemi pouvait être exécuteur testamentaire, s'il résidait en Angleterre avec la licence du roi. Il paraît résulter de là que l'étranger, soit ami, soit ennemi, est autorisé à ester en justice relativement à son administration, et que ce droit appartient à l'étranger ennemi, même résidant en Angleterre sans licence, parce qu'alors il n'agit pas en son propre et privé nom. Cependant, les portes des tribunaux lui seraient fermées, si les créanciers du testateur se trouvaient lésés par cet exécuteur, parce que la succession ne présenterait pas de biens suffisants pour le payement de leurs créances (4).

173. Nous avons dit également, au n° 58, que l'étranger ennemi pouvait être administrateur, s'il résidait en Angleterre avec

_____

(1) Antoine contre Morshead, 6 Taunt. 237; Daubuz contre Morshead, ibid., 332.

(2) Br. Property, pl. 38, et Jenk. 201, pl. 22.

(3) Ibid. — Ibid.

(4) Williams, on Executors, vol. I, p. 163, et Bac. Abr. Tit. Alien, D.

la licence du roi. Il peut dès lors ester en justice en sadite qualité d'administrateur (1).

174. L'étranger ami peut intenter en Angleterre une action
en diffamation (*an action of libel*) pour faits diffamatoires publiés en Angleterre, quoique cet étranger ne soit jamais venu en
Angleterre (2).

175. Il faut observer que, si une action est formée par un
étranger résidant à l'étranger, il est tenu, sur la demande formu-
lée à cet effet par son adversaire, de fournir la caution *judicatum solvi*. D'où il suit que l'étranger résidant en Angleterre
n'est pas tenu de fournir cette caution.

176. Les étrangers peuvent être reçus comme témoins en justice aussi bien que les indigènes, et quant au mode de les examiner, on peut se reporter aux numéros 62, 63, 64, 65 et 66.

CHAPITRE IX.

Les droits de l'étranger de comparaître en justice, soit en demandant, soit en
défendant, suivant l'équité.

177. On a vu dans le chapitre précédent quels étaient les droits
de l'étranger suivant la loi commune, on verra dans celui-ci quels
sont ses droits suivant l'équité. Mais nous commencerons par
dire que les droits suivant la loi commune sont débattus devant la
cour du banc de la reine, devant la cour des plaids communs ou
devant la cour de l'échiquier, selon qu'il plaît au demandeur de
saisir l'une ou l'autre de ces trois cours de l'objet de sa demande;
tandis que les procès d'équité ne peuvent être portés que devant la haute cour de chancellerie, dont la présidence appartient
de droit au lord haut chancelier d'Angleterre, qui est toujours en
même temps président ou speaker de la Chambre des lords.

178. Le droit de l'étranger ami de se présenter devant une
cour d'équité n'a jamais été plus douteux que celui de se présenter devant toute autre cour : le seul effet de sa qualité d'é-

(1) Brooks contre Phillips, Cro. Eliz. 683.
(2) Pisani contre Lawson, 8 Scott, 182.

tranger est de le priver de la propriété de certains biens, qui néanmoins peuvent être l'objet d'une action en chancellerie, sauf les droits de la couronne en vertu de l'office trouvé (*office fund*) (1).

179. Le droit d'ester devant une cour de chancellerie appartient aussi bien aux étrangers couronnés, qu'aux simples étrangers. Cette doctrine a été consacrée par la Chambre des lords, jugeant comme cour d'appel dans une affaire du roi d'Espagne contre Hullett (2). Dans cette affaire un bill fut déposé devant la cour de chancellerie, pour qu'elle ordonnât le payement de certaines sommes d'argent, réclamées par le roi d'Espagne, sommes qui avaient été reçues par son agent du gouvernement français, et destinées à satisfaire des réclamations faites en France par des sujets espagnols. L'agent espagnol avait apporté en Angleterre ces sommes d'argent, et les avait déposées entre les mains des défendeurs à l'action du roi d'Espagne. Le bill fut attaqué pour vice d'équité : à l'appui de leur système, les défendeurs disaient qu'il n'avait jamais été décidé qu'un souverain étranger pût se présenter devant une cour d'équité en Angleterre: cette prétention ayant été rejetée, après avoir été développée devant le lord chancelier Lyndhurst, sa décision fut portée par appel devant la Chambre des lords : l'une des raisons mises en avant par les appelants était « qu'il n'avait jamais été jugé qu'un « souverain étranger pût ester devant les cours d'équité d'An- « gleterre ; que, conformément aux principes adoptés par ces « cours, un pareil demandeur ne devait jamais être admis à plai- « der devant elles, parce qu'il n'y aurait jamais possibilité de « donner effet à une décision rendue contre lui , faute de moyens « suffisants pour le contraindre à l'exécuter. » Cet argument ne convainquit pas la Chambre des lords, qui confirma la sentence dont l'appel lui avait été déféré. Elle se rappela sans doute cette belle pensée d'un roi français, que, si la bonne foi était bannie de la terre, on devrait la retrouver dans le cœur des rois, même des rois d'Espagne.

180. Il fut douteux autrefois, mais il est positif aujourd'hui qu'un étranger, quelle que soit sa religion , peut former devant

(1) Voyez Milf. on Plead, 4e édit., p. 24, note (n).

(2) 1 Dow et Clark, 169.

une cour d'équité une demande purement personnelle (1); c'est
la disposition expresse de l'art. 4 du stat. 7 et 8 de Victoria,
chap. 66.

181. L'étranger ami, vivant à l'étranger, peut également ester devant une cour d'équité (2) pour une demande purement
personnelle. Même article.

182. Si l'étranger ami peut porter devant une cour d'équité une
demande purement personnelle, il ne peut y porter une demande
mixte, c'est-à-dire, une demande en même temps personnelle et
réelle. L'exception d'aliénage suffira pour faire rejeter sa demande (3). Il faut observer cependant que, si la demande réelle
concerne une possession immobilière limitée à vingt et un ans,
son action mixte pourra être admise, aux termes de l'art. 5 du
statut 7 et 8 de Victoria, chap. 66.

183. Si la demande concernant un immeuble qui peut être
considéré comme converti en argent d'a s l'équité, est formée
par un étranger en chancellerie, elle a favorablement reçue (4). Cela est conforme à ce que nou avons dit aux nᵒˢ 98
et 99.

184. On a vu que l'étranger, en Angleterre, ne peut soutenir contre la couronne, devant les cours ordinaires, aucune action ayant
pour objet des biens immeubles sur lesquels il prétendrait avoir des
droits, soit par suite d'un legs à lui fait, soit par suite d'acquisition, soit par suite d'inscription hypothécaire, soit enfin de toute
autre manière. Il ne peut non plus, pour les mêmes objets et
par les mêmes motifs, former d'action dans les cours d'équité;
mais cette double prohibition se trouve renfermée dans les limites de l'Angleterre proprement dite. Ainsi les étrangers amis, et
même ennemis, peuvent, devant les cours d'équité de Sa Majesté
dans les colonies des Indes orientales, demander, par voie de
forclusion, les immeubles hypothéqués à la garantie des sommes
par eux prêtées à la compagnie des Indes. Nous avons vu qu'ils y
pouvaient aussi acquérir des immeubles. Ils peuvent dès lors, à

(1) Ramkissenseat contre Barker, 1 Alk. 51.
(2) Dyer, 26, pl. 8.
(3) Beames, on Pleas in equity, 114, et Mitf. on Plead, 4ᵉ édit., p. 220,
note (z).
(4) Du Hourmelin contre Sheldon, 1 Beav. 79, et 4 Mylne et Craig. 525.

raison de leurs acquisitions, s'adresser aux cours d'équité comme aux cours de droit commun, le cas échéant (1).

185. Les conventions passées entre deux étrangers à l'étranger, avant leur arrivée en Angleterre, ont effet en Angleterre, quand même ces conventions seraient faites conformément aux lois du pays de la résidence de ces étrangers. Ce point fut jugé ainsi dans une affaire concernant un contrat de mariage passé en France entre deux Français réfugiés, avant qu'ils ne vinssent se réfugier en Angleterre (2).

186. Lorsqu'un étranger demande en Angleterre l'exécution de conventions passées à l'étranger avec un étranger, ce n'est pas la loi anglaise régissant de semblables conventions qui doit être appliquée, mais la loi du pays auquel appartiennent ces étrangers, d'après ce principe, que *locus regit actum*. Ce principe a été appliqué dans une affaire *Dues* contre *Smith* (3), où des sommes d'argent dues à une femme furent payées à son mari, l'homme et la femme étant sujets du Danemark, où la loi n'exige pas qu'un douaire soit assigné à la femme.

187. Lorsqu'il s'élève une exception pour contester à un étranger le droit d'actionner devant une cour d'équité, l'étranger qui dépose un bill à cet effet doit l'accompagner de son exception, établissant que le demandeur, en sa qualité d'étranger, n'a pas droit à ce recours; mais cette exception doit prouver que le demandeur est étranger, autrement elle est rejetée (4). Ainsi l'exception d'étranger ennemi, fondée sur ce que l'Angleterre est en guerre avec la France et que les demandeurs sont Français et étrangers, et par conséquent ennemis du roi, est une fin de non-recevoir péremptoire (5).

188. L'exception d'étranger ennemi est péremptoire contre un bill de recours (6), et même contre un bill d'enquête, si cette exception est jointe à l'action (7). Mais cette exception est-elle également péremptoire contre un bill d'enquête qui n'est pas

---

(1) Statut 13, Georges III, c. 14, page 33 ci-devant, et n° 101.
(2) Foubert contre Twist, 1 Bro. P. C. 129, et Prec. Ch. 207.
(3) Jac. 544.
(4) Burk contre Brown, 2 Alk. 397.
(5) Daubigny contre Davallon, 2 Anst. 462.
(6) 2 Ves. et Beames, 323.
(7) Daubigny contre Davallon, 2 Anst. 462.

jointe, mais qui est une simple défense à l'action? Cette question s'éleva dans une affaire *Albretcht* contre *Sussman* (1); mais elle resta sans solution, parce que cette solution n'était pas nécessaire. Toutefois, si l'application de ce principe eût été écartée, il est grandement probable que l'exception n'aurait pas été considérée comme devant repousser un bill d'enquête demandée comme défense à une action. Il est de règle en effet que, de même qu'un étranger suivant une action de droit commun a la faculté de contraindre la présence de ses témoins, de même il peut avoir la faculté d'obtenir une enquête dans le même but (2).

189. Si, de droit commun, l'étranger ennemi est incapable d'ester en justice, il peut cependant, lorsqu'il réside en Angleterre avec la licence ou sous la protection du roi, même s'il y était venu en temps de guerre et sans sauf-conduit, ester en justice devant une cour d'équité. Dans ce cas l'exception d'étranger ennemi, proposée dans le bill dressé contre cet étranger, doit prouver non-seulement que le demandeur est né dans un pays étranger en hostilité avec l'Angleterre, mais qu'il est venu dans le royaume sans lettres de sauf-conduit accordées par la reine (3). Car si les étrangers ennemis viennent se réfugier en Angleterre avec autorisation et pour y mener une conduite tranquille, les cours de justice accueilleront difficilement l'exception prise de l'aliénage ennemi.

190. Quant à la forme de la procédure à suivre pour prouver l'aliénage ennemi, on peut consulter Beames dans son ouvrage sur la procédure devant les cours d'équité, à l'appendice, p. 329. Nous ne donnons pas ici cette procédure, parce que le plaideur étant tenu de se faire représenter en justice par un attorney (avoué) ou solicitor (solliciteur), qu'il soit étranger ou indigène, c'est à cet officier seul qu'il appartient de faire tous les actes nécessaires, et dès lors leur connaissance est inutile à l'étranger.

191. Si l'étranger est sans qualité pour paraître devant une

---

(1) 2 Ves. et Beames, 323.
(2) *Ibid.*, 320.
(3) L'attorney général contre Duplessis. Parker, 144; S. C. 1 Bro. P. C. 415; Daubigny contre Davallon, 2 Anst. 462.

cour d'équité relativement à une action réelle, il ne peut non plus, quand la couronne élève un droit sur l'immeuble faisant l'objet de cette action, le conserver contre elle, ou refuser de prouver s'il est ou s'il n'est pas étranger ; c'est pourquoi un bill d'enquête concernant l'aliénage dans une semblable espèce a été admis par la cour d'équité. Un légataire étranger réclamait des immeubles en vertu de son legs ; il fut condamné à répondre à un bill d'enquête déposé pour établir son aliénage, et la fin de non-recevoir qu'il proposa contre ce bill fut rejetée : car le mode usité de s'emparer des immeubles possédés par des étrangers au profit de la couronne, est la suite d'une enquête dressée sur les faits par une commission sous le grand sceau ; et lorsque l'enquête fait découvrir ces immeubles, ils sont saisis et placés sous la main du roi. Pour prouver ces faits, le roi a le même droit d'enquête, devant une cour d'équité, que les sujets, parce qu'il est de principe que nul ne peut, contrairement à sa conscience, posséder le bien d'un autre, en concédant son droit.

102. L'individu qui agit dans une colonie anglaise avec une capacité civile et judiciaire, après avoir prêté les serments d'allégeance, n'est pas considéré comme étranger. Ainsi une enquête fut demandée, à raison des affaires et des transactions qu'il avait faites, contre un individu qui avait été au service de la compagnie des Indes orientales, hors de l'Angleterre. Le défendeur, pour éviter le résultat de cette enquête, proposa l'exception d'aliénage ; mais cette exception fut rejetée. Il faut dire cependant qu'il parut que le défendeur avait agi avec une capacité civile et judiciaire, et après avoir prêté ses serments d'allégeance (1) ; sans ces circonstances, son exception eût été probablement accueillie, d'après les principes émis au numéro précédent.

103. L'étranger, dans ses réponses devant une cour d'équité, est placé sur la même ligne et a les mêmes droits que les plaideurs ordinaires devant cette cour ; il est tenu de suivre la procédure, de remplir ses formalités, et de prêter les serments qui sont exigés ; les souverains étrangers eux-mêmes sont assujettis à ces différentes règles ; ils ne peuvent répondre par leurs agents, ou sans serments ou signature ; ils doivent, comme tout autre plaideur, don-

_____

(1) L'attorney général contre Bolts, 1 Bro. P. C. 421.

ner leurs réponses sous serment. Ce dernier point a été jugé dans ce sens dans l'affaire du roi d'Espagne contre Hullett (1).

104. Lorsqu'une commission ordonne de recevoir la réponse d'un étranger, elle donne virtuellement le pouvoir de la recevoir par interprète, le cas échéant; mais les commissaires doivent certifier que le défendeur a dûment assermenté sa réponse en leur présence. Si l'un des commissaires a donné un *affidavit* que l'interprète était dûment assermenté et qu'il pensait que le défendeur comprenait le contenu de sa réponse, cet affidavit ou certificat des commissaires sera suffisant (2).

195. Lorsqu'un étranger fait à un bill une réponse dans la langue de son pays, cette réponse doit être traduite par un interprète assermenté (3).

196. Le serment ou l'affirmation doivent être reçus conformément au mode usité par la doctrine religieuse de celui qui est tenu de les donner (4).

197. Lorsqu'un étranger est défendeur, il est de pratique à la cour de l'échiquier de n'accorder d'injonction que sur affidavit de mérite (*except on affidavit of merit*) (5).

108. L'étranger demandeur résidant à l'étranger, ou forcé de quitter l'Angleterre, est tenu de donner la caution *judicatum solvi* (6). Le montant de cette caution est déterminé par l'un des maîtres en chancellerie (7).

199. Le mode de recevoir les déclarations de témoins étrangers devant les cours d'équité est le même que devant les autres cours. Nous en avons parlé aux numéros 62 et suivants.

200. Pour nous résumer en deux mots sur les droits de l'étranger ami, quant aux actions personnelles et mobilières, et même quant aux actions réelles n'embrassant qu'une possession ou propriété d'immeubles ne dépassant pas vingt et un ans, ils sont aussi pleins, aussi efficaces, aussi étendus que ceux des sujets naturels-nés, aux termes des articles 4 et 5 du statut 7 et 8 de Victoria, chapitre 66,

---

(1) 1 Clark et Finn. 333.
(2) Longhman contre Noares, 6 Price, 108.
(3) Simmonds contre du Barre, 3 Bro. C. C. 263.
(4) Ramkissenseat contre Barker, 1 Alk. 19.
(5) Anon. Lofft, 515.
(6) Scilaz contre Hanson, 5 Ves. 261.
(7) O'Dwyer contre Salvador, Dick. 372.

et dès lors ils peuvent les exercer, soit devant les cours du banc
de la reine, des plaids communs ou de l'échiquier, soit devant
la haute cour de la chancellerie, de la même manière que les sujets naturels-nés.

CHAPITRE X.

L'obligation de l'étranger d'être soumis à la loi sur la banqueroute, et ses
droits résultant de cette loi.

201 Les étrangers, ainsi que nous l'avons dit au n° 38, sont
soumis aux lois sur les banqueroutes, et peuvent également en
invoquer les bénéfices. Ainsi l'étranger ami peut exercer un commerce en Angleterre, il peut par conséquent paraître en justice
pour tous les faits de son commerce.

202. Si l'étranger peut seul tenir une maison de commerce,
il peut aussi être associé à une maison de commerce tenue, soit
par un indigène, soit par un étranger.

203. L'Anglais domicilié dans un pays étranger en guerre avec
l'Angleterre, et à plus forte raison l'étranger ennemi, ne peut
être associé à une maison de commerce en Angleterre; il ne peut
ester en justice relativement aux sommes dues à la maison sociale. « La raison de l'incapacité d'un individu résidant en pays
« ennemi, dit Rooke, I, est que les fruits d'une action ne peuvent
« être remis à un pays ennemi, pour lui fournir de la sorte des
« ressources contre l'Angleterre (1). »

204. Il n'y a pas incapacité de poursuivre ou de délivrer un
fiat de faillite pour un associé, quoique résidant dans un pays ennemi, s'il n'y fait aucun commerce, ou s'il y réside pour un commerce à raison duquel il a obtenu une licence du gouvernement
anglais : comme s'il y réside dans le but de recevoir des payements
pour des consignations autorisées par licence (2).

205. L'étranger n'a de droit sur les marchandises envoyées
en consignation à un Anglais tombé en faillite, qu'autant que

---

(1) M'Connell contre Hector, 3 B. et P. 113.
(2) Voir Coll. sur les sociétés commerciales, 2° édit., p. 9.

ces marchandises ont été envoyées en temps de paix ou sous licence. Ainsi A. sujet américain et B. sujet anglais eurent des relations commerciales par consignations mutuelles avant 1812. En juin 1812 la guerre fut déclarée entre les États-Unis d'Amérique et l'Angleterre, et le 24 décembre 1814 des préliminaires de paix furent signés à Gand. Un chargement de marchandises consignées en conséquence par A. à B. arriva en Angleterre en novembre 1814, et fut envoyé par B. en France, où il fut vendu. B. reçut en payement des effets qu'il fit escompter. Un autre chargement, consigné de la même manière, arriva en Angleterre en janvier 1815, et fut vendu par B. avant le 15 février. En mars 1815, B. tomba en faillite, et il reçut l'ordre de ses assignés ou représentants de leur abandonner la direction de ses affaires; mais dans l'intervalle il avait reçu les produits du second chargement et avait transmis à A. des comptes dans lesquels il l'avait porté comme son créancier, par suite de balance des produits des deux chargements. A. forma contre les assignés ou représentants de B. une action pour recouvrement de cette balance des deux chargements; mais il fut décidé que A. ne pouvait être admis à prouver la commission donnée à B. que pour la balance relative au second chargement (1). Cette décision est conforme à l'opinion de Rooke, rapportée au n° 203.

206. L'étranger commerçant résidant en Angleterre peut, conformément aux lois sur les banqueroutes, être mis en faillite; mais la preuve de son commerce et le montant de son passif à raison duquel un *fiat* peut être pris contre lui, dépendent de la loi générale concernant les *fiat* des commerçants sujets naturels-nés.

207. Le droit d'un étranger de poursuivre un *fiat* de faillite contre un commerçant en Angleterre, dépend de la question de savoir s'il est étranger ami ou ennemi. S'il est étranger ami, il a tous les droits d'un sujet naturel-né, aux termes des articles 4 et 5 du statut 7 et 8 de Victoria, chapitre 66. S'il est étranger ennemi, il n'a aucun droit, comme nous l'avons rapporté aux numéros 30, 32, 33, 34, 35. Il a cependant été décidé qu'un créancier étranger ne pouvait demander la faillite de son débiteur marchand en Angleterre; mais cette décision ne peut s'appliquer qu'à un étranger ennemi (2).

(1) Ogden contre Peale, 8 D. et R. 1.
(2) 1 Mont. et Ayrt. Bankruptcy, 1re éd., p. 20.

208. Le sujet anglais résidant en Angleterre ne peut demander la faillite de son débiteur pour une dette contractée envers lui et ses associés, anglais comme lui, mais résidant et commerçant dans un pays en guerre avec l'Angleterre (1), quand même ce sujet anglais serait naturalisé dans un État neutre (2). C'est une conséquence de la doctrine de Rooke, n° 203.

209. Pour que la prohibition portée au numéro précédent ait ses effets, il faut que les Anglais résidant et commerçant dans un pays en guerre avec l'Angleterre, le fassent volontairement (3), car nous avons vu, au n° 156, que, lorsqu'il y a contrainte, ils ne perdent aucun de leurs droits.

210. Le sujet anglais résidant et commerçant dans un pays étranger en guerre avec l'Angleterre, porteur d'une licence du gouvernement anglais, ne perd non plus aucun de ses droits, et peut dès lors demander la faillite de son débiteur en Angleterre (4).

211. Si la loi anglaise donne à l'étranger le droit de former une action pour dettes, et par suite celui de demander la faillite de son débiteur en Angleterre, conformément au statut mentionné au n° 207, il faut tenir pour règle certaine que ce droit n'est accordé qu'à l'étranger ami; que dès lors l'étranger ennemi ne peut jamais demander la faillite de son débiteur en Angleterre, peu importe que ce débiteur soit anglais ou étranger lui-même.

212. Cependant lorsque la créance appartenant à un étranger ennemi résulte d'un contrat passé avant la guerre, la guerre, ainsi que nous l'avons dit au n° 158, ne détruisant pas ce contrat, mais suspendant seulement ses effets, l'exécution de ce contrat peut être poursuivie lorsque la paix est rétablie, même par la mise en faillite du débiteur. Ce point a été décidé ainsi dans une affaire exparte Boussmaker (5). Dans cette affaire, lord Erskine, qui était lord chancelier, dit, en faisant allusion à la dette qu'on voulait prouver : « S'il s'agissait d'une dette résultant d'un « contrat avec un étranger ennemi, l'action serait non fondée,

(1) M'Connell contre Hector, 3 Bos. et Pull. 113; de Mellon contre de Mello, 12 East, 234; S. C. 2 Camp. 420; Kensington contre Inglis, 8 East, 275.
(2) O'Mealy contre Wilson, 1 Camp. 482.
(3) Roberts contre Hardy, 3 Mau. et Sel. 536; S. C. 2 Rose, 174.
(4) Exparte Baglehose, 18 Ves. 325; S. C. 1 Rose, 271.
(5) 13 Ves. 71.

« parce que le contrat serait nul. Mais si les deux nations étaient
« en paix à la date du contrat, à partir des hostilités, le créan-
« cier ne pourrait poursuivre; mais le contrat étant valable dans
« son principe, au retour de la paix le droit renaîtrait lui-même.
« Il serait dès lors contraire à la justice de confisquer ce divi-
« dende. Quoique le droit de recevoir soit suspendu, ce n'est pas
« une raison pour que le capital soit partagé entre les autres
« créanciers. Ce point de grande importance a beaucoup d'ana-
« logie avec le droit d'action : or il est de principe qu'une cour de
« justice n'aurait aucun égard à une objection qui n'aurait pas
« été plaidée. Cela résulte de nos recueils de décisions. Du reste,
« le cas d'un contrat bon dans le principe, mais suspendu dans ses
« effets par la guerre, ne s'est-il jamais présenté jusqu'ici ? Ce-
« pendant je ne connais aucun exemple de demande adressée par
« un étranger ennemi à la cour à l'effet d'obtenir un capital, à
« moins que son droit de poursuivre n'ait survécu. Le droit poli-
« tique d'annuler les contrats avec un ennemi est sage et judi-
« cieux : mais lorsque le contrat était valable dans son principe,
« et que l'exécation seule en était suspendue, la proposition que
« le fonds dût être perdu est bien différente. » En conséquence, le
lord chancelier ordonna que la demande fût reçue et que le divi-
dende fût réservé, et quoiqu'il n'y ait pas eu de poursuites ultérieures dans cette affaire, en examinant les décisions favorables
à la restauration des droits, dans ces cas, après le retour de la
paix, on peut dire que de telles demandes, lorsque la paix est
rétablie, sont converties en preuves.

213. Le sujet anglais résidant et commerçant dans un pays en
guerre avec l'Angleterre, à moins qu'il n'ait obtenu une licence
pour ce commerce, se trouve dans la même position qu'un étranger ennemi. Il ne peut donc demander la mise en faillite de son
débiteur en Angleterre (1).

214. Toute dette contractée à l'étranger, pendant la guerre, ne
peut être prouvée lorsque la paix est rétablie. Elle était nulle;
et quod nullum est, nullum producit effectum (2).

215. L'étranger, comme nous l'avons dit, peut poursuivre la

_____

(1) M'Connell contre Hector, 3 Ross. et Pull. 113; de Melton contre de Mello,
12 East, 234. S. C. 2 Camp. 420; Kensington contre Inglis, 8 East, 275;
O'Mealy contre Wilson, 1 Camp. 482.

(2) Exparte Schmaling. Buck. 93.

mise en faillite de son débiteur en Angleterre, mais il ne peut le faire que devant une cour d'équité ; cependant s'il exerce et s'il a capacité d'exercer ce droit à l'étranger, et d'y poursuivre les biens de ses débiteurs, il ne peut plus, lorsqu'il veut demander la mise en faillite de son débiteur en Angleterre, prouver cette faillite, à moins qu'il ne renonce à toute action à l'étranger sous ce rapport. Ce point a été décidé ainsi dans l'espèce suivante (1) : une maison de commerce, à l'étranger, tira des traites sur ses associés, qui tenaient pour son compte une autre maison de commerce en Angleterre, traites payables à l'agent d'un gouvernement étranger ; elles ne furent pas payées, et de là procès d'insolvabilité contre la maison de commerce étrangère, et en même temps commission contre la maison sociale anglaise. On doutait (2) si, lorsqu'un créancier étranger touchait d'un failli les sommes que celui-ci lui devait, après la faillite, les syndics du failli pouvaient se faire restituer ce que le créancier étranger avait reçu, et on citait l'affaire de *Phillipps* contre *Hunter* (3). Mais ne peut-on pas dire qu'en effet ils ont ce droit, et que, ce droit étant fondé sur les mêmes principes que ceux rapportés dans l'affaire *Exparte Chevalier*, la conséquence doit être la même, c'est-à-dire que la poursuite exercée à l'étranger est une barrière contre la poursuite à exercer en Angleterre, à cause de la maxime, *non bis in idem.* Cependant, dans l'affaire de *Philipps* contre *Hunter*, A., B. et C. étaient associés pour faire le commerce en Angleterre, où demeuraient A. et B., et C. résidait à l'étranger, pour y diriger les affaires concernant la maison en Angleterre. D., résidant en Angleterre, contracta une dette envers A., B. et C. ; il devint insolvable, et C., résidant à l'étranger, ayant appris que D. avait suspendu ses payements, et qu'une déclaration de faillite avait été rendue contre lui, réclama judiciairement, en son nom et au nom de ses associés, une somme due à D., dans un pays étranger, et en obtint le payement en vertu d'un jugement rendu par une cour de justice de ce pays étranger ; alors il fut décidé que les syndics à la faillite de D. avaient le droit de recouvrer la somme reçue par C., et en formant une action contre A., B. et C., parce que cet argent avait

(1) 1 Mont. et Ayrton's Rep. 345.
(2) 1 Mont. et Ayrton's Bankruptcy, 1re édit., p. 258.
(3) 2 H. Bl. 402.

été reçu dans l'intérêt des syndics. L'affaire fut plaidée devant le magistrat Prooke, le baron de Thompson, le magistrat Heath, le baron Perrin, le baron Hotham, le lord président baron Macdonald, et le lord président Hyre, et tous, à l'exception de ce dernier, décidèrent que l'action était fondée. Parmi les motifs du jugement se trouve celui-ci, que la cause devait être considérée comme agitée entre sujets anglais sur des biens anglais. Ainsi, lorsque la dette fut contractée, toutes les parties étaient aussi bien sujettes aux lois concernant les faillites qu'aux autres lois de l'Angleterre, sous l'effet desquelles elles vivaient. Or, on ne peut contester qu'avant la faillite, le failli n'ait pu transférer ou assigner sa propriété, quoiqu'à l'étranger, aussi complétement que si elle avait été dans sa possession réelle en Angleterre, et alors il semble que les syndics de sa faillite, par la force de la loi, ont droit de faire, après la faillite, ce que le failli lui-même pouvait faire avant. Le grand principe des lois sur les faillites est fondé sur une justice d'égalité. Aucun créancier ne peut obtenir une préférence injuste, autrement il y aurait une distribution inégale parmi tous les créanciers. Dès lors, et d'après ces principes, il s'ensuit que tous les biens, sans exception, du failli, tombent sous le contrôle de ses syndics, sans avoir égard aux lieux où ils se trouvent, excepté dans les cas tout à fait contraires aux lois particulières du pays dans lequel ils sont situés. Aucun créancier, dont la dette a été contractée dans la sphère de l'opération de ces lois, et qui a connaissance de l'insolvabilité de son débiteur, ne peut recouvrer rien du fonds commun dans son intérêt particulier. Après une nomination de syndics, son intérêt leur est transmis, et s'il parvient à toucher quelque chose, il doit compte aux autres créanciers de la somme qu'il a reçue. Et quant à l'argument pris de ce que le jugement en vertu duquel le créancier a obtenu les biens à l'étranger, c'est un jugement définitif, devant produire ses effets comme s'il était rendu entre toutes les parties. Ce point fut reconnu par les juges, mais ils décidèrent en même temps que comme les recouvrements faits par le créancier, s'ils n'étaient faits dans l'intérêt des syndics, seraient une violation manifeste d'un acte du Parlement, ces recouvrements devaient entrer dans la caisse du syndicat (1). Ces mêmes principes

(1) On peut voir le jugement de l'affaire Phillips contre Hunter, rapporté dans le volume 2 H. B., p. 404 et suiv.

furent consacrés dans une affaire de Hunter contre Potts (1), et
dans une affaire en chancellerie, rapportée dans celle de Hunter
contre Potts (2). Il résulte de cette discussion qu'en cas de faillite
par un Anglais à l'étranger, et ayant pour créanciers des Anglais,
les biens du failli à l'étranger appartiennent à ses créanciers anglais, sans aucune préférence pour l'un d'eux, et que si l'un d'eux
venait à recevoir, après la faillite, le montant de sa créance, les
commissaires à la faillite auraient le droit de se faire remettre
cette créance, pour la verser dans la caisse de la faillite, parce
que c'est un principe de la loi anglaise sur les banqueroutes, que
les biens du failli soient partagés également entre ses créanciers.

216. Lorsqu'un étranger est créancier d'une maison de commerce en Angleterre, laquelle a également une maison de commerce dans le pays de cet étranger, il est placé, à l'égard de ces
deux maisons, sur la même ligne que s'il était Anglais, à moins
que les lois du pays de cet étranger ne contiennent des dispositions contraires sous ce rapport. Ainsi, si la maison de commerce
trafiquant dans le pays de cet étranger, et dont il est créancier,
vient à tomber en faillite, et que, postérieurement à cette faillite,
il en reçoive le montant de sa créance, il sera tenu de rapporter
cette créance à la masse de la faillite, par les motifs que nous
avons rapportés au numéro précédent.

217. En un mot, les étrangers, soit commerçants, soit non
commerçants, ont les mêmes droits que les sujets naturels-nés;
ils peuvent exercer ces droits de la même manière que les sujets
naturels-nés. C'est ainsi que l'expliquent les articles 4 et 5 du
statut 7 et 8 de Victoria, chap. 66, que nous avons déjà cité plusieurs fois.

CHAPITRE XI.

Quels sont les effets, en Angleterre, des jugements et actes publics étrangers?

218. L'exécution d'un acte public ou d'un jugement constitue
un fait distinct et séparé de l'acte ou du jugement. Si cet acte
ou ce jugement sont exécutés dans l'État même où ils ont été

(1) 4 Term. Rep. 182.
(2) 4 T. Rep. 193, note (a).

I I

rendus, il y a là deux faits qui se passent sous la même autorité en même temps; l'exécution de l'acte, comme l'exécution du jugement, s'opère au nom du même souverain, et cela doit être, parce qu'il y a indivisibilité entre la prescription et l'application de la loi. Mais il n'en est plus ainsi lorsqu'on veut faire exécuter un acte public ou un jugement dans un État différent de celui où ils ont été rendus. Alors sont en présence deux pouvoirs souverains: l'un chez lequel a été passé l'acte ou le jugement, l'autre chez lequel on veut les faire exécuter.

219. C'est un principe politique, que l'autorité dont les juges et les officiers publics de chaque État sont investis pour régler les relations des citoyens a son berceau, prend sa puissance seulement du pouvoir souverain de cet État, par le seul fait de la nomination de ces juges ou de ces officiers par ce pouvoir souverain directement, ou par ses représentants indirectement; et, dès lors, conformément au principe de l'indépendance des nations, les jugements et actes publics rendus dans un État ne peuvent avoir d'effet dans un État étranger (1). « L'autorité de la chose jugée, « dit Merlin, ne dérive pas du droit des gens, elle ne tire sa force « que du droit civil de chaque nation. Or, le droit civil ne com- « munique point ses effets d'une nation à l'autre; l'autorité pu- « blique dont chaque souverain est investi ne s'étendant pas au « delà de son territoire, celle des magistrats qu'il institue est né- « cessairement renfermée dans les mêmes limites; et, par consé- « quent, les actes émanés de ces officiers doivent perdre sur la « frontière toute leur force civile. Dès lors l'autorité de la chose « jugée ne peut être invoquée dans un État à l'égard des jugements « rendus par les tribunaux d'un État étranger (2). »

220. Mais ce n'est pas tout encore. Il est de principe politique, aussi, que l'exécution d'un acte public ou d'un jugement se fasse au nom du souverain chez lequel on veut y procéder, parce que c'est en son nom qu'on les a obtenus. Cette exécution d'ailleurs ne peut avoir lieu que par les officiers qu'il a institués, et alors, soit qu'elle opère sur les biens, soit même qu'elle opère sur la personne de la partie contre laquelle elle est faite, elle constitue

(1) Klüber, Droit des gens, § 59, au commencement; M. Pinheiro-Ferreira, Notes sur Vattel, p. 305; M. Weaten, t. 1, § 23, p. 188; M. Burge, t. III, p. 1011.

(2) Questions de droit, v° Jugement, § 14, n° 1 (3ᵉ édit., t. IV, p. 20).

un acte de l'autorité souveraine : et le principe de l'indépendance des États exige qu'aucun acte de ce genre ne puisse être fait par un pouvoir étranger : car dans l'exécution d'un acte ou du jugement d'un tribunal étranger, ce n'est pas l'obligation ou la décision qu'ils renferment, mais l'exécution qui en est la conséquence qui peut blesser les droits, l'indépendance de l'État ou du souverain.

221. Ces principes rigoureux ne reçoivent pas dans tous les États étrangers une stricte application. Les relations de bonne amitié, des considérations d'utilité et de convenance réciproques, les nécessités d'un bon voisinage, ont fait admettre des exceptions au principe que les actes publics et les jugements rendus dans un État ne peuvent recevoir leur exécution dans un État étranger (1).

222. Ces exceptions résultent ou de traités politiques, ou des lois d'un État qui admettent le principe de la réciprocité, ou enfin d'*usages consacrés par la jurisprudence.*

223. Mais, quelle que soit la source de ces exceptions, elles ne donnent pas *hic et nunc* l'exercice d'un pouvoir souverain étranger dans l'État où l'exécution doit se faire. Aucune puissance n'est portée à souffrir sur son territoire l'exécution d'un acte ou jugement étranger, en vertu de la seule autorité de l'officier ou du juge qui l'a rendu : le pouvoir d'ordonner cette exécution est réservé à ses propres juges, et on peut considérer comme un principe certain de droit international privé, qu'aucun acte ou jugement étrangers ne peuvent être mis à exécution sans l'autorisation du juge du lieu où doit se faire cette exécution. Les législations des différents peuples n'ont de différence que sur la question de savoir si le juge du lieu de l'exécution accordera son autorisation (*exequatur*) sur simple requête, sur une commission rogatoire, ou après la révision entière du fond de la contestation (2).

224. Par suite du grand principe de l'indépendance des États, le tribunal ou la cour auxquels on demande l'exécution d'un jugement étranger, auront à examiner d'abord le point de savoir si

(1) Martens, § 95; Boehmer, *Jus publicum universale, pars specialis,* lib. I, cap. 4, § 6, à la note; Thémis Pow de Fenerbach, 1812, p. 81 et suiv.; Henry, p. 77; Burge, vol. III, p. 1050.

(2) Pardessus, t. VI, n° 1480; Aubry, Revue étrangère, vol. III, p. 127 et suiv.

ce jugement renferme ou non une disposition en opposition, soit
à la souveraineté de la nation dans le territoire de laquelle l'exécution est demandée, soit à l'intérêt de la nation elle-même, soit
enfin à son droit public. Ce n'est qu'après la solution négative de
ces trois points que le tribunal ou la cour ordonneront l'exécution
demandée, même lorsqu'il s'agira d'un jugement rendu dans un
pays dont les jugements reçoivent, en général, leur exécution dans
l'État en question.

225. On a vu, au n° 222, que les exceptions à l'exécution d'un
acte ou jugement étrangers sur un territoire étranger peuvent résulter d'usages admis par la jurisprudence ; c'est le système
adopté par l'Angleterre : là, les tribunaux ont la faculté d'ordonner l'exécution même des actes et jugements rendus dans les
pays étrangers, encore que ceux-ci n'admettent pas le principe de
la réciprocité. Cette faculté résultant, non de la loi, qui est muette
à ce sujet, mais de la jurisprudence qui est constante, a sa source
dans la volonté même des parties. C'est pourquoi les cours de
justice anglaises ne refusent pas leurs effets aux actes ou jugements rendus en pays étranger ; elles ne s'informent pas non plus
s'il y a réciprocité, c'est-à-dire, si leurs décisions à leur tour peuvent être exécutées dans les pays d'où émanent les jugements qui
leur sont déférés, et dès lors elles ne font pas de cette réciprocité
une condition *sine qua non :* dans un pays de liberté, tous les
actes de l'homme, sans avoir égard à la contrée à laquelle il appartient, quand elle n'est pas en état d'hostilité avec lui, du moment que cet homme met le pied sur son sol, tous ses actes soumis
à la loi sont également protégés par elle, et dès lors le jugement
qui a sanctionné ces actes dans le pays auquel cet homme appartient est à son tour sanctionné par la justice anglaise ; la seule
condition qu'elle y met, condition *sine qua non,* il est vrai, c'est
que le jugement qui lui est soumis repose sur la loi locale et émane
d'un tribunal compétent. Cependant les cours de justice anglaises
n'accordent pas un simple *exequatur,* c'est-à-dire qu'elles n'accordent pas *hic et nunc* leur *mandamus* aux jugements ou actes
étrangers. Rendant la justice par leur souveraine, elles ne se considèrent en aucune façon comme liées par ces actes, comme les
exécutrices d'une puissance étrangère (1). Celui qui en est porteur

----

(1) *Gazette des Tribunaux*, du 14 décembre 1841.

doit former devant la cour anglaise compétente une nouvelle demande ayant pour objet les condamnations prononcées par les
actes ou jugements étrangers. Mais, devant la cour anglaise, ces
actes ou jugements sont regardés comme des titres décisifs, faisant
preuve complète de la demande, tant que la partie adverse n'en a
pas prouvé l'irrégularité. Jusque-là la cour devant laquelle l'affaire est portée confirme, si l'on peut s'exprimer ainsi, le contenu
des actes ou jugements étrangers.

226. Cette jurisprudence des cours anglaises ne laisse aucun
doute. On en peut voir la preuve dans Kent (1), Story (2),
Wheaton (3), Burge (4) et Okey (5). On trouve particulièrement
dans les recueils de Kent, Story et Burge de nombreuses décisions
rendues conformément à la théorie que nous avons développée ;
et pour compléter cette théorie, nous rapporterons les propres
paroles de Wheaton, qui forment un résumé de cette doctrine (6).

« D'après la législation anglaise, le jugement rendu par un tri-
« bunal étranger compétent est décisif, lorsqu'il s'élève une contes-
« tation sur le même objet entre les mêmes parties, et ce jugement
« forme *exceptio rei judicatæ* contre toute nouvelle demande
« fondée sur la même cause. Un jugement étranger constitue
« *prima facie* la preuve de la demande, lorsque la partie qui l'a
« obtenu requiert les tribunaux anglais de le confirmer ; le défen-
« deur est obligé d'attaquer le jugement, c'est-à-dire de prouver
« que ce jugement a été irrégulièrement obtenu. A défaut de cette
« preuve, le jugement est admis comme établissant la dette ; la
« cour anglaise saisie de la cause reconnaît l'existence de la dette
« et ordonne les mesures d'exécution nécessaires. Mais lorsque
« l'examen de la procédure, à la suite de laquelle le jugement
« étranger a été rendu, établit que ce jugement a été obtenu in-
« justement ou frauduleusement, sans que la partie condamnée ait
« eu personnellement connaissance de l'instance, ou lorsqu'il est
« démontré clairement et sans équivoque, par des preuves ex-
« ternes, que le jugement est basé sur de fausses prémisses (de

(1) T. II, p. 113.
(2) § 584, p. 491 et suiv.
(3) T. I, p. 188.
(4) T. III, p. 1049 et suiv.
(5) V. Foreign Judgment.
(6) A l'endroit cité.

« faux motifs), ou sur des raisons insuffisantes, ou sur une viola-
« tion évidente de la loi locale ou étrangère, le jugement ne sera
« pas confirmé par les tribunaux anglais (1). » Il résulte de là
qu'on peut comparer dans ces circonstances la cour anglaise, ou
à la cour de cassation de la France, appelée à décider si les formes
ont été observées, ou à la cour suprême de révision de l'Autriche,
appelée à décider sur la forme et le fond.

227. Consulté officiellement sur l'effet des jugements français
en Angleterre, l'ambassadeur anglais à Paris donna officiellement une déclaration conforme à cette doctrine (2). C'était à peu
près à l'époque où devait se traiter le cartel d'extradition. Par
ce cartel, qui fut échangé le 13 mars 1843, et dont nous parlerons au chapitre 13, certains accusés de crimes peuvent être extraits ; par la doctrine des cours de justice anglaises, on peut
poursuivre sur le sol britannique l'exécution des condamnations
civiles ou des actes publics passés en France contre des individus
qui se croyaient à l'abri de ces poursuites, par cela seul qu'ils
s'étaient réfugiés en Angleterre. Cette double garantie mettra
fin, il faut l'espérer, à ces fuites scandaleuses qui ont ruiné tant
de familles.

228. Les sentences d'arbitres forcés sont également confirmées par les cours de justice anglaises. Cela résulte d'une décision rendue par la cour de l'échiquier, dans la session de Trinité
(22 mai au 12 juin) 1834. On demandait à cette cour l'exécution
d'une sentence d'arbitres forcés, laquelle avait été rendue à
Paris (3).

229. La cour de l'échiquier aurait indubitablement aussi accordé l'exécution s'il se fût agi d'une sentence rendue par des arbitres amiables compositeurs. Leur sentence, revêtue de l'ordonnance d'*exequatur* du président, devient un véritable jugement
étranger, auquel doit s'appliquer notre doctrine. Il faut même
bien remarquer que l'*exequatur* du président, dans ce cas, n'est
pas absolument nécessaire. Qu'est-ce, en effet, qu'une sentence
arbitrale rendue par des amiables compositeurs? C'est une convention faite entre les parties elles-mêmes, car leurs arbitres ne

(1) Statut 7, Victoria, c. 12, § 9, ci-dessus, p. 194 et 195.
(2) Sirey, 1841, 2—103, à la note.
(3) Tyrwhitt's reports , vol. IV, p. 751, v° de l'Exécution des jugements,
article Angleterre.

sont que leurs mandataires; or, il est de principe que les conventions valables, selon le statut réel et le statut personnel, ainsi que
d'après la loi du lieu où elles ont été passées, sont valables partout. On voit de suite alors la différence entre une sentence rendue
par des arbitres forcés et une sentence rendue par des arbitres
amiables. La première est un acte de juridiction publique, la
seconde, un acte de juridiction privée; la première dès lors sera
considérée, *prima facie*, comme preuve péremptoire par une cour
anglaise; la seconde, comme un agrément, comme une convention dont elle pourra ordonner l'exécution *hic et nunc*, ou après
examen, selon les circonstances. « Le législateur, dit Merlin, dis-
« tingue, dans les actes faits en pays étranger, entre ce qui ap-
« partient à la puissance publique et ce qui ne dépend que de la
« volonté privée des parties; il maintient ce qui ne dépend que
« de la volonté privée des parties, parce que cette volonté n'est
« circonscrite par aucune borne locale, elle est maîtresse partout.
« Dans les jugements, au contraire, la volonté privée des parties
« n'est comptée pour rien, la puissance publique agit seule. Très-
« certainement un juge peut déclarer reconnu et exécutoire un
« contrat passé en pays étranger. Eh bien, une décision arbitrale,
« rendue en pays étranger, est-elle autre chose qu'un contrat?
« N'est-elle pas la conséquence du compromis par suite duquel les
« arbitres l'ont rendue? Ne se lie-t-elle pas essentiellement à ce
« compromis? Ne fait-elle pas avec ce compromis un seul et même
« corps? Que serait-elle sans ce compromis? Elle ne serait qu'un
« vrai chiffon, elle ne serait rien. C'est le compromis qui lui
« donne l'être; c'est du compromis qu'elle tire toute sa substance;
« elle n'existe que par le compromis; elle a donc, comme le com-
« promis, le caractère de contrat; et, dans l'exacte vérité, elle
« n'est que l'exécution du mandat que les parties ont confié aux
« arbitres; elle n'est même, à proprement parler, qu'une conven-
« tion que les parties ont souscrite par les mains de ceux-ci (1). »
Ces principes sont vrais pour tous les pays, et surtout applicables
en Angleterre; et de là il résulte que la sentence arbitrale rendue
par des amiables compositeurs peut être forcée à exécution par
les cours anglaises, soit qu'elle soit revêtue de l'*exequatur*, car
alors c'est un véritable jugement étranger, soit qu'elle ne soit pas

(1) *Questions de droit*, v° Jugement, § 14, t. IV, p. 34, 3° édit.

accompagnée de cette formalité, car alors c'est une convention privée dont l'exécution peut être demandée partout.

CHAPITRE XII.

La dénisation et ses effets.

230. L'étranger d'origine peut changer sa position en Angleterre, soit par la dénisation, soit par la naturalisation. Nous parlerons de la naturalisation dans le chapitre suivant; dans celui-ci nous ferons connaître ce qu'était la dénisation, comment elle s'accordait, et quels étaient ses effets avant le statut 7 et 8 de Victoria.

231. La dénisation était un acte accordé quelquefois par le Parlement, mais ordinairement par le roi, qui donnait à un étranger quelques-uns des priviléges du sujet naturel-né. C'était une espèce d'état moyen entre l'étranger et l'Anglais (1).

232. On appelait lettres patentes l'acte qui accordait la dénisation, et ces lettres patentes renfermaient des dispositions ordonnant à tout individu dénisé de se conformer aux lois du royaume, et spécifiaient en même temps les priviléges qui lui étaient accordés.

233. De là il suit que l'étranger pouvait être dénisé dans un seul but indiqué, par exemple, pour ester en justice (2), pendant sa vie, pour quelques années, ou sous condition (3) : et alors le serment d'allégeance qu'il était tenu de prêter ne dépassait pas la durée de sa dénisation, ou durait autant qu'elle, si elle était accordée pour sa vie (4).

234. L'acte de dénisation renfermait ces expressions : « Quod « ille (le dénisé) in omnibus tractetur, reputetur, habeatur, te- « neatur et gubernetur tanquam ligeus noster infra dictum regnum « nostrum Angliæ oriundum, et non aliter nec alio modo (5).

---

(1) Statut 32, Henri VIII, c. 16, page 12 ; 1 Blacks. Comm. 374 ; page 13 ci-dessus.

(2) Com. Littl., 129 *b* ; Bacon's Abr. Tit. Alien, B.

(3) Com. Littl., 129 *a*, citant l'affaire de Calvin, 9. E. 4, 7 ; Godfrey contre Dixon, Cro. Jac. 539.

(4) Ibid. — (5) Ibid.

«(Qu'il soit en tout traité, regardé, considéré, tenu et gouverné
«comme notre homme lige dans notredit royaume d'Angleterre, et
«non autrement, ni d'aucune autre manière).» Les lettres patentes ordonnaient en même temps au dénisé de rendre son
hommage lige, et d'obéir aux lois du royaume. Ces clauses
cependant ne constituaient pas une condition *sine qua non* de
la dénisation, et leur non-accomplissement ne la rendait pas
nulle (1).

235. L'étranger dénisé pouvait par l'acte de dénisation être déclaré capable d'avoir des immeubles par suite d'acquisition ou de
legs, mais non par droit d'héritage, parce que son père, du chef
duquel il devait former sa demande, étant étranger, ne pouvait
lui transmettre sa succession (2).

236. L'étranger, possesseur illégitime d'un immeuble, pouvait légitimer sa possession en prenant des lettres patentes de
dénisation. Alors les droits du roi s'éteignaient, parce qu'on
donnait à sa dénisation l'effet d'une acquisition nouvelle (3).
Mais si cet étranger était seulement fidéicommissaire d'un possesseur illégitime, la dénisation ne changeait pas à cet égard sa
position.

237. L'étranger qui, par ses lettres patentes de dénisation,
devenait capable de posséder des immeubles, soit par suite
d'achat, soit par suite de legs, n'acquérait ce double droit
que pour l'avenir et non pour le passé (4), à moins que les lettres
patentes ne fissent une mention expresse à cet égard (5). D'où il
suit que les immeubles qu'il avait acquis, ou dont il avait hérité
avant sa dénisation étaient confisqués au profit du roi en vertu
de l'office trouvé, s'il n'en était pas question dans ses lettres
patentes.

238. La dénisation n'accordait de droits successifs sur les
biens du dénisé qu'à ceux de ses enfants qui étaient nés postérieurement à l'acte de dénisation; les enfants nés antérieurement
n'avaient aucuns droits successifs, parce que sa dénisation n'a-

---

(1) Bacon's Abr. Tit. Alien, B.

(2) Com. Littl., 8 *a*; Black. Comm., vol. I, p. 374.

(3) Com. Littl., 278 *b*.

(4) Eyston contre Symonds; voir le jugement de V. C. Knight Bruce dans
cette affaire, 123, etc. Ch. Cas. 612.

(5) Fourdrin contre Gowdey, 3 Mylne et Keen, 383.

vait pas d'effet rétroactif (1). On verra, plus loin, que la naturalisation avait ce privilège.

239. Nous avons vu, au n° 235, que l'étranger dénisé ne pouvait recueillir la succession immobilière de son père étranger, parce que la dénisation ne l'a pas rendu son héritier légal. Mais ce qu'il ne peut faire sous ce titre, il peut le faire sous un autre, par exemple, sous le titre d'acquéreur, et alors ces immeubles ne seront pas confisqués au profit du roi (2).

240. Il faut observer que, si le roi a le droit de s'emparer du franc-fief acquis par un étranger, quelle que soit la main dans laquelle il se trouve, l'effet de la dénisation est que si un étranger, devenu dénisé, acquiert ensuite des terres à fief et décède sans enfants, le seigneur du fief héritera de ces terres, et non le roi (3).

241. Nous avons vu, au n° 234, que le dénisé doit être en tout traité et considéré comme l'un des sujets du royaume (*quod ille tractetur, reputetur... tanquam ligeus noster*); mais il y faut mettre ces grandes restrictions, qu'il ne peut être membre du conseil privé de la reine, ni membre de l'une ou l'autre chambre du Parlement, ni occuper aucun office de confiance, soit civil, soit militaire, ni recevoir de la couronne, soit par lui, soit par un tiers interposé pour lui, aucune concession de terres, ténements ou autres héritages (4).

242. Le dénisé peut voter à l'élection des membres du Parlement, s'il a d'ailleurs les qualités requises à cet effet.

243. Le roi seul pouvait accorder la dénisation (5); le Parlement a quelquefois usé de ce droit, mais il a presque toujours été exercé par la couronne.

Tels étaient la dénisation et ses effets jusqu'à l'acte 7 et 8 de Victoria. Cet acte, comme on l'a vu déjà dans le chapitre 2, ne s'est occupé que de la naturalisation ; il ne renferme aucune disposition sur la dénisation; ce mot ne s'y trouve pas une seule

---

(1) Com. Littl., 8 *a*; Cro. Jac. 539; Fourdrin contre Gowdey, 3 Mylne et Keen, 402.

(2) Viner's Abr., Tit. Alien, où il cite Sty. 139.

(3) Comm. Littl., 2 *b*.

(4) 12 et 13 Wils. 3, c. 2; Molloy, b. k. 3, c. 3, § 14, où l'on voit que le dénisé ne peut acquérir la noblesse.

(5) Calvin's case, 7 Rep. 25 *b*.

fois, en telle sorte qu'on pourrait avancer que les règles posées dans ce chapitre et concernant la dénisation sont encore en vigueur.

CHAPITRE XIII.

La naturalisation et ses effets.

244. On a vu, au n° 230, que l'étranger pouvait changer sa position en Angleterre par sa naturalisation ; nous allons faire connaître ce qu'était la naturalisation, comment elle s'accordait et quels étaient ses effets jusqu'au statut 7 et 8 de Victoria, chapitre 66 ; puis, ce qu'on entend par *naturalisation*, comment elle s'accorde, et quels sont ses effets sous ce dernier statut : d'où la nécessité de partager ce chapitre en deux sections, traitant, la première, du droit ancien, et la seconde, du droit nouveau sur la naturalisation.

SECTION PREMIÈRE.

De la naturalisation avant le statut 7 et 8 de Victoria.

245. La naturalisation était un acte du Parlement, qui accordait à l'étranger tous les droits du sujet naturel-né. Par cet acte, sa qualité de sujet étranger était tout à fait changée, ses incapacités civiles levées, en telle sorte que, s'il avait acquis des immeubles avant sa naturalisation, il en devenait possesseur légal.

245 *bis*. Le naturalisé transmettait sa succession immobilière à ses enfants, soit qu'ils fussent nés avant, soit qu'ils fussent nés après sa naturalisation. L'acte qui la prononçait avait un effet rétroactif, à la différence de l'acte de dénisation, qui, comme on l'a vu au n° 237, n'avait d'effet que pour l'avenir.

246. Lorsqu'un étranger voulait être naturalisé, il était tenu de prêter le serment d'allégeance et de suprématie devant la chambre du Parlement saisie d'un bill à cet effet et avant sa seconde lecture (1) ; mais si l'impétrant en était empêché par infirmité corporelle, par maladie, ou par autre motif valable, il pouvait prêter ces serments ou devant un juge de paix, ou devant un maire, ou devant le magistrat supérieur d'un comté, d'une cité, ou d'une

---

(1) 7 Jac. 1, c. 2.

ville dans la Grande-Bretagne ou l'Irlande, ou devant l'un des juges de Sa Majesté, et l'un des juges des cours de justice de Sa Majesté dans les colonies ou possessions au dehors (1).

247. Le bill de naturalisation devait renfermer la clause expresse que le naturalisé serait incapable d'être membre du conseil privé, membre de l'une ou l'autre chambre du Parlement, de posséder aucun office ou place de confiance, ou de recevoir de la couronne, directement ou indirectement aucune concession de terres, ténements, ou autres héritages (2).

248. Le bill de naturalisation devait aussi renfermer la clause que le naturalisé serait incapable de réclamer dans les pays étrangers les priviléges et avantages commerciaux assurés aux Anglais par les étrangers ou de toute autre manière. Mais cette incapacité cessait, lorsque le naturalisé avait habité et résidé dans la Grande-Bretagne ou les domaines en dépendant pendant sept années à partir du premier jour de la session du Parlement qui avait rendu le bill de naturalisation, et sans avoir fait une absence de plus de deux mois à la fois pendant toute la durée desdites sept années (3).

249. Lorsqu'un étranger voulait se faire naturaliser, il était tenu jadis de recevoir le souper du Seigneur préalablement et un mois avant la présentation de son bill de naturalisation (4) ; mais cette disposition fut abolie, comme nous l'avons dit à la page 51 ci-dessus (5).

250. Lorsqu'un étranger demandait la naturalisation, il était tenu préalablement au bill à déposer devant le Parlement, à cet effet de produire un certificat délivré par le ministre de l'intérieur, constatant sa bonne conduite et sa loyauté; mais ce certificat ne résultait d'aucun acte parlementaire.

251. La naturalisation pouvait s'accorder à tout marin étranger qui, en temps de guerre, avait servi pendant deux ans sur un vaisseau anglais, en vertu d'une proclamation du roi (6).

252. La naturalisation pouvait aussi s'accorder aux protestants

---

(1) 6 Geto. 4, c. 57.

(2) 12 et 13. Will. 3, c. 2, § 3. Il y avait dispense en faveur des princes et princesses étrangères. Voir ci-dessus, page 11.

(3) Statut 14, Georges III, c. 84.

(4) Statut 7, Jac. Iᵉʳ, c. 2.

(5) Statut 6, Georges IV, c. 07.

(6) Voyez page 43.

et aux juifs étrangers, après une résidence de sept années consécutives dans l'une des colonies anglaises en Amérique, à condition qu'ils n'en eussent pas fait une absence de plus de deux mois à la fois (1).

253. La naturalisation pouvait encore s'accorder aux protestants étrangers servant pendant deux ans comme militaires dans les colonies anglaises en Amérique (2).

254. Mais il faut observer que la naturalisation n'était accordée, dans les cas compris aux n°ˢ 251, 252 et 253, qu'après les serments d'allégeance et d'abjuration, ou, lorsqu'il s'agissait de quakers en Amérique, qu'après leur affirmation, lorsqu'elle était suffisante, et avec la clause que les naturalisés ne seraient ni membres du conseil privé, ni membres de l'une ou l'autre chambre du Parlement, et ne pourraient occuper aucun office ou place de confiance, soit civile, soit militaire, ni recevoir de la couronne, directement ou indirectement, aucune concession de terres, ténements ou autres héritages (3).

255. L'étranger naturalisé ne pouvait être constable. C'était un office civil de confiance rentrant dans les prohibitions des statuts (4).

256. On a vu, au n° 245, que la naturalisation, beaucoup plus favorable que la dénisation, avait un effet rétroactif relativement aux enfants. Il en résulte que les enfants du naturalisé nés en Angleterre après la naturalisation ne peuvent contester à leurs aînés nés à l'étranger les priviléges qu'ils peuvent tenir de la loi anglaise, notamment le droit d'aînesse (5).

257. Cependant si la naturalisation a un effet rétroactif, cet effet ne s'étend pas à ce que le naturalisé aurait illégitimement fait avant sa naturalisation. Ainsi la vente qu'il aurait faite, avant sa naturalisation, d'immeubles qu'il aurait possédés contrairement à la loi ne serait pas valable. Ce point a été ainsi décidé dans une affaire *Fish* contre *Klein* (6). Dans cette affaire, un étranger avait vendu un immeuble et ensuite avait obtenu un acte

(1) Voyez page 17.
(2) Voyez page 26.
(3) Voir les statuts rapportés au chap. 1ᵉʳ, contenant ces prohibitions.
(4) Rex contre Mierre, 5 Burr, 2ᵉ édit., 2787.
(5) Comm. Littl., 129 *a*, et Pol. Comm. 250.
(6) 2 Mer., 431-432, note *a*.

de naturalisation dans lequel il était dit « qu'il *était dès ce mo-
« ment* naturalisé , et qu'il aurait la capacité *de* demander, pren-
« dre, avoir, détenir et posséder, etc., toute espèce d'immeubles
« qu'il pouvait ou pourrait avoir par acquisition ou donation à
« lui faite par toute sorte de personnes généralement quelconques.»
La question s'éleva alors de savoir si l'acte de naturalisation aurait ou n'aurait pas l'effet de confirmer le titre dérivé de la vente
faite par l'étranger avant sa naturalisation , et la négative fut décidée. Le maître des rôles dit, dans cette cause, que l'immeuble
ne reposait pas légalement dans les mains de l'étranger au moment où la vente en fut faite, et l'acte de naturalisation étant si-
lencieux sur ce point, il était impossible de considérer l'acquéreur,
quant à son droit, dans une meilleure situation que l'étranger
lui-même. *Plus transferre quis nequit quam ipse habet.*

258. L'étranger naturalisé pouvait succéder aux immeubles
laissés par son frère (1).

259. Par ce que nous avons dit dans ce chapitre , on voit que
la législation anglaise admettait trois sortes de naturalisation : la
naturalisation par naissance, la naturalisation par statuts généraux et enfin la naturalisation par acte spécial du Parlement : le
statut 7 et 8 de Victoria, chap. 66, n'a rien changé aux deux
premières, mais il a modifié la troisième , en donnant au gouvernement le droit d'accorder la naturalisation , droit qui jusque-là
n'appartenait qu'au Parlement, et en donnant au naturalisé certaines capacités qui jusque-là lui avaient été refusées. C'est ce
droit nouveau que nous allons faire connaître dans cette section.

SECTION DEUXIÈME.

De la naturalisation sous le statut 7 et 8 de Victoria.

260. On a vu, au chapitre 4, que l'étranger ami, quand il s'agit
de propriétés personnelles et mobilières, est placé sur la même ligne que le sujet naturel-né; on a vu, au chapitre 5, que lorsqu'il
s'agit d'immeubles, il est placé également sur la même ligne que
le sujet naturel-né, mais alors sous la triple condition qu'il résidera dans le royaume-uni de la Grande-Bretagne et l'Irlande, que
la possession de ces immeubles ne dépassera pas vingt et un ans,

(1) Godfrey contre Dixon, Cro. Jac. 529, et ci-dessus, page 131.

et qu'il n'aura pas le droit de voter aux élections des membres
du Parlement. Ces droits déjà considérables, quant aux meubles,
si l'on se reporte au règne seulement d'Henri VIII, qui défendait
à l'ouvrier étranger de louer une boutique, et surtout quant aux
immeubles, dont la possession était absolument interdite sous
peine de confiscation, en vertu de l'*office trouvé*, avaient besoin
cependant d'être étendus encore, même en ce qui concerne les immeubles; car à l'homme qui veut adopter une nouvelle patrie,
une possession de vingt et un ans ne suffit pas : il lui faut une
possession sans limite, et cette possession sans limite, il ne peut
l'acquérir que par la naturalisation.

261. Tout étranger, ami ou ennemi, qui voudra se faire naturaliser, présentera une supplique à l'un des principaux secrétaires
d'État de Sa Majesté (c'est ordinairement au ministre de l'intérieur), dans laquelle il fera connaître son âge, sa profession, son
commerce, ou toute autre occupation, la durée de sa résidence dans
le Royaume-Uni, ainsi que tous les autres motifs pour lesquels il
demande à obtenir les droits et capacités d'un sujet naturel-né; il
priera également dans sa supplique ce ministre de lui accorder le
certificat dont il va être parlé au numéro suivant (1).

262. Le ministre auquel sera présentée la supplique énoncée
au numéro précédent fera une enquête sur les circonstances de
cette supplique, et recevra toutes les preuves qu'il jugera nécessaires, soit par affidavit, soit de toute autre manière, pour constater la sincérité des allégations contenues dans ladite supplique;
et s'il la trouve convenable, il dressera un certificat dans lequel
seront relatées celles des allégations reconnues vraies et matérielles, et dans lequel il accordera à l'impétrant, après la prestation du serment ci-après prescrit, tous les droits et capacités d'un
sujet naturel-né breton, à l'exception d'être membre du conseil
privé ou du Parlement, comme aussi à l'exception des droits et
capacités (s'il y a lieu) qui seront spécialement désignés dans et
par ce certificat (2).

263. Le certificat dont il est question au numéro précédent
sera enregistré à la haute cour de chancellerie de Sa Majesté, où
il sera loisible à tout individu d'en prendre connaissance et de

---

(1) Statut 7 et 8, Victoria, c. 60, § 7.

(2) Ibid., § 8.

s'en faire délivrer une expédition, conformément aux règles prescrites par le lord haut chancelier (1).

204. Dans les soixante jours à partir du jour de la date de ce certificat, l'impétrant auquel il aura été accordé des droits et capacités par ce certificat prêtera et souscrira le serment suivant :

« Je, A. B., promets sincèrement et je jure que je serai fidèle
« et porterai loyale allégeance à Sa Majesté la reine Victoria; que
« je la défendrai de toute ma puissance contre toutes conspirations
« et attentats quelconques qui pourraient être tramés contre sa
« personne, sa couronne ou sa dignité; et je ferai tous mes efforts
« pour découvrir et faire connaître à Sa Majesté, ses héritiers et
« successeurs, toutes les trahisons et conspirations traîtresses qui
« pourraient être tramées contre elle ou contre eux, et je promets
« fidèlement de maintenir, supporter et défendre de toute ma puis-
« sance la succession de la couronne, laquelle succession, par un
« acte intitulé : *Acte pour la limitation ultérieure de la couronne*
« *et mieux assurer les droits et libertés du sujet*, est et demeure
« limitée à la princesse *Sophie*, électrice de Hanovre, et ses hé-
« ritiers de la religion protestante, renonçant entièrement par les
« présentes et abjurant toute obéissance ou allégeance envers
« toute autre personne réclamant ou prétendant un droit à la cou-
« ronne de ce royaume. Ainsi Dieu me soit en aide. » Lequel serment sera prêté et souscrit par l'impétrant et à lui, dûment administré devant l'un des juges de Sa Majesté à la cour du banc
de la reine, ou des plaids communs ou de l'échiquier, ou devant
un maître, ou un maître extraordinaire en chancellerie. Ce juge,
ce maître ou ce maître extraordinaire en chancellerie, soit en Angleterre, soit en Irlande, devant lequel ce serment aura été administré délivrera à l'impétrant un certificat de la prestation
et de la souscription de son serment, et ce certificat sera signé
par celui qui le délivrera (2).

205. Les différentes formalités prescrites pour obtenir ce certificat sont réglementées de temps en temps par le ministre dans
les attributions duquel il entre de le délivrer (3).

(1) Statut 7 et 8, Victoria, c. 66, § 7.
(2) Ibid., § 10.
(3) Ibid., § 11.

Ces formalités ont été réglementées de la manière suivante :
« Ministère de l'intérieur, Whitehall,

« Le 28 novembre 1846.

« Formalités ordonnées par le secrétaire d'État relativement
« aux certificats de naturalisation en conformité du statut 7 et 8,
« Victoria, chap. 66, intitulé : *Acte pour amender les lois con-*
« *cernant les étrangers.*

« 1° Dans toute demande au secrétaire d'État tendant à obtenir
« un certificat de naturalisation, l'impétrant sera tenu de présen-
« ter à l'un des principaux secrétaires d'État de Sa Majesté un
« mémoire le priant de lui accorder ce certificat, et constatant :

« De quelle puissance amie il est le sujet ;

« Son âge, sa profession, son commerce, ou toute autre occu-
« pation ;

« S'il est marié et s'il a des enfants ;

« Le lieu ou il a fixé sa résidence, et depuis quel temps il réside
« dans le Royaume-Uni ;

« Si son intention est d'y continuer une résidence permanente ;

« Et tous les autres motifs sur lesquels il s'appuie pour obtenir
« les droits et capacités d'un sujet naturel-né breton.

« 2° L'impétrant sera tenu de passer un *affidavit* devant une
« personne autorisée à recevoir ces sortes d'actes, constatant la
« vérité de toutes les circonstances portées au mémoire.

« 3° Il y joindra une déclaration faite et signée par quatre
« maîtres de maison au moins, attestant la probité et la loyauté
« de l'impétrant, ensemble la sincérité des différentes particula-
« rités relatées dans sa demande, et servant de base à l'obtention
« du certificat : cette déclaration sera faite en due forme devant un
« magistrat, ou toute autre personne autorisée à recevoir de telles
« déclarations, conformément à un acte passé dans les 5° et 6° an-
« nées de feu Sa Majesté le roi Guillaume IV. »

266. Les frais à payer pour ces formalités sont fixés par les
commissaires du trésor de Sa Majesté (1).

267. Lorsque le ministre s'est assuré de la vérité des allégations contenues dans la demande de naturalisation, qu'il a délivré le certificat dont il est question au n° 262, que ce certificat
a été enregistré à la haute cour de chancellerie, comme il est dit

(1) Statut 7 et 8, Victoria, c. 66, § 12.

au n° 263, et que, dans les soixante jours à partir de sa date,
l'impétrant a prêté et souscrit le serment mentionné au n° 264,
celui-ci jouira de tous les droits et capacités du sujet naturel-né
du Royaume-Uni de la Grande-Bretagne et d'Irlande; il pourra
également les transmettre : le tout, sous la condition qu'il résidera dans le Royaume-Uni, qu'il ne sera ni membre du conseil
privé, ni membre de l'une ou l'autre chambre du Parlement, et
qu'il ne pourra prétendre à aucun des droits et capacités qui seront l'objet d'une exception spéciale dans le certificat délivré par
le ministre (1).

268. Il résulte, des dispositions comprises aux numéros précédents, que sous le statut 7 et 8, Victoria, l'étranger qui demande
la naturalisation n'a plus besoin de s'adresser au Parlement; il
lui suffira de s'adresser au ministre compétent; mais il en résulte
que, sous ce statut, comme auparavant, l'étranger naturalisé ne
peut être ni membre du conseil privé, ni membre de l'une ou de
l'autre chambre du Parlement. C'est ainsi qu'à Athènes, lorsque
les étrangers demandaient et obtenaient le droit de cité, la loi
leur imposait la condition qu'ils ne pourraient parvenir, ni à la
dignité d'archonte, ni aux fonctions du sacerdoce (2).

269. Il résulte encore, des dispositions du statut 7 et 8 de Victoria, que, sauf le droit d'être membre du conseil privé ou du
Parlement, sauf aussi les exceptions portées au certificat délivré
par le ministre (3), l'étranger naturalisé, résidant en Angleterre,
a tous les droits et capacités d'un sujet naturel-né. Ainsi, il peut :
1° voter aux élections des membres du Parlement; 2° être constable; 3° être juge de paix; 4° occuper une place de confiance,
soit civile, soit militaire; 5° enfin, recevoir de la couronne, soit
directement, soit indirectement, des terres, ténements et autres
héritages. Cette conséquence résulte de l'article 2 de ce statut,
qui abroge les prohibitions portées au statut 1er de Georges 1er,
chap. 4.

270. Tout individu né à l'étranger, ou qui naîtra dorénavant
à l'étranger d'une mère sujette naturelle-née du Royaume-Uni,
sera capable d'appréhender pour lui, ses héritiers, ses exécuteurs
ou administrateurs, toute espèce de biens et propriétés, soit per-

(1) Statut 7 et 8, Victoria, chap. 66, § 6.
(2) Démosthène dans son plaidoyer contre Nééra.
(3) Statut 7 et 8, Victoria, c. 66, §§ 6 et 8.

onnelles, soit réelles, par suite de legs, d'acquisition ou d'héritage
de succession. Cet individu est naturalisé par le fait même de sa
naissance. Le droit anglais a admis cette maxime du droit romain,
que l'enfant de l'Anglaise suit toujours la condition de sa mère,
parce que l'Anglaise mariée à un étranger est considérée comme
femme libre. De là il suit que l'enfant d'une Anglaise, qui a épousé un étranger appartient en même temps au pays de son père et
au pays de sa mère; ainsi, si celle-ci a épousé un Français, l'enfant né de ce mariage est Anglais et Français. Français par son
père, il a, par cela même, tous les droits d'un Français; Anglais
par sa mère, il a tous les droits d'un Anglais; il aura donc tous
ceux énoncés au n° 269; mais pourrait-il être membre du conseil
privé, ou de l'une ou de l'autre chambre du Parlement (1)?

271. Si la femme anglaise qui épouse un étranger ne perd pas
sa qualité d'Anglaise en vertu de la loi de son pays, qui alors,
comme on l'a vu au n° 115, la considère comme femme libre (*as
feme sole*), au cont.aire l'étrangère qui épouse un Anglais devient
Anglaise. Ainsi, toute femme mariée ou qui se mariera avec un
sujet naturel-né sera considérée et regardée comme naturalisée,
et jouira, dès le moment de son mariage, de tous les droits et priviléges d'un sujet naturel-né (2).

272. Si une étrangère a épousé ou épouse un naturalisé, elle
sera elle-même, par le fait seul de son mariage, naturalisée, et elle
jouira, en conséquence, de tous les droits et priviléges d'un sujet
naturel-né (3).

272 *bis*. Les lois générales régissant le Royaume-Uni ne s'appliquant pas aux colonies, qui sont régies par des lois spéciales
rendues par leurs législatures et sanctionnées par la reine en conseil privé, le statut 7 et 8 dont nous venons de parler donna lieu à
la question de savoir s'il était applicable aux colonies; et comme
cette question devint la source de grandes difficultés, elle fut
décidée par le statut suivant dans le sens négatif.

(1) Statut 7 et 8, Victoria, c. 66, § 3.
(2) Id., § 16.
(3) Id., ibid.

Statut 10 et 11, Victoria, chap. 83.

Acte pour la naturalisation des étrangers.

(22 juillet 1847).

« Considérant que par divers actes, statuts et ordonnances
« rendus par les législatures des diverses colonies ou possessions
« extérieures de Sa Majesté, des dispositions ont été faites pour
« accorder aux divers étrangers y résidant les priviléges ou quel-
« ques-uns des priviléges de la naturalisation, pour les exercer
« et en jouir dans les limites respectives de ces colonies et pos-
« sessions ; considérant que des doutes se sont élevés sur la com-
« pétence desdites législatures de rendre ces lois, statuts et ordon-
« nances, ou sur leur validité quand ils sont rendus, et qu'il y a
« urgence de lever ces doutes, il est ordonné et déclaré :

1.

« Tous les actes, statuts et ordonnances faits et rendus par les
« législatures des colonies et possessions extérieures de Sa Ma-
« jesté, et accordant à toute personne quelconque les priviléges
« ou quelques-uns des priviléges de la naturalisation, pour les
« exercer et en jouir dans les limites de ces colonies ou possessions,
« auront, dans ces limites, et seront pris et considérés comme
« ayant, à partir du jour de leur passation respective, tels et les
« mêmes force et effet que ceux attachés par la loi aux autres lois,
« statuts ou ordonnances faits et rendus par ces législatures res-
« pectives.

2.

« Tous statuts, lois et ordonnances qui seront dorénavant faits
« et rendus par les législatures des colonies ou possessions exté-
« rieures de Sa Majesté, pour accorder à toute personne quelcon-
« que les priviléges ou quelques-uns des priviléges de la naturali-
« sation, pour les exercer et en jouir dans les limites de ces
« colonies et possessions respectives, auront, dans ces limites force
« et autorité de loi, nonobstant toute loi, statut ou usage à ce con-
« traire ; pourvu cependant que ces lois, statuts et ordonnances
« soient faits et rendus dans la forme et de la même manière et
« soumis et conformes à toutes les règles qui sont aujourd'hui ou
« seront dorénavant en force, eu égard aux autres lois, statuts ou
« ordonnances rendus ou à rendre par ces législatures respectives,

« et qu'ils soient confirmés ou annulés par Sa Majesté de telle et de
« la même manière, et soumis aux mêmes règles et dispositions
« que celles qui s'appliquent ou s'appliqueront dorénavant pour la
« confirmation ou l'annulation de tous autres statuts, lois ou or-
« donnances.

3.

« Considérant, d'ailleurs, qu'un acte a été fait et rendu dans les
« 7ᵉ et 8ᵉ années du règne de Sa Majesté actuelle, intitulé : *Un*
« *acte pour amender les lois concernant les étrangers;* consi-
« dérant que des doutes se sont élevés pour savoir si ledit acte des
« 7ᵉ et 8ᵉ années du règne de Sa Majesté s'étend à et est en force
« dans les colonies ou possessions extérieures de Sa Majesté, il est
« ordonné et déclaré par le présent que ledit acte des 7ᵉ et 8ᵉ an-
« nées du règne de Sa Majesté actuelle, ou qu'aucune de ses dis-
« positions, ne s'appliquent auxdites colonies ou possessions, non
« plus qu'à aucune d'elles. »

CHAPITRE XIV.

Des obligations imposées aux étrangers lors de leur arrivée en Angleterre.

273. Le statut 7 et 8, Victoria, qui règle les droits et les devoirs des étrangers en Angleterre, ne le fait qu'en ce qui concerne les actions civiles ; il est un autre droit qui appartient à
chaque État, et est une dépendance essentielle de sa souveraineté : c'est celui de surveiller les étrangers qui viennent sur son
territoire. Quoique la terre d'Angleterre soit une terre de liberté, il y a cependant parfois à cette liberté des restrictions,
qui sont commandées par les circonstances, et surtout par les
événements politiques. *Lex suprema salus populi*, disait le législateur de Rome ; et le législateur anglais est plus surveillant
encore, parce que l'exiguïté de son territoire exige de sa part
une attention incessante sur les étrangers. De là, les formalités
qu'il leur impose lorsqu'ils viennent sur son sol. Nous avons
vu au chap. 1ᵉʳ, page 44, que le dernier acte, aujourd'hui encore en vigueur sur cette matière, est le statut 6 et 7 de Guil-

laume IV, chap. 11. Nous savons également au chap. 11, p. 161,
que le comité de la Chambre des communes, dans son rapport
à la Chambre, dit que cet acte est généralement éludé par les
étrangers, et n'est jamais protégé par les autorités du pays, et
il finit par demander qu'il soit modifié ou abrogé ; mais le Parlement laissa les choses dans le *statu quo :* le statut 6 et 7 de
Guillaume IV n'a rien perdu de sa force de loi. Cette force peut
être suspendue pendant quelque temps ; mais elle peut inopinément se rétablir, et dès lors il est de la plus haute importance pour les étrangers de connaître les formalités que la loi
anglaise leur impose lorsqu'ils viennent sur le sol de la Grande-
Bretagne et d'Irlande, et les pénalités auxquelles ils s'exposent,
faute par eux de remplir ces formalités.

274. L'acte 6 et 7 de Guillaume IV, chap. 11, a pour titre :
« Acte pour l'enregistrement des étrangers, et pour abroger un acte
passé dans la 7ᵉ année du règne de feu Sa Majesté sur cette matière. » On voit en effet, dans le préambule de cet acte, qui
forme l'article 1ᵉʳ, qu'il y a nécessité de réglementer de nouveau
les formalités à remplir par les étrangers arrivant en Angleterre,
d'abroger les anciennes lois ; et, pour arriver à ce résultat, cette
abrogation est prononcée.

275. Tout capitaine de vaisseau qui, après le commencement de cet acte, arrivera des pays étrangers dans le royaume
d'Angleterre, sera tenu, immédiatement après son arrivée, de déclarer par écrit, à l'officier en chef de la douane du port où il
est débarqué, ce qu'il sait sur les étrangers qui sont à bord de
son bâtiment, et s'il sait qu'il en est débarqué quelques-uns dans
une partie quelconque du royaume ; de spécifier dans sa déclaration le nombre des étrangers, le cas échéant, qui sont à son bord
ou qui sont débarqués, leurs noms, leur rang, leur profession et
leur signalement, autant qu'il en aura connaissance. Tout maître de bâtiment qui refusera ou négligera de faire cette déclaration, ou qui sciemment fera une fausse déclaration, sera, pour
chaque contravention, passible d'une amende de 20 livres sterling, et en outre, d'une amende de 10 livres sterling pour chaque
étranger qui sera à bord de son bâtiment au moment de son arrivée, ou qui, à sa connaissance, en sera débarqué dans un lieu
quelconque du royaume ; et si ce maître de bâtiment refuse ou
néglige de payer immédiatement ces amendes, il est permis à

l'officier de la douane, et il en est même requis, de retenir ce
bâtiment jusqu'à ce qu'elles soient payées. Ces dispositions ne
peuvent être appliquées aux marins actuellement employés dans
la navigation de ce bâtiment, et tout le temps qu'ils y seront
employés (1).

Ainsi tout maître de bâtiment doit, immédiatement après son
arrivée, sous peine d'une amende générale de 20 livres sterling, et en outre d'une amende spéciale de 10 livres sterling,
faire la déclaration à l'officier en chef de la douane du nombre
des étrangers à son bord; il doit payer immédiatement ces
amendes, sous peine de voir son bâtiment retenu; mais si parmi
ses marins se trouvent des étrangers, la pénalité de 10 livres sterling à raison de ces étrangers n'est pas encourue, tant que ces
étrangers sont employés comme marins.

270. Tout étranger qui, après le commencement de cet acte,
arrivera des pays étrangers dans un lieu quelconque du Royaume-
Uni, sera tenu, immédiatement après son arrivée, d'exhiber et
présenter à l'officier du port de débarquement, pour être vérifié, le pa se-port dont il sera porteur, et de faire à cet officier une
déclaration écrite ou verbale, que celui-ci rédigera par écrit, des
jour et lieu de son embarquement, de son nom, de sa patrie et
du pays dont il vient. Cette déclaration doit être faite et rédigée
dans la forme prescrite par l'un des principaux secrétaires d'État
de Sa Majesté; et l'étranger qui refusera ou négligera d'exhiber
et présenter son passe-port, ou qui refusera ou négligera de
faire la déclaration prescrite, sera passible d'une amende de 2 livres sterling (2).

On voit que l'étranger arrivant en Angleterre est tenu, sous
peine d'une amende de 2 livres sterling, 1° d'exhiber son passe-
port, et 2° de déclarer son nom, sa patrie et le lieu de son embarquement.

277. L'officier de la douane qui aura vu le passe-port et reçu
la déclaration, sera tenu d'enregistrer immédiatement cette déclaration sur un livre tenu à cet effet (dans lequel livre des certificats seront imprimés en blanc et à souches et dans la forme
approuvée par l'un des principaux secrétaires d'État de Sa Ma-

(1) Statut 6 et 7 de Guillaume IV, chap. 11, § 2.
(2) Ibid., § 3.

jesté) ; il y inscrira également les différentes particularités requises par cet acte dans des colonnes spéciales en double partie, dont l'une sera remise à l'étranger qui aura fait cette déclaration (1).

La déclaration faite par l'étranger est portée sur un registre tenu en double partie, et l'un des doubles est remis à l'étranger. Ce double est pour lui une garantie, qu'il a rempli le vœu de la loi ; et s'il arrivait que la police, par erreur, commit quelque acte contre lui, en montrant le double, dont il doit toujours être porteur, il aurait sur-le-champ droit à la protection de la loi contre une arrestation arbitraire ou une vexation illégale.

278. L'officier de la douane est tenu de transmettre dans les deux jours une copie fidèle de la déclaration de tout maître de bâtiment, et une copie fidèle de chaque certificat à l'un des principaux secrétaires d'État de Sa Majesté, si l'étranger est débarqué dans la Grande-Bretagne, et au secrétaire en chef de l'Irlande, s'il est débarqué en Irlande (2).

279. L'étranger qui voudra quitter le royaume est tenu, avant son embarquement, de délivrer le certificat qui lui a été remis, à l'officier de la douane du port de son embarquement, et celui-ci inscrira sur le certificat ce départ de cet étranger, et le transmettra immédiatement ou à l'un des principaux secrétaires d'État de sa Majesté, ou au secrétaire en chef de l'Irlande, selon le cas (3).

280. Si le certificat délivré à un étranger, en vertu du présent acte, se trouvait perdu, égaré ou détruit, et que cet étranger pût en établir la preuve devant l'un des juges de paix de Sa Majesté, et que ce magistrat reconnût qu'en effet cet étranger avait rempli les prescriptions du présent acte, il pourra, et il est même requis de certifier ce fait sous sa signature ; et alors cet étranger aura droit de recevoir de l'un des principaux secrétaires d'État de Sa Majesté, ou du secrétaire en chef de l'Irlande, selon le cas, un nouveau certificat, qui aura la même force et valeur que le certificat ainsi perdu, égaré ou détruit (4).

La loi anglaise n'a pas voulu que, dans le cas dont il s'agit, l'étranger se regardât comme prisonnier en Angleterre ; et il l'eût été

(1) Statut 6 et 7 de Guillaume IV, chap. 11, § 4.
(2) Ibid., § 5.
(3) Ibid., § 6.
(4) Ibid., § 7.

s'il n'avait pu remplacer son certificat, puisque alors on lui aurait refusé la faculté de s'embarquer. Cependant ne laisse-t-elle
pas aux juges de paix un pouvoir par trop discrétionnaire? Si
celui-ci ne trouve pas suffisante la preuve offerte par l'étranger
que son certificat est perdu, détruit ou égaré, comment fera cet
étranger? La réponse à cette question ne peut guère se trouver
que dans la conscience du juge de paix.

281. Les certificats exigés par le présent acte seront délivrés
sans aucuns frais ni honoraires quelconques, et tout individu,
qui aura pris des frais ou honoraires d'un étranger ou de toute
autre personne pour les certificats ou autres actes prescrits par
le présent statut sera passible, pour chaque contravention, d'une
amende de 20 livres sterling. La même amende sera également
encourue pour chaque contravention contre l'officier de la douane
qui refuserait ou négligerait de faire l'inscription ci-devant prescrite, ou d'accorder les certificats voulus, ou qui sciemment ferait
une inscription fausse, ou qui négligerait d'en transmettre la
copie, ou de transmettre la déclaration du maître du bâtiment,
ou la déclaration de départ, de la manière ci-devant prescrite (1).

282. Quiconque sciemment fera ou transmettra une fausse
déclaration, ou sciemment fabriquera, contrefera ou altérera,
ou fera fabriquer, contrefaire ou altérer, ou énoncera, sachant
qu'elle est fabriquée, contrefaite ou altérée, la déclaration ou le
certificat requis, ou obtiendra un certificat sous un autre nom ou
signalement que le véritable nom et signalement de l'étranger
prétendu nommé et signalé, *sans découvrir à la personne délivrant le certificat le vrai nom et signalement de cet étranger,*
ou qui prétendra faussement être l'individu présumé nommé et
signalé dans ce certificat, sera, après condamnation prononcée
par deux juges de paix, ou passible d'une amende n'excédant pas
100 liv. sterl., ou d'un emprisonnement n'excédant pas trois mois
calendriers, à la discrétion de ces juges (2).

Cet article énumère les différents cas d'altération dans les déclarations à faire et les certificats à délivrer ; mais il y a cela de
remarquable, qu'il paraîtrait qu'on pourrait demander un certificat sous un nom et signalement faux, en ayant soin de découvrir préalablement les vrais nom et signalement de l'individu

(1) Statut 6 et 7, Guillaume IV, chap. 11, § 8.
(2) Ibid., § 9.

pour lequel on demande ce faux certificat. Hors ce dernier cas,
si l'interprétation que nous lui donnons est exacte, chaque contravention est passible ou d'une amende de 100 liv. sterl. ou de
trois mois de prison, à la discrétion des deux juges de paix qui
trouveront le prévenu coupable.

C'est le moment de faire une remarque importante. Le comité de la Chambre des communes dit, dans son rapport à la
Chambre, que cette loi est éludée par les étrangers, et n'est
pas protégée par les autorités, parce qu'elle manque de sanction : « Il n'y a pas de disposition dans le statut, dit le comité,
« pour recouvrer les pénalités en cas d'infraction (1). » La sanction
cependant est dans la pénalité. Or l'inexécution de l'article 2 est
punie de 20 et 10 liv. sterl., selon le cas ; l'inexécution de l'art. 3
est punie de 2 liv. sterl. ; les inexécutions prévues par l'art. 8 sont
punies de 20 liv. sterl. ; les inexécutions prévues par l'art. 9 sont
punies ou de 100 liv. sterl ou de trois mois de prison. Que sont ces
différentes pénalités, sinon la sanction des dispositions de la loi?
Toutefois la loi est muette sur la personne qui peut poursuivre la
rentrée de ces pénalités. Comme on ne peut supposer une telle
sanction sans effet, ne peut-on pas demander si le représentant
de la couronne, l'attorney général ou le solicitor général ne sont
pas armés d'un pouvoir suffisant à cet égard ?

283. Les contraventions commises contre les prescriptions de
ce statut doivent être poursuivies dans les six mois de leur perpétration ; elles le sont devant deux ou plusieurs juges de paix
du lieu où elles ont été commises, et, à défaut de payement des
amendes, ces magistrats sont requis de faire conduire le contrevenant à la prison commune, pour y rester un mois au plus,
à moins que l'amende ne soit payée plus tôt, lorsque cette amende
ne dépassera pas 20 liv. sterl., et d'informer immédiatement l'un
des secrétaires d'État de Sa Majesté, ou le secrétaire en chef de
l'Irlande, selon le cas, de la condamnation de chaque contrevenant et de la peine prononcée contre lui ; et il ne sera admis
aucun writ de *certiorari*, de défense ou de suspension, à l'effet
d'annuler les procédures des juges de paix sur les faits ci-devant
relatés, ou de supercéder ou suspendre l'exécution ou les formalités en résultant (2).

(1) Voyez ci-dessus, page 70.
(2) Statut 6 et 7, Guillaume IV, chap. 11, § 10.

Il résulte, des dispositions de cet article, qu'une prescription de six mois est établie sur toutes les contraventions du présent statut. Ainsi le maître du bâtiment, l'étranger débarqué, l'officier de la douane, etc., qui n'ont pas fait leurs déclarations, ne peuvent être poursuivis au bout de six mois. Il en est de même des fabrications, altérations, etc., des certificats. Il résulte également que la prison d'un mois peut être infligée à ceux qui ne payent pas leurs amendes, lorsqu'elles sont au-dessous de 20 liv. sterl.; et enfin il en résulte que les juges de paix sont tenus de faire exécuter les condamnations prononcées; ce qui prouve la justesse des observations faites au numéro précédent concernant la sanction de la loi. Là on voit les pénalités du statut; ici on trouve le magistrat chargé d'en faire l'application. Enfin cette application ne peut-elle pas aussi être demandée par le représentant de la couronne ? et alors pourquoi ce reproche de sanction fait par le comité à la Chambre des communes ?

284. Aucune des dispositions de ce statut n'est applicable aux ambassadeurs étrangers, aux ministres étrangers dûment autorisés, ni à leurs serviteurs portés sur le registre voulu par la loi, ou actuellement attachés à leurs personnes. Elles ne sont pas applicables non plus à tout étranger qui aura résidé dans le royaume pendant trois ans avant la passation de ce statut, ou pendant trois ans après, à quelque époque que ce soit, et qui aura obtenu à ce sujet un certificat de l'un des principaux secrétaires d'État de Sa Majesté, ou du secrétaire en chef de l'Irlande. Elles ne seront pas applicables non plus à l'étranger au-dessus de l'âge de quatorze ans, pour un acte qu'il aurait fait ou qu'il aurait omis de faire. Et s'il s'élève une question concernant l'aliénat, et d'où résulte la nécessité d'établir qu'il y a lieu ou non à appliquer les dispositions de ce statut, la solution de cette question est à la charge de l'étranger. Il doit donc prouver qu'il est, ou qu'il est présumé être légalement sujet naturel-né de Sa Majesté, ou dénisé, ou naturalisé, et qu'ainsi, quoique étranger, il n'est soumis à aucune des dispositions de ce statut (1).

Les ambassadeurs, les ministres accrédités, leurs attachés, leurs serviteurs, ne sont pas soumis aux prescriptions de ce statut. Cela résulte du droit international. Dans leurs hôtels, dans

(1) Statut 6 et 7, Guillaume IV, chap. 11, § 11.

leurs actes en leurs qualités, ils sont considérés comme résidant, comme agissant sur le territoire, sous la législation de leurs souverains respectifs; et comme il est de principe que le droit de souveraineté s'arrête à la limite des États du souverain, il en résulte que le droit du souverain auprès duquel est accrédité un ambassadeur s'arrête à la porte de l'hôtel de cet ambassadeur.

L'individu qui a résidé trois ans avant ou après la passation de ce statut dans le Royaume-Uni, est exempt de ses prescriptions. C'est une mesure temporaire, aujourd'hui sans résultat quant aux trois ans antérieurs au statut, mais encore valable quant aux trois ans postérieurs, parce que le statut dit : A quelque époque que ce soit. Toutefois il est nécessaire, dans ce dernier cas, que l'étranger soit porteur d'un certificat, qui lui sera délivré, ou par le ministre compétent en Angleterre, ou le secrétaire en chef en Irlande.

Les enfants au-dessous de l'âge de quatorze ans ne peuvent être atteints d'aucune des pénalités du statut. La loi, en cas d'infraction, les considère comme ayant agi sans intention frauduleuse.

Enfin, s'il s'élève une question d'aliénat, comme alors l'étranger, quoique primitivement défendeur, devient demandeur à l'exception, il est tenu de la prouver d'après ces principes que, si *actori incumbit onus probandi, reus exceptione fit actor.*

285. Le statut devait produire son effet à partir du 1er juillet 1836 (1), et pouvait être modifié, changé ou abrogé par tout autre acte à passer dans la même session du Parlement (2).

La première partie de ce numéro fixe la date de l'effet de la loi, parce qu'il a été longtemps de principe, dans la législation anglaise, que la loi était exécutoire, non pas à partir de la date de son acceptation par le Parlement, non pas à partir de la date de sa promulgation par le roi, mais, par un effet rétroactif qu'on ne conçoit pas, à partir du premier jour de chaque session du Parlement. La seconde partie de ce numéro est surabondante. A quoi bon dire que le Parlement pourra modifier, changer, abroger cette loi? Ce pouvoir ne résulte-t-il pas de son omnipotence? Le grand corps politique qui peut tout, jusqu'à briser

---

(1) Statut 6 et 7, Guillaume IV, § 12.
(2) Ibid., § 13.

des couronnes [il a déposé deux rois (1), il a fait tomber la tête
à un troisième (2) ; il a chassé une dynastie, pour la remplacer
par une dynastie étrangère (3)], peut à plus forte raison briser
une loi. Peut-être veut-il par là prouver continuellement sa puissance.

286. Tel est le statut qui règle les formalités qui doivent être
remplies lorsque des étrangers abordent dans le Royaume-Uni de
la Grande-Bretagne et d'Irlande. Il n'a été ni modifié, ni changé,
ni abrogé; malgré la demande qu'a faite de son abrogation le
comité de la Chambre des communes, dans son rapport fait à
cette Chambre le 2 juin 1843, cette abrogation n'a pas été prononcée. Il est donc resté loi de l'État; il peut donc inopinément
reprendre sa force, si tant est qu'elle ait sommeillé; et dès lors
il était du plus haut intérêt pour les étrangers d'en connaître ses
dispositions.

Ce chapitre IV était terminé depuis quelque temps lorsque les
événements politiques sont venus répondre aux prévisions de
l'auteur. Le continent offrait au monde un spectacle que l'histoire n'avait pas encore montré. La liberté, comprimée partout,
partout cependant et dans l'ombre faisait des progrès incessants,
et l'heure sonna où cette compression, arrivée à son terme, fît
une explosion qui renversa tout d'un coup les vieilles institutions
de presque tous les peuples. Une politique malhabile, basée sur
l'ignorance des besoins des masses, ou plutôt égoïste et dès lors
basée sur des prétentions personnelles, donna lieu à cette explosion, et éclatant à Paris le 23 février 1848, elle retentit sur tout
le continent, renversant les couronnes avec les vieilles institutions
sur lesquelles elles reposaient. Il est un pays cependant qui ré-
sista d'abord à cette secousse épouvantable, et qui plus tard
s'efforça d'empêcher les effets d'en arriver jusqu'à lui : ce pays,
c'est l'Angleterre. Là, en effet, les grandes commotions qui depuis cette époque ont agité et agitent encore le continent n'ont eu
qu'un bien faible retentissement, et si le 10 avril 1848 avait été
désigné par les chartistes comme le jour de la régénération du
Royaume-Uni, le 10 avril prouva que les chartistes comptant
sur les masses anglaises, comme naguère en France la royauté

(1) Jean sans Terre, l'auteur de la Grande Chartre, et Édouard II.
(2) Charles Ier.
(3) Jacques II chassé, et remplacé par Guillaume III.

constitutionnelle comptait sur la population, il y avait de part
et d'autre une erreur basée sur l'ignorance la plus complète des
dispositions et des esprits de ces masses. Cependant le 10 avril
a laissé en Angleterre un enseignement que l'étranger qui en
a été spectateur a parfaitement compris. La classe moyenne a
comprimé le mouvement, la classe nobiliaire en a profité. On a
vu en effet le Parlement, et notamment la Chambre des lords rejeter toutes les améliorations demandées à raison des circonstances : on a vu surtout cette dernière rejeter le bill de l'émancipation des juifs, adopté cependant par la Chambre des communes.
Il faut dire néanmoins que le 10 avril a montré un progrès à l'é-
gard des étrangers qui jusque-là avait été mis en question. Une
foule de constables spéciaux se présentèrent pour coopérer au maintien de l'ordre et des institutions, et parmi eux on compta plus
d'un étranger. Mais en même temps que l'autorité anglaise admettait les étrangers dans les rangs de ses constables, elle médi-
tait contre eux une loi qui devait les écarter de son sol, prouvant
ainsi que dans cette nation singulière les nobles pensées, les nobles sentiments sont refoulés au moment même où ils veulent se
montrer. Cette loi, toute de circonstance cependant, qui doit
avoir une durée passagère, ne doit frapper que les étrangers qui
se trouvent dans le cercle qu'elle trace : or c'est cette loi que
nous allons faire connaître, pour apprendre aux étrangers
qu'elle concerne leur position actuelle dans le Royaume-Uni :

« 11ᵉ année du règne de la reine Victoria.

« CHAPITRE XX.

« Acte qui autorise pendant un an, et jusqu'à la fin de la présente session du Par-
« lement, l'éloignement des étrangers du Royaume.

● (9 juin 1848).

« Considérant qu'il est expédient pour la sécurité de la paix et
« de la tranquillité de ce royaume, que des mesures soient prises
« pour un temps limité concernant les étrangers arrivant ou rési-
« dant dans ce royaume, il est ordonné par la t.ès-excellente
« Majesté de la reine, par et de l'avis et consentement des lords
« spirituels et temporels et des communes en ce présent Parlement
« assemblés, et aussi de leur autorité :

ARTICLE 1er.

« Quand et aussi souvent que l'un des principaux secrétaires
« d'État de Sa Majesté dans cette partie du Royaume-Uni appelée
« Grande-Bretagne, et le lord lieutenant ou autre gouverneur en
« chef ou gouverneur dans cette partie du Royaume-Uni appelée
« Irlande, aura lieu de croire, par suite d'information à lui ou
« eux respectivement donnée par écrit, portant la signature et
« l'adresse de la personne qui la donne, que, pour la conserva-
« tion de la paix et de la tranquillité dans toutes les parties de ce
« royaume, il est expédient d'en éloigner tout étranger qui peut
« s'y trouver ou y arriver, il sera loisible à ce secrétaire d'État
« dans cette partie du Royaume-Uni appelée Grande-Bretagne,
« ou à ce lord lieutenant, gouverneur en chef ou gouverneurs
« dans cette partie du Royaume-Uni appelée Irlande, par un
« mandat signé par lui ou eux respectivement, publié dans la
« Gazette de Londres ou de Dublin, suivant le cas, d'ordonner à
« cet étranger qui se trouvera dans la Grande-Bretagne ou l'Ir-
« lande respectivement, ou qui y arrivera dorénavant, de quitter
« ce royaume dans un délai fixé dans ce mandat, si cet étranger,
« sciemment et volontairement, refuse ou néglige de se confor-
« mer à cet ordre, ou s'il est trouvé dans ce royaume ou dans
« une partie du royaume contrairement à cet ordre, après la
« publication faite comme il vient d'être dit, et après le délai
« fixé dans cet ordre, il sera loisible à l'un des principaux secré-
« taires d'État de Sa Majesté, au lord lieutenant, au gouverneur
« en chef ou aux gouverneurs de l'Irlande, à son, ou leur
« secrétaire en chef, à tout juge de paix, maire ou magistrat
« supérieur de toute cité ou place quelconque, d'ordonner que
« cet étranger soit arrêté et conduit à la geôle commune du
« comté ou du lieu où il sera arrêté, pour y rester, sans sécurité,
« garantie ni caution, jusqu'à ce qu'il soit mis en charge, à
« l'effet d'être conduit hors du royaume, en vertu des pouvoirs
« ci-après conférés. »

Les autorités dénommées dans cet article ont le pouvoir d'ordonner l'arrestation de tout étranger se trouvant ou arrivant
dans le royaume ; mais cet ordre ne peut être délivré *de pro-
prio motu*; il doit être la suite d'une dénonciation signée par

[marginal note:] Pouvoir donné au secrétaire d'État ou au lord lieutenant d'Irlande d'ordonner aux étrangers de sortir de ce royaume.

[marginal note:] Si l'étranger volontairement refuse d'obéir à cet ordre, il peut être envoyé en prison jusqu'à ce qu'il soit mis en charge pour être envoyé hors du royaume.

le dénonciateur et portant son adresse ; il doit être inséré dans la Gazette de Londres ou de Dublin ; enfin, il ne peut être exécuté qu'après le délai qu'il détermine. Si après la publication de cet ordre et le délai déterminé l'étranger n'a pas quitté le Royaume-Uni, il peut être arrêté par suite de l'ordre donné par les autorités dénommées, et mené à la geôle commune, où il sera retenu jusqu'à sa conduite hors du royaume.

ARTICLE 2.

Pénalité contre les étrangers récalcitrants.

« Tout étranger sciemment et volontairement refusant ou négligeant de se conformer à l'ordre ci-dessus mentionné, sera coupable d'un délit, et lorsqu'il en aura été convaincu, il sera, à la volonté de la cour, condamné à un emprisonnement qui ne pourra excéder un mois pour la première fois, ni excéder douze mois pour la seconde et les autres fois. »

Le refus d'obéir à l'ordre dont il s'agit constitue un délit ; mais pour qu'il y ait délit, il faut que l'étranger à qui on le reproche l'ait commis sciemment et volontairement, c'est-à-dire avec la réunion de ces deux circonstances, *sciemment* et *volontairement*, en telle sorte que, si l'une de ces deux circonstances venait à manquer, il n'y aurait pas délit. Lorsque le délit est constant, alors la cour peut, suivant les cas énumérés, condamner ou à un emprisonnement d'une heure à un mois, ou à un emprisonnement qui ne peut excéder douze mois.

ARTICLE 3.

L'étranger négligeant d'obéir à cet ordre, peut être donné en charge par mandat du secrétaire d'État ou du lord lieutenant d'Irlande, pour être conduit hors du royaume.
Le conseil privé peut juger la validité de l'excuse alléguée par l'étranger qui n'a pas obéi à cet ordre.

« Il sera loisible à tout principal secrétaire d'État de Sa Majesté, lord lieutenant, gouverneur général ou gouverneur d'Irlande, dans le cas où un étranger serait trouvé dans ce royaume après l'expiration du terme fixé dans cet ordre, et soit qu'il ait ou qu'il n'ait pas été arrêté et emprisonné pour refus ou négligence d'obéir à cet ordre, ou convaincu de ce refus ou de cette négligence, soit avant ou après que cet étranger aura subi la peine infligée dans ce cas, de, en vertu d'un mandat revêtu de leurs signatures et de leurs sceaux, donner cet étranger en charge à l'un des messagers de Sa Majesté, ou à toute autre personne à laquelle ils jugeront convenable de confier l'exécution de cet ordre, afin de conduire cet étranger hors du royaume

« lequel en conséquence sera ainsi conduit. Tout étranger (n'ayant
« pas été condamné comme il est dit), qui alléguera une excuse
« pour n'avoir pas obéi à cet ordre, ou un motif pour en arrêter
« l'exécution, ou demandera une prolongation de délai pour l'exé-
« cuter, il sera loisible aux lords du conseil privé de Sa Majesté
« dans la Grande-Bretagne ou l'Irlande, suivant le cas, d'appré-
« cier la validité de cette excuse ou de ce motif, et de l'admettre
« ou la rejeter, soit absolument, soit à telles conditions qu'ils juge-
« ront convenables. Si un étranger est détenu en prison par suite
« du mandat de l'un des principaux secrétaires d'État de Sa Ma-
« jesté, du lord lieutenant d'Irlande, du gouverneur général ou
« des gouverneurs ci-dessus mentionnés, le messager ou la per-
« sonne à la charge de laquelle il se trouvera, aussitôt qu'on lui
« aura signifié l'excuse ou le motif allégués par cet étranger, les
« transmettra au secrétaire d'État ou au lord lieutenant, suivant
« le cas, lesquels, au reçu de cette notification, ou dans le cas
« où ils seraient informés que ces excuse ou motif sont allégués
« par ou en faveur de l'étranger de quitter le royaume, suspen-
« dront immédiatement l'exécution de ce mandat, jusqu'à ce que
« l'affaire ait été soumise et décidée par lesdits lords du conseil
« privé de Sa Majesté. Tout étranger, s'il est en prison par suite
« de ce mandat, y restera, ou s'il n'y est pas, peut être donné
« en charge par suite d'un pareil mandat, et il y restera jusqu'à ce
« que la décision à cet égard soit signifiée, à moins que, en même
« temps, le secrétaire d'État, ou le lord lieutenant, ou le gouver-
« neur général, ou les gouverneurs de l'Irlande ne consentent, ou
« que lesdits lords ne délivrent un ordre pour relâcher ce prisonnier,
« soit avec, soit sans caution. Les lords du très-honorable conseil
« privé de Sa Majesté feront délivrer par écrit à cet étranger un
« sommaire général des griefs allégués contre lui, et lui accor-
« deront un délai suffisant pour préparer sa défense. Pourra cet
« étranger sommer et examiner sur serment des témoins devant
« les lords du très-honorable conseil privé de Sa Majesté, et s'ex-
« pliquer devant eux ou personnellement. »

Le conseil privé fera délivrer à l'étranger un sommaire des griefs allégués contre lui.

Si après le délai fixé dans l'ordre en question, l'étranger est
trouvé dans le royaume, ou libre ou arrêté par suite de refus ou
de négligence d'avoir obéi à cet ordre, et avant ou après sa condamnation, le haut fonctionnaire désigné dans cet article pourra
remettre cet étranger, par mandat portant sa signature et son

sceau, à l'un des messagers de Sa Majesté, pour le conduire hors du
royaume, ce qui sera exécuté. Toutefois, si l'étranger non condamné allègue une excuse ou demande un nouveau délai, il sera
loisible au conseil privé d'y faire droit, même en y ajoutant des
conditions. Si l'étranger, arrêté par suite du mandat susrelaté,
signifie au messager qui le détient son excuse, celui-ci est tenu d'en
donner avis aux hauts fonctionnaires ci-dessus dénommés, lesquels suspendront immédiatement l'exécution de ce mandat, jusqu'à ce qu'il ait été décidé sur la validité de l'excuse. Si l'étranger
est arrêté par suite du mandat en question, il restera en état d'arrestation : s'il ne l'est pas, il pourra être donné en charge, et il y
restera, à moins qu'il n'y ait ordre de le relâcher avec ou
sans caution. Cependant l'étranger contre lequel ces mesures
coercitives peuvent être prises en recevra par écrit les motifs,
et il lui est donné un délai suffisant pour préparer sa défense, et
cette défense peut être corroborée par des dépositions de témoins
assermentés.

On voit que l'étranger, tout sévèrement traité qu'il est par la
loi, a cependant des garanties. S'il n'est pas arrêté, il peut s'opposer à son arrestation en (alléguant et prouvant des motifs
suffisants; s'il est arrêté, il peut demander sa mise en liberté
par les mêmes motifs; il peut même se faire assister d'un conseil;
enfin, il peut obtenir sa liberté même sans donner de caution.
Ce sont là autant d'adoucissements aux sévérités de cette loi de
circonstance.

ARTICLE 4.

Les juges peuvent admettre les étrangers à donner caution dans tous les cas, s'ils trouvent qu'il y a lieu.

« Dans le cas où il y a lieu à envoyer un étranger en prison,
« sans sûreté, sécurité ou caution, pourront, les juges de record
« de Sa Majesté à Westminster ou à Dublin, ou les barons dans la
« Grande-Bretagne ou l'Irlande, revêtus du degré de la coiffe,
« ou le lord greffier en chef ou tous commissaires de justice en
« Écosse, sur requête à eux adressée, et dont les motifs leur pa-
« raîtront plausibles, admettre cet étranger à donner caution,
« s'il offre des garanties suffisantes, qu'il se présentera pour
« répondre aux griefs allégués contre lui. »

Cet article est une nouvelle garantie pour l'étranger. A-t-il
échoué devant le conseil privé ou les autres fonctionnaires dénommés, il peut encore obtenir sa liberté en s'adressant aux

juges spécifiés dans cet article ; et ceux-ci peuvent faire ce que les autres n'ont pas fait. Ce n'est à la vérité qu'une faculté, mais cette faculté devient une obligation, si les cautions offertes donnent les garanties : *libertas*, *res favorabilior*.

ARTICLE 5.

« Tout étranger qui, arrêté en vertu de la présente loi, pour « rester en prison jusqu'à ce qu'il soit mis en charge à l'effet « d'être conduit hors du royaume, ne l'aura pas été dans le « mois calendaire de son emprisonnement. Il sera loisible à tous « juges de record de Sa Majesté à Westminster ou Dublin, à « tous barons dans la Grande-Bretagne ou de l'Irlande, revêtus « du degré de la coiffe, au greffier en chef ou aux commissaires « de justice en Écosse, ou à deux juges de paix de Sa Majesté « dans toutes les parties du Royaume-Uni, sur requête à eux pré- « sentée par ou en faveur de l'individu ainsi arrêté, et sur la « preuve par eux acquise qu'un avis raisonnable de l'intention « de présenter cette requête a été donné à l'un des principaux « secrétaires d'État de Sa Majesté dans la Grande-Bretagne, ou « au lord lieutenant, ou au gouverneur général, ou aux gouver- « neurs de l'Irlande, ou à leur secrétaire général, à leur discré- « tion, d'ordonner que l'individu ainsi arrêté restera en prison « ou en sortira. »

L'étranger qui n'a pas été conduit hors du royaume dans le mois de son emprisonnement peut obtenir du juge, sur requête à lui présentée, son élargissement.

L'étranger arrêté l'est pour cause d'intérêt général ; mais cet intérêt exige plutôt son renvoi du royaume que sa présence con- tinuelle dans l'une de ses prisons. De là la volonté de la loi de le conduire hors du royaume dans le mois de son arrestation. Mais si dans ce mois le vœu de la loi n'a pas été rempli, l'étranger peut demander sa mise en liberté. A cet effet, il adresse une requête aux fonctionnaires dénommés dans cet ar- ticle, après avoir préalablement notifié son intention aux fonc- tionnaires compétents de présenter cette requête; il joint cette notification à sa requête, et celui des fonctionnaires auquel cette requête est adressée a le droit de l'accueillir et de la rejeter. C'est une large part laissée à l'arbitraire : mais cet arbitraire est-il à craindre de la part des juges anglais, si fidèles à leurs institutions ; et par conséquent si amis de la liberté qu'elles ont sans cesse pour objet de protéger?

ARTICLE 6.

La présente loi ne s'applique pas aux ambassadeurs ni aux étrangers résidant dans ce royaume depuis 3 ans.

« Aucune des dispositions de la présente loi ne s'appliquera « aux ambassadeurs ou aux autres ministres publics étrangers « dûment accrédités, non plus qu'aux personnes appartenant à « l'établissement diplomatique ou domestique de tout ambas- « sadeur ou ministre public étranger, enregistré conformément « à la loi, ou attaché aujourd'hui à cet ambassadeur ou ce mi- « nistre : elles ne s'appliquent pas non plus aux étrangers au- « dessous de seize ans, ni aux étrangers résidant dans ce royaume « depuis trois ans écoulés à partir de la passation de cet acte. »

La loi fait ici trois exceptions :

Le droit des gens est en dehors de ses prescriptions ; elle ne s'applique donc pas aux agents diplomatiques. Or, par agents diplomatiques, il faut entendre tout ce qui constitue leur établis- sement, c'est-à-dire les secrétaires, les attachés, etc., en première ligne, puis en seconde ligne tout ce qui constitue les gens de ser- vice ; dans tous les cas, il faut que toutes les personnes fassent essentiellement et actuellement partie de la maison du diplomate, et il faut de plus qu'elles soient enregistrées conformément à la loi. C'est spécialement cet enregistrement qui donne le privilége de l'exception.

Les enfants au-dessous de seize ans ne peuvent être atteints par la loi. A cet âge on ne peut être dangereux ; on est d'ailleurs sous une surveillance active, celle du père, du tuteur ou du maître, qui est une garantie suffisante.

Enfin, l'étranger habitant depuis trois ans dans le royaume n'est pas compris dans la loi. Passagère, elle ne doit frapper pour ainsi dire que les passagers ; et, en effet, elle a eu principale- ment pour motif d'écarter du royaume ces hommes dangereux que les événements politiques auraient pu y attirer pour apporter avec eux leur esprit d'innovation et de désordre. Le gouverne- ment anglais, il est vrai, voulait faire comprendre dans le cercle de la loi les étrangers habitant le royaume depuis sept ans ; la Chambre des lords avait accordé ce droit, mais la Chambre des communes a pensé avec raison qu'il suffisait pour la sûreté de l'État de lui donner le droit d'expulsion seulement contre les étrangers résidant depuis trois ans. C'est bien assez que de tenir l'épée de Damoclès sur une catégorie d'étrangers dans un pays dont la loi dit que « l'étranger ami, sauf certains droits, est con-« sidéré comme un sujet naturel-né. » (7 et 8, Victoria, cha-pitre 66, § 4.)

ARTICLE 7.

« La présente loi aura force pendant un an, à partir de sa « cassation et jusqu'à la fin de la session alors prochaine du Par-« lement. »

Cette loi n'est que temporelle; sa durée est d'un an. Promul-guée le 9 juin 1848, elle finira le 9 juin 1849 à minuit. Mais l'ar-ticle ajoute, « et jusqu'à la fin de la session alors prochaine du « Parlement. » Or si la session alors prochaine du Parlement finit en juillet ou en août, la loi durera-t-elle jusqu'à cette époque ? Si oui, elle aura une durée de plus d'un an; si non, la loi n'est pas d'accord avec elle-même : *Lex, sed anglica lex.*

ARTICLE 8.

« La présente loi pourra être abrogée ou modifiée dans la pré-« sente session du Parlement. »

A quoi bon cet article? Ce droit d'abrogation, de modifica-tion, etc., n'est-il pas inhérent au Parlement? Ne lui est-il pas attaché *sicut pellis ossibus*, disent si énergiquement les auteurs? Mais c'est un vieil usage, et les Anglais tiennent aux vieux usages.

CHAPITRE XV.

Le mode d'empêcher en Angleterre la contrefaçon des productions littéraires, dramatiques, musicales et artistiques, ainsi que des dessins à appliquer sur métaux, sur bois, et autres substances, comme aussi sur tissus de laine, de coton, de lin, de soie et de crin.

287. Il est de principe, dans le droit international des peuples, que chaque État accorde sa protection à toutes les choses, soit corporelles, soit incorporelles ou intellectuelles qui sont sur son territoire, sans avoir égard à la qualité de leur propriétaire, c'est-à-dire, sans considérer leur qualité d'indigène ou d'étranger (1). C'est par suite de ce principe que les infractions aux lois pénales sont punies par toutes les législations, peu importe que les choses qui ont été l'objet ou le motif de ces infractions soient la propriété d'un indigène ou d'un étranger. Toutefois on a cherché à établir une distinction entre les choses corporelles et les choses incorporelles ; relativement aux premières, le principe est devenu immuable : l'indigène comme l'étranger sont également soumis aux lois pénales du pays dans lequel ils se trouvent ; *Nemo jus ignorare censetur*. Mais il n'en est pas de même relativement aux secondes, surtout lorsqu'il s'agit d'une propriété purement intellectuelle. Ainsi le brevet d'invention accordé par un gouvernement n'a d'effet que sur le territoire de ce gouvernement : le droit de propriété qu'il donne, le privilége exclusif qu'il accorde au concessionnaire, sont regardés comme constituant une faveur spéciale accordée par ce gouvernement, laquelle faveur ne peut dépasser sa frontière. De là il est généralement reconnu qu'en pays étranger on peut impunément violer la propriété intellectuelle par la voie de la contrefaçon, à moins qu'il n'existe des lois expresses ou des traités de nation à nation (2). Or, c'est d'une législation de cette nature que nous allons nous occuper ; matière

(1) Martens, Droit des gens, § 93 et 100; Schmalz, p. 150; Rolin, n° 21, pages 16 et 17.

(2) Revue étrangère, t. V, p. 629; t. VI, p. 133 et 676; t. VIII, p. 170 et 351 ; Lieber, de la Propriété littéraire des étrangers.

grave, nouvelle, et offrant à chaque instant, à ceux qui ne l'ont pas approfondie, des difficultés que nous espérons avoir levées. Déjà, dans le chapitre 1er, page 58, nous avons rapporté le statut des 1re et 2e années de Victoria, intitulé : « *Acte pour garantir* « *aux auteurs, dans certains cas, les bénéfices du droit inter-* « *national de propriété littéraire.* » Plus tard, et dans les 5e et 6e années de Victoria, un nouveau statut fut rendu, qui comprit dans la propriété exclusive des productions intellectuelles, non-seulement les productions littéraires, mais les productions drama-tiques, musicales et artistiques ; et ce nouveau statut modifia en ce sens le statut précédent, c'est-à-dire, comprit dans ses disposi-tions toutes les productions intellectuelles. Enfin, la législation sur cette matière ne formant qu'un droit diffus, épars, incohérent, il a été reconnu indispensable par le législateur de régler d'une manière uniforme tout ce qui constitue la propriété intellectuelle, et ces règles ont été posées par le statut 7 de Victoria, chap. 12. Toutefois ce dernier statut rappelant dans son article 8 plusieurs des dispositions de l'acte modificatif des 5e et 6e années de Vic-toria, il devient indispensable de le faire connaître ici, en y joi-gnant les explications nécessaires pour en faciliter l'intelligence.

Statut 5 et 6, Victoria, chap. 45.

Acte pour amender la loi concernant le droit exclusif de pro-priété littéraire. (1er juillet 1842.)

« Considérant qu'il est nécessaire d'amender la loi relative à la « propriété littéraire et de donner un plus grand encouragement « à la production des œuvres littéraires d'un avantage permanent « au monde, il est ordonné par la très-excellente Majesté de la « reine, par et de l'avis et consentement des lords spirituels et « temporels, et des communes, en ce présent Parlement assemblés, « ensemble de leur autorité :

ARTICLE 1er.

288. « A partir de la passation de la présente loi, sont abrogés : « 1° un acte passé en la 8e année du règne de Sa Majesté la « reine Anne, chap. 19, intitulé : *Un acte pour l'encouragement* « *des belles-lettres, en donnant aux auteurs ou aux acquéreurs* « *de leurs droits la propriété exclusive de leurs œuvres impri-* « *mées pendant le temps y mentionné ; 2° un acte passé en la*

« 41ᵉ année du règne de Sa Majesté le roi Georges III, chap. 107,
« intitulé : *Un acte pour mieux encourager les belles-lettres dans*
« *le Royaume-Uni de la Grande-Bretagne et d'Irlande, et as-*
« *surant le droit exclusif de propriété littéraire des œuvres*
« *imprimées à leurs auteurs ou leurs représentants pendant le*
« *temps y mentionné ;* et 3° un acte passé en la 54ᵉ année,
« chap. 156, du règne de Sa Majesté le roi Georges III, intitulé :
« *Un acte pour modifier les différents actes pour l'encourage-*
« *ment des belles-lettres, en assurant le droit exclusif de pro-*
« *priété littéraire des œuvres imprimées aux auteurs de ces*
« *œuvres ou à leurs représentants ;* à moins qu'il n'y ait nécessité
« de les maintenir en tout ou en partie, pour continuer ou donner
« effet aux procédures en droit commun ou en équité pendantes au
« moment de la passation du présent acte, ou pour donner force
« à une cause d'action ou de poursuite, ou à un droit ou contrat
« alors subsistant. »

289. Les trois actes abrogés par cet article sont donc désormais retranchés de la législation anglaise ; il n'y a de maintenu
que les actions ou les causes d'actions nées de ces actes ; et cette
disposition était juste , d'après ce grand principe, que les actions
sont décidées par la législation sous l'empire de laquelle elles ont
pris naissance ; d'après ce grand principe aussi, que la loi n'a d'effet que pour l'avenir.

ARTICLE 2.

Interprétation de la loi.

290. « Dans la construction de la présente loi, le mot *livre* est
« considéré comme signifiant et comprenant *chaque volume, la*
« *division ou partie d'un volume, le pamphlet, la feuille de*
« *lettres imprimées, la feuille de musique, toute carte géogra-*
« *phique ou marine, ou tout plan publié séparément ;* les mots
« *pièces dramatiques* seront considérés comme signifiant et com-
« prenant *toute comédie, tragédie, pièce de théâtre, opéra,*
« *farce, ou toute autre scène, divertissement musical ou drama-*
« *tique ;* les mots *copyright* (droit de copie) seront considérés
« comme signifiant *la liberté seule et exclusive d'imprimer ou*
« *de multiplier de toute autre manière les copies d'un sujet au-*
« *quel cette expression s'applique ici* (c'est ce que nous tradui-
« sons par ces mots : *droit exclusif de propriété littéraire*) ; les mots

« *personne représentative* seront considérés comme signifiant
« et comprenant *tout exécuteur, administrateur, et tout proche*
« *parent ayant droit à l'administration ;* le mot *assigné* est con-
« sidéré comme signifiant et renfermant *toute personne ayant*
« *les droits d'un auteur sur sa propriété exclusive littéraire,*
« *soit que ce droit dérive de l'auteur avant ou après la publica-*
« *tion d'un ouvrage, soit qu'il émane d'une vente, d'une dona-*
« *tion, d'un legs ou d'une opération de la loi ou de toute autre*
« *manière ;* les mots *domaines bretons* sont considérés comme
« renfermant et signifiant *toutes les parties du Royaume-Uni*
« *de la Grande-Bretagne et d'Irlande , les îles de Jersey et*
« *Guernesey, toutes les parties des Indes orientales et occiden-*
« *tales, et toutes les colonies, établissements et possessions de*
« *la couronne, qui aujourd'hui sont, ou qui, à l'avenir, seront*
« *acquises ;* enfin, dans la présente loi, en parlant *de personne,*
« *de matière ou de chose du genre masculin, ou au nombre*
« *singulier seulement,* cette locution comprendra *plusieurs per-*
« *sonnes aussi bien qu'une seule, le sexe féminin aussi bien que*
« *le masculin, plusieurs matières ou choses, aussi bien qu'une*
« *seule, respectivement,* à moins qu'il n'y ait quelque chose dans
« le sujet ou le contexte qui répugne à cette construction. »

291. Cette interprétation réunie à celle exprimée dans l'article
20 du statut 7, Victoria, chap. 12, complète, autant que possible, les intentions du législateur anglais concernant ses défini-
tions, mais elle montre en même temps toute la sagesse de la loi
romaine qui disait : *Omnis definitio periculosa.* Il est certain que
les interprétations de ces deux articles sont d'une grande élasti-
cité ; mais il en est une qui doit rester constante sur cette matière,
c'est celle concernant le mot *copyright,* que nous avons traduit
ainsi : *droit exclusif de propriété littéraire.*

ARTICLE 3.

Durée du droit exclusif de propriété littéraire sur un livre publié du vivant de l'auteur ou après sa mort.

292. « Le droit de propriété littéraire sur toute œuvre qui sera
« publiée après la passation de la présente loi pendant la vie de son
« auteur durera aussi longtemps que la vie naturelle de cet auteur,
« et, en outre, pendant sept ans, à partir de son décès, et il sera
« la propriété de cet auteur et de ses représentants. Si le terme

« de sept ans venait à expirer avant la fin de quarante-deux ans à
« partir de la première publication de cette œuvre, le droit ex-
« clusif de propriété durera, dans ce cas, pendant cette période
« de quarante-deux ans ; et le droit exclusif de propriété sur toute
« œuvre qui sera publiée après la mort de son auteur durera pen-
« dant quarante-deux ans à partir de la première publication, et
« sera la propriété du propriétaire du manuscrit de l'auteur, qui
« aura publié cette œuvre pour la première fois ou de ses repré-
« sentants. »

293. Cet article détermine la durée du droit exclusif de propriété littéraire. Ainsi, un ouvrage est-il publié du vivant de son
auteur, il a sur cet ouvrage un droit exclusif de propriété tant
que dure sa vie naturelle, et ce droit est augmenté de sept années
après son décès en faveur de ses représentants. Mais si, après la
première publication, l'auteur vient à décéder à une époque telle
qu'en ajoutant les sept années ci-dessus il n'y ait pas un intervalle de quarante-deux ans à partir de cette première publication,
la loi veut que cette période de quarante-deux ans soit assignée
aux représentants du défunt pour la durée de leur droit exclusif
de propriété. Ainsi, si un auteur décède vingt ans après la première publication de son ouvrage, ses représentants seront propriétaires de cet ouvrage pendant vingt-deux ans encore.

294. Si un ouvrage est publié après la mort de son auteur, le
droit exclusif de propriété aura la même durée que s'il était
publié du vivant de cet auteur, mais il n'y aura pas lieu à ajouter les sept années accordées au numéro précédent. Ce droit appartiendra au propriétaire du manuscrit, qui aura fait cette première publication, et à ses représentants.

ARTICLE 4.

Lorsqu'il s'agit du droit exclusif de propriété littéraire, sa
durée peut être prolongée, à moins qu'il n'appartienne à un représentant par toute autre considération qu'une amitié ou une
affection naturelles. Dans ce cas, il finira à l'expiration du présent
terme, à moins que sa prolongation ne soit convenue entre le
propriétaire et l'auteur.

295. « Comme il est juste d'étendre les avantages de la présente
« loi aux auteurs d'ouvrages publiés avant sa passation, et à l'é-
« gard desquels existe déjà le droit de propriété littéraire, ce droit

« qui, au moment de la passation de cet acte, existera à l'égard
« de livres publiés jusque-là (excepté comme il sera dit ci-après),
« sera étendu et durera tout le temps prescrit par cette loi pour
« les livres qui seront publiés à l'avenir, et sera la propriété
« de la personne qui, au moment de la passation de la présente
« loi, sera propriétaire de ce droit exclusif. Dans tous les cas où
« ce droit exclusif appartiendra, en tout ou en partie, à un éditeur
« ou à toute autre personne qui l'aura acquis par toute autre con-
« sidération que par une amitié ou une affection naturelles, ce
« droit ne sera pas étendu par la présente loi, mais il durera tout
« le temps qu'il y aura à faire au moment de la passation de cette
« loi, et pas davantage, à moins que l'auteur de cet ouvrage, s'il
« est vivant, ou son représentant s'il est mort, et le propriétaire
« de ce droit exclusif ne consente et n'agrée, avant l'expira-
« tion de ce terme, accepter les avantages de la présente loi à
« l'égard de ce livre, et ne fasse, dans la forme prescrite à cet
« effet dans la cédule annexée à cette loi, inscrire la minute de ce
« consentement sur le registre qui doit être tenu comme il sera dit
« ci-après, et alors ce droit exclusif durera tout le temps pres-
« crit par cette loi pour les livres qui seront publiés après sa pas-
« sation, et il sera la propriété de la personne ou des personnes
« désignées dans cette minute. »

296. Cet article donne à la loi un effet rétroactif, et étend son
autorité aussi bien sur les livres qui ont paru déjà que sur ceux
à paraître ; elle y met cependant cette restriction, que toutes les
fois que la propriété exclusive résultera de conventions autres que
celles nées d'une affection ou d'une amitié naturelles, d'une acquisition, par exemple, les parties resteront sous l'empire des anciennes lois, et dès lors le privilége ne sera pas prolongé au delà
du terme fixé par ces lois. Toutefois, si l'auteur est vivant, ou son
représentant s'il est mort, peuvent, si l'ancien terme n'est pas
expiré, déclarer qu'ils entendent être régis par la présente loi ;
mais pour que cette déclaration ait son effet, elle doit être inscrite sur le registre tenu à cet effet, et dont il sera parlé plus loin.
Cette inscription, une fois opérée, le droit exclusif de propriété
littéraire est régi par la loi actuelle, et pendant la durée qu'elle
détermine.

ARTICLE 5.

Le comité judiciaire du conseil privé peut autoriser une nouvelle publication de livres dont le propriétaire refuse cette publication après la mort de l'auteur.

297. « Comme il est expédient d'établir des dispositions contre
« la suppression de certains ouvrages d'une grande importance
« pour le public, le comité judiciaire du conseil privé de Sa Majesté
« pourra, sur la plainte à lui faite que le propriétaire du droit ex-
« clusif d'un livre, après la mort de son auteur, a refusé de le
« réimprimer, ou d'en consentir la réimpression, et qu'en consé-
« quence de ce refus ce livre peut être perdu pour le public, ac-
« corder au plaignant la licence de publier ce livre, de telle ma-
« nière et sous telles conditions que le comité jugera convenables;
« et il sera permis à ce plaignant de publier ce livre conformé-
« ment à cette licence. »

298. Cet article consacre ce grand principe, que l'intérêt public
doit toujours passer avant l'intérêt privé; mais il faut bien observer que cette règle ne s'applique pas à l'auteur lui-même; elle
s'applique à son représentant, après sa mort; et dans ce cas même,
le comité judiciaire du conseil privé, en portant atteinte à des
droits privés, ne le fera que de la manière et sous des conditions
qui diminueront toujours la gravité de cette atteinte; ainsi il
pourra fixer le nombre d'exemplaires à imprimer, l'indemnité
due au propriétaire, etc.

ARTICLE 6.

Il sera remis à la bibliothèque du Muséum britannique, et dans
certains délais, des exemplaires de livres publiés après la passation
de la présente loi et des éditions subséquentes.

299. « Il sera déposé à la bibliothèque du Muséum britannique
« un exemplaire imprimé de la totalité de tout livre qui sera pu-
« blié après la passation de la présente loi, ensemble avec toutes
« les cartes géographiques, estampes et autres gravures en dépen-
« dant, du même fini et coloris que les meilleurs exemplaires qui
« seront publiés, comme aussi de toute seconde ou subséquente
« édition publiée avec augmentation ou changement, soit qu'ils
« consistent dans l'impression des lettres, les cartes géographiques,
« estampes ou autres gravures en dépendant, soit que la première
« édition de ce livre ait été publiée avant ou après la passation de

« cette loi ; comme aussi de toute seconde ou subséquente édition
« de tout ouvrage dont la première ou précédente édition n'aura
« pas été délivrée à l'usage de la bibliothèque du Muséum bri-
« tannique ; le tout relié, cousu ou broché, et sur le meilleur pa-
« pier d'impression ; et ce, dans un mois après le jour auquel ce
« livre aura été pour la première fois vendu, publié ou annoncé à
« la vente *dans les bills de mortalité;* ou dans les trois mois, si
« ce livre a été pour la première fois vendu, publié ou annoncé
« pour la vente dans toute autre partie du Royaume-Uni ; ou dans
« les douze mois après qu'il aura été pour la première fois vendu,
« publié ou annoncé pour la vente dans toute autre partie des do-
« maines bretons. Ce dépôt sera fait dans l'intérêt de l'éditeur de
« cet ouvrage. »

300. Tout éditeur qui voudra protéger l'ouvrage qu'il édite
devra déposer à la bibliothèque du Muséum britannique un exemplaire complet de cet ouvrage, avec les cartes, gravures, etc., et
du plus beau papier de son édition. Si l'ouvrage est pour la première fois vendu, publié ou annoncé pour la vente à Londres, le
dépôt sera fait dans le mois ; s'il est pour la première fois vendu, etc.,
dans toute autre partie du Royaume-Uni, le dépôt sera fait dans
les trois mois; enfin, s'il est pour la première fois vendu, etc., dans
toute autre partie des dom·   .es bretons, ce dépôt devra être fait
dans les douze mois.

ARTICLE 7.

Mode de remise à la bibliothèque du Muséum britannique.

301. « Tout exemplaire de livre qui, en vertu des dispositions
« de la présente loi, devra être délivré, comme il est dit, sera déli-
« vré à la bibliothèque du Muséum britannique de dix à quatre
« heures tous les jours, excepté le dimanche, le jour des cendres,
« le vendredi saint et le jour de Noël, à l'un des officiers de ladite
« bibliothèque, ou à la personne autorisée par les commissaires
« à le recevoir ; et cet officier ou cette personne, en recevant cet
« exemplaire, sont tenus d'en donner un récépissé par écrit. Cette
« remise sera, sous tous les rapports, considérée comme bonne
« et valable remise d'après les dispositions de la présente loi. »

302. Cet article trace la marche à suivre pour la remise d'un
exemplaire à la bibliothèque du Muséum britannique, et l'article 6 du statut 7, Victoria, donne les autres formalités à rem-

plir pour l'enregistrement de ces exemplaires. Cet article 7 est rapporté et développé aux numéros.

ARTICLE 8.

Un exemplaire de tout ouvrage doit être remis dans le mois de la demande qui en est faite à l'officier de la compagnie des libraires, pour les bibliothèques suivantes : Bodléienne à Oxford, la bibliothèque publique de Cambridge, la faculté des avocats à Édimbourg, et celle du Trinité-Collége à Dublin.

303. « L'exemplaire entier d'un livre, ainsi que la seconde et « subséquente édition de tout livre contenant des augmentations « et des changements, ensemble avec les cartes géographiques et « estampes y jointes, qui, après la passation de la présente loi, « sera publié, sera délivré sur la demande qui en sera faite par « écrit et laissée au lieu de la demeure de son éditeur, à toute « époque dans les douze mois qui suivront sa publication, sous la « signature de l'officier de la compagnie des libraires, lequel de « temps en temps sera désigné par ladite compagnie, conformément « à la présente loi, ou sous la signature de toute autre personne « à ce autorisée par les personnes ou corps et corporations poli- « tiques, les propriétaires et directeurs des bibliothèques sui- « vantes, savoir : de la bibliothèque Bodléienne à Oxford, de la bi- « bliothèque publique à Cambridge, de la bibliothèque de la « faculté des avocats à Édimbourg et de la bibliothèque du col- « lége de la sainte et indivise Trinité de la reine Élizabeth près « Dublin, sur le papier dont le plus grand nombre d'exemplaires « de ce livre ou de cette édition aura été imprimé pour la vente, « dans les mêmes conditions que les exemplaires destinés à la « vente par cet éditeur, respectivement dans le mois après la de- « mande qui en sera faite par écrit, comme il est dit, audit offi- « cier de ladite compagnie des libraires alors en fonctions; les- « quels exemplaires ledit officier sera et est, par les présentes, « requis de recevoir à la halle de ladite compagnie pour l'usage « de la bibliothèque pour laquelle cette demande sera faite dans « lesdits douze mois, comme il est dit : et ledit officier est par « les présentes requis d'en donner un récépissé par écrit, et dans « le mois après le dépôt à lui fait, comme il est dit, de les met- « tre à la disposition de cette bibliothèque. »

304. Lorsqu'un livre a été publié, l'officier des quatre biblio-

thèques dénommées dans l'article a la faculté de s'en faire délivrer un exemplaire, et, à cet effet, il adresse une demande à cet éditeur dans les douze mois de sa publication. Celui-ci est tenu de déférer à cette demande ; il se fait donner un récépissé par écrit par cet officier, qui dans le mois fait à la bibliothèque la remise de l'exemplaire qui lui est déposé pour elle.

ARTICLE 9.

Les éditeurs peuvent déposer leurs exemplaires aux bibliothèques, au lieu de les déposer à la compagnie des libraires.

305. « Si un éditeur veut déposer à une bibliothèque l'exem-« plaire d'un livre demandé pour cette bibliothèque, il lui sera « loisible d'en faire le dépôt à cette bibliothèque, sans frais, soit « au bibliothécaire, soit à toute autre personne autorisée à le re-« cevoir (lesquels sont par les présentes requis dans ce cas de le « recevoir, et d'en donner un récépissé écrit), et ce dépôt sera, « sous tous les rapports et selon le vœu de cette loi, considéré « comme équivalent au dépôt fait audit officier de la compagnie « des libraires. »

306. Par l'article précédent, le dépôt de l'exemplaire qu'il prescrit devait être fait ou à la compagnie des libraires ou à la bibliothèque pour laquelle il est destiné; par cet article il peut être fait directement à cette bibliothèque, et alors il n'y a aucune espèce de frais à payer.

ARTICLE 10.

Pénalité pour défaut du dépôt des exemplaires demandés pour les bibliothèques.

307. « Tout éditeur d'un livre, ou de la seconde ou subsé-« quente édition d'un livre, qui négligera de le déposer confor-« mément à cet acte, sera passible pour chaque contravention, « outre la valeur de l'exemplaire du livre ou de l'édition dont « le dépôt lui est ordonné, d'une pénalité n'excédant pas 5 livres « sterling, laquelle sera recouvrée par le bibliothécaire ou tout « autre officier (dûment autorisé) attaché à la bibliothèque à « l'usage de laquelle cet exemplaire devait être délivré, et ce par « sommaire, sur condamnation prononcée par deux juges de paix « du comté ou du lieu de la résidence de l'éditeur en défaut, ou « par l'action de dette, ou toute autre procédure de même na-

« ture à la requête de ce bibliothécaire et de tout autre officier
« devant une cour quelconque de record du Royaume-Uni. Si
« dans cette action le demandeur obtient un verdict, il sera rem-
« boursé de ses frais raisonnablement faits et taxés comme entre
« avoué et client. »

308. S'il est loisible à la compagnie des libraires ou aux bi-
bliothécaires des quatre bibliothèques dénommées de demander,
dans les douze mois de la publication d'un ouvrage, un exemplaire de cet ouvrage à l'éditeur, il n'est pas loisible à celui-ci
de le refuser; il est tenu de déférer à cette demande, sous peine
de 5 livres sterling d'amende, outre la valeur de cet exemplaire,
et la condamnation de cette amende peut être demandée par
différentes voies sommaires devant deux juges de paix, ou une
cour de record quelconque.

ARTICLE 11.

Il doit d'être tenu à la salle des libraires un livre d'enregistrement.

309. « Un livre d'enregistrement sur lequel seront enregistrés,
« comme il sera dit ci-après, le propriétaire du droit exclusif de
« toute production littéraire et ses représentants, comme aussi
« de toutes productions dramatiques et musicales, soit en manus-
« crit, soit de toute autre manière, et les licences concernant ce
« droit exclusif, sera tenu à la salle de la compagnie des libraires
« par l'officier désigné à cet effet par ladite compagnie, confor-
« mément à la présente loi, et il pourra être examiné à toute
« heure convenable par toute personne, qui sera tenue de payer
« un shilling pour chaque recherche ou examen d'enregistrement
« porté sur ce livre. Cet officier, toutes les fois qu'il en sera con-
« venablement requis, délivrera une copie de chaque enregistre-
« ment porté sur le registre, laquelle copie sera certifiée par sa
« signature et marquée du timbre de ladite compagnie, qu'elle
« lui remettra à cet effet, et qu'elle est requise de délivrer à
« toute personne qui en fait la demande, moyennant la somme
« de 5 shillings pour cet officier. Ces copies, ainsi certifiées et tim-
« brées, seront reçues comme preuves légales devant toutes les
« cours, et dans toutes les procédures sommaires, et établiront
« *prima facie* la preuve du droit exclusif du propriétaire de
« la production littéraire, de son représentant, ou de la li-

« cence ci-dessus mentionnés, mais pouvant être combattues par
« toute autre preuve; et, en cas de pièces dramatiques et musi-
« cales, ces copies feront *prima facie* preuve de représentation
« ou d'exécution, susceptibles également d'être combattues
« comme il est dit. »

310. Le droit exclusif de propriété littéraire se forme par
l'enregistrement de l'ouvrage sur le livre à ce destiné, tenu à la
salle de la compagnie des libraires. Ce livre est à la disposition
du public; mais nul n'en peut prendre connaissance qu'en
payant 1 shilling par recherche ou examen, et 5 shillings par
chaque extrait d'enregistrement. Ces extraits font foi en justice
prima facie, mais ils peuvent être combattus par des preuves
contraires.

ARTICLE 12.

Tout faux enregistrement est un crime.

311. « Quiconque fera ou fera faire sciemment un faux enre-
« gistrement sur le livre de la compagnie des libraires, ou sciem-
« ment produira ou fera présenter comme preuve un papier faus-
« sement prétendu être une copie d'enregistrement porté sur
« ledit livre, sera coupable d'un crime punissable, et il sera puni
« conformément à ce crime. »

ARTICLE 13.

L'enregistrement du droit de propriété exclusive doit être porté
sur le registre tenu à cet effet.

312. « Après la passation de la présente loi, le propriétaire
« du droit de propriété exclusive d'un livre déjà publié ou à pu-
« blier à l'avenir, pourra faire inscrire sur le registre de la com-
« pagnie des libraires le titre de ce livre, l'époque de la pre-
« mière publication, les nom et lieu de résidence de son éditeur,
« et les nom et lieu de résidence du propriétaire du droit exclusif
« de ce livre, ou d'une partie de ce droit, dans la forme pres-
« crite à cet égard dans la cédule annexée à la présente loi, en
« payant la somme de 5 shillings à l'officier de ladite compagnie.
« Pourra chaque propriétaire enregistré, *assigner* (céder) son
« droit ou une partie de son droit, en faisant l'inscription sur
« ledit livre de l'enregistrement de son assignement (de sa ces-
« sion) et des nom et lieu de demeure de l'assigné (du cession-

« naire), dans la forme prescrite à cet égard dans ladite cédule,
« en payant pareille somme. Cet assignement (cette délégation)
« ainsi enregistré aura un effet légal sous tous les rapports, sans
« être soumis à aucun timbre ou droit, et aura la même force et
« effet que si cet assignement avait été fait par un acte. »

313. Nous avons dit, au n° 310, que le droit exclusif de propriété d'un livre se formait par l'enregistrement de ce livre sur
le registre de la compagnie des libraires. L'article 13 spécifie le
mode d'enregistrement ; et cet enregistrement comprend le titre
de l'ouvrage, la date de la première publication, les noms et
demeures du propriétaire et de l'éditeur, et, en cas d'assignement, les nom et demeure de l'assigné. Le coût de cet enregistrement et de l'assignement est porté par cet article à 5 shillings ;
mais il a été réduit à 1 shilling par l'article 8 du statut 7, Victoria, chap. 12, rapporté plus loin. Il faut bien remarquer que
l'assignement dont parle l'article est exempt de timbre et de
droit, et que cependant il a la force et l'effet d'un véritable acte.

Ainsi de cet article 13 modifié par l'article 8 du statut 7, rapporté ci-dessus, et de l'article 11, il résulte :

1° Que le coût de l'enregistrement du propriétaire ou éditeur
d'un livre sur le registre de la compagnie des libraires est de
1 shilling ;

2° Que le coût de l'enregistrement d'un assigné est de 1 shilling ;

3° Que le droit de recherche ou d'examen de ce registre est
de 1 shilling ;

4° Et qu'un extrait de cet enregistrement est de 5 shillings.

ARTICLE 14.

Toute personne lésée par une inscription portée sur le registre
d'enregistrement peut s'adresser à une cour de justice en session,
ou à un juge en vacation, lesquels peuvent ordonner que cette
inscription soit changée ou rayée.

314. « Quiconque se croira lésé par une inscription faite en
« vertu de la présente loi sur ledit livre d'enregistrement, pourra
« adresser une motion à la cour du banc de la reine, à la cour des
« plaids communs, ou à la cour de l'échiquier, au temps de leur
« session, ou s'adresser par sommons (assignation) à l'un des juges
« de ces cours en vacation, à l'effet qu'ils ordonnent que cette
« inscription soit rayée ou changée. Sur cette motion ou assigna-

« tion devant ces cours ou juges susmentionnés, ces cours ou
« juges donneront l'ordre de rayer, de changer ou de maintenir
« cette inscription, avec ou sans frais, ainsi qu'ils le jugeront con-
« venable. L'officier désigné par la compagnie des libraires,
« d'après le vœu de cette loi, sur la production à lui faite de cet
« ordre de radiation ou de changement de cette inscription, la
« rayera ou la changera conformément aux réquisitions portées
« dans cet ordre. »

ARTICLE 15.

Action spéciale contre la contrefaçon.

315. « Quiconque, après la passation de cette loi, dans un lieu
« quelconque des domaines bretons, imprimera ou fera imprimer,
« soit pour la vente, soit pour l'exportation, un livre protégé par
« la loi concernant la propriété littéraire, sans le consentement
« par écrit de son propriétaire, ou importera, pour le vendre ou le
« louer, un pareil livre illégalement imprimé, de contrées au delà
« de la mer, ou, sachant que ce livre a été ainsi frauduleusement
« imprimé ou importé, vendra, publiera, ou exposera en vente ou
« location, ou fera vendre, publier, ou exposer en vente ou loca-
« tion, ou aura en sa possession, pour le vendre ou le louer, un
« pareil livre ainsi frauduleusement imprimé ou importé, sans le
« consentement susmentionné, le contrefacteur sera passible d'une
« action spéciale au cas, à la requête du propriétaire du droit à la
« propriété exclusive, laquelle sera portée devant une cour de
« record, dans cette partie des domaines bretons dans laquelle la
« contrefaçon aura été commise. En Écosse, le contrefacteur sera
« passible d'une action devant la cour de session d'Écosse, la-
« quelle sera et pourra être intentée et poursuivie de la même
« manière que toute autre action en dommages dont le montant
« peut y être porté et poursuivi. »

316. La loi, prenant sous sa protection la propriété littéraire,
devait donner une action contre l'atteinte qu'on pouvait y porter,
et cette action est donnée par son article 15. Elle autorise à citer,
devant la cour de record du lieu où la contrefaçon est commise, le
contrefacteur ; et il y a contrefaçon, lorsque, sans le consentement
écrit du propriétaire, on imprime ou fait imprimer dans un lieu
quelconque des domaines bretons, soit pour l'y vendre, soit pour
l'en exporter, un livre protégé par la loi ; ou lorsqu'on l'y importe,

14.

pour le vendre ou le louer, un livre frauduleusement imprimé à
l'étranger ; ou lorsque, sachant qu'un pareil livre a été frauduleusement imprimé ou importé, on le vend, le publie, le met en vente
ou en location, ou on le fait vendre, publier, mettre en vente ou
en location ; enfin, lorsqu'on a en sa possession, pour le vendre
ou le louer, un tel livre ainsi frauduleusement importé ou imprimé.

ARTICLE 16.

Dans les actions en contrefaçon, le défendeur est tenu de donner
connaissance des moyens par lesquels il entend repousser les droits
du demandeur.

317. « Après la passation de la présente loi, dans toute action
« formée dans les domaines bretons contre un individu pour avoir
« imprimé un livre destiné à être vendu, loué ou exporté, ou pour
« avoir importé, vendu, publié, ou exposé en vente ou location,
« ou avoir fait importer, vendre, publier ou exposer en vente ou
« location, un pareil livre, le défendeur, répondant à cette action,
« donnera au demandeur connaissance par écrit des objections
« sur lesquelles il prétend appuyer ses moyens de défense à l'ac-
« tion. Si la nature de cette défense est que le demandeur au pro-
« cès n'était ni l'auteur ni le premier éditeur du livre donnant
« lieu à cette action en réclamation du droit exclusif de propriété
« littéraire, ou qu'il n'est pas le propriétaire de ce droit exclusif,
« ou que tout autre individu que le demandeur était l'auteur ou le
« premier éditeur de ce livre, et ou est le propriétaire du droit
« exclusif à sa propriété : dans ces cas, le défendeur est tenu de
« spécifier, dans ses conclusions, le nom de la personne qu'il pré-
« tend être l'auteur ou le premier éditeur de ce livre, ou le pro-
« priétaire du droit exclusif de sa propriété, ensemble avec le titre
« de ce livre et la date et le lieu de sa première publication ; autre-
« ment le défendeur à cette action ne sera pas admis, lors du
« procès ou des débats, à fournir la preuve que le demandeur
« n'était ni l'auteur ni le premier éditeur du livre dont il réclame
« la propriété exclusive, comme il est dit, ou qu'il n'était pas le
« propriétaire du droit exclusif à sa propriété ; et lors du procès
« et des débats, il ne sera permis de présenter aucune autre dé-
« fense en faveur du défendeur que celle signifiée dans ses con-
« clusions, ou qu'un autre individu était l'auteur ou le premier

« éditeur de ce livre, ou qu'une autre personne est propriétaire
« du droit exclusif à sa propriété que la personne désignée dans
« ces conclusions, ou de présenter, comme preuve à l'appui de sa
« défense, un autre livre que celui correspondant substantielle-
« ment, quant au titre, à la date et au lieu de la publication, au
« titre, à la date et au lieu spécifiés dans ces conclusions. »

318. Pour éviter les lenteurs et les subtilités dont la chicane
sait si bien se prévaloir, la loi anglaise trace au défendeur la
marche qu'il doit suivre. Comme sa défense constitue une exception, et que dans toute exception le défendeur devient demandeur, *exceptione reus fit actor*, il doit prouver son exception, et
alors il est tenu de signifier ses moyens, à peine de nullité. Ainsi
s'il prétend que le demandeur n'est ni l'auteur, ni le premier éditeur, ni le propriétaire exclusif du livre qui fait l'objet de la contestation, il doit le signifier avant l'audience, en même temps que
les moyens sur lesquels il veut faire reposer cette preuve ; et si, à
l'appui de cette preuve, il déclare qu'un autre est l'auteur, le premier éditeur ou le propriétaire du livre contesté, il doit signifier
le nom de cet individu en même temps que le titre du livre, avec
la date et le lieu de sa première publication. Si ces moyens ne
sont pas signifiés avant l'audience, le défendeur sera repoussé,
encore qu'il demande à les justifier à l'audience même. La loi est
précise ; elle veut que le défendeur signifie ses moyens, afin que le
demandeur puisse y répondre.

ARTICLE 17.

Nul, excepté le propriétaire, etc., ne pourra importer dans les
domaines bretons, pour y être vendus ou loués, des livres pour
la première fois composés, etc., dans le Royaume-Uni et réimprimés ailleurs, sous peine de leur confiscation, de 10 livres sterling
d'amende et du double de leur valeur. — Des livres peuvent être
saisis par les officiers des douanes ou de l'excise.

319. « Après la passation de la présente loi, nul, s'il n'est pro-
« priétaire du droit exclusif d'une production littéraire, ou s'il
« n'est autorisé par ce propriétaire, ne pourra importer, dans au-
« cune partie du Royaume-Uni, ou dans toute autre partie des
« domaines bretons, pour les vendre ou louer, aucuns livres d'a-
« bord composés, ou écrits, ou imprimés et publiés dans un lieu
« quelconque du Royaume-Uni où est en vigueur la loi sur la

« propriété littéraire, et réimprimés dans un pays ou lieu quel-
« conque hors des domaines bretons. Quiconque n'étant ni pro-
« priétaire, ou autorisé, comme il est dit, importera ou apportera,
« ou fera importer ou apporter, pour les vendre ou louer, des
« livres ainsi imprimés, dans une partie quelconque des domaines
« bretons, contrairement au vœu et à l'esprit de la présente loi,
« ou sciemment vendra, publiera ou exposera en vente, ou mettra
« en location, ou aura en sa possession, pour les vendre ou louer,
« de tels livres, ces livres seront confisqués, et ils seront saisis
« par les officiers de la douane et de l'excise, et détruits par eux.
« Tout contrevenant, dûment convaincu de sa contravention de-
« vant deux juges de paix du comté ou du lieu où seront trouvés
« ces livres, encourra, pour chaque contravention, une amende
« de 10 livres sterling, outre le double de la valeur de chaque exem-
« plaire de ces livres qu'il importera ou fera ainsi importer dans une
« partie quelconque des domaines bretons, ou que, sciemment, il
« vendra, publiera, ou exposera en vente ou mettra en location,
« ou qu'il fera vendre, publier ou exposer en vente, ou mettre en
« location, ou qu'il aura en sa possession pour vendre ou louer,
« contrairement au vœu et à l'esprit de la présente loi, 5 livres
« sterling au profit de l'officier de la douane ou de l'excise, et le
« reste de la pénalité au profit du propriétaire du droit exclusif
« de ce livre. »

320. Pour que la protection de la loi fût efficace, il était nécessaire qu'elle frappât toutes les impressions frauduleuses, aussi
bien celles faites illégalement dans le Royaume-Uni que celles
faites au dehors. De là les pénalités prononcées par cet article.
Ainsi lorsqu'un ouvrage composé, écrit, imprimé ou publié dans
une partie quelconque des domaines bretons, est placé sous la
protection de la loi concernant la propriété littéraire, nul, si ce
n'est son propriétaire ou son représentant légal, ne peut le faire
imprimer ailleurs et l'importer dans les domaines bretons, pour
en disposer des différentes manières spécifiées dans l'article. En
cas d'importation, ces livres sont confisqués, saisis et détruits par
les officiers de la douane ou de l'excise, et, de plus, le contrevenant
est condamné, pour chaque contravention, à 10 livres sterling d'a-
mende, outre le double de la valeur de chaque exemplaire des
livres frauduleusement importés. Il faut remarquer que, si la loi
accorde 5 livres sterling à l'officier qui a procédé à la saisie, elle

accorde les 6 autres livres au propriétaire du droit exclusif, qui a droit, en outre, au double de la valeur des exemplaires saisis.

ARTICLE 18.

Du droit de propriété sur les productions encyclopédiques, périodiques, et autres ouvrages publiés dans des séries, revues et magasins.

321. « Tout éditeur ou autre individu qui, avant ou lors de la
« passation de la présente loi, aura projeté, entrepris ou exécuté,
« ou à l'avenir projettera, entreprendra ou exécutera, ou possédera
« une encyclopédie, une revue, un magasin, un ouvrage pério-
« dique ou un ouvrage publié dans une série de livres, ou des
« parties, ou des livres quelconques, et aura employé ou emploiera
« certains individus pour les composer, ou quelques volumes, des
« parties, des essais, des articles ou des portions d'iceux, pour la
« publication dans ou comme part d'iceux, et si ces ouvrages,
« volumes, parties, essais, articles ou portions ont été ou doivent
« être à l'avenir composés avec cette condition et cette fin, que le
« droit de propriété exclusive en appartiendra à ce propriétaire, à
« celui qui l'aura projeté, à cet éditeur ou directeur, et qu'ils
« l'auront payé, le droit exclusif de propriété sur ces encyclopé-
« dies, revues, magasins, ouvrages périodiques, et ouvrages pu-
« bliés dans une série de livres ou de parties, et sur chaque vo-
« lume, partie, essai, article et portion ainsi composés et payés,
« résidera sur ce propriétaire, celui qui les aura projetés, cet
« éditeur ou entrepreneur, qui auront les mêmes droits que s'ils en
« étaient les auteurs actuels, et ce droit aura la même durée que
« celle donnée par la présente loi aux auteurs de livres. Excepté
« seulement qu'en cas d'essais, d'articles ou de portions faisant
« partie de revues, de magasins ou d'autres ouvrages périodiques
« de même nature, publiés pour la première fois, après le terme
« de vingt-huit ans, à partir de leur première publication respec-
« tive, le droit de les publier, sous une forme séparée, retournera
« à l'auteur pour le reste du terme fixé par la présente loi. Pen-
« dant ce terme de vingt-huit ans, lesdits propriétaire, entrepre-
« neur, éditeur ou directeur ne pourront publier séparément ou
« seuls aucun essai, article ou portion, sans le consentement
« préalablement obtenu de leur auteur ou ses représentants. Au-
« cune des dispositions de la présente loi ne changera ou n'affec-

« tera le droit de quiconque aura été ou sera employé, comme il
« est dit, à publier, sous une forme séparée, toute composition qui
« lui est personnelle, lorsque, par un contrat, il s'est réservé ou se
« réservera expressément ou implicitement ce droit pour lui-
« même. Tout auteur, se réservant, retenant ou ayant un tel
« droit, aura la propriété exclusive de sa composition quand elle
« sera publiée sous une forme séparée, conformément à la présente
« loi, sans préjudice du droit du propriétaire, de l'entrepreneur,
« de l'éditeur ou du directeur, comme il est dit déjà. »

322. Si l'auteur d'une production littéraire doit avoir droit à
toute la protection de la loi, quand il a rempli toutes les formalités qu'elle prescrit, l'éditeur, l'entrepreneur, le directeur ou le
propriétaire d'un ouvrage périodique, ou de tout autre ouvrage
paraissant à termes fixes ou de la manière spécifiée dans cet article, ont également droit à la protection de la loi, mais sous les
deux conditions que les compositeurs de ces différents ouvrages
auront consenti à ce droit et qu'ils en auront été payés. On se
rappelle que la durée de ce droit a été fixé à quarante-deux ans,
à sept ans au delà de la vie de l'auteur, en un mot, aux termes
spécialisés à l'article 3 ci-dessus. Cependant lorsqu'il s'agira d'articles séparés, d'essais, etc., paraissant dans des recueils ou autres
productions périodiques publiés pour la première fois, l'auteur de
ces articles, essais, etc., après le terme de vingt-huit ans, à partir
de leur première publication, aura le droit de les publier sous une
forme séparée, et ce droit durera le reste du terme fixé par la
présente loi. Il faut bien remarquer que ce privilége de vingt-huit
ans accordé aux propriétaire, entrepreneur, éditeur ou directeur
de recueils périodiques, ne s'applique qu'à ces recueils, et ils ne
peuvent, par conséquent, pendant la durée de ces vingt-huit ans,
publier sous une forme séparée les articles, essais, etc., qui auront paru dans leurs recueils périodiques, à moins qu'ils ne soient
porteurs du consentement préalable de leur auteur. Et si cet auteur, tout en livrant ces articles, essais, etc., s'est réservé expressément son droit de propriété exclusive, cette réserve produira
son effet, sans préjudice cependant des droits qu'il aura concédés
au propriétaire, à l'entrepreneur, à l'éditeur ou au directeur du
recueil périodique.

ARTICLE 19.

Les propriétaires d'encyclopédies, d'ouvrages périodiques et d'autres compositions publiées par séries peuvent prendre une seule inscription à la salle des libraires; et par cette inscription, ils auront les mêmes avantages que si le tout avait été enregistré.

323. « Le propriétaire du droit exclusif dans les encyclopédies, « revues, magasins, ouvrages périodiques ou autres ouvrages pu-« bliés par séries de livres ou de parties, auront droit à tous les « avantages de l'enregistrement à la salle des libraires, aux ter-« mes de cette loi, en inscrivant sur ce livre d'enregistrement le « titre de ces encyclopédies, revues, ouvrages périodiques ou au-« tres ouvrages publiés par séries de livres ou de parties, la date « de la première publication du premier volume, numéro, ou de « sa partie, ou du premier numéro ou volume publié pour la pre-« mière fois après la passation de la présente loi, de semblables « ouvrages qui ont été publiés jusque-là, le nom et le lieu de la « demeure du propriétaire et de l'éditeur, quand cet éditeur ne « sera pas en même temps propriétaire. »

324. Il résulte de cet article que, pour s'assurer la propriété exclusive dans une encyclopédie, revue, etc., il suffit de prendre une inscription sur le livre d'enregistrement tenu à cet effet à la salle des libraires à Londres. Cette inscription comprend le titre du recueil périodique, la date de sa première publication et le nom et le lieu de la demeure du propriétaire et de l'éditeur, quand celui-ci ne sera pas en même temps propriétaire. Au moyen de cette inscription, s'il y avait reproduction par un individu non dûment autorisé, le propriétaire du droit exclusif pourrait le poursuivre, et le faire condamner comme contrefacteur aux pénalités prononcées par l'article 17 ci-dessus.

ARTICLE 20.

Les dispositions du statut 3 et 4 de Guillaume IV, chap. 15, sont applicables aux compositions musicales, et le terme du droit de propriété exclusive fixé par la présente loi s'étend à la liberté de représenter des pièces dramatiques et des compositions musicales.

325. « Considérant qu'un acte fut passé dans la 3e année du

« règne de feu Sa Majesté, pour amender la loi relative à la pro-
« priété littéraire dramatique, et qu'il est expédient d'étendre
« le terme de la liberté exclusive de représenter des pièces dra-
« matiques, donné par ledit acte, au terme entier fixé par la pré-
« sente loi pour la conservation du droit de propriété exclusive :
« considérant aussi qu'il est expédient d'étendre aux compositions
« musicales les bénéfices du susdit acte et de la présente loi, les
« dispositions dudit acte de feu Sa Majesté et de la présente loi
« seront applicables aux compositions musicales, et la liberté ex-
« clusive de représenter, ou d'exécuter, ou de faire, ou de per-
« mettre de représenter ou d'exécuter des pièces dramatiques ou
« des compositions musicales, durera et sera la propriété de l'au-
« teur et de ses représentants durant le terme fixé par la présente
« loi pour la durée du droit exclusif de propriété de livres; et les
« dispositions ci-devant relatées concernant ce droit exclusif de
« propriété, ainsi que son enregistrement, seront applicables à la
« liberté de représenter ou d'exécuter des pièces dramatiques ou
« des compositions musicales, comme si elles étaient expressé-
« ment comprises ici, sauf et excepté que la première représen-
« tation ou exécution publique de toute pièce dramatique ou
« composition musicale seront considérées comme équivalentes,
« suivant la construction de la présente loi, à la première publi-
« cation d'un livre. Si une pièce dramatique ou une composition
« musicale sont encore manuscrites, il suffira, pour la personne
« ayant la liberté exclusive de les représenter ou exécuter, ou de
« de les faire représenter ou exécuter, d'enregistrer seulement
« leur titre, le nom et le lieu de la demeure de l'auteur ou du com-
« positeur, le nom et le lieu de la demeure du propriétaire, et la
« date et le lieu de la première représentation ou exécution. »

826. Les compositions dramatiques et musicales étaient régies
par des lois particulières; aujourd'hui elles sont régies par la
même loi que la propriété littéraire : c'est là ce que déclare cet
article 20; et la loi est conséquente, car les compositions musicales et dramatiques sont aussi des productions littéraires. Dès
lors le droit de représenter ces productions dramatiques et d'exécuter ces compositions musicales durera, au profit de leurs auteurs,
tout le temps fixé par l'article 8 ci-dessus, et la loi considère une
première représentation dramatique, et une première exécution
musicale, comme équivalentes à la première publication d'un livre:

c'est donc à partir de cette première représentation ou exécution que commence le droit de propriété exclusive, qui, du reste, n'a son effet qu'après l'enregistrement du titre de l'œuvre sur le registre de la compagnie des libraires. Si ces œuvres sont encore manuscrites, leurs propriétaires exclusifs feront enregistrer seulement le titre de ces œuvres, le nom et le lieu de la demeure de l'auteur ou du compositeur, le nom et lieu de la demeure de ces propriétaires eux-mêmes, et enfin la date et le lieu, ou de la première représentation, ou de la première exécution.

ARTICLE 21.

Les propriétaires du droit de représentations dramatiques ou compositions musicales jouiront de tous les droits accordés par le statut 3 et 4, Guillaume IV, chap. 15.

327. « Tout individu qui, à une époque quelconque, aura la li-« berté exclusive de représenter de telles pièces dramatiques ou « compositions musicales, aura et possédera les actions accordées « et prévues dans ledit acte des 8e et 4e années du règne de feu « Sa Majesté le roi Guillaume IV, passé pour amender les lois « relatives à la propriété littéraire dramatique, pendant toute la « durée de ses droits, aussi complétement que si elles étaient réin-« troduites dans la présente loi. »

328. Les actions accordées par ce statut se trouvent à l'article 2, qui est ainsi conçu : « Quiconque, pendant la durée du droit ex-« clusif susmentionné, contrairement aux prescriptions de la pré-« sente loi, ou du droit de l'auteur ou de son ayant-droit, repré-« sentera ou fera représenter, sans le consentement par écrit de « l'auteur ou du propriétaire, préalablement eu et obtenu, dans un « lieu quelconque de divertissements dramatiques dans les limites « susdites (c'est-à-dire, d'après l'article 1er, dans une partie du « Royaume-Uni de la Grande-Bretagne et d'Irlande, dans les îles « de Man, Jersey, Guernesey, ou toute autre partie des domaines « bretons) une des productions susmentionnées, ou une partie « d'icelles, sera passible, pour chaque représentation, du paye-« ment d'une somme de 50 shillings au moins, ou du montant « intégral des bénéfices ou avantages provenant de cette représen-« tation, ou des dommages et pertes essuyés par le demandeur à « cette occasion, lesquels seront portés au taux le plus élevé, au « profit de l'auteur ou de tout autre propriétaire des productions

« ainsi représentées contrairement au vœu et à l'esprit de la pré-
« sente loi, lesquels seront recouvrés ensemble avec doubles frais
« de poursuite, par cet auteur ou tout autre propriétaire, devant la
« cour ayant juridiction dans ces cas, dans cette partie dudit
« Royaume-Uni ou des domaines bretons dans laquelle la contra-
« vention aura été commise. Et dans toutes les procédures où le
« droit exclusif de cet auteur ou son représentant, comme il est
« dit, sera soumis au droit et à l'autorité susdits, il suffira au de-
« mandeur d'établir qu'il a ce droit exclusif, sans prouver qu'il est
« sujet à ce droit ou cette autorité, ou sans autrement le men-
« tionner (1). »

329. Il résulte de l'article 21 du statut 5 et 6, Victoria, et de
l'article 2 du statut 3 et 4, Guillaume IV, que l'action en contrefaçon de livres et l'action pour indue représentation de pièces
dramatiques ou indue exécution de compositions musicales est
tout à fait différente, tant par le tribunal qui doit la juger, que
par les condamnations qu'il y a lieu de prononcer. En effet, aux
termes de l'article 15 du statut 5 et 6, Victoria, l'action en contrefaçon de livres est portée devant une cour de record, l'action
pour représentation dramatique ou exécution musicale illégales
est portée, d'après l'article 2 du statut 3 et 4, Guillaume IV, devant
toute cour ayant juridiction dans ces cas, c'est-à-dire, les cours
du banc de la reine, des plaids communs ou de l'échiquier. Dans
les contrefaçons de livres, la condamnation doit consister en livres
sterling, outre le double de la valeur des exemplaires saisis d'après
l'article 17 du statut 5 et 6, Victoria; dans les représentations
dramatiques et les exécutions musicales illégales, la condamnation doit consister, pour chaque représentation ou exécution, ou
en 50 shillings, ou en une somme égale au montant des bénéfices obtenus par ces représentations ou exécutions, et outre les
doubles frais de poursuites. Puisque le législateur voulait former
un seul tout des lois concernant les productions intellectuelles,
n'eût-il pas été mieux de faire punir par le même tribunal et de
la même peine les contraventions qu'il voulait arrêter? Telle
est la législation anglaise; elle semble modifier, et elle ajoute aux
difficultés.

(1) Statut 3, Guillaume IV, chap. 15, § 2.

ARTICLE 22.

La délégation du droit exclusif de la propriété d'une pièce dramatique ou d'une composition musicale ne comprend pas le droit de représentation ou d'exécution.

830. « La délégation du droit de propriété exclusive d'un livre « constituant ou renfermant une pièce dramatique ou une com- « position musicale, ne sera pas considérée comme donnant au dé- « légataire le droit de représenter ou d'exécuter cette pièce dra- « matique ou cette composition musicale, à moins qu'une inscription « de cette délégation ne soit faite sur le livre d'enregistre- « ment, dans laquelle sera exprimée l'intention des parties, que « ce droit soit une suite de cette délégation. »

331. La loi anglaise reconnaît deux droits distincts aux au- teurs de pièces dramatiques ou de compositions musicales : le droit de les reproduire par l'impression, ou de toute autre ma- nière, et le droit de les représenter sur la scène ou de les exé- cuter dans un concert. La cession d'un de ces droits n'emporte pas avec elle la cession de l'autre, et c'est pour qu'il ne reste pas de doutes à cet égard que la loi veut que l'inscription de cette ces- sion soit faite sur le livre d'enregistrement de la compagnie des li- braires. Lorsque cette inscription est faite, le délégataire ou l'as- signé a absolument les mêmes droits que le cédant ou l'auteur.

ARTICLE 23.

Les livres contrefaits deviendront la propriété du propriétaire du droit exclusif de cette production littéraire, et pourront être recouvrés par action.

332. « Tous les exemplaires de livres protégés par la loi sur la « propriété littéraire, et dont l'inscription aura été faite sur le- « dit livre d'enregistrement, et qui auront été frauduleusement « imprimés ou importés, sans le consentement préalable, écrit et « signé par le propriétaire enregistré du droit exclusif de cette « propriété littéraire, seront considérés comme étant la propriété « du propriétaire de ce droit exclusif, et qui aura été enregistré « comme tel; et ce propriétaire enregistré, après la demande « qu'il en aura faite par écrit, aura droit d'en poursuivre le re- « couvrement, ou à des dommages-intérêts en cas de détention, « par une action en dessaisine contre quiconque les retiendra, ou

« à en poursuivre le recouvrement et des dommages, en convertis-
« sant cette action en action de trouver (*an action of trover*). »

333. Cet article complète le système des pénalités prononcées
par la loi. Par l'article 15, la contrefaçon peut être poursuivie devant la cour de record du lieu où elle a été commise ; par l'article
17, l'importation illégale d'un livre dans une des parties des domaines bretons donne lieu à une pénalité de 10 livres sterling pour
chaque exemplaire illégalement importé ; par l'article 21, la représentation illégale de productions dramatiques ou l'exécution
illégale de compositions musicales est punie d'une amende de 50
shillings, et enfin par le présent article, outre les pénalités ci-dessus, les productions frauduleuses appartiennent au propriétaire
du droit exclusif, qui a la faculté de s'en faire ordonner la remise par le tribunal spécifié dans chacun des articles qui viennent d'être rappelés.

ARTICLE 24.

Nul propriétaire exclusif d'une production littéraire, après la
passation de la présente loi, ne pourra intenter d'action en contrefaçon avant l'inscription sur le livre d'enregistrement. — Exception à l'égard des pièces dramatiques.

834. « Nul propriétaire exclusif d'une production littéraire
« qui sera publiée pour la première fois après la passation de la
« présente loi, ne pourra soutenir d'action ou de procès en droit
« ou en équité, ni aucune procédure sommaire relativement à la
« contrefaçon de son droit, à moins que, préalablement à son ac-
« tion, son procès ou sa procédure, il n'ait fait faire une inscrip-
« tion de cette production littéraire sur le registre de la compa-
« gnie des libraires, conformément à la présente loi. L'omission
« de faire cette inscription n'affectera pas le droit exclusif de
« propriété, mais seulement le droit de poursuivre ou de procé-
« der à cause de la contrefaçon susmentionnée. Aucune des dis-
« positions de la présente loi ne préjudiciera non plus aux droits
« que le propriétaire exclusif de la faculté de représenter des
« pièces dramatiques aura en vertu de l'acte passé dans la troi-
« sième année du règne de feu Sa Majesté le roi Guillaume IV,
« pour amender les lois relatives à la propriété littéraire dramati-
« que, ou de la présente loi, encore qu'aucune inscription n'en
« ait été faite sur le livre d'enregistrement déjà mentionné. »

335. Il ne suffit pas de tenir un droit de la loi, il faut encore se mettre en état de pouvoir l'exercer, et c'est ce point que règle l'article 24 : il veut que le propriétaire exclusif d'une production littéraire ne puisse user de son droit qu'autant qu'il a établi ce droit par l'inscription de sa production littéraire sur le registre à ce destiné : de là il suit que l'omission de cette inscription n'atteint pas le droit en lui-même, mais la faculté de poursuivre les atteintes portées à ce droit. Si le droit en lui-même n'est pas perdu, mais sommeille seulement par le défaut d'inscription, il peut se réveiller par le fait même de cette inscription, en telle sorte que la production contrefaite avant l'inscription ne pourra plus l'être après cette inscription. C'est là une forte sanction du droit de propriété. La loi cependant fait à cet égard une exception relativement aux pièces dramatiques : leur propriétaire exclusif n'a pas besoin d'une inscription préalable pour poursuivre les atteintes portées à son droit : il peut dès lors, aussitôt qu'il a connaissance de ces atteintes, les déférer immédiatement au tribunal compétent, et immédiatement aussi il est fait droit, aux termes du statut de Guillaume rapporté n° 328.

ARTICLE 25.

Le droit exclusif de propriété littéraire est une propriété personnelle.

336. « Le droit exclusif de propriété littéraire sera considéré « comme propriété personnelle et sera transmissible par legs, ou « en cas d'*intestat*, sera soumis à la même loi de distribution que « toute autre propriété personnelle, et en Écosse il sera considéré « comme bien personnel et mobilier. »

337. Cette définition de la loi place, quant à la propriété littéraire, les étrangers sur la même ligne que les indigènes, mais en ce sens seulement que les productions littéraires sont publiées pour la première fois en Angleterre : car si ces productions sont publiées pour la première fois à l'étranger, pour qu'elles soient protégées par la loi anglaise en Angleterre, il faut qu'il y ait réciprocité en faveur des productions littéraires anglaises par la loi du pays dans lequel auront paru pour la première fois les productions littéraires dont il s'agit : c'est la disposition formelle de l'article 14 du statut 7, Victoria, chapitre 12, rapporté n° 311.

ARTICLE 26.

« Exception péremptoire. — Limitation des actions. — Cette
limitation ne s'applique pas aux actions concernant le dépôt des
livres.

338. « Si une action ou un procès est commencé ou intenté
« contre un individu ou des individus quelconques, pour avoir
« fait ou fait faire quelque chose en contravention à la présente
« loi, le ou les défendeurs pourront opposer toute exception pé-
« remptoire avec les preuves à l'appui. Si sur cette action un
« verdict est rendu en faveur du défendeur, ou si le demandeur
« est déclaré non-recevable, ou s'il abandonne son action, le dé-
« fendeur aura droit de répéter tous ses frais, à raison desquels il
« aura les mêmes moyens que tout défendeur en droit commun.
« Tous procès, actions, bills, dénonciations ou informations pour
« contraventions à la présente loi seront intentés, poursuivis et
« commencés dans les douze mois de leur perpétration, à peine de
« nullité. Cette prescription ne s'appliquera pas et ne sera pas
« considérée comme s'appliquant aux actions, procès, ou autres
« poursuites qui, aux termes de la présente loi, seront ou peu-
« vent être intentés, poursuivis ou commencés pour ou à l'égard
« des exemplaires de livres à déposer pour l'usage de la biblio-
« thèque du Muséum britannique, ou de l'une des quatre biblio-
« thèques ci-devant mentionnées. »

339. Le défendeur, comme dans toute autre action, a le droit
de se retrancher derrière tous les moyens qui peuvent venir à son
secours, et surtout ceux qui peuvent faire tomber immédiatement l'action intentée contre lui. Ainsi, s'il prouve que le
demandeur est sans droits, parce qu'il n'est pas le propriétaire
ou le représentant légal du propriétaire de la production littéraire qui fait l'objet de l'action ; s'il prouve qu'il a abandonné son
action, s'il prouve qu'il s'est passé plus de douze mois depuis
la prétendue contrefaçon, dans tous ces cas, et autres qui peuvent
se présenter, il peut opposer ce moyen péremptoire, et alors il
est déchargé de l'action, et de plus il a droit à tous les frais qu'il
peut avoir faits, et à raison desquels il a une action ordinaire.
La prescription de douze mois ne peut être invoquée que par un
défendeur en contrefaçon. Le propriétaire d'une production littéraire ne peut jamais se prévaloir de cette prescription contre les

établissements qui ont droit aux exemplaires de sa production. Il est donc tenu, et toujours, de délivrer ces exemplaires quand ils lui sont demandés; il doit donc, lorsqu'il a fait son dépôt, conserver le récépissé qui a dû lui en être remis, aux termes des articles 7, 8 et 9 de la présente loi, afin de le représenter en cas de nouvelle demande, ce qui pourrait arriver, par exemple, lors d'un changement de bibliothécaire.

ARTICLE 27.

Sauf les droits des universités et des colléges d'Éton, de Westminster et de Winchester.

340. « Aucune des dispositions de la présente loi n'affectera « ou ne changera les droits des deux universités d'Oxford ou de « Cambridge, les colléges ou maisons d'institution qui en dépen- « dent, les quatre universités d'Écosse, le collége de la sainte et « indivisible Trinité de la reine Élizabeth, près Dublin, et les « autres colléges d'Éton, Westminster et Winchester; quant aux « droits exclusifs de propriété littéraire appartenant déjà, ou qui « appartiendront dorénavant à ces universités et colléges respec- « tivement, nonobstant toutes dispositions contenues dans la pré- « sente loi à ce contraires. »

ARTICLE 28.

Sauf tous les droits, contrats et engagements subsistants.

341. « Aucune des dispositions de la présente loi n'affectera, « n'altérera, ou ne changera aucun droit subsistant au moment « de sa passation, à moins d'exception expresse, et tous les con- « trats, engagements et obligations faits et passés avant sa pas- « sation, ensemble toutes les actions en résultant, resteront en « pleine force, nonobstant toutes prescriptions à ce contraires. »

342. Par l'article 27, les priviléges et les droits des établisse- ments publics qu'il énumère sont conservés; et, par l'article 28, la loi déclare qu'elle n'aura pas d'effets rétroactifs : dès lors les conventions passées sous les lois anciennes, et les actions qui en ont été la suite, sont maintenues. Cette disposition était à peu près inutile; car c'est un principe admis par toutes les nations, que la loi ne dispose jamais que pour l'avenir.

ARTICLE 29.

Territoire de la loi.

343. « La présente loi sera exécutoire dans le Royaume-
« Uni de la Grande-Bretagne et d'Irlande, et dans toutes les par-
« ties des domaines bretons. »

ARTICLE 30.

La présente loi pourra être modifiée dans cette session.

344. « La présente loi pourra être modifiée ou abrogée par
« une loi rendue dans la présente session du Parlement. »

On va voir, par le statut suivant, que le Parlement a usé de
son droit.

Statut 5 et 6 de Victoria, chapitre 45.

Cédules se référant aux prescriptions de la loi précédente.

No 1er.

Formé de la minute du consentement à enregistrer à la salle des libraires.

« Nous soussignés, A. B. , de   , auteur d'un certain livre intitulé :
« Y. Z. (ou la personne représentant l'auteur, suivant le cas) et C. D., de   ,
« attestons que nous avons consenti et agréé accepter les bénéfices de l'acte
« passé en la 5e année du règne de Sa Majesté la reine Victoria , chap. 45, pour
« l'étendue du terme du droit exclusif de propriété littéraire fixé par cet acte,
« et nous déclarons ici que ce terme de propriété est la propriété dudit A. B.
« ou C. D.

« Daté, ce   jour de   18
    « Témoin   (Signé) { *A. B.*
                                     { *C. D.* »

A l'officier enregistreur nommé par la compagnie des libraires.

N° 2.

Forme de requête pour l'enregistrement du droit de propriété.

« Je, A. B., de   certifie par les présentes que je suis propriétaire
« exclusif du livre intitulé : Y. Z., et je vous requiers d'inscrire sur le livre
« d'enregistrement de la compagnie des libraires ma qualité de propriété exclu-
« sive, conformément aux circonstances ci-dessous écrites.

TITRE du livre.	NOM de l'éditeur et lieu de la publication.	NOM et lieu de la demeure du propriétaire du droit exclusif.	DATE de la première publication.
Y. Z.		A. B.	

« Daté, ce   jour de   18

« Témoin, C. D.   (Signé) *A. B.* »

N° 3.

Inscription première du droit exclusif de propriété d'un livre.

DATE de l'inscription.	TITRE du livre.	NOM de l'éditeur et lieu de la publication.	NOM et lieu de la demeure du propriétaire du droit exclusif	DATE de la première publication.
	Y. Z.	A. B.	C. D.	

N° 4.

Forme de la co-inscription d'une partie cédant des droits sur un livre préalablement enregistré.

« Je, A. B., de   voulant céder mon droit exclusif de propriété « du livre ci-dessous décrit, vous requiers d'inscrire ma cession de ce droit, « comme ci-dessus.

TITRE du livre.	NOM du cédant.	NOM du cessionnaire.
Y. Z.	A. B.	C. D.

« Date, ce   jour de   18

« (Signé)   *A. B.* »

15.

N° 5.

Forme de l'inscription d'une substitution dans le droit exclusif de propriété d'un livre préalablement enregistré.

DATE de l'inscription.	TITRE du livre.	NOM du substituant dans le droit exclusif.	NOM du substitué.
	(Relever le titre du livre et rapporter la page du livre d'inscription sur laquelle se trouve l'inscription originale du droit de propriété exclusive).	A. B.	C. D.

Statut de la 7e année de la reine Victoria.

ARTICLE 1er.

Acte pour amender la législation relative au droit international, concernant la propriété exclusive des productions littéraires, dramatiques, musicales et artistiques.

345. « Considérant que, par un acte passé dans la session « du Parlement, tenu dans les 1re et 2e années du règne « de Sa Majesté actuelle, intitulé : *Acte pour assurer aux au-* « *teurs, en certains cas, le bénéfice du droit international de la* « *propriété exclusive des productions littéraires* (lequel acte est « ci-après, pour plus de clarté, dénommé : Acte concernant le droit « international de la propriété exclusive des productions litté- « raires), Sa Majesté était autorisée, par un ordre en conseil, 'à « ordonner que les auteurs de livres, qui après un temps spécifié « dans cet ordre seraient publiés dans un pays étranger, égale- « ment spécifié dans cet ordre, leurs exécuteurs, administrateurs « et représentants auraient seuls la liberté d'imprimer et de « réimprimer ces livres dans les *domaines bretons*, pendant tel « temps déterminé par Sa Majesté dans ledit ordre en conseil, « mais n'excédant pas le terme auquel avaient droit les sujets « *bretons* au moment de la passation dudit acte, relativement « aux livres publiés pour la première fois dans le Royaume-Uni ; « ue ledit acte renferme différentes dispositions assurant aux

« auteurs et à leurs représentants la propriété exclusive des livres
« que concerne cet ordre du conseil ;

« Considérant qu'un acte a été passé dans la session du Parlement
« tenu dans les 5° et 6° années du règne de Sa Majesté actuelle, inti-
« tulé : *Acte modificatif de la législation concernant la propriété
« exclusive des productions littéraires* (lequel est ci-après, pour
« plus de clarté, dénommé : Acte modificatif, concernant la pro-
« priété exclusive des productions littéraires), lequel acte abroge les
« différents statuts qu'il mentionne relatifs au droit exclusif de li-
« vres imprimés, et étend, définit et garantit aux auteurs, comme
« à leurs représentants, la propriété exclusive de ces livres ;

« Considérant qu'un acte a été passé dans la session du Parle-
« ment tenu dans les 3° et 4° années du règne de feu Sa Ma-
« jesté le roi Guillaume IV, intitulé : *Acte modificatif des lois
« relatives à la propriété littéraire dramatique* (lequel acte est
« ci-après, pour plus de clarté, dénommé : Acte concernant la
« propriété littéraire dramatique), par lequel était assurée à
« son auteur ou son représentant la seule liberté de représenter
« ou de faire représenter sur un des théâtres quelconques des do-
« maines bretons toute œuvre dramatique, composée seulement,
« mais non imprimée ou publiée ; que par ledit acte il a été en
« outre ordonné que l'auteur de toute production qui serait à l'a-
« venir imprimée et publiée, ou son représentant, auraient éga-
« lement la seule liberté de représentation jusqu'à l'expiration de
« vingt-huit années à partir de la publication de cette production ;

« Considérant que, par ledit acte modificatif de la législation
« concernant la propriété exclusive des productions littéraires, les
« dispositions de ladite loi concernant la propriété littéraire drama-
« tique et celles dudit acte modificatif de la législation concernant la
« propriété exclusive des productions littéraires, furent déclarées
« applicables aux compositions musicales, et qu'ainsi il fut ordonné
« qu'à l'auteur seul, ou son représentant, appartiendrait, à titre
« de propriété, la seule liber   de représenter ou d'exécuter, de
« faire représenter ou faire exécuter, dans un lieu quelconque
« des domaines *bretons*, toute œuvre dramatique ou toute com-
« position musicale, de donner aussi son consentement à cet effet,
« le tout pendant le temps spécifié dans ledit acte modificatif de
« la législation concernant la propriété exclusive des productions
« littéraires pour la durée de ce droit exclusif de propriété litté-

« raire, il fut aussi ordonné que les dispositions qu'il renferme re-
« lativement à la propriété de ce droit exclusif s'appliqueraient à
« la liberté de représenter ou d'exécuter toute œuvre dramatique
« ou toute composition musicale ;

« Considérant qu'en vertu des quatre actes qui vont être men-
« tionnés, savoir : 1° un acte passé dans la 8° année de feu
« Sa Majesté le roi Georges II, intitulé ; *Acte pour l'encourage-*
« *ment des arts du dessin, de la gravure, de la gravure histo-*
« *rique, à l'eau-forte et d'autres estampes, en en attribuant la*
« *propriété aux inventeurs ou graveurs pendant le temps y*
« *mentionné ;* 2° un acte passé dans la 7° année de feu Sa Ma-
« jesté le roi Georges III, intitulé : *Acte pour modifier et rendre*
« *plus efficace l'acte fait dans la 8° année du règne du roi*
« *Georges II, pour l'encouragement des arts du dessin, de la*
« *gravure, de la gravure historique, à l'eau-forte, et d'autres*
« *estampes, et pour donner et assurer à la veuve Jane Hogarth*
« *la propriété de certaines estampes ;* 3° un acte passé dans la
« 17° année du règne de feu Sa Majesté le roi Georges III, intitulé :
« *Acte pour assurer plus efficacement la propriété des estampes*
« *aux inventeurs et aux graveurs, en les autorisant à poursuivre*
« *et obtenir des dommages-intérêts dans certains cas ;* et
« 4° un acte passé dans la session du Parlement tenu dans les
« 8° et 7° années du règne de feu Sa Majesté le roi Guillau-
« me IV, intitulé : *Acte pour appliquer à l'Irlande la protec-*
« *tion du droit exclusif de propriété sur les gravures et*
« *estampes* (lesquels quatre derniers actes sont, pour plus de
« clarté, dénommés : Actes concernant le droit exclusif de propriété
« relativement aux gravures), quiconque invente, dessine,
« grave, grave à l'eau-forte, grave à demi-teinte noire, ou à clair-
« obscur, ou fait ou donne sur ses propres ouvrages, dessins ou
« inventions, à dessiner, graver, graver à l'eau-forte ou graver à
« demi-teinte noire ou à clair-obscur, toute estampe historique,
« ou de portraits, de tableaux de famille, de paysage ou d'archi-
« tecture, des cartes géographiques, des cartes de marine, des
« plans ou toute autre estampe quelconque ; quiconque aussi grave,
« grave à l'eau-forte, ou grave à demi-teinte noire ou à clair-obs-
« cur, ou fait graver, graver à l'eau-forte, ou graver à demi-teinte
« noire ou à clair-obscur toute estampe prise de peinture, des-
« sin, modèle ou sculpture, soit anciens, soit modernes, en-

« core que cette estampe n'ait pas été gravée ou dessinée sur le
« dessin original de ce graveur, de ce graveur à l'eau-forte ou de
« ce dessinateur, a droit à la propriété exclusive de ces estampes
« pendant le terme de vingt-huit ans, à partir de leur première
« publication; et par ces quatre actes, dénommés :Actes concernant
« le droit exclusif de propriété relativement aux gravures, il est
« ordonné que le nom du propriétaire sera fidèlement gravé sur
« chaque planche, et imprimé sur chaque estampe, et des actions
« sont ouvertes contre les atteintes portées aux droits en résultant;

« Considérant qu'en vertu d'un acte passé dans la 38ᵉ année du
« règne de feu Sa Majesté le roi Georges III, intitulé : *Acte pour*
« *l'encouragement de l'art de faire de nouveaux modèles et*
« *moules de bustes et autres objets y mentionnés;* et d'un autre
« acte, passé en la 54ᵉ année du règne de feu Sa Majesté le roi
« Georges III, intitulé : *Acte pour modifier et rendre plus effi-*
« *cace un acte de Sa Majesté actuelle pour l'encouragement de*
« *l'art de faire de nouveaux modèles et moules de bustes et au-*
« *tres objets y mentionnés, et pour donner de plus grands encou-*
« *ragements à cet art* (lesquels deux actes, pour plus de clarté,
« sont ci-après dénommés : Actes concernant la propriété exclusive
« d'objets de sculpture), quiconque fait ou fait faire toute sculp-
« ture nouvelle ou originale, tout modèle, toute copie ou tout
« moule de figure humaine, tout buste ou toute autre partie de
« figure humaine, revêtue de draperie ou de toute autre manière,
« tout animal ou toute partie d'animal combinée avec une figure
« humaine ou de toute autre manière, tout sujet quelconque fai-
« sant la matière d'une invention en sculpture, tout haut ou bas-
« relief représentant quelques-unes des matières ci-dessus, ou
« des moules de la nature de la figure humaine, ou d'une de ses
« parties, ou d'un animal ou d'une partie d'animal, ou de tout
« autre sujet représentant les matières ci-dessus, soit séparément,
« soit avec combinaison, a droit à la propriété exclusive de ces
« sculptures nouvelles et originales, de ces modèles, de ces copies
« et de ces moules pendant quatorze années, à partir de leur pre-
« mière publication ou production, et, en outre, à une période
« additionnelle de quatorze ans, dans le cas où l'auteur primitif
« est encore vivant à la fin de la première période. Par les mêmes
« actes, il est ordonné que le nom du propriétaire, avec la date
« de la première publication, doit être apposé sur tous les mo-

« dèles, sculptures, copies et moules, et que des actions sont
« ouvertes contre les infractions portées aux droits en résultant;
   « Considérant que les pouvoirs donnés à Sa Majesté par ledit
« acte dénommé, Acte concernant le droit international] de la
« propriété exclusive des productions littéraires, sont insuffi-
« sants pour autoriser Sa Majesté à conférer aux auteurs de livres
« publiés pour la première fois dans les pays étrangers un droit
« exclusif de propriété de la même durée et garanti par les mêmes
« actions, en cas d'atteintes, que ceux conférés et prévus par
« ledit acte modificatif de la législation concernant la propriété
« exclusive des productions littéraires, à l'égard des auteurs de
« livres publiés pour la première fois dans les domaines *bretons;*
   « et ledit acte concernant le droit international de la propriété
« exclusive des productions littéraires n'autorise pas Sa Majesté
« à conférer à leurs auteurs le droit exclusif de représenter des
« pièces dramatiques, ou d'exécuter des compositions musicales
« publiées pour la première fois dans les pays étrangers, ni d'éten-
« dre ce privilége de propriété exclusive aux estampes et aux
« sculptures publiées pour la première fois à l'étranger, il est
« dès lors convenable d'augmenter les pouvoirs de Sa Majesté
« à cet égard, et dans ce but d'abroger ledit acte concernant la
« propriété exclusive des productions littéraires, de donner d'au-
« tres pouvoirs à Sa Majesté, et d'établir les nouvelles disposi-
« tions ci-après mentionnées : en conséquence, il est ordonné par
« la très-excellente Majesté de la reine, par et de l'avis et con-
« sentement des lords spirituels et temporels et des communes
« en ce présent Parlement assemblés, et aussi de leur autorité,
« que l'acte susdit dénommé, Acte concernant le droit interna-
« tional de la propriété exclusive des productions littéraires, est
« et demeure abrogé. »

346. Il résulte du préambule de ce statut, qui en constitue
l'article premier, que l'acte des 1re et 2e années de Victoria est
abrogé : mais que les autres actes qu'il mentionne sont main-
tenus et constituent avec la présente loi la législation générale
sur le droit international de propriété exclusive de toutes les
productions littéraires, dramatiques, musicales et artistiques.
Ainsi sont encore en vigueur, 1° l'acte modificatif des 5e et 6e
années de Victoria, dénommé : Acte modificatif de la législation
concernant la propriété exclusive des productions littéraires,

et rapporté en entier page 198 et suivantes; 2° l'acte modificatif
des 3° et 4° années de Guillaume IV, dénommé, Acte concernant
la propriété littéraire dramatique; 3° les actes 8 de Georges II, 7
de Georges III, 17 de Georges III, et 6 et 7 de Guillaume IV,
dénommés, Actes concernant le droit exclusif de propriété relativement aux gravures, et 4° les deux actes 38 et 54 de Georges III,
dénommés, Actes concernant la propriété exclusive d'objets de
sculpture. Mais les dispositions de ces différents actes se trouvant
reproduites dans la loi actuelle, elle forme sur la matière une
législation complète, ainsi que nous l'avons dit, et dont la connaissance sera pour les étrangers du plus haut intérêt.

ARTICLE 2.

Sa Majesté, par un ordre en conseil, peut déclarer que les auteurs, etc., d'ouvrages publiés pour la première fois dans les pays
étrangers, en auront la propriété exclusive dans ses domaines.

347. « Pourra Sa Majesté, par un ordre en conseil, déclarer
« que, relativement à toutes ou chacune des classifications des
« ouvrages suivants, savoir : livres, estampes, articles de sculp-
« ture et autres ouvrages d'art spécifiés dans cet ordre, et qui,
« après une certaine période également spécifiée dans ledit ordre,
« seront publiés pour la première fois dans un pays étranger aussi
« spécifié dans ledit ordre, leurs auteurs, inventeurs, dessina-
« teurs, graveurs et fabricants respectifs, ainsi que leurs exécu-
« teurs, administrateurs et représentants, auront le privilége de
« leur propriété exclusive pendant telle période qui sera détermi-
« née dans cet ordre, mais n'excédant pas, pour les ouvrages ci-
« dessus mentionnés, le terme du droit exclusif de propriété qui
« peut appartenir aux auteurs, inventeurs, dessinateurs, graveurs
« et fabricants d'ouvrages semblables, publiés pour la première
« fois dans le Royaume-Uni, conformément aux actes respectifs
« ci-devant rappelés, ou conformément aux actes qui pourront
« être rendus dans la suite sur la même matière. »

348. Comme on le voit, la reine pourra accorder à leurs auteurs, etc., le privilége de la propriété exclusive de leurs productions. Cette concession se fera par un ordre du conseil, et cet
ordre comprendra : 1° la spécification de la production; 2° le
délai dans lequel ces productions seront publiées dans les pays
étrangers; 3° le nom du pays où se feront ces publications, et

4° enfin, la durée du privilége du droit exclusif. Cette durée, dans aucun cas, ne peut dépasser celle à laquelle a droit un sujet naturel-né. Il est placé sur la même ligne que celui-ci, et sous ce rapport, la disposition de cet article est conforme à celle de l'article 4 du statut 7 et 8 de Victoria, chap. 66; mais il faut bien remarquer que ce privilége de droit exclusif de propriété ne s'applique qu'aux productions publiées *pour la première fois* dans un pays étranger.

ARTICLE 3.

Si l'ordre concerne des livres, les lois concernant le droit de propriété exclusive des livres publiés pour la première fois en Angleterre s'appliqueront aux livres dont il est question dans cet ordre, avec certaines exceptions.

340. « Dans le cas où l'ordre en conseil concernerait des li- « vres, toutes et chacune des dispositions dudit acte modificatif « de la législation concernant la propriété exclusive des produc- « tions littéraires, ou de tout autre acte alors en vigueur, concer- « nant la propriété exclusive de livres publiés pour la première « fois en Angleterre, seront, à partir de et après l'époque qui sera « spécifiée à cet effet dans cet ordre, époque soumise, quant à sa « limite, à la durée du droit de propriété exclusive fixée dans ledit « ordre, applicables et exécutoires à l'égard des livres dont il est « question dans cet ordre, lorsqu'ils auront été enregistrés comme « il sera dit ci-après, et ce de la même et semblable manière que « si ces livres avaient été publiés pour la première fois dans le « Royaume-Uni, sauf et excepté celles desdites dispositions ou « celles de leurs parties spécifiées dans ledit ordre, comme aussi « sauf et excepté celles desdites dispositions relatives à la remise « de certains exemplaires de livres à la bibliothèque du Muséum « britannique, et à ou pour l'usage des autres bibliothèques men- « tionnées dans ledit acte modificatif concernant la propriété ex- « clusive des productions littéraires. »

350. La loi, dans cet article comme dans le précédent, ne fait aucune distinction entre la publication faite pour la première fois en pays étranger ou en Angleterre; mais elle y met des conditions qui s'expliqueront dans les articles suivants, notamment, l'enre-gistrement des livres publiés sur le registre de la compagnie des libraires de Londres. Elle veut dès lors que les dispositions de l'acte modificatif rappelé leur soient applicables, à l'exception

cependant de celles spécifiées dans l'ordre en conseil, et à l'exception de celles relatives à la remise des exemplaires aux bibliothèques qu'il mentionne.

ARTICLE 4.

Si l'ordre du conseil concerne des estampes, sculptures, etc., la loi concernant la propriété exclusive des estampes ou sculptures publiées pour la première fois en Angleterre sera applicable aux estampes et sculptures, etc., que cet ordre concerne.

351. « Dans le cas où cet ordre concernerait des estampes, des « articles de sculpture ou tous autres ouvrages d'art, toutes et « chacune des dispositions desdites lois concernant la propriété « exclusive des objets de gravure et de sculpture, ou de toutes « autres lois alors en vigueur relatives à la propriété exclusive des « estampes ou articles de sculpture publiés pour la première fois « en Angleterre, comme aussi de toutes autres lois alors en vi- « gueur relatives à la propriété exclusive de tous autres semblables « ouvrages publiés pour la première fois en Angleterre, seront, à « partir de et après l'époque spécifiée à cet effet dans cet ordre, « époque soumise, quant à sa limite, à la durée du droit de pro- « priété exclusive fixée dans ledit ordre, applicables et obliga- « toires à l'égard des estampes, articles de sculpture et autres ou- « vrages d'art, dont il est question dans cet ordre, lorsqu'ils « auront été enregistrés, comme il sera dit ci-après, et ce de la « même et semblable manière que si ces articles et autres ouvra- « ges d'art étaient publiés pour la première fois dans le Royaume- « Uni, sauf et excepté celles desdites dispositions ou celles de « leurs parties spécifiées dans cet ordre. »

352. Cet article établit, à l'égard des estampes, objets de sculpture et tous autres ouvrages d'art, le même principe que celui établi par l'article précédent, concernant les productions littéraires. Après l'accomplissement de certaines formalités, les estampes, objets de sculpture, etc., sont protégés par un droit de propriété exclusive, comme s'ils avaient été publiés pour la première fois en Angleterre.

ARTICLE 5.

Sa Majesté peut déclarer, par un ordre en conseil, que les au- teurs et compositeurs de pièces dramatiques et compositions mu- sicales, pour la première fois publiquement représentées et exé- cutées dans les pays étrangers, jouiront de semblables droits dans les domaines *bretons*.

353. « Pourra Sa Majesté, par un ordre en conseil, déclarer
« que les auteurs de pièces dramatiques et compositions musicales
« qui, après un certain temps spécifié dans cet ordre, seront pour
« la première fois publiquement représentées ou exécutées dans
« un pays étranger dénommé dans cet ordre, auront seuls la li-
« berté de représenter ou exécuter dans un lieu quelconque des
« domaines *bretons* ces pièces dramatiques ou compositions musi-
« cales, pendant telle période qui sera déterminée dans ledit or-
« dre, mais n'excédant pas la période durant laquelle les auteurs
« de pièces dramatiques et de compositions musicales pour la pre-
« mière fois publiquement représentées ou exécutées dans le
« Royaume-Uni, sont autorisés par la loi alors en vigueur à avoir
« la liberté exclusive de les représenter et exécuter ; et à partir de
« et après le temps ainsi spécifié dans ledit ordre, les dispositions
« de ladite loi concernant le droit de propriété exclusive des pro-
« ductions littéraires dramatiques, ensemble celles de l'acte modi-
« ficatif concernant la propriété exclusive des productions litté-
« raires, et de toute autre loi alors en vigueur relative à la
« liberté de représenter et exécuter publiquement des pièces dra-
« matiques et des compositions musicales, seront, pendant l'in-
« tervalle de la durée du droit conféré par cet ordre, laquelle durée
« y sera fixée, applicables et obligatoires, en ce qui concerne les
« pièces dramatiques et les compositions musicales dont il est
« question dans ledit ordre, et lorsqu'elles auront été enregistrées,
« comme il sera dit ci-après, et ce de la même et semblable ma-
« nière que si ces pièces dramatiques et ces compositions musi-
« cales avaient été pour la première fois représentées et exécutées
« dans les domaines *bretons*, sauf et excepté celles de ces dispo-
« sitions ou celles de leurs parties qui seront spécifiées dans ledit
« ordre. »

354. Cet article complète le système établi par la loi. Par
l'article 3 elle accorde le droit exclusif de propriété aux productions littéraires ; par l'article 4 elle accorde ce droit exclusif aux
estampes, objets de sculpture et autres ouvrages d'art ; par l'article 5 elle l'accorde aux pièces dramatiques et aux compositions
musicales ; et toutes ces productions publiées, représentées ou
exécutées pour la première fois dans un pays étranger dénommé
dans l'ordre du conseil, qui spécifie également ces productions,
jouissent, en Angleterre, des mêmes droits de propriété exclusive

que les productions semblables publiées pour la première fois en
Angleterre; l'ordre du conseil fixe la durée de ce privilége, qui,
dans aucun cas, ne peut dépasser celle accordée aux indigènes,
mais le tout sous la condition d'un enregistrement préalable, dont
il va être question dans l'article suivant.

ARTICLE 6.

Formalités à observer pour l'enregistrement et la remise des
exemplaires.

355. « Nul auteur de livre, de pièce dramatique ou de compo-
« sition musicale, non plus que leurs exécuteurs, administrateurs
« ou représentants ; nul inventeur, dessinateur ou graveur d'es-
« tampes, nul fabricant d'articles de sculpture ou autres ouvrages
« d'art, non plus que leurs exécuteurs, administrateurs ou repré-
« sentants, n'auront droit aux bénéfices du présent acte, ni d'au-
« cun ordre du conseil rendu conformément à ses dispositions, à
« moins que, dans le délai ou les délais prescrits à cet effet dans
« cet ordre, ces livres, pièces dramatiques, compositions musi-
« cales, estampes, articles de sculpture ou autres ouvrages d'a ',
« n'aient été enregistrés, et que des exemplaires n'en aient été re-
« mis, comme il va être dit, savoir : en ce qui regarde les livres,
« comme aussi les pièces dramatiques ou compositions musicales
« (dans le cas où elles auraient été imprimées), le titre de ces exem-
« plaires, le nom et le lieu de la demeure de l'auteur ou compositeur,
« le nom et le lieu de la demeure du propriétaire du droit à leur
« propriété exclusive, l'époque et le lieu de leur première publi-
« cation, représentation ou exécution, suivant le cas, dans le pays
« étranger dénommé dans ledit ordre du conseil en vertu duquel
« sont réclamés les bénéfices du présent acte, seront inscrits sur
« le registre de la compagnie des libraires de Londres, et un
« exemplaire imprimé de l'ouvrage entier, de la pièce dramatique
« ou de la composition musicale, dans le cas où elles auraient été
« imprimées, comme aussi de chaque volume, le tout sur le meil-
« leur papier employé pour l'impression du plus grand nombre
« d'exemplaires destinés à la vente de ces livres, pièces drama-
« tiques ou compositions musicales, ensemble avec les cartes et
« estampes y relatives, seront remis à l'officier de la compagnie
« des libraires à la chambre de ladite compagnie ; et en ce qui re-
« garde les pièces dramatiques et les compositions musicales en

« manuscrit, leur titre, le nom et le lieu de la demeure de leur
« auteur ou compositeur, le nom et le lieu de la demeure du pro-
« priétaire du droit de les représenter ou exécuter, l'époque et le
« lieu de leur première représentation ou exécution dans le pays
« nommé dans l'ordre du conseil en vertu duquel sont réclamés
« les bénéfices du présent acte, seront inscrits sur ledit registre
« de ladite compagnie des libraires de Londres; et en ce qui re-
« garde les estampes, leur titre, le nom et le lieu de la demeure
« de leur inventeur, graveur ou dessinateur, le nom et la demeure
« du propriétaire du droit à leur propriété exclusive, l'époque et
« le lieu de leur première publication dans le pays étranger dé-
« nommé dans l'ordre du conseil en vertu duquel sont réclamés
« les bénéfices du présent acte, seront inscrits sur ledit registre
« de ladite compagnie des libraires de Londres; et un exemplaire
« de ces estampes sur le meilleur papier employé pour l'impres-
« sion du plus grand nombre d'exemplaires destinés à la vente,
« sera remis à l'officier de la compagnie des libraires à la cham-
« bre de ladite compagnie; et, enfin, en ce qui regarde les articles
« de sculpture ou de tout autre ouvrage d'art, comme dit est,
« leur titre descriptif, le nom et le lieu de la demeure de leur fa-
« bricant, le nom et le lieu de la demeure du propriétaire du droit
« à leur propriété exclusive, l'époque et le lieu de leur première
« publication dans le pays étranger dénommé dans l'ordre du
« conseil en vertu duquel sont réclamés les bénéfices du présent
« acte, seront inscrits sur ledit registre de ladite compagnie des
« libraires de Londres ; et l'officier de ladite compagnie des li-
« braires, en recevant les exemplaires à lui remis, comme il est
« dit ci-devant, en donnera un récépissé par écrit, et cette remise
« sera, à tous égards, considérée comme une remise satisfactoire
« aux dispositions du présent acte. »

356. Pour jouir des priviléges accordés par la présente loi, les
auteurs des ouvrages énumérés dans cet article sont tenus de
remplir deux formalités : la première, de faire faire sur le registre
à ce destiné, et tenu par l'officier de la compagnie des libraires
de Londres, une inscription de leurs ouvrages; et la seconde, d'en
déposer un exemplaire. Cette inscription, qui doit être faite dans
le délai prescrit par l'ordre du conseil, comprend le titre de la
production littéraire ou artistique, le nom et le lieu de la demeure
du propriétaire du droit exclusif, l'époque et le lieu de la pre-

mière publication, représentation ou exécution, et le nom du pays où elle s'est faite à l'étranger. Quant au dépôt de l'exemplaire, il se fait de l'ouvrage entier, avec ses estampes, cartes, etc., et de la plus belle édition mise en vente, lorsqu'il s'agit d'ouvrages imprimés; quant aux productions manuscrites, le dépôt d'aucun exemplaire n'en est exigé, mais l'inscription doit en être faite sur le registre à ce destiné, comme il est dit pour les productions imprimées. La même inscription a lieu pour les estampes et objets de sculpture et autres ouvrages d'art; mais le dépôt d'exemplaires n'est exigé que pour les étrangers, et non pour les objets de sculpture et autres ouvrages d'art; il suffit d'un titre descriptif pour leur inscription, avec le nom et la demeure de leurs auteurs, etc.

Lorsque l'exemplaire exigé est remis à l'officier de la compagnie des libraires de Londres, celui-ci en donne un récépissé écrit, et cette remise, ainsi constatée, assure à l'auteur ou au propriétaire leur droit exclusif.

ARTICLE 7.

Lorsqu'un livre est publié sous l'anonyme, le nom de l'éditeur suffit.

357. « Si un livre est publié sous l'anonyme, il suffira d'insé- « rer dans son enregistrement sur le registre le nom et le lieu de « la demeure de son premier éditeur, au lieu du nom et de la de- « meure de son auteur, ensemble avec la déclaration que cet en- « registrement est fait, soit au profit de l'auteur, soit au profit « de ce premier éditeur, le cas échéant. »

358. L'éditeur, dans le cas prévu par cet article, remplace l'auteur qui a voulu garder l'anonyme. Il est assujetti, dès lors, à remplir toutes les formalités exigées par la loi de celui-ci. Toutefois, cet éditeur a le droit de remplir ces formalités, aussi bien dans son intérêt personnel que dans l'intérêt de l'auteur, qui a voulu garder l'anonyme. Les formalités sont, comme on l'a vu aux deux numéros précédents, l'inscription sur le registre de la compagnie des libraires de Londres, et le dépôt d'un exemplaire, le cas échéant.

ARTICLE 8.

Les dispositions de l'acte modificatif de la législation concernant la propriété exclusive des productions littéraires, en ce qui regarde l'enregistrement sur le registre de la compagnie des libraires de Londres, s'appliquent aux enregistrements ordonnés par la présente loi.

359. « Toutes les dispositions dudit acte modificatif de la lé-
« gislation concernant la propriété exclusive des productions
« littéraires, relatives à la tenue du registre de la compagnie des
« libraires, sa vérification, les renseignements à y puiser, et la
« remise de copies certifiées et timbrées, la preuve attachée à ces
« copies, l'inscription de faux enregistrements sur ce registre, et
« la production faite comme preuve légale de papiers faussement
« présentés pour des copies des enregistrements faits sur ce livre,
« les demandes portées devant les cours et les juges par les in-
« dividus lésés par des enregistrements sur ce registre, et la ra-
« diation et le changement de ces enregistrements, s'appliqueront
« aux livres, aux pièces dramatiques, aux compositions musicales,
« aux estampes, aux articles de sculpture et aux autres ouvrages
« d'art, dont il sera question dans l'ordre du conseil rendu con-
« formément à la présente loi, comme aussi aux enregistrements
« et substitutions du droit de propriété exclusive en faveur des
« nouveaux propriétaires; le tout de la même et semblable ma-
« nière que si ces dispositions étaient expressément comprises
« dans la présente loi, sauf et excepté que les formes de l'enre-
« gistrement prescrit par ledit acte modificatif pourront être va-
« riées suivant les circonstances, et que la somme due à l'officier
« de ladite compagnie des libraires pour inscrire l'enregistrement
« voulu par la présente loi sera d'un shilling seulement. »

360. Cet article rappelant les dispositions de l'acte modificatif
5 et 6 de Victoria, chap. 45, que nous avons rapporté en entier
dans le chap. 1er, il suffit de se reporter à ce chapitre, page 58,
pour connaître ces dispositions; seulement le droit de 5 shillings
exigé par l'article 13 dudit acte modificatif est réduit à un seul
shilling.

ARTICLE 9.

Du mode de faire rayer ou changer un enregistrement basé
sur une première publication frauduleuse.

361. « Tout enregistrement fait, conformément à la présente
« loi, d'une première publication, fera preuve péremptoire, *prima*
« *facie*, d'une première publication légale; mais s'il y a une pre-
« mière publication frauduleuse, et si une partie s'en prévaut pour

« obtenir l'enregistrement d'un ouvrage supposé, aucun ordre
« de radiation ou de changement de cet enregistrement ne sera
« rendu, à moins qu'il ne soit suffisamment prouvé à la cour
« ou au juge qui prendra connaissance de la demande pour la ra-
« diation ou le changement de cet enregistrement : 1° en ce qui
« concerne une publication frauduleuse dans un pays auquel
« l'auteur ou le premier éditeur n'appartient pas et à l'égard du-
« quel il n'existe avec l'Angleterre aucun traité de droit interna-
« tional sur la propriété littéraire, que la partie demanderesse est
« l'auteur ou le premier éditeur suivant le cas; et 2° en ce qui
« concerne une première publication frauduleuse, soit dans le pays
« où une première publication légale a été faite, ou à l'égard du-
« quel il existe avec l'Angleterre un traité de droit international
« sur la propriété littéraire, qu'une cour ayant juridiction com-
« pétente dans le pays où cette première publication frauduleuse
« a eu lieu, a rendu un jugement favorable au droit de la partie
« demanderesse et qui se prétend l'auteur, ou le premier éditeur
« de l'ouvrage contrefait. »

362. L'enregistrement prescrit n'est pas une vaine formalité;
il établit un droit positif, un droit péremptoire; en un mot, une
preuve, qui, *prima facie*, suffit aux yeux de la loi pour arrêter
et punir la contrefaçon, ou toute première publication frauduleuse. Mais en même temps que cette preuve est produite, il faut
que celui qui s'en prévaut prouve également le droit qu'il a de
s'en prévaloir, c'est-à-dire, qu'il est l'auteur ou le premier éditeur. Lorsque cette double preuve est établie, si une première publication frauduleuse est faite dans un pays étranger qui n'a pas
avec l'Angleterre de traité concernant le droit international de
propriété littéraire exclusive, et que l'auteur de cette première
publication frauduleuse ait fait inscrire son ouvrage frauduleux
sur le registre de la compagnie des libraires de Londres, l'individu
lésé par cet enregistrement, encore qu'il n'appartienne pas au
pays dans lequel s'est faite la première publication frauduleuse,
obtiendra des cours de justice anglaise la radiation de cet enregistrement; elles l'ordonneront également, dans le cas où cet enregistrement aurait eu lieu par suite d'une première publication
frauduleuse faite dans un pays étranger où aurait été faite une
première publication légale, ou qui aurait, avec l'Angleterre, un
traité concernant le droit international de propriété littéraire ex-

clusive ; mais dans ces deux derniers cas, il faudrait que le demandeur rapportât une décision de magistrats compétents, rendue
dans le pays où aurait été faite la première publication frandu-
leuse, et que cette décision eût consacré la légitimité de ses
droits.

363. La doctrine qui résulte de cet article est en harmonie
avec celle dont nous avons parlé au chap. 11, concernant l'effet,
en Angleterre, des jugements rendus dans les pays étrangers. On
peut se rappeler, notamment, l'opinion de Wheaton, rapportée
au n° 226.

ARTICLE 10.

Il est défendu d'importer en Angleterre des exemplaires de
livres protégés par le droit de propriété exclusive établi par la
présente loi, et imprimés dans des pays étrangers, autres que
ceux où ils ont été imprimés pour la première fois.

364. « Tous les exemplaires de livres dont la propriété exclu-
« sive est protégée par la présente loi, ou par un ordre en con-
« seil, rendu en conformité d'icelle, imprimés ou réimprimés
« dans un pays étranger, excepté celui où ces livres ont été pu-
« bliés pour la première fois, sont expressément prohibés dans
« toutes les parties des domaines *bretons*, à moins qu'il n'y ait
« consentement du propriétaire du droit exclusif dûment inscrit
« sur le registre, ou de son agent, à ce autorisé par écrit. Et en
« cas d'importation contraire à la présente prohibition, les livres
« importés, ainsi que les importateurs, seront passibles des péna-
« lités prononcées en pareil cas par les lois des douanes ; et, quant
« aux exemplaires ainsi importés contrairement à la prohibition,
« comme aussi quant aux exemplaires frauduleusement impri-
« més, dans un lieu quelconque, de livres à l'égard desquels
« existe le droit exclusif de propriété littéraire, quiconque aura
« importé dans une partie des domaines *bretons* ces exemplai-
« res prohibés ou frauduleusement imprimés, ou sciemment
« vendra, publiera, ou exposera pour être vendus ou loués, ou
« fera vendre, publier, ou exposera pour être vendus ou loués,
« ou aura en sa possession, pour les vendre ou les louer, des
« exemplaires ainsi illégalement importés ou illégalement impri-
« més, sera passible d'une action spéciale à l'espèce, sur la de-
« mande du propriétaire du droit de propriété exclusive, laquelle

« action sera portée devant les mêmes cours, et y sera suivie de
« la même manière et avec les mêmes restrictions, quant aux
« procédures du défendeur, que celles respectivement prescrites
« dans ledit acte modificatif du droit de propriété littéraire ex-
« clusive (1), et en harmonie avec les actions prescrites par ledit
« acte aux propriétaires de ce droit contre les personnes impor-
« tant ou vendant des livres illégalement imprimés dans les do-
« maines *bretons*. »

365. Cet article défend l'importation des livres dont la propriété exclusive est garantie par la présente loi, et qui ont été
imprimés ou réimprimés dans un pays étranger, autre que celui
où a eu lieu la première publication. Ainsi, si un livre publié pour la première fois à Paris, et pour lequel l'auteur a
obtenu en Angleterre le droit exclusif de propriété en remplissant les formalités voulues par la présente loi, est réimprimé à
Bruxelles, ou dans toute autre ville de la Belgique, ce repaire
des forbans littéraires, cette édition sera prohibée en Angleterre.
Et s'il arrivait que, malgré cette prohibition, des exemplaires
de cette édition frauduleuse s'y trouvassent en vente ou en location, le propriétaire du droit exclusif aurait l'action qui lui est
ouverte par cet article. Ce droit s'arrête lorsqu'il y a autorisation
de la part du propriétaire légal, ou de son représentant légitime : *Unicuique licet juri in favorem suum introducto renuntiare.* On remarquera que l'article comprend dans sa prohibition
les livres illégalement imprimés dans *un lieu quelconque* ; en
telle sorte que cette prohibition frappe aussi bien les livres illégalement imprimés en Angleterre que les livres illégalement imprimés à l'étranger, et que le libraire anglais, ou tout autre
individu qui se permettrait de vendre en Angleterre un ouvrage
illégalement imprimé en Angleterre, où la propriété exclusive
aurait été assurée, tomberait sous le poids des dispositions pénales de cet article.

ARTICLE 11.

L'officier de la compagnie des libraires de Londres est tenu de
déposer les ouvrages reçus à la bibliothèque du Musée britannique.

366. « L'officier de ladite compagnie des libraires de Londres

(1) Statut 5 et 6, Victoria, c. 45, § 17 et 22.

« recevra à la chambre de cette compagnie tous les livres, volu-
« mes ou estampes qui lui seront remis, comme dit est, et dans
« un mois de leur réception, il est tenu de les déposer à la bi-
« bliothèque du Musée britannique. »

ARTICLE 12.

Il n'y a pas lieu au dépôt pour une seconde ou subséquente
édition, qui ne renferme ni changement ni addition.

367. « Il n'y a pas lieu à délivrer à l'officier de ladite compa-
« gnie des libraires un exemplaire imprimé de la seconde ou sub-
« séquente édition des ouvrages remis déjà, à moins qu'ils ne
« comprennent des additions ou changements. »

ARTICLE 13.

Les ordres du conseil peuvent fixer différentes périodes pour
différents pays étrangers et pour différentes classes d'ouvrages.

368. « Des périodes respectives, fixées par les ordres du con-
« seil pour la continuation de pri iléges accordés pour des ou-
« vrages publiés, pour la première foi. . dans les pays étrangers,
« pourront être différentes, suivant les ouvrages publiés pour
« la première fois dans différents pays étrangers, et suivant les
« différentes classes de ces ouvrages. Les délais prescrits pour
« l'enregistrement sur le livre de la compagnie des libraires, et
« pour la remise des livres et autres articles à l'officier de cette
« compagnie, comme il est mentionné déjà, pourront être éga-
« lement différents, suivant les différents pays étrangers, comme
« aussi suivant les différentes classes d'ouvrages ou autres ar-
« ticles. »

369. Les dispositions des trois articles précédents ne présen-
tent aucune difficulté. Les deux premiers règlent certaines formalités à remplir, et le troisième laisse à la reine en conseil le
droit de varier la durée de la continuation du privilége du droit
de la propriété littéraire, dramatique, musicale et artistique exclusive, eu égard aux pays étrangers et à la nature des ouvrages
pour lesquels ce nouveau privilége est demandé Une pareille
demande est totalement du domaine du pouvoir exécutif. Il en
est de même des délais pour l'inscription sur le registre des libraires et la remise des livres et articles à déposer. L'ordre du
conseil a également le droit de les déterminer.

ARTICLE 14.

Nul ordre du conseil ne peut avoir d'effet, s'il ne constate la réciprocité.

370. « Aucun ordre du conseil n'aura d'effet, à moins qu'il ne « constate, comme base de sa délivrance, qu'une protection effi- « cace a été garantie, par la puissance étrangère dénommée dans « cet ordre, en faveur d'individus intéressés dans des ouvrages « publiés pour la première fois dans les domaines de Sa Majesté, « et semblables à ceux compris dans cet ordre. »

371. La législation anglaise, qui a pris pour devise : *Liberté civile et religieuse*, porte atteinte à sa devise en établissant, dans cet article 14, une condition de réciprocité. On voit, en effet, que l'ordre du conseil n'a de force qu'autant qu'il constate ce droit de réciprocité, c'est-à-dire que l'Anglais jouira à l'étranger, quant à ses productions littéraires, dramatiques, musicales et artistiques, de la même faveur que celle que l'habitant de ce pays réclame en Angleterre. Là où cette faveur n'existe pas, le sujet de ce pays ne peut pas la réclamer en Angleterre. Ainsi il n'y a, entre la France et l'Angleterre, aucun traité concernant le droit international de propriété intellectuelle : dès lors cette propriété n'est garantie ni chez l'une ni chez l'autre puissance à l'égard de leurs sujets respectifs. Cependant l'Angleterre, qui ouvre les temples de la justice à l'étranger, soit qu'il s'y présente contre un indigène, soit qu'il s'y présente contre un étranger de la nation ou d'une nation différente, lorsqu'il s'agit de réclamations de toute nature, et encore que le pays auquel cet étranger appartient n'ait pas établi le droit de réciprocité en faveur des Anglais, voilà qu'elle les lui ferme lorsqu'il s'agit de ces hautes conceptions intellectuelles qui font tant d'honneur au génie de l'homme. Si les temples de la justice du pays de cet étranger sont fermés aux Anglais, n'eût-il pas été plus en harmonie avec la grande devise de cette nation de laisser de côté ce droit de réciprocité, qui n'est autre chose qu'un droit d'égoïsme national, et d'entourer sans restriction de sa protection les produits intellectuels de l'homme, quel que soit le pays auquel il appartienne, elle qui déjà lui donne sa protection quand il s'agit même des plus minces intérêts. Que la France ait établi un pareil système; qu'elle laisse sans protection les pro-

duits intellectuels étrangers ; que ses magistrats refusent l'entrée
du temple de la justice, quand les étrangers demandent à y entrer pour y vider les contestations qui s'élèvent entre eux, c'est-là
une grande injustice. Car si, aux termes de l'article 3 du Code
civil des Français, « les lois de police et de sûreté obligent tous
« ceux qui habitent le territoire, » n'ont-ils pas droit à leur
tour à sa protection, qui doit être la conséquence de leur obligation ? Ce n'est pas la première fois qu'on reproche à la législation et à la magistrature françaises leur déni de justice à l'égard
des étrangers. Pourquoi ne pas briser une barrière qui n'est pas
de notre époque ? Si les nations ont tant de propension à se
rapprocher, n'est-il pas de l'intérêt de leurs législateurs de protéger cette propension ? N'est-il pas surtout de l'intérêt des deux
premières nations du monde , dont les principes gouvernemen-
taux sont les mêmes, dont les deux grandes capitales deviendront bientôt, au moyen des chemins de fer, l'unique capitale
du globe, de faire cesser cette anomalie qui n'est plus de notre
temps ? Liberté civile et religieuse ne doit plus être la devise de
l'Angleterre ; elle doit devenir la devise de toutes les nations.

ARTICLE 15.

Les ordres du conseil doivent être publiés dans la *Gazette de
Londres*, et avoir le même effet que la présente loi.

372. « Tout ordre du conseil rendu en vertu de la présente loi
« sera, aussitôt après sa reddition par Sa Majesté en conseil, pu-
« blié dans la *Gazette de Londres*, et à partir du moment de sa
« publication , il aura le même effet que si toutes ses parties
« étaient insérées dans la présente loi. »

373. Par cet article, le pouvoir exécutif devient le pouvoir législatif, et d'après la constitution anglaise, il arrive souvent que le
conseil privé se métamorphose en une sorte de Parlement. C'est
surtout lorsqu'il s'agit de l'administration des colonies que la
reine, en conseil privé, est revêtue du pouvoir législatif; mais il
faut dire aussi que presque toujours les actes émanés dans cette
circonstance du conseil privé sont déposés devant le grand conseil de la nation, devant le Parlement du Royaume-Uni, qui accorde alors au ministère, toujours responsable de ces actes, ce
que les institutions politiques anglaises appellent un bill d'indemnité, c'est-à-dire, un acte d'approbation, ou un bill d'attainder,

c'est-à-dire, un acte d'accusation, qui, porté et soutenu par la Chambre des communes devant la Chambre des pairs, est jugé par celle-ci, qui seule a droit d'acquitter ou de condamner (1).

ARTICLE 16.

Les ordres du conseil doivent être déposés devant le Parlement.

374. « Une expédition de chaque ordre de Sa Majesté en conseil, « rendu en vertu de la présente loi, sera déposée sur le bureau des « deux chambres du Parlement, dans les six semaines de leur « passation, si le Parlement est assemblé, sinon dans les six se- « maines qui suivront sa réunion. »

375. Les dispositions de cet article confirment ce que nous avons dit au n° 316. Tout législateur qu'est le conseil privé, il doit néanmoins compte au Parlement des actes qu'il a rendus. Le Parlement est la grande sentinelle de la nation, qui doit toujours être avertie de ce qui s'y passe.

ARTICLE 17.

Les ordres du conseil peuvent être révoqués.

376. « Pourra Sa Majesté, par un ordre en conseil, de temps « en temps révoquer ou changer tout ordre en conseil préalable- « ment rendu en vertu des dispositions de la présente loi, sans « préjudicier, toutefois, à tous droits acquis antérieurement à « cette révocation ou à ce changement. »

377. Le législateur peut toujours modifier, changer, abroger ses actes : *Qui potest plus, potest et minus;* mais ces changements doivent toujours être motivés. Ainsi le bénéficiaire d'un ordre du conseil qui ne remplit pas les formalités qui lui sont prescrites dans les délais fixés, qui fait des déclarations mensongères, n'a plus droit aux avantages de cet ordre ; il est donc légal de l'en priver ; les circonstances politiques peuvent également donner lieu à ces modifications, mais, dans tous les cas, elles n'ont d'effet que pour l'avenir ; elles ne peuvent porter atteinte aux droits acquis. Du reste, ces ordres de révocation ou de changement doivent,

_____

(1) On peut consulter, sur le mode de procéder criminellement devant le Parlement, l'*Histoire du Parlement d'Angleterre*, par l'auteur du présent ouvrage, t. II.

comme les ordres primitifs, être soumis au Parlement, conformément aux dispositions de l'article 16, mentionnées au numéro 374.

ARTICLE 18.

Les ouvrages traduits ne sont pas compris dans la présente loi.

378. « Aucune disposition de la présente loi ne sera considérée
« comme prohibant l'impression, la publication ou la vente de la
« traduction de tout ouvrage dont l'auteur ou son représentant
« peuvent avoir droit aux bénéfices de la présente loi. »

379. Le droit exclusif de propriété littéraire, garanti par cette
loi, ne s'étend pas aux ouvrages traduits ; il se borne au texte
primitif : ainsi, l'auteur qui veut étendre à une traduction son
droit exclusif doit faire lui-même, ou faire faire lui-même cette
traduction, et remplir, à l'égard de celle-ci, les mêmes formalités
qu'à l'égard du texte primitif, pour pouvoir avoir, sur la traduction, le même privilége que sur le texte primitif. Mais il ne faut
pas oublier que ce nouveau privilége n'aura également lieu qu'autant que l'ordre du conseil aura constaté dans l'une de ses dispositions que la réciprocité est assurée en pareil cas à l'Anglais qui
demanderait le même privilége dans le pays auquel appartient
l'impétrant. Il y a lieu à l'application des prescriptions de l'article 14, transcrit au n° 313 et développé au n° 314.

ARTICLE 19.

Nul auteur d'ouvrages publiés pour la première fois en pays
étranger ne peut prétendre à leur propriété exclusive qu'en se
conformant à la présente loi.

380. « Nul auteur de livre ou de pièce dramatique, nul
« compositeur de pièce musicale, nul inventeur, dessinateur ou
« graveur d'estampe, nul fabricant d'article de sculpture ou de
« tout autre ouvrage d'art, comme ci-devant dit est, qui, après la
« passation de la présente loi, seront publiés pour la première fois
« hors des domaines de Sa Majesté, n'auront droit à leur pro-
« priété respectivement exclusive, ou le privilége exclusif de re-
« présenter publiquement les pièces dramatiques, ou d'exécuter
« publiquement les compositions musicales, que de la manière et
« en remplissant les formalités qui établissent leurs droits d'après
« les dispositions de la présente loi. »

381. Cet article n'est pour ainsi dire qu'un résumé de la loi entière. Toutes ses prescriptions se trouvent comprises dans les articles précédents : il les rappelle, en déclarant que le privilége de la propriété exclusive des productions littéraires, dramatiques, musicales et artistiques, ne résultera que de l'accomplissement des formalités voulues, formalités déjà expliquées, et qu'il est inutile de rappeler ici.

ARTICLE 20.

Clause interprétative.

382. « Dans la construction de la présente loi, le mot *livre*
« sera considéré comme comprenant *volume, pamphlet, feuille*
« *de lettre imprimée, feuille de musique, carte géographique,*
« *carte marine* ou *plan;...* l'expression *articles de sculpture* si-
« gnifiera *toutes sortes de sculptures, modèles, copies* et *moules,*
« tels qu'ils sont décrits dans lesdits actes concernant la propriété
« exclusive des objets de sculpture, et à l'égard desquels les pri-
« viléges de droit de propriété exclusive y sont conférés; les mots
« *impression* et *réimpression* comprendront *la gravure et tout*
« *autre mode de multiplier les copies;* l'expression *Sa Majesté*
« comprendra *les héritiers et successeurs de Sa Majesté;* les ex-
« pressions *ordre de Sa Majesté en conseil, ordre en conseil* et
« *ordre* signifieront respectivement *ordre de Sa Majesté agissant*
« *par et avec l'avis du très-honorable conseil privé de Sa Ma-*
« *jesté;* l'expression *officier de la compagnie des libraires* signi-
« fiera *l'officier nommé par ladite compagnie des libraires en*
« *exécution dudit acte modificatif de la législation concernant*
« *le droit exclusif de propriété littéraire;* en parlant de per-
« *sonnes* ou de *choses,* ces mots, quoique au pluriel, signifieront
« aussi *une seule personne ou chose;* et les mêmes mots au sin-
« gulier signifieront *plusieurs personnes ou choses;* tout mot
« comprenant le *masculin* renfermera aussi le *féminin,* à moins
« que, dans ces différents cas, il n'y ait quelque chose dans le su-
« jet ou le contexte qui répugne à cette construction. »

383. Elle est infiniment dangereuse, on peut même dire malheureuse, la législation qui est obligée de recourir à un article
comme celui-ci. Les interprétations qu'il donne semblent vouloir
faire cesser les doutes, et voilà qu'après toutes ces interprétations,
les doutes, les ambiguïtés renaissent plus forts que jamais : à

moins que dans ces différents cas il n'y ait quelque chose dans
le sujet ou le contexte qui répugne à cette construction : qui
décidera cette *répugnance?* Les jurisconsultes auront des opinions
différentes ; les jurys rendront des verdicts différents, les magistrats rendront des jugements différents, et la clause interpréta-
tive formant l'article 20 de la loi actuelle sera interprétée à son
tour de mille manières différentes, par suite de ces derniers mots.
Telle est, en général, la législation anglaise ; c'est un vrai laby-
rinthe, dont le législateur lui-même augmente les détours, tout
en paraissant vous remettre le fil qui doit vous diriger dans ses
sinuosités.

ARTICLE 22.

La présente loi peut être modifiée ou abrogée dans cette ses·
sion du Parlement.

384. « La présente loi peut être modifiée ou abrogée par tout
« acte passé dans la présente session du Parlement. »

385. Il est étonnant de voir chaque acte parlementaire se terminer ainsi, et on se demande pourquoi cette sorte de formule.
Qui ignore que le Parlement peut, ou dans sa session actuelle,
ou dans toute session future, modifier, changer, altérer ou abroger une loi quelconque? Le grand corps politique qui est armé
d'une omnipotence telle qu'il peut briser un trône, peut aussi briser une loi ; tout le monde le sait, et alors pourquoi le rappeler
sans cesse, sinon pour qu'on n'oublie jamais un seul instant cette
omnipotence ? On peut voir, au surplus, ce que nous avons dit à
cet égard au n° 285.

386. On voit que cette loi garantit à tout étranger sa propriété
littéraire, dramatique, musicale et artistique, en Angleterre, si
cette propriété est garantie à l'Anglais dans le pays auquel cet
étranger appartient. L'ordre du conseil doit constater ce point de
droit, et ensuite en remplissant les autres formalités voulues par
la présente loi, c'est-à-dire, en déposant, dans le délai fixé par
cet ordre, un exemplaire de l'œuvre dont on veut s'assurer la
propriété exclusive à la chambre de la compagnie des libraires de
Londres, nul ne peut, sous les peines prononcées, contrefaire cette
œuvre. Nous avons dit, au n° 314, que comme il n'existe, entre
l'Angleterre et la France, aucun traité qui garantisse les productions intellectuelles, et comme la France, en outre, n'a aucune

loi qui assure, à cet égard, à l'étranger, son droit de propriété exclusive de ses productions intellectuelles, elles sont alors, dans
l'un et l'autre pays, exposées à la contrefaçon, puisqu'il n'y a pas
droit de protection réciproque; mais cette doctrine, irréfutable
quand il s'agit de productions littéraires, c'est-à-dire de livres,
de pièces dramatiques et de compositions musicales, est toute
différente lorsqu'il s'agit de productions artistiques, quant à ce
qui concerne la France. Sous ce rapport, en effet, le droit de réciprocité est garanti à l'Anglais en France. Nous en voyons la
preuve dans la loi du 5 juillet 1844, sur les brevets d'invention.
L'art. 27 de cette loi dit : « Les étrangers pourront obtenir, en
« France, des brevets d'invention. » Dès lors, le vœu prescrit par
l'article 14 du statut 7 de Victoria, chap. 12, se trouve rempli,
et il y a lieu à protection réciproque, le cas échéant, pour ce qui
concerne les productions artistiques, ou produits industriels, qui
constituent des inventions nouvelles.

387. Cependant ne pourrait-on pas dire qu'aux termes de
l'article 4 du statut 7 et 8 de Victoria, chap. 66, dont les dispositions sont rapportées dans les différents numéros du chapitre 4
ci-dessus, l'étranger, sujet d'un État ami, ayant, quant à toute
espèce de propriétés personnelles, les mêmes droits en Angleterre
qu'un sujet naturel-né, il peut, par conséquent, comme celui-ci,
réclamer la protection de la loi concernant les productions littéraires, dramatiques et musicales? Cette prétention surtout ne
devrait-elle pas être d'autant plus fondée, que la loi concernant
les étrangers, c'est-à-dire le statut 7 et 8 de Victoria, est du
6 août 1844, tandis que la loi concernant la propriété exclusive
des productions intellectuelles, c'est-à-dire le statut 7 de Victoria,
est du 10 mai 1844, de trois mois antérieure. La prétention ne
serait pas fondée : d'une part, si le législateur, à un si court intervalle, avait voulu renverser ses prescriptions, il l'aurait déclaré
expressément; de l'autre, ces deux lois sont des lois spéciales;
or, il est de principe que les lois spéciales restreignent leurs ap-
plications à leurs espèces, et ne peuvent s'étendre à d'autres lois :
*In toto jure generi per speciem derogatur; et illud potissimum
habetur, quod ad speciem directum est.*

388. Ce n'était pas assez de protéger les productions littéraires,
dramatiques, musicales et artistiques, il y avait encore une autre
production intellectuelle qui avait besoin de la protection spéciale

de la loi : c'est celle concernant les dessins destinés à l'ornement
des articles de fabrication ; et dans un pays comme l'Angleterre,
qui est comme la grande officine du globe, ces dessins constituent
à eux seuls une richesse, car c'est souvent le dessin qui fait prendre un objet d'art, une étoffe plutôt qu'une autre. Cette matière
avait été déjà plus d'une fois l'objet des sollicitudes du législateur
anglais. Ainsi sous Georges III, dans les 27e, 29e, 34e, 38e et
54e années de son règne, c'est-à-dire dans les années 1787, 1789,
1794, 1798 et 1814, comme aussi dans la 2e année du règne de
Victoria (1839), des statuts furent rendus pour encourager les arts
du dessin et de l'impression sur les tissus de lin et de coton, et
assurer aux auteurs de ces dessins ou impression un droit de propriété exclusive pendant un certain temps limité. Les statuts 38
et 54 de Georges III avaient, en outre, pour but spécial d'encourager l'art de faire de nouveaux modèles et de nouveaux moules
de bustes ; mais les sciences et les arts ayant fait depuis cette
époque d'immenses progrès et créé des catégories nouvelles, il a
fallu qu'à son tour la législation établît de nouvelles règles ; et
de là les deux statuts qui renferment toute la législation anglaise sur cette matière, le premier des années 5 et 6 de Victoria
(10 août 1842), et le second des années 6 et 7 de Victoria (22 août
1843). Ces deux statuts étant du plus haut intérêt pour les étrangers, nous les rapporterons en entier, en donnant sur chaque article les éclaircissements qui pourront en faciliter l'intelligence.

Statut 5 et 6 de Victoria, chap. 100 (10 août 1842).

Acte pour consolider et amender la législation concernant le
droit de propriété exclusive des dessins destinés à décorer les articles de fabrique (1).

389. « Considérant que par différents actes mentionnés dans
« la cédule (A), annexée à la présente loi, il fut établi, à l'égard
« des tissus fabriqués y mentionnés, un droit exclusif d'employer
« des modèles nouveaux et originaux pour leur impression durant
« une période de trois mois ;

« Considérant que par l'acte mentionné dans la cédule (B), an-
« nexée à la présente loi, il fut établi, à l'égard de tous les articles,
« excepté la dentelle, et excepté aussi les articles en vue dans les

(1) Statut 6 et 7, Victoria, c. 65, § 1, n° 375.

« actes ci-devant rapportés, un droit exclusif d'employer des des-
« sins nouveaux et originaux pour certains usages et pendant les
« périodes respectives y mentionnées :

« Mais que, quant à la protection accordée par ces actes, rela-
« tivement à l'application de dessins à certains articles de fabrique,
« elle est insuffisante, et qu'il est expédient de l'étendre, mais sous
« les conditions ci-après exprimées ;

« En conséquence, dans cette vue et à l'effet de consolider les
« dispositions desdits actes, il est ordonné, etc. »

ARTICLE 1er.

Commencement de la présente loi et abrogation des lois antérieures.

« La présente loi sera obligatoire à partir du premier jour de
« septembre 1842, et tous les actes mentionnés dans les cé-
« dules (A) et (B), annexées à la présente loi, sont et demeurent
« abrogés. »

En se reportant à ces cédules, on verra quels actes sont
abrogés.

ARTICLE 2.

Exception à l'égard des droits existants.

390. « Malgré l'abrogation de ces actes, les droits de propriété
« exclusive en force sous leur empire continueront à être en vi-
« gueur jusqu'à l'expiration de ces droits ; et à l'égard des contra-
« ventions ou contrefaçons commises contre ces droits avant que
« la présente loi ne produise effet, les pénalités encourues et les
« actions accordées par lesdits actes relativement à ces contraven-
« tions ou contrefaçons, seront applicables, comme si ces actes
« n'avaient pas été abrogés ; mais quant aux contraventions ou
« contrefaçons commises contre ces droits après que la présente
« loi sera en vigueur, les pénalités encourues et les actions accor-
« dées par cette loi, relativement à ces contraventions ou contre-
« façons, seront applicables comme si ce droit de propriété exclu-
« sive avait été conféré par la présente loi. »

391. Cet article déclare que la loi ne dispose que pour l'avenir,
et que dès lors elle n'aura pas d'effet rétroactif ; seulement les
actions nées et les pénalités encourues sous l'empire des lois abrogées, et qui n'auraient pas été encore terminées lorsque celle-ci sera

en force, seront suivies et exécutées suivant les prescriptions de
ces lois abrogées.

ARTICLE 3.

Concession du droit de propriété exclusive (1).

302. « En ce qui regarde tout dessin nouveau et original (ex-
« cepté pour sculpture et autres choses comprises dans les dispo-
« sitions de différents actes mentionnés dans la cédule (C), ci-après
« annexée), soit que ces dessins soient applicables à l'ornement
« d'articles de fabrique ou de toute substance, artificielle ou natu-
« relle, ou en partie artificielle et en partie naturelle, soit que ces
« dessins soient applicables comme modèles, formes ou configura-
« tions, ou pour leur ornement, ou pour deux ou plus de ces
« idées, et quels que soient les moyens employés pour l'applica-
« tion de ces dessins, tels que l'impression, la peinture, la bro-
« derie, le tissage, la couture, le modelage, la moulure, le relief,
« la gravure, la tacheture, ou tout autre moyen quelconque, ma-
« nuel, mécanique ou chimique, séparé ou combiné, le proprié-
« taire de ces dessins, non préalablement publiés, soit dans le
« Royaume-Uni de la Grande-Bretagne et d'Irlande, soit ailleurs,
« aura le droit exclusif de les appliquer aux articles de fabrique
« ou à toutes les substances susmentionnées, sous la condition
« que cette application se fasse dans le Royaume-Uni de la Grande-
« Bretagne et d'Irlande pendant les termes respectifs ci-dessus
« fixés, lesquels termes respectifs courront du moment où ces
« dessins auront été enregistrés conformément à la présente loi,
« savoir :

« A l'égard de l'application de ces dessins à l'ornement de tout
« article de fabrique contenu dans les première, seconde, troisième,
« quatrième, cinquième, sixième, huitième et onzième classes ci-
« après, pendant le terme de trois ans ;

« A l'égard de l'application de ces dessins à l'ornement de tout
« article de fabrique contenu dans les septième, neuvième et
« dixième classes ci-après, pendant le terme de neuf mois ;

« A l'égard de l'application de ces dessins à l'ornement de tout
« article de fabrique ou de substance contenu dans les douzième
« et treizième classes ci-après, pendant le terme de douze mois. »

(1) Statut 6 et 7, Victoria, c. 65, § 2, n° 377.

393. La loi prend sous sa protection tous les dessins nouveaux, quels que soient leurs modes d'application, et quels que soient les articles de fabrique ou de substances auxquels ils soient appliqués ; mais elle exige deux conditions : la première, qu'ils n'aient pas déjà été publiés dans le Royaume-Uni ou ailleurs ; la seconde, qu'ils ne soient employés que là. Ces deux conditions remplies, sa protection dure trois ans, neuf mois ou douze mois, suivant la classe à laquelle appartiennent les articles de fabrique ou substances auxquels ces dessins peuvent être appliqués, c'est-à-dire que, suivant cette classe, le droit de propriété exclusive de ces dessins dure trois ans, neuf mois ou douze mois.

394. La loi a établi treize classes, qui comprennent :

« 1re classe : les articles de fabrique composés en totalité ou « principalement de métal, ou de métaux mélangés ;

« 2e classe : les articles de fabrique composés totalement ou « principalement de bois ;

« 3e classe : les articles de fabrique composés totalement ou « principalement de verre ;

« 4e classe : les articles de fabrique composés totalement ou « principalement de terre ;

« 5e classe : les papiers à tapisser ;

« 6e classe : les tapis (les toiles cirées à parquet, 6 et 7, Vic-« toria, chap. 65, § 5, n° 383) ;

« 7e classe : les châles, si le dessin est appliqué seulement par « impression, ou par tout autre procédé à l'aide duquel les cou-« leurs sont ou peuvent être produites après coup sur le tissu, ou « toute fabrication textile ;

« 8e classe : les châles non compris dans la 7e classe ;

« 9e classe : les laines filées, fils ou chaînes, si le dessin est ap-« pliqué par impression, ou par tout autre procédé à l'aide duquel « les couleurs sont ou peuvent être produites après coup ;

« 10e classe : les tissus composés de lin, de coton, de laine, de « soie, ou de crin, ou de deux ou plus de ces matières, si le dessin « est appliqué par impression, ou par tout autre procédé à l'aide « duquel les couleurs sont ou peuvent être produites après coup « sur le tissu ou sur toute fabrication textile, à l'exception des ar-« ticles compris dans la onzième classe ;

« 11e classe : les fabrications composées de lin, de coton, de « laine, de soie ou de crin, ou de deux ou plus de ces matières, si

« le dessin est appliqué par impression, ou par tout autre pro-
« cédé à l'aide duquel les couleurs sont ou peuvent être produites
« après coup sur le tissu ou les fabrications textiles, lesquels ren-
« trent ou sont compris sous la dénomination technique de *meu-*
« *bles*, et dans lesquels la répétition du dessin sera de plus de
« douze pouces sur huit ;

    « 12ᵉ classe : les tissus non compris dans les classes précé-
« dentes ;

    « 13ᵉ classe : les dentelles et tout article de fabrication ou de
« substance non compris dans les classes précédentes. »

    305. En se reportant aux règles établies dans le n° 335, il en
résulte que les articles de fabrication compris dans les 1ʳᵉ, 2ᵉ, 3ᵉ,
4ᵉ, 5ᵉ, 6ᵉ, 8ᵉ et 11ᵉ classes, donnent droit à une propriété exclusive pendant trois ans, à partir du jour de leur enregistrement;
que les articles de fabrication compris dans les 7ᵉ, 9ᵉ et
10ᵉ classes, donnent droit à la même propriété exclusive pendant
neuf mois, aussi à compter du jour de leur enregistrement; et que
les articles de fabrication ou de substance compris dans les 12ᵉ et
13ᵉ classes, donnent droit à la même propriété exclusive pendant
douze mois.

ARTICLE 4.

*Conditions du droit de propriété exclusive. — Enregistrement.
— Marques constatant l'enregistrement du dessin* (1).

    306. « Nul ne jouira des bénéfices de la présente loi, en ce
« qui regarde les dessins à appliquer pour l'ornement des articles
« de fabrication ou de telle autre substance semblable, à moins
« que ces dessins n'aient été, avant leur publication, enregistrés
« conformément à la présente loi, et à moins qu'au moment de cet
« enregistrement ces dessins n'aient été enregistrés comme devant
« être appliqués à l'un ou quelques-uns des articles de fabrication
« ou de substances compris dans les classes ci-dessus mention-
« nées, en spécifiant le numéro de la classe pour laquelle cet en-
« registrement est fait; à moins aussi que le nom de cette personne
« ne soit enregistré, conformément à la présente loi, comme étant
« le propriétaire de ce dessin; à moins encore qu'après la publi-
« cation de ce dessin, chaque article de fabrication ou de substance

_____

(1) Statut 6 et 7, Victoria, c. 65, n° 379.

« auxquels il sera appliqué, et publié par telle personne, ne porte,
« si l'article de fabrication est un tissu pour l'impression, à l'une
« de ses extrémités, ou s'il est de toute autre espèce ou substance
« susdite, à l'un des bouts ou à la bordure, ou à toute autre place
« convenable, les lettres R^d (enregistré), ensemble avec le numéro
« ou la lettre, ou le numéro et la lettre, et de manière qu'il y ait
« concordance avec la date de l'enregistrement de ce dessin sur
« le registre des dessins tenu à cet effet; ces marques pourront être
« apposées sur tout article de fabrication ou substance, soit en les
« apposant sur ou dans la matière elle-même dont sont composés ces
« articles ou substances, soit en y attachant une étiquette portant
« ces marques. »

307. Pour user des bénéfices de la loi, il faut que les dessins
soient enregistrés avant leur publication; et la preuve de cet enregistrement résulte d'une marque consistant en ces lettres (R^d)
(E^t), apposée à l'une des extrémités ou bordures, ou toute autre
place convenable, ou même sur la matière. Il faut, en outre, que
l'enregistrement comprenne la spécification des objets ou articles
auxquels il doit être appliqué, le numéro de la classe dans laquelle ils sont rangés, le nom de l'individu qui s'en prétend le
propriétaire.

ARTICLE 5.

Explication du mot propriétaire.

398. « L'auteur de tout dessin nouveau et original en sera
« considéré comme le propriétaire, à moins qu'il n'ait fait cet ou-
« vrage pour le compte d'un tiers et moyennant un salaire conve-
« nable; dans ce cas, ce tiers sera considéré comme le propriétaire,
« et aura droit à être enregistré aux lieu et place de l'auteur.
« Quiconque acquerra, moyennant un prix convenable, un dessin
« nouveau et original, ou le droit de l'appliquer à orner un ou
« plusieurs articles de fabrication, une ou plusieurs des substances
« déjà mentionnées, soit exclusivement à toute autre personne,
« soit de toute autre manière; quiconque aussi aura par dévolution
« la propriété d'un tel dessin ou le droit d'en faire l'application,
« sera considéré comme le propriétaire de ce dessin, en tant que
« la propriété lui en aura été ainsi acquise, sous ce mode et non
« autrement.»

399. Le mot de *propriétaire* avait longtemps laissé des doutes,

et comme le but de la loi anglaise est d'être précise, elle a voulu
faire cesser ces doutes et définir ce qu'elle entendait par ce mot
propriétaire. Or, le propriétaire est l'auteur même de tout dessin
nouveau ou original. Par propriétaire il faut entendre, non-seulement l'auteur lui-même, mais tous ceux qui, par un fait émané de
lui, tiennent son lieu et place, tels que son mandataire, son ces-
sionnaire, son héritier, etc. Mais celui qui ne représente l'auteur
qu'à titre précaire n'est pas propriétaire. Ainsi l'ouvrier ne peut
réclamer la propriété d'un ouvrage qu'on lui a donné à faire ; il
ne peut donc se faire enregistrer comme propriétaire : un pareil
droit n'appartient qu'à celui-ci.

ARTICLE 6.

Transport du droit de propriété exclusive et de son enregistrement.

400. « Quiconque achetant, ou de toute autre manière acqué-
« rant le droit de se servir, en tout ou en partie, d'un dessin, peut
« faire inscrire son titre sur le registre voulu à cet effet, et l'acte
« contenant le transport de ce dessin signé par le propriétaire du-
« dit dessin, en constituera le véritable transport. L'enregistreur
« devra, sur requête et sur la production de cet acte, ou, en cas
« d'acquisition de ce droit par tout autre mode que celui d'achat,
« sur la production d'une preuve concluante pour cet enregistreur,
« inscrire le nom du nouveau propriétaire sur le registre. Voici
« la forme du transport et de la requête à l'enregistreur. »

401. On a vu, aux numéros 341 et 342, ce que la loi anglaise
entend par propriétaire. Dans cet article 6 elle déclare que le représentant du propriétaire, soit par suite d'acquisition ou de toute
autre manière, peut comme lui se faire inscrire sur le registre
tenu à cet effet. Pour opérer cette inscription, deux formalités sont
à remplir : 1° production de l'acte contenant le transport, ou tout
autre acte en tenant lieu ; 2° une requête à l'enregistreur, à l'effet par lui d'opérer l'inscription du nom du nouveau propriétaire ;
et pour qu'il y ait uniformité dans l'acte de transport ainsi que
dans la requête à adresser à l'enregistreur, la loi en a donné elle-
même les modèles suivants :

Forme du transport et autorisation de l'enregistrer.

402. « Je, A. B., auteur (ou propriétaire) du dessin n° , en

« ayant transporté mes droits (ou si le transport n'est que par-
« tiel), pour être appliqué à l'ornement de (décrire ici les articles
« de fabrication ou de substances, ou la localité, à raison des-
« quels le droit est transporté) , à B. C. de   , vous autorise à ins-
« crire son nom sur le registre des dessins en conséquence. »

Forme de la requête à l'enregistreur.

408. « Je, B. C. (la personne mentionnée dans le transport
« ci-dessus), vous requiers d'inscrire mon nom et ma propriété du-
« dit dessin, comme ayant droit (s'il s'agit de l'usage total) à l'u-
« sage total de ce dessin, (ou s'il s'agit de l'usage partiel) à l'u-
« sage partiel de ce dessin, en ce qui concerne son application à
« (décrire les articles de fabrication ou la localité à raison desquels
« le droit est transporté).

« Mais si cette requête à l'enregistreur est faite par une per-
« sonne à laquelle ce dessin est dévolu autrement que par un trans-
« port, cette requête sera dans les termes suivants :

Forme de la requête à l'enregistreur, quand le droit au dessin est dévolu autrement que par un transport.

404. « Je, B. C., ayant droit au dessin n°   (spécifier la ban-
« queroute ou toute autre cause du droit ; ou si le droit est total
« ou partiel, le spécifier également), concernant son application
« à   (décrire ici les articles de fabrication ou de substances, ou
« la localité, à raison desquels ce droit est dévolu), vous requiers
« d'inscrire sur le registre mon nom et ma propriété dudit dessin
« en conséquence. »

ARTICLE 7.

Contrefaçon des dessins.

405. « Pour prévenir la contrefaçon des dessins enregistrés,
« quiconque, pendant la durée du droit à l'usage total ou partiel
« de ces dessins, fera ou fera faire les actes suivants concernant
« tout article de fabrication ou de substance à l'égard desquels
« sera en force le droit de propriété exclusive, sans la licence ou le
« consentement écrit du propriétaire de ces dessins, inscrit sur le
« registre, c'est-à-dire :

« Quiconque appliquera ces dessins, ou leur imitation fraudu-
« leuse, avec l'intention de la vendre, à l'ornement de tout article

« de fabrication ou substance, artificiel ou naturel, ou partie ar-
« tificiel et partie naturel;

« Quiconque publiera, vendra ou exposera en vente tout arti-
« cle de fabrication ou substance auquel ces dessins ou leur imi-
« tation frauduleuse auront été appliqués, après avoir reçu soit
« verbalement, soit par écrit ou de toute autre manière et de
« toute autre source que le propriétaire de ces dessins, connais-
« sance que son consentement n'a pas été donné pour cette appli-
« cation, ou après avoir été prévenu ou après avoir reçu à domi-
« cile un avis écrit signé par ce propriétaire ou son agent à cet
« effet,

ARTICLE 8.

Recouvrement des pénalités pour contrefaçon.

400. « Sera passible, pour chaque contrefaçon, d'une pénalité
« qui ne sera pas moindre de 5 livres sterling, ni dépasser 30 livres
« sterling, au profit du propriétaire de ces dessins dont les droits
« ont été lésés par ces contrefaçons, lequel recouvrera ces pénalités
« de la manière suivante :

« En Angleterre, soit par action de dette, ou, suivant le cas,
« contre la partie contrevenante, ou par voie sommaire, devant
« deux juges de paix ayant juridiction là où demeure la partie
« contrevenante. Si le propriétaire procède par voie sommaire,
« tout juge de paix ayant juridiction pour le comté, la subdivi-
« sion, la division, la cité ou le bourg où demeure la partie con-
« trevenante, et ne vendant ou fabriquant aucun des articles de
« fabrication ou des dessins qui font l'objet de cette procédure
« sommaire, pourra délivrer une sommation ordonnant à cette
« partie de comparaître au jour, à l'heure et au lieu spécifiés dans
« cette sommation, et dans un délai qui ne peut être moindre de
« huit jours de la date. Cette sommation sera délivrée à la partie
« contrevenante, en parlant à sa personne ou à son domicile ordi-
« naire; et, soit contradictoirement, soit par défaut, deux juges
« de paix ou plus pourront procéder à l'audition du plaignant, et
« sur la preuve de la contrefaçon résultant, soit de l'aveu du dé-
« fendeur, soit du serment ou de l'affirmation d'un ou de plusieurs
« témoins dignes de foi que ces juges de paix sont autorisés à
« administrer, ils pourront condamner le contrefacteur à une
« pénalité qui ne sera pas moindre de 5 livres sterling, ni dépasser

« 30 livres sterling, comme il est dit déjà, pour chaque contrefaçon,
« ainsi que ces juges de paix le trouveront convenable. Toutefois le
« montant réuni de ces pénalités, pour contrefaçons d'un seul de ces
« dessins, commises par tout individu, à partir du moment où les
« procédures ci-devant relatées auront été formées, n'excédera pas
« la somme de 100 livres sterling. Et, si le montant de cette pénalité
« ou de ces pénalités et les frais de jugement rendu par ces juges
« de paix ne sont pas payés sur-le-champ, le montant de cette
« pénalité ou de ces pénalités et des frais, ensemble des frais de
« saisie et de vente, seront soldés au moyen de la saisie et de la
« vente des biens, meubles et immeubles, du contrefacteur, partout
« où ils se trouveront en Angleterre. Les juges de paix qui auront
« prononcé la condamnation, ou sur la preuve de cette condam-
« nation, deux juges de paix ayant juridiction dans le comté, la
« subdivision, la division, la cité ou le bourg en Angleterre, dans
« lesquels se trouvent les biens meubles et immeubles du contre-
« facteur, peuvent délivrer un ordre pour procéder à ces saisies et
« ventes ; le surplus, s'il y en a, sera remis au propriétaire de ces
« biens meubles et immeubles, s'il le demande. Toute procédure et
« condamnation suivie ou prononcée respectivement par cette voie
« sommaire par deux juges de paix, en vertu de la présente loi, le
« sera dans les formes suivantes respectivement, ou aux mêmes
« fins, avec les modifications nécessaires suivant le cas. »

407. Ainsi il y a contrefaçon lorsque, sans licence ou consentement par écrit du propriétaire d'un dessin :

1° Ce dessin ou son imitation frauduleuse, faite dans une intention de vente, sont appliqués à orner des articles de fabrication
ou de substance, soit naturels, soit artificiels, soit en partie naturels et en partie artificiels ;

2° Lorsque lesdits articles ou substances auxquels ce dessin ou
son imitation frauduleuse ont été appliqués, sont publiés, vendus
ou exposés en vente.

Et, comme toute contrefaçon doit être punie, la loi prononce
au profit du propriétaire une pénalité de 5 liv. sterl. au moins et de
30 liv. sterl. au plus, laquelle pénalité est poursuivie en Angleterre
comme il est dit ci-dessus. Cette poursuite se fait par voie sommaire devant deux juges de paix dans la juridiction desquels se
trouve la demeure du contrefacteur. Les pénalités pour un seul
dessin ne peuvent dépasser 100 livres sterling, et le payement avec

celui des frais peut être poursuivi, soit par la saisie et la vente des
biens meubles et immeubles du contrefacteur situés dans le ressort des juges qui ont prononcé la condamnation, soit partout
ailleurs en Angleterre, en rapportant cette condamnation devant
deux juges de paix dans la juridiction desquels se trouvent ces
biens meubles et immeubles, et qui peuvent en ordonner la saisie
et la vente. Il résulte de là qu'un pareil jugement est exécutoire
par toute l'Angleterre; mais il faut remarquer que *le surplus,*
s'il y en a, doit être remis au propriétaire, s'il le demande.
Qu'est-ce que la loi anglaise entend par *surplus (overplus)* ? Le
poursuivant doit-il faire saisir et vendre tout ce qui appartient
au contrefacteur, pour, sur le montant de cette vente, se faire
payer des condamnations prononcées à son profit, et lui remettre
l'excédant, s'il y en a, ou faire saisir tout ce qui appartient au
contrefacteur, ne faire vendre que ce qui sera nécessaire pour se
payer, et lui remettre le reste compris dans la saisie en lui en
donnant main-levée? Cette question naît de la disposition même
de la loi, et du reste ne présente aucune difficulté sérieuse.

Ici viennent les modèles pour l'information et le jugement.

Modèle d'information.

408. « On fait savoir que le   à   dans le comté
« de   A. B. de   dans le comté de   (ou C. D.
« de   dans le comté de   à la requête et au nom de
« A. B. de   dans le comté de   ), se présente de-
« vant nous   et   tous deux juges de paix de Sa
« Majesté dans et pour le comté de   et nous fasse com-
« prendre que ledit A. B., avant et au moment où fut commise la
« contrefaçon ci-après mentionnée, était le propriétaire d'un des-
« sin nouveau et original pour (ici décrire le dessin), et que dans
« les douze mois passés, savoir le   à   dans le comté
« de   E. F. de   dans le comté de   a contre-
« fait (ici décrire la contrefaçon) contrairement aux prescriptions
« d'un acte passé dans les 5° et 6° années du règne de Sa Majesté
« actuelle, intitulé : Acte pour consolider et amender la législa-
« tion relative au droit de propriété exclusive des dessins pour
« ornement d'article de fabrication. »

Modèle de jugement.

409. « On fait savoir, que le   jour de   dans l'an
« de Notre-Seigneur   à   dans le comté de   E. F.
« de   dans le comté susdit, a été convaincu devant nous
«   et   tous deux juges de paix de Sa Majesté pour ledit
« comté, d'avoir ledit E. F., le   jour de   dans ladite
« année, à   dans le comté de   contrefait (décrire ici
« la contrefaçon), contrairement aux dispositions du statut, fait,
« sanctionné pour cette matière ; et nousdits juges de paix décla-
« rons que ledit E. F., pour la contrefaçon susdite, a encouru une
« pénalité de la somme de   au profit dudit A. B. »

410. Lorsque les Parlements d'Écosse et d'Irlande ont été
réunis au Parlement d'Angleterre, par l'article 18 de l'union du
Parlement d'Écosse et l'article 8 de l'union du Parlement d'Irlande, l'Écosse et l'Irlande ont conservé leurs lois civiles et leurs
juridictions : de là la nécessité de laisser aux tribunaux de ces
deux pays les contestations civiles nées des contrefaçons dont il
est question dans la présente loi. Aussi, après avoir réglé la
procédure à suivre en Angleterre, la loi règle-t-elle celle à suivre
en Écosse et en Irlande de la manière suivante :

411. « En Écosse, par action devant la cour de session, en la
« forme ordinaire, ou par action sommaire devant le shérif du
« comté où la contrefaçon a été commise, ou de la demeure du
« contrefacteur ; lequel shérif, sur la preuve de la contrefaçon ou
« des contrefaçons résultant, soit de l'aveu du contrefacteur, soit
« du serment ou de l'affirmation d'un ou de plusieurs témoins
« dignes de foi, déclarera le contrefacteur coupable, et le con-
« damnera à la pénalité ou aux pénalités susdites, ainsi qu'aux
« frais. Pourra le shérif, en prononçant son jugement pour la
« pénalité ou les pénalités et les frais, insérer dans ce jugement
« l'ordre, pour le cas où cette pénalité ou ces pénalités et ces
« frais ne seraient pas payés, de suivre le recouvrement de leur
« montant   (by poinding). Pourra aussi le
« shérif, en cas de rejet de la demande et de décharge du dé-
« fendeur   (assoilzieing), condamner le plai-
« gnant aux dépens. Tout jugement ainsi prononcé par le shérif
« en action sommaire sera définitif et en dernier ressort tel non su-

« jet à révision par appel, suspension, réduction, ou tout au-
« tre recours.

412. « En Irlande, soit par action devant une cour supérieure
« de justice à Dublin, soit par bill civil dans la cour des bills
« civils du comté ou du lieu où la contrefaçon a été commise. »

ARTICLE 9.

Disposition concernant l'action en dommages.

413. « Malgré les moyens déjà indiqués pour recouvrer les pé-
« nalités susmentionnées, pourra le propriétaire des droits à rai-
« son desquels ces pénalités auront été encourues (s'il préfère
« prendre cette voie), former telle action à laquelle il aura droit
« pour le recouvrement des dommages qui lui auront été occa-
« sionnés, soit par l'application de ses dessins ou de leur imita-
« tion frauduleuse, avec l'intention de les vendre, à des articles
« de fabrication ou de substances, soit par la publication, la
« vente ou la mise en vente, comme il est dit ci-devant, par toute
« personne, d'articles ou substances auxquels auraient été appli-
« qués ces dessins ou leur imitation, sachant ces personnes que
« le propriétaire de ces dessins n'avait pas donné son consente-
« ment à cette application. »

414. Le propriétaire d'un dessin contrefait a deux voies pour
poursuivre le contrefacteur : l'action en pénalité, c'est celle
indiquée dans les numéros ci-dessus; et l'action en dommages-
intérêts, c'est celle qui fait l'objet du présent article. Il peut indifféremment prendre l'une ou l'autre voie ; mais peut-il les prendre toutes les deux en même temps, ou après avoir pris l'une, y
renoncer pour prendre l'autre? La négative paraît résulter de
cet article 9 : « Il pourra, s'il préfère prendre cette voie, dit la
loi, etc. » D'où il suit qu'ayant adopté une voie, il ne peut plus
recourir à l'autre: *Una via electa, ad alteram currere non potest.*

415. Il faut bien remarquer qu'il n'y a contrefaçon que lorsqu'il y a intention de frauder le propriétaire du droit exclusif :
c'est pour cela que la loi dit : *sachant ces personnes que le propriétaire,* etc.; car si elles agissaient, trompées par de faux titres
ou tout autre moyen, il n'y aurait plus culpabilité, car il n'y aurait plus intention frauduleuse : *Fraus civiliter tam consilio
quam eventu æstimatur.*

ARTICLE 10.

L'enregistrement peut, dans certains cas, être rayé ou modifié.

416. « Dans toute poursuite en équité pouvant être intentée
« par le propriétaire d'un dessin, ou toute personne y ayant un
« droit légal, s'il paraît concluant au juge chargé de l'affaire
« que le dessin a été enregistré sous le nom d'une personne qui
« n'en était pas le propriétaire ou l'ayant-droit légal, il entrera
« dans la compétence de ce juge et sa discrétion de décider par
« décret ou par ordre rendu dans l'affaire, soit que cet enregis-
« trement soit rayé (et dans ce cas, il deviendra *hic et nunc* tout
« à fait nul), ou que le nom du propriétaire de ce dessin, ou de
« toute autre personne y ayant un droit légal, soit substitué sur
« le registre au nom de ce propriétaire frauduleux ou prétendu,
« de la manière ci-dessus prescrite pour le cas de transport d'un
« dessin, et d'intimer, relativement aux frais de radiation et de
« substitution et des procédures qu'il a fallu suivre à cet ef-
« fet, tel ordre qu'il jugera à propos. L'enregistreur est autorisé
« et requis, sur remise à lui faite d'une expédition officielle de
« cet ordre ou décret, et après payement d'honoraires convena-
« bles, de se conformer à la teneur de cet ordre ou décret, et soit
« de rayer cet enregistrement, soit d'y substituer ce nouveau
« nom, suivant le cas. »

417. Les actions en pénalités pour contrefaçon des dessins
se portent, comme on l'a vu, en Angleterre, devant deux juges
de paix ; en Écosse, devant la cour de session ou le shérif, et
en Irlande, devant une cour supérieure de justice ou une cour
de bill civil. Les actions en dommages-intérêts se portent devant
les cours de justice ordinaires, c'est-à-dire les cours du banc de la
reine, des plaids communs ou de l'échiquier ; mais les actions en
radiation ou modification de noms à opérer sur le registre d'enregistrement des noms de propriétaires de dessins, se portent
devant les cours d'équité, et là le juge qui connaît de ces sortes
d'affaires est armé, à cet égard, d'un pouvoir discrétionnaire.
En conséquence, il peut ordonner la radiation ou la substitution
d'un nom, selon les preuves apportées devant lui, et l'enregistreur est tenu de se conformer à sa décision.

ARTICLE 11 (1).

Pénalité pour emploi frauduleux de marques annonçant un dessin enregistré.

418. « Lorsqu'un dessin appliqué à l'ornement d'articles de
« fabrication ou de substances mentionnés ci-dessus n'aura pas
« été enregistré comme il est prescrit, lorsqu'un dessin, dûment
« enregistré, n'aura pas été appliqué à l'ornement de ces articles
« ou substances dans le Royaume-Uni de la Grande-Bretagne et
« d'Irlande, et lorsque le droit de propriété exclusive de ce des-
« sin concernant ces articles ou substances sera expiré, il sera
« défendu d'apposer, sur ces articles ou substances de la manière
« ci-devant prescrite concernant les articles et dessins auxquels
« doit être appliqué un dessin enregistré, les marques dont l'appo-
« sition est ci-dessus ordonnée, ou toutes autres marques corres-
« pondantes ou semblables. Quiconque apposera illégalement de
« telles marques, publiera, vendra ou exposera en vente des ar-
« ticles de fabrication ou de substances portant ces marques frau-
« duleuses, sachant qu'elles y ont été apposées frauduleusement,
« sera, pour chaque contravention, passible d'une pénalité n'ex-
« cédant pas 5 livres sterling, laquelle peut être recouvrée par
« toute personne qui en poursuit le recouvrement par les voies
« ci-dessus indiquées concernant les pénalités pour contrefaçon
« de dessin. »

419. D'après cet article, la loi établit deux sortes de pénalités
et deux sortes de contrefaçons : contrefaçon de dessin, et la pénalité, comme nous l'avons dit au n° 350, est de 5 livres sterling au moins et de 30 livres sterling au plus ; contrefaçon de
marques ou apposition frauduleuse de marques, et la pénalité
est de 5 livres sterling au plus. Il y a apposition frauduleuse
de marques, lorsque ces marques sont apposées à des articles ou
substances dont les dessins n'ont pas été enregistrés conformément à la présente loi, ou lorsque, ces dessins ayant été enregistrés, ces marques sont apposées après l'expiration du délai fixé
par la loi pour la propriété exclusive de ces dessins. Ils sont alors
dans le domaine public, et nul ne peut avoir un droit que le propriétaire primitif n'a plus. Il faut remarquer, en outre, qu'il y a

(1) Statut 6 et 7, Victoria, c. 63, § 4, n° 381.

fraude, lorsqu'il y a apposition de marques sur des articles ou
substances sur lesquels n'ont pas été appliqués dans le Royaume-
Uni des dessins enregistrés. Ainsi sont frappés par la loi les articles ou substances fabriqués dans le Royaume-Uni, sur lesquels
des dessins légalement enregistrés ont été appliqués hors des domaines bretons, et portant les marques dont il est question dans
l'article 4 de la présente loi, développé au n° 340.

ARTICLE 12.

Prescription des actions.

420. « Nulle action ou autre procédure pour contravention ou
« contrefaçon, prévues par la présente loi, ne pourra être formée
« après l'expiration de douze mois, à partir de leur perpétration ;
« et dans ces sortes d'actions ou procédures la partie qui obtien-
« dra gain de cause, obtiendra tous les frais de poursuite ou autres
« procédures. »

421. Si les prescriptions assurent les droits, ce n'est qu'à la
condition qu'elles ne seront pas encourues ; de là la nécessité
dans l'espèce, pour la partie lésée, de former son action en contrefaçon dans les douze mois, à peine d'être déclarée non-recevable ;
mais aussi lorsque son action est formée dans le délai prescrit,
et qu'elle est suivie d'une condamnation en sa faveur, cette condamnation, outre les pénalités ou les dommages-intérêts, doit
aussi comprendre le remboursement de tous ses frais, parce que
c'est un principe admis dans toutes les législations, que la partie
qui succombe soit condamnée aux frais.

ARTICLE 13.

En cas de procédure sommaire, les juges de paix peuvent ordonner le payement des frais.

422. « En cas de procédure sommaire devant deux juges de
« paix en Angleterre, ces juges de paix sont autorisés à adjuger
« le remboursement des frais à la partie ayant gain de cause, et
« à délivrer un ordre, pour contraindre à ce payement, contre la
« partie demanderesse, si elle succombe, de la manière ci-dessus
« indiquée, pour le recouvrement des pénalités avec frais contre
« le contrefacteur, conformément à la présente loi. »

423. La partie qui succombe, peu importe qu'elle soit défen-

deresse ou demanderesse, doit être condamnée aux frais, et ces frais sont adjugés comme le principal par le même juge, c'est-à-dire, en Angleterre, les deux juges de paix devant lesquels l'affaire est portée, si elle est suivie par voie sommaire, ou tout autre juge, si elle est suivie par une autre voie; en Irlande et en Écosse, par les juges dénommés en l'article 8 de cette loi, et le recouvrement de ces frais, comme des condamnations aux pénalités et aux dommages-intérêts se fera par la saisie et la vente des biens meubles et immeubles du condamné, conformément aux dispositions du même article 8.

ARTICLES 14 et 16.

Ces deux articles ayant été remplacés par les articles 7 et 8 de l'acte modificatif des 6ᵉ et 7ᵉ, années de Victoria, chap. 65, dont les dispositions seront transcrites et expliquées ci-après, nous passons à l'article 16 (1).

ARTICLE 16.

424. « Sur chaque copie, dessin ou impression d'un dessin original, ainsi retournés à la personne demandant son inscription ou y restant attachés, comme aussi sur chaque copie, dessin ou impression de ce dessin reçus pour être inscrits, ou du transport de ce dessin dûment certifié ou attaché à icelui, l'enregistreur certifiera par sa signature que ce dessin a été enregistré, la date de cet enregistrement et le nom du propriétaire enregistré, ou de la maison ou raison sous lesquelles ce propriétaire fait son commerce, avec le lieu de sa demeure ou celui du siége de ses affaires, ou tout autre lieu de résidence, comme aussi le numéro de ce dessin, ensemble le numéro ou la lettre, ou le numéro et la lettre et le mode employé par lui pour distinguer et correspondre avec la date de cet enregistrement. Ce certificat, délivré pour chaque dessin original ou chaque copie, portant la signature de l'enregistreur ou de son délégué, et le sceau de son office y attaché, sera, à défaut de preuve contraire, une preuve ainsi qu'il suit :

« Du dessin et du nom du propriétaire y mentionné ayant été dûment enregistré ; et

(1) Statut 6 et 7, Victoria, c. 65, § 386, 387, 388 et 389.

« Du commencement de la période de l'enregistrement ; et

« De la personne y dénommée comme propriétaire, qu'elle a
« cette qualité de propriétaire ; et,

« De l'origine du dessin ; et

« De l'accomplissement des dispositions de la présente loi et
« des règles d'après lesquelles ce certificat paraît avoir été dressé.

« Et cet écrit, considéré comme certificat, sera, à défaut de
« preuve contraire, reçu comme concluant, sans être tenu de
« prouver l'écriture de la signature y apposée, ou du sceau de
« l'office y attaché, et que la personne qui l'a signé était l'enre-
« gistreur ou son délégué.

425. « Pour constater l'enregistrement d'un dessin original,
« l'enregistreur ou son délégué certifiera sur les deux copies qui
« lui seront remises, dont l'une reste à son office et l'autre est re-
« tournée au propriétaire de ce dessin, que ce dessin a été enre-
« gistré, la date de son enregistrement, le nom, la raison ou la
« maison de commerce, et le lieu de la maison de commerce du
« propriétaire, et enfin le numéro ou la lettre correspondant au
« numéro ou à la lettre du registre. L'enregistreur signera et
« scellera du sceau de son office ce certificat, lequel fera preuve
« de tout ce qu'il comprend, jusqu'à preuve contraire : ainsi il
« prouvera que le dessin et le nom de son propriétaire ont été
« dûment enregistrés, la date à partir de laquelle courra le bé-
« néfice de l'enregistrement ; que le propriétaire y dénommé est
« le véritable propriétaire ; que le dessin est original, et que toutes
« les formalités voulues par la présente loi ont été remplies. Il
« en sera de même de la signature et du sceau de l'enregistreur,
« qui seront considérés comme vrais jusqu'à preuve contraire. »

ARTICLE 17.
Publicité du registre des dessins (1).

426. « Toute personne pourra prendre connaissance des des-
« sins à raison desquels le droit de propriété exclusive sera expiré,
« en payant seulement les honoraires fixés à cet effet en vertu de
« la présente loi. Quant aux dessins dont la propriété exclusive ne
« sera pas expirée, aucun ne pourra être communiqué à qui que
« ce soit, excepté au propriétaire de ce dessin, ou à toute personne
« ayant de lui une autorisation écrite, ou à toute personne spéciale-

(1) Statut 6 et 7, Victoria, c. 65, § 10.

« ment autorisée par l'enregistreur ; mais dans ce cas, en pré-
« sence de cet enregistreur, ou en présence de tout individu com-
« missionné en vertu de cette loi, mais sans pouvoir prendre copie
« de tout ou partie de ce dessin, ni sans payer pour chaque com-
« munication les honoraires ci-dessus relatés. Pourra, l'enregis-
« treur, délivrer à toute personne qui le lui demandera et qui
« exhibera un dessin particulier ensemble avec sa marque d'enre-
« gistrement, ou qui produira seulement cette marque d'enregis-
« trement, un certificat constatant si ce dessin est protégé par un
« droit de propriété exclusive, et, dans ce cas, à l'égard de quel
« article particulier de fabrication ou de substance ce droit existe,
« le terme de ce droit, la date de son enregistrement, et enfin,
« le nom et la demeure de son propriétaire enregistré. »

427. Lorsque le droit de propriété exclusive d'un dessin est
expiré, il tombe dans le domaine public, et alors il est permis à
tout individu quelconque d'en demander et d'en prendre communication, comme aussi d'en demander et d'en prendre copie, en
payant à l'enregistreur les honoraires qui lui sont dus. Mais lorsque
ce droit n'est pas expiré, nul ne peut prendre ni communication ni
copie de ce dessin. Ce droit n'appartient qu'au propriétaire ou à celui qui est porteur de son autorisation écrite. Toutefois la loi, sans en
connaître le motif, autorise l'enregistreur à donner cette communication; mais alors elle n'a lieu qu'en sa présence ou celle de tout
autre officier compétent, sans qu'il puisse donner aucune copie totale ou partielle dudit dessin ; et il peut exiger les honoraires qui lui
appartiennent : il peut également délivrer un certificat constatant
si le droit de propriété exclusive existe à l'égard de certains articles
dont on lui produit le dessin et la marque de l'enregistrement,
constatant également le terme de ce droit, la date de son enregistrement, ainsi que le nom et la demeure de son propriétaire.

ARTICLE 18.
Application des droits d'enregistrement.

428. « Les commissaires de la trésorerie fixeront de temps en
« temps les frais à payer à l'enregistreur pour l'accomplissement
« de son service, ainsi qu'ils le jugeront convenable, à l'effet d'ac-
« quitter les dépenses de cet office, les salaires ou la rémunéra-
« tion de cet enregistreur et des agents sous ses ordres, avec la
« sanction des commissaires de la trésorerie, en exécution de la

« présente loi. La balance, s'il y en a, sera portée au fonds conso-
« lidé du Royaume-Uni, et payée en conséquence, sous le récépissé
« de l'échiquier de Sa Majesté à Westminster; les commissaires de
« la trésorerie pourront régler la manière dont ses frais seront
« reçus, gardés et portés en compte; ils pourront aussi remettre
« ou dispenser du payement de ces frais, dans le cas où ils le
« jugeront à propos. Les frais pour l'enregistrement des dessins
« applicables aux tissus mentionnés et compris dans les classes
« 7, 9 ou 10 n'excéderont pas la somme d'un shilling; les frais pour
« l'enregistrement des dessins applicables aux papiers de tenture
« n'excéderont pas la somme de 10 shillings, et les frais à payer à
« l'enregistreur pour la délivrance d'un certificat relatif à l'exis-
« tence ou à l'expiration du droit de propriété exclusive de tout
« dessin imprimé sur tissu de laine filée de chaîne, ou de fil, ou
« imprimé, relevé en bosse ou travaillé sur papier de tenture, à
« toute personne exhibant le bout d'une pièce d'un modèle en-
« registré et portant la marque de cet enregistrement, n'excéde-
« ront pas la somme de 2 shillings 6 pence. »

429. Cet article, après avoir remis aux commissaires de la trésorerie le droit de fixer les frais à payer pour le bureau chargé
des enregistrements prescrits par la présente loi, ordonne cependant que ces frais ne dépasseront pas un shilling, quand il s'agira
de l'enregistrement des dessins compris dans les classes 7, 9 ou
10; 10 shillings, quand il s'agira de l'enregistrement des dessins
de la classe 5, c'est-à-dire, des papiers de tenture; et enfin 2
shillings 6 pence, quand il s'agira du certificat à délivrer par
l'enregistreur sur l'existence ou l'expiration du droit de propriété
exclusive de tout dessin. Cette fixation de droits dans les cas
spécifiés, abandonne les autres à l'arbitraire des commissaires de
la trésorerie, qui, du reste, et dans tous les cas, ont la faculté
de dispenser de toute espèce de droits.

ARTICLE 19.
Pénalité en cas d'extorsion.

430. « Si l'enregistreur ou tout individu sous ses ordres de-
« mande ou reçoit une gratification ou rémunération, soit en ar-
« gent, soit de toute autre manière, excepté ses salaires ou rému-
« nérations réglés par les commissaires de la trésorerie, il encourra
« pour chaque contravention la peine de 50 livres sterling au

« profit de toute personne qui en poursuivra le recouvrement
« par action de dette devant la cour de l'échiquier à Westmins-
« ter : il sera passible, en outre, d'être suspendu ou renvoyé de
« ses fonctions, et d'être incapable d'occuper aucun emploi dans
« le bureau, ainsi que les commissaires de la trésorerie le juge-
« ront à propos. »

ARTICLES 20 et 21.

Ces articles se trouvant répétés dans les articles 11 et 12 de la
loi suivante, nous trouvons inutile de les transcrire ici (1).

Statut 5 et 6, Victoria, chap. 100.

CÉDULES MENTIONNÉES DANS CE STATUT.

CÉDULE (A).	
DATE DES ACTES.	**TITRE.**
27, Georges III , chap. 38 (1787)...............	Acte pour l'encouragement des arts du dessin et de l'impression sur tissus de lin, de coton, calicots et mousselines, en accordant leur propriété exclusive aux dessinateurs, imprimeurs et propriétaires d'iceux, pendant un temps limité.
29, Georges III , chap. 19 (1789)...............	Acte pour continuer l'acte ci-dessus.
34, Georges III , chap. 23 (1794)...............	Acte pour amender et rendre perpétuels les deux actes ci-dessus.
2, Victoria, chap. 13 (1839)	Acte pour étendre le droit de propriété exclusive de dessins à imprimer sur calicots, aux dessins à imprimer sur tous autres tissus.
CÉDULE (B).	
2, Victoria, chap. 17 (1839)	Acte pour assurer aux propriétaires de dessins pour articles de fabrication le droit de propriété exclusive de ces dessins pendant un temps limité.
CÉDULE (C).	
38, Georges III, chap. 71 (1798)...............	Acte pour encourager l'art de faire de nouveaux modèles et de nouveaux moules de bustes et autres choses y mentionnées.
54, Georges III, chap. 56 (1814)...............	Acte pour amender et rendre plus efficace l'acte pour encourager l'art de faire de nouveaux modèles et de nouveaux moules de bustes et autres choses y mentionnées, et pour donner un plus grand encouragement à ces arts.

(1) Statut 6 et 7, Victoria, c. 65, §§ 11 et 12.

431. Cette loi si importante pour l'Angleterre, qui, comme nous l'avons dit déjà, peut être considérée comme la grande offi- cine du globe, donna sur-le-champ lieu à des difficultés, que le législateur voulut également lever sur-le-champ; et, en consé- quence, le Parlement rendit le statut suivant, dans le dévelop- pement duquel on verra les motifs qui ont porté le législateur à s'occuper de nouveau et si promptement de cette grave matière.

Statut 6 et 7, Victoria, chap. 65 (22 août 1843).

Acte pour amender la législation relative au droit de propriété exclusive de dessins.

ARTICLE 1er (1).

Date de l'effet obligatoire de la loi.

432. « Considérant que par un acte passé dans les 5e et 6e « années du règne de Sa Majesté actuelle, intitulé : *Acte pour* « *consolider et amender la législation relative au droit de* « *propriété exclusive de dessins pour orner des articles de fa-* « *brication*, il fut accordé au propriétaire de tout dessin nouveau « et original, avec les exceptions y mentionnées, le droit exclusif « de les appliquer à l'ornement des articles de fabrication ou de « substances dont il y est question, pendant les périodes respec- « tives y relatées ;

« Considérant qu'il est expédient d'étendre la protection accor- « dée par le susdit acte aux dessins ci-après mentionnés, qui, « n'offrant pas un caractère ornemental, ne s'y trouvent pas com- « pris :

« La présente loi sera exécutoire à partir du 1er septembre « 1843. »

433. La loi des 5e et 6e années du règne de Victoria était exé- cutoire à partir du 1er septembre 1842 ; mais elle n'avait pour objet que les articles de fabrication et de substances qu'elle re- late ; elle avait omis les articles qui n'offrent pas un caractère ornemental, et comme ces articles peuvent cependant, par leur emploi combiné avec les tissus ou substances en laines, faire de véritables articles décorés, elle a voulu réparer, et elle a, en effet,

(1) Statut 5 et 6, Victoria, c. 100, § 1, n° 332.

réparé cette lacune; on verra, notamment à l'article 5, concernant les toiles cirées pour parquets, l'application de cette proposition nouvelle.

ARTICLE 2.

Concession du droit de propriété exclusive (1).

434. « Le propriétaire de tout dessin nouveau et original pour
« article de fabrication, offrant un but d'utilité et s'appliquant en
« tout ou en partie à la forme ou à la configuration de cet article,
« lorsque ce dessin n'aura pas été préalablement publié dans le
« Royaume-Uni de la Grande-Bretagne et d'Irlande ou ailleurs,
« aura seul le droit d'appliquer ce dessin à toutes sortes d'articles,
« ou de faire, ou de vendre des articles décorés de ces dessins,
« pendant le terme de trois ans à partir de la date de l'enregis-
« trement de ce dessin conformément à la présente loi, laquelle
« n'est pas applicable aux dessins compris dans les dispositions
« dudit acte ou de deux autres actes passés respectivement dans
« les 38ᵉ année de Georges III, chap. 11, et 54ᵉ de Georges III,
« chap. 56, et intitulés respectivement, le premier : *Acte pour en-*
« *courager l'art de faire de nouveaux modèles et moules de bustes*
« *et autres choses y mentionnées;* et le second, *Acte pour amen-*
« *der et rendre plus efficace un acte pour encourager l'art de*
« *faire de nouveaux modèles ou moules de bustes et autres*
« *choses y mentionnées.* »

435. Cet article comprend, dans le droit de propriété exclusive, non pas les dessins destinés à orner les articles de fabrication ou de toute autre substance, ces dessins sont compris dans
la loi précédente, mais les dessins affectant la forme et la configuration des objets. Pour obtenir, sur ces dessins, un droit de
propriété exclusive, il faut qu'ils n'aient jamais été auparavant
publiés, soit dans le Royaume-Uni, soit partout ailleurs; et alors
ce droit de propriété exclusive dure trois ans, qui courent de la
date de l'enregistrement dont il sera parlé plus loin, en telle sorte
qu'un privilége exclusif de trois ans est accordé aux dessins destinés à la forme ou à la configuration des objets aussi bien qu'aux
articles de fabrication composant les 1ʳᵉ, 2ᵉ, 3ᵉ, 4ᵉ, 5ᵉ, 6ᵉ, 8ᵉ et
11ᵉ classes spécifiées dans l'article 3 de la loi précédente.

(1) Statut 5 et 6, Victoria, c. 100, § 3, n° 335.

ARTICLE 3.

Conditions du droit de propriété exclusive(1).

436. « Nul n'aura droit aux bénéfices de la présente loi, à
« moins que le dessin n'ait été, avant sa publication, enregistré
« conformément à ses prescriptions, comme aussi à moins que le
« nom de cet individu n'ait été enregistré en qualité de proprié-
« taire de ce dessin, et enfin à moins qu'après la publication de
« ce dessin, chaque article de fabrication fait par lui conformé-
« ment à ce dessin, ou sur lequel il se trouve, ne porte ce mot
« *Registered* (enregistré), avec la date de l'enregistrement. »

437. Cet article n'est qu'une répétition de l'article 4 de la loi
précédente, développé au n° 340, avec cette différence, que dans
ce dernier article la loi veut l'apposition des deux lettres *Rd*, tandis que dans le présent article 3 elle veut l'apposition de toutes
les lettres composant le mot *Registered.*

ARTICLE 4.

*Pénalité pour emploi frauduleux de marques annonçant un
dessin enregistré.*

438. « A moins qu'un dessin appliqué à un article de fabrica-
« tion n'ait été enregistré comme il est dit ou conformément aux
« dispositions dudit premier acte mentionné, comme aussi après
« l'expiration du droit de propriété exclusive de ce dessin, il est
« défendu d'apposer sur aucun article le mot *enregistré* ou de
« l'annoncer pour la vente comme article enregistré; et qui-
« conque, frauduleusement, publiera, vendra, exposera ou an-
« noncera, pour la vente, un pareil article de fabrication, sera
« passible, pour chaque contravention, d'une pénalité qui n'excé-
« dera pas 5 livres sterling, et ne sera pas de moins d'une livre
« sterling, laquelle pénalité sera recouvrée par toute personne qui
« la poursuivra par les voies indiquées pour le recouvrement des
« pénalités pour contrefaçon de dessin (2). »

439. Cet article, en tout conforme aux dispositions de l'art. 11
de la loi précédente, défend l'application du mot *enregistré* sur

(1) Statut 5 et 6, Victoria, c. 100, § 4, n° 339.
(2) Ibid., c. 100, § 11, n° 361.

tout article non enregistré, soit conformément à la loi susdite, soit conformément à celle-ci ; il défend également l'application du mot *enregistré* sur des articles dont le droit de propriété exclusive est expiré, et, en cas de contravention, il prononce une amende de 5 livres sterling au plus, et d'une livre sterling au moins, au profit de la personne qui poursuit cette contravention. Il faut remarquer deux différences entre le présent article et l'article 11 susrelaté ; dans celui-ci, la loi ne demande, sur les articles, que l'apposition des deux lettres *R^d*, et ne donne pas le minimum de la pénalité ; dans l'article actuel, elle veut le mot entier *enregistré* et un minimum d'une livre. Il sera prudent dès lors de-faire apposer sur les copies de dessins à enregistrer le mot entier *enregistré* (registered) au lieu des deux lettres (*R^d*), et le juge verra son arbitraire renfermé dans un cercle de 1 à 5 livres sterling.

ARTICLE 5.

Les toiles à parquet ou cirées sont comprises dans la 6ᵉ classe de la loi 5 et 6, Victoria, chap. 100.

440. « Tous les articles de fabrication vulgairement connus « sous le nom de toiles cirées à parquet, seront désormais consi- « dérés comme étant compris dans la 6ᵉ classe dudit premier acte « mentionné, ainsi qu'il y est relaté, et seront enregistrés en con- « séquence (1). »

ARTICLE 6.

Certaines dispositions du statut 5 et 6 de Victoria, chap. 100, sont applicables à la présente loi (2).

441. « Toutes et chacune des clauses et dispositions contenues « dans ledit premier acte mentionné, en tant qu'elles ne répugnent « pas aux dispositions contenues dans la présente loi concernant « respectivement l'explication du terme *propriétaire*, le transport « de dessins, la contrefaçon de dessins, le mode de recouvrer les « pénalités, les actions pour dommages-intérêts, la radiation et la « modification des enregistrements, la limitation des actions, l'ad-

(1) Statut 5 et 6, Victoria, c. 100, § 3, nᵒ 337.
(2) Statut 5 et 6, Victoria, c. 100, §§ 5, 6, 7, 8, 9, 10, 12, 13, 16, 18 et 19, nᵒˢ 341, 342, 343, 344, 345, 346, 347, 348, 349, 350, 351, 352, 353, 354, 355, 356, 357, 358, 359, 360, 363, 364, 365, 366, 367, 368, 371, 372 et 373.

« judication des frais, le certificat d'enregistrement, la fixation
« et l'application des frais d'enregistrement, et les pénalités en
« cas d'extorsion, seront appliquées et étendues à la présente loi,
« aussi amplement et efficacement, sans aucune exception quel-
« conque, que si ces différentes clauses et dispositions se trou-
« vaient spécialement répétées et comprises dans le corps de la
« présente loi. »

112. En se reportant aux articles réglant les dispositions rapportées ici, et aux explications données sur chacun de ces articles,
il sera facile de comprendre les prescriptions de la loi, qui ne fait
qu'une seule et même loi avec la loi précédente.

ARTICLE 7.

Nomination de l'enregistreur, etc. (1).

113. « Sont abrogées les dispositions du premier acte ci-devant
« mentionné relatives à la nomination d'un enregistreur des des-
« sins destinés à l'ornement d'articles de fabrication et aux autres
« employés, ainsi qu'à la fixation des salaires pour leur payement
« et à l'effet de mettre à exécution les dispositions de la présente
« loi aussi bien que celles du susdit acte, les lords du comité du
« conseil privé chargé du commerce et des colonies pourront dé-
« signer une personne en qualité d'enregistreur des dessins pour
« articles de fabrication; et si les lords dudit comité le jugent à pro-
« pos, ils pourront aussi désigner un enregistreur assistant et tous
« les autres officiers et employés nécessaires, lesquels tous tien-
« dront leurs charges aussi longtemps qu'il plaira aux lords
« dudit comité. Cet enregistreur aura un sceau d'office; les com-
« missaires de la trésorerie de Sa Majesté pourront fixer de temps
« en temps le salaire ou toute autre rémunération à payer à cet
« enregistreur, à l'enregistreur assistant et aux autres officiers et
« employés; et toutes les dispositions contenues dans ledit pre-
« mier susmentionné acte, non abrogées par la présente loi et re-
« latives à l'enregistreur, à l'enregistreur délégué, aux clercs et
« autres officiers et employés y désignés et dénommés, seront con-
« sidérées et tenues comme s'appliquant respectivement à l'enre-

---

(1) Statut 5 et 6, Victoria, c. 100, § 14, p. 231.

« gistreur, à l'enregistreur assistant et autres officiers et employés
« nommés d'après le vœu de la présente loi. »

444. Cet article, abrogeant l'article 14 de la loi précédente,
a cela de remarquable, que la nomination de l'enregistreur et
des autres employés appartient aux lords du comité du conseil
privé chargé du commerce et des colonies, tandis que les salaires
et autres rémunérations à accorder à ces employés seront fixés
par les commissaires de la trésorerie de Sa Majesté.

ARTICLE 8.

Devoirs de l'enregistreur. — Dessins.

445. « L'enregistreur n'enregistrera aucun dessin relatif à la
« forme ou à la configuration de tout article de fabrication,
« qu'autant qu'il lui sera remis deux copies ou impressions par-
« faitement semblables de ces dessins, avec une description écrite
« de manière à les rendre intelligibles à cet enregistreur, ensem-
« ble, avec le titre de ce dessin, le nom de l'individu qui s'en
« prétend propriétaire, le nom ou la raison de la maison sous les-
« quels ce propriétaire fait son commerce, avec le nom de la ville
« ou du lieu ou de toute autre place où se trouve le siége des af-
« faires. Chaque copie ou impression de dessin, ensemble avec le
« titre et la description de ce dessin, le nom et l'adresse de son
« propriétaire, seront sur une seule feuille de papier ou parche-
« min, et du même côté; la grandeur de cette feuille n'excédera
« pas vingt-quatre pouces sur quinze pouces, et on laissera sur
« l'une desdites feuilles un espace en blanc du même côté que se
« trouveront les dessins, titre, description, nom et adresse, ledit
« espace de la grandeur de six pouces sur quatre, pour y inscrire
« le certificat ci-mentionné : lesdits dessins ou impressions seront
« faits sur une échelle géométrique convenable; la description no-
« tera la partie ou les parties dudit dessin (le cas échéant) qui ne
« seront ni nouvelles ni originales; l'enregistreur enregistrera ces
« dessins ou impressions au fur et à mesure qu'ils lui seront remis
« à cet effet; sur chaque dessin ou impression, il apposera un
« numéro correspondant à l'ordre de série du registre; il retiendra
« l'un des dessins ou impressions, qui restera déposé dans son of-
« fice, et il retournera l'autre à la personne qui les lui aura remis;

« et à l'effet de donner un accès facile à ces dessins ainsi enregis-
« trés, il sera tenu une table sommaire de leurs titres. »

416. Cet article, qui remplace l'article 15 de la loi précédente,
est purement réglementaire : il n'exige dès lors aucune explication.

ARTICLE 9.

Pouvoir discrétionnaire quant aux enregistrements à faire.

447. « Lorsqu'un dessin est apporté à l'enregistreur pour être
« enregistré d'après les prescriptions de la loi précédente, et qu'il
« lui apparaît que ce dessin doit être enregistré d'après les pres-
« criptions de la loi actuelle, il pourra refuser d'enregistrer ce
« dessin autrement que d'après les prescriptions de la loi actuelle
« et de la manière qu'elle indique. S'il trouve également que le
« dessin qui lui est apporté à l'enregistrement en vertu de la loi
« précédente ou de la loi actuelle, n'est pas susceptible d'être
« appliqué à aucun article de fabrication, mais seulement à des
« étiquettes, enveloppes ou couvertures, dans lesquelles ces arti-
« cles pourraient être exposés en vente, ou que ces dessins sont
« contraires à l'ordre et à la morale publique, cet enregistreur
« pourra, à sa discrétion, tout à fait refuser d'enregistrer ces des-
« sins. Les lords dudit comité du conseil privé pourront, sur le
« recours à eux fait par le propriétaire de ces dessins dont l'enre-
« gistrement a été totalement refusé, comme il vient d'être dit,
« ordonner, s'ils le jugent à propos, que cet enregistreur enregistre
« ces dessins ; sur quoi et dans ce cas il sera et est tenu de procé-
« der à cet enregistrement en conséquence. »

448. La loi donne à l'enregistreur un pouvoir discrétionnaire
quant à l'enregistrement des dessins qui lui sont présentés : mais
ce pouvoir s'anéantit devant l'autorité des lords du comité du
conseil privé. D'où il suit que la partie lésée par le refus de l'enregistreur d'enregistrer son dessin, peut s'adresser aux lords du
comité du conseil privé ; ce comité devient dans ce cas une espèce
de tribunal d'appel, et sa décision est une loi pour l'enregistreur,
qui est tenu de s'y conformer, et, par conséquent, de procéder à
l'enregistrement qu'il avait d'abord refusé d'opérer.

ARTICLE 10.

Inspection de la table des titres des dessins, etc. (1).

449. « Toute personne pourra prendre communication de la
« table des titres des dessins, qui ne sont pas dessins d'ornement,
« enregistrés en vertu de la présente loi, et en prendre des co-
« pies, en payant les frais réglés à cet effet en vertu de cette loi.
« Pourra aussi toute personne prendre communication de ces des-
« sins et en prendre des copies, en payant les frais fixés ; toute-
« fois, tout dessin dont le droit de propriété exclusive ne sera pas
« expiré, ne sera pas donné en communication, sinon en présence
« de l'enregistreur ou de son agent légal, sans qu'il soit permis de
« lui en délivrer des copies, comme aussi à moins que les frais
« fixés ne soient payés. »

450. Toutes les fois qu'un dessin qui ne sera pas dessin d'ornement aura été enregistré, il pourra être donné communication
et de la table du titre de ce dessin et de ce dessin lui-même ; il
pourra même être donné copie et de la table du titre et de ce dessin lui-même ; mais, dans ces différents cas, seulement lorsque le
droit de propriété exclusive sera expiré : et si ce droit n'est pas
expiré, on pourra prendre communication du dessin, mais en
présence de l'enregistreur ou de son représentant, et il ne sera
jamais donné de copies.

ARTICLE 11.

Interprétation de la loi (2).

451. « A l'effet d'interpréter la présente loi, les termes et ex-
« pressions suivants, en tant qu'ils ne répugnent pas à son con-
« texte, seront considérés comme signifiant (savoir) : L'expression
« *commissaires de la trésorerie* signifiera *le lord haut-trésorier*
« *titulaire*, ou *les commissaires du trésor de Sa Majesté pour le*
« *Royaume-Uni de la Grande-Bretagne et l'Irlande, alors en*
« *fonctions,* ou *trois ou un plus grand nombre de ces commis-*
« *saires;* le nombre singulier renfermera le nombre pluriel aussi
« bien que le singulier ; et le genre masculin renfermera le genre
« féminin aussi bien que le masculin. »

(1) Statut 5 et 6, Victoria, c. 100, § 17.
(2) Ibid., § 20.

ARTICLE 12.

Changement de la loi.

452. « La présente loi pourra être amendée ou abrogée par
« toute loi qui sera rendue dans la présente session du Parle-
« ment (1). »

453. Telle est toute la législation sur les productions intellectuelles ; ces productions ne sont protégées en Angleterre par un
droit de propriété exclusive à l'égard des étrangers, qu'autant
que les lois des pays auxquels appartiennent ces étrangers accordent la même protection aux productions intellectuelles des Anglais : et alors, pour qu'il y ait lieu à cette protection, il est indispensable de remplir les formalités prescrites par la législation
anglaise, formalités qui, comme nous l'avons rapporté en son
lieu, consistent :

1° Lorsqu'il s'agit de productions littéraires, dramatiques et
musicales, dans l'enregistrement et le dépôt de l'ouvrage ;

2° Lorsqu'il s'agit de productions artistiques, dans l'enregistrement de leurs titres avec une description exacte de la production.

3° Lorsqu'il s'agit de dessins à appliquer sur métaux, bois et
tissus quelconques, dans l'inscription du titre de ce dessin avec sa
destination.

Dans tous les cas, l'enregistrement doit comprendre le nom de
l'auteur ou du propriétaire, le lieu de la demeure, la déclaration
que l'ouvrage est publié pour la première fois, soit en Angleterre,
soit à l'étranger.

Lorsque toutes ces formalités sont remplies, la loi donne à
l'auteur ou au propriétaire un droit exclusif de propriété qui dure,
quand il s'agit de production littéraire, toute la vie de l'auteur,
et, en outre, sept ans à partir de son décès ; et dans le cas où
ces sept ans expireraient avant un terme de quarante-deux ans à
partir de la première publication de cette production, pendant
cette période de quarante-deux ans ; et, enfin, si une œuvre littéraire est publiée après la mort de son auteur, le droit de propriété
exclusive résidera pendant quarante-deux ans sur le possesseur
du manuscrit (2).

(1) Voir à la page 214, n° 320.
(2) Statut 5 et 6, Victoria, c. 45, § 3. Voyez la page 58.

Quand il s'agit de productions artistiques comprises dans les
1re, 2e, 3e, 4e, 5e, 6e, 8e et 11e classes de l'article 3 de la loi 5
et 6, Victoria, chap. 100 (1), le droit de propriété exclusive en
faveur de l'auteur dure trois ans, et ce droit dure neuf mois pour
les articles contenus dans les 7e, 9e et 10e classes; et, enfin, douze
mois pour les articles contenus dans les 12e et 13e classes.

454 *bis*. Cette revue pleine d'intérêt de la législation anglaise
sur les productions littéraires, dramatiques, musicales et artistiques, sur les droits qu'elle accorde, sur les obligations qu'elle
impose pour obtenir ces droits, forme tout un système, qui, pourtant, n'est pas encore complet. Il est d'autres productions qui
sortent du génie de l'homme, que la loi n'a pas comprises dans ses
prescriptions et qu'elle a voulu régler par des dispositions spéciales : ces productions sont celles qui rentrent dans les inventions; elles vont faire la matière du chapitre suivant.

CHAPITRE XVI.

Le droit de l'étranger de prendre des lettres patentes ou des *caveat* pour une
invention nouvelle.

455. Les lettres patentes constituent des privilèges, des monopoles renfermés dans une certaine limite de temps; elles peuvent être
accordées à des inventeurs de tous les pays, ou à des introducteurs
de perfectionnements nouveaux et utiles dans toutes les branches
d'industrie. On peut dire que les lettres patentes forment une sorte
de contrat entre celui à qui elles sont délivrées et celui qui les
délivre, ou la société que celui-ci représente; contrat qui a pour
objet d'assurer à l'auteur d'une invention nouvelle ou d'un per-
fectionnement nouveau le droit exclusif de les exporter pendant
un certain nombre d'années, sous la condition, toutefois, qu'il
en donnera, en échange du monopole qu'on lui assure, une description telle que tout individu, tant soit peu versé dans les connaissances qui s'y rapportent, puisse, après l'expiration du privilége, exploiter à son tour cette invention.

456. Les lettres patentes sont accordées par la reine en conseil;

(1) Page 219.

leur durée primitive, portée à quatorze ans par un acte de la
21ᵉ année du règne de Jacques Iᵉʳ, chap. 3 (année 1623) peut
être prolongée de sept ans en vertu des statuts 5 et 6 de Guillaume IV, chap. 83 (année 1835), et 2 et 3, Victoria, chap. 67
(année 1839). Ces différents statuts forment un corps de législation sur cette même matière; nous en ferons connaître les dispositions, pour ensuite arriver à leur application, que nous pouvons en appeler la partie mécanique.

Statut 21 de Jacques Iᵉʳ, chap. 3 (1623).

*Actes concernant les monopoles et l'exemption des lois pénales
et des confiscations qu'elles prononcent.*

457. « Considérant que Votre très-excellente Majesté, dans
« son royal jugement et ses bienveillantes dispositions pour le
« repos et le bonheur de ses sujets, fit publier, en l'année 1610,
« par tout le royaume et à la postérité, que toutes les concessions
« et monopoles, les exemptions des lois pénales, le pouvoir d'ac-
« corder ces exemptions, ou de composer avec les forfaitures,
« étaient contraires aux lois de Votre Majesté, et que ses décla-
« rations, à cet égard, sont entièrement conformes et en harmo-
« nie avec les lois anciennes et fondamentales de ce royaume;
« Considérant, en outre, que Votre Majesté eut le bon plaisir
« d'ordonner expressément qu'aucun solliciteur ne fût assez au-
« dacieux pour lui faire, à l'avenir, des demandes de cette nature ;
« que néanmoins, sur de faux avis et des motifs mensongers du
« bien public, une infinité de ces privilèges ont été indûment ob-
« tenus et illégalement mis à exécution, aux grands griefs et
« dommages des sujets de Votre Majesté, contrairement aux lois
« de ce royaume et contrairement aux royales et bienveillantes
« intentions de Votre Majesté, proclamées comme il a été dit;
« Voulant éviter et prévenir ces abus pour l'avenir,
« Qu'il plaise à Votre très-excellente Majesté, sur l'humble
« prière les lords spirituels et temporels, et des Communes, en ce
« présent Parlement assemblés, d'ordonner et déclarer, comme il
« est ordonné et déclaré de l'autorité de ce présent Parlement : »

ARTICLE 1ᵉʳ.

Les monopoles, etc., sont contraires aux lois du royaume. —
Tous les monopoles sont nuls.

« Tous monopoles, toutes commissions, concessions, licences,
« chartres et lettres patentes délivrés et accordés jusqu'ici, ou
« qui, à l'avenir, seront délivrés ou accordés à toutes personnes,
« corps politique ou corporations quelconques , pour exclu-
« sivement vendre , acheter, faire fabriquer ou employer quoi
« que ce soit dans le royaume ou le pays de Galles; tous autres
« monopoles, tout pouvoir, liberté et faculté de dispenser de cer-
« tains autres, ou d'accorder la licence ou la tolérance de faire ,
« employer ou exercer quoi que ce soit contre la teneur ou le sens
« d'aucunes lois ou d'aucuns statuts, d'accorder ou de délivrer
« des ordres pour la licence, la dispense ou la tolérance, le cas
« échéant, de faire des arrangements ou compositions avec des
« tiers pour des pénalités ou forfaitures encourues par certains
« statuts ; toute concession ou promesse de bénéfice, profit ou in-
« térêt dans les forfaitures , pénalités ou sommes d'argent qui
« sont ou seront dues en vertu de certains statuts, *avant que la*
« *condamnation n'en ait été prononcée;* toutes proclamations,
« défenses, restrictions, sommation d'assistance ; enfin, toutes
« autres matières ou choses quelconques, tous moyens tendant à
« instituer, élever, contraindre, forcer ou favoriser tous ou quel-
« ques-uns de ces priviléges, sont contraires aux lois du royaume,
« et, dès lors sont, seront totalement nuls et de nul effet, et ne
« pourront, en aucune façon, être mis à exécution. »

458. La couronne d'Angleterre avait conservé des priviléges
exorbitants , priviléges que le Parlement cherchait toujours à
renfermer dans ses limites. C'est surtout sous la tyrannie du fé-
roce Henri VIII que les droits de la nation avaient été foulés aux
pieds, et sous le règne de ses enfants, Édouard VI, Marie et Élisabeth, ils ne furent pas plus respectés. L'histoire d'Angleterre
montre, à chaque page du règne d'Élisabeth, avec quelle impudeur
cette reine délivrait des licences qui ruinaient la nation pour enri-
chir ses mignons; car Élisabeth, qui voulait qu'on gravât sur son
tombeau qu'elle était décédée vierge, était du côté des passions,
comme sous le rapport de la tyrannie, la digne fille de Henri VIII.
On espérait que Jacques Ier, fils de l'infortunée Marie Stuart, qu'É-
lisabeth avait fait condamner à mort par une commission qu'elle
avait nommée, apporterait sur le trône d'Angleterre , auquel il
était appelé par sa naissance, une modération qui y aurait affermi
sa famille; il y apporta des prétentions qu'il devint urgent de mo-

dérer, comme on le voit par ce statut, mais qui, reprises par
son fils Charles Ier, prince qui voulut faire revenir les temps de
Henri VIII, lui firent porter sa tête sur l'échafaud. On peut juger,
en lisant avec soin cet article 1er, jusqu'où pouvaient aller les
priviléges, puisqu'il fallut déclarer spécialement qu'il n'était plus
permis de disposer des amendes, des pénalités encourues par certains statuts, avant qu'elles n'aient été prononcées par jugement,
ce qui prouve que, jusque-là, la couronne n'avait pas eu besoin
de condamnations judiciaires pour disposer de ces amendes. De
là la nécessité de déclarer que de telles dispositions, étant contraires
aux lois, sont nulles et de nul effet.

ARTICLE 2.

Les monopoles, etc., seront jugés d'après la loi commune du
royaume.

459. Tous monopoles, toutes commissions, concessions, li-
« cences, chartres, lettres patentes, proclamations, défenses,
« restrictions, sommations d'assistance ; enfin, toutes autres
« matières et choses tendant aux effets ci-dessus, ensemble
« leur force et validité, seront, à l'avenir, examinés, ouïs, jugés
« et déterminés conformément aux lois communes du royaume,
« et non autrement. »

460. La couronne, qui s'était arrogé le droit d'accorder tout ou
chacun de ces priviléges, s'était, par une conséquence nécessaire,
arrogé le droit de juger les contestations auxquelles ils pouvaient
donner lieu ; mais ces priviléges se trouvant anéantis, les contestations qui en pouvaient naître devaient rentrer dans le droit
commun ; et pour qu'il ne s'élevât aucun doute à cet égard, la loi
le déclara formellement par cet article.

ARTICLE 3.

Incapacité d'avoir des monopoles, etc.

461. « Toute personne, tout corps politique ou toute corpo-
« ration quelconques, présents ou futurs, sont et seront inca-
« pables d'avoir, d'employer, d'exercer ou d'utiliser aucune es-
« pèce de monopoles, concessions, licences, chartres, lettres

« patentes, proclamations, défenses, restrictions, sommations
« d'assistance, ou toutes autres choses ou matières tendant aux
« effets ci-dessus, non plus qu'aucune liberté, pouvoir ou faculté,
« fondés ou prétendus fondés sur iceux. »

462. Par l'article 1er tous les monopoles et autres privilèges
sont abolis; par le présent article, il n'y a plus de privilégiés. L'incapacité du privilégié est la conséquence de l'abolition du privilége : on peut dire que cet article est une redondance inutile.

ARTICLE 4.

Toute personne lésée pour cause de monopoles, aura droit à
triples dommages-intérêts et doubles frais.

463. « Quiconque, après l'expiration des quarante jours qui sui-
« vront la clôture de la présente session du Parlement, sera lésé,
« molesté, troublé ou inquiété, quiconque aura ses biens, meubles
« et immeubles, par un moyen quelconque, saisis, arrêtés, pris, en-
« levés, emportés ou détenus pour cause ou prétexte de monopole,
« commission, concession, licence, pouvoir, liberté, faculté, lettres
« patentes, proclamation, restriction, défense, sommation d'assis-
« tance ou autre matière ou chose tendant aux effets ci-dessus,
« et formera une action pour être déchargé de ces poursuites,
« pourra la soutenir suivant le droit commun et en se fondant
« sur le présent statut; elle sera ouïe et jugée dans les cours du
« banc du roi, des plaids communs ou de l'échiquier, contre ceux
« par lesquels il aura été ainsi molesté, lésé, troublé ou inquiété,
« ou contre ceux par lesquels ses biens, meubles et immeubles,
« auraient été arrêtés, pris, enlevés, emportés ou détenus; qui-
« conque aura été ainsi molesté, lésé, troublé ou inquiété, ou dont
« les biens, meubles et immeubles, auront été saisis, arrêtés, pris,
« enlevés, emportés ou détenus, aura droit à recouvrer trois fois
« les dommages que lui auront causés ces mesures d'exécution,
« ensemble les doubles frais. Dans ces sortes de procès, soit pour
« les arrêter, soit pour les différer, aucune exception, défense,
« moyens de droit, secours, requête, privilége, injonction ou ordre
« de retenue, ne seront demandés, accordés, admis ou alloués,
« non plus que plus d'une plaidoirie; quiconque, après connais-
« sance donnée que l'action pendante est fondée sur la présente
« loi, sera cause qu'une action de droit commun fondée sur la
« présente loi sera arrêtée ou remise avant jugement, sous pré-

« texte d'un ordre, d'une sommation, d'un pouvoir ou d'une au-
« torité autres que ceux de la cour devant laquelle cette action
« sera portée ou pendante ; quiconque, après jugement rendu sur
« cette action, sera cause que l'exécution de ce jugement restera
« retardée ou suspendue en se fondant sur un ordre, une somma-
« tion, un pouvoir ou une autorité autre qu'un writt d'erreur ou
« d'accusation, encourra et supportera les peines, pénalités et
« forfaitures ordonnées et prononcées par le statut *de provision*
« *et præmunire* fait en la 16e année du règne du roi Richard II. »

464. Par l'article 1er les priviléges sont abolis ; par l'article 3,
les priviligiés n'ont plus de droits ; par le présent article, la loi
établit le mode de réprimer les violations à ses dispositions, en accordant, d'une part, à l'individu lésé par ces violations, de triples
dommages-intérêts et de doubles frais, et en soumettant, en outre,
le violateur aux peines du statut de *præmunire*.

ARTICLE 5.

Les dispositions ci-dessus ne s'appliquent pas aux lettres patentes pour nouvelles inventions, accordées jusqu'au moment de la
passation du présent statut.

465. « Les dispositions ci-dessus ne s'appliqueront pas aux
« lettres patentes, ni aux concessions de priviléges accordées jus-
« qu'ici pour le terme de vingt et un ans ou au-dessous, pour ex-
« clusivement faire et fabriquer toutes sortes de nouveaux pro-
« duits dans le royaume, au premier et véritable inventeur de ces
« produits, que d'autres, au moment de la délivrance de ces lettres
« patentes, ne connaissaient pas, pourvu qu'ils ne soient ni con-
« traires aux lois du royaume, ni préjudiciables à l'État, en
« élevant les prix des marchandises à l'intérieur, en lésant le
« commerce, ou en affectant les intérêts généraux. Ces lettres
« patentes conserveront la même force qu'elles avaient ou qu'elles
« auraient si le présent statut n'avait pas été fait, et elles n'en
« auront pas d'autre. Si le privilége était de plus de vingt et un
« ans, il sera réduit à ce terme, qui commencera de la date des
« premières lettres patentes ou concessions; et ce privilége aura la
« même force que s'il avait été accordé pour ce terme de vingt
« et un ans seulement, comme si le présent statut n'avait pas été
« fait ; et il n'aura aucune autre force. »

466. La loi n'a ni dû, ni pu, ni voulu classer les priviléges

résultant de lettres patentes pour inventions de nouveaux produits sur la même ligne que les autres monopoles. Les caprices d'un monarque n'ont rien de commun avec les inspirations du génie de l'homme, et le législateur l'a tellement reconnu, qu'en voulant réprimer les uns, il a voulu protéger les autres. De là le maintien des lettres patentes dans les cas ci-dessus mentionnés. Toutefois, en accordant un privilège, il a voulu le limiter; et, en effet, il l'a renfermé dans une période de vingt et un ans, période réduite à ce terme, dans le cas où la concession primitive aurait été plus longue, de quarante ans, par exemple, période encore qui devait courir de la date des premières lettres patentes. Cependant il faut bien remarquer que cette limite de vingt et un ans ne fut établie que pour les lettres patentes accordées jusqu'au moment de la passation du statut. Quant aux lettres patentes à accorder pour l'avenir, le statut a réduit leur durée à quatorze ans, comme on va le voir dans l'article suivant.

ARTICLE 6.

Les dispositions ci-dessus ne s'appliquent pas aux lettres patentes pour inventions nouvelles à accorder pour l'avenir.

467. « Les dispositions ci-dessus ne s'appliqueront pas aux « lettres patentes, ni aux concessions de priviléges qui seront ac- « cordées à l'avenir pour le terme de 'quatorze ans ou au-dessus, « pour exclusivement faire ou fabriquer toutes sortes de nouveaux « produits dans le royaume, au premier et véritable inventeur de « ces produits, que d'autres individus, au moment de la délivrance « de ces lettres patentes et concessions, ne connaissaient pas, « pourvu qu'ils ne soient ni contraires aux lois, ni préjudiciables « à l'État, en élevant le prix des marchandises à l'intérieur, en « lésant le commerce, ou en affectant les intérêts généraux. Ce « terme de quatorze ans courra de la date des premières lettres « patentes ou concessions de semblables priviléges à accorder à « l'avenir, et ces lettres patentes ou concessions auront la même « force qu'elles auraient eue si le présent statut n'avait pas été fait, « et elles n'en auront pas d'autre. »

468. Cet article 6 est le véritable berceau de la législation sur les lettres patentes pour inventions nouvelles. Il fixe la durée du privilége à quatorze ans et au-dessous, et il en fait remonter la date au jour de la délivrance de ces lettres patentes; toutefois ces

lettres patentes ne s'accordent qu'autant que les inventions nouvelles ne peuvent être nuisibles ou dangereuses au pays; car, dans le cas contraire, elles sont toujours refusées : la société a toujours sa conservation et non sa destruction pour objet.

469. Ce statut comprend encore huit autres articles, mais tous inutiles ici à connaître. Le 7ᵉ refuse à la loi un effet rétroactif, en ce sens que des priviléges accordés ou confirmés par actes parlementaires conserveront leurs effets; le 8ᵉ, que le statut ne s'applique pas à certains ordres du sceau privé délivrés par Sa Majesté à certains tribunaux; le 9ᵉ, qu'il n'affecte en rien les chartes accordées à certaines corporations; les 10ᵉ et 11ᵉ, qu'ils n'affectent en rien non plus les lettres patentes accordées pour l'impression, le salpêtre, etc.; le 12ᵉ, qu'il n'est pas applicable aux libertés de Newcastle-sur-Tyne, ni aux licences pour tenir taverne, etc.; les 13ᵉ et 14ᵉ, qu'il maintient les droits accordés à certains individus y dénommés (1).

470. Cette loi, malgré le progrès des lumières, ne subit aucune altération pendant plus de deux siècles; car ce n'est qu'en 1835, sous le règne de Guillaume IV, que que   modifications y furent apportées, et encore ces modificati   n'ont pour objet que certaines formes, sans toucher aucunement au fond de la loi, c'est-à-dire à son motif et aux priviléges qu'elle accorde; on en jugera par le statut suivant :

Statut 5 *et* 6, *Guillaume IV, chap.* 83.

Acte pour amender la loi concernant les lettres patentes pour inventions. (10 septembre 1835.)

ARTICLE 1ᵉʳ.

Tout patenté peut demander la rectification de sa spécification, ou donner un mémorandum de cette altération, lesquels, étant accueillis, seront considérés comme faisant partie de cette spécification. — Il pourra être pris des caveat, comme auparavant. — La rectification ne frappera en rien les actions pendantes. — L'attorney général peut requérir la partie d'aviser sa rectification.

471. « Considérant qu'il est expédient de faire des additions et « des altérations à la loi actuelle concernant les lettres patentes

(1) Extrait des *Statutes at large*, vol. III; London, 1763.

« pour inventions, et cela aussi bien pour donner une plus grande
« garantie aux patentés dans leurs droits que pour le plus grand
« avantage que le public en peut tirer. Quiconque, en qualité de
« patenté, de mandataire ou de toute autre manière, a obtenu ou
« obtiendra dorénavant des lettres patentes pour exclusivement
« faire, exercer, vendre ou exécuter une invention, pourra, s'il le
« juge à propos, adresser au clerc des patentes en Angleterre, en
« Écosse ou en Irlande respectivement, suivant le cas, et, après
« en avoir obtenu d'abord l'autorisation de l'attorney général ou
« du solliciteur général de Sa Majesté, s'il s'agit d'une patente en
« Angleterre; du lord-avocat ou du solliciteur général de l'Écosse,
« s'il s'agit d'une patente en Écosse; ou de l'attorney général ou
« du solliciteur général de Sa Majesté en Irlande, s'il s'agit d'une
« patente en Irlande; ladite autorisation certifiée par son *fiat* et
« sa signature, une demande en rectification d'une partie, soit du
« titre de l'invention, soit de sa spécification, avec les motifs de
« cette rectification ; il pourra aussi, avec l'autorisation susdite,
« donner un mémorandum concernant une altération dans lesdits
« titre et spécification, pourvu que ces rectifications ou altérations
« ne s'étendent pas aux droits exclusifs accordés par lesdites
« lettres patentes. Ces rectifications ou mémorandum d'altération,
« reçus par ledit clerc des patentes et enrôlés avec la spécification,
« seront pris et considérés comme ne faisant qu'un avec ces let-
« tres patentes ou ces spécifications devant toutes les cours du
« Royaume-Uni. Toute personne pourra prendre un caveat de la
« même manière que les caveat aujourd'hui usités contre toute
« rectification ou altération ; le caveat ainsi pris donnera à l'indi-
« vidu qui en est porteur le droit d'avoir connaissance de la de-
« mande portée devant l'attorney général, le solliciteur général ou
« le lord-avocat, respectivement. Ces rectifications ou altérations
« ne seront point reçues comme des preuves dans les actions ou
« procès (sauf et excepté dans les procédures par *scire facias*)
« pendant au moment de l'enrôlement de ces rectifications ou
« altérations. Dans ces sortes d'actions ou de procès, le titre et la
« spécification originale seuls feront preuve, et seront considérés
« et pris comme les titre et spécification de l'invention pour la-
« quelle les lettres patentes ont été ou auront été prises. Pourra,
« l'attorney général, le solliciteur général ou le lord-avocat, avant
« d'accorder son *fiat*, requérir la partie qui le demande de faire

« connaître sa rectification ou son altération de la manière qu'ils
« jugeront à propos; et, dans le cas où cet avis serait requis,
« ils certifieront dans leur *fiat* que cette formalité a été dûment
« remplie. »

.172. Tout patenté peut faire des altérations ou rectifications,
soit dans le titre de son invention, soit dans la spécification qu'il
en a donnée. Toutefois ces changements ne peuvent être opérés
par le clerc des patentes qu'autant qu'ils ont été préalablement
autorisés par l'attorney général, le solliciteur général ou le lord-
avocat, suivant le cas. Lorsque ces changements sont admis, ils
ne font qu'un seul corps avec le titre ou la spécification primitifs
de l'invention. Mais ces changements ne portent aucune atteinte
aux actions pendantes, et si des caveat avaient été pris rentrant
dans l'objet de ces changements, leurs porteurs devraient en être
avertis pour s'expliquer contradictoirement devant l'attorney général, ou tout autre officier de la couronne. Ces officiers certifieront dans leur *fiat* que cette formalité a été remplie.

ARTICLE 2.

Mode de procéder lorsqu'un patenté, se croyant l'auteur d'une
invention nouvelle, ne l'est pas réellement.

.173. « Si dans un procès ou une action il est prouvé et spé-
« cialement décidé, par le verdict d'un jury, qu'un individu qui a
« obtenu des lettres patentes pour une invention ou une prétendue
« invention, n'était pas le premier auteur de tout ou partie de
« cette invention, parce qu'un autre individu aurait trouvé ou
« exécuté tout ou partie de cette invention avant la date de ces
« lettres patentes; ou si un patenté ou son représentant vient à
« découvrir qu'un autre individu a, avant d'avoir eu connaissance
« de ces lettres patentes, trouvé ou exécuté tout ou partie de cette
« invention avant la date de ces lettres patentes, ce patenté ou
« son représentant pourront adresser une pétition à Sa Majesté en
« conseil, pour confirmer lesdites lettres patentes, ou en accorder
« de nouvelles. Les causes de cette pétition seront développées
« devant le comité judiciaire du conseil privé; et si le comité,
« après avoir examiné la matière, est convaincu que ce patenté
« avait raison de se croire l'inventeur primitif et original, s'il est
« convaincu également que tout ou partie de cette invention n'a
« pas été publiquement et généralement exécuté avant la date de

« ces lettres patentes, il pourra rapporter à Sa Majesté que son
« opinion est que le signataire de cette pétition peut être favora-
« blement accueilli. Sur quoi, Sa Majesté pourra, si elle le juge à
« propos, donner une décision favorable, et lesdites lettres pa-
« tentes seront valables en droit et en équité à l'effet de donner
« au pétitionnaire le droit d'exécuter, faire et vendre cette inven-
« tion exclusivement à toute autre personne quelconque, nonobs-
« tant tous usages, lois ou coutumes à ce contraires. Toute per-
« sonne opposante à cette pétition aura le droit de s'expliquer
« devant ledit comité judiciaire. Toute personne également partie
« dans un précédent procès ou action concernant de premières
« lettres patentes, aura droit d'avoir connaissance de cette pétition
« avant sa présentation. »

474. Cet article consacre le droit exclusif du patenté en lui
donnant les moyens de protéger ses lettres patentes. Est-il troublé
dans son droit par un nouveau patenté de bonne ou de mauvaise
foi, il peut s'adresser par pétition au comité judiciaire du conseil
privé; sa pétition y est examinée avec soin, et sur le rapport de
ce comité, qui est définitif, Sa Majesté confirme les lettres patentes ou en accorde, suivant le cas, de nouvelles; mais cette
dernière concession n'a lieu qu'autant que l'invention n'a pas été
publiquement et généralement exécutée auparavant. Les droits
des tiers sont toujours réservés. Ainsi y a-t-il une opposition à la
pétition, l'opposant a le droit de s'expliquer devant le comité.
Y a-t-il eu déjà un procès à raison de premières lettres patentes,
tout individu partie à ce procès antérieur a également le droit de
s'expliquer devant le comité.

ARTICLE 3.

Si, dans une action ou un procès, un verdict ou un décret est
rendu en faveur d'un patenté, le juge peut accorder un certificat, qui, étant exhibé comme preuve dans toute autre contestation, donnera au patenté droit à recevoir ses triples frais, par
suite d'un verdict en sa faveur.

475. « Si une action en droit ou un procès en équité sont formés
« pour raison d'atteintes portées à des lettres patentes accordées
« déjà, ou à accorder à l'avenir, ou pour *scire facias*, à l'effet d'an-
« nuler ces lettres patentes; si un verdict est rendu en faveur
« du patenté ou ses représentants; si un décret final ou un ordre

« décrétal sont délivrés pour eux d'après le bien fondé de la con-
« testation, le juge devant lequel cette action aura été jugée
« pourra certifier sur le registre, comme aussi le juge qui aura
« délivré ce décret ou cet ordre pourra donner un certificat, sous
« sa signature, que la validité de la patente a été mise en ques-
« tion devant lui, et le registre, comme le certificat, étant exhi-
« bé comme preuve dans tout autre procès ou action quelcon-
« que touchant cette patente; si un verdict est rendu, si un décret
« ou un ordre décrétal est fait en faveur du patenté ou de ses
« représentants, ils recevront, dans ces sortes de procès en action,
« des triples frais qui seront taxés trois fois la taxe ordinaire, à
« moins que le juge rendant ce second ou tout autre ordre ou
« décret, ou jugeant cette seconde ou toute autre action, ne cer-
« tifie qu'il n'y a pas lieu à accorder ces triples frais. »

476. Le patenté lésé dans ses droits, et recourant à la justice
pour en demander le maintien, a droit à de triples frais. Cependant le juge qui décide dans l'affaire peut modérer cette pénalité,
s'il reconnait surtout que l'atteinte portée au patenté est le résultat ou de l'erreur ou de la bonne foi. Il faut remarquer que le
statut donne deux voies, le droit commun et l'équité. Lorsqu'une première décision est rendue en faveur du patenté, cette
décision, certifiée par le juge qui l'a rendue, servira de preuve
dans toute contestation ultérieure, parce que *res judicata pro
veritate habetur.*

ARTICLE 4.

Mode de procéder en cas de demande de prorogation du terme
d'une patente.

477. « Si une personne qui est aujourd'hui ou qui sera à l'ave-
« nir porteur de lettres patentes, comme dit est, annonce dans la
« *Gazette de Londres* trois fois, et dans trois journaux de Lon-
« dres, et trois fois dans des journaux du dehors, publiés dans la
« ville dans laquelle ou près de laquelle est établie une fabrique
« de produits confectionnés conformément à sa spécification, ou
« bien près de laquelle ou dans laquelle elle réside, dans le cas
« où elle n'aurait pas de fabrique ; ou publiés dans le comté où
« est établie cette fabrique, ou bien dans lequel elle demeure,
« dans le cas où il n'y aurait pas de journal publié dans cette
« ville, que son intention est de demander à Sa Majesté en con-

« seil une prolongation du terme de son droit exclusif d'exécuter
« et de vendre son invention, et qu'elle va adresser une pétition
« à Sa Majesté à cet effet, toute personne pourra prendre un ca-
« veat à l'office du conseil. Si Sa Majesté réfère l'examen de cette
« pétition au comité judiciaire, après avis préalablement donné
« aux individus porteurs de caveat, le pétitionnaire sera entendu
« par son conseil et ses témoins, à l'effet d'établir son droit. Il
« en sera de même des porteurs de caveat, qui seront également
« entendus par leurs conseils et leurs témoins. Sur quoi, et après
« audition et débat de toute la matière, le comité judiciaire peut
« faire rapport à Sa Majesté de prolonger de sept ans au plus
« le terme fixé dans lesdites lettres patentes. Sa Majesté est au-
« torisée par le présent statut, si elle le juge à propos, d'accor-
« der de nouvelles lettres patentes pour ladite invention, pour
« un terme n'excédant pas sept ans après l'expiration du premier
« terme, nonobstant tous usages, lois et coutumes à ce con-
« traires. Cette prolongation ne sera pas accordée, si la demande
« par pétition n'est pas faite et suivie d'effet avant l'expiration
« du terme originairement accordé par ces lettres patentes. »

478. Tout patenté peut demander une prolongation de son
privilége ; mais, avant de faire une demande à cet égard, il
est tenu de la faire précéder de trois annonces insérées dans les
journaux spécifiés ci-dessus, annonces, dans lesquelles il doit
déclarer qu'il va s'adresser à Sa Majesté, à l'effet d'obtenir cette
prolongation. Toute personne qui se croirait quelques droits
pourra prendre un caveat à l'office du conseil privé. L'affaire
est renvoyée par Sa Majesté à l'examen du comité du conseil
privé. Là le demandeur en prolongation et le porteur du caveat
sont entendus par leurs avocats et leurs témoins, et Sa Majesté,
sur le rapport qui lui est fait, peut ou refuser ou accorder une
prolongation. Si elle accorde cette prolongation, elle ne peut
être de plus de sept ans ; mais alors le pétitionnaire doit faire sa
demande, et en suivre l'effet avant l'expiration du terme primitif pour lequel ont été accordées les premières lettres patentes.
Si la demande était faite ou suivie d'effet postérieurement à ce
terme, il y aurait déchéance, parce qu'alors l'invention serait
tombée dans le domaine public (1).

(1) Voir le statut 2 et 3 de Victoria, chap. 67, p. 258, qui abroge cet art. 4.

ARTICLE 5.

En cas d'action, etc., il doit être donné connaissance des moyens sur lesquels elle repose.

479. « Dans toute action formée par atteinse à des lettres pa-
« tentes, le défendeur, dans ses défenses, doit donner au deman-
« deur, et dans tout *scire facias* ayant pour but de rappeler ces
« lettres patentes, le demandeur doit donner, avec sa déclaration,
« connaissance des moyens sur lesquels ils prétendent faire reposer
« le jugement de leur action; et aucune exception ne sera admise
« en faveur du demandeur ou du défendeur respectivement à ce
« procès, à moins qu'ils ne prouvent que cette exception ne soit
« consignée dans leurs conclusions. Pourra le juge, sur somma-
« tion donnée par le défendeur au demandeur, ou par le deman-
« deur au défendeur respectivement, d'établir pourquoi ils ne doi-
« vent pas être admis à présenter d'autres exceptions que celles
« qui n'auront pas été signifiées comme il est dit, accorder l'au-
« torisation de présenter ces exceptions, et en tels termes qu'il
« plaira à ce magistrat de spécifier. »

480. La loi veut que, dans tous les procès concernant les infractions à des lettres patentes, la demande, comme la défense, soit
motivée, et elle exige que ces motifs soient signifiés de part et
d'autre; elle ne veut pas que d'autres motifs non signifiés soient
admis, mais elle laisse pourtant à la discrétion du juge d'en admettre de nouveaux, et dans des termes qu'il fixera. On conçoit
qu'il peut arriver que l'une ou l'autre partie n'ait pu avoir connaissance que postérieurement à ses conclusions d'un fait fort utile
à sa cause; ce sera au juge à apprécier le mérite de ce fait, et dès
lors à le faire entrer dans le domaine de la discussion, à la condition pourtant qu'il en sera donné connaissance à la partie adverse dans les termes que ce juge fixera.

ARTICLE 6.

Frais dans les procès pour infraction a des lettres patentes.

481. « Dans toute action intentée pour infraction à des droits
« garantis par lettres patentes, en taxant les frais on prendra
« en considération la partie de chaque cas qui aura été prouvée
« dans le débat, laquelle sera certifiée par le juge devant lequel
« ce débat aura eu lieu, et les frais de chaque partie du procès

« seront alloués suivant que l'une ou l'autre partie aura gagné ou
« perdu, en ayant égard à la signification des exceptions, aussi
« bien qu'aux motifs de la déclaration, mais sans considérer le
« résultat général de la contestation. »

482. La loi ne considère pas, quant au payement des frais,
le résultat général de la contestation ; elle ne met à la charge de
la partie qui succombe que les frais qu'elle a causés par une exception mal fondée. Ainsi, si le demandeur succombe dans l'une
de ses exceptions, et néanmoins obtient le maintien de ses lettres
patentes, il doit payer les frais de son exception, et obtenir ceux
faits pour obtenir le jugement qui le maintient dans ses droits.

ARTICLE 7.

Défense de contrefaire le nom, etc., d'un patenté.

483. « Si un individu appose par écrit, peinture, impression,
« moulure, fonte, ciselure, gravure ou estampille sur des objets
« faits, employés ou vendus par lui, et pour la fabrication et la
« vente exclusives desquels il n'a ou n'aura pas obtenu de lettres
« patentes, le nom ou l'imitation du nom de toute personne qui
« a ou aura obtenu des lettres patentes pour la fabrication et la
« vente exclusives de ces objets sans l'autorisation du patenté ou
« de son représentant ; ou si un individu, sur de tels objets non
« achetés du patenté, ou d'une personne qui les a achetés du ou
« par les ordres du patenté, ou qui n'a ni la licence, ni le con-
« sentement par écrit de ce patenté ou de ses représentants, ap-
« pose par écrit, peinture, impression, moulure, fonte, ciselure,
« gravure, estampille, ou toute autre marque, le mot *patente*, les
« mots : *lettres patentes*, ou les mots : *par patente du roi*, ou
« tous autres mots de même espèce, entente et signification,
« dans l'intention d'imiter ou de contrefaire l'estampille, la mar-
« que ou toute autre devise du patenté, ou, de toute autre ma-
« nière, imitera ou contrefera l'estampille, la marque ou toute
« autre devise d'un patenté, encourra, pour chaque contraven-
« tion, une pénalité de 50 livres sterling, recouvrable par ac-
« tion de dette, bill, plainte, procès ou information devant l'une
« des cours de record de Sa Majesté à Westminster ou en Irlande,
« ou devant la cour de session en Écosse, dont la moitié pour Sa
« Majesté, ses héritiers et successeurs, et l'autre moitié pour la
« personne qui en suivra la rentrée. Aucune des dispositions

« du présent statut ne sera considérée comme devant soumettre
« personne aux pénalités relatives à l'estampille, ou à tout autre
« procédé marquant ce mot : *Patent*, sur un objet fait pour ex-
« clusivement fabriquer et vendre des produits à l'égard desquels
« une patente, préalablement prise, sera expirée. »

484. La contrefaçon concernant des objets patentés entraîne
une pénalité de 50 livres sterling. Il y a contrefaçon lorsque, par
un procédé quelconque, on prend ou on imite le nom d'un patenté,
sans son autorisation par écrit; il y a également contrefaçon lorsque,
sur des objets non achetés du patenté, on appose par un procédé
quelconque les mots : *patente*, *lettres patentes*, par *patente du
roi*, ou des mots analogues; mais il n'y a pas contrefaçon lorsque
ces mots sont apposés sur des objets qui ont été patentés, mais
dont la patente est expirée. Cette dernière disposition est contraire
à celles prescrites dans les lois concernant la propriété exclusive
des dessins pour ornements d'articles de fabrication. On voit en
effet dans l'article 11 du statut 5 et 6 de Victoria, chapitre 100,
et dans l'article 4 du statut 6 et 7 de Victoria, chapitre 65,
qu'il est défendu, sous la pénalité d'une livre sterling au moins
et de 5 livres sterling au plus, d'apposer le mot *enregistré* sur
des dessins dont le droit exclusif est expiré. On se demande
pourquoi le législateur anglais a établi cette différence, sans
pouvoir en trouver le motif. Quand l'un et l'autre droit est expiré, l'objet qui en était la source est tombé dans le domaine
public, et alors il semble qu'il importe peu que ces objets portent
les mots : *patentes*, *enregistré*. Le législateur a pensé que le mot
patente pouvait encore être employé, tandis que le mot *enregistré* ne le pouvait pas; il faut bien respecter sa volonté, quoiqu'on
n'en puisse trouver le motif.

485. On a vu à l'article 4 du statut 5 et 6 de Guillaume IV,
chapitre 83, rapporté aux numéros 419 et 420, que si le demandeur en prolongation de patente ne fait sa demande et n'en suit
l'effet avant l'expiration du terme fixé dans ses premières lettres
patentes, il encourt la déchéance, et alors l'objet patenté tombe dans
le domaine public. Mais comme il peut se présenter des circonstances qui mettent le pétitionnaire dans l'impossibilité de suivre
l'effet de sa demande, et que *nemo ad impossibile cogitur*, la loi
anglaise, qui est toujours expresse, a cru devoir venir dans ce cas
au secours du patenté, et à cet effet il a été rendu le statut suivant :

Statut 2 et 3, Victoria, chapitre 67.

Acte pour amender un acte des 5ᵉ et 6ᵉ années du règne de
Guillaume IV, intitulé : Acte pour améliorer la loi concernant
les lettres patentes pour inventions (21 août 1839).

486. « Considérant que par un acte passé dans les 5ᵉ et 6ᵉ an-
« nées du règne de Sa Majesté le roi Guillaume IV, intitulé : Acte
« pour amender la loi concernant les lettres patentes pour inven-
« tions, il fut, entre autres choses, ordonné que si une personne
« ayant obtenu des lettres patentes, comme il y est mentionné,
« donne avis de la manière qui y est requise de son intention de
« demander à Sa Majesté en conseil la prolongation du terme
« d'exclusivement employer et vendre son invention, et de lui
« adresser à cet effet une pétition en conseil, il sera permis à tout
« individu de prendre un caveat à l'office du conseil; et si Sa Ma-
« jesté réfère l'examen de cette pétition au comité judiciaire du
« conseil privé, après notification préalable donnée aux individus
« porteurs de caveat, le pétitionnaire sera entendu par son con-
« seil et ses témoins pour prouver sa demande ; les porteurs de
« caveat seront de même entendus par leurs conseils et leurs té-
« moins ; sur quoi et après l'audition et les débats de la cause, le
« comité judiciaire peut faire rapport à Sa Majesté qu'une pro-
« longation du terme fixé dans lesdites lettres patentes soit accor-
« dée, mais n'excédant pas sept ans, et Sa Majesté est autorisée,
« si elle le juge à propos, d'accorder de nouvelles lettres patentes
« pour ladite invention, pour un terme de sept ans au plus après
« l'expiration du premier terme, nonobstant tous usages, lois ou
« coutumes à ce contraires. Cette prolongation ne devait être ac-
« cordée qu'autant que la demande par pétition serait faite et
« suivie d'effet avant l'expiration du terme originaire accordé
« par ces lettres patentes ;

« Considérant que, depuis la passation de cet acte, il est arrivé
« et qu'il peut arriver encore que les parties voulant obtenir
« une prolongation du terme accordé dans les lettres patentes
« en leur possession, et ayant présenté une pétition à cet effet
« de la manière prescrite par le susdit acte, avant l'expiration
« dudit terme, peuvent néanmoins, par des motifs indépendants
« de leur volonté, avoir été empêchées de suivre l'effet de leur
« demande devant le comité judiciaire du conseil privé, et qu'il

« est expédient dès lors que ledit comité judiciaire soit armé
« du pouvoir, lorsque les circonstances de la cause le rendront
« nécessaire, de recevoir cette demande, et d'en faire le rapport,
« conformément aux dispositions du susdit acte, quoique avant les
« débats de l'affaire devant lui, le terme des lettres patentes à re-
« nouveler ou prolonger soit expiré, il est ordonné :

ARTICLE 1er.

187. « Les dispositions de l'acte précité déclarant que nulle
« prolongation du terme des lettres patentes ne sera accordée,
« comme il est dit, si la demande par pétition de cette prolongation
« n'est suivie d'effet avant l'expiration du terme originaire ac-
« cordé dans ces lettres patentes, sont et demeurent abrogées. »

188. Cet article abroge la dernière disposition de l'article 4 du
statut 5 et 6 de Guillaume IV, chapitre 83, mais en ce sens
seulement que, si la demande du pétitionnaire en prolongation
de son privilège n'est pas suivie d'effet avant l'expiration du terme
fixé dans ses premières lettres patentes, par un fait indépendant de
sa volonté, c'est au comité judiciaire du conseil privé, chargé de
l'examen de cette pétition, à peser les motifs qui lui sont présentés. S'il les juge fondés, il fait son rapport en conséquence, et la
prolongation est accordée ; c'est ce qu'on va voir au surplus, et
mieux développé, dans l'article suivant.

ARTICLE 2.

Le terme du droit de patente peut être prolongé dans certains
cas, quoique la demande pour cette prolongation n'ait pas été
suivie d'effet avant l'expiration du terme primitif.

480. « Pourra le comité judiciaire du conseil privé, dans tous
« les cas où il lui apparaîtra qu'une demande en prolongation du
« terme accordé par lettres patentes, dont la pétition aura été
« référée à son examen et n'a pas été suivie d'effet, avant l'expi-
« ration dudit terme, par des motifs autres que la négligence ou la
« faute du pétitionnaire, accueillir cette demande et en faire le
« rapport prescrit par l'acte précité, quoique le terme originai-
« rement accordé dans ces lettres patentes soit expiré avant l'au-
« dition de cette demande : pourra Sa Majesté, si elle le juge à
« propos, sur le rapport dudit comité judiciaire, qui est d'avis
« d'une prolongation du terme de ces lettres patentes, accorder
« cette prolongation ou accorder de nouvelles lettres patentes

« pour l'invention ou les inventions spécifiées dans ces lettres
« patentes originaires, pour un terme qui n'excédera pas sept ans,
« après l'expiration du terme mentionné dans lesdites lettres pa-
« tentes originaires. Aucune prolongation, aucunes nouvelles
« lettres patentes ne seront accordées, si une pétition n'a été pré-
« sentée à cette fin, comme il est ordonné par l'acte précité, avant
« l'expiration du terme dont la prolongation est demandée, ni en
« cas de pétitions présentées après le 30 novembre 1839, à moins
« que ces pétitions ne soient présentées six mois au moins avant
« l'expiration de ce terme; ni en aucun autre cas, à moins que des
« raisons suffisantes ne soient offertes à la conviction dudit comité
« judiciaire, concernant l'omission d'avoir donné effet à ladite
« demande par pétition avant l'expiration dudit terme. »

490. Cet article n'est qu'une conséquence du précédent. Il
donne au comité judiciaire du conseil privé le droit d'examiner
les motifs qui ont empêché le demandeur en prolongation de privilége de suivre sa demande avant l'expiration de son privilége.
S'il y a négligence, faute de sa part, sa demande en prolongation
est rejetée par Sa Majesté, sur le rapport qui lui en est fait par
le comité; elle est encore rejetée si elle n'est pas faite dans les
six mois précédant l'expiration du terme primitif; enfin, elle est
encore rejetée dans tous les autres cas où le comité ne juge pas
suffisantes les raisons qui lui sont alléguées pour l'omission d'avoir
donné suite à la demande en prolongation. Il faut bien remarquer
que, lorsque la prolongation est accordée, elle peut être de
moins de sept ans, mais elle ne peut jamais dépasser ce terme de
sept ans, qui commence à l'expiration du terme primitif. Ainsi
si celui-ci est de quatorze ans, et que la prolongation soit de sept
ans, le patenté aura eu pour son invention un monopole de vingt
et un ans.

491. Il résulte, de tout ce que nous avons dit dans ce chapitre,
que la législation concernant les lettres patentes pour inventions
nouvelles se compose de trois statuts, qui sont : le statut 21 de
Jacques Ier, chap. 3 (1623); le statut 5 et 6 de Guillaume IV,
chap. 83 (1835), et le statut 2 et 3 de Victoria, chap. 67 (1839).
Comme cette matière, peu connue des étrangers, a besoin d'être
mise à leur portée, après leur avoir fait connaître la partie légale, nous allons leur en développer la partie mécanique,
c'est-à-dire la marche à suivre et les frais à payer pour obtenir

des lettres patentes pour inventions nouvelles en Angleterre.

492. Le Royaume-Uni de la Grande-Bretagne et d'Irlande est divisé en trois royaumes distincts pour les lettres patentes, et l'inventeur qui veut protéger son invention dans ces trois royaumes, doit prendre des lettres patentes dans tous les trois. S'il veut se borner à l'un des royaumes, il ne peut prendre de lettres patentes que pour ce royaume ; mais alors son invention ne sera pas protégée dans les deux autres, où elle pourra être contrefaite. Les lettres patentes sont accordées pour quatorze années(1) ; elles peuvent être prolongées de sept années (2). Les frais et le temps nécessaire pour obtenir ces lettres patentes varient d'après l'époque de l'année où la demande est faite.

493. Dans presque tous les pays étrangers, il y a un bureau spécial, dépendant ordinairement du ministère de l'intérieur ou du commerce, et portant le nom de bureau de Brevets, de patentes, de priviléges, etc. C'est à ce bureau que les inventeurs ou leurs représentants s'adressent pour obtenir la protection du gouvernement relativement à leurs inventions, et la délivrance des actes nécessaires pour assurer leurs priviléges. Dans le Royaume-Uni d'Angleterre et d'Irlande, il n'y a pas de bureau spécial appartenant à la haute administration : il y a nécessité de s'adresser à différents bureaux et de remplir une foule de formalités ; ce qui est fort difficile à un étranger. Pour éviter ces désagréments, il y a des bureaux privés qui se chargent de ces sortes d'affaires, et qui portent le nom de *Patent's office for new inventions* (bureau de patentes pour nouvelles inventions).

494. Le choix du bureau étant fait, l'agent se charge, pour arriver à l'obtention des lettres patentes, de faire passer les pièces nécessaires par tous les bureaux, d'en surveiller attentivement la marche, afin qu'il ne se commette pas d'erreur préjudiciable aux intérêts du demandeur, parce que, dans ces bureaux, les employés ne sont pas responsables des fautes qu'ils commettent. Le gouvernement ne charge personne de surveiller les demandes ni les délivrances de lettres patentes : c'est donc au demandeur à les surveiller lui-même, soit en se présentant en personne dans tous les bureaux, soit en remettant ce soin à un mandataire désigné à cet effet, ou mieux, à l'agent dont nous venons de parler.

(1) Statut 21, Jacques I⁰ʳ, c. 3, § 6.
(2) Stat. 5 et 6, Guillaume IV, c. 83, § 4 ; stat. 2 et 3, Victoria, c. 67, § 2.

495. Le prix ordinaire des lettres patentes pour l'Angleterre et le pays de Galles, l'Irlande et l'Écosse, si l'on n'y forme aucune opposition, et si elles sont délivrées d'après la marche ordinaire, est comme suit (en y comprenant les honoraires des agents) :

Pour l'Angleterre et le pays de Galles, à peu
         près...................... 110 liv. sterl.
 —   l'Écosse....................... 80 — —
 —   l'Irlande (1) .... 134 — —

Lorsqu'il n'y a aucune opposition à la délivrance des lettres patentes, si l'agent qui les demande est actif, il peut les obtenir au bout d'un mois.

496. Si l'inventeur veut en outre protéger son invention dans les colonies anglaises, ainsi que dans les îles de Jersey, Guernesey, Alderney, Sark et Man, il doit le déclarer dans sa demande pour l'Angleterre : cette déclaration augmente alors les frais des lettres patentes pour l'Angleterre de 5 livres sterling; ce qui les porte à 115, au lieu de 110 livres sterling. Il est essentiel de ne pas perdre de vue cette remarque, parce que, si les colonies ne se trouvaient pas comprises dans les lettres patentes, et qu'on voulût plus tard y porter son invention, il faudrait, pour la protéger dans ces colonies, prendre des lettres patentes spéciales pour ces colonies, ce qui coûterait presque autant que pour l'Angleterre.

497. Toute personne, soit regnicole, soit étrangère, peut prendre, dans le Royaume-Uni, des lettres patentes pour une invention qui y est nouvelle. Il n'y a aucune différence, soit dans les frais, soit dans la protection, entre les Anglais et les étrangers : il n'y a point de conditions imposées à ceux-ci, comme il arrive quelquefois dans d'autres pays (2).

498. L'exploitation ou la publication d'une invention à l'étranger avant l'obtention de lettres patentes en Angleterre n'annuleront pas celles-ci, si d'ailleurs l'invention n'était pas connue en Angleterre avant la date des lettres patentes.

(1) Le prix du timbre des lettres patentes pour l'Irlande a été augmenté, par une loi récente, de 10 livres sterling; ce qui le porte à 30 livres sterling, somme payée pour le timbre des lettres patentes en Angleterre.

(2) Statut 7 et 8, Victoria, c. 66, § 4.

499. Pour demander des lettres patentes, il n'y a pas indispensabilité pour l'inventeur ou son représentant de donner une description détaillée de l'invention : il est tenu seulement de déposer une déclaration écrite et signée par lui devant un officier de la chancellerie, par laquelle il annonce avoir inventé ou être possesseur d'une invention ayant pour objet, par exemple, la carbonisation de la tourbe par un système entièrement nouveau, et qu'il croit que cette invention n'a été ni connue ni exploitée dans ces royaumes. Cette déclaration est accompagnée d'une supplique adressée à la reine, exposant les mêmes faits, et priant Sa Majesté de vouloir bien lui accorder une patente pour ladite invention. Ces pièces restent déposées dans les bureaux que cela concerne : toute personne qui aura pris un caveat pour une invention ayant quelque rapport avec celle-ci, recevra l'avis qu'une patente est demandée en Angleterre, en Écosse ou en Irlande, ou dans le Royaume-Uni, pour la carbonisation de la tourbe par un système entièrement nouveau, et que, si elle trouve que cette invention a quelque analogie avec l'objet de son caveat, et qu'elle veuille s'opposer à la délivrance de la patente, elle ait à le déclarer dans les sept jours, à partir de la date de cet avis, sinon qu'il sera donné suite à la demande de la patente. En cas d'opposition, l'attorney général fixe un jour (c'est ordinairement le huitième à partir de l'opposition) pour entendre les deux parties séparément et en secret : il se fait expliquer les deux inventions. S'il trouve qu'elles sont identiques, il n'accorde de patente ni pour l'une ni pour l'autre, jusqu'à ce que les inventeurs puissent être mis d'accord, ou à l'amiable ou en justice ; s'il trouve que les inventions ne se ressemblent pas, la patente est accordée, à condition que l'inventeur déposera une description des principes de son invention entre les mains de l'attorney général, qui la mettra sous cachet jusqu'à ce que la spécification soit enregistrée. Il est loisible alors à toute personne de se procurer au bureau de l'attorney général, et à un prix modéré, une copie de la description déposée, et même des dessins s'il y en a.

500. Lorsque la spécification est enregistrée (on verra au n° 512 dans quel délai cette formalité doit être remplie), si elle ne s'accorde pas, quant à ses points principaux, avec la description déposée chez l'attorney général, on peut attaquer la validité de

la patente, sur ce motif que l'inventeur a trompé la couronne, qui n'a accordé de patente, sur le rapport fait par ses officiers, que pour l'invention spécifiée dans le document déposé, et non pas pour une invention tout à fait différente. Toutefois l'inventeur n'est pas tenu de donner littéralement la même description que celle qu'il a déposée (il serait bien cependant, pour ne pas s'exposer à des interprétations, d'en donner un second original) et qu'il lui soit interdit d'y faire de légers changements ou perfectionnements : cette analogie ou cette identité entre la description et la spécification a pour objet d'empêcher les tiers de s'emparer des inventions ou des perfectionnements d'un auteur, et en même temps de ne pas permettre à celui-ci de comprendre dans sa spécification une invention tout à fait différente de celle pour laquelle la patente a été prise.

501. Nous avons déjà parlé de *caveat*, et notamment dans les articles 1 et 4 du statut 5 et 6 de Guillaume IV, chap. 83, rapportés et développés aux n°s 413, 414, 419 et 420; or, le *caveat* est une déclaration d'invention inscrite sur les registres des bureaux des patentes. Après cette inscription, les employés des bureaux sur les registres desquels elle est faite sont tenus de donner avis aux porteurs de caveat de toutes les demandes faites pour des patentes ayant quelque analogie avec l'invention pour laquelle le caveat est pris. Le caveat est en vigueur pendant une année ; il coûte 1 livre sterling 1 shilling, et peut être renouvelé à l'expiration de chaque année. Il faut bien remarquer qu'il ne donne aucune priorité ; il a pour résultat unique d'être informé des demandes de patentes qui pourraient avoir quelque rapport avec l'invention qui est l'objet de ce caveat. Cette mesure conservatoire embrasse tous les genres d'industrie, et elle est d'autant plus utile, qu'à son aide on peut être informé des inventions ou des perfectionnements d'inventions, que l'on peut être intéressé à connaître.

502. Lorsqu'un porteur de caveat est averti qu'une demande est faite pour une invention rentrant dans l'objet de son caveat, il est averti en même temps que, s'il veut faire opposition à cette demande, il doit le faire, à peine de déchéance, dans les sept jours à partir de celui que porte la date de cet avertissement. S'il ne fait pas d'opposition, la demande est accordée : s'il y fait opposition, cette opposition conduit les deux parties devant l'attorney géné-

ral, qui ordinairement leur donne audience huit jours après cette opposition; elles expliquent en secret et séparément leurs inventions, et dès lors il est impossible que l'une connaisse les détails de l'invention de l'autre. Les frais de l'opposition sont divisés également entre le demandeur et celui qui fait opposition; chacun d'eux paye un droit officiel de 3 livres sterling 10 shillings ; mais, pour empêcher les oppositions sans motif, l'opposant est tenu de payer les frais de son opposition aussitôt qu'il la fait, tandis que le demandeur en patente ne paye les siens que lorsqu'il vient expliquer son invention devant l'attorney général. Lorsqu'il y a plusieurs oppositions contre une seule et même demande de patente, elles sont toutes décidées en même temps, et chaque partie doit payer le droit officiel susmentionné de 3 livres sterling 10 shillings ; mais le demandeur en patente n'a qu'un seul droit de 3 livres 10 shillings à payer. Ainsi quel que soit le résultat de l'opposition, qu'il soit pour ou contre l'opposant, pour ou contre le demandeur en patente, le droit de 3 liv. sterling 10 shillings est dû par chaque partie : il n'y a pas lieu à faire retomber sur la partie qui succombe tous les frais de cette opposition. On conçoit la justice de cette mesure : l'opposition maintient à l'opposant son droit si cette opposition est fondée ; sinon il est responsable des frais qu'il a causés. Dans l'un et l'autre cas, ces frais doivent être à sa charge : il en est de même en ce qui concerne le demandeur en patente.

503. Nous avons dit, au numéro précédent, que le porteur d'un caveat, averti qu'une demande était faite pour une invention rentrant dans l'objet de son caveat, était tenu, à peine de déchéance, de former, dans les sept jours, opposition à cette demande ; cependant il peut encore faire opposition à la délivrance d'une patente, après l'obtention du rapport de l'attorney général ; mais pour former cette opposition, qui, du reste, n'a lieu que lorsque le porteur d'un caveat a négligé de signifier son intention d'user de ses droits au bureau où l'opposition se fait ordinairement, il est nécessaire que le porteur d'un caveat prenne auparavant un nouveau caveat, appelé *caveat spécial;* il est tenu, en outre, de payer tous les frais, et de rembourser au demandeur en patente toutes les dépenses que celui-ci peut avoir faites depuis le temps où l'opposition aurait dû être faite. Il est à remarquer que cette opposition, par suite d'un caveat spécial, a rarement

lieu , parce que l'opposant doit déposer une somme de 30 livres
sterling chez l'attorney général, pour payer les frais d'opposition
outre tous les frais dus au demandeur. Si l'opposition est accueillie, si la patente du demandeur est rejetée, la partie opposante
est tenue au payement intégral de ladite somme de 30 livres sterling ; si, au contraire, l'opposition est rejetée et la patente accordée, cette somme est restituée, à l'exception des honoraires dus à
l'attorney général, lesquels sont de 7 livres sterling.

504. Lorsqu'un inventeur étranger veut prendre, dans le
Royaume-Uni, une patente pour une invention , il devra fournir
à son agent une description détaillée de l'invention, accompagnée
de dessins , pour la mieux faire comprendre, si cela est nécessaire. Cette description devra être assez claire et assez complète,
pour que, avec son aide seule, on puisse, au besoin, exécuter l'invention, et aussi pour que cet agent puisse , s'il est nécessaire , répondre aux oppositions qu'auraient faites des porteurs de caveat.

505. Le caveat obligeant celui qui en est porteur de faire ,
dans les sept jours, opposition à la demande en patente, qui lui
est dénoncée , il en résulte que les individus demeurant à une
distance telle qu'une réponse ne puisse arriver à temps pour former cette opposition, doivent se dispenser de prendre des caveat.
Cependant, s'ils ont, en Angleterre, des agents sur lesquels ils
puissent compter , ils peuvent, aussi bien que les indigènes, recourir à cette mesure de précaution.

506. Si l'on peut prendre une patente pour une invention dont
les résultats sont assurés, on peut aussi, lorsqu'il s'agit d'une invention dont le succès n'est pas encore certain , se réserver le
droit de la faire patenter, par une demande préliminaire. Cette
demande, qui coûte 10 livres sterling 15 shillings, lorsqu'elle n'est
arrêtée par aucune opposition , passe au delà du bureau où l'opposition a lieu ordinairement; et si la patente est délivrée plus
tard , cette somme de 10 livres sterling 15 shillings est considérée comme à compte du prix des lettres patentes. L'inventeur
alors peut expérimenter *en secret* (car l'exploitation en public
entraînerait le rejet de sa demande), et lorsque le succès de son
invention est devenu certain, il peut faire une demande définitive.
Il est toujours prudent de ne pas exposer ou montrer son invention
avant la délivrance de la lettre patente, afin de ne pas s'exposer
à une contrefaçon.

507. Lorsque plusieurs demandent une patente en commun, les frais augmentent d'environ 20 livres sterling par personne pour des droits à payer aux divers bureaux.

508. Lorsque la demande avec les pièces à l'appui est passée par la filière de tous les bureaux, les lettres patentes sont scellées, par le lord chancelier, du grand sceau de l'Angleterre, s'il s'agit d'une patente anglaise, et, à cet effet, des jours spéciaux, et qu'on appelle *jours publics*, sont désignés par ce haut fonctionnaire. Les patentes ne peuvent être scellées que ces jours-là, à moins qu'on ne paye des droits extraordinaires, qui peuvent s'élever jusqu'à 2 livres sterling si le lord chancelier est à Londres; mais s'il est à la campagne, ce qui arrive particulièrement lorsque le Parlement est fermé, et dans les vacances, on doit, en outre, payer les frais de route, pour porter chez lui toutes les pièces, et ces frais varient suivant la distance. Quand les lettres patentes sont scellées d'autres jours que les jours publics, on dit qu'elles sont scellées du *sceau privé*.

509. Les démarches à faire pour obtenir des patentes en Irlande et en Écosse, ainsi que pour y prendre des caveat, sont les mêmes qu'en Angleterre ; seulement les patentes irlandaises sont scellées par le lord chancelier d'Irlande du grand sceau de l'Irlande, et les patentes écossaises, du sceau prescrit par le traité d'union au lieu du grand sceau de l'Écosse.

510. Le droit exclusif d'exploiter, de céder ou d'utiliser son invention, est assuré à l'inventeur *à partir du jour où ses lettres patentes sont scellées ;* il peut, ou personnellement, ou par ses représentants, sans le moindre danger d'encourir la nullité de sa patente, et avant même l'enregistrement de sa spécification, exploiter son invention, en vendre les produits, la vendre elle-même en tout ou en partie, ou accorder des licences ; il peut même poursuivre tout individu qui l'exploiterait ou qui vendrait des produits semblables sans son autorisation écrite.

511. Les étrangers ayant la faculté de prendre des lettres patentes dans le Royaume-Uni, peuvent, s'ils veulent éviter les frais et les fatigues du voyage, les faire prendre par des tiers résidant dans le Royaume-Uni; ils peuvent également recourir à la voie officieuse d'un agent, sous le titre de communication d'un étranger. Les lettres patentes obtenues dans ce cas sont ensuite transférées au nom de l'inventeur ou à toute autre personne par lui

désignée. Comme il s'agit là d'un grand acte de confiance, il faut
être bien sûr de l'individu ou de l'agent auquel on s'adresse.

512. On a vu, au n° 439, qu'il n'est imposé, à l'étranger prenant des lettres patentes pour une invention nouvelle, aucune
de ces conditions exigées dans les pays étrangers; mais il faut en
excepter celle qui constitue l'invention elle-même, c'est-à-dire,
sa description ou spécification. Ainsi l'étranger est tenu, sous
peine de déchéance, de faire enregistrer, dans un délai déterminé, qui est ordinairement de six mois, à partir, non pas de
la date de la demande, mais à partir de la date des lettres patentes, une description ou spécification de l'invention. Cette spécification doit décrire, d'une manière très-claire et très-intelli-
gible, la nature de l'invention, et surtout les moyens pour en faciliter les produits. Si la description n'est pas enregistrée dans le
délai fixé, si elle n'est pas exacte, facile à comprendre, soit par
ignorance, soit par intention de tromper, si l'inventeur conserve
par devers lui des renseignements ou des moyens indispensables pour faire comprendre parfaitement l'invention, elle tom-
bera dans le domaine public, et il perdra par conséquent tous les
droits et tous les frais qu'il aura payés.

513. Un délai de six mois, à partir de la date des lettres patentes, est accordé à l'inventeur pour faire enregistrer sa spécification, afin qu'il puisse expérimenter et exploiter son invention,
afin qu'il puisse la rendre plus complète et comprendre en même
temps, dans sa spécification, les perfectionnements qu'il aura pu
acquérir pendant ces six mois. Or, comme les droits de l'inventeur commencent à la date de sa patente, comme il est accordé à
presque tous les inventeurs un délai de six mois pour faire enregistrer leurs spécifications, il s'ensuit que si deux inventeurs
demandent une patente pour la même invention, par exemple,
pour un nouveau système de carboniser la tourbe, celui à qui une
patente aura été accordée le premier pourra, en prenant des renseignements sur l'invention de l'autre, la comprendre dans sa spécification. Ainsi, supposons qu'une patente a été accordée à A. le
1er janvier, et qu'une autre patente a été accordée à B. le 1er février, pour une invention semblable; il est donné à tous les deux
un délai de six mois pour enregistrer leurs spécifications. Si B.
dépose la sienne le 1er mars, croyant, par cette mesure, prévenir
A. et s'assurer un droit de priorité sur lui, non-seulement il est

dans l'erreur, mais il met son rival A. en état de s'emparer des
détails de son invention, puisque celui-ci pourra, dès l'enregistrement de la spécification de B., aller au bureau, en prendre connaissance, s'en faire donner une copie, puis profiter de tous ces
renseignements pour les faire entrer dans sa spécification. Pour
éviter cette espèce de contrefaçon, il faut ne déposer sa spécification qu'à l'expiration des six mois, le dernier jour, par exemple; et cette précaution est d'autant plus sage, qu'il existe, à
Londres, des agences qui ne se font pas scrupule de s'emparer
de cette manière des inventions des étrangers, qui ne sont pas au
courant des mesures à prendre pour empêcher cette fraude.

514. Les spécifications des lettres patentes pour l'Angleterre,
l'Écosse et l'Irlande doivent être écrites sur parchemin timbré;
la première feuille est frappée d'un timbre de 5 livres sterling,
et chacune des autres d'un timbre d'une livre sterling. Chaque
feuille ne doit contenir qu'un certain nombre de mots. Les droits à
payer lors de l'enregistrement de la spécification à la chancellerie
varient selon sa longueur; on ne peut, dès lors, en faire connaître
le montant exact.

515. Il y a, à Londres, trois bureaux pour l'enregistrement
des spécifications : le *Roll's chapes office*, l'*Inrollement office*,
et le *Petty-Bag office*. Les droits d'enregistrement varient dans
ces bureaux; ceux du *Roll's chapes office* sont beaucoup moins
élevés que les autres, mais il y a des règles qui ne conviennent pas
à tous les inventeurs.

516. La spécification doit être remise au bureau du royaume
pour lequel la patente est demandée. Ainsi, la spécification d'une
patente pour l'Angleterre doit être remise à Londres; celle d'une
patente pour l'Irlande, à Dublin, et celle d'une patente pour
l'Écosse, à Édimbourg; et ces spécifications sont enregistrées,
soit à Londres, soit à Dublin, soit à Édimbourg, suivant le cas.

517. Outre les timbres et les droits susmentionnés, s'il y a
nécessité de donner des modèles ou dessins, les frais augmentent
en conséquence. Mais pour donner aux inventeurs une idée probable des avances à faire, nous nous contenterons de dire que si
la description ou spécification n'est pas longue, de manière qu'on
puisse l'écrire sur une seule feuille de parchemin avec un dessin
sur une petite échelle, les frais pourront aller de 15 à 20 livres
sterling.

518. En nous résumant, le coût total des lettres patentes, lorsqu'il n'y a pas d'opposition, et qu'elles sont obtenues dans le cours ordinaire, peut s'établir de la manière suivante :

L'Angleterre, le pays de Galles et les îles Britanniques....................................... 115 liv. sterling.

L'Écosse 82

L'Irlande.............................. 134

Trois spécifications à raison de 15 livres sterling chacune, ... 45

En tout...... 376

CHAPITRE XVII.

Le cartel entre la France et l'Angleterre, concernant l'extradition réciproque d'individus accusés ou condamnés pour certains crimes.

519. Depuis longtemps, en France comme en Angleterre, de grands crimes restaient impunis, parce que leurs auteurs échappaient à la justice des deux pays en se réfugiant sur leurs territoires respectifs. Chez deux nations civilisées, il était impossible de laisser subsister plus longtemps un pareil scandale ; des conférences diplomatiques eurent lieu, et il en est résulté le cartel d'extradition qui fait l'objet de ce chapitre.

Statut 6 et 7 de Victoria, chapitre 75. (22 août 1843.)

Acte pour donner effet à une convention passée entre Sa Majesté et le roi des Français, pour l'extradition de certains criminels.

Extradition, dans certains cas, des individus trouvés sur le territoire de l'une ou l'autre des hautes parties contractantes. — A qui cette grave mesure est confiée. — Sur quelles preuves elle peut être exécutée.

520. « Considérant que, par une convention passée entre Sa « Majesté (la reine Victoria) et le roi des Français, signée à Lon- « dres le 13 février 1843, et dont les ratifications ont été échan- « gées à Londres le 13 mars de la même année, il a été convenu

«que les hautes parties contractantes, sur réquisition faite en
« leur nom par l'intermédiaire de leurs agents diplomatiques res-
« pectifs, remettraient à la justice les individus qui, accusés des
« crimes d'assassinat (comprenant les crimes spécifiés dans le
« Code pénal français par les termes : assassinat, parricide, in-
« fanticide et empoisonnement) (1), ou de tentative d'assassi-
« nat (2), ou de faux (3), ou de banqueroute frauduleuse (4),
« commis dans la juridiction de la partie requérante, cherche-
« raient un asile ou seraient trouvés sur le territoire de l'autre : à
« condition que cette extradition ne serait faite que lorsque la
« perpétration du crime aurait été établie de manière que les lois
« du pays où le fugitif, ou bien l'individu ainsi accusé, serait
« trouvé, justifient son arrestation ou son renvoi en justice, si le
« crime qui lui est reproché y avait été commis; il est de plus
« stipulé, par ladite convention, que, de la part du gouvernement
« breton, l'extradition ne serait faite que sur le rapport d'un juge
« ou magistrat dûment autorisé à prendre connaissance des actes
« reprochés au fugitif dans l'ordre d'arrestation, ou tout autre
« document judiciaire équivalent émané d'un juge ou d'un magis-
« trat compétent en France, et aussi spécifiant clairement lesdits
« actes; il est encore et de plus stipulé et consenti, par ladite
« convention, que les dépens de détention et d'extradition faits en
« vertu des stipulations ci-devant relatées seront couverts et
« remboursés par le gouvernement au nom duquel la réquisition
« aura été faite; il est, en outre, stipulé et convenu, par ladite
« convention, que les dispositions de cette convention ne seraient
« appliquées en aucune façon aux crimes d'assassinat, de faux
« ou de banqueroute frauduleuse, commis antérieurement à sa
« date; il est de plus stipulé et convenu, par ladite convention,
« que cette convention sera en force jusqu'après le premier jour
« de janvier 1844, après laquelle date l'une ou l'autre des hautes
« parties contractantes aura la liberté de donner avis à l'autre de
« son intention d'y mettre fin, et alors elle cessera et finira à
« l'expiration des six mois à partir de la date de cet avis;
« Considérant aussi qu'il est expédient que des dispositions

(1) Code pénal français, articles 296, 299, 300, 301.
(2) Id., art. 2.
(3) Id., art. 145, 146, 147, 148, 150, 151.
(4) Id., art. 402.

« soient faites pour donner son effet à ladite convention, il est en
« conséquence ordonné par la très-excellente Majesté de la
« reine, etc. :

ARTICLE 1er.

« En cas de réquisition dûment faite, conformément à ladite
« convention, au nom de Sa Majesté le roi des Français, par son
« ambassadeur ou autre agent diplomatique accrédité, de remettre
« à la justice toute personne qui, étant accusée d'avoir commis,
« après la ratification de ladite convention, le crime d'assassinat
« (comprenant les crimes désignés dans le Code pénal français
« par les termes : assassinat, parricide, infanticide et empoisonne-
« ment) ou de tentative d'assassinat, ou de faux, ou de banque-
« route frauduleuse, dans le territoire et la juridiction de Sadite
« Majesté le roi des Français, sera trouvée dans les domaines de
« Sa Majesté (la reine Victoria), il sera permis à l'un des princi-
« paux secrétaires d'État de Sa Majesté (la reine), ou, en Irlande,
« au secrétaire en chef du lord-lieutenant de l'Irlande, et, dans
« les autres colonies ou possessions extérieures de Sa Majesté, à
« l'officier administrant le gouvernement de ces colonies ou pos-
« sessions, en vertu d'un ordre signé et scellé par lui, de signifier
« que cette réquisition a été ainsi faite, et de requérir tous juges
« de paix et autres magistrats et officiers de justice, dans leurs
« différentes juridictions respectives, de s'y conformer littérale-
« ment, et de concourir à l'arrestation de la personne ainsi ac-
« cusée, et de l'envoyer à la prison, afin de la remettre à la jus-
« tice, conformément aux dispositions de ladite convention, et,
« en conséquence, il sera permis à tout juge de paix, ou autre
« personne ayant pouvoir de faire emprisonner pour être jugés
« les individus accusés de crimes contre les lois de cette partie
« des domaines de Sa Majesté (la reine) dans laquelle le prétendu
« accusé sera trouvé, d'examiner sur serment toute personne
« concernant la vérité de l'accusation; et sur cette preuve, comme
« aussi conformément aux lois de cette partie des domaines de Sa
« Majesté (la reine), justifiant l'arrestation et l'emprisonnement,
« pour être jugé, de tout individu ainsi accusé, si le crime dont
« il est, ou dont il sera accusé, y avait été commis, il sera permis
« à ces juges de paix ou toutes autres personnes ayant pouvoir
« d'emprisonner, comme il est dit, de délivrer leur mandat pour

« l'arrestation de cet individu, et aussi d'envoyer à la prison l'in-
« dividu ainsi accusé, pour y rester jusqu'à ce qu'il soit extrait
« conformément à la réquisition susdite. »

521. L'extradition n'a lieu que pour crimes, et non pour délits;
pour crimes ordinaires, et non pour crimes ou délits politiques et
militaires; et par crimes il faut entendre ceux spécifiés dans le
cartel lui-même, c'est-à-dire, l'assassinat, la tentative d'assassinat, le parricide, l'infanticide, l'empoisonnement, le faux et la
banqueroute frauduleuse : hors ces crimes, il n'y a pas lieu à
extradition. Un instant, la banqueroute frauduleuse avait fait
naître la question de savoir si elle devait être comprise dans les
causes d'extradition, parce que, disait-on (et c'est le lord-maire
lui-même qui avait tenu ce langage), la loi anglaise ne donne
pas à la banqueroute frauduleuse le même effet que la loi française; mais le doute a été levé par le statut 5 et 6 de Victoria,
chapitre 122, qui reconnaît, comme la loi française, deux espèces de banqueroutes : la banqueroute simple, classée parmi
les *misdemeanors* (délits), par les §§ 34 et 35, et punie d'un emprisonnement de deux ans au plus; et la banqueroute frauduleuse,
classée par le § 32 parmi les *félonies* (crimes), et punie de la
transportation à vie ou d'un emprisonnement d'au moins sept
ans. Or, par la pénalité comme par la définition de la loi anglaise,
la banqueroute frauduleuse se trouve désormais comprise dans le
cartel d'extradition. Il est certain, d'ailleurs, qu'elle a été une des
causes principales de ce cartel. Les deux pays n'ont pas voulu
protéger plus longtemps ces fuites scandaleuses d'individus qui
allaient se réfugier sur leur sol respectif, emportant avec eux les
dépôts sacrés que des hommes honnêtes, croyant à leur intégrité,
leur avaient aveuglément confiés. Le traité laisse en dehors de ses
dispositions les faits qui lui sont antérieurs; il ne veut pas qu'il
produise un effet rétroactif; il ne veut pas non plus que l'extradition comprenne des faits qui, crimes chez l'une des hautes parties
contractantes, ne le seraient pas chez l'autre; et il veut que ces
faits soient spécifiés dans la demande en extradition, de manière
à ne laisser aucun doute, c'est-à-dire que cette demande adressée
à l'un des principaux secrétaires d'État de Sa Majesté (la reine),
par l'agent politique du gouvernement français accrédité près
d'elle, doit être accompagnée d'un mandat d'arrestation ou de
tout autre document judiciaire équivalent, émané d'un juge ou

d'un officier public compétent en France. Le ministre à qui la demande en extradition est adressée, rend un ordre conforme, signé et scellé par lui ; cet ordre est transmis avec réquisition aux juges de paix ou autres officiers et magistrats compétents pour procéder à une arrestation, de procéder à celle de l'individu dont l'extradition est demandée, et de l'envoyer à la prison du lieu où il est trouvé, pour y rester jusqu'au moment de son extradition.

ARTICLE 2.

La copie de la déposition des témoins sera considérée comme preuve de la criminalité de l'individu à extrader.

522. « En pareille matière, les copies des dépositions sur les-« quelles le mandat original a été délivré, certifiées par la signa-« ture de la ou des personnes ayant délivré ce mandat, et attestées « par le serment de la partie qui les produit comme les copies vé-« ritables des dépositions originales, seront considérées comme « preuves de la criminalité de l'individu à extrader. »

523. La liberté, si fortement garantie en Angleterre par la pé-tition des droits accordés par Charles 1er en 1628, l'acte d'*habeas corpus* formant le statut de la 31e année de Charles II, chapitre 2, protége aussi bien l'étranger que l'indigène. De là, lorsqu'il est procédé à l'arrestation de l'un ou de l'autre, la nécessité de lui en faire connaître les motifs, et par conséquent les déclarations des témoins qui accusent l'individu dont la liberté est en péril. Quand ces déclarations concernent des indigènes, étant faites sur les lieux et reçues par les magistrats du pays, elles peuvent servir *hic et nunc* de base à une arrestation ; mais lorsqu'elles émanent d'étrangers et qu'elles sont faites à l'étranger, comme dans l'es-pèce, en France, il faut que des copies véritables des dépositions sur lesquelles le mandat original d'arrestation a été délivré, cer-tifiées par la signature du magistrat ou du fonctionnaire qui a lancé ce mandat, et attestées véritables par le serment de l'agent diplomatique qui demande l'extradition, servent de base à cette demande ; et dans ce cas, il ne faut pas d'autres preuves de sa criminalité, et il peut être arrêté sur-le-champ.

ARTICLE 3.

Mode d'extradition.

524. « Pourront, l'un des principaux secrétaires d'État de Sa

« Majesté (la reine), ou en Irlande, le secrétaire en chef du lord-
« lieutenant, et dans les colonies et possessions extérieures de Sa
« Majesté, l'officier chargé du gouvernement de ces colonies ou
« possessions, par un acte signé et scellé par eux, ordonner que la
« personne ainsi arrêtée soit extradée à tel ou tels individus, dû-
« ment autorisés au nom dudit roi des Français à recevoir cette
« personne ainsi arrêtée, à l'effet d'être jugée pour le crime dont
« elle est accusée ; et en conséquence elle sera extradée. Pour-
« ront les individus autorisés comme il est dit, recevoir toute
« personne ainsi accusée de crime et emprisonnée, la maintenir
« dans la prison et la conduire dans les domaines du roi des Fran-
« çais, conformément à ladite convention. Si une personne ainsi
« accusée parvient à s'échapper de la prison dans laquelle elle sera
« détenue, ou à laquelle elle aura été remise comme il est dit, elle
« pourra être reprise de la même manière qu'une personne accusée
« d'un crime contre les lois de cette partie des domaines de Sa
« Majesté d'où elle s'évaderait serait reprise après son évasion.
« Nul juge de paix, ou nulle autre personne ne délivrera d'ordre
« pour l'arrestation d'un prétendu coupable, s'il ne lui est prouvé
« par serment ou par *affidavit* que la partie requérant cet ordre
« est porteur d'un mandat d'arrêt ou de tout autre document
« judiciaire équivalent émané d'un juge ou magistrat compétent
« en France, et assez authentique pour justifier l'arrestation du
« prétendu accusé en France sur les mêmes charges, ou à moins
« qu'il ne lui apparaisse que les faits reprochés au prétendu accusé
« ne soient clairement spécifiés dans ce mandat d'arrêt, ou tout
« autre document judiciaire équivalent. »

525. Lorsqu'un Français est ainsi arrêté sous la prévention
d'un des crimes spécifiés dans le traité, il peut être extradé en vertu
d'un ordre, qui doit être signé et scellé, soit par le ministre dont
il émane, soit par les autres hauts fonctionnaires mentionnés dans
l'article. L'extradition se fait à la personne dûment autorisée à la
recevoir, et l'extradé est maintenu en prison jusqu'à son renvoi
en France, pour y être jugé. S'il s'échappe, il peut être repris,
comme le serait un Anglais.

526. Il faut bien remarquer que, pour qu'un juge de paix ou
toute autre personne compétente puisse procéder à l'arrestation
d'un Français accusé d'un crime, il est indispensable qu'ils
s'assurent, soit par serment, soit par *affidavit*, que l'individu

qui requiert l'arrestation est porteur d'un mandat d'arrêt, ou de tout autre acte judiciaire équivalent émané d'un magistrat ou d'un officier compétent en France ; il faut, de plus, que les charges soient telles, qu'elles puissent donner lieu à une arrestation en France. Cependant, ce juge de paix, ou cet officier compétent, pourront dispenser du serment ou de l'*affidavit*, si le mandat d'arrêt ou le document judiciaire équivalent spécifient les faits imputés à crime de manière à ne laisser aucun doute. C'est là une appréciation que la loi abandonne et laisse à l'arbitraire de ces officiers publics.

ARTICLE 4.

Après deux mois, les individus arrêtés peuvent être relaxés, s'ils ne sont conduits hors des domaines de Sa Majesté (la reine).

527. « Lorsqu'un individu qui, en vertu de la présente loi, « aura été conduit en prison pour y rester jusqu'à son extradi- « tion, conformément à la réquisition susmentionnée, n'aura « pas été extradé conformément à icelle, ni envoyé hors des do- « maines de Sa Majesté, dans les deux mois de son emprisonne- « ment, outre et en sus du temps actuellement requis pour trans- « porter le prisonnier de la prison dans laquelle il était détenu, par « la voie la plus rapide, hors des domaines de Sa Majesté, pourront « les juges de Sa Majesté, dans cette partie de ses domaines où le « prétendu accusé sera en prison, sur requête à eux adressée ar « ou en faveur de l'individu ainsi emprisonné, et sur preuve à « eux fournie qu'une connaissance raisonnable de l'intention « de présenter cette requête a été donnée à l'un ou à quelques- « uns des principaux secrétaires d'État de Sa Majesté dans la « Grande-Bretagne, ou, en Irlande, au secrétaire en chef du lord- « lieutenant d'Irlande, ou, dans les colonies ou possessions exté- « rieures de Sa Majesté, à l'officier chargé de l'administration de « ces colonies ou possessions ordonner que l'individu ainsi empri- « sonné soit élargi de sa prison, à moins qu'il n'apparaisse à ces « juges motifs suffisants pour ne pas ordonner cet élargissement. »

528. La loi anglaise a tant de respect pour la liberté de l'homme, que, même dans les plus grandes atteintes portées à l'ordre social chez ses voisins, elle a voulu que l'individu dont l'extradition est demandée soit transporté dans les deux mois, des domaines de Sa Majesté (la reine), dans les domaines du roi

des Français. Si ce délai expire sans que ce transport soit fait,
le prisonnier a le droit de demander son élargissement; des tiers
peuvent même le demander pour lui, et les juges de la reine auxquels cette demande est adressée peuvent y faire droit. Cette faculté cesse s'il ne leur est prouvé qu'un avis préalable de la requête
qui leur est présentée a été donné soit au secrétaire d'État que
cela concerne en Angleterre, soit aux hauts fonctionnaires mentionnés dans l'article. Cette faculté cesse également, s'il y a des
motifs graves pour ne pas relaxer le prisonnier. Ces motifs sont
abandonnés à l'arbitraire des juges.

529. Nous ne pouvons, à l'égard de cet article, nous empêcher de faire une remarque de la plus haute importance. Le prisonnier étranger sujet à l'extradition ne peut être détenu en
prison plus de deux mois dans le Royaume-Uni de la Grande-
Bretagne et d'Irlande, et les autres domaines bretons; et lorsqu'il sera extradé, les magistrats de son pays pourront, avant
qu'il ne soit jugé, le détenir en prison trois mois, six mois, un
an, deux ans, qui sait combien, et cela pour compléter des preuves qui doivent éclairer la justice. Et si les preuves sont en faveur de l'accusé, s'il obtient du jury un verdict d'acquittement,
qui lui fera oublier les peines de sa longue et injuste captivité?
Comme en Angleterre on connaît mieux le prix de la liberté!
comme on y respecte la dignité de l'homme! comme nos juges
d'instruction, nos procureurs du roi, devraient être avares de
leurs mandats d'arrêt! mais surtout comme ils devraient écarter
cette idée, qui endurcit leurs cœurs, que les hommes qui paraissent devant eux ne peuvent être des innocents!

ARTICLE 5.

Les dispositions de la présente loi peuvent être remplacées par
des dispositions équivalentes par les législatures coloniales.

530. « Si par quelques lois ou ordonnances qui seront rendues
« à l'avenir par la législation locale d'une colonie ou possession
« extérieure bretonne, des dispositions sont faites pour mettre à
« exécution complète dans ces colonies ou possessions les objets
« de la présente loi, en substituant d'autres dispositions à la
« place de celles de cette loi, il sera de la compétence de Sa
« Majesté, avec l'avis de son conseil privé (si Sa Majesté le juge
« à propos en conseil et non autrement), de suspendre dans

« ces colonies ou possessions les opérations de la présente loi
« aussi longtemps que les dispositions substituées continueront
« à y être en force, et non plus longtemps. »

531. Cet article prouve ce que nous avons dit déjà plus d'une
fois, et notamment aux numéros 126, 127, 133 et 184, que les lois
faites pour le Royaume-Uni ne sont pas exécutoires dans ses colonies, s'il n'y a aucune disposition spéciale. Les colonies qui ont
leur législature spéciale, le Canada par exemple, ne sont pas régies par les lois de la métropole; mais, quant à l'extradition, si la
législature locale n'y pourvoit, elle se fera conformément à la présente loi; si au contraire elle s'en occupe, si elle fait un acte qui
ait cette matière pour objet, la reine en conseil pourra adopter
cet acte, qui alors aura autant et aussi longtemps d'effet, mais
pas davantage que la présente loi.

ARTICLE 6.
Durée de la loi.

532. La présente loi sera en vigueur pendant la durée de ladite
convention.

533. On a vu, dans le préambule de cette loi, que la convention qu'elle sanctionne sera en force jusqu'au 1er janvier 1844,
après laquelle date l'une ou l'autre des hautes parties contractantes aura la liberté de donner avis à l'autre de son intention
d'y mettre fin, et qu'elle cesserait d'avoir effet à l'expiration des
six mois à partir de la date de cet avis. De droit, la présente loi
a été en force jusqu'au 1er janvier 1844; mais de droit aussi elle
est encore en force, et elle restera en force indéfiniment tant que
l'une ou l'autre des hautes parties contractantes n'aura pas averti
l'autre qu'elle entendait la faire cesser. Et dans ce cas même, cet
avis donné, la loi ne cessera pas immédiatement; elle cessera,
comme la convention qu'elle sanctionne, six mois après la date
de cet avis.

534. Tel est ce traité d'extradition. A-t-il atteint son but?
A-t-il arrêté ces fuites scandaleuses qui ont compromis tant de
familles? On n'en peut pas douter, par la prolongation que lui
d .... les deux gouvernements. Les gouvernements, à cet
égard, sont comme les simples particuliers : quand une arme
devient inutile, ils la brisent; et s'ils ne la brisent pas, c'est
qu'elle leur est nécessaire.

535. Nous avions terminé ce chapitre, lorsque la législature anglaise, s'occupant de nouveau de cette matière, rendit une loi qui prouve les services rendus par la loi antérieure, et dont l'objet est de faciliter encore son exécution. Cette loi forme le statut 8 et 9 de Victoria, chap. 120 (8 août 1845), et est intitulée : *Acte pour faciliter l'exécution des traités avec la France, et. . . . pour l'arrestation de certains criminels.* Comme, ainsi qu'elle le déclare elle-même dans son article 3, elle ne fait qu'un seul et même corps avec le statut 6 et 7 de Victoria, chap. 75, nous la rapporterons en entier, comme nous l'avons fait de cette dernière, avec quelques explications, s'il y a lieu.

536. « Considérant que deux actes furent passés dans la 7ᵉ année du règne de Sa Majesté (Victoria), intitulés chacun : *Acte « pour donner effet à une convention entre Sa Majesté* (la reine) *« et le roi des Français, pour l'arrestation de certains crimi-« nels,* et l'autre. . . . . .; qu'il est expédient de faire une loi « pour donner un effet plus immédiat à l'ordre de l'un des prin- « cipaux secrétaires d'État pour la meilleure exécution de ladite « convention, il est ordonné : »

ARTICLE 1ᵉʳ.

Tout magistrat de police métropolitaine, auquel il aura été signifié qu'une réquisition a été faite pour extrader un individu, conformément à ladite convention, pourra délivrer un ordre pour l'arrestation de cet individu dans une partie quelconque de l'Angleterre.

537. « Tout magistrat de police de la métropole, auquel l'un « des principaux secrétaires d'État de Sa Majesté aura signifié « par un ordre, portant sa signature et son sceau, qu'une réqui- « sition a été faite conformément à ladite convention, de délivrer « à justice dans les termes de ladite convention, et suivant les cas « spécifiés, toute personne accusée d'un des crimes la rendant « passible d'extradition suivant ladite convention, sera tenu sur « cette preuve, de même que si les lois de l'Angleterre justifiaient « l'arrestation de la personne ainsi accusée, si le crime dont elle « est accusée avait été commis en Angleterre dans la juridiction « de ce magistrat, de lancer son mandat d'arrêt contre cette per- « sonne, dans la forme annexée à la présente loi ou à tout au- « tre effet semblable. Ce mandat d'arrêt sera exécuté dans toutes

« les parties de l'Angleterre, et aura la même force et effet dans
« toute l'Angleterre, que s'il avait été primitivement lancé ou
« postérieurement endossé par un juge de paix ou un magistrat
« ayant juridiction dans le lieu où il sera exécuté ; ce mandat
« peut être légalement exécuté dans une partie quelconque de
« l'Angleterre par le constable ou les constables auxquels il est
« adressé, ou désignés pour l'exécuter, lesquels auront tous les
« pouvoirs et priviléges pour l'exécution de ce mandat, de même
« que tout constable, dûment désigné, a ou peut avoir dans sa
« constablerie. »

538. Cet article rappelle toutes les prescriptions de l'article 1er
de la loi 6 et 7 de Victoria, rapporté au n° 462, et expliqué au
n° 463 ; seulement il spécifie les nouveaux officiers pouvant procéder à l'arrestation de l'individu dont l'extradition est demandée ; et ces nouveaux officiers, ce sont les constables, qui, dans
leurs constableries, auront les mêmes droits que les juges de
paix, de mettre à exécution l'ordre qui leur sera envoyé à cet
effet. Il ne faut pas oublier que le mandat d'arrêt est exécutoire
par toute l'Angleterre, et que son exécution est attachée à cette
condition, que les lois anglaises elles-mêmes reconnaîtraient comme crime le fait à raison duquel l'extradition est demandée.

ARTICLE 2.

Toute personne arrêtée doit être conduite devant un magistrat de police, qui peut ordonner son emprisonnement.

539. « Toute personne arrêtée en exécution d'un pareil man-
« dat sera conduite avec toute la diligence convenable devant le
« magistrat qui aura lancé le mandat, ou devant tout autre ma-
« gistrat de la même cour de police ; et ce magistrat pourra don-
« ner l'ordre de l'emprisonnement de cette personne suivant la
« forme prescrite dans la cédule annexée à cette loi, ou au même
« effet, lequel ordre sera bon et valable en droit pour enjoindre
« aux personnes auxquelles il sera adressé de détenir cet indi-
« vidu en prison, ainsi qu'il est porté dans ledit mandat, jusqu'à
« son extradition conformément à la convention en vertu de la-
« quelle il aura été arrêté. »

540. L'individu arrêté doit être conduit immédiatement devant
le magistrat qui a ordonné son arrestation, puis de là conduit

en prison jusqu'à son extradition. Cette disposition est tout à fait en harmonie avec ce qui est dit au n° 466.

ARTICLE 3.

541. « Cet acte sera considéré comme s'il faisait partie de la « convention primitive. »

542. Il en résulte que le statut 6 et 7 de Victoria, chap. 75, et le présent statut 8 et 9 ne forment qu'une seule et même loi.

543. A cet acte se trouvent jointes les deux cédules dont il parle, et qui sont conçues de la manière suivante :

8 et 9, Victoria, chap. 120.

CÉDULES AUXQUELLES CETTE LOI SE RÉFÈRE.

MANDAT D'ARRÈT.

District de la police métropolitaine : On fait savoir	à tous et à chacun des constables de la force de la police métropolitaine :

544. Considérant que le très-honorable. . . . . ., l'un des principaux secrétaires d'État de Sa Majesté, par un ordre portant sa signature et son sceau, m'a signifié que, conformément à la convention faite entre Sa Majesté et le roi des Français dans l'année 1842, pour l'arrestation de certains criminels, réquisition lui a été adressée pour remettre à la justice A. B. (le nom du coupable), demeurant autrefois à. . . . ., lequel est accusé d'avoir commis le crime de... (spécifier le crime) dans la juridiction de Sa Majesté le roi des Français :

C'est pourquoi nous vous commandons, au nom de Sa Majesté (la reine) d'arrêter sur-le-champ ledit A. B., conformément à un acte passé dans la 9ᵉ année du règne de Sa Majesté (la reine), intitulé (ici insérer le titre de cet acte, qui est la présente loi), partout où il sera trouvé en Angleterre, et de le conduire devant moi, ou tout autre magistrat siégeant en cette cour, pour répondre à ladite accusation; pour quoi le présent sera votre ordre.

Donné, sous ma signature et mon sceau, à . . . . ., l'un des

21

constables des cours de police de la métropole, cejourd'hui 7 février de l'an de Notre-Seigneur 1846.

Signé : J. P.   (Signature du magistrat.)

MANDAT DE DÉPOT.

District de la police métropolitaine. } à A. B., l'un des constables de la force de la police métropolitaine, et au

On fait savoir } concierge de la prison de. . . à. . .

545. Avis est donné que, le 7 février de l'année de Notre-Seigneur 1846, le nommé A. B., demeurant autrefois à. . . , est conduit devant nous, l'un des magistrats de police de la métropole, siégeant à la cour de police située à. . . ., dans le district de la police métropolitaine, et est accusé devant moi d'avoir, le 20 décembre 1845, dans la juridiction de Sa Majesté le roi des Français, commis le crime de... (spécifier le crime); et, considérant qu'il m'a été démontré, sur des preuves légalement suffisantes pour justifier l'envoi à la prison dudit A. B., conformément à un acte passé dans la 7e année du règne de la reine Victoria, intitulé (insérer ici le titre de 6e et 7e année de Victoria, chap. 70), que ledit A. B. est coupable dudit crime :

C'est pourquoi la présente est pour vous ordonner, à vous dit constable, au nom de Sa Majesté, de conduire et remettre immédiatement la personne dudit A. B. à la garde du concierge de la prison. . . . . , et à vous dit concierge de recevoir ledit A. B. à votre garde dans votre prison, et de l'y détenir en sûreté jusqu'à ce que de là il soit extrait, conformément aux dispositions dudit acte : pour quoi la présente vous servira d'ordre.

Donné, sous notre signature et notre sceau, à. . . ., l'un des constables des cours de police de la métropole, cejourd'hui 7 février de l'an de Notre-Seigneur 1846.

Signé : J. P. (Signature du magistrat.)

CHAPITRE XVIII.

Le droit de l'étranger, dans les procès criminels soumis à un jury, de faire entrer dans ce jury six étrangers compatriotes ou non.

546. La matière qui fait l'objet de ce chapitre est digne du plus haut intérêt; elle ne se trouve dans la législation d'aucun peuple ancien et moderne, et elle fait le plus grand honneur à la nation anglaise; et cependant, chose bien digne de remarque, lorsque l'étranger n'avait en Angleterre aucun droit positif, lorsque sa présence n'y était qu'une simple tolérance, il y avait là de toute antiquité une coutume qui, dans les transactions, lui donnait pour juges ou ses compatriotes seulement, ou six de ses compatriotes réunis à six indigènes; et cette coutume est celle connue sous le nom *de mediclate linguæ* (de la moitié de la langue). A travers les nombreux volumes qui renferment les institutions politiques de l'Angleterre, si vous parcourez les *Statuts at large*, qui constituent l'immense collection des lois anglaises depuis la Grande chartre jusqu'à nos jours, on ne trouve que quatre dispositions concernant le droit *de medietate linguæ:* l'une rendue dans la 27ᵉ année d'Édouard III, statut 2, chap. 8 (1353); la seconde, dans la 28ᵉ année d'Édouard III, chap. 18 (1354); la troisième, dans la 8ᵉ année de Henri VI, chap. 29 (1429); et la dernière, dans la 6ᵉ année de Georges IV, chap. 50 (1825). Comme ces quatre statuts constituent le droit qu'ont les étrangers de faire entrer, dans le jury qui doit décider certaines de leurs contestations, six de leurs compatriotes, nous les rapporterons en entier, tels qu'ils se trouvent en vieux français normand, soit dans les *Statuts at large*, soit dans les *Rotules de la Tour de Londres*. Nous ferons remarquer que, jusqu'au 3ᵉ statut de Henri VII, tous les actes parlementaires sont en vieux français normand; nous les rapporterons tels que nous les avons trouvés.

27ᵉ année d'Édouard III, statut 2, chapitre 8.

Juridiction du maire et des constables de l'estaple. — Tous les

21.

gens de l'estaple seront régis par la loi commerciale et non par la loi commune.

547. La première partie de ce chapitre établit la juridiction du maire et des constables de l'estaple, qui seuls, dans les villes et faubourgs où l'estaple existe, ont droit de connaître de toutes les matières concernant l'estaple, c'est-à-dire, de toutes les matières commerciales. Puis ce chapitre se termine de la manière suivante, qui règle le mode de juger les contestations entre étrangers et étrangers, ou entre étrangers et dénisés, ou enfin entre dénisés et dénisés :

Et si un procès ou un débat est porté devant le maire de l'estaple entre les marchands et leurs ministres, et que, pour connaître la vérité, il faille recourir à une enquête ou autre preuve, nous voulons que si l'une et l'autre partie sont étrangères, elles soient jugées par étrangers; que si l'une et l'autre partie sont dénisées, elles soient jugées par dénisés; que si une partie est dénisée et l'autre partie étrangère, la moitié de l'enquête ou de la preuve soit de dénisés et l'autre moitié d'étrangers.

Et si plee ou debait soit mene devaunt le mair de lestaple entre les marchauntz et ministres dicellez, et sur ce pur trier la verite enquest ou prove soit apprendre : si volumus quo si lun parti et lautre soit estraunge, soit trie per estraunges, et si lun partie et lautre soit denizins, soit trie per denizins, et si lune partie soit denizin et lautre partie alien, soit lun moitie de lenquest ou del prove des denizins et lautre moitie des aliens (1).

548. Il résulte, de ce texte, que le statut est applicable aux marchands ressortissant à l'estaple, et que les contestations nées entre étrangers étaient jugées par étrangers, que celles nées entre dénisés étaient jugées par dénisés, et qu'enfin celles nées entre étrangers et dénisés étaient jugées par une enquête composée de la moitié d'étrangers et de la moitié de dénisés. On voit que le privilége qu'avaient alors les étrangers et les dénisés était beaucoup plus étendu qu'aujourd'hui. Aucun indigène n'était appelé à l'enquête; aujourd'hui il en faut la moitié, et encore dans les cas spécifiés plus loin. On va voir par le statut suivant que ce droit

(1) The Statutes at large, by Owen Ruffhead, vol. 1er, p. 278.

de medietate linguæ a été étendu des marchands à tous autres étrangers figurant dans une contestation quelconque.

Statut de la 28° année d'Édouard III (1354).

CHAPITRE XIII.

Une enquête se fera *de medietate linguæ* toutes les fois qu'un étranger sera en cause.

549. 2. Et que, dans toute sorte d'enquêtes et de preuves qui seront prises ou faites entre étrangers et dénisés, qu'ils soient marchands *ou autres*, aussi bien devant le maire de l'estaple que devant tous autres juges ou ministres, quand même le roi serait partie, la moitié de l'enquête ou de la preuve soit de dénisés et l'autre moitié d'étrangers, s'il se trouve un nombre suffisant d'étrangers dans la ville ou le lieu où doit se faire cette enquête ou cette preuve, lesquels ne doivent être ni parties ni avec les parties en contrats, procès ou autres contestations à raison desquels doivent se faire l'enquête ou la preuve. Et s'il n'y a pas d'étrangers suffisants, on prendra pour cette enquête ou cette preuve autant d'étrangers qu'il en sera trouvé dans les villes ou les lieux qui ne seront ni parties ni avec les parties, comme il est dit, et le reste de dénisés, lesquels seront hommes de bien, et non suspects à l'une ou l'autre partie.

2. Et qe en tote manere denquestes et proeves qe sont a prendre ou affaire entre aliens et denzeins soient ils marchants *ou autres* si bien devant le meire de lestaple come devant queconque autres juges ou ministres tout soit le roi partie soit la moite de lenquest ou del proeve dc denzeins et lautre moite des aliens si tantz des aliens soient en la ville ou lieu ou tiele enquest ou proeve soit aprendre qe ne soient mie parties ne od les parties en contractes plect ou autres quereles dount tieles enquests ou proeves deivent estre pris et si tantz des aliens ne y soient point adonges soient mis en tieux enquestes et proeves tantz des aliens come seront troves en meismes les villes au lieux qe a ce ne soient pas parties ne od les parties come devant est dit, et le remanant de denzeins qe soient prodes hommes et nient suspecionouses a lune partie ne a lautre (1).

(1) Ex Rot. in Turr. Lond.; Statutes at large, by Owen Ruffhead, t. I, p. 289.

550. Ce droit *de medietate linguæ* ne tarda pas à s'étendre aux contestations autres que les contestations commerciales ou de l'estaple. En effet, l'année suivante, fut rendu le statut où il est dit, en termes exprès, « que dans toute sorte d'enquête et de « preuves qui seront prises ou faites entre étrangers et dénisés, « qu'ils soient marchands *ou autres.* » Cette expression *ou autres* est une extension du droit primitif, qui comprend dans sa généralité les étrangers appartenant à toutes les sortes de classes. Sage dès son origine, la loi veut que ceux qui composeront l'enquête ne soient ni parties en cause, ni en contrats, en procès ou en contestations avec l'une ou l'autre partie, qu'ils soient hommes de bien, et non suspects à aucune des parties. Enfin, s'il arrivait qu'il n'y eût pas d'étrangers en nombre suffisant dans la ville ou le lieu où doit se faire l'enquête, il en sera pris autant qu'il en sera trouvé. Toutes ces dispositions se retrouveront dans les deux statuts qu'il nous reste à rapporter, et dont le premier est un statut de la 8ᵉ année d'Henri VI (1420), chap. 20, et intitulé :

Il y a lieu à l'enquête *de medietate linguæ,* quand un étranger est en cause.

L'intitulé de l'acte parlementaire formant ce statut est ainsi conçu :

551. « Ad omnipotentis Dei et sanctæ Matris ecclesiæ laudem « et honorem christianissimus dominus noster Henricus Dei gra-« cia rex Angliæ et Franciæ et dominus Hiberniæ illustris in Par-« liamento suo apud Westm' in crastino sancti Mathei apostoli « anno regni sui Angliæ et ad specialem requisitionem ac de as-« sensu communitatis ejusdem regni in Parliamento prædicto « existentium quædam statuta et ordinationes pro communi utili-« tate dicti regni et præsertim pro bona et sua gubernatione « de debita legis executione habend' in eodem fecit in forma se-« quenti : »

Item. Considérant que, dans le Parlement tenu à Westminster en la 27ᵉ année du roi Édouard III, entre autres choses en faveur et pour la liberté des marchands étrangers se rendant dans le royaume d'Angleterre, il fut ordonné que si un procès ou

Item. Come en le Parliament tenuz a Westm' lan 27 du roi Édouard tierce entre autres choses en favour et libertee des merchantz estraungiers repairantz en le roialme d'Engleterre ordine soit qe si plee ou debate soit moeve devaunt le

une contestation étaient portés devant le maire de l'estaple entre des marchands ou leurs ministres, et que, pour arriver à la vérité, il y eût lieu à des enquêtes ou des preuves, si l'une et l'autre partie étaient étrangères, la contestation serait jugée par des étrangers ; que si l'une et l'autre partie étaient dénisées, cette contestation serait jugée par des dénisés ; que si l'une des parties était dénisée et l'autre étrangère, cette contestation serait jugée par moitié dénisés et moitié étrangers ; et que, de plus, dans toutes les enquêtes et preuves qui seraient faites et reçues entre étrangers et dénisés, qu'ils soient marchands *ou autres*, aussi bien devant le maire de l'estaple que devant tous autres juges ou ministres, encore que le seigneur le roi soit partie, la moitié de l'enquête ou de sa preuve doit se faire par dénisés, et l'autre moitié par étrangers, s'il se trouve autant d'étrangers dans la ville et le lieu où doivent se faire ces enquêtes ou preuves, pourvu qu'ils ne soient ni parties, ni avec les parties, en contrats, procès ou autres contestations ayant donné lieu à ces enquêtes ou preuves ; et si les étrangers ne sont pas en nombre suffisant, on fera entrer dans ces enquêtes ou preuves autant d'é-

mair de lestaple entre les merchantz ou ministres dicell et sur ceo pur trier la verite enqueste ou proeve soit apprendre si lun partie et lautre soit estraunge soit trie pur estraunges et si lun partie et lautre soit deinszein soit trie par deinszeins et si lun partie soit deinszein et lautre alien soit lun moite de deinszeins et lautre moite des aliens et en outre qen toutz maners des enquestes et proeves qi serroient apprendre ou affairs entre aliens et deinszeins soient ils merchantz *ou autres* si bien devaunt le mair de lestaple come devaunt qeconqes autrez juggez ou ministres tout soit le roi partie soit lun moitee de lenquest ou proeve dez deinszeins et lautre moite des aliens si tantz des aliens soient en la ville ou lieu ou tiel enquest ou proeve soit apprendre qe ne soient my parties en ove es parties en contractz plees ou autre querelles dount tielx enquestes ou proeves deyvent estre prisez et si tant des aliens ne soient point adonqes soient myz en tielx enquestes ou proeves tantz des aliens come serront trovez en mesmes les lieux ou villes qi a ceo ne soient my parties ne ove les parties come devaunt est dit et le remenaunt des deinszeins qi sount prodes hommes et nient suspiciouses à lun partie ne lautre. Depuis

trangers qu'il en sera trouvé
dans les mêmes lieux ou villes,
qui ne seront ni parties dans
icelles, ni avec les parties dans
les rapports susdits, et le reste
sera composé de dénisés, qui
seront hommes de bien et non
suspects à l'une ou l'autre partie. Considérant que depuis cette
ordonnance lesdits marchands
étrangers ont toujours été gouvernés et réglementés, aussi bien
dans les estaples que dans les
autres cours du roi, d'après la
forme de cette ordonnance jusqu'à l'époque actuelle, où ils
ont été soumis à des restrictions
et des prohibitions à cause d'un
autre statut fait dans le Parlement à Westminster dans la
deuxième année du roi Henri,
père de notre seigneur le roi actuel, statut par lequel, à cause
des grands désavantages, dommages et déshérences qui arri-
vaient journellement dans le
royaume, aussi bien quand il
s'agissait de la mort d'un homme que d'un franc ténement, ou
de tout autre cas, par ceux qui
rendaient des enquêtes dans ces
différentes circonstances en leur
qualité de jurés ordinaires, et
aussi par d'autres qui avaient
pour vivre peu ou rien que ce
qu'ils tiraient de ces enquêtes,
et qui n'avaient rien à perdre
par suite de leurs faux serments
par lesquels ils blessent d'au-

quell ordinance les ditz mar-
chantz allens ount esté tout
temps demesnez et reulez si bien
en lesditz estaples come en les
autres courtes du roi solone la
forme dicell ordinance tanqe
jatarde qils ent ount esté res-
treintz et empeschiez par colour
dun autre estatuit fait en le Parliament tenuz à Westm' lan du
regne le roi H. pier nostre seignur le roi Gorest seconde par
quell estatut pur les graundes
mischiefs et desheritances qe
de jour en autre aveignaient
parmi le roialme dengleterre
si bien en cas de morte de home
come en cas de franc tene-
ment en en autres coses par
ceux qui passerent es enquestes
en lesdites coses qi feurent communes jourrours et autres qi
navoient qe pole de vivere mes
par tielx enquestes et les queuz
navoient rien a perdre par cause
de lour faux serementz parount
ils le plus legierement offende-
rent lour consciences et pur
correction et amendement ent
avoir ordine fuist et establie qe
null personne soit admys de
passer en ascunt enquest, trials
de morte de home ne en ascun
enquest parentre partie et partie
en plee reall ou personnell
dount le dette et lez dammages
declarez amountent a quarante
mares si même la persone nait
terres ou tenementz del annuel

tant plus facilement leurs consciences ; pour l'amendement et
la répression de quoi il avait été
ordonné et établi que nul ne serait admis dans une enquête à
faire dans un procès de mort
d'homme, non plus que dans
une enquête entre partie, et partie en procès *réel* et personnel
dans lequel la dette et les dommages seraient déclarés s'élever
à 10 marcs (1), à moins qu'il
n'ait des terres ou ténements
d'un revenu annuel de 40 shillings outre les charges ; à cause
desquelles restrictions et prohibitions aussi appliquées aux
marchands étrangers, une foule
de ceux-ci se sont retirés et se
retirent journellement et évitent
de venir commercer de ce côté
de la mer ; et il est vraisem-
blable que tous ces mêmes marchands étrangers abandonne-
ront le royaume d'Angleterre,
si ledit dernier statut n'est pas
plus amplement expliqué, et si
lesdits marchands étrangers ne
sont pas régis, gouvernés et réglementés, dans ces enquêtes,
conformément à la susdite première ordonnance, à peine d'une
grande diminution dans les subsides du roi et de grandes pertes
et dommages pour tout ledit
royaume d'Angleterre. Notre
seigneur le roi, considérant les

value de 40 shillings par an
outre les reprises dicelles. A
cause de qell restreint et empes-
chement eusy faitz asditz merchantz aliens plusours de mesmes les merchantz aliens lour
ount retraihez et se retraihent
de jour en autre et eschuent de
venir et converser par de cea et
verisemblable est qe trestoutz
mesmes lez merchants aliens
lour voillent de partir hors de
mesmes le roialme si ledit darrein estatut ne soit pluis overte-
ment declarez et lez ditz merchantz aliens reulez governez et
demesnez en tielx enquestes so-
lonc la fourme del primer ordinance desuisdite a tres graunde
amenusement des subsides du
roi et grevouse perde et dam-
mage a tout son roialme avaunt
dit notre dit seigneur le roi con-
siderant les premisses et qil ne
fuist my lintention dudit nad-
gairs roi ne de les seignurs espirituelx et temporelx de son
dit Parliament de deroger ou
prejudicier a le dit primer ordinance par le dit darrein estatut
et qe mesme le derrein estatut
fuist fait à cause des meschiefs
et desheritances qavenoient per
lez faux serementz des communes jurrours du roialme si come
Il appiert par expresses paroles
de mesme le statut et coment les

---

(1) Le marc valait 13 shillings 4 pence (16 fr. 75 c.).

prémisses et que ce n'était pas l'intention dudit feu roi, non plus que des lords spirituels et temporels dudit Parlement, de porter atteinte ou préjudice à ladite première ordonnance par cedit dernier statut, et que celui-ci eut pour objet les dommages et déshérences causés par les faux serments des jurés ordinaires du royaume d'Angleterre, ainsi qu'il appert par les mots exprès de ce statut ; considérant aussi que lesdits marchands étrangers ne sont pas jurés ordinaires, qu'ils ne peuvent habiter dans le royaume, qu'ils ne peuvent ni y acquérir ni y posséder des terres ou ténements sans une licence spéciale du roi ; voulant, notredit seigneur le roi, pourvoir au bien et à l'avantage de lui personnellement et de tout son royaume, et éviter les dommages et inconvénients qui peuvent facilement arriver, sous ce rapport, comme aussi voulant donner auxdits marchands étrangers plus d'encouragement et de désir de venir dans ce royaume avec leurs denrées et marchandises, a, de l'avis et consentement des lords spirituels et temporels assemblés en ce présent Parlement, déclaré que ledit dernier statut fait du temps de son père ne peut, en aucune ditz merchants aliens ne sont mye communes jurrours ne enheritables delnz le dit roialme ne pourront purchacer nenjoier ascuns terres ou tenementz en icell saunz especiall licence du roi. Et voillant pur ceo mesme nostre seignur le roi purveier pur le bien et profit de luy et de son dit roialme et pur escheuer les dommages et inconveniences qi pourront legierement avenir en cell partie et auxi pur doner as ditz merchantz aliens le giemdre corage et talent de venir ove leur merces et merchandises en cest roialme. De ladvys et assent des seignurs espirituelx et temporelx esteantz en cest present Parlement ad declaree le ditdarrein estatut fait en temps de son dit pier noun estre aucunement préjudicieil audit primere ordinance ne se extendre mes tant seulement a les enquestes apprendres parentre deinszelns et deinszelns et nemy a les autres enquestes et proeves des susdites et la dite primere ordinance destre effectuell et estoier en sa force et destre myz en due execution solone la forme dicell le dit darrein estatut ou ceo qe lez aliens nount my terres et tenementz a le value de 40 shillings par an solone la contenue de masme le darrein estatut nient contristeant (1).

(1) The Statutes at large from magna Charta, by Owen Ruffhead, t. I, p. 557 ; Ex Rot. in Turr. London.

façon , préjudicier à ladite ordonnance, et ne s'appliquer qu'à
toute enquête entre dénisés et
dénisés, et non aux autres enquêtes et preuves susdites; et
que ladite première ordonnance
aura son effet et restera en force
et sera mise à due exécution ,
conformément à la forme qu'elle
prescrit, nonobstant ledit dernier statut, ou que les étrangers
n'aient pas de terres ou de ténements de la valeur de 40 shillings de revenu annuel, conformément aux dispositions de ce
dernier statut· et de ladite ordonnance.

552. Par le statut 27 d'Édouard III, rapporté au n° 546, il fut
dit que les procès entre *marchands étrangers* seraient jugés
par une enquête (c'est le jury) composée d'étrangers; que ceux
entre marchands étrangers et dénisés seraient jugés par une enquête composée moitié de marchands étrangers et moitié de
dénisés, et qu'enfin ceux entre dénisés et dénisés seraient jugés
par une enquête composée en totalité de dénisés. On voit qu'il
ne s'agit que de *marchands étrangers;* mais , par le statut de
la 28ᵉ année du même roi Édouard III, rapporté au n° 548,
ce mode de procéder fut étendu des marchands à toutes les
classes d'étrangers; et dès lors aussi bien devant tous les juges civils que devant le maire et les constables de l'estaple. Mais
ceux qui devaient composer l'enquête ou le jury ne devaient être
ni parties en cause, ni en contrats, ni en procès, ni en contestations avec les parties. Ils devaient être aussi hommes de bien,
non suspects aux parties, et pris au lieu même où devait se faire
l'enquête, ou au moins autant qu'il pouvait s'en trouver sur les
lieux. Toutefois, sous le règne d'Henri V, un statut avait été
rendu, qui voulait que tous ceux admis à une enquête dans un
procès de mort d'homme , ou entre partie et partie en procès réel
et personnel , dans lequel la dette et ses dommages seraient déclarés s'élever à 40 marcs, devaient avoir des terres ou téne-

ments d'un revenu annuel de 40 shillings, outre les charges ;
et comme cette disposition était générale, elle était appliquée
aussi bien aux étrangers qu'aux indigènes ; mais cette extension, par le statut de la 8ᵉ année d'Henri VI, rapporté au nº 450,
fut limitée aux enquêtes entre dénisés et dénisés, parce que, si
ceux-ci peuvent, en vertu d'une licence du roi, habiter le royaume, y acquérir, y posséder des terres, cette faculté est interdite
aux étrangers, qui dès lors restent sous le bénéfice des statuts
primitifs, et c'est la disposition formelle de ce statut d'Henri VI.
D'où il suit que l'enquête *de medietate linguæ* a toujours lieu,
quand il s'agit de contestations entre étrangers et étrangers, entre étrangers et dénisés, entre étrangers et indigènes, et entre
étrangers et naturalisés ; mais qu'elle n'a pas lieu entre dénisés et
dénisés, entre dénisés et naturalisés et entre dénisés et indigènes,
non plus qu'entre naturalisés et naturalisés, ni entre naturalisés
et indigènes.

553. L'Angleterre était arrivée à une époque où il devenait
urgent d'apporter des modifications et des améliorations dans les
lois concernant les jurys et les jurés ; et, dans la 6ᵉ année du
règne de Georges IV (22 juin 1825), il fut rendu un statut intitulé : *Acte pour consolider et amender les lois relatives aux
jurys et aux jurés*, lequel, dans son chap. 50, pose de nouvelles
règles sur la matière, particulièrement en ce qui concerne les
étrangers. Par cet acte, les étrangers ne peuvent servir comme
jurés que dans les jurys *de medietate linguæ*, c'est-à-dire, lorsqu'il s'agit d'une affaire criminelle intentée contre un étranger.
On lit, en effet, à l'article 3 : « Nul, à moins qu'il ne soit sujet
« naturel-né du roi, n'a ou n'aura la capacité de servir comme
« juré dans les jurys, excepté dans les cas ci-après expressément
« spécifiés. » Et l'art. 47 du même acte spécifie en effet les cas où
l'étranger pourra faire partie d'un jury. Cet article 47 s'exprime
ainsi : « Aucune des dispositions du présent acte ne s'appliquera,
« ou ne sera considérée comme s'appliquant à priver un étranger
« prévenu ou accusé de félonie ou de crime, du droit d'être jugé
« par un jury *de medietate linguæ* (c'est-à-dire, composé de six
« indigènes et de six étrangers), et sur la requête de tout
« étranger, ainsi prévenu ou accusé, le shérif, ou tout autre
« officier compétent, sur l'ordre de la cour, comprendra, dans la
« moitié du jury, un nombre compétent d'étrangers, s'il s'en

« trouve autant dans la ville ou le lieu où le procès se jugera,
« et sinon, alors autant d'étrangers qu'il en sera trouvé dans
« cette ville ou ce lieu, s'il s'en trouve. Ces jurés étrangers ne
« pourront être récusés pour défaut de francs-fiefs, ou de toute
« autre qualification requise par le présent acte ; mais ils pour-
« ront être récusés pour toutes les autres causes, et de la même
« manière que s'ils étaient qualifiés par le présent acte (1). »

554. Il résulte de ces deux articles que l'ancien droit, qui,
comme on l'a vu ci-dessus, permettait à l'étranger, en matière
civile comme en matière d'estaple, c'est-à-dire en matière commerciale, d'invoquer le droit *de medietate linguæ*, est aboli,
puisque désormais pour être juré il faut être sujet naturel-né du
roi, mais qu'en matière criminelle ce droit est maintenu ; et le
législateur anglais, ne voulant à cet égard laisser subsister aucun doute, a, par des dispositions expresses, abrogé les anciennes
lois rapportées au commencement de ce chapitre, et qui ne doivent être considérées que comme des actes historiques. Cette abrogation résulte en effet de l'article 62, dans lequel, entre autres
dispositions, se trouvent les dispositions suivantes : ... « Le reste
« de la présente loi commencera et prendra son effet le 1er jan-
« vier 1826, et à partir de et après le commencement des
« différentes parties de cette loi respectivement sont abrogées :
« les dispositions d'un statut ou d'une ordonnance faite dans la
« 27e année du règne d'Édouard III, statut 2 (chap. 8), commu-
« nément appelée *l'Ordonnance des staples*, et prescrivant le
« mode de procéder dans les affaires dans lesquelles l'une ou
« toutes les parties sont étrangères ; les dispositions d'un statut
« fait en la 28e année du même règne (chap. 13), et prescrivant
« le mode des enquêtes et des preuves à faire entre étrangers et
« dénisés....; et les dispositions d'un statut fait en la 8e année
« du règne d'Henri VI (chap. 29), et prescrivant les enquêtes
« et preuves à faire entre étrangers et dénisés. »

555. Ainsi, en matières civiles et commerciales, les étrangers ne jouissent plus de leur ancien privilége d'être jugés par
leurs compatriotes, ou par un jury mi-partie ; mais, en matières
criminelles, ce privilége leur est resté, en ce sens seulement qu'il
peuvent demander, dans la composition du jury appelé à ren-

(1) Statutes at Large 6th year of Georges IV, c. 50, § 47, p. 479.

dre son verdict dans l'affaire, six de leurs compatriotes ou six
étrangers. Cependant ce droit ne produit d'effet qu'autant qu'il
est invoqué par l'étranger, et alors il est tenu d'adresser une
requête à la cour, et celle-ci ordonne au shérif de comprendre
dans la liste des jurés un nombre compétent d'étrangers. Ces
jurés ne doivent pas justifier d'un revenu, comme doivent le faire
les jurés indigènes. Ils ne peuvent être récusés pour ne pas justifier de ce revenu; mais ils peuvent être récusés pour toute autre
cause, aussi bien que les jurés indigènes, sans pourtant motiver
ces récusations. Aux termes de l'art. 29 du même statut de Georges IV, la couronne seule a le droit de motiver ses récusations,
et tout accusé de félonie ou de crime ne peut récuser plus de
vingt jurés, ce qui fait dix pour l'accusé étranger.

556. Il est à remarquer qu'aux termes de l'article 38 du même
statut de Georges IV, le juré qui ne se présente pas après avoir
été appelé trois fois, ou qui, présent, ne répond pas à l'appel de
son nom, ou qui, après s'être présenté, se retire, peut être condamné à une amende de 10 livres sterling par la cour, payable
par tous les moyens de droit, à moins qu'il ne justifie d'une excuse valable; et comme cet article ne fait aucune exception,
il en résulte que cette amende de 10 livres sterling peut aussi
bien être prononcée contre le juré étranger que contre le juré
indigène.

557. Telle est cette législation unique dans la législation des
peuples anciens et modernes, et offrant à l'étranger des garanties qu'il ne trouve pas toujours dans son propre pays. Ainsi le
Russe, esclave en Russie, la propriété, la chose de son maître,
devient homme en Angleterre. Là, il n'est plus soumis aux caprices d'un tyran; il n'est que le sujet de la loi, qui l'entoure de
sa protection bienveillante. Y commet-il un crime, il ne va pas
succomber immédiatement sous le knout de son maître; il va être
jugé par un jury, dans lequel il verra six de ses compatriotes,
appartenant à la même classe que lui, et qui sauront trouver,
dans les circonstances, la part due à la faiblesse humaine, part
qui serait ridicule aux yeux d'un seigneur moscovite. Il faut dire
cependant que les étrangers n'invoquent pas souvent le bénéfice
de cette législation. Est-ce par ignorance? Est-ce parce qu'ils
espèrent davantage dans l'indulgence d'un jury tout anglais?
Je n'ai pas à résoudre ces questions; je n'avais qu'à examiner ce

droit, à prouver qu'il existe de temps ancien. Peu importe si cette existence résulte de la loi salutaire plutôt que du droit commun, et qu'il doit faire autant la vanité de la nation anglaise, qui peut le montrer avec orgueil aux autres nations, que l'espérance de l'étranger, qui est sûr de trouver sur le sol britannique une garantie qu'il n'a pas toujours dans son propre pays, d'être le sujet de la loi seule.

CHAPITRE XIX.

Les droits et les devoirs des locateurs et des locataires, avec le statut 8 et 9 de Victoria, chapitre 124, concernant la forme des baux (8 août 1845).

558. Ce chapitre, de la plus haute importance pour les étrangers, sera traité de manière à ne laisser subsister aucun doute sur leurs droits et leurs devoirs, soit comme locateurs, soit comme locataires; et nous le partagerons en plusieurs divisions, dont quelques-unes seront divisées elles-mêmes en paragraphes.

La première division traitera du bail en général. Or, la loi anglaise connaît différentes espèces de baux, lesquelles formeront autant de paragraphes, savoir :

§ 1er. De l'agrément. = Modèle d'agrément.

§ 2. Du bail. = Modèle de bail. = Timbre.

§ 3. De l'assignment. = Modèle d'assignment.

§ 4. De la sous-location.

§ 5. De la location à volonté ou potestative.

§ 6. De la location par tolérance ou tacite reconduction.

§ 7. Des règles communes à toutes les espèces de baux.

2e division. Avertissement pour quitter les lieux, donné, soit par le locateur, soit par le locataire.=Modèle de cet avertissement.

3e division. Des logements garnis.

4e division. Précautions concernant les locataires, et particulièrement les locataires d'appartements non garnis.

5e division. Le mode de se faire payer de son locataire et de reprendre son appartement.

6ᵉ division. De l'expulsion et de la reprise de possession.

7ᵉ division. Ce que la loi anglaise entend par *fixtures* (Ce sont certains meubles et immeubles par destination).

8ᵉ division. Du payement des loyers et de certaines taxes. == Modèle de quittance.

9ᵉ division. Des doubles loyers.

10ᵉ division. Des réparations et des dégradations.

11ᵉ division. De la saisie en cas de non-payement des loyers.

§ 1ᵉʳ. De la saisie en général. == Objets insaisissables.

§ 2. Mots usités en opérant une saisie lorsqu'elle est faite par le bailllif (huissier) du locateur.

§ 3. De la délivrance au locataire d'une copie exacte du procès-verbal de saisie.

§ 4. Du dépôt des effets et des bestiaux saisis.

§ 5. De la vente des objets saisis.

§ 6. Du serment des appréciateurs.

§ 7. Des frais de saisie, notamment lorsqu'il s'agit de locations ou de sommes n'excédant pas 20 livres sterling.

§ 8. Délaissement au bailleur par la saisie de ses meubles saisis. == Modèle de délaissement.

§ 9. Réintégrande des effets saisis.

12ᵉ division. De la saisie pour les taxes de la reine et autres taxes.

13ᵉ division. Droit du locateur sur les effets saisis de son locataire par d'autres créanciers.

14ᵉ division. Dispositions de la nouvelle loi sur les constructions concernant les locations dans la métropole et la banlieue.

15ᵉ division. Taxes sur les fenêtres à la charge des locateurs.

PREMIÈRE DIVISION.

Du bail en général.

559. Le bail est un contrat par lequel un individu, nommé locateur, s'engage à donner à un autre individu, nommé locataire, la possession et jouissance d'une propriété quelconque, moyennant le prix et pour la période de temps fixés entre les deux parties.

560. Le bail, pour être valable, doit être fait entre parties capables de contracter. De là il suit que les fous, les imbéciles,
les mineurs, les femmes mariées, ne peuvent consentir, ni accepter de baux. Toutefois le bail fait avec un mineur n'est pas
nul de plein droit : il ne l'est qu'autant qu'on a abusé de sa
faiblesse, ou qu'il a compromis ses intérêts, et lui seul alors a le
droit de demander cette nullité. Si, au contraire, ce bail lui est
avantageux, le locateur ne peut en demander la nullité du chef
de la minorité de son locataire : il ne peut se retrancher derrière
l'ignorance où il était de cette minorité, parce que *nemo gnarus
esse debet conditionis ejus cum quo contrahit.*

561. Les principes posés aux deux numéros précédents s'appliquent à toutes les sortes de baux reconnues par la loi anglaise,
quelle que soit leur dénomination ; nous n'y reviendrons donc
plus.

§ 1er.

De l'agrément. Modèle d'agrément.

562. L'agrément est un bail dont la durée ne peut excéder
trois ans. Il n'est pas indispensable que ce bail soit fait par écrit,
ni sur papier timbré ; la loi anglaise n'exige cette double formalité que lorsqu'il s'agit de baux excédant trois ans (1). Mais
il vaut mieux cependant pour l'une et l'autre partie que ces agréments soient faits par écrit, et alors ils doivent être explicites et
clairs, aussi bien dans leurs expressions que dans leurs intentions. C'est le moyen d'éviter des contestations dont les descendants des anciens Normands ne sont pas avares.

Modèle d'agrément pour la location d'une maison pendant trois ans.

563. Mémorandum fait double le sixième jour de janvier 1846,
à Londres, entre A. B. (ici les nom, prénoms, profession ou qualité et demeure du locateur), et C. D. (les nom, prénoms, profession ou qualité et demeure du locataire), de la manière suivante :

Ledit A. B. donne par les présentes, à titre de location, audit C. D. une maison avec jardin et dépendances, le tout bien
connu dudit C. D., et situé Old-Compton-street, n° 49, paroisse

(1) Statut 29, Charles II, c.   .

22

de . . . ., pour la période de trois ans. Cette location, qui commencera à Noël prochain, est faite moyennant la somme annuelle de 20 livres sterling, payable par quartier, dont le premier sera dû et échu à Pâques prochain, le second à la Saint-Jean, pour ainsi continuer de trois mois en trois mois jusqu'à l'expiration du présent agrément.

Ledit C. D. consent et agrée de prendre ladite maison avec jardin et dépendances pour la période ci-dessus fixée, et moyennant le prix porté et stipulé payable comme il est dit, et il s'engage, à l'expiration des trois années convenues, à quitter les lieux, et à les remettre en aussi bon état de réparations qu'il les aura reçus.

Fait et signé double après lecture, en présence de M. . . . . ., témoin, qui a signé avec nous, lesdits jour, mois et an que dessus.

Signé : E. (témoin).   *Signé* : $\begin{cases} \text{A. B. (le locateur).} \\ \text{C. D. (le locataire).} \end{cases}$

Modèle de location d'une maison par année.

564. Mémorandum fait double, cejourd'hui 6 janvier 1846, à Londres, entre A. B. (les nom, prénoms, etc.), et C. D. (les nom, prénoms, profession ou qualité et demeure), de la manière suivante :

Ledit A. B. donne par les présentes audit C. D. une maison située Old-Compton-street, n° 49, paroisse de . . . . ., pour le terme d'une année fixe, et continuer ainsi d'année en année, à moins d'un avertissement préalable donné par l'une ou l'autre partie six mois avant l'expiration de chaque année, qu'elle est dans l'intention de cesser la présente location. Cette location, qui commencera le . . . . ., est faite, moyennant la somme annuelle de 40 livres sterling, payable par quartier, dont le premier terme sera dû et échu le . . . . .; le second, le . . . . ., pour ainsi continuer de quartier en quartier jusqu'à la fin de la présente location.

Ledit A. B. se charge de payer les impôts fonciers, et de faire à ladite maison les réparations nécessaires, aussi longtemps que ledit C. D. l'occupera.

Ledit C. D. agrée de prendre la susdite maison dudit A. B. pour le terme, la condition et le prix stipulés ci-dessus, et de payer toutes les taxes dont elle sera chargée, à l'exception des impôts fonciers, de prévenir six mois à l'avance de son intention de la quitter, et de la quitter après six mois de pareil avis reçu.

Fait et signé double après lecture en présence de M. . . . . ., témoin, qui a signé avec nous, lesdits jour, mois et an que dessus.

Signé : E. (le témoin).   *Signé :* | A. B. (le locateur).
| C. D. (le locataire).

505. Ces deux modèles peuvent servir pour les agréments de toutes les périodes, en changeant seulement la période ; mais il faut prendre garde à l'état des lieux, et s'il est mauvais, le faire constater ou reconnaître par écrit par le locateur ; autrement, à l'expiration de l'agrément, étant censé avoir reçu les lieux en bon état, le locataire serait tenu de les rendre de même.

§ 2.

Du bail. Modèle de bail. Timbre.

506. Tout agrément fait pour plus de trois ans est un bail. La loi anglaise appelle donc bail (*lease*) toute location excédant trois ans ; et, dans bien des cas, ce bail devient emphytéose, car il est presque toujours fait pour de longues années : trente-trois, soixante-six, quatre-vingt-dix-neuf, quatre cent quatre-vingt-dix-neuf ans, sont les périodes ordinaires ; on en voit même de neuf cent quatre-vingt-dix-neuf ans. On peut dire alors que ce sont de véritables ventes ; mais cependant il reste toujours ce droit de retour, qui fait que les immeubles se détachant momentanément d'un domaine finissent par venir s'y réunir et reconstituer ces immenses propriétés territoriales qu'on ne voit qu'en Angleterre. C'est par suite de ce système de retour que des villes appartiennent déjà ou appartiendront un jour à un seul propriétaire. C'est la destinée de Birmingham ; c'est même celle de Londres, dont la plus grande partie, dit-on, est la propriété de quinze ou vingt individus seulement, en y comprenant le clergé. Mais quoi qu'il en soit de ce système, il ne faut pas oublier que les étrangers ne peuvent faire de baux dépassant vingt et un ans ; c'est la disposition formelle de l'article 5 du statut 7 et 8 de Victoria, chapitre 66 : et nous insistons particulièrement sur cet article, parce que certains jurisconsultes anglais comme certains écrivains pré-

tendent aujourd'hui que les étrangers sont encore sous le coup
du statut 32 de Henri VIII, rapporté dans le chapitre 1ᵉʳ,
qui dit que « les baux de maisons d'habitation ou de boutiques,
« dans le royaume ou les domaines du roi, faits à un étranger, un
« ouvrier ou un artisan nés hors de l'obéissance du roi et n'étant
« pas dénisés, sont nuls et de nul effet, et que le locateur et le
« locataire sont passibles d'une pénalité de 5 livres sterling cha-
« cun. » Cette disposition n'existe plus, et le statut 7 et 8 de
Victoria a établi, en faveur des étrangers, un droit qui leur est
désormais acquis.

567. La loi anglaise, comme la loi française, admet une espèce
de bail préalable au véritable bail, c'est-à-dire une promesse de
bail, et elle appelle *agrément* l'acte qui constitue cette promesse
de bail. Par cet acte les parties s'engagent l'une à consentir et
l'autre à accepter le bail qui sera fait plus tard, et cet acte spécifie en outre, autant que possible, les lieux loués, le prix de la
location, les termes de payement, et toutes les conditions à insérer
dans le bail projeté.

Modèle d'agrément ou de promesse de bail d'une maison.

568. Mémorandum fait double cejourd'hui 6 janvier 1846, à
Londres, entre A. B. (ici les nom, prénoms, qualité ou profession et domicile du locateur) et C. D. (ici le nom, etc., du locataire), de la manière suivante :

Ledit A. B. s'engage de la manière la plus formelle, par les
présentes, à faire et consentir, au profit dudit C. D., un bail de la
maison et ses dépendances, dont était locataire E. F., située 49,
Old-Compton-street, Soho-square, pour ledit C. D., la tenir et
posséder, lui, ses héritiers, exécuteurs, administrateurs et assignés, à partir de....... prochain, pendant l'espace de sept années consécutives, moyennant la somme de 40 livres sterling de
location annuelle, payable par quartier, dont le premier sera dû
et exigible le........ prochain, le second le........ suivant,
pour ainsi continuer de terme en terme jusqu'à l'expiration de la
présente location.

Le bail à faire comprendra toutes les conventions ordinaires,
et particulièrement ledit A. B. s'engage (ici relater les engagements ordinaires du locateur).

De son côté, ledit C. D. s'engage (ici relater les engagements ordinaires du locataire) pendant toute la durée du bail à passer.

En considération de tout quoi ledit C. D. prend, de son côté, l'engagement formel d'accepter le bail qui lui sera fait, moyennant le prix annuel, les termes de payement, la durée et les conditions ci-dessus.

Lesdits A. B. et C. D. passeront le bail qui fait l'objet du présent agrément, sur la demande, soit de l'une, soit de l'autre partie ; et en cas de refus de l'une ou de l'autre dûment constaté, le présent agrément tiendra lieu de bail.

Fait et signé double à Londres après lecture, et en présence de M., témoin qui a signé avec nous.

Signé : A. B., locateur. — C. D., locataire. — M., témoin.

569. Le bail proprement dit, c'est-à-dire l'acte contenant les clauses et conditions d'un bail, était devenu, par ses combinaisons infinies, par les ambiguïtés de ses termes, par les subtilités et les longueurs de sa rédaction, une source de frais et de contestations, qui, tout en ruinant les parties, affligeaient la justice et la société ; et la législation anglaise, voulant mettre un terme à ce profond désordre, et tarir la source de ces frais et de ces contestations, rendit une loi qui ne sera pas l'un des moindres bienfaits que la reine Victoria ait rendus à ses peuples. Cette loi cependant n'est pas obligatoire pour tous les Anglais : elle est une sorte de bienfait accordé à ceux qui veulent l'accepter ; et comme il est permis à tout individu de renoncer au bénéfice introduit en sa faveur, *unicuique licet renuntiare juri in favorem suum introducto,* il en résulte que cette loi n'est obligatoire que pour ceux qui veulent s'y conformer. Or, qui a plus d'intérêt d'y recourir que les étrangers ? Elle établit d'ailleurs une sorte d'uniformité dans les baux, et nous allons la rapporter en entier ; elle sera pour les étrangers un fanal qui les éclairera sur leurs droits et leurs devoirs en pareille matière.

Statut 8 et 9, Victoria, chapitre 124. (8 août 1845.)

Acte pour faciliter la concession de certains baux.

570. « Considérant qu'il est expédient de faciliter les baux de « terres et ténements, il est ordonné : »

ARTICLE 1er.

Lorsque les mots de la première colonne de la seconde cédule seront employés, l'acte aura le même effet que si les mots de la seconde colonne y étaient insérés.

« Toutes les fois que les parties intéressées dans un acte fait « conformément aux formes prescrites dans la première cédule « jointe à la présente loi, ou à tout autre acte qui sera déclaré être « fait conformément à icelle, emploieront dans cet acte respecti- « vement quelques-unes des formules des mots contenus dans la « première colonne de la seconde cédule ci-annexée, et distingués « par leur numéro, cet acte sera considéré comme ayant le même « effet et pris comme si ces parties avaient inséré dans cet acte la « formule des mots contenus dans la seconde colonne de la même « cédule, et distingués par les mêmes numéros que ceux annexés « à la formule des mots employés par ces parties. Toutefois il ne « sera pas nécessaire d'insérer dans ces actes ces numéros. »

ARTICLE 2.

Le bail comprendra toutes les circonstances et dépendances.

571. Tout acte, à moins qu'il ne renferme une exception spéciale, sera pris et considéré comme énumérant toutes les constructions, bâtiments, granges, étables, cours, jardins, celliers, jours anciens et autres (droits de vue), sentiers, passages, chemins, eaux, cours d'eau, libertés, privilèges, remises, profits, avantages, émoluments, héritages et appartenances quelconques attachés aux terres et ténements compris dans ce bail, ou en ressortant de quelque manière que ce soit.

ARTICLE 3.

Les honoraires dus pour un bail fait en vertu de la présente loi ne seront point calculés sur son étendue seulement.

572. En taxant le mémoire pour préparer et rédiger un acte conformément à la présente loi, il sera loisible à l'officier taxateur, et il est même ici requis, en évaluant la somme à payer pour cette transaction, de considérer, non pas l'étendue de cet acte, mais seulement le talent et le travail qu'il a exigés, et la responsabilité attachée à sa préparation.

ARTICLE 4.

Le bail manquant d'avoir effet en vertu de la présente loi, sera aussi valable que si elle n'avait pas été faite.

573. Tout acte ou toute partie d'acte qui manquerait de produire son effet en vertu de la présente loi, sera néanmoins aussi valable et aussi efficace, et liera les parties, en tant que les règles de droit et d'équité le permettent, aussi bien que si la présente loi n'avait pas été faite.

ARTICLE 5.

Clause interprétative.

574. D'après la construction et le but de la présente loi et les cédules y annexées, à moins qu'il n'y ait quelque chose dans le sujet ou contexte qui répugne à cette construction, le mot *terres* s'appliquera à tous les ténements et héritages de tenure en franc fief, et aux terres ordinaires telles qu'elles seront transmises par l'acte, ou par l'acte suivi de livraison, et non par la livraison seule, ou par toute partie en portion indivise d'icelles respectivement. Les mots désignant le nombre singulier seulement s'étendront et s'appliqueront à plusieurs personnes ou plusieurs choses aussi bien qu'à une seule personne ou une seule chose, et réciproquement. Chaque mot désignant le genre masculin seulement, s'étendra et s'appliquera aussi bien au genre féminin qu'au genre masculin ; enfin, le mot *partie* signifiera et comprendra tout corps politique, toute corporation, toute collégiale aussi bien qu'un simple individu.

ARTICLE 6.

Les cédules ci-après font partie de cette loi.

575. Les cédules, les instructions et les formules qu'elles renferment seront considérées et regardées comme ne faisant qu'un seul corps avec la présente loi.

ARTICLE 7.

576. La présente commencera et produira effet à partir du et après le 1er octobre 1845.

ARTICLE 8.

577. La présente loi ne s'appliquera pas à l'Écosse.

Statut 8 et 9, Victoria, chapitre 124.

Cédules auxquelles la loi se réfère.

PREMIÈRE CÉDULE.

578. Cet acte, fait le 2 janvier 1846 (ou toute autre date), en conformité de la loi rendue pour faciliter la concession de certains baux, entre (ici insérer les noms, prénoms, qualités et domiciles des parties, et un exposé, s'il y a lieu), atteste que ledit ou lesdits locateurs baillent à ferme audit ou auxdits locataires, ses ou leurs exécuteurs, administrateurs et assignés, tous les immeubles (les désigner), à partir du........jour de ...., pour le terme de...... ou suivant, moyennant......., pendant toute sa durée, un fermage annuel de (désigner le montant du fermage et les termes de payement).

En foi de quoi lesdites parties ont apposé ci-dessous leurs signatures et leurs cachets.

DEUXIÈME CÉDULE.

Instruction sur les formules de cette cédule.

579. — 1. Les parties qui emploieront les formules de la première colonne de cette cédule, pourront substituer aux mots *locataire* ou *locateur* tout autre nom ; et, dans ce cas, les substitutions correspondantes seront considérées comme étant faites dans les formules correspondantes de la seconde colonne.

580. — 2. Les parties pourront substituer le genre féminin au genre masculin, ou le pluriel au singulier, dans les formules de la première colonne de cette cédule ; et les changements correspondants seront considérés comme étant faits dans les formules correspondantes de la seconde colonne.

581. — 3. Les parties pourront remplir les blancs laissés dans les formules 4 et 5 de la première colonne de cette cédule ainsi employée par elles, par des mots ou figures; et ces mots ou figures ainsi introduits seront considérés comme étant insérés dans les blancs correspondants laissés dans les formules remplies.

582. — 4. Les parties pourront introduire ou annexer à quelques-unes des formules de la première colonne les exceptions ou qualifications expresses qu'elles jugeront à propos d'y faire, et ces exceptions et qualifications seront considérées comme étant faites dans les formules correspondantes de la seconde colonne.

583. — 5. Lorsque les lieux laissés à ferme seront des tenures en franc-fief, les conventions de 1 à 10 seront considérées comme étant faites avec l'exception 11, comme devant s'appliquer aux héritiers et aux assignés du bailleur ; si les lieux affermés sont de tenure de bail , les conventions et l'exception seront considérées comme étant faites avec et devant s'appliquer au bailleur, ses exécuteurs, les administrateurs et ses assignés.

1. Ledit (nom du fermier) s'engage à payer audit (le nom du locateur) le fermage ;

584. — 1. Et ledit fermier s'engage pour lui, ses héritiers, exécuteurs, administrateurs et assignés, envers ledit locateur, tant pour luidit fermier, que pour ses exécuteurs, administrateurs et assignés, à payer pendant ledit terme audit locateur le fermage stipulé dans les présentes, de la manière ci-devant mentionnée , sans aucune déduction quelconque.

2. Et à payer les taxes ;

585. — 2. Il payera toutes les taxes, impôts, droits et cotisations quelconques, soit paroissiales, parlementaires ou autres, aujourd'hui imposés ou qui seront imposés sur les biens affermés , ou sur ledit locateur , par rapport à iceux (excepté l'impôt foncier, et excepté en Irlande l'impôt de la dîme, et telle portion de la taxe des pauvres, qui est ou peut être mise à la charge du locateur, et excepté aussi les taxes, impôts, droits et cotisations quelconques, ou telle portion d'iceux dont le locataire est ou peut être exempté par la loi).

3. Et à réparer ;

586. — 3. Pendant toute la durée du bail, il réparera, maintiendra, pavera, nettoiera, soi-

gnera, améliorera et tiendra bien et suffisamment lesdits biens affermés avec leurs appartenances en bonnes et substantielles réparations, ensemble avec toutes les cheminées, pièces, fenêtres, portes, lambris, cabinets secrets, citernes, cloisons, armoires en nature de fond, tablettes, tuyaux, pompes, palissades, barrières, serrures et clefs, et autres fixtures et choses qui, n'importe à quelle époque de la durée de ce bail, seront placés ou faits, quand ou aussi souvent qu'il conviendra.

4. Et à peindre à l'huile chaque année;

687.—4. Ledit fermier (ou ses exécuteurs, administrateurs et assignés) peindra chaque année, à l'époque convenue, les bois et les fers extérieurs appartenant auxdits lieux affermés, avec deux couches de couleur convenable, à l'huile, de la manière usitée en pareil cas.

5. A peindre et tapisser l'intérieur le — de chaque année;

688.— 5. Ledit fermier (ou ses exécuteurs, administrateurs et assignés) sera tenu de peindre le — de chaque année les boiseries intérieures, les ferrures et autres ouvrages maintenant et ordinairement peints avec deux couches de couleur convenable, à l'huile et de la manière usitée; comme aussi de remettre du papier de la même qualité que le papier actuel dans telle partie des lieux loués qui en sont actuellement tapissés; comme aussi de laver, réparer,

6. A assurer contre l'incendie aux noms conjoints dudit (locateur) et dudit (fermier);

blanchir et peindre les parties desdits lieux affermés qui sont enduites de plâtre actuellement.

589.— 6. Ledit fermier (ou ses exécuteurs, administrateurs et assignés) fera incontinent assurer les lieux présentement loués, d'après leur véritable valeur, par une compagnie d'assurances respectable, aux noms conjoints dudit bailleur, ses exécuteurs, administrateurs et assignés, et dudit fermier, ses exécuteurs, administrateurs et assignés; et il maintiendra cette assurance pendant la durée dudit bail; il sera tenu aussi, sur la réquisition dudit bailleur ou de son

à exhiber les quittances;

agent, d'exhiber la quittance du dernier *præmium* payé pour cette assurance chaque année courante; et aussi souvent que les lieux présentement affermés

et à rebâtir en cas d'incendie.

seront détruits ou endommagés par le feu, chaque somme ou toutes les sommes d'argent qui seront recouvrées ou touchées par ledit (fermier), ses exécuteurs, administrateurs ou assignés par suite de cette assurance, seront employées et dépensées par lui à la reconstruction et réparation des lieux présentement affermés, ou à celles de leurs portions qui auront été détruites ou endommagées par le feu, comme il est dit ci-devant.

7. Le locateur pourra entrer et constater l'état des répara-

590. —7. Il est convenu par les présentes qu'il sera loisible

tions, et le locateur est tenu de réparer conformément à l'avertissement qui lui sera donné.

audit locateur et ses représentants, à toutes les époques convenables, pendant la durée de ce bail, d'entrer dans les lieux présentement affermés pour prendre un état des fixtures et des choses faites et élevées sur iceux, et pour examiner l'état desdits lieux ; de plus, toutes les réparations qui, après cet examen, seront trouvées nécessaires, et pour le travail desquelles une notice sera laissée par écrit sur lesdits lieux, seront faites dans les trois mois de cette notice bien suffisamment et convenablement par ledit fermier, ses exécuteurs, administrateurs et assignés.

8. Le fermier ne fera pas une boutique des lieux affermés.

591.—8. Ledit fermier (ou ses exécuteurs, administrateurs et assignés) ne pourra convertir, employer ou occuper lesdits lieux, ni aucune partie d'iceux, en ou comme boutique, magasin, ou toute autre construction nécessaire pour un commerce ou un trafic quelconque ; il ne souffrira pas non plus que les lieux susdits reçoivent une autre destination que celle d'une habitation privée, sans le consentement par écrit dudit locateur.

9. Il ne pourra assigner son bail sans permission.

592. — 9. Non plus, ledit fermier ne pourra, pendant la durée du présent bail, transférer, transporter, ou de toute autre manière, par aucun acte ou contrat, consentir que les lieux pré-

sentement affermés ou une partie d'iceux soient assignés, transportés ou conférés à qui que ce soit, sans le consentement par écrit dudit locateur, ses exécuteurs, administrateurs ou assignés, et préalablement obtenu.

10......

593. — 10. De plus, ledit fermier, à l'expiration ou avant l'expiration dudit bail, abandonnera et remettra paisiblement audit locateur les lieux présentement affermés, avec leurs appartenances, ensemble avec les bâtiments, constructions et fixtures aujourd'hui construits ou élevés, ou qui le [seront à l'avenir, en bon et substantiel état de réparations, à l'exception des dépérissements raisonnables et des dommages causés par le feu.

11. Clause de reprise de possession par le locateur, en cas de non-payement des fermages, ou de non-accomplissement des conventions.

594. — 11. Il est expressément convenu que si les fermages stipulés par les présentes, ou quelques portions d'iceux, n'étaient pas payés dans les quinze jours après celui auquel ils auraient dû l'être (quoiqu'aucune demande formelle n'ait été faite à cet égard), ou en cas d'infraction ou de non-accomplissement de quelques-unes des conventions et conditions contenues aux présentes, de la part dudit fermier, ses exécuteurs, administrateurs et assignés, alors et dans l'une ou l'autre de ces différentes cir-

constances, il sera loisible au locateur, à quelque époque que ce soit, de réoccuper les lieux affermés, ou une portion d'iceux, au nom du tout, de les reprendre, de les reposséder et d'en jouir comme dans leur premier état, nonobstant toute chose ci-après exprimée à ce contraire.

12. Ledit (locateur) promet audit (fermier) une possession tranquille.

595. — **12.** Le locateur déclare pour lui, ses héritiers, exécuteurs, administrateurs et assignés, que ledit fermier (ou ses exécuteurs, administrateurs et assignés), en payant les fermages ici stipulés, et en accomplissant les conventions ci-devant relatées en ce qui le concerne, jouira et possédera et pourra jouir et posséder paisiblement les lieux présentement affermés pendant toute la période fixée, sans interruption ni trouble de la part dudit locateur, ses exécuteurs, administrateurs ou assignés, ou de toute autre personne ayant des réclamations légales à faire par, de, ou sous lui ou eux, ou de quelques-uns d'eux.

596. Au moyen des modèles ci-dessus, il sera désormais facile aux étrangers de faire, soit un agrément, soit un bail; mais en même temps ils ne doivent pas oublier que la loi anglaise a, comme la loi française, assujetti ces actes à un timbre proportionnel ainsi fixé :

Agrément, minute ou mémorandum d'agrément, sous promesse seulement (et non autrement chargé), lorsque la valeur annuelle est de 20 livres sterling, ou au-dessous, et ne contenant pas plus de 1080 mots............. 1 [liv. sterl.] » [shill.] » [d.]

S'il contient plus de 1080 mots.......... 1   15   »

	liv sterl.	shill.	d.
Et s'il contient tout autre nombre au-dessous de 1080 mots..................	1	5	»
Bail d'un revenu annuel au-dessous de 20 livres sterling	1	»	»
— de 20 et au-dessous de liv. sterl. 100	1	10	»
— de 100 id. id. 200	2	»	»
— de 200 id. id. 400	3	»	»
— de 400 id. id. 500	4	»	»
— de 500 id. id. 800	5	»	»
— de 800 id. id. 1000	6	»	»
— de 1000 et au-dessus...............	10	»	»
Double d'un bail au-dessous de liv. sterl. 20	1	»	»
Double de tous les autres baux..........	1	10	»

597. Nous dirons ici, pour ne pas revenir sur ce sujet, que les quittances de loyers, comme de toutes autres sommes, doivent être sur un timbre proportionnel à ces sommes. On peut voir ces timbres dans tous les almanachs anglais. Ces timbres sont toujours à la charge de celui qui reçoit, excepté les taxes.

598. Nous devons ajouter encore que le timbre doit être apposé dans les quatorze jours de la date de l'acte, à peine de 10 livres sterling d'amende, outre les droits fixés ci-dessus, statut 7, Victoria, chapitre 21.

§ 3.

De l'assignment. — Modèle de l'assignment.

599. L'assignment est un acte par lequel un locataire substitue en son lieu et place un autre locataire, qui est tenu de jouir, comme son cédant, aux mêmes prix, terme et conditions que celui-ci.

600. L'assignment n'étant autre chose que la substitution d'un bail à un premier bail, il en résulte que ce dernier bail doit servir de modèle pour l'acte d'assignment; il n'y a à changer que les noms. L'assignment doit donc être fait par écrit et sur papier timbré. Il peut être fait au dos ou au bas du bail primitif, mais alors les droits de timbre n'en sont pas moins dus.

601. L'assignment doit comprendre toute la durée du bail primitif, autrement ce ne serait plus qu'une sous-location ; mais si l'assignateur ou cédant fait des conditions autres que celles auxquelles il est assujetti, le locateur primitif n'est pas tenu d'ac-

cepter l'assigné pour son locataire ; il peut toujours considérer l'assignateur ou cédant comme son locataire. Cependant s'il reçoit de l'assigné ses loyers, après avoir été averti de l'assignment, il est considéré comme ayant accepté celui-ci pour son nouveau locataire, et il n'a plus l'action de dette contre son premier locataire pour le payement des loyers échus après l'assignment. Cette règle s'appliquerait au cas même où l'assignment aurait été interdit dans l'acte primitif, parce que recevoir de l'assigné ses loyers, c'est renoncer à la loi qu'on s'était faite, et il est toujours permis de renoncer au droit qu'on a stipulé : *Unicuique licet juri in favorem suum introducto renuntiare.*

602. Quant au modèle d'un acte d'assignment, il suffit de prendre le modèle de bail donné par la loi anglaise elle-même et mentionné aux numéros 566 et suivants, en déclarant que l'acte dont il s'agit est un acte d'assignment. Il serait prudent, pour l'assigné ou le nouveau locataire, 1° de s'informer près du bailleur primitif s'il a laissé à l'assignateur ou à son premier locataire le droit d'assignment ; 2° s'il est au courant de ses loyers avec lui ; 3° et de lui donner connaissance de son acte d'assignment. En remplissant ces trois formalités, avant la signature de l'assignment, sa responsabilité sera totalement à couvert.

§ 4.

De la sous-location.

603. On appelle *sous-location* l'acte par lequel un locataire transporte une partie seulement de ses droits à un autre locataire. On voit qu'il y a cette différence, entre l'assignment et la sous-location, que par l'assignment le locataire transporte tous ses droits, tandis que par la sous-location il n'en transporte qu'une partie. Il résulte de là que le sous-locataire n'est lié qu'envers le locataire principal, et qu'il n'a rien à démêler avec le bailleur primitif.

604. Le sous-locataire ne peut se dispenser de payer les loyers à celui dont il tient sa sous-location, en les payant volontairement au locataire principal. Toutefois, comme tout ce qui garnit la maison est la garantie de ce locateur, si le sous-locateur avait de justes motifs de craindre une saisie pour loyers dus, et surtout s'il était menacé de cette saisie, il serait prudent à lui de ne payer

ses loyers qu'au locateur principal, et de prendre même ses précautions pour n'être pas enveloppé dans une saisie, pour des
loyers dont ses meubles répondent, comme ceux de celui dont il
tient sa sous-location. Nous reviendrons sur ce point dans la division concernant la saisie.

§ 5.

De la location à volonté.

605. Cette sorte de location, qui dépendait, soit de la volonté
du locateur, soit de la volonté du locataire, peut être considérée
comme n'existant pas aujourd'hui de droit commun. Son incertitude, sa précarité, l'ont fait rejeter par les cours de justice, et
toutes les fois qu'elles peuvent la métamorphoser en location annuelle, elles n'hésitent pas à le faire. Dans le cas contraire, elles
la déclarent absolument nulle. On ne peut jamais considérer
comme un contrat, ni le forcer à exécution, l'acte auquel l'une ou
l'autre partie a le droit de refuser l'existence.

§ 6.

De la location par tolérance.

606. La location par tolérance est celle qui est continuée, après
l'expiration d'un bail, du consentement exprès ou tacite du locateur. Lorsqu'il n'y a pas d'opposition de la part de ce locateur, ou
lorsqu'il reçoit ses loyers sans faire de réclamation, l'ancien bail
est continué par tacite réconduction aux mêmes prix, clauses et
conditions que le précédent; mais le locataire n'est considéré
tenir les lieux que d'année à année, et alors, pour mettre fin à
cette tacite réconduction, il est nécessaire, pour le locateur comme
pour le locataire, de donner un avis préalable six mois avant
l'expiration de chaque année, ainsi qu'on l'a dit au n° 564.

607. La location par tolérance, ou la tacite réconduction, est
facultative de la part du locateur; car, à l'expiration du bail, il a
le droit d'expulser *hic et nunc* son locataire, sans avis préalable;
l'avis se trouvant suffisamment expliqué dans le bail lui-même,
par la fixation de sa durée.

608. Le locataire qui prend possession de lieux tenus d'année
à année, par suite d'un agrément avec le précédent locataire,
est responsable des taxes et des loyers arriérés dus par le précé-

dent locataire ; mais il a une action en réparation contre le précédent locataire pour les sommes payées en son acquit, à l'exception des taxes dues par le bailleur , qu'il peut déduire de ses
loyers.

609. Lorsqu'à l'expiration d'une année d'un bail d'année à
année le bailleur accepte un nouveau locataire aux lieu et place
de l'ancien, cette acceptation dispense d'un avis préalable donné
six mois avant l'expiration de l'année.

§ 7.

Des règles communes à toutes les sortes de baux.

610. Les baux de plus de trois ans doivent être faits par écrit, à
peine de nullité. Cela résulte du statut 29 de Charles II, qui déclare nul tout bail-parole (*lease-parole*), c'est-à-dire, fait verbalement (*by word of mouth*).

611. Une action de dette est ouverte au locateur contre son
locataire après l'expiration du bail pour payement des loyers dus
avant cette expiration.

612. Lorsqu'un locataire s'engage a payer ses loyers et à faire
les réparations, à l'exception des accidents par incendie, il est
passible, par suite de son engagement, de payer ses loyers, quoique les lieux aient été détruits par le feu et non rebâtis par le
bailleur après avertissement (1). Dès lors il peut stipuler positivement dans le bail, qu'en cas d'incendie, les loyers, comme les
réparations, seront suspendus jusqu'à reconstruction nouvelle.

613. Lorsque le bail exprime que si les loyers ne sont pas payés
au jour fixé, il sera nul, quoique ces loyers soient demandés et
non payés au jour dit, le bail reste valable, à moins qu'il n'y ait
reprise de possession de la part du locateur.

614. Le locataire qui a fait un bail de maison de plusieurs années, avec la condition de réparer cette maison pendant la durée
de son bail, et de la laisser en aussi bon état qu'il l'a prise ; si cette
maison est la proie des flammes, est renversée par une tempête,
ou détruite par tout autre accident, le locataire est tenu de la faire
reconstruire, et de la rendre en aussi bon état qu'il l'a reçue. Il
suit de là que dans tous les baux les locataires doivent faire insé-

---

(1) Balfour contre Weston , 1, Term. Rep. 310.

rer la clause qu'ils rendront les lieux dans le même état qu'ils les auront reçus, sauf les accidents arrivés indépendamment de leur volonté, et sauf aussi les accidents prévus et imprévus, tels que l'incendie, la tempête, ou tout autre événement de force majeure.

615. Lorsque le bailleur envoie un avertissement à l'avance, il peut entrer dans les lieux occupés par son locataire, quoiqu'il n'y ait pas de convention expresse à cet égard dans le bail, afin de constater les réparations à faire.

616. Le locataire est tenu de vider les lieux à l'expiration, à moins d'une prolongation de son bail, soit tacite, soit expresse, ou à peine de se voir expulser, ou à peine de payer doubles loyers.

617. Le terme fixé par le bail n'est pas altéré par la perte du bail ou lorsqu'il est égaré; mais alors le locataire doit prouver que le terme n'est pas expiré.

618. La convention, dans un bail, de ne pas faire d'assignment (de cession totale) ne s'étend pas à une sous-location d'une partie des objets pris à bail (1).

619. Un bail peut être postdaté, mais non antidaté.

620. Un bail qui est lu faussement, ou qui n'est pas lu tout entier, par et aux parties, peut être annulé.

621. Toute personne autorisée à consentir un bail au nom d'une autre ne doit pas se servir de son propre nom, mais du nom de celui pour lequel elle agit. Cependant le tuteur d'enfants mineurs peut employer son propre nom.

622. La nullité d'un bail peut être encourue non-seulement de ses dispositions expresses, mais en général pour toute chose faite contrairement à ses conditions implicites. Cependant si le bailleur reçoit ses loyers après cette cause de nullité, il abandonne par cela même son droit de réclamer cette nullité.

623. Le bailleur a droit au bénéfice de toutes les réparations et améliorations, comme aussi à toutes les constructions et augmentations que le locataire pourrait avoir faites pendant sa jouissance.

(1) 0 Blacks. Rep. 706.

2° DIVISION.

Avertissement pour quitter les lieux, donné, soit par le locateur,
soit par le locataire. — Modèle de cet avertissement.

624. Lorsqu'un bail est fait pour plusieurs années, sans distinction, ou d'année en année, le locataire ne peut être forcé de
quitter les lieux qu'après un avertissement donné six mois à
l'avance, et donné de manière que la possession ne cesse qu'au
jour même du quartier où elle a commencé. Ainsi, si la location a
commencé à la mi-été, l'avertissement doit être, avant ou le jour
de Noël, de la cesser à la moitié suivante. C'est l'opinion de onze
juges, parmi lesquels on compte le lord chef de justice de Gray, et
le lord Mantfield. Il en est de même lorsqu'il s'agit de maisons
louées par *location à volonté*, laquelle location, ainsi qu'on l'a
dit au n° 564, se change en location d'année à année, et en suit
par conséquent les règles, à moins qu'il n'existe, dans l'endroit
où sont situées ces maisons, des usages ou coutumes qui exigent
un autre mode ou un moindre délai pour l'avertissement de vider
les lieux. Il résulte de là que si une personne a pris à bail verbal
une maison le 15 mai 1781, pour les loyers courir à partir de la
moitié suivante, l'avertissement de quitter les lieux doit lui être
donné six mois avant la mi-été de chaque année. Dans l'espèce,
le locataire avait reçu, le 26 mars 1785, l'avertissement de quitter
les lieux le 29 septembre 1785, c'est-à-dire six mois après. La
question était de savoir si la règle qui veut qu'un avertissement
soit donné six mois au locataire à volonté avant de quitter les
lieux, que ces six mois expirent à la fin d'une année complète à
partir du commencement de la location. C'est dans ce sens que
la cour a rendu sa décision (1). Il faut donc tenir pour certain
que l'avertissement préalable de six mois doit toujours être
donné six mois avant l'expiration de chaque année.

625. Lorsqu'un avertissement est donné pour une époque erronée, ou en ne laissant qu'un trimestre au lieu d'un semestre, le
locataire doit sur-le-champ faire sa réclamation; autrement il serait considéré comme renonçant à son droit (2).

(1) Wright contre Darley. East Term. 20, Georges III.
(2) 1 Esp. Ca. 266.

626. Si une contestation s'engage sur un avertissement erroné, ou donné trois mois au lieu de six mois, pour quitter les lieux, le locataire, qui n'a fait aucun acte d'adhésion, peut se prévaloir de son droit et se retrancher derrière cette erreur, ou l'insuffisance du délai (1).

627. Lorsque les lieux sont tenus par bail écrit, et pour une période déterminée, l'expiration de la période est l'avertissement même de quitter les lieux (2).

628. Les loyers sont ordinairement payables par quartier, qui sont : le jour de l'Annonciation (25 mars), la mi-été (24 juin), la Saint-Michel (29 septembre) et Noël (25 décembre). Ainsi, si un locataire prend possession de la location à une époque autre que celle des jours de ces quartiers, il doit payer séparément le reste du quartier et faire commencer sa possession à partir du jour du quartier suivant. C'est le moyen d'éviter des contestations quant au délai voulu pour l'avertissement préalable à donner par les deux parties respectivement pour quitter les lieux.

629. Un avertissement verbal, lorsqu'il n'y a qu'un bail verbal, est verbal suivant l'esprit du statut 2, Georges II, chap. 19 (3). Toutefois il est plus sage de donner un avertissement par écrit et par témoins, ce qui doit toujours avoir lieu quand il y a un agrément ou un bail écrit.

630. La voie ordinaire et la plus sûre pour obtenir la possession des lieux est de donner au locataire l'avertissement de les quitter, à peine de payer doubles loyers. C'est aussi le meilleur moyen, lorsque le bailleur veut augmenter ses loyers; car il a toujours la faculté de diminuer sa demande, s'il veut faire un nouveau bail.

631. Lorsque le bailleur n'est pas certain de l'époque à laquelle a commencé la location, il peut la demander au locataire, et lui donner l'avertissement de quitter les lieux à l'époque correspondante à celle d'où ce locateur a fait partir sa location, et celui-ci est tenu de les vider, soit que l'époque qu'il a indiquée soit véritable ou non. Si le locataire refuse de fixer cette époque, le bailleur, dans le modèle d'avertissement ci-dessous, au lieu

(1) 4, T. Rep. 362.
(2) 1, T. Rep. 162.
(3) Black. Rep. 683.

des mots « *à* ou *avant*, » mettra, *à la fin et à l'expiration de l'année courante de votre location, laquelle finira et expirera six mois après la date des présentes.* Un tel avertissement sera bon et valable.

632. Lorsque le locataire, après l'expiration de son bail ou un avertissement valable, continue la possession, quand même cet avertissement est donné par lui, il est passible d'une action de dette pour doubles loyers.

633. En général, les loyers ne doivent être payés que quand ils sont demandés ; mais comme une saisie est une demande, le locataire doit toujours se mettre en mesure pour le jour de l'échéance.

634. Le bailleur qui demande ses loyers doit en fixer le montant et préciser le ou les termes.

635. Une offre de loyers faite par un locataire doit être réelle et en argent courant. La promesse de payer tel jour n'est pas une offre. En faisant des offres, il faut représenter en même temps les quittances des rentes foncières, impôts ou taxes laissés à la charge du locataire, ainsi que les quittances des sommes employées aux réparations indispensables.

636. Lorsqu'un locateur reçoit ses loyers pour le dernier terme, un ou plusieurs termes précédents étant dus, et donne quittance de ce terme sans réserve, il renonce par cela même au droit de réclamer le ou les termes précédents.

Modèle d'avertissement pour vider les lieux à peine de doubles loyers.

637. Monsieur, je vous donne, par les présentes, l'avertissement de laisser et quitter à ou devant . . . . . les (ici désigner la maison ou l'appartement) et appartenances que vous tenez de moi, et située (désigner le nom de la rue, etc.); et faute par vous de vous conformer au présent avertissement, je vous préviens que j'userai du droit de vous faire (par semaine, par mois, par quartier, ou par semestre) le double des loyers que vous me payez actuellement, tout le temps que vous garderez la clef et la possession de la maison (ou autres lieux), après le délai fixé dans le présent avertissement.

Fait et rédigé à Londres, le 10 janvier 1846, en présence de M. A., témoin, qui a signé avec moi.

Signé : A. (témoin).   Signé : (la signature du locateur).
A. M. F., locataire de la maison (ou autres lieux) située rue....,
n°..., paroisse de..... |

Modèle d'avertissement de quitter les lieux, donné par un locataire à son propriétaire ou locateur.

638. Monsieur, je vous avertis, par la présente, que je quitterai la maison (ou autres lieux) que je tiens actuellement de vous, et située (la rue et le n°), à ou devant..... prochain.

Fait à Londres, le 10 janvier 1836, en présence de M. A., témoin, qui a signé avec moi.

A. (la signature du témoin).   Signé : (la signature du
                                                        locataire).

A. M...., propriétaire de la maison..., rue...., n°....

639. Ces deux modèles peuvent servir pour toutes sortes de location, et dans tous les cas où un avertissement est exigé par la loi; et cet avertissement doit être remis, soit à la partie elle-même, soit à son domicile. Il peut être envoyé par la poste.

640. Dans la cité de Londres, les loyers, lorsqu'il s'agit de moins de 5 livres sterling, peuvent être demandés par une sommation de comparaître devant la cour des requêtes, à Guildhall ; il en est de même pour le faubourg de Southwark. S'il s'agit de demande à faire ailleurs que dans la Cité et Southwark, la connaissance en appartient à la maréchaussée dans un rayon de douze milles du palais de Sa Majesté à Whitehall. Si la somme dépasse 5 livres sterling, la décision de la maréchaussée est sujette à appel. Dans les autres cours de conscience, la somme ne doit pas dépasser quarante shillings. (Voir le statut 9 et 10, Victoria, chap. 95.)

3° DIVISION.

Des logements en garni.

641. La loi anglaise ne fait aucune différence entre les locataires en garni et les locataires en non-garni, quant au payement de leurs loyers et à l'abandon de leur location. En cas de non-

payement ou de refus de quitter après l'avis légal ou d'après les conventions, les conséquences sont les mêmes.

642. Si une location garnie est tenue par année, l'avertissement de quitter doit être donné six mois avant l'expiration de chaque année : si elle est au mois, il doit être donné un mois avant celui qui doit finir ; si elle est à la semaine, une semaine avant l'expiration de celle-ci. Cette règle est générale, à moins de coutumes locales ou de conventions spéciales contraires.

643. Les logements garnis sont généralement loués à la semaine, moyennant une certaine somme, dont une partie représente la location du logement, et l'autre partie, la location des meubles. De là s'est élevée la question de savoir si le locateur, en cas de non-payement de ses loyers par son locataire, pouvait saisir les effets de celui-ci, pour la totalité de la somme qu'il lui devait. La difficulté venait de ce que, si le locateur a le droit de saisir les effets de son locataire pour non-payement du loyer de son logement, il ne l'avait pas, disait-on, pour le non-payement du loyer des meubles qui le garnissaient. Cette distinction, faite par un avocat dont les écrits étaient estimés, ne paraît pas avoir été admise par les cours de justice : *Ubi lex non distinguit, nec nos distinguere debemus.*

644. Tout locataire, avant de prendre possession de son appartement, doit s'assurer qu'il n'est dû aucuns loyers arriérés : autrement il peut s'exposer à voir ses effets saisis pour le payement de ces loyers. C'est un principe reconnu par la loi anglaise, que tout ce qui garnit une maison, aussi bien les meubles des sous-locataires, quoiqu'ils soient au courant de leurs loyers, que les meubles du principal locataire, lorsqu'il en est en arrière, est la garantie du locateur.

645. Lorsqu'un locataire trouve des *fixtures* dans son logement, il doit en faire un inventaire, afin qu'à la sortie on ne lui en demande pas plus qu'il n'en a reçu. Il en est de même des meubles, lorsqu'il s'agit d'un logement garni.

646. Lorsqu'un locataire remplace un autre locataire, dans un appartement garni ou non garni, où il se trouve, soit des meubles, soit des fixtures, un inventaire des uns et des autres doit être fait en présence du locateur, si le locataire entrant veut être à l'abri de toute responsabilité à cet égard.

647. Tout locataire a droit de se servir de la sonnette et du

marteau : Il a également droit, soit à l'escalier, soit au corridor qui conduit à son appartement; il a droit aussi à la lumière naturelle ou artificielle de l'escalier; il a droit aux lieux d'aisance, le tout, à moins de conventions contraires; et si, ces conventions contraires n'existant pas, il était troublé dans l'exercice de ces différents droits par son bailleur, il aurait contre lui une action, soit en nullité de son bail, soit en dommages-intérêts.

648. Lorsqu'un bailleur se permet de se servir de ou d'entrer dans l'appartement dont son locataire est en légale possession, il perd ses droits de se faire payer ses loyers. Ce locataire a, en outre, le droit de le faire sortir, peu importe de quelle manière.

649. Lorsqu'un locataire quitte son appartement garni sans avertissement préalable, le bailleur peut, la seconde semaine expirée, faire venir un constable, et, en sa présence, entrer dans l'appartement de ce locataire et prendre ses effets; et si, quinze jours après un avis inséré dans la *Gazette de Londres*, le locataire ne solde pas ses loyers dus, ses effets peuvent être vendus par le locateur, pour se payer de ses loyers, réservant le surplus de l'argent ou des effets pour être remis au locataire, dans le cas où il viendrait à les redemander.

650. Le locateur qui, sciemment, loue un appartement garni à une femme immodeste recevant des visiteurs mâles dans son appartement, n'a droit à aucuns loyers.

651. Lorsqu'un individu fait un dépôt d'argent sur une convention verbale de prendre un logement garni, et qu'il ne remplit pas sa convention, le bailleur a contre lui une action pour les dommages qu'il lui a causés; mais s'il n'y a pas eu de dépôt, il n'y a pas d'action.

652. Prendre les effets d'un logement garni, avec intention frauduleuse, c'est faire un acte de félonie.

4° DIVISION.

Précautions concernant les locataires, et particulièrement les locataires d'appartements non garnis.

653. Les locateurs et les locataires ne peuvent prendre trop de précautions dans leurs agréments relativement à la durée de la location, et à l'avertissement préalable de quitter les lieux. La règle commune est de louer les appartements non garnis *par quar-*

tier; mais si les loyers sont de 20 ou 30 livres sterling par an, il arrive souvent que, soit le locataire, soit le locateur lui-même, on prétend que l'agrément est fait pour une année, et on exige dès lors qu'un avertissement de quitter les lieux soit donné six mois avant l'expiration de chaque année complète. Pour éviter cette difficulté, il faudrait spécifier que la location est faite par quartier, et qu'il suffira d'un avertissement, donné avant le commencement de chaque quartier, de quitter les lieux.

654. Tout individu, propriétaire ou locataire d'une maison par bail emphytéotique, peut prendre des locataires à l'année, parce qu'il peut donner, comme il peut recevoir un avertissement de quitter six mois avant l'expiration de chaque année. Mais il est nécessaire de faire, à cet égard, un agrément conçu en termes qui ne laissent aucuns doutes, et il est nécessaire, surtout, que le locataire soit assuré que son locateur est ou propriétaire, ou porteur d'un bail à longues années, parce que s'il n'avait qu'un bail d'année à année, il pourrait arriver qu'il reçût lui-même un avertissement de quitter les lieux à une époque antérieure à celle de son locataire.

5e DIVISION.

Le mode de se faire payer de son locataire et de reprendre son appartement.

655. Le meilleur moyen, pour un bailleur, de reprendre la possession de son appartement, lorsqu'il l'a loué à un locataire désagréable, c'est de lui donner, par une personne pouvant servir de témoin, un avertissement conforme de quitter les lieux, ou de payer par avance un terme, en doublant le montant des loyers.

656. Lorsqu'un pareil locataire ne veut ni quitter les lieux ni payer d'avance les loyers demandés, lorsque le délai fixé par l'avertissement est expiré, le bailleur peut entrer dans son appartement, lorsqu'il en trouve la porte ouverte, en se gardant bien, toutefois, d'user de violence en ouvrant cette porte. Une fois entré ainsi, il peut enlever les fenêtres, emporter ses *fixtures*, ou les meubles, décrocher les portes, détacher les serrures et les verrous, boucher la cheminée, etc. Toutefois, s'il n'est pas propriétaire des lieux, il est responsable envers celui-ci des dégradations que ces mesures violentes peuvent lui avoir fait commettre.

657. Dans les locations garnies par le locataire, une saisie faite pour doubles loyers, lorsque le montant de la location n'est pas payé à l'époque convenue, arrête ordinairement les contestations.

6ᵉ DIVISION.

De l'expulsion et de la reprise de possession.

658. Tout locateur peut recouvrer la possession des lieux te-nus au delà du terme fixé par l'agrément, lorsqu'il n'y a pas de prix de location, ou que ce prix est au-dessous de 20 livres ster-ling. La loi nouvelle appelée *Nouvelle loi d'expulsion*, en date du 10 août 1838, et formant le statut 1 et 2 de Victoria, trace une procédure tout à fait sommaire, que nous allons mettre sous les yeux du lecteur avec les modèles d'actes à faire dans cette procédure.

Statut 1 et 2, Victoria.

ARTICLE 1ᵉʳ.

659. « A partir de et après la passation de la présente loi, tout
« occupant à titre gratuit, ou tout locataire dont les loyers an-
« nuels sont de 20 livres sterling ou au-dessous, pourra, lorsqu'il
« continuera sa possession au delà du terme fixé, être cité par
« son locateur devant deux juges de paix, après qu'il aura eu
« préalablement avis de la demande. Sur cette demande les deux
« juges de paix délivreront un ordre aux constables, leur enjoi-
« gnant de donner à ce locateur sa possession dans un délai qui
« ne pourra être moindre de vingt jours ni dépasser trente jours
« pleins à partir de la date de cet ordre donné sur la demande de ce
« locateur ou son agent. On ne pourra entrer dans les lieux ni le
« dimanche, ni le vendredi saint, ni le jour de Noël, et seulement
« de neuf heures du matin à quatre heures de l'après-midi. Au-
« cune des dispositions de la présente loi ne protégera l'individu
« sur la demande duquel ou auquel cet ordre aura été accordé
« contre toute action portée contre lui par cet occupant ou ce
« locataire, relative à son entrée ou sa prise de possession, lorsque
« cet individu n'avait pas, au moment de la remise de cet ordre,
« un droit légal à la possession des lieux.

ARTICLE 2.

660. « Une notification de la demande à faire en vertu de la

« présente loi doit être donnée, soit à la personne, soit à tout in-
« dividu résidant ou paraissant résider dans la même demeure que
« le locataire conservant une possession illégale. Le porteur de
« cette notification en donnera lecture à la personne à laquelle il
« la remettra, et lui en expliquera les motifs. Si le locataire illégal
« ou personne de sa famille ne peut être trouvé, si sa demeure est
« inconnue, ou s'il est impossible d'y entrer pour remettre cette
« notification, son apposition sur la partie la plus visible des lieux
« sera considérée comme une remise valablement faite à ce loca-
« taire illégal.

ARTICLE 3.

661. « Dans tous les cas où l'individu auquel un pareil ordre
« aura été accordé n'aurait pas, au moment de sa concession, un
« droit légal à la possession des lieux, l'obtention d'un pareil ordre
« sera considérée comme un délit commis contre le locataire, quoi-
« qu'il n'y ait pas eu d'entrée dans son domicile; et dans tous les
« cas où ce locataire offrira garantie par deux cautions reçues
« par les juges de paix, telle somme qu'ils jugeront convenable,
« eu égard à la valeur des lieux et aux frais probables causés par
« l'action à suivre par la personne qui demanda avec effet et sans
« délai cet ordre, et de payer aussi tous les frais de procédure
« dans cette action, dans le cas où un verdict serait rendu en fa-
« veur du défendeur, ou dans le cas où le demandeur disconti-
« nuerait ou ne poursuivrait pas son action, ou serait déclaré non-
« recevable en icelle, l'exécution de cet ordre serait suspendue
« jusqu'à ce qu'il y ait jugement sur cette action de délit.

ARTICLE 4.

662. « Ces reconnaissances seront faites au profit de la partie
« adverse, aux frais de cette partie; elles seront confirmées et si-
« gnées par les juges de paix; et si l'obligation ainsi prise se trouve
« annulée, ou si, sur le procès ouvert pour se garantir de la con-
« testation à raison de laquelle cette reconnaissance est donnée,
« le juge qui doit en connaître n'inscrit pas sur le plumitif de la
« cour que la condition de l'obligation a été remplie, la partie au
« profit de laquelle cette obligation aura été consentie pourra
« former une action pour la recouvrer. La cour devant laquelle
« cette dernière action sera portée pourra, par une décision spé-

« ciale, accorder aux parties tels recours qu'elle jugera conve-
« nable, à raison de cette obligation ; et cette décision aura la
« nature et l'effet de révoquer cette obligation.

ARTICLE 5.

663. « Il n'y aura lieu à aucune action ou poursuite contre les
« juges de paix qui auront délivré les ordres ci-devant mention-
« nés, non plus que contre les constables et officiers de paix qui
« les auront mis à exécution.

ARTICLE 6.

664. « Lorsque le bailleur a juste raison de n'être pas consi-
« déré en défaut à cause de quelque irrégularité, et qu'il ne peut
« être passible que d'une action en dommages résultant de cette
« irrégularité, si les dommages prétendus ne sont pas prouvés, le
« défendeur aura droit à un verdict; mais s'ils sont prouvés et
« fixés par le jury à une somme n'excédant pas 5 shillings, le
« demandeur n'aura d'autres frais que les dommages, à moins que
« le juge ne certifie au dos du plumitif que dans son opinion tous
« les frais devaient lui être alloués.

ARTICLE 7.

665. « Dans la construction de cette loi, le mot *lieux* (pre-
« *misses*) sera considéré comme synonyme de *terres, maisons* et
« *autres* héritages corporels ; le mot *personne* sera considéré
« comme signifiant *un corps politique, une corporation,* ou un
« *collège,* aussi bien qu'un simple individu ; chaque mot empor-
« tant le nombre singulier sera, toutes les fois que cela sera né-
« cessaire pour donner effet plein et entier aux dispositions de
« cette loi, appliqué à plusieurs personnes ou plusieurs choses,
« aussi bien qu'à une seule personne ou à une seule chose; le mot
« emportant le genre masculin sera, en cas de nécessité, appliqué
« au genre féminin ; le mot *bailleur (landlord)*, comme signifiant
« la personne ayant droit à la réversion immédiate des lieux, ou
« si la propriété est possédée en commun par un cobailleur, un
« copartenaire ou un cotenancier comme signifiant l'une des per-
« sonnes ayant droit à cette réversion ; et le mot *agent* signifie
« toute personne ordinairement employée par le bailleur *(landlord)*
« pour la location de ses immeubles, pour la recette de ses loyers,

« ou spécialement autorisé à agir dans des matières particulières
« par un écrit signé de ce landlord.

ARTICLE 8.

666. « Cette loi ne s'appliquera ni à l'Écosse, ni à l'Irlande. »

Modèle de l'avertissement donné par le propriétaire ou le
bailleur d'une location quelconque, de son intention de s'a-
dresser aux juges de paix pour recouvrer sa possession.

667. « Je, soussigné (propriétaire, bailleur ou agent, suivant le
« cas), vous donne, par les présentes, avis que, si la possession
« amiable du ténement (décrire ce ténement en peu de mots)
« situé (sa situation), que vous tenez de moi à titre de location d'an-
« née à année (ou de toute autre manière suivant le cas), laquelle
« est expirée (ou a été mise à fin par l'avertissement de quitter les
« lieux donné par moi le... ou de toute autre manière) le 11 jan-
« vier présent mois, lequel ténement est retenu au delà du terme
« par ledit (le nom du locataire), n'est pas rendue à moi dit pro-
« priétaire (bailleur ou agent, suivant le cas) à, ou avant l'expira-
« tion de sept jours pleins à partir de la remise du présent aver-
« tissement, j'adresserai, le 18 janvier prochain, à midi, une requête
« aux deux juges de paix de Sa Majesté, agissant pour le district
« de (mentionner le district, le canton ou l'endroit dans lequel est
« situé le ténement, ou l'une de ses parties), pour obtenir leur
« ordre, enjoignant au constable dudit district d'entrer dans ledit
« ténement, d'en prendre possession et d'en expulser tout indi-
« vidu qui s'y trouverait.

« Londres, le 6 janvier 1846. *Signé :* (Ici la signature du pro-
« priétaire, du bailleur ou de son agent.)

« A. M..., occupant le ténement, etc. »

Modèle de requête aux deux juges de paix.

668. « Requête de M... (le nom du propriétaire, du bailleur
« ou de leur agent, suivant le cas) adressée à nous, les deux juges
« de paix de Sa Majesté, agissant pour le district de ......, as-
« semblés en petite session, lequel déclare que lui dit M... a
« loué à M... (le nom du locataire) un ténement consistant en
« (décrire la consistance et la situation), pour le terme de .....
« (mentionner le terme), moyennant la somme de ....., que la-

« dite location est expirée (ou a été mise à fin) par un avertisse-
« ment de quitter donné par le requérant le ..... (rappeler la
« date de cet avertissement); que, le 6 janvier 1840, ledit requérant
« fit remettre audit locataire un avis par écrit de son intention de
« nous adresser une requête à l'effet de recouvrer la possession
« dudit ténement, duquel avis un duplicata est joint à la présente,
« lequel avis a été remis (ou à la personne ou au domicile dudit
« locataire); que, malgré cet avis, ledit locataire a refusé ou né-
« gligé de rendre la possession dudit ténement et le détient encore.

« *Signé :* (La signature du propriétaire, etc.)

« Pris, le 18 janvier 1840, devant nous.

« *Signé :* (La signature du propriétaire, etc.)»

(Le duplicata de l'avis de l'intention d'adresser cette requête
doit y être annexé).

*Ordre des juges de paix aux constables ou officiers de paix de
prendre et rendre la possession demandée ci-dessus.*

669. « Considérant (transcrire la requête ci-dessus), nous, les
« deux juges de paix de Sa Majesté, assemblés en petite session,
« agissant pour le district de ....., vous autorisons et vous or-
« donnons d'entrer l'un des jours compris dans les ..... jours
« de la date des présentes (excepté le dimanche, le vendredi saint
« ou le jour de Noël), entre neuf heures du matin et quatre heures
« de l'après-midi, par force, s'il est nécessaire, et avec ou sans
« l'assistance du requérant (ou son agent, suivant le cas), ou de
« toute autre personne que vous jugerez convenable de requérir
« pour vous aider, dans et sur le ténement dont s'agit, d'en ex-
« pulser quiconque y sera trouvé, et dudit ténement délivrer
« pleine et paisible possession audit requérant (ou son agent, sui-
« vant le cas).

« Donné, sous nos signatures et nos sceaux, ce 10 janvier 1846.

« *Signé :* (Les signatures et les sceaux des deux juges
de paix.)

« A M... (le nom de l'officier de paix) et à tous les autres cons-
« tables et officiers de paix agissant pour le district de ..... »

SIXIÈME DIVISION.

De l'expulsion et de la reprise de possession.

670. La division précédente a eu pour objet l'expulsion et la reprise de possession dans les cas où la location était faite gratuitement, ou moyennant une somme annuelle de 20 livres sterling ou au-dessous. Dans ces deux cas, la loi anglaise a tracé une voie sommaire, expéditive et peu coûteuse; mais lorsqu'il s'agit de locations dépassant 20 livres sterling par an, ou faites pour de longues années, les intérêts des parties devenant beaucoup plus graves, et pouvant, par conséquent, donner lieu à des contestations beaucoup plus sérieuses, la loi anglaise a tracé un autre mode de procédure, procédure que les étrangers doivent connaître, puisqu'ils peuvent faire aujourd'hui des baux de vingt et un ans, et moyennant des locations annuelles dont le montant est indéterminé.

671. L'expulsion est la reprise de possession de terres et ténements au moyen de procédure spéciale dirigée contre un détenteur illégal, lorsque son bail est expiré, lorsqu'il ne paye pas les loyers, ou lorsqu'il a reçu un avertissement légal de quitter les lieux. Cette procédure est la voie la plus certaine pour avoir le payement de ses loyers, ou, à défaut, la repossession des lieux.

672. Lorsque le locataire a donné au bailleur avis qu'il quitterait les lieux, et qu'il ne le fait pas à l'époque qu'il a lui-même fixée, il est passible d'une action en expulsion de la même manière que si cet avis lui avait été donné par le locateur.

673. Dans toutes les contestations entre le locateur et le locataire, lorsqu'une demi-année de loyers est due, le locateur peut, sans aucune demande formelle de reprise de possession, signifier une déclaration en expulsion pour le recouvrement des lieux loués, ou s'ils sont inoccupés, il peut afficher cette notification à la porte ou à la partie la plus visible des lieux, et cette affiche formera un acte bon et légal qui tiendra lieu du fait même de reprise de possession (1).

674. Tout locataire de terres, ténements ou autres héritages, moyennant un fermage outré (*at rack rent*), ou un fer-

---

(1) Statut 4, Georges II, c. 28, § 1.

mage réservé, pouvant s'élever aux trois quarts pleins de la valeur annuelle des lieux loués, qui, étant en arrière d'une année de fermages, abandonne les lieux loués et les quitte incultes et inoccupés, de manière qu'une saisie ne pourrait produire une somme égale à l'année des fermages dus, il est permis à deux juges de paix, ou plus, du comté, du district, de la division ou du lieu, n'ayant aucun intérêt dans les lieux loués, et à la requête du bailleur, de son baillif ou de son receveur, de se rendre sur les lieux pour en faire la visite, et d'afficher ou de faire afficher, sur la partie la plus visible de ces lieux, un avis par écrit, qu'à tel jour, après l'expiration de quatorze jours au moins, ils retourneront sur les lieux pour en faire une nouvelle inspection, et que si, lors de cette seconde inspection, le locataire ou quelqu'un pour lui ne se présente pas pour payer les fermages arriérés, ou s'il n'y a pas sur les lieux meubles suffisants à saisir pour ces fermages, dans ces différents cas, ces juges de paix peuvent remettre le bailleur en possession des lieux loués, et, par conséquent, le bail fait à ce locataire devient nul et de nul effet (1).

675. La disposition comprise au numéro précédent, qui autorise le bailleur à reprendre les lieux loués, lorsque son fermier est en arrière d'une année de loyers, a été étendue au cas où ce fermier serait en arrière d'une demi-année seulement de ses fermages (2).

676. Lorsque le terme d'un locataire possédant actuellement, ou qui possédera à l'avenir, en vertu d'un bail ou d'un agrément par écrit, des terres, ténements ou autres héritages pour une période d'années fixes, ou d'année en année, sera expiré en vertu d'un avertissement légal de quitter les lieux, donné, soit par le bailleur, soit par le locataire, ce locataire, ou tout autre tenant de lui, qui refusera de remettre les lieux après une demande légale faite par écrit et signée par le bailleur ou son agent, et remise à la personne de ce locataire, ou laissée au domicile de ce locataire, si le bailleur procède par l'action en expulsion pour recouvrer sa possession, il pourra, au bas de la déclaration, par avis donné à ce locataire ou toute autre personne, le requérir de comparaître devant la cour devant laquelle l'action aura été commencée le

____

(1) Statut 2, Georges II, c. 19.
(2) Statut 57, Georges III, c. 52.

premier jour du terme prochain suivant, ou si l'action est formée
dans le pays de Galles ou dans les comtés palatins de Chester,
Lancaster ou Durham, respectivement le premier jour des sessions
ou assises prochaines, ou au jour ordinaire de la cour (suivant le
cas), pour se constituer défendeur à l'action, et pour y donner
caution, si la cour l'ordonne, et aussi dans le but qui sera ci-après
spécifié. Si la partie comparaît au jour fixé, ou en cas de non-
comparution, en faisant l'affidavit ordinaire de la remise de la déclaration et de l'avertissement ci-dessus mentionnés, il sera loisible au bailleur, qui produira son bail ou son agrément, ou
quelque double ou duplicata d'icelui, et qui en prouvera l'exécution par affidavit, et aussi par affidavit que les lieux sont actuellement possédés en vertu de ce bail et de cet agrément, et que la
jouissance du locataire est expirée par l'avertissement régulier de
quitter la location, et que la possession a été légalement demandée
de la manière susdite, de demander à la cour un ordre pour que
ce locataire ou sous-locataire déduise, dans un délai fixé par
cette cour, en égard à la situation des lieux, la cause pour laquelle
ce locataire ou sous-locataire, reconnu comme défendeur à l'action, tout en se conformant à la règle générale, et donnant ses
moyens ordinaires, ne consentirait pas, dans le cas où un verdict
serait rendu en faveur du demandeur, à accorder qu'un jugement
soit pris contre ce défendeur réel, à partir du terme dernier précédant l'époque du procès; ou si l'action est suivie dans le pays
de Galles, ou dans les comtés palatins respectivement, dans ce
cas, à partir des sessions, des assises ou du jour ordinaire de la
cour devant lesquelles le procès aura été porté; pour laquelle
aussi il ne consentirait pas une reconnaissance personnelle et avec
des garanties suffisantes, pour une somme raisonnable, avec la
condition de payer les frais et les dommages, lesquels seraient
perçus par le demandeur à l'action. La cour alors, après la déduction de ces motifs, et sur l'affidavit de la remise de son ordre,
dans le cas où aucun motif n'aurait été déduit, pourra rendre le
même jugement définitif sur le tout ou sur une partie, et ordonner
à ce locataire, dans un délai déterminé, eu égard à toutes les circonstances, de donner tels moyens et de fournir telles cautions,
sous telles conditions et de telle manière qui seront spécifiées dans
ledit ordre, ou telle partie d'icelles ainsi rendues définitives. Dans
le cas où la partie négligerait ou refuserait de s'y conformer, et

ne fournirait aucun motif pour porter la cour à proroger le délai de l'exécution, alors, sur l'affidavit de la remise de cet ordre, décision définitive sera rendue pour accorder jugement au demandeur (1).

677. Dans toute action en expulsion intentée par le bailleur contre son locataire, la production du consentement du pouvoir et de la constitution du défendeur fournira preuve suffisante du bail, de l'entrée en jouissance ou de la possession, à défaut de la comparution du défendeur, et le juge permettra au demandeur de faire preuve des avantages qui seraient ou pourraient lui être accrus, à partir du jour de l'expiration des droits du locataire à sa location, échus au moment du verdict, ou à quelque jour précédent. Le jury, se prononçant pour le demandeur, rendra dans ce cas son verdict pour la reprise des lieux, et aussi pour le montant des dommages à payer pour les avantages susmentionnés. Aucune des dispositions ci-dessus ne sera considérée comme privant un bailleur du droit de former une action de contravention (*of trespass*) pour les avantages accessoires pouvant naître à partir du jour spécifié dans le verdict rendu pour la délivrance de la possession (2).

678. Dans tous procès suivis de constitution et de caution, si un verdict rendu pour le demandeur paraît contraire à l'évidence, ou si les dommages sont excessifs, le juge peut suspendre l'exécution du jugement entièrement jusqu'au cinquième du terme prochain, des sessions ou assises prochaines, ou du jour ordinaire de cour, suivant le cas, à la requête du défendeur, dans le cas où, dans les quatre jours, à partir de celui du procès, il fournirait sûreté pour sa reconnaissance personnelle et deux cautions suffisantes pour telle somme convenable fixée par le juge, sous la condition de ne commettre aucune dégradation, et de ne vendre ou enlever aucune récolte, foin, paille ou fumier, produits ou faits sur les lieux, et qui pourraient s'y trouver alors. La caution en erreur, conformément aux statuts 16 et 17 de Charles II, chap. 8, et 17 et 18 de Charles II, chap. 12 (passe en Irlande), déchargera de ces sûretés (3).

679. La reconnaissance sera prise comme toute autre recon-

(1) Statut 1, Georges IV, c. 87, § 1.
(2) Ibid., § 2.
(3) Ibid., § 3.

naissance de caution ; mais nulle action ou procédure ne sera commencée, à raison de cette reconnaissance ou sûreté, après l'expiration des six mois, à partir de la cession des lieux ou d'une partie d'iceux qui aura été délivrée au bailleur (1).

680. Les actions en expulsion ne seront retirées des grandes sessions, dans le pays de Galles, que du consentement de ces sessions (2).

681. Si le bailleur abandonne son action, ou si un verdict est rendu contre, il sera condamné aux doubles frais (3).

682. Aucune des dispositions de la présente loi ne sera considérée comme préjudiciant ou altérant aucun des droits ou actions que les bailleurs possèdent déjà.

683. La présente loi est applicable à toutes les parties de la Grande-Bretagne et de l'Irlande, excepté l'Écosse.

SEPTIÈME DIVISION.

Ce que la loi anglaise entend par fixtures.

684. La loi anglaise reconnaît deux sortes de *fixtures :* les unes sont meubles : elles peuvent alors être enlevées par le locataire ; les autres sont immeubles par destination : elles deviennent alors partie intégrante du fonds, et le locataire ne peut les enlever.

685. Les *fixtures* immeubles par destination peuvent être définies tout ce qui est planté sur le sol ou attaché à l'immeuble, comme les arbres, les lambris, les portes, les fenêtres, les constructions de toute nature, dont les fondations sont dans le sol, ou qui sont fortement attachées et cimentées à une partie quelconque du fonds. Il est cependant des *fixtures* qui, paraissant immeubles par destination, ne sont que des meubles; les développements donnés aux numéros suivants ne laisseront à cet égard subsister aucun doute.

686. Les portes ou les fenêtres, placées par le locataire, ne peuvent être enlevées par lui à l'expiration de son bail. Les fenêtres, même brisées, et dont les vitraux ont été placés par le locataire, doivent être réparées.

(1) Statut 1, Georges IV, c. 87, § 4.
(2) Ibid., § 5.
(3) Ibid., § 6.

687. Toutes les fixtures placées par le bailleur avant l'entrée en jouissance du locataire, et détruites par celui-ci, doivent être replacées avant son départ, sous peine d'être passible d'une action en dégradation.

688. Nous avons dit, au n° 685, que certaines fixtures paraissant immeubles par destination, n'étaient cependant que des meubles, et pouvaient être enlevées par le locataire : ce sont les fixtures faites pour l'exercice d'une branche de commerce, ou pour de simples usages domestiques. Ainsi les pompes, les machines, les grues et autres objets semblables; les ornements de boutiques, les comptoirs, les tablettes, les pupitres, les armoires, les becs de gaz, les grilles; les ustensiles de brasserie, les fourneaux, les poêles, les chaudières, les pompes à incendie, les moulins à cidre, les cuves à bière, les serres, les fours, les boiseries pour division temporaire placées à vis (et non à clous), toute grange élevée sur les lieux et reposant sur blocs de bois, toutes ces sortes de fixtures peuvent être enlevées par le locataire à la fin de son bail, malgré la convention écrite dans le bail de laisser toutes les constructions qui seraient faites sur les lieux. Cette convention ne comprend que les constructions annexées au fonds et qui en font essentiellement partie (1).

689. Toutes les fixtures énumérées dans le numéro précédent ne peuvent être emportées par le locataire que lorsqu'il les y a placées lui-même. Il doit les emporter avant l'expiration de son bail, car il ne pourrait le faire après ; alors il y aurait une donation légale faite au bailleur (2). En emportant toutes les fixtures, le locataire doit réparer tous les dégâts que leur enlèvement a pu causer, et remettre les lieux en bon état.

690. Lorsqu'un fermier a construit une grange sur les lieux, et l'a posée sur des blocs de bois reposant sur le sol, mais n'étant fixés ni au ni dans le sol, sur la preuve qu'il est d'usage, dans le pays, de construire de telles granges, afin de pouvoir les enlever à l'expiration du bail, ce fermier pourra enlever cette construction. Une décision de jury a été rendue en ce sens, fondée sur la coutume locale (3).

691. Si un individu vend une maison où se trouve une chau-

(1) Paul, 53.
(2) Ibid.
(3) Buller's Ni. Pr. 4.

dière, ou une brasserie où sont les ustensiles pour la faire valoir, s'il n'y a pas de prix pour ces objets, ou s'ils ne sont pas évalués, il a été décidé qu'ils ne font pas partie de la vente : ils ne sont pas immeubles par destination (1).

692. Lorsqu'un fermier a détruit des hangars appelés *granges hollandaises*, par b.. élevés durant son bail, il est tenu de les rebâtir. Lord Kenyon s'exprime ainsi à ce sujet : « Lorsqu'un « locataire construit sur les lieux à lui loués des bâtiments qui « forment une addition substantielle à la maison, ou ajoutent à sa « magnificence, il doit, à l'expiration de son bail, laisser ces cons- « tructions, qui sont profitables au locateur, sans indemnité. » Toutefois la loi et l'équité admettent cette distinction : si les constructions sont faites pour rendre la propriété plus confortable, elles restent pour le locateur à la fin du bail ; si elles sont faites pour la nécessité et l'utilité du locataire, dans l'intérêt de son commerce, d'une fabrication quelconque, et dans le but d'en tirer le plus grand avantage possible, elles restent pour le locataire, qui peut les enlever à la fin de son bail (2).

693. Cependant le locataire d'une ferme, qui construit à ses dépens, et pour le plus grand avantage et la plus grande utilité de sa ferme, une étable, une boutique de charpentier, un bûcher, une charretterie, une pompe et une bergerie, lorsque ces cons- tructions sont faites en briques et mortier et couvertes en tuiles, *et attachées au sol*, elles ne peuvent être enlevées pendant le bail, quoique ce fermier veuille laisser les lieux dans l'état où ils étaient à son entrée. Cette doctrine est conforme à la définition des fixtures, immeubles par destination.

694. Les ornements de marbre, les trumeaux de glace, les tapisseries, les lambris fixés à vis, les garnitures de cheminées, sont des fixtures meubles, qui peuvent être enlevées par le loca- taire durant sa location (3).

695. En général, le locataire peut enlever toutes les fixtures qu'il a placées dans la maison qu'il a louée pour son agrément et sa commodité ; mais il doit les enlever avant l'expiration de sa location et sans endommager les lieux.

(1) Alk., 278.
(2) 3 Esp. R. 11.
(3) Beck contre Rebow. 1, W. ms. 91. Ex parte Quinceps ; 1, Alk. 477 ; Law- ton contre Lawton, 3, Alk. 13.

HUITIÈME DIVISION.

Du payement des loyers et de certaines taxes. Modèle de quittance.

696. Les loyers, comme nous l'avons dit au n° 624, pour ténements loués d'année à année, sont ordinairement dus par quartier; mais, en général, le locataire n'est tenu de payer ses loyers que lorsque la demande lui en est faite sur le lieu même de sa location.

697. Le loyer de chaque quartier est considéré comme une dette séparée, pour laquelle le bailleur peut former une action séparée, ou une saisie pour non-payement.

698. Lorsqu'un locataire occupe une maison par agrément verbal seulement, et qu'une contestation s'élève relativement au montant des ' yers, le bailleur peut, dans une cour de justice, demander une somme raisonnable pour cette location (1).

699. En général, le bailleur est la seule personne compétente pour demander et recevoir le payement de ses loyers. S'il emploie un tiers, ce tiers doit être porteur de ses pouvoirs écrits : autrement le locataire a le droit de refuser de payer.

700. Lorsqu'un bailleur veut tirer avantage du non-payement de ses loyers pour reprendre sa location, il doit avoir la grande précaution de ne demander ni plus ni moins que ce qui lui est dû ; il doit également établir la certitude du montant de la location et de l'époque à laquelle et pour laquelle elle est due : autrement sa demande ne serait pas valable, et dès lors il ne pourrait recouvrer sa possession. Les loyers doivent être demandés sur les lieux, ou à la principale porte de la maison, avant la reprise de possession.

701. Lorsqu'un locataire fait offre de ses loyers, cette offre doit être faite en argent monnayé et à la couronne du royaume et mise réellement à la disposition du locateur. Toutefois l'offre faite en billets de la banque d'Angleterre est valable, si le bailleur ne fait pas d'objection (2) ; et , s'il y a saisie et que le locataire offre de s'acquitter en billets de la banque d'Angleterre, cette offre est également valable (3).

(1) Georges II, c. 19, § 14.
(2) Wright contre Read ; statut 30, Georges III, c. 5; Durps. et East. 115.
(3) Statut 5, Georges III, c. 127.

702. Le mode le plus facile et le plus sûr pour un bailleur d'avoir le payement de ses loyers arriérés est la saisie; mais si le locataire offre valablement ses loyers arriérés, la saisie tombe de plein droit.

703. Nul locataire ne peut légalement déménager son mobilier avant d'avoir soldé sa location, à moins qu'il n'y ait consentement de la part du bailleur (1).

704. Tout locataire est tenu de payer toutes les taxes imposées sur les lieux qu'il occupe, et alors il a le droit de déduire de sa location le montant des sommes qu'il a payées à l'acquit du bailleur (2).

705. Par les lois annuelles sur l'impôt foncier, le locataire est tenu de payer l'impôt foncier qui frappe les lieux qu'il occupe, et en même temps il est autorisé à déduire ce payement sur le montant de sa location. Si des contestations s'élèvent entre les bailleurs et leurs locataires sur cette matière, ces contestations sont jugées par les commissaires.

706. Lorsqu'un locataire est convenu de payer les loyers réservés, *sans aucune déduction ou diminution quelconque*, il a néanmoins le droit de *déduire et diminuer* du montant de sa location l'impôt foncier qu'il a payé, si le bailleur était tenu de le payer.

707. Lorsqu'un locataire a payé une rente foncière sur la demande du propriétaire de cette rente foncière, comme aussi lorsqu'il a payé les réparations faites sur les lieux qu'il occupe, il a le droit d'en faire la déduction et diminution sur le montant de ses loyers.

708. Les conventions ne s'appliquent qu'aux choses existant au moment de l'agrément; dès lors si un locataire prend l'engagement de payer *toutes les taxes*, cet engagement ne concerne que les taxes imposées sur les lieux au moment du bail. Les taxes et charges imposées postérieurement ne s'y trouvent pas comprises: elles restent à la charge du bailleur.

709. Lorsqu'il est convenu dans un bail que le locataire payera toutes les taxes, *excepté l'impôt foncier*, cette exception ne s'applique qu'à l'impôt foncier payable au moment du bail, et non

(1) Statut 2, Georges II, c. 19.
(2) Statut 30, Georges II, c. 2, § 15.

à *l'impôt foncier additionnel*, qui peut être la conséquence de
l'amélioration de la propriété. Il nous semble que, dans ce cas,
le locataire ne devrait pas être tenu de payer cet impôt foncier
additionnel. La propriété augmente de valeur plutôt pour le
propriétaire que pour le locataire; l'impôt additionnel devrait
dès lors plutôt frapper sur lui que sur le locataire.

Modèles de quittance de loyers.

710. Je, soussigné (propriétaire, bailleur ou agent, suivant le
cas), reconnais avoir reçu de M. A. B. la somme de 10 livres
sterling 15 shillings, pour un quartier de loyer de la maison
qu'il tient de moi, et située rue......; ledit quartier échu de
Noël dernier, sans préjudice du courant.

Londres, le 19 janvier 1846.

Signé : (la signature du propriétaire, etc.)

B. P. 10 liv. sterl. 15 sh.

NEUVIÈME DIVISION.

Des doubles loyers.

711. Tout locataire à titre viager ou par bail emphytéotique,
comme aussi tout sous-locataire tenant de celui-ci, qui, volontairement, continuera la possession de terres, ténements ou autres
héritages, après la fin de ce bail viager ou de cette emphytéose,
et après demande faite et avertissement par écrit donnés pour
remettre cette possession, sera tenu, pendant tout le temps qu'il
continuera cette indue possession, de payer le double de sa location annuelle. Cette double location sera recouvrée par action de
dette devant une cour de *record* (1).

712. Lorsqu'un locataire ou fermier a donné avis de son intention de quitter les lieux qu'il a loués, et qu'il n'en fait pas la remise conformément à cet avis, il peut, dès l'expiration de la période fixée dans cet avis, être contraint par son bailleur à payer,
pour les quartiers ou semestres à échoir, suivant les cas, une
somme double de sa location ordinaire : cette somme peut être
levée, demandée en justice, et recouvrée de la même manière

(1) Statut 4, Georges II, c. 28.

que toute somme due pour simples loyers, et cette double somme peut être exigée tout le temps que ce locataire continuera son indue possession (1).

713. Lorsqu'un bailleur a donné à son locataire prolongeant indûment sa possession, l'avis de lui payer doubles loyers dans un délai fixé, et que, ce délai expiré, il reçoit ses simples loyers sans aucune réserve, cette acceptation est une renonciation à son droit à une double location, à moins qu'il ne donne un nouvel avis, et que le nouveau délai ne soit expiré.

714. L'avertissement que doit donner le locataire doit être donné, soit verbalement, soit par   rit (2); mais l'avertissement que doit donner le bailleur doit être expressément donné par écrit (3). La loi n'a fixé aucun délai préalable quant à l'expiration de cet avertissement.

715. La loi ouvre une double action pour le payement de cette indue possession. Ou le bailleur demande le double de la valeur annuelle des lieux indûment retenus, et alors il a l'action de dette; ou il demande doubles loyers, et alors il peut procéder par saisie ou de toute autre manière, comme s'il s'agissait de simples loyers arriérés (4). Nous devons dire que cette dernière action est beaucoup plus efficace.

DIXIÈME DIVISION.

Des réparations et des dégradations.

716. Lorsque le bailleur s'engage à réparer une maison, et ne le fait pas, le locataire peut le faire en son lieu et place, et en déduire les frais sur le montant de ses loyers; et si ce bailleur intente alors une action de dette pour le payement de la totalité de ses loyers, le locataire peut repousser cette action, en prouvant cette obligation du bailleur de faire les réparations, et que le montant de ses loyers est basé sur l'exécution de cette obligation.

717. Mais cette faculté ne s'applique pas aux changements qu'un locataire veut faire purement dans l'intérêt de son com-

(1) Statut 2, Georges II, c. 19.
(2) Id., ibid.
(3) Statut 4, Georges II, c. 28.
(4) 1 Black. Rep. 535—1075; Bur., 1602.

merce (à moins que ces changements n'eussent été spécifiés et convenus dans le bail); elle s'applique purement aux réparations qui sont mises par la loi à la charge des propriétaires ou bailleurs, telles que la mise à l'abri du vent, de la pluie, etc., et la mise en nécessaire, certain et bon état de réparation des escaliers, planchers et autres parties des lieux loués. Dans ces circonstances, il est de la prudence de faire visiter par deux ou trois personnes compétentes les réparations à faire, à l'effet de prouver d'une manière satisfaisante en justice que ces réparations étaient nécessaires. Lorsque les lieux ont ainsi été visités, le locataire doit commencer par requérir son bailleur de faire ces réparations, afin de prouver plus tard, au besoin, que, malgré cette requête, ce bailleur n'a pas voulu ou a négligé de faire ces réparations.

718. Lorsqu'un fermier ou locataire convient de laisser à la fin de son bail les lieux loués en aussi bon état qu'il les a trouvés, et qu'il y commet des dégradations ou néglige les réparations, une action n'est pas ouverte immédiatement contre lui, parce que la maison peut être réparée, tant que le terme n'est pas expiré. Mais il en est autrement, si la convention portait qu'il serait tenu de laisser des bois et des arbres de construction, et qu'il les abattît; car alors il ne pourrait plus exécuter son engagement, c'est-à-dire, laisser les lieux comme il les a trouvés (1).

719. Mais un fermier peut couper les taillis et abattre le bois nécessaire pour réparer les palissades, les haies et les clôtures, et tout ce qui est appelé par la loi anglaise *plongh-bote*, *fire-bote* et autres *house-bote*. (Ce sont les bois pour la charrue, le feu et l'entretien de la maison.)

720. Tout fermier ou locataire étant tenu de rendre les lieux en bon état, parce qu'il les a reçus de même, doit, lorsqu'il s'aperçoit que ces lieux ne sont pas en bon état, et avant d'en prendre possession, faire constater cet état par deux ou trois personnes compétentes, afin de mettre un jour à couvert, et à la fin de son bail, ou sa responsabilité personnelle, ou celle des personnes qui pourraient le remplacer.

721. On appelle *dégradation* tout dommage quelconque apporté à une propriété : ainsi, enlever les portes, les châssis des

_____
(1) 4 Term. Rep. 2.

fenêtres, ou toute autre chose inhérente à la propriété, et qui ne peut en être détachée sans dommages, est une dégradation, et rend le fermier qui les emporte passible d'une action, à moins qu'avant l'expiration de son bail il ne remette les lieux dans leur état primitif.

722. C'est, à plus forte raison, commettre des dégradations, que de renverser une maison ou de la laisser à découvert, de manière que les chevrons et les poutres tombent de pourriture. Mais si une maison n'est pas couverte lorsque le fermier en prend possession, ce fermier n'est passible d'aucune action en dégradation s'il n'empêche pas cette maison de tomber. Toutefois, si une maison est en ruine au moment de l'entrée en jouissance du fermier, et qu'il la détruise, il commet une dégradation qu'il est tenu de réparer. La loi, comme on le voit, met à la charge du fermier son propre fait, mais jamais le fait du temps.

723. C'est un principe général, que la loi ne considère comme dégradation que tout ce qui peut porter préjudice à la propriété. Cependant, le fermier ou locataire ne peut changer la nature ou la destination de la chose louée, encore qu'il en augmente la valeur : ainsi, il ne peut changer les terres arables en prairies, bois, etc., parce qu'alors il ne change pas seulement l'aménagement de la ferme, mais il change la preuve de l'évidence (1).

724. Mais si un fermier ou locataire à longues années change une prairie en houblonnière, il n'y a pas là dégradation, parce qu'il est facile de remettre la houblonnière en prairie : mais changer cette prairie en verger, c'est faire acte de dégradation, quoique la valeur en soit augmentée, parce que, par ce changement, le fermier a pu, par ses plantations, changer la preuve de l'évidence.

725. Ces principes s'appliquent aux constructions : ainsi, si un fermier donne à des bâtiments une destination différente de celle qu'ils avaient, encore qu'il en ait augmenté la valeur, il a néanmoins fait un acte de dégradation. Il en est de même si un fermier change un moulin à blé en moulin à foulon, quoique ce changement soit avantageux au bailleur (2). Il en est de même encore d'une brasserie de 120 livres sterling par an changée en

(1) Woods. 297.
(2) 1 Lev. 309.

maisons produisant 200 livres sterling; il y a là non-seulement
changement de la chose, mais aussi changement de l'évidence. Il
en est de même aussi de la conversion d'un moulin à drèche en
moulin à blé.

726. La loi anglaise reconnaît deux sortes de dégradations :
la dégradation volontaire et la dégradation permissive. Par la
dégradation volontaire, on détruit soi-même; par la dégradation
permissive, on laisse détruire, faute des réparations nécessaires;
mais l'une et l'autre consistent principalement : 1° en abattant
des arbres à poutre; 2° en détruisant des habitations; 3° en ouvrant des mines et carrières; 4° en changeant l'aménagement
d'une ferme; 5° en détruisant des marnières (1).

727. Le jugement d'une action en dégradation ordonne que le
demandeur recouvrera les lieux loués dans leur état primitif avec
triples dommages-intérêts (2). Mais si les dommages accordés sont
illusoires, par exemple, un *farthing*, le défendeur peut demander
à la cour de prendre avantage de ce jugement pour lui-même;
ce qui, dans tous les cas, lui est accordé.

ONZIÈME DIVISION.

De la saisie en cas de non-payement des loyers.

728. On a vu, dans la 9ᵉ division, qu'en cas de non-payement
des loyers, le bailleur a contre son locataire une action de dette;
on a vu, au n° 715, qu'il peut également procéder par voie de
saisie, et que cette voie était la plus sûre et la plus expéditive.
Comme cette procédure exige des formalités qu'il est indispensable de connaître, nous les expliquerons dans les dix paragraphes
suivants.

§ 1ᵉʳ.

De la saisie en général.

729. La saisie est l'enlèvement des biens et effets mobiliers
hors de la possession du locataire, pour avoir le payement de
loyers. En conséquence, une saisie pour loyers doit être faite
pour loyers arriérés; elle ne peut être faite pour loyers le jour

(1) 1 Cruise dig. Tit. 3, § 14.
(2) 2 Inst. 308.

même où ces loyers sont dus : une pareille sais¹⁰ serait nulle, parce que *dies termini non computantur in termino.*

730. Le bailleur ne peut saisir les meubles et effets de son locataire, lorsque celui-ci lui offre valablement ses loyers arriérés; et lorsqu'une pareille offre est faite au moment de la saisie ou après cette saisie (tant que les meubles n'ont pas été enlevés), le bailleur doit donner main levée de la saisie.

731. Nulle saisie ne peut être faite la nuit, avant le lever du soleil, ni le dimanche.

732. Les meubles meublants et autres effets mobiliers, qui peuvent être endommagés par le temps, doivent être déposés en un lieu couvert : le bailleur est responsable des avaries qu'ils peuvent éprouver.

733. Le saisissant ne peut employer, ni se servir des effets saisis : le saisi seul peut en approfiter selon son bon plaisir.

734. Toutefois le saisissant peut faire traire les vaches à lait, parce que cela peut être nécessaire; mais qui doit profiter du lait? Il semblerait, par ce qui est dit au numéro précédent, que c'est le saisi seul.

735. Autrefois un bailleur ne pouvait saisir pour loyers dus en vertu d'un bail dont la durée devait être fixée pendant son exécution. Mais depuis le statut de la 8ᵉ année de la reine Anne, chap. 14, le bailleur peut saisir pour six mois, après l'expiration du terme, si le locataire est encore en possession, et si le titre du bailleur conserve sa validité.

736. Le bailleur doit faire sa saisie pour le montant de ses loyers à la fois : il ne peut faire saisir pour une partie de sa créance d'abord, pour ensuite faire saisir plus tard pour le reste, si lors de la première saisie il y avait meubles suffisants. Toutefois s'il y avait eu erreur dans l'estimation des meubles, et que la saisie devint insuffisante, il pourrait faire une nouvelle saisie jusqu'à due concurrence.

737. Lorsqu'un locataire occupe deux ou plusieurs ténements, pour différents termes, et qu'il est en arrière de deux ou plus de deux termes, le bailleur est tenu de faire la saisie pour chaque terme séparément.

738. Si un bailleur ou son agent commet une irrégularité ou un acte illégal en opérant une saisie pour loyers légalement dus, la saisie ne sera pas considérée comme illégale et nulle ; mais le

saisi¹ sera indemnisé du dommage qui lui aura été causé et des frais de procédure par suite d'une action en dommages-intérêts. Si une compensation ou une somme raisonnable lui est offerte pour ce dommage, avant que l'action ne soit commencée, il sera tenu de l'accepter; autrement il sera déclaré non recevable dans son action (1).

739. Si une saisie et une vente sont faites pour loyers prétendus arriérés, et que le locataire vienne à prouver, soit par ses quittances, soit de toute autre manière, qu'aucuns loyers ne sont ni arriérés ni dus, il a droit à être indemnisé de tous les frais de poursuite, et au double de la valeur des effets saisis.

740. Le locataire ne peut toucher aux effets mis en dépôt, quoique saisis sans cause, parce qu'ils sont sous la main de la loi; mais s'ils ne sont pas mis en dépôt, il peut les reprendre.

741. Lorsque des meubles ont été saisis pour loyers, et que, dans les cinq jours de cette saisie et de sa notification laissée sur les lieux, le locataire n'en a pas fait cesser les causes, le saisissant peut, en présence du constable de l'endroit, faire estimer ces meubles par deux experts assermentés à cet effet devant ce constable, et, après cette estimation, les faire vendre de la manière la plus avantageuse. Sur le montant de cette vente, il a le droit de prélever ses loyers et ses frais, laissant le surplus, s'il y en a, dans les mains du constable, pour être à la disposition du saisi (2).

742. Le bailleur peut saisir tous les meubles et effets qui se trouvent dans les lieux loués, quand même tous ou quelques-uns ne seraient pas la propriété de son locataire, à l'exception des effets nécessaires à l'exercice de certains commerces, tels que les matières nécessaires à un tisserand qui fabrique du drap, les draps garnissant la boutique d'un tailleur, les sacs à blé ou les blés se trouvant dans un moulin.

743. Les objets suivants ne peuvent être saisis pour loyers:

1° Les effets ou bestiaux d'un voyageur; cette exception ne s'applique pas aux effets laissés dans une auberge ou tout autre endroit, comme un chariot trouvé dans une remise faisant partie d'une écurie où sont des chevaux de louage (3). Cette exception

(1) Statut 2, Georges II, c. 19, § 18.
(2) St. 1. W. et M., c. 2, § 5.
(3) Bur., vol. III, 1489, 1509 ; Black. Rep. 483.

ne s'applique pas non plus aux effets d'une personne résidant depuis longtemps dans une auberge ou un hôtel. Comme le bailleur est considéré comme regardant comme sa garantie tous les
objets qui frappent ses regards , il peut saisir les instruments ou
les effets d'un tiers se trouvant sur les lieux , lorsqu'il ne trouve
pas d'autres effets suffisants (1);

2° Les effets confiés à un commissionnaire, un facteur, un
commissaire priseur ou un maître de quai ;

3° Les cerfs, les daims, les lapins, les chiens, les chats, les
lièvres ni les animaux sauvages (2) ;

4° Le cheval monté par son cavalier, non plus qu'un cheval
ou des chevaux attelés à une charrette, si un homme est dans la
charrette (3);

5° Les moutons, si l'on peut saisir d'autres objets suffisants;

6° Les animaux de labour actuellement occupés ;

7° Les outils et les vêtements d'un artisan; mais les outils
et les vêtements qui ne servent pas peuvent être saisis (4) ;

8° Les animaux dans la boutique d'un maréchal ;

9° Le blé porté chez un meunier pour y être moulu ;

10° Les matières destinées à être travaillées par un tisserand,
un tailleur, etc.;

11° Les articles périssables, qui ne pourraient être restitués
dans le même état, s'ils étaient rendus, comme la viande, les
fruits, le lait, etc.;

12° L'argent, à moins qu'il ne soit dans un sac, afin que les
mêmes pièces soient restituées, si elles étaient revendiquées (5);

13° Les bank-notes, les écrits, les actes, les papiers, etc.;

14° Les objets engagés ou déposés pour dettes ;

15° Les fixtures faisant partie du fonds, comme les cuves,
chaudières, fourneaux, poêles, portes, fenêtres, etc. ;

16° Les bestiaux en route pour le marché, et tous les effets
portés au marché pour y être vendus. Mais si les bestiaux, par
la négligence ou la volonté de leur maître, causent des dommages aux champs, en y passant au moins une nuit, le propriétaire de ces champs peut les saisir, s'ils n'en sont pas retirés par

(1) 4 Term. Rep. 483.
(2) 1 Inst. 47.
(3) 1 Vent. 36.
(4) Ken.
(5) 2 Bac. Abr. 109.

leur maître, après l'avis qu'il a reçu de le faire. Cependant s'ils s'égarent dans les champs, faute de clôture convenable, ils ne peuvent être saisis.

744. Le bailleur peut saisir pour fermages arriérés les bestiaux de son fermier se trouvant sur des communaux faisant partie de sa location.

745. Il peut également saisir les récoltes sur pied, par portion ou en bloc, comme aussi les récoltes dans les granges, les greniers ou autres bâtiments.

746. Mais il faut bien remarquer que, lorsque le bailleur est autre que le propriétaire, et qu'il a été spécialement convenu entre ce bailleur et son locataire que les engrais, les fumiers, les herbes fermentées, etc., seraient jetés sur le sol dans l'intérêt et pour l'avantage du propriétaire, ces engrais, etc., ne peuvent être saisis pour les loyers arriérés dus au bailleur. Toutefois pour que cette saisie n'ait pas lieu, il est indispensable que le shérif ou tout autre officier compétent ait eu connaissance par écrit de ces conventions, et même dans ce cas, il y a nécessité d'avertir le propriétaire, qui a le droit de s'opposer à la saisie, et par conséquent à la vente de ces engrais destinés à fertiliser son sol.

747. Si, dans les circonstances prévues au numéro précédent, le propriétaire n'a fait aucune opposition et qu'il y ait eu vente de ces fumiers, engrais, etc., et si l'acquéreur a passé un agrément avec le shérif concernant leur emploi et leur destination, le propriétaire ne peut les saisir, non plus que les chevaux, bestiaux, moutons, ou autres animaux quelconques, ni les charrettes, wagons ou autres ustensiles destinés à les transporter ou à les consommer conformément à l'agrément passé entre ce shérif et cet acquéreur.

748. La saisie faite sur une partie des effets pour loyers arriérés, au nom de tous les meubles et effets, est valable pour le tout (1).

749. Lorsqu'un bailleur fait une saisie pour loyers, il n'est pas nécessaire qu'il fasse préalablement la demande de ces loyers, encore que le bail en porte la convention (2). On peut contester

(1) 6 Mod. Rep. 215.
(2) Heb. 207; 2 Rol. Abr. 426, 427; Dyer. 348.

ce point. Et en effet si le locataire est sur les lieux le jour même du payement et prêt à payer, il est difficile de croire que la saisie faite dans une pareille circonstance par le bailleur puisse se soutenir.

750. La notification d'une saisie faite à personne est valable (1).

751. Lorsqu'une saisie de meubles est faite sans en faire connaître la cause, leur propriétaire peut les revendiquer, s'ils n'ont pas été transportés dans un dépôt.

752. Si un fermier ou locataire déménage clandestinement ses meubles, pour les soustraire à la saisie du bailleur, par suite de loyers, ce bailleur peut personnellement ou par son représentant, dans les trente jours après ce déménagement, saisir ces meubles partout où ils seront trouvés, et en disposer s'ils n'ont pas été vendus *bona fide*, préalablement à la saisie, à un individu ignorant cette fraude (2). Le déménagement le jour du terme n'est pas considéré comme un déménagement clandestin.

753. Non-seulement le bailleur a le droit de saisir, partout où il les trouve, les meubles de son locataire déménagé furtivement; mais il a droit au double de la valeur de ces meubles, valeur qu'il peut demander par action ordinaire. Si cette valeur est au-dessous de 50 livres sterling, il peut adresser une demande écrite aux deux juges de paix voisins, qui ordonneront ce payement par saisie, ou feront conduire les délinquants à la maison de correction pour six mois (3).

754. Tout saisi qui se permet de déménager les effets saisis, ou de les soustraire au saisissant, peut être poursuivi en dommages-intérêts par celui-ci, qui obtiendra contre le délinquant des dommages triples et les frais.

755. Il y a nécessité d'user d'une grande précaution pour entrer et procéder à une saisie ; car l'ouverture d'une serrure avec une clef ou l'ouverture d'une porte extérieure, ou même le simple soulèvement d'un loquet, constituent une entrée illégale: il en est de même de la clanche d'une cave tombant de son propre poids ; il en est de même encore du soulèvement ou de l'abaissement du châssis d'une fenêtre à laquelle il n'y a pas crochet. Mais

(1) Ld. Raym., p. 55.
(2) Statut 2, Georges II, c. 12, § 1.
(3) Id., c. 19, § 3, 4 et 5.

lorsque la porte extérieure est ouverte, les portes intérieures peuvent être forcées pour procéder à une saisie (1).

756. Cependant lorsque les meubles ont été déménagés frauduleusement et enfermés pour en empêcher la saisie, le bailleur ou son représentant peut, en présence d'un officier de paix, briser les portes du lieu où ils sont déposés et les saisir : cependant s'ils sont dans une maison d'habitation, le bailleur doit faire serment devant un juge de paix qu'il soupçonne que les meubles de son locataire sont déposés dans cette maison.

757. Lorsque le bailleur fait enlever les meubles saisis, il doit notifier à son locataire le lieu où ils sont déposés. Mais l'usage ordinaire est de les laisser sur les lieux, sous la garantie d'un gardien, cinq jours pleins, après lesquels il est permis de les vendre.

758. Les meubles d'un locataire sur le point de déménager peuvent, sept jours après la demande qui en est faite, être saisis, sans aucun autre ordre, pour la taxe des pauvres, par les officiers de sa paroisse.

759. Nous avons dit, au n° 604, que tout ce qui garnissait une maison était la garantie du bailleur. De là il suit que le sous-locataire ne peut déménager ses effets sans un avertissement préalable, même pour les soustraire à la saisie du principal locataire. Mais ce serait, de la part de celui-ci, une sorte d'abus de confiance, si, après avoir été légalement payé de son sous-locataire, il laissait saisir les meubles de celui-ci par le propriétaire de la maison pour loyers arriérés.

760. Le propriétaire étant la personne la plus compétente pour demander ses loyers, est, par cela même, la personne la plus compétente pour faire procéder à une saisie en cas de non-payement; mais s'il veut donner ses pouvoirs à un représentant, il peut le faire de la manière suivante, en écrivant sur papier non timbré :

« A M. A. B. mon bailli,

« Monsieur veuillez saisir les meubles et effets mobiliers appar- « tenant à M. C. D., dans la maison où il réside actuellement, 49 Old- « Compton-Street, Soho-Square, paroisse de . . . , pour la somme « de 50 livres sterling, montant d'une demi-année de loyer à

_____

(1) Cases. tem. Lord Hardwick, p. 168.

« moi par lui due, et échue à Noël dernier. A cet effet, la présente
« vous vaudra autorisation suffisante.

      « Londres, le 29 janvier 1846.

           Signé : (Les signatures.)

§ 2.

Mots usités en opérant une saisie, lorsqu'elle est faite par le
bailli du locateur.

761. « Moi A. B., en ma qualité de bailli de M. E. F. ,,je saisis
« ce lit (ou le premier objet qui peut tomber sous la main) au
« nom de tous les meubles et effets mobiliers se trouvant dans
« cette maison, pour avoir satisfaction et payement de la somme
« de 50 livres sterling, montant d'une demi-année de loyers due
« et échue de Noël dernier, et payable audit E. F., lequel a donné
« ladite maison à titre de location au sieur C. D., à raison de 100
« livres sterling par an. »

762. Après ce préliminaire, le bailli fait son procès-verbal de
saisie, sur lequel il porte autant de meubles qu'il en juge nécessaires pour payer les loyers dus et les frais. Lorsque ce procès-
verbal est terminé, le bailli en fait une copie nette et lisible,
commençant de cette manière :

« Procès-verbal de saisie des biens et effets mobiliers dressé
« par moi A. B., en ma qualité de bailli de M. E. F., dans la
« maison d'habitation de M. C. D., située 49 Old-Compton-
« Street, Soho-Square, paroisse de..., comté de Middlesex, cejour-
« d'hui 29 janvier 1846, pour avoir satisfaction et payement de la
« somme de 50 livres sterling, montant d'une demi-année de la
« maison et appartenances à lui louées le 24 juin dernier, et due
« et échue à Noël suivant, savoir :

         « *Dans la cuisine,*

« Une bouilloire en cuivre.......... » » »
« Deux tables de bois de sapin...... » » »
« Un garde-cendres en fer.......... » » »

         « *Dans la salle,*

« Un tapis de Turquie .... » » »
Etc.

A la fin du procès-verbal il faut écrire la notification suivante à la personne dont les meubles sont saisis, et laisser cette noti-fication à l'une des personnes demeurant dans la maison; s'il n'y a personne, cette notification est affichée dans la partie la plus visible de la maison :

« M. C. D.

« Soyez averti que moi, en ma qualité de bailli de M. E. F.,
« j'ai cejourd'hui saisi les meubles et effets mobiliers mentionnés
« dans le procès-verbal ci-dessus, pour satisfaction et payement de
« la somme de 50 livres sterling pour une demi-année de loyers
« due et échue de Noël dernier, pour la location des lieux ci-dessus
« mentionnés, et que j'ai déposé ces meubles et effets mobiliers
« dans la salle de ladite maison, et que, à moins que lesdits loyers
« arriérés, ensemble les frais de saisie, ne soient soldés, ou qu'il
« n'y ait garantie suffisante de la valeur de ces meubles et effets
« mobiliers, à l'expiration des cinq jours à partir du présent, les-
« dits meubles et effets mobiliers seront estimés et vendus confor-
« mément à la loi. A Londres, le 29 janvier 1846. *Signé* : A. B.
« (*la signature du bailli*). »

§ 3.,

*De la délivrance d'une copie exacte du procès-verbal de saisie
au locataire.*

763. La loi anglaise veut que le saisi ait connaissance de la mesure rigoureuse prise contre lui : cette connaissance a pour but de l'avertir qu'il est temps encore de conserver son mobilier s'il peut trouver les moyens de payer ses loyers, et en consé-quence le saisissant est tenu de lui délivrer une copie exacte du procès-verbal de saisie, et cette délivrance se fait ainsi : « Une « copie fidèle du procès-verbal ci-dessus, avec l'avertissement « voulu, a été cejourd'hui 31 janvier 1846 délivrée au susdit C. D. « en présence de nous G. H et J. L. (La signature des deux per-« sonnes en présence desquelles se fait cette délivrance.) »

§ 4.

Du dépôt des effets et des bestiaux saisis.

764. Lorsque le procès-verbal de saisie est terminé, les effets saisis doivent être déposés dans un endroit sûr ou sur le lieu de la

saisie, ou partout ailleurs, et à l'abri des injures du temps ; autrement le saisissant est responsable des dommages qu'ils pourraient
subir.

765. Lorsque les objets saisis sont laissés sur les lieux, pour
y être vendus dans la soirée du sixième jour, si cette vente n'a
pas lieu dans cette soirée, le saisissant est passible d'une action en
dommages-intérêts, à moins qu'il ne lui ait été donné par le saisi
le consentement écrit de proroger ce délai.

766. Lorsque le saisi n'a pas soldé ses loyers, ou fourni deux
cautions acceptées par le saisissant, celui-ci ou son représentant
doit se rendre, accompagné de deux estimateurs et du constable
de la paroisse, sur le lieu où les effets sont déposés, lesquels
constable et estimateurs, après serment de bien et loyalement
estimer lesdits effets, procèdent à cette opération, et inscrivent
au dos du procès-verbal la valeur des effets saisis, laquelle inscription est suivie de leurs signatures.

767. Lorsque les effets sont de peu de valeur, il est d'usage que
les estimateurs les prennent pour eux au prix de leur estimation,
parce que la présomption légale est que la sainteté d'un serment
est une garantie suffisante que justice a été rendue au saisi. Cependant, s'il y a lieu de croire qu'il y a collusion ou infidélité
de la part des estimateurs, la loi accorde au saisi une action en
dommages-intérêts.

768. La loi anglaise appelle *pound* le lieu où les choses saisies
doivent être déposées, et les auteurs font dériver ce mot du mot
latin *parcus*, parc, clôture, et le pound est ou *overt*, c'est-à-dire
ouvert, à la belle étoile, ou *covert*, c'est-à-dire clos.

769. Toute personne faisant procéder légalement à une saisie
pour toute espèce de loyers, peut déposer ou s'assurer de toute
autre manière des objets saisis en les laissant dans telle partie qu'il
lui convient des lieux où se fait la saisie, et à raison desquels il
y a loyers arriérés ; elle peut également faire procéder à l'estimation et à la vente de ces effets dans le même lieu. Dans ce cas,
tout étranger peut entrer et sortir de ces lieux, pour voir, estimer
et acheter ces effets et les emporter lorsqu'il les a achetés. Si
quelques-uns des effets ou objets mobiliers sont détournés,
enlevés ou soustraits, il y a lieu contre le délinquant à une action
spéciale accordée par le statut rapporté au renvoi (1).

(1) Statut 2, Georges II, c. 2, § 19.

770. Les bestiaux saisis ne peuvent être conduits hors du *hundred* où la saisie en est faite ; si ce n'est dans un enclos ouvert dans le même cercle et dans les trois milles du lieu de la saisie (1), afin que leur maître, ayant connaissance de l'endroit où ils sont en fourrière, puisse leur porter leur nourriture. Si ces animaux sont mis en fourrière dans un endroit couvert, comme une étable ou tout autre endroit semblable, c'est au saisissant à pourvoir à leur subsistance, et dans ce cas il est responsable, soit de leur mort, soit de leur maladie, si l'une ou l'autre arrive par sa faute (2).

771. Lorsque les animaux saisis meurent ou tombent malades dans le lieu couvert où ils sont en fourrière, mais sans la faute du saisissant, le dommage retombe sur leur maître, *res perit domino*, et alors le saisissant peut faire procéder à une nouvelle saisie. Il en est de même si ces animaux venaient à être volés (3).

772. Le saisissant ne peut employer à son profit ni les bestiaux, ni les autres choses du saisi. Cependant il doit traire les vaches : mais à qui appartiendra le lait ?

773. Il est défendu au saisissant de faire déposer les effets ou les animaux saisis dans différents endroits, dans l'intention de faire donner différentes cautions, sous peine de 5 livres sterling d'amende et de triples dommages-intérêts. Il est également défendu à quiconque opérant une saisie de prendre plus de 4 pence pour chaque dépôt de saisie, sous peine de 5 livres sterling, outre la restitution de l'argent indûment reçu (4).

774. Une saisie ne doit jamais être vexatoire ; elle doit être proportionnée au montant de la somme due. Ainsi, si un locateur se permettait de faire saisir trois bœufs, quand un seul serait suffisant, il y aurait là saisie vexatoire, qui donnerait ouverture contre le saisissant à une action en dommages-intérêts.

§ 5.

De la vente des objets saisis.

775. Le saisi a toujours cinq jours francs pour faire cesser les

---

(1) Statut 1 et 2, Philippe et Marie, c. 12.
(2) 2 Ld. Raym. 720 ; Salkeld, 248 ; 3 Wms. Inst. 803.
(3) Ld. Raym. 720.
(4) Statut 1 et 2, Philippe et Marie, c. 12.

causes de la saisie. En conséquence si, dans cet intervalle, il ne
satisfait pas le saisissant, le shérif se transporte sur les lieux
pour s'informer si le saisi s'est libéré, soit en argent, soit en cautions valables. S'il n'a fait ni l'un ni l'autre, le saisissant se rend
sur les lieux, et là il demande au saisi, ou à toute autre personne
capable de le représenter, s'il entend payer ses loyers et les frais
de la saisie. S'il ne le fait pas, il fait venir un constable et deux
appréciateurs jurés, leur montre les objets saisis, leur fait prêter
serment devant le constable d'en faire une juste et loyale estimation, et, ce serment prêté et l'estimation faite, les meubles
leur sont ordinairement abandonnés au prix de cette estimation.

776. Lorsque les estimateurs prennent les meubles estimés,
le locateur reçoit de leurs mains le montant de ses loyers et les
frais de la saisie, et le surplus, s'il y en a, est remis au constable pour le saisi. Les meubles leur sont délivrés au moyen
d'une décharge qu'ils en donnent sur le procès-verbal de saisie.
La loi anglaise n'exige pas d'autres formalités.

777. Si les effets saisis sont d'une valeur considérable, et que
les estimateurs ne veuillent pas les prendre pour leur estimation, ils sont vendus soit à un tiers, soit publiquement, mais
de manière que cette vente se fasse loyalement, et que cette
loyauté puisse se prouver en cas de contestation.

§ 6.

Du serment des appréciateurs.

778. On a vu, au n° 766, qu'avant de procéder à leur estimation les appréciateurs sont tenus de prêter un serment. Ce serment est reçu par le constable de la manière suivante, et en leur
faisant poser la main droite sur une Bible contenant le Nouveau
Testament :

« Vous et chacun de vous, vous estimerez bien et loyalement
« les biens et effets mobiliers mentionnés dans ce procès-verbal
« (le constable leur montrant ce procès-verbal), et conformé-
« ment au mieux de vos jugements. Ainsi Dieu vous soit en
« aide ! »

Mémorandum des appréciateurs après leurs serments.

« Mémorandum que, cejourd'hui 3 février 1846, K. L., demeu-

« rant rue Old-Compton-Street, n° 49, paroisse de .... et
« M. N., demeurant Regent-Street, n°..., paroisse de ....
« appréciateurs assermentés, ont prêté serment sur le saint Évan-
« gile, devant moi O. P., demeurant ......, constable de ladite
« paroisse, de faire une estimation loyale des biens et effets mo-
« biliers mentionnés dans ce procès-verbal, conformément au
« mieux de leurs jugements. En foi de quoi j'ai signé les pré-
« sentes. *Signé :* O. P. (la signature du constable.) »

779. Lorsque les appréciateurs ont prêté leur serment, qu'ils
ont vu et estimé les effets, ils font sur le procès-verbal le mémorandum suivant, au bas duquel ils apposent leurs signatures :

« Nous susnommés, après avoir prêté serment sur le saint Évan-
« gile entre les mains de M. O. P., constable ci-dessus nommé,
« de faire une estimation loyale des effets mentionnés dans le
« procès-verbal de saisie susdit, conformément au mieux de nos
« jugements, et après avoir vu lesdits effets, nous les estimons et
« évaluons à la somme de 50 livres sterling, et non davantage. En
« foi de quoi nous avons signé le présent, cejourd'hui 3 février
« 1846. *Signé :* K. L. et M. N. (la signature des appréciateurs.) »

§ 7.

*Des frais de saisie, notamment lorsqu'il s'agit de petites loca-
tions, ou de sommes n'excédant pas 20 liv. sterl.*

780. Lorsqu'une saisie a produit son résultat, c'est-à-dire,
lorsque les objets saisis ont été vendus, et qu'il y a contestation
sur les frais, le saisi peut en demander la taxe, en s'adressant au
juge chargé de cette mission. Le sollicitor qu'il emploie lui trace
à cet égard la marche qu'il a à suivre. Mais lorsqu'il s'agit de frais
pour saisie faite pour des loyers ou des sommes au-dessous de
20 livres sterling, il a été rendu une loi spéciale dans la 57ᵉ année
du règne de Georges II, intitulée : *Acte pour régler les frais de
saisie pour payement de petites locations n'excédant pas* 20 liv.
sterl. Cet acte a été déclaré applicable aux frais de saisies faites pour d'autres causes que pour loyers arriérés, mais également
pour sommes n'excédant pas 20 liv. sterl., et il ordonne qu'après
et à partir de sa passation, les règles, ordonnances, clauses, dispositions, pénalités, matières et choses contenues dans ledit acte s'é-
tendront, seront appliquées et mises à exécution, en tant qu'elles

sont applicables et capables d'être mises à exécution, à l'égard
de toute saisie ou exécution pour impôt foncier, accises, taxes des
pauvres et d'église, dîmes, taxes de grande voirie, de canaux, et
autres impôts, contributions, droits ou assiettes quelconques,
dans tous les cas où la somme demandée et due n'excédera pas
20 livres sterling. Cette disposition s'applique au cas où la totalité de plusieurs sommes provenant de différentes causes, mais
n'excédant pas 20 livres sterling, donnerait lieu à une saisie.
Les frais de cette saisie n'augmenteraient pas ; et tout individu
qui contrevient aux dispositions prescrites par cet acte est passible des pénalités qu'il prononce. Ces pénalités sont prononcées par le juge de paix, auquel une plainte est adressée pour
contravention aux dispositions dudit acte ; et elles consistent en
une triple forfaiture, et dans le recouvrement des frais que le
juge de paix est autorisé à prononcer ; et si le tout n'est pas payé,
il y a lieu d'obtenir le payement par saisie.

781. Les frais de saisie pour sommes au-dessous de 20 livres
sterling sont fixés ainsi qu'il suit :

	l. st.	sh.	d.
Frais du procès-verbal de saisie...........	»	3	»
Gardien des meubles saisis, par jour, mis par le saisi.......................	»	2	6
Frais de garde par jour pour le saisi, s'il est constitué lui-même pour gardien........	»	3	6
Estimation par liv. sterl. de la valeur des effets saisis.......................	»	»	6
Timbre, frais d'avertissement, etc.........	»	10	»
Catalogue, vente, commission et délivrance des effets vendus, par chaque liv. sterl. du produit net de la vente...........	»	1	»

782. Lorsque le saisi adresse au juge de paix une plainte pour
frais prétendus illégaux, et que cette plainte n'est pas fondée, le
juge de paix peut condamner le plaignant à payer les frais de sa
plainte, qui ne doivent jamais dépasser 20 shillings.

783. Lorsque des meubles et effets saisis sont vendus par
commissaire priseur, il n'est dû aucun droit de vente à cet officier (1).

_____

(1) Statut 8 et 9, Victoria, c. 1er.

§ 8.

*Délaissement par le locataire au locateur de ses meubles
saisis. — Modèle de ce délaissement.*

784. Lorsque le saisi veut éviter les frais d'estimation ou de
vente, il peut le faire en délaissant au saisissant les meubles saisis, et un pareil délaissement le libère en tout ou en partie, suivant
les conventions passées entre eux; et pour opérer ce délaissement, il suffit d'écrire par le saisi au saisissant dans la forme
suivante :

« A M. L. F., 59, Old-Compton-Street, Soho-Square.

« Monsieur, je vous annonce par les présentes que je désire que
« vous preniez possession de mes meubles et effets mobiliers, que
« vous avez saisis cejourd'hui pour le payement des loyers que je
« vous dois, dans le lieu où ils sont maintenant déposés, sis à
« (spécifier ce lieu), et je consens à payer l'homme qui prendra
« pour vous cette possession. En foi de quoi j'ai signé les présen-
« tes, à Londres, le 3 février 1846. *Signé :* (la signature du saisi.) »

§ 9.

Réintégrande des meubles et effets saisis.

785. Tout locataire saisi a le droit de demander la réintégrande de ses meubles et effets mobiliers saisis, surtout lorsqu'il
a à débattre contre son locateur des questions ou des comptes
d'où il peut résulter qu'au lieu d'être son débiteur il sera son
créancier. Alors il peut, accompagné de deux voisins, principaux
locataires de maison, se rendre à l'office du shérif, et là ceux-ci
peuvent prendre l'engagement que le locataire, ayant des droits
à débattre avec son locateur, il va le traduire en justice, et qu'en
conséquence ils demandent que ses meubles et effets mobiliers
lui soient réintégrés immédiatement, qu'autrement il demandera
le double de leur valeur, si cette réintégrande n'est pas faite. Il
faut alors que la valeur de ces effets soit certifiée par le serment
d'un ou de deux témoins désintéressés. Le shérif aussitôt, ou
son délégué, donne l'ordre à un de ses baillis de restituer ces
biens et effets mobiliers qui, jusqu'à la décision du procès, resteront en la possession du locataire.

786. On conçoit que les deux voisins, qui deviennent cautions du saisi, courent toutes les conséquences de leur engagement. Dès lors si le saisi obtient gain de cause contre le saisissant sur les prétentions qu'il a formées contre lui, ces cautions sont déchargées; mais aussi, s'il succombe, celles-ci sont tenues de payer tout ce qui peut être dû au saisissant, tant en principal qu'accessoire.

DOUZIÈME DIVISION.

De la saisie pour les taxes de la reine, etc.

787. Les cotisations, les impôts fonciers, les taxes de canaux, les rentes foncières sont exigibles sur les lieux mêmes qui en sont frappés, et aucune compensation ou réclamation ne peut être faite contre leur demande. En conséquence, le locataire est tenu de les payer, sauf à en faire la déduction sur le montant de ses loyers; s'il refuse de les payer, il peut y être contraint par la saisie et la vente de ses meubles et effets mobiliers.

788. Nous avons dit, au n° 742, qu'un locateur peut saisir, pour avoir le payement de ses loyers arriérés, tous les meubles qui se trouvent dans les lieux loués, quoique quelques-uns de ces meubles appartiennent à des tiers; il en est de même lorsqu'il s'agit d'impôts. Ainsi, le 23 juin 1813, il a été décidé à l'unanimité, par la cour du banc du roi, que tous les effets existant dans une maison, quoique n'étant pas la propriété du locataire, peuvent être frappés de saisie, aux termes du statut 13 de Georges III, concernant les taxes du roi.

789. L'impôt foncier, la taxe des canaux, comme aussi la taxe sur la propriété, sont des impôts de propriétaires, et l'agrément *de payer tous les impôts* ne renferme pas ceux-ci, s'ils n'y sont pas spécialement désignés.

790. Les arrérages d'impôts ou taxes paroissiales ou locales ne peuvent être exigés du locataire qui prend possession d'une location, malgré l'opinion générale des collecteurs de ces impôts ou taxes. Pour se mettre à l'abri de leurs poursuites, il est prudent de s'assurer du bailleur qu'il n'est rien dû à cet égard, ou de convenir d'une déduction en cas de poursuites, déduction qui, du reste, est de droit.

791. On a vu, au n° 789, quelles sont les espèces d'impôts à la

charge du propriétaire; les impôts à la charge du locataire sont :
1° les taxes des pauvres (à moins qu'il ne s'agisse d'une location
de 6 à 20 livres sterling, parce qu'alors ces taxes sont à la charge
du propriétaire); 2° les taxes du comté; 3° les quatre impôts
concernant la grande voirie, le pavage, la surveillance et l'é-
clairage; et, 4°, les taxes d'église.

792. La taxe des pauvres est ordinairement évaluée aux deux
tiers ou aux trois quarts de la valeur annuelle des lieux; pour
être valide, cette taxe doit être faite par les paroissiens et signée
par deux magistrats; elle peut être imposée aussi souvent que les
nécessités des pauvres peuvent l'exiger; elle doit être payée par
avance, et elle est exigible immédiatement après la signature des
magistrats.

793. La taxe des pauvres peut être recouvrée par saisie. Il
est permis de se pourvoir contre cette taxe, si elle est faite indûment ou assise inégalement. Il est loisible aux magistrats, mais
du consentement des officiers de la paroisse, d'en exempter les
individus pauvres, lorsque l'impossibilité de la payer est dûment constatée.

794. La taxe des pauvres étant exigible aussitôt qu'elle est signée par les magistrats, si une partie seulement est payée, il peut
être procédé à une saisie pour avoir le payement du reste, quoiqu'il y ait un recours formé contre cette taxe.

TREIZIÈME DIVISION.

Droits du locateur sur les effets saisis de son locataire.

795. Lorsqu'un locataire est saisi par tout autre créancier que
son locateur, celui-ci a un privilége sur les deniers provenant
de la saisie, lequel passe avant les autres créanciers. Ce privilége
est d'être payé d'une année de ses loyers (1).

796. De là il suit que, si le shérif est en possession des
meubles et effets mobiliers d'un locataire par suite d'une exécution, le locateur n'a pas besoin de faire une saisie sur ces meubles
et effets mobiliers; il suffit qu'il fasse connaître ses droits au
shérif, ce qu'il peut faire de la manière suivante :

J. W.
et   } esquires, shérifs de Middlesex,
T. B.

_____
(1) 3 Anne, c. 14.

« Soyez avertis qu'il m'est aujourd'hui dû, par M. C. D.,
« la personne à laquelle appartiennent les meubles et effets mo-
« biliers qui sont en votre possession, en vertu d'un writ de *fieri*
« *facias* de Sa Majesté, etc., retournable (ici il faut mentionner
« le writ et le retour), la somme de 100 livres sterling pour une
« année de loyer, des lieux qu'il tient de moi, ladite année due à
« Pâques prochain. En foi de quoi j'ai signé la présente, à Lon-
« dres, le 4 février 1846. *Signé :* (la signature), locateur desdits
« lieux. »

QUATORZIÈME DIVISION.

*Dispositions de la nouvelle loi sur les constructions concernant
les locations.*

797. Il était nécessaire, à Londres surtout, de réformer certains
vices de construction, qui retombaient particulièrement sur la
classe malheureuse, et dont la paroisse Saint-Gilles offrait le plus
désolant spectacle : c'étaient ces habitations souterraines occu-
pées par ces familles de pauvres toujours si nombreuses, et qui,
là, vivaient pêle-mêle, on peut le dire, entassées dans la boue et
au milieu d'une atmosphère méphitique qui les décimait sans
cesse. La législature voulut remédier à ce mal immense et inces-
sant, et le 9 août 1844 (7 et 8, Victoria, chap. 84) elle fit une loi
intitulée : *Acte pour régler la construction et l'usage des bâtiments dans la métropole et sa banlieue*. Le premier résultat de
cet acte fut la destruction totale du quartier Saint-Gilles ; et pour
qu'à l'avenir les scènes de douleur que ce quartier avait offertes
ne se représentassent pas, il fut ordonné, par cet acte, les dispositions suivantes :

798. A partir de et après le 1er juillet 1846 il sera défendu de
louer séparément, pour servir d'habitation, comme aussi d'occuper ou laisser occuper, à titre d'habitation, toute chambre ou
cellier au-dessous du rez-de-chaussée, c'est-à-dire, toute chambre
ou cellier dont la surface du plancher est de plus de trois pieds
au-dessous du niveau du plain-pied de la rue ou de l'allée la plus
voisine.

799. Cette prohibition ne s'appliquera pas aux chambres ou
celliers qui auront d'un côté une aire adjoignant à ce côté dans
toute sa longueur, large de trois pieds au moins, dans toute son

étendue, et de six pouces plus basse que le sol de cette chambre ou de ce cellier.

800. Cette prohibition ne s'appliquera pas non plus au cas où cette aire, dans une étendue d'au moins cinq pieds de longueur sur deux pieds et demi de largeur, devant le fronton de la fenêtre de cette chambre ou de ce cellier, sera ouverte, ou seulement fermée par des grilles en fer à jour.

801. Cette prohibition ne s'appliquera pas non plus à toute chambre ou cellier qui aura un foyer ouvert avec un conduit convenable.

802. Cette prohibition ne s'appliquera pas non plus à toute chambre ou cellier qui aura une fenêtre mobile d'au moins neuf pieds superficiels dans l'aire, avec un châssis vitré, dont au moins quatre pieds et demi seront disposés à être ouverts pour la ventilation.

803. Cette prohibition ne s'appliquera pas enfin à toute chambre ou cellier qui aura au moins sept pieds de hauteur du sol au plafond.

804. Toute personne qui, après le 1ᵉʳ juillet 1846, sciemment louera, ou laissera occuper comme habitation séparée, toute chambre ou cellier au-dessous du rez-de-chaussée, contrairement aux dispositions ci-dessus, et qui en sera convaincue devant deux juges de paix, sera passible, pour chaque jour pendant lequel cette chambre ou ce cellier auront été ainsi indûment occupés, d'une amende qui n'excédera pas 20 shillings, dont la moitié sera pour l'individu qui dénoncera ce fait et le poursuivra en justice, et l'autre moitié pour les pauvres de la paroisse dans laquelle sont situés la chambre ou le cellier ainsi illégalement occupés.

QUINZIÈME DIVISION.

Taxe des fenêtres à la charge des locataires.

805. On a vu, au n° 791, que parmi les taxes à la charge du locataire, se trouve celle concernant l'éclairage, ce qui comprend la taxe sur les fenêtres, et en Angleterre, comme en France, le fisc tire un grand revenu de cette lumière naturelle, qui semblerait pourtant ne pouvoir pas tomber dans le pouvoir de l'homme ; mais, par une ingénieuse combinaison, les gouvernements se sont attribué le droit de vendre la lumière naturelle ; et ce droit, qui,

en Angleterre, pèse lourdement sur les fenêtres, qui, en France, pèse aussi lourdement, non-seulement sur les fenêtres, mais aussi sur les portes, frappe toujours celui qui a l'usage de ces fenêtres, c'est-à-dire, le propriétaire, quand il habite lui-même sa propriété, ou le locataire, quand elle est habitée par lui, pendant le temps de son habitation.

806. Comme il est de la plus haute importance pour tout locataire de connaître à cet égard ses obligations, nous rapporterons le tarif qui a été mis en vigueur à partir du 5 avril 1840, et qui l'est encore aujourd'hui (4 février 1846).

Il faut observer d'abord que les maisons qui ont moins de huit fenêtres ne sont pas soumises à cette taxe.

Fenêtres.	Taxe annuelle.			Fenêtres.	Taxe annuelle.		
	L.	Sh.	D.		L.	Sh.	D.
8	0	18	1	36	13	11	5
9	1	3	1	37	14	0	9
10	1	10	9	38	14	9	10
11	1	19	10	39	14	19	2
12	2	9	2	40 à 44	15	17	7
13	2	18	6	45 à 49	17	8	5
14	3	7	11	50 à 54	18	19	6
15	3	17	0	55 à 59	20	10	3
16	4	6	4	60 à 64	21	17	6
17	4	15	8	65 à 69	23	2	3
18	5	4	9	70 à 74	24	6	9
19	5	14	1	75 à 79	25	11	6
20	6	3	5	80 à 84	26	16	3
21	6	12	6	85 à 89	28	1	0
22	7	1	10	90 à 94	29	5	5
23	7	11	3	95 à 99	30	10	2
24	8	0	3	100 à 109	32	7	4
25	8	9	8	110 à 119	34	16	6
26	8	19	0	120 à 129	37	6	0
27	9	8	1	130 à 139	39	15	3
28	9	17	5	140 à 149	42	4	9
29	10	6	9	150 à 159	44	13	0
30	10	15	10	160 à 169	47	3	6
31	11	5	2	170 à 179	49	12	9
32	11	14	6	180	51	4	4
33	12	3	7	Chaque fenêtre excédant le nombre de			
34	12	13	0				
35	13	2	0	180	0	1	7

807. Aux termes du statut de la 2ᵉ année de Victoria, chapitre 17, les fenêtres ou jours que toute personne aura faits ou ouverts, depuis le 5 avril 1835, sous les dispositions du statut 4

et 5 de Guillaume IV, chap. 73, sont encore exempts de la taxe sur les fenêtres.

Règles concernant la taxe des fenêtres.

808. Les taxes, comme on le sait, sont toujours établies pour une année, et chaque année commence au 5 avril. Mais lorsqu'un locataire abandonne sa location par suite de l'expiration de son bail, et qu'il en donne avis à l'assesseur, il est déchargé de la taxe pour le reste de l'année. D'où il suit que lorsqu'un locateur abandonne sa location après le 5 avril, avis préalablement donné à l'assesseur, il n'est pas tenu de la taxe des fenêtres, pour le quartier ou les quartiers pendant lesquels sa maison restera inhabitée. On voit que, pour échapper au payement de cette taxe, il est indispensable de prévenir l'assesseur qu'on va quitter sa location.

809. Lorsqu'une maison d'habitation est louée par appartements séparés, et que deux ou plusieurs de ces appartements sont habités, l'impôt mis sur cette maison sera le même que si elle était occupée par un seul habitant, et le locateur ou propriétaire sera considéré comme l'occupant lui-même, et il sera imposé en conséquence.

810. Tous les abat-jours et fenêtres, quoique ouverts dans les escaliers, caves, passages et toute autre partie des maisons d'habitation, quel que soit leur usage (à l'exception des fenêtres ouvertes dans les parties intérieures de ces maisons d'habitation), sont sujets à la taxe des fenêtres.

811. Les fenêtres donnant du jour à plusieurs chambres, descentes ou étages, doivent être imposées comme si elles étaient autant de fenêtres donnant jour à ces chambres, descentes ou étages.

812. Toutes les fenêtres excédant douze pieds de hauteur, ou quatre pieds neuf pouces de largeur, y compris l'ouverture entière du mur dans lequel elles sont scellées, sont imposées comme deux fenêtres, à moins qu'elles n'aient été ouvertes avant le 5 avril 1785, à moins aussi qu'il ne s'agisse de fenêtres de boutiques, d'ateliers ou de magasins, comme aussi de celles des endroits d'amusement public, où est autorisée la vente en détail du vin ou d'autres liqueurs; excepté encore les fenêtres des fermes exemptées par des dispositions concernant des maisons inhabitées.

813. Lorsqu'il y a une séparation ou division entre deux ou

26

plusieurs fenêtres scellées dans le même châssis, et que cette séparation ou division est large de douze pouces, chaque partie est imposée comme une fenêtre séparée.

814. Lorsque la cuisine, la cave ou l'office, le lavoir, la dépense, la buanderie, la lavanderie, le fournil, la brasserie et la loge se trouvent dans l'intérieur de la maison d'habitation, encore qu'ils y soient contigus ou en soient séparés, ils sont imposables comme faisant partie de cette maison.

815. Il n'y a pas lieu à taxer deux fenêtres vitrées d'une laiterie ou d'une fromagerie.

816. Il n'y a pas lieu à taxer non plus la fenêtre ou le jour éclairant la chambre d'une maison d'habitation totalement destinée à quelque fabrication, et lorsqu'elle n'a aucune communication interne avec cette maison d'habitation, ou avec quelques parties d'icelle, encore qu'elle y soit attenante (1).

817. Les taxes ne frapper.: pas les fenêtres fixées à demeure avec la même matière que l'embrasure extérieure à laquelle elles appartiennent, placées, soit dans le mur, soit sur le toit; mais toute personne scellant une fenêtre, ou ouvrant une fenêtre à demeure sans en avoir donné avis par écrit, dans les six jours, à l'inspecteur, est passible d'une pénalité de 10 livres sterling. Il n'y a pas lieu à la remise de la taxe pour les fenêtres qui ne sont pas scellées avant le 5 avril précédant l'assiette de la taxe.

818. Les ténements qui ont été occupés antérieurement comme maison d'habitation ne seront pas frappés de la taxe des fenêtres à partir de et après le 5 avril 1817, quand ils sont destinés au commerce seulement, ou à des magasins pour dépôts de marchandises, effets ou autres objets de commerce, ou lorsqu'ils sont convertis en boutiques ou bureaux, ne servant ni d'habitation, ni de demeure, excepté pendant le jour seulement (2).

819. Les fermes louées au-dessous de 200 livres sterling de fermages annuels, sont exemptes de la taxe des fenêtres pourvu que le fermier n'ait pas un revenu annuel de 100 livres sterling provenant d'une autre source que de sa ferme.

820. Les maisons non garnies, qui ne sont pas louées, mais

(1) Statut 53, Georges III, c. 104.
(2) Statut 57, Georges III, c. 25.

laissées purement à la charge de certaines personnes pour les surveiller, ne sont pas imposables.

CHAPITRE XX.

Des formalités à remplir par l'étranger pour les actes de naissance, de mariage et de décès en Angleterre, d'après les deux législations anglaise et française, ou du pays de cet étranger.

SECTION Ire.

Des officiers publics chargés de recevoir les actes de naissance, de mariage et de décès.

§ 1er.

Des officiers publics anglais.

§ 2.

Des officiers publics français, ou étrangers.

SECTION II.

Des formalités à remplir pour constater les actes de naissance des enfants nés en Angleterre.

§ 1er.

Formalités prescrites par la loi anglaise.

§ 2.

Formalités prescrites par la loi française, ou la loi du pays de l'étranger.

SECTION III.

Des formalités à remplir pour les actes de mariage en Angleterre.

§ 1er.

Formalités prescrites par la loi anglaise.

26.

§ 2.

Formalités prescrites par la loi française, ou la loi du pays de cet étranger.

SECTION IV.

Des formalités à remplir pour constater les actes de décès en Angleterre.

§ 1ᵉʳ.

Formalités prescrites par la loi anglaise.

§ 2.

Formalités prescrites par la loi française, ou la loi du pays de cet étranger.

821. La législation anglaise présente, dans sa généralité, une étude à laquelle la vie entière d'un et même de plusieurs juris-consultes anglais ne pourrait suffire. De là, la division de cette étude chez les avocats les plus distingués, qui ne s'attachent, chacun, qu'à une branche spéciale de la législation. Il en est une cependant qui, traitée en partie, ne l'a pas été dans son ensemble : c'est celle concernant les étrangers dans le Royaume-Uni. Quoique étranger nous-même, nous avons voulu remplir cette lacune, et c'est pour y parvenir que, depuis tout à l'heure quatre ans, nous avons compulsé les *Statutes at large* et la jurisprudence anglaise, pour en faire un recueil, auquel nous avons donné le nom de : « Le Code des Étrangers, ou Recueil des lois et « de la jurisprudence anglaises, concernant les étrangers dans le « Royaume-Uni de la Grande-Bretagne et d'Irlande et les autres « domaines bretons. » Cet ouvrage, qui est sous presse, paraîtra incessamment. Toutefois, il est une matière qui a le plus grand besoin d'être éclairée : c'est celle concernant l'état civil des étrangers en Angleterre. Par *état civil*, il faut entendre les trois grands actes qui constituent la position légale du citoyen dans chaque nation, c'est-à-dire, les actes de naissance, de mariage et de décès. Or, il est certain qu'aujourd'hui, faute de la connaissance des formalités exigées, soit par les lois anglaises, soit par les lois du pays auquel un étranger appartient, il est placé, en Angleterre, dans une position qui peut donner lieu, dans un

avenir plus ou moins éloigné, à des contestations de la plus haute
gravité, en soulevant des questions d'état. C'est pour prévenir ces
contestations que nous allons exposer dans cet écrit les prescriptions de la loi anglaise, concernant les actes de naissance, de
mariage et de décès, et celles de la *loi française* sur la même
matière. Nous disons de la *loi française*, parce que nous ne pouvons pas embrasser la législation de tous les peuples. Mais ce
que nous ne pouvons pas faire, l'étranger pourra le faire aisément, en s'adressant à l'agent diplomatique de son pays accrédité près de la reine d'Angleterre. Pour faciliter la connaissance
de ce chapitre et les recherches à y faire, nous l'avons divisé en
quatre sections, subdivisées elles-mêmes chacune en deux paragraphes, et traitant :

SECTION 1re.

Des officiers publics chargés de recevoir les actes de naissance,
de mariage et de décès.

§ 1er.

Des officiers publics anglais.

§ 2.

Des officiers français, ou étrangers.

SECTION II.

Des formalités à remplir pour constater les actes de naissance
des enfants nés en Angleterre.

§ 1er.

Formalités prescrites par la loi anglaise.

§ 2e.

Formalités prescrites par la loi française, ou la loi du pays de
cet étranger.

SECTION III.

Des formalités à remplir pour les mariages en Angleterre.

§ 1er.

Formalités prescrites par la loi anglaise.

§ 2.

Formalités prescrites par la loi française, ou la loi du pays de cet étranger.

SECTION IV.

Des formalités à remplir pour constater les décès en Angleterre.

§ 1ᵉʳ.

Formalités prescrites par la loi anglaise.

§ 2.

Formalités prescrites par la loi française, ou la loi du pays de cet étranger.

L'étranger, le Français, qui se conformeront aux prescriptions in.. ´es par les lois citées dans ce chapitre, assureront la légitimité de leurs unions en Angleterre et la filiation des enfants nés de ces unions. Ils donneront, en outre, à ceux-ci deux·patries ; car on verra que l'enfant né en Angleterre, même de parents étrangers, est Anglais ; et c'est un beau droit que celui d'appartenir à deux grandes nations, ou que celui de choisir dans deux grandes nations celle à laquelle on veut appartenir.

822. Dans tous les temps et dans tous les pays, la législation s'est occupée à régler les liens de la famille ; et, à cet effet, elle a établi des prescriptions qu'il est du plus haut intérêt pour les citoyens d'observer scrupuleusement. Par cette observation ils évitent des contestations qui souvent embarrassent la sagesse du juge le plus expérimenté, et ils maintiennent dans leurs familles cette liaison, cette intimité, que les doutes, que les intérêts sont toujours prêts à briser. C'est pour arriver à ce résultat que nous établirons dans ce chapitre les règles à suivre pour légitimer les trois grands actes qui embrassent toute la vie civile de l'homme, en commençant par montrer dans quelles mains sont remis de si hauts intérêts ; et comme ces actes embrassent une double législation à l'égard des étrangers en Angleterre, nous dirons d'abord à quelles mains cette double législation les a confiés, et quelles formalités l'une et l'autre prescrivent. De là la division de ce chapitre en quatre sections traitant :

La première, des officiers publics chargés de recevoir les actes de naissance, de mariage et de décès;

La seconde, des formalités à remplir pour constater la naissance d'un enfant;

La troisième, des formalités à remplir pour la célébration des mariages ;

Et la quatrième, des formalités à remplir pour constater le décès d'un individu.

SECTION Ire.

Des officiers publics chargés de recevoir les actes de naissance,
de mariage et de décès.

823. Nous avons dit tout à l'heure que cette matière concernant les étrangers en Angleterre embrassait une double législation, celle de l'Angleterre et celle du pays auquel cet étranger appartient; de là la nécessité de partager cette section, et chacune des suivantes, en deux paragraphes, dans l'un desquels sera développé ce qui concerne la loi anglaise, et dans l'autre ce qui concerne la loi du pays de cet étranger. Toutefois il faut faire observer tout d'abord que les étrangers, autres que les Français, devront s'adresser à leurs agents diplomatiques respectifs pour tout ce qui concerne les développements donnés dans chacun de ces seconds paragraphes, ces développements n'étant donnés ici que pour les Français : il n'y a d'applicables pour tous les étrangers en général que les développements donnés dans chacun des premiers paragraphes de chaque section, traitant spécialement des lois anglaises.

§ 1er.

Des officiers publics anglais chargés de recevoir les actes de
naissance, de mariage et de décès.

824. Pendant longtemps l'Angleterre est restée sans règles bien positives sur les fonctions des officiers chargés de l'état civil des citoyens : cette incertitude donna lieu à des contestations auxquelles la législation voulut mettre un terme, et cette matière fut définitivement réglée par le statut des 6e et 7e années du règne de Guillaume IV, chapitres 85 et 86 (17 août 1836).

Par l'article 2 du chapitre 86 « le roi est autorisé à établir à « Londres ou à Westminster un office général appelé : *Office gé-*

« *néral d'enregistrement*, pour la tenue d'un registre de toutes les
« naissances , et de tous les décès et mariages des sujets de Sa
« Majesté en Angleterre, et de nommer audit emploi, sous le grand
« sceau du Royaume-Uni, un directeur général des naissances,
« décès et mariages en Angleterre. » L'article suivant fixe la composition de l'office général, qui est confiée aux lords commissaires du trésor de Sa Majesté, ou au directeur général sous leur
approbation. Aux termes de l'article 5, l'un des principaux secrétaires d'État de Sa Majesté, ou le directeur général , sous son
approbation , font les règlements nécessaires pour le travail de
l'office général et les fonctions, tant du directeur général que
des autres employés de l'office général , ainsi que des autres employés de l'Angleterre ressortissant à cette administration, et appelés secrétaires généraux, secrétaires et sous-secrétaires. Par
l'article 6, le directeur général est tenu d'envoyer tous les ans à
l'un des principaux secrétaires d'État de Sa Majesté un extrait du
nombre des naissances, mariages et décès enregistrés dans l'année
précédente, et cet extrait doit être déposé au Parlement. L'article 7 divise les paroisses en districts qui prennent un nom spécial,
et sont en outre appelés districts de secrétaire ; ce secrétaire est
nommé par les administrateurs de la paroisse, approuvé par le
directeur général, et appelé secrétaire des naissances et décès pour
le district. De plus , il y a un secrétaire général pour la paroisse,
et ce secrétaire général, comme le secrétaire du district, est
sous la dépendance du directeur général. Enfin , le secrétaire du
district pouvant être malade ou absent , il est autorisé à se faire
remplacer par un sous-secrétaire, désigné par un écrit signé de
lui et approuvé par les commissaires des pauvres ; ses fonctions,
quand il les exerce, sont les mêmes que celles du secrétaire, qui
est civilement responsable de ses actes ou omissions. (Art. 12.)

825. Ainsi, et en se résumant en deux mots sur ce point, l'office général des naissances, décès et mariages se compose d'un
directeur général , dont le siège est à Londres ou Westminster,
de secrétaires généraux pour chaque paroisse, et de secrétaires ou
sous-secrétaires pour chaque district ; et afin qu'on puisse aisément
les trouver , il est ordonné par l'article 16 que « tout secrétaire et
« sous-secrétaire demeurera dans le district dont il est secrétaire
« ou sous-secrétaire, et veillera à ce que son nom avec sa qualité
« de secrétaire ou de sous-secrétaire (suivant le cas) soit affiché

« dans un endroit visible ou près de la porte extérieure de son ha-
« bitation. De son côté, le secrétaire général fera enregistrer et
« publier dans les districts sous ses ordres une liste des noms et
« demeures des secrétaires et sous-secrétaires sous ses ordres. »

826. Les administrateurs des paroisses sont tenus de fournir
les bureaux nécessaires pour le dépôt et la conservation des registres des actes de naissance, mariage et décès, et la surveillance
de ces bureaux ainsi que la garde des registres sont confiées au
secrétaire général de la paroisse. (Art. 9.) Et pour la conservation
de ces registres, le directeur général est tenu de fournir à chaque
secrétaire général, pour l'usage des secrétaires sous ses ordres,
un nombre suffisant de fortes boîtes en fer dans lesquelles doivent
être enfermés ces registres. Chaque boîte doit avoir une serrure
à deux clefs, jamais davantage : l'une de ces clefs reste aux
mains du secrétaire, et l'autre aux mains du secrétaire général.
Les livres d'enregistrement de chaque district, tant qu'ils sont
en la garde du secrétaire et non en usage, doivent être enfermés dans la boîte, laquelle doit toujours rester fermée à clef.
(Art. 14.)

827. Lorsqu'un secrétaire ou un secrétaire général est destitué
ou cesse ses fonctions, les boîtes et leurs clefs, les registres, les
documents, comme tous les autres papiers en sa possession, doivent être remis, aussitôt que possible, à son successeur; en cas de
refus, le juge de paix du comté, ou tout autre juge du lieu où
sera, ou bien où résidera le refusant, pourra, sur requête à lui
présentée à cet effet, délivrer un mandat signé et scellé par lui à
titre d'amener ce refusant devant deux juges de paix du comté
ou tout autre juge. S'il comparaît, ou s'il n'est pas trouvé, les
juges pourront décider par voie sommaire; et s'il appert à ces
juges que les boîtes avec leurs clefs, les livres, les documents et
autres papiers sont en la garde et aux mains du refusant, et qu'il
a refusé ou volontairement négligé de les remettre, ils pourront
le faire conduire à la geôle commune, ou à la maison de correction du comté, pour y rester, sous caution, jusqu'à ce qu'il ait
fait cette remise, ou jusqu'à ce qu'il ait donné satisfaction à son
successeur. Ces juges pourront également délivrer un mandat
pour chercher ces boîtes avec leurs clefs, ces registres, ces documents et autres papiers, comme en cas d'objets volés, dans
toute maison d'habitation, ou autres lieux, dans lesquels quelque

témoin digne de foi prouvera sur serment fait devant eux, qu'il a des motifs raisonnables de les y croire en dépôt; et s'ils y sont trouvés, ils seront remis à la personne qui a le droit de les avoir. (Art. 15.)

828. Le directeur général est tenu de faire imprimer pour le compte de son administration un nombre suffisant de livres d'enregistrement, pour faire les inscriptions des naissances, décès et mariages des sujets de Sa Majesté en Angleterre, conformément aux modèles des cédules (A.) (B.) (C.) annexées plus loin; ces livres d'enregistrement doivent être en papier fort, et en tête de chaque côté de chaque feuille sont imprimées les principales informations dont la connaissance et l'enregistrement sont requis pour les naissances, décès et mariages. Chaque page de chaque registre doit être numérotée successivement depuis le commencement jusqu'à la fin, en commençant par le n° 1er. Chaque place d'enregistrement doit être aussi numérotée progressivement depuis le commencement jusqu'à la fin du livre, en commençant également par le n° 1er; chaque inscription doit être séparée de la suivante par une ligne imprimée. (Art. 17.)

829. D'après l'article 14, rapporté au n° 5 ci-dessus, le directeur général doit fournir au secrétaire général de chaque paroisse, pour l'usage des secrétaires de district sous ses ordres, un nombre suffisant de fortes boîtes en fer pour renfermer les registres. D'après l'article 18, ce haut fonctionnaire doit aussi fournir à tous les secrétaires généraux, pour l'usage des secrétaires sous leurs ordres, un nombre suffisant de livres d'enregistrement pour les naissances et décès, ainsi que des modèles pour leurs copies certifiées. Le prix de ces registres doit être fixé par l'un des principaux secrétaires d'État de Sa Majesté; il doit être supporté par la paroisse à laquelle appartient le secrétaire général, et payé par ses administrateurs, ou par les marguilliers et inspecteurs, avec les fonds qu'ils ont en leurs mains, ou sous leur contrôle en leur qualité, au secrétaire, qui en doit compte au directeur général.

830. Outre les registres destinés à recevoir les actes de naissance et de décès, la loi veut aussi « que le directeur général « fournisse ou fasse fournir au recteur, au vicaire ou au curé de « chaque église et chapelle en Angleterre, où les mariages peu- « vent être légalement célébrés, comme aussi à tout individu que

« le clerc archiviste de la société des Amis, communément appe-
« lés *Quakers*, à leur office central à Londres, certifiera de
« temps en temps par un écrit signé de lui, adressé au directeur
« général, être l'officier enregistreur en Angleterre de ladite
« société ; et aussi à tout individu que le président titulaire du
« comité, siégeant à Londres, des députés des juifs bretons certi-
« fiera de temps en temps par un écrit signé de lui, adressé au di-
« recteur général, être le secrétaire d'une synagogue en Angleterre,
« des personnes professant la religion juive, un nombre suffisant
« de registres doubles pour inscrire les mariages, et de modèles
« pour leurs copies certifiées, ainsi qu'il sera dit plus loin. Le
« coût de ces registres et modèles sera payé par les marguilliers
« et les inspecteurs de la paroisse ou de la chapellenie, sur les
« fonds qui arrivent en leurs mains en leurs qualités, ou par
« l'officier enregistreur (s'il s'agit de quakers), ou par le secrétaire
« (s'il s'agit de juifs), auxquels ces registres seront respective-
« ment fournis. » (Art. 30.)

831. Il résulte déjà de ce qui a été dit jusqu'ici que les registres concernant les actes de naissance et de décès sont tenus en
partie simple, et que les registres concernant les mariages sont
tenus en partie double; que les premiers sont confiés aux secrétaires de district, et les seconds aux recteurs, curés, vicaires, officiers
enregistreurs (pour les quakers), et aux secrétaires (pour les juifs);
enfin, que les uns et les autres sont à la charge de la paroisse.

832. La direction générale étant formée pour établir un dépôt
central des naissances, décès et mariages qui ont lieu en Angleterre, pour arriver à ce but la loi devait établir des prescriptions spéciales, et ses prescriptions sont posées dans les articles
32, 33 et 34 du même chapitre 86. L'article 32 veut « que, dans
« les mois d'avril, juillet, octobre et janvier, aux jours indi-
« qués de temps en temps par le directeur général, chaque secré-
« taire dresse et envoie au secrétaire général de son district, sur
« papier fort, une copie signée et certifiée par lui, conformément
« au modèle (D) donné plus loin, de toutes les inscriptions de
« naissances et décès faites par lui sur le registre depuis le der-
« nier certificat (le premier certificat a dû être donné dans le mois;
« à partir du 1er juillet 1837). Cette copie doit être vérifiée par
« le secrétaire général, et lorsqu'il la trouve correcte, il le certifie
« par sa signature. Dans le cas où il n'y a eu aucun enregistre-

« ment de naissance et de décès depuis l'envoi du dernier certifi-
« cat, le secrétaire constate ce fait, et il en envoie le certificat
« au secrétaire général, qui le contresigne, comme il est dit ci-
« dessus. Le secrétaire est tenu de surveiller avec soin tous les re-
« gistres qui lui sont confiés, jusqu'à ce qu'ils soient remplis, et
« alors de les remettre au secrétaire général, qui les place parmi
« les archives de son office. » L'article 33, qui s'adresse aux officiers religieux, veut « que le recteur, le vicaire, ou le curé d'une
« église ou chapelle, l'officier enregistreur (pour les quakers) et le
« secrétaire (pour les juifs), dans les mois d'avril, juillet, octobre
« et janvier respectivement, dressent et envoient au secrétaire
« général du district dans lequel sont situées ces églises ou cha-
« pelles, ou qui est assigné par le directeur général à l'officier
« enregistreur des quakers, ou au secrétaire des juifs, sur papier
« fort, une copie certifiée et signée par eux de toutes les inscrip-
« tions de mariages par eux faites sur le registre depuis le dernier
« certificat. S'il n'y a pas eu de mariage enregistré depuis ce der-
« nier certificat, ils doivent certifier ce fait par un écrit signé
« d'eux. Ils doivent surveiller avec soin leurs registres jusqu'à ce
« qu'ils soient remplis. Lorsqu'ils sont remplis, l'un des doubles
« est envoyé au secrétaire général du district auquel appartiennent
« les églises ou chapelles, ou désigné, comme il est dit ci-dessus,
« à l'officier enregistreur des quakers, ou au secrétaire des juifs.
« Le second double restera en la possession du recteur, du vicaire
« ou du curé, et sera placé parmi les registres de baptêmes et
« d'enterrements de la paroisse ou chapellenie dans lesquelles les
« mariages enregistrés auront été célébrés. S'il s'agit de quakers ou
« de juifs, ce second double restera en la possession des individus
« chargés de la conservation de leurs registres et archives; et néan-
« moins ils seront considérés, en vertu du présent, comme s'ils é-
« taient restés en la possession de l'officier enregistreur des quakers
« ou du secrétaire des juifs. » Les deux articles précédents, ayant
fixé les devoirs des secrétaires et des officiers religieux relativement aux actes par eux reçus et transmis, l'article 34 détermine ceux du secrétaire général sur le même objet; il veut donc
« que les secrétaires généraux, quatre fois par an, aux jours in-
« diqués par le directeur général, adressent à celui-ci toutes les
« copies certifiées des enregistrements de naissances, décès et
« mariages, reçus pendant les trois mois calendaires précédant

« les jours trimestriels de leurs transmissions respectives. S'il
« appert , par l'interruption de la progression régulière des nu-
« méros, ou autrement, que la copie d'une partie du registre ne
« leur a pas été dûment délivrée, ils veilleront, en tant que cela
« sera compatible aux dispositions du présent, à remplir cette
« lacune. Ils dresseront un compte , quatre fois par an, du nom-
« bre des inscriptions portées dans les copies certifiées à eux en-
« voyées durant le dernier trimestre. Ces copies certifiées, trans-
« mises à la direction générale, y seront placées en tel ordre et de
« telle manière jugés convenables par le directeur général sous
« l'autorité du secrétaire, et en sorte qu'elles puissent être facile-
« ment vues et inspectées. »

833. Ces prescriptions bien observées, l'état civil des citoyens
est assuré ; et comme tous les sujets d'une même contrée, semblables aux membres d'une même famille, doivent au besoin
être connus les uns des autres, la loi anglaise en a donné les
moyens, en prescrivant, d'une part, la formation d'une table
générale, pour tout le royaume, des actes de naissances, décès
et mariages, et de l'autre, le droit de faire des recherches dans
ces tables, et même de prendre des copies des inscriptions qui
s'y trouvent. C'est dans ce sens que s'expliquent les articles 35
36, 37 et 38 du même chapitre 86. Et d'abord l'article 35 ordonne
« que les recteurs, vicaires ou curés, les secrétaires (de districts),
« les secrétaires enregistreurs (pour les quakers), et les secrétaires
« (de synagogues) chargés de la tenue des registres de naissan-
« ces, décès et mariages, permettent qu'on fasse des recherches,
« aux heures raisonnables, dans les registres qu'ils tiennent, et
« donnent des copies certifiées et signées par eux des inscrip-
« tions qui s'y trouvent, en payant :

	l. st.	sh.	d.
« Pour la recherche d'une année ou moins..	»	1	»
« Pour chaque année en sus.............	»	»	6
« Et pour chaque simple certificat........	»	2	6

834. « L'article 36 ordonne « que les secrétaires généraux fassent
« des tables des registres d'inscriptions se trouvant dans leurs of-
« fices, et de ceux placés parmi leurs archives. Toute personne a
« droit, aux heures fixées, de faire des recherches dans ces tables,
« et de prendre des copies certifiées des inscriptions portées sur
« ces registres, et signées par ces secrétaires généraux, en payant:

l. st. sh.   d.

« Pour chaque recherche générale.........   »   5   »

« Pour chaque recherche particulière.......   »   1   »

« Et pour chaque copie certifiée...........   »   2   6

835. L'article 37 ordonne à son tour «que le directeur général « fasse faire des tables de toutes les copies certifiées des enregis- « trements, pour être conservées dans ses bureaux. Toute per- « sonne a droit de faire des recherches dans ces tables, entre dix « heures du matin et quatre heures de l'après-midi, tous les jours, « excepté le dimanche, le jour de Noël et le vendredi saint, et de « prendre une copie certifiée des inscriptions portées dans lesdites « copies certifiées des enregistrements, en payant :

« Pour chaque recherche générale dans lesdi- l. st. sh.   d.

   « tes tables.   1   »   »

« Pour chaque recherche particulière.......   »   1   »

« Et pour chaque copie certifiée...........   »   2   6

836. Pour que cette dernière formalité ne soit pas une inuti- lité, la loi anglaise, quoique les copies dont elle parle ne soient que des copies de copies, leur donne en justice toute la force d'une preuve légale, à une condition cependant : c'est qu'elles soient frappées du sceau de la direction générale. « Le directeur « général, dit l'article 38, fera faire un sceau de la direction gé- « nérale, avec lequel il fera sceller et frapper toutes les copies « certifiées données dans ses bureaux. Ces copies, ainsi scellées, « feront preuve des naissances, décès ou mariages auxquels elles « se réfèrent, sans aucune autre preuve de leur enregistrement. « Toute copie qui, émanée de la direction générale, ne porterait « pas son sceau, serait sans force et sans effet. »

837. Les lois sans sanction sont de simples avis qui ne lient pas les citoyens ; ils peuvent donc impunément ne pas s'y conformer. Mais lorsqu'il s'agit de matières graves, lorsqu'il s'agit surtout d'assurer l'état civil des membres de la grande famille qui com- posent une nation, pour forcer à l'exécution des prescriptions de la loi, il faut, au défaut de cette exécution, ajouter une pénalité ; de là les dispositions contenues aux articles 41, 42 et 43. L'ar- ticle 41 déclare que « tout individu qui sciemment fera ou fera « faire, pour être insérée dans un registre de naissances, décès ou « mariages, une fausse notice concernant les particularités dont la « connaissance et l'enregistrement sont requis, sera soumis aux

« mêmes peines et pénalités que s'il était coupable de parjure. »
L'article 42 établit à son tour les pénalités contre les officiers
publics qui manquent à leurs devoirs : il déclare que « tout indi-
« vidu qui refusera, ou, sans motif raisonnable, omettra d'enre-
« gistrer un mariage célébré par lui, ou qu'il devait enregistrer,
« comme aussi tout secrétaire qui refusera, ou, sans motif raison-
« nable, omettra d'enregistrer une naissance ou un décès dont il
« aura eu notice, comme il est dit ci-devant ; tout individu encore
« chargé de la garde des registres, de leurs copies certifiées ou
« d'une partie d'eux, qui négligemment les perdra ou les endom-
« magera, ou négligemment les laissera altérer, lorsqu'ils sont en
« sa possession, sera passible, pour chaque contravention, d'une
« amende n'excédant pas 50 livres sterling. » Enfin, aux termes
de l'article 43, « toute personne qui, volontairement, détruira ou
« endommagera, ou fera détruire ou endommager ces registres, ou
« une partie d'eux, ces copies certifiées ou une partie d'elles, ou
« qui faussement fera ou contrefera, ou faussement fera faire ou
« contrefaire quelques parties de ces registres ou de leurs copies
« certifiées, ou qui sciemment insérera ou fera insérer dans ces re-
« gistres ou leurs copies certifiées de fausses inscriptions de nais-
« sance, décès ou mariage, ou qui sciemment donnera de faux
« certificats, ou qui certifiera qu'un écrit est une copie ou un ex-
« trait d'un livre d'enregistrement, sachant que ce livre est faux
« dans cette partie, ou enfin forgera ou contrefera le sceau de l'of-
« fice d'enregistrement, sera coupable de félonie. »

838. Ces pénalités établies, la loi marque le mode à suivre
pour arriver à leur recouvrement, et ce mode est tracé par les
articles 45, 46 et 47. L'article 45 déclare que « les amendes et
« forfaitures établies par le présent, à moins qu'il n'en soit autre-
« ment ordonné, seront recouvrées devant deux juges de paix du
« comté, de la cité ou du lieu où le délit aura été commis, sur la
« poursuite ou la plainte de toute personne quelconque. Et si, sur
« la condamnation du prévenu, prononcée, soit sur son aveu, soit
« sur le serment d'un ou plusieurs témoins dignes de foi (lequel
« serment ces juges de paix sont autorisés par le présent à admi-
« nistrer), ces amendes ou forfaitures, avec les frais de jugement,
« ne sont pas immédiatement payées, il y aura lieu à la saisie et à
« la vente des biens et effets du prévenu, en vertu d'un ordre
« signé et scellé par ces juges de paix. Et s'il y a carence, ces

« juges de paix pourront faire conduire tout prévenu à la geôle
« commune ou à la maison de correction du comté, de la cité ou
« du lieu où ce prévenu sera emprisonné sans garantie ni caution,
« et pour un terme qui n'excédera pas un mois calendaire, à moins
« que ces amendes et forfaitures, ensemble les frais raisonnable-
« ment faits pour leur recouvrement, n'aient été payées plus tôt. La
« moitié de ces amendes et forfaitures appartiendra à la personne
« qui aura formé la plainte et l'aura poursuivie, et l'autre moitié
« au directeur général ou à toute autre personne nommée par les
« lords de la trésorerie au bénéfice de Sa Majesté. Nulle saisie faite
« en vertu du présent ne sera considérée comme illégale, et l'offi-
« cier qui y aura procédé ne sera pas considéré comme ayant com-
« mis un excès de pouvoir, à cause d'un défaut ou manque de
« forme dans les sommations, jugements ou ordres de saisie, ou à
« cause d'irrégularités ultérieurement commises par la partie sai-
« sissante. Toutefois, là où les personnes lésées par ces irrégulari-
« tés auront droit à des dommages-intérêts pour les torts à elles
« faits, elles auront droit à les recouvrer par une action spéciale
« sur le cas. »

830. Les décisions dont il s'agit au numéro précédent, sont,
comme on le voit, en dernier ressort; mais ce dernier ressort
n'est accordé que lorsque la condamnation n'excède pas 5 livres
sterling. Si elle excède 5 livres sterling, il y a lieu à appel; c'est
ainsi que s'explique l'article 46, qui déclare que, « dans tous les
« cas où la somme dont la condamnation est prononcée par cette
« voie sommaire excédera 5 livres sterling, le condamné pourra
« appeler à la prochaine cour des sessions générales ou de quartier,
« qui ne sera pas tenue avant les douze jours après celui de la
« condamnation, pour le comté ou tout autre district où le plai-
« gnant aura formé sa poursuite. L'appelant est tenu de donner
« au plaignant notice par écrit de son appel et de ses motifs, dans
« les trois jours après sa condamnation, et dans les sept jours
« pleins au moins avant ces sessions. Il doit également ou rester
« en prison jusqu'aux sessions, ou donner un engagement garanti
« par deux cautions valables devant un juge de paix, de se pré-
« senter en personne auxdites sessions, de suivre son appel et
« d'obtenir jugement de la cour sur icelui, comme aussi de payer
« les frais adjugés par la cour. Cette notice ainsi donnée, cet en-
« gagement ainsi pris, la cour à ses sessions entendra et jugera la

« matière de l'appel, et rendra sur icelui tels ordres, avec ou
« sans frais, à l'une ou l'autre partie qu'elle jugera à propos ; et
« en cas de rejet de l'appel ou de la confirmation de la con-
« damnation, elle ordonnera et jugera que le condamné soit
« puni conformément à la décision et paye les frais qu'elle fixera ;
« elle indiquera au besoin la voie pour forcer à l'exécution de son
« jugement. »

840. Cette sentence d'appel n'est pas susceptible de cassation ;
elle forme chose jugée : c'est le vœu de l'article 47, qui dit que
« nulle condamnation ou confirmation d'icelle sur appel ne sera
« cassée pour vice de forme, ou portée par voie de *certiorari* ou
« toute autre dans l'une des cours supérieures de *record* de Sa
« Majesté ; et aucun mandat d'emprisonnement ne sera annulé
« pour cause de vice de forme, pourvu qu'il y soit allégué que la
« partie a été condamnée, et qu'il y a des motifs suffisants pour le
« soutenir. »

841. Mais si une erreur a été commise involontairement dans
l'enregistrement d'une naissance, d'un décès ou d'un mariage,
cette erreur ne donnera lieu à l'application d'aucune des pénalités ci-dessus, et elle devra être corrigée en présence des parties
intéressées, dans le mois de sa découverte. C'est en ce sens que
s'explique l'article 44, où on lit que « tout individu chargé d'en-
« registrer les naissances, décès ou mariages qui découvrira qu'une
« erreur a été commise dans la forme ou la substance de cet en-
« registrement, ne sera passible d'aucune des pénalités établies
« par la loi, pourvu que, dans le mois calendaire après la décou-
« verte de cette erreur, en présence des parents de l'enfant dont
« la naissance a été ainsi enregistrée, ou des parties mariées, ou
« de deux personnes ayant assisté à la dernière maladie de l'in-
« dividu dont le décès a été ainsi enregistré, ou, en cas de décès
« ou d'absence des parties respectives susdites, alors, en présence
« du secrétaire général et de deux témoins dignes de foi qui certifie-
« ront le fait, il corrige l'inscription erronée conformément à la
« vérité de l'espèce, par une inscription en marge, sans aucune
« altération de l'inscription originale, et signe cette inscription
« marginale en y ajoutant le jour du mois et de l'année de cette
« correction. En cas d'enregistrement de mariage, il fera la même
« inscription marginale, attestée de la même manière, sur le double
« du registre des mariages qu'il doit tenir comme il est dit ; et,

« dans tous les cas, il fera le même changement sur les copies certi-
« fiées des livres d'enregistrement qu'il doit tenir ; et si ces copies
« certifiées avaient déjà été faites, il fera et délivrera de la même
« manière une copie certifiée distincte de l'inscription originale
« erronée et de sa correction marginale. »

842. L'article 48 affranchit des droits de poste la correspon-
dance du directeur général concernant l'exécution du présent
statut, en prononçant une pénalité de 100 livres sterling contre
quiconque enverrait frauduleusement des lettres par cette voie ;
et, en outre, sa destitution, s'il s'agissait d'un employé de l'administration. Et comme le statut ne règle que les enregistrements
de naissances, de décès et de mariages, il déclare, dans son article 49, qu'il ne s'applique en rien aux enregistrements de
baptêmes ou d'enterrements établis par la loi, non plus qu'au
droit du ministre officiant de recevoir les honoraires actuellement
payés pour l'accomplissement ou l'enregistrement d'un baptême,
d'un enterrement ou d'un mariage ; il suit de là que, pour chacun
de ces actes, il est dû deux droits : le premier au secrétaire, et le
second au ministre officiant.

843. Pour faciliter l'exécution des dispositions du présent statut, la loi veut qu'il en soit donné une connaissance à la portée
de tout le monde ; et en conséquence elle ordonne « que le direc-
« teur général, dans les trois mois calendaires de sa nomination à
« cet emploi, fournisse aux administrateurs respectifs de chaque
« commune, paroisse ou autre lieu, des notices imprimées que ces
« administrateurs feront, après leur réception, et aussi convena-
« blement que possible, placer ou afficher sur la porte extérieure
« de chaque église, chapelle ou autres édifices ou lieux publics de
« leurs communes, paroisses ou autres endroits respectifs ; ces no-
« tices désigneront les différents actes qui doivent être faits par
« les personnes qui veulent se marier, ou faire enregistrer la nais-
« sance d'un enfant, ou le décès d'un individu, conformément aux
« dispositions du présent acte. »

844. En nous résumant, il résulte de ce que nous avons dit
dans les différents numéros ci-dessus :

1° Que l'Angleterre est partagée en districts ayant chacun
leur secrétaire chargé d'enregistrer les naissances, les décès et les
mariages des individus habitant ces districts ;

2° Que plusieurs districts composent une paroisse, ayant à

son tour un secrétaire général chargé de surveiller les secrétaires des districts de son ressort ;

• 3° Que les secrétaires ont des boîtes en fer pour y déposer leurs registres, afin d'y être à l'abri, soit des incendies, soit de tout autre accident majeur ;

4° Que ces secrétaires doivent placer leurs noms à la porte extérieure de leurs maisons d'habitation ;

5° Que les registres qu'ils doivent tenir et les inscriptions qu'ils doivent y porter, doivent être numérotés progressivement depuis le numéro premier jusqu'à la fin ;

6° Que ces secrétaires doivent envoyer tous les trois mois un état des inscriptions portées sur leurs registres au secrétaire général de la paroisse, qui est tenu de le vérifier ;

7° Qu'un pareil envoi doit être fait par les officiers religieux ayant procédé à des mariages ;

8° Que le secrétaire général doit à son tour transmettre ces états, certifiés par lui, au directeur général ;

9° Que les registres des secrétaires de districts, comme ceux des officiers religieux et du directeur général, peuvent être ouverts à tous ceux qui le demandent, et que des copies certifiées peuvent leur en être délivrées, lesquelles font foi en justice, le tout moyennant les droits rapportés aux n°s 833, 834 et 835, ci-dessus ;

10° Enfin, qu'en cas d'erreurs involontaires, ces erreurs peuvent être réparées, dans le mois de leur découverte, par une inscription marginale ; qu'en cas d'erreurs volontaires ou de faux, il y a lieu à poursuivre leurs auteurs.

§ 2.

Des officiers publics français chargés de recevoir les actes de naissance, de mariage et de décès des Français en Angleterre.

845. L'article 48 du Code civil des Français désigne les fonctionnaires chargés de rédiger à l'étranger les actes de l'état civil des Français. Cet acte s'exprime ainsi : « Tout acte de l'état civil « des Français en pays étranger sera valable, s'il a été reçu, con-« formément aux lois françaises, par les agents diplomatiques ou « par les consuls. » Par *agents diplomatiques*, il faut entendre les

ambassadeurs ou les ministres plénipotentiaires, ou les secrétaires, en cas d'absence, chargés de les remplacer. Ainsi, ces hauts fonctionnaires ou les consuls français à l'étranger sont officiers de l'état civil des Français, et, à ce titre, ils sont tenus, pour recevoir les actes concernant cet état, c'est-à-dire, les actes de naissance, de mariage et de décès, de se conformer aux dispositions prescrites par le titre 2 du livre 1er du Code civil des Français, chapitre 1er, lesquelles sont ainsi conçues :

« Article 34. Les actes de l'état civil énonceront l'année, le « jour et l'heure où ils seront reçus, les prénoms, noms, âge, « profession et domicile de tous ceux qui y seront dénommés.

« Art. 35. Les officiers de l'état civil ne pourront rien insérer « dans les actes qu'ils recevront, soit par note, soit par énoncia- « tion quelconque, que ce qui doit être déclaré par les compa- « rants.

« Art. 36. Dans les cas où les parties intéressées ne seront « point obligées de comparaître en personne, elles pourront se « faire représenter par un fondé de procuration spéciale et au- « thentique.

« Art. 37. Les témoins produits aux actes de l'état civil ne « pourront être que du sexe masculin, âgés de vingt et un ans au « moins, parents ou autres; et ils seront choisis par les personnes « intéressées.

« Art. 38. L'officier de l'état civil donnera lecture des actes « aux parties comparantes ou à leur fondé de procuration et aux « témoins. Il y sera fait mention de cette formalité.

« Art. 39. Ces actes seront signés par l'officier de l'état civil, « par les comparants et les témoins; ou mention sera faite de la « cause qui empêchera les comparants et les témoins de signer.

« Art. 40. Les actes de l'état civil seront inscrits dans chaque « commune sur un ou plusieurs registres tenus doubles (1).

« Art. 41. Les registres seront cotés par première et dernière (2), « et paraphés sur chaque feuille par le président du tribunal de « première instance, ou par le juge qui le remplacera.

« Art. 42. Les actes seront inscrits sur les registres, de suite, « sans aucun blanc. Les ratures et les renvois seront approu-

(1) 6 et 7, W. 4, c. 86, § 30, n° 0, p. 9.
(2) 6 et 7, W., c. 86, § 17, n° 7, p. 8.

« vés et signés de la même manière que le corps de l'acte. Il n'y
« sera rien écrit par abréviation, et aucune date ne sera mise en
« chiffres.

« Art. 43. Les registres seront clos et arrêtés par l'officier de
« l'état civil, à la fin de chaque année; et dans le mois, l'un des
« doubles sera déposé aux archives de la commune, et l'autre au
« greffe du tribunal de première instance (1).

« Art. 44. Les procurations et les autres pièces qui doivent
« demeurer annexées aux actes de l'état civil seront déposées,
« après qu'elles auront été paraphées par la personne qui les aura
« produites et par l'officier de l'état civil, au greffe du tribunal,
« avec le double des registres, dont le dépôt doit avoir lieu audit
« greffe.

« Art. 45. Toute personne pourra se faire délivrer, par les dé-
« positaires des registres de l'état civil, des extraits (2) de ces re-
« gistres. Les extraits délivrés conformes aux registres (3), et
« légalisés par le président du tribunal de première instance ou

(1) 6 et 7, n° 4, §§ 32 et 33, n° 11, p. 10.

(2) Ibid., §§ 35, 36, 37 et 38, n° 12 et suiv., p. 12 et suiv.

(3) Décret du 12 juillet 1807, concernant les droits à percevoir par les officiers publics de l'état civil (sauf augmentation du timbre. Loi du 28 avril
1816, art. 62 et 63).

1. Il continuera à être perçu par les officiers publics de l'état civil, pour
chaque expédition d'un acte de naissance, de décès, ou de publication de mariage, 30 c.; plus, pour le remboursement du droit de timbre et le dixième
en sus pour la taxe de guerre, 83 c. (1 fr. 13 c.) Pour celle des actes de mariage, d'adoption et de divorce (aboli), 60 c.; timbre et taxe de guerre, 83 c.
(1 fr. 43 c.)

2. Dans les villes de 50,000 âmes et au-dessus, pour chaque expédition
d'acte de naissance, de décès, et de publication de mariage, 50 c., timbre et
taxe de guerre, 83 c. (1 fr. 33 c.); actes de mariage et d'adoption, 1 fr., timbre
et taxe de guerre, 83 c. (1 fr. 83 c.)

3. A Paris, pour chaque expédition d'acte de naissance, de décès et de publication de mariage, 75 c., timbre et taxe de guerre, 83 c. (1 fr. 58 c.); actes
de mariage et d'adoption, 1 fr. 50 c., timbre et taxe de guerre, 83 c. (2 fr.
33 c.)

4. Il est défendu d'exiger d'autres taxes et droits, à peine de concussion. Il
n'est rien dû pour la confection desdits actes et leur inscription dans les registres.

5. Le présent décret sera constamment affiché en placard et en gros carac-
tères dans chacun des bureaux ou lieux où les déclarations relatives à l'état
civil sont reçues, et dans tous les dépôts des registres.

« par le juge qui le remplacera, feront foi jusqu'à inscription de
« faux (1).

« Art. 46. Lorsqu'il n'aura pas été tenu de registres, ou lors-
« qu'ils auront été perdus, la preuve en sera reçue tant par ti-
« tres que par témoins; et dans ces cas, les mariages, naissances
« et décès pourront être prouvés tant par les registres et papiers
« émanés des pères et mères décédés que par témoins.

« Art. 47. Tout acte de l'état civil des Français et des étran-
« gers, fait en pays étranger, fera foi s'il a été rédigé dans les
« formes usitées dans ledit pays.

« Art. 49. Dans tous les cas où la mention d'un acte relatif à
« l'état civil devra avoir lieu en marge d'un autre acte déjà ins-
« crit, elle sera faite, à la requête des parties intéressées, par l'of-
« ficier de l'état civil sur les registres courants ou sur ceux qui
« auront été déposés aux archives de la commune, et par le gref-
« fier du tribunal de première instance, sur les registres déposés
« au greffe; à l'effet de quoi l'officier de l'état civil en donnera
« avis dans les trois jours au procureur du roi près ledit tribunal,
« qui veillera à ce que la mention soit faite d'une manière uni-
« forme sur les deux registres (2).

« Art. 50. Toute contravention aux articles précédents, de la
« part des fonctionnaires y dénommés, sera poursuivie devant le
« tribunal de première instance, et punie d'une amende qui ne
« pourra excéder 100 francs (3).

« Art. 51. Tout dépositaire des registres de l'état civil sera ci-
« vilement responsable des altérations qui y surviendront, sauf
« son recours, s'il y a lieu, contre les auteurs desdites altéra-
« tions.

« Art. 52. Toute altération, tout faux dans les actes de l'état
« civil, toute inscription de ces actes faite sur une feuille volante
« et autrement que sur les registres à ce destinés, donneront lieu
« aux dommages-intérêts des parties, sans préjudice des peines
« portées au Code pénal (4). (Voir les articles 448 à 464 du Code
« d'instruction criminelle, et 145 à 148, 192 à 195 du Code pé-
« nal.)

(1) 6 et 7, W. 4, c. 86, § 37; n° 15, p. 13.
(2) Ib., § 44; n° 20, p. 17 et 18.
(3) Ib., § 42; n° 16, p. 14.
(4) Ib., §§ 41, 42 et 43; n° 16, p. 14 et 15.

« Art. 53. Le procureur du roi au tribunal de première instance
« sera tenu de vérifier l'état des registres lors du dépôt qui en
« sera fait au greffe ; il dressera un procès-verbal sommaire de la
« vérification, dénoncera les contraventions ou délits commis par
« les officiers de l'état civil, et requerra contre eux la condamna-
« tion aux amendes (1).

« Art. 54. Dans tous les cas où un tribunal de première ins-
« tance connaîtra des actes relatifs à l'état civil, les parties inté-
« ressées pourront se pourvoir contre le jugement. »

846. Telles sont les dispositions générales établies par la législation des deux pays sur la tenue des registres destinés à
constater l'état civil de leurs citoyens ; et toutes les fois qu'un
étranger devient père sur le sol du Royaume-Uni, il est du plus
haut intérêt pour l'enfant nouveau-né, surtout s'il est mâle, que
sa naissance soit enregistrée, et à la chancellerie de l'agent diplomatique du pays auquel cet étranger appartient, et à l'office du
secrétaire du district dans lequel cet étranger a son habitation.
On verra plus loin les conséquences attachées à l'accomplissement
de cette dernière formalité.

SECTION DEUXIÈME.

Des formalités à remplir pour constater la naissance d'un
enfant.

847. Cette section, comme la précédente, se divisera en deux
paragraphes, traitant, le premier, des formalités prescrites par la
loi anglaise, et le second, des formalités prescrites par la loi
française.

§ 1er.

Des formalités à remplir pour constater la naissance d'un
enfant d'après la loi anglaise.

848. Le père ou la mère d'un enfant nouveau-né, ou le possesseur d'une maison ou ténement en Angleterre, dans lesquels
une naissance aura lieu après ledit jour 1er mars (1837), donneront, dans les quarante-deux jours, à partir de celui de la naissance de cet enfant, avis de cette naissance au secrétaire de leur
district. S'il s'agit d'un enfant nouveau-né trouvé exposé, les

(1) 6 et 7, W. 4, c. 86, §§ 15, 46 et 17 ; n° 17, p. 15 et 16.

inspecteurs des pauvres sont tenus d'en donner immédiatement connaissance au secrétaire, ainsi que du lieu où cet enfant aura été trouvé. Le directeur ou le concierge d'une prison, d'une geôle, d'une maison de correction, d'une maison de travail, d'un hôpital, d'un hospice d'aliénés, ou de toute autre institution publique ou charitable, en est considéré comme le possesseur dans l'esprit de cet acte. C'est ainsi que s'explique l'article 19 du statut précité (1). Il en résulte donc que la naissance d'un enfant peut être déclarée au secrétaire du district dans les quarante-deux jours de cette naissance, soit par le père, soit par la mère, soit par le possesseur de la maison, soit par le directeur de l'établissement public où cet enfant est né. Il en résulte aussi que, s'il s'agit d'un enfant nouveau-né trouvé exposé, cette déclaration doit être faite immédiatement par les inspecteurs des pauvres.

849. Si la déclaration de naissance n'est pas faite par les personnes dénommées au numéro précédent, et qu'elles soient requises dans les quarante-deux jours de cette naissance de faire cette déclaration, elles sont tenues de se conformer à cette réquisition, et de dire au secrétaire du district, au mieux de leur connaissance et croyance, les différentes particularités qui doivent être connues et enregistrées concernant cette naissance (2). (Article 20.)

850. Enfin, le secrétaire du district est autorisé et même requis de s'informer soigneusement de toutes les naissances qui peuvent avoir lieu dans son district, et de faire connaître et enregistrer, aussitôt que possible, sans droits ni frais, sauf ceux mentionnés à l'article 29 dont il sera parlé bientôt, dans un de ses registres les différentes circonstances dont l'enregistrement est requis conformément au modèle de la cédule (A), si cet enregistrement n'est pas déjà fait, chaque enregistrement devant être inscrit par ordre de numéro depuis le commencement jusqu'à la fin du registre (3). (Art. 18.)

851. S'il arrivait que la naissance d'un enfant ne fût pas déclarée dans les quarante-deux jours, la loi anglaise accorde un nouveau délai; mais dans ce cas elle exige des formalités et impose de légers frais, lesquels néanmoins s'anéantissent si le défaut d'enregistrement de la déclaration de naissance est le fait du

_____

(1) 6 et 7, W. 4, c. 86. — (2) Ibid. — (3) Ibid.

secrétaire du district. On lit à l'article 22 (1) : « Après l'expiration
« des quarante-deux jours suivant le jour de naissance d'un en-
« fant, il n'est pas permis au secrétaire d'enregistrer cette nais-
« sance, sauf ce qui va être mentionné ; pourvu que, dans le cas où
« la naissance d'un enfant n'aura pas été enregistrée conformément
« aux dispositions ci-devant prescrites, il soit loisible à toute per-
« sonne présente à la naissance de cet enfant, au père ou au tu-
« teur, dans les six mois calendaires après cette naissance, de faire
« une déclaration solennelle des différentes circonstances dont la
« connaissance est requise relativement à la naissance de cet en-
« fant, au mieux de leur su et croyance ; et alors il sera permis au
« secrétaire, mais en présence du secrétaire général, d'enregistrer
« la naissance de cet enfant conformément aux informations don-
« nées par la personne faisant cette déclaration. Dans ce cas, le
« secrétaire général, devant lequel cette déclaration est faite, est
« tenu de signer l'enregistrement de la naissance aussi bien que
« le secrétaire, et pour cet enregistrement il a droit à un hono-
« raire de 2 shillings 6 deniers de la personne qui l'a requis. Le
« secrétaire, outre les émoluments fixés par l'article 29 ci-après, a
« également droit à des honoraires de 5 shillings, à moins que
« le retard de l'enregistrement n'ait été causé par sa faute. Les
« registres de naissance ne feront pas preuve de la naissance des
« enfants, s'il appert que quarante-deux jours se sont écoulés
« entre le jour de la naissance et le jour de l'enregistrement de la
« naissance de ces enfants, à moins que l'enregistrement n'ait été
« signé par le secrétaire général. Quiconque enregistrera solem-
« ment, ou fera enregistrer la naissance d'un enfant autrement
« que de la manière ci-devant prescrite, après l'expiration des
« quarante-deux jours suivant le jour de la naissance de cet en-
« fant, sera passible et encourra une amende n'excédant pas
« 50 livres sterling pour chaque contravention. »

852. Il résulte, de cet article, que l'enregistrement de la naissance d'un enfant peut être fait après l'expiration des quarante-
deux jours, à partir de cette naissance ; mais alors cet enregistrement est fait sur la déclaration solennelle de la partie requérante,
et en présence non-seulement du secrétaire du district, mais
encore du secrétaire général de la paroisse, qui doit le signer.

(1) 6 et 7, W. 4, c. 86.

Deux droits sont dus par la partie requérante, l'un de 2 shillings
6 deniers au secrétaire général, et l'autre de 5 shillings au secrétaire. Cet enregistrement ne fait foi qu'autant qu'il est signé
par le secrétaire général; et tout enregistrement fait autrement,
après les quarante-deux jours, outre qu'il est nul, peut donner lieu
à une amende n'excédant pas 50 livres sterling.

853. Dans quel délai peut être fait l'enregistrement de la naissance d'un enfant, lorsque le délai de quarante-deux jours est
déjà expiré? L'article 28 du même statut (1) fixe un délai de six
mois : « Après l'expiration de six mois calendaires à partir de la
« naissance, il ne sera permis à aucun secrétaire d'enregistrer
« cette naissance, et, *excepté dans le cas d'enfants nés en mer,*
« nul enregistrement de naissance ne fera foi pour prouver cette
« naissance, lorsqu'il apparaîtra que six mois calendaires se sont
« écoulés entre le jour de la naissance et le jour de l'enregistre-
« ment de cette naissance. Quiconque sciemment enregistrera ou
« fera enregistrer la naissance d'un enfant six mois calendaires
« après le jour de cette naissance, sera passible pour chaque con-
« travention d'une amende n'excédant pas 50 livres sterling. »

854. De tout ce qui précède, il résulte que, pour que l'enregistrement de la naissance d'un enfant soit valable et fasse foi en
justice, il faut, 1° que cet enregistrement soit fait dans les quarante-deux jours, et 2° que s'il est fait après les quarante-deux
jours, il faut qu'il soit fait dans les six mois, et que, dans ce
dernier cas, il soit signé par le secrétaire général de la paroisse.
Il en résulte encore que l'enregistrement fait après l'expiration
des quarante-deux jours sans être signé par le secrétaire général,
ou après l'expiration de six mois, outre qu'il n'est pas valable et
ne fait pas foi en justice, donne lieu à une amende qui ne peut
excéder 50 livres sterling.

855. Mais faut-il inférer de là qu'il n'y ait plus moyen d'établir
la filiation, et que, faute d'avoir rempli les prescriptions de la loi
quant à la déclaration de leur naissance, les enfants nés d'un
mariage légitime deviennent des enfants illégitimes? Non, certainement. Par le fait des enregistrements de naissances sur les
registres publics, la légitimité est établie de droit, *hic et nunc.*
Il n'y a pas lieu à faire d'autres preuves; mais si ces preuves
manquent, soit par la mauvaise tenue des livres, soit par leur dis-

_____
(1) 6 et 7, W. 4, c. 86.

parition, soit même par le défaut de déclaration de naissance, il est permis de suppléer à ces preuves par d'autres preuves puisées, soit dans les papiers domestiques, soit dans la notoriété publique. Quelle plus grande preuve de filiation que celle résultant d'avoir été élevé, traité et toujours considéré comme étant né de tel père? Quelle plus grande preuve que celle résultant de lettres dans lesquelles on reconnaît le style, la tendresse d'un père pour son fils? Ces preuves cependant peuvent disparaître avec le temps, et alors pourquoi exposer ses enfants à voir contester leur légitimité, quand on peut l'assurer par une déclaration qui ne coûte rien; et, au contraire, que de frais peuvent causer les preuves que l'on est tenu de faire pour remplacer les preuves si simples prescrites par la loi?

856. L'enregistrement des déclarations de naissance ne coûte rien. En effet, aux termes de l'article 20 du même statut (1), « le secrétaire du district doit faire un relevé, quatre fois par an, « du nombre des naissances qu'il a enregistrées depuis le dernier « trimestre. Le secrétaire général le vérifie et le signe; les admi- « nistrateurs ou inspecteurs de la paroisse, de la commune ou du « lieu dans ou pour lequel il est secrétaire, sur la production dudit « compte ainsi vérifié et signé, sont tenus de lui payer avec les « fonds en leurs mains ou en leur pouvoir, en leurs qualités d'ad- « ministrateurs ou inspecteurs, telles sommes auxquelles il a droit « pour ce compte, d'après l'échelle suivante, savoir : pour les vingt « premières inscriptions de naissance faites chaque année (dans « ces vingt inscriptions peuvent se trouver indistinctement des « inscriptions de décès), 2 shillings 6 deniers chacune, et « 1 shilling pour chaque inscription suivante faite dans l'année. » On voit par là que les frais d'inscription ne sont pas à la charge des parties, mais à la charge des paroisses. Il n'en est pas de même des copies de ces inscriptions, qui, comme on l'a vu au n° 838, page 419, sont à la charge des parties qui les demandent.

857. Les personnes désignées aux articles 19, 20 et 22, et mentionnées aux n°⁸ 848, 849 et 851 ci-dessus, sont tenues, relativement aux déclarations de naissance qu'elles passent, de signer ces déclarations, à peine de nullité. Telle est la disposition de l'article 28 du statut précité (1), où on lit : « Toute personne par la-

(1) 6 et 7, W. 4, chap. 86.

« quelle seront données les informations inscrites dans un enregis-
« trement de naissance aux termes du présent, sera tenue de signer
« son nom, sa qualité et sa demeure sur le registre. Nul enre-
« gistrement de naissance, d'après les dispositions du présent, ne
« fera foi, qui ne sera pas signé par la personne qui fait la décla-
« ration, et par la partie requise par le présent acte de faire cette
« déclaration au secrétaire. » La déclaration de naissance doit
donc être signée par celui qui la fait, mais la loi anglaise ne dit
pas que le déclarant doive être Anglais; il peut donc être étranger; et, en effet, comme on l'a vu dans le cours de cet ouvrage
(le *Code des étrangers*), l'étranger ami a tous les droits d'un sujet
naturel-né. On verra, au § 2 de cette section, que l'acte de naissance d'un enfant français doit être signé par deux témoins français, même en Angleterre, lorsque cet acte est reçu par un agent
diplomatique français.

858. Il ne faut pas croire qu'il soit indifférent, à l'étranger qui
devient père en Angleterre, d'y faire constater la naissance de
ses enfants en remplissant les formalités voulues par la loi anglaise. Par le seul fait de leur naissance sur le sol britannique,
sous la suzeraineté de la reine, quoique nés d'un étranger, ils sont
Anglais, et dès lors ils ont droit à tous les avantages, à tous les
priviléges des Anglais; comme ceux-ci, ils peuvent un jour aller
s'asseoir au Parlement, droit qui n'est jamais accordé au naturalisé; et pourquoi leur enlever un pareil droit, ou le leur faire
contester, en négligeant leur inscription de naissance sur les
registres publics tenus à cet effet? Croire que par cette inscription ils perdent le droit d'appartenir au même pays que leur père,
c'est une erreur : ils appartiennent à deux pays à la fois, et c'est
quelque chose d'heureux que d'appartenir à deux grandes nations; et, dans tous les cas, c'est un beau droit que celui de
choisir la patrie à laquelle l'âge de raison, les événements, les
circonstances peuvent vous attacher.

859. On a vu, au n° 853, que l'enregistrement de la naissance
d'un enfant, six mois après cette naissance, n'est pas valable, *excepté dans le cas d'enfants nés en mer*. On lit en effet à l'article
21 du statut précité : « Si l'enfant d'un parent anglais (*of an
« English parent*) naît en mer, à bord d'un bâtiment *breton*, le
« capitaine ou l'officier commandant le bâtiment à bord duquel
« cet enfant est né dressera immédiatement une minute des diffé-

« rentes particularités ci-devant requises, pour être insérées dans
« l'enregistrement concernant la naissance de cet enfant, autant
« que ces particularités pourront être connues, et le nom du bâti-
« ment où cette naissance aura eu lieu. A l'arrivée de ce bâtiment
« dans l'un des ports du Royaume-Uni, ou par toute autre voie plus
« expéditive, il enverra un certificat de ladite minute par la poste
« au directeur général, qui en fera le dépôt et en enregistrera une
« copie signée par lui, sur le registre tenu à cet effet à la direc-
« tion générale, et appelé le « Registre des inscriptions maritimes, »
« et tenu parmi les autres registres, conformément aux disposi-
« tions du présent. »

860. Ainsi l'enfant né en mer sur bâtiment anglais et de parents anglais, sera enregistré sur le livre des inscriptions maritimes, et sera par conséquent Anglais. Pour cet enregistrement
il n'y a plus de délai positif, parce qu'il est impossible de maî-
triser les éléments; mais la minute dressée au moment de la naissance est, à l'arrivée du bâtiment ou par une occasion plus expéditive, transmise à la direction générale, et là, inscrite sur le livre
des inscriptions maritimes, devient un véritable acte d'enregistrement de la naissance de cet enfant. Il faut remarquer que la loi
dit : *né de parents anglais.* Qu'arrive-t-il si l'enfant est né de parents étrangers sur un bâtiment anglais? Le pavillon, c'est la
patrie : or, si cet enfant né d'étrangers était né en Angleterre, il
serait Anglais ; pourquoi ne le serait-il pas quand il est né sur
un bâtiment anglais ?

861. En remplissant exactement les formalités ci-dessus concernant l'enregistrement de la naissance d'un enfant, le Français assurera l'état de filiation de cet enfant non-seulement en
Angleterre, mais même en France. Ainsi s'explique l'article 47
du Code civil des Français, rapporté déjà, et dans lequel on lit :
« Tout acte de l'état civil des Français et des étrangers, fait en pays
« étrangers, fera foi, s'il a été rédigé dans les formes usitées dans
« ledit pays ; » mais l'éloignement, les événements politiques, ou
toute autre cause pouvant offrir de grandes difficultés pour se
procurer l'acte d'enregistrement anglais, on préviendra ces difficultés, en faisant la déclaration de naissance près de l'agent diplomatique accrédité par le roi des Français en Angleterre. On
voit que nous arrivons au § 2, c'est-à-dire, aux formalités à remplir pour les actes de naissance et prescrites par les lois françaises.

Statut 6 *et* 7, *Guillaume IV, chap.* 86.

CÉDULE (A), NAISSANCE.

	1847. Naissances dans le district de . . . . ., comté de . . . . .

N°	ÉPOQUE de la naissance.	NOM, s'il en a.	SEXE.	NOM et prénoms du père.	NOM et prénoms de fille de la mère.	RANG ou profession du père.	SIGNATURE, qualité et demeure du comparant.	DATE de l'enregistrement.	SIGNATURE du secrétaire.	NOM de baptême, quand il est ajouté après l'inscription de la naissance.
20.	15 mars.	Félix-Amédée.	Mâle.	Félix-Amédée Lebaron.	Florence Francq.	Avocat.	Félix-Amédée Lebaron, père, avocat, 64, Strand.	16 mars.	. . . . Secrétaire.	

§ 2.

*Des formalités à remplir pour constater la naissance d'un
enfant d'après les lois françaises.*

862. Ces formalités sont tracées par les articles suivants du Code
civil des Français :

« Art. 55. Les déclarations de naissance seront faites, dans les
« trois jours de l'accouchement, à l'officier de l'état civil du lieu
« (à l'agent diplomatique ou au consul, art. 48); l'enfant lui sera
« présenté.

« Art. 56. La naissance de l'enfant sera déclarée par le père, ou,
« à défaut du père, par les docteurs en médecine ou en chirurgie,
« sages-femmes, officiers de santé ou autres personnes qui au-
« ront assisté à l'accouchement; et, lorsque la mère sera accou-
« chée hors de son domicile, par la personne chez qui elle sera
« accouchée. L'acte de naissance sera rédigé de suite, en présence
« de deux témoins.

« Art. 57. L'acte de naissance énoncera le jour, l'heure et le
« lieu de la naissance, le sexe de l'enfant, et les prénoms qui lui
« seront donnés; les prénoms, nom, profession et domicile des
« père et mère, et ceux des témoins (qui doivent être Français,
« du sexe masculin et âgés de vingt et un ans au moins. Art. 37 du
« Code civil, rapporté au n° 845 ci-dessus, page 420).

« Art. 58. Toute personne qui aura trouvé un enfant nouveau-
« né, sera tenue de le remettre à l'officier de l'état civil, ainsi
« que les vêtements et autres effets trouvés avec l'enfant, et de
« déclarer toutes les circonstances du temps et du lieu où il aura
« été trouvé. Il en sera dressé un procès-verbal détaillé, qui énon-
« cera, en outre, l'âge apparent de l'enfant, son sexe, les noms
« qui lui seront donnés, l'autorité civile à laquelle il sera remis.
« Ce procès-verbal sera inscrit sur les registres. »

863. Non moins sage que la loi anglaise, la loi française a
également prévu le cas de la naissance d'un enfant dans un
voyage de mer, et comme celle-là, elle a tracé la marche à suivre pour dresser son acte de naissance. Elle s'exprime à cet égard
de cette manière dans les articles suivants du Code civil :

« Art. 59. S'il naît un enfant pendant un voyage de mer,
« l'acte de naissance sera dressé dans les vingt-quatre heures, en

« présence du père, s'il est présent, et de deux témoins pris parmi
« les officiers du bâtiment, ou, à leur défaut, parmi les hommes
« de l'équipage. Cet acte sera rédigé, savoir : sur les bâtiments
« du roi, par l'officier d'administration de la marine; et sur les
« bâtiments appartenant à un armateur ou négociant, par le capi-
« taine, maître ou patron du navire. L'acte de naissance sera
« inscrit à la suite du rôle d'équipage. »

« Art. 60. Au premier port où le bâtiment abordera, soit de re-
« lâche, soit pour toute autre cause que celle de son désarmement,
« les officiers de l'administration de la marine, capitaine, maître ou
« patron, seront tenus de déposer deux expéditions authentiques
« des actes de naissance qu'ils auront rédigés, savoir, dans un
« port français, au bureau du préposé à l'inscription maritime,
« et, dans un port étranger, entre les mains du consul. L'une
« de ces expéditions restera déposée au bureau de l'inscription
« maritime, ou à la chancellerie du consulat; l'autre sera envoyée
« au ministre de la marine, qui fera parvenir une copie de lui
« certifiée, de chacun desdits actes à l'officier de l'état civil du
« domicile du père de l'enfant, ou de la mère, si le père est in-
« connu; cette copie sera inscrite de suite sur les registres. »

« Art. 61. A l'arrivée du bâtiment dans le port du désarme-
« ment, le rôle d'équipage sera déposé au bureau du préposé à
« l'inscription maritime, qui enverra une expédition de l'acte de
« naissance, de lui signée, à l'officier de l'état civil du père de
« l'enfant, ou de la mère, si le père est inconnu; cette expédition
« sera inscrite de suite sur les registres. »

864. Telles sont les règles établies par la loi française, pour
constater légalement la naissance d'un enfant. Mais si ces règles
n'ont pas été observées, s'il n'y a pas eu de déclaration de naissance, si cette déclaration a été faite après les délais fixés, si les
registres sont disparus, l'enfant perdra-t-il sa filiation, sa légitimité? Non certainement; il pourra, comme dans la législation
anglaise, suppléer à ce défaut de preuve légale, par d'autres
preuves que la loi française considère elle-même comme légales. Ces preuves sont indiquées par les articles suivants du
Code civil :

« Art. 46. Lorsqu'il n'aura pas existé de registres, ou lors-
« qu'ils auront été perdus, la preuve en sera reçue tant par titres
« que par témoins; et dans ces cas les ... naissances ... pour-

« ront être prouvées, tant par les registres et papiers émanés des
« père et mère décédés, que par témoins.

« Art. 319. La filiation des enfants légitimes se prouve par les
« actes de naissance inscrits sur le registre de l'état civil.

« Art. 320. A défaut de ce titre, la possession constante de
« l'état d'enfant légitime suffit.

« Art. 321. La possession d'état s'établit par une réunion suf-
« fisante de faits, qui indiquent le rapport de filiation et de pa-
« renté entre un individu et la famille à laquelle il prétend ap-
« partenir. Les principaux de ces faits sont : que l'individu a
« toujours porté le nom du père auquel il prétend appartenir; que
« le père l'a traité comme son enfant, et a pourvu, en cette qua-
« lité, à son éducation, à son entretien et à son établissement;
« qu'il a été reconnu constamment pour tel dans la société; qu'il
« a été reconnu pour tel par la famille. »

865. Ces faits pour établir la filiation ne sont pas limitatifs : ils
sont purement démonstratifs, c'est-à-dire qu'on peut encore invoquer d'autres preuves. Mais ces preuves entraînent des délais,
des dépenses, qui ruinent les ressources en même temps que la
santé, et peuvent conduire à la mort; et quel héritage qu'une
contestation de légitimité, contestation que les législations des
deux pays donnent le moyen d'empêcher, et cela, sans frais,
savoir : la législation anglaise, par la déclaration au secrétaire
du district, soit dans les quarante-deux jours, soit dans les six
mois de la naissance de l'enfant; la législation française, par la
déclaration à l'agent diplomatique, ou au consul, dans les trois
jours de cette naissance.

SECTION II.

Des formalités à remplir pour les actes de mariage.

866. Le maintien et la prospérité des États dépendent essentiellement de la bonne organisation des familles; de là, le soin qu'ont
toujours eu les législateurs de régler cette organisation. En Angleterre, elle a été fixée par le statut 6 et 7 de Guillaume IV, chapitres 85 et 86, et en France, par le Code civil, livre 1er, titre 2,
chap. 3, et titre 5. En faisant connaître la législation des deux
pays sur ce grand acte de la vie civile de leurs citoyens, les étrangers sauront, pour le contracter, les formalités prescrites par la
loi anglaise, et les Français, celles prescrites par la loi française.

§ 1er.

Des formalités prescrites par la loi anglaise pour les actes de mariage.

867. Lorsque deux personnes sont dans l'intention de se marier, elles sont tenues, ou l'une d'elles seulement, d'en donner une notice signée, dans la forme de la cédule (A), annexée plus loin, au secrétaire général du district dans lequel demeurent les parties depuis plus de sept jours, ou, si chacune des parties demeure dans un district différent, au secrétaire général de chaque district. La notice doit comprendre les noms, prénoms, professions ou conditions de chacun des futurs, le lieu de leur résidence, le temps de cette résidence, qui doit comprendre une période d'au moins sept jours pour chaque futur, l'église ou l'édifice dans lequel le mariage doit être célébré, et si l'une ou l'autre a demeuré plus d'un mois dans l'habitation spécifiée dans la notice, sa déclaration doit comprendre qu'elle y demeure depuis un mois et plus (1).

868. Le secrétaire général est tenu de déposer ces notices et de les placer parmi les archives de son office; il est tenu également d'inscrire immédiatement une copie exacte et lisible de cette notice, dans le registre qui lui est fourni à cet effet par le directeur général, et appelé « le registre des notices de mariage... » Ce registre est à la disposition du public, qui, aux heures indiquées, a le droit de l'inspecter sans frais. Pour chaque inscription d'une notice de mariage, il est dû 1 shilling au secrétaire général (2). S'il s'agit d'un mariage projeté entre deux juifs ou deux quakers, ils doivent se conformer aux dispositions relatées au numéro précédent pour la notice; mais pour que leur mariage soit valable, il faut qu'il soit contracté entre parties professant le même culte religieux (3).

869. La notice ci-dessus mentionnée doit, immédiatement après la lecture du procès-verbal des opérations des administrateurs du district, être lue dans leur assemblée hebdomadaire. Cette lecture doit être faite dans trois assemblées hebdomadaires, à moins qu'il n'ait été accordé une licence pour célébrer le ma-

(1) Statut 6 et 7, Guillaume IV, c. 85, § 4.
(2) Ibid., § 5.
(3) Ibid., § 2.

riage plus tôt et qu'il n'en ait été donné avis au secrétaire général.
S'il arrivait que les administrateurs ne tinssent pas les trois assemblées dont il vient d'être parlé, il suffira que lecture de la
notice soit faite dans l'assemblée qui se tiendra dans les vingt et
un jours à partir de la date de l'inscription de la notice (1).

870. Après l'expiration de sept jours, si le mariage est célébré
avec licence, ou de vingt et un jours, si le mariage est célébré
sans licence, à partir de l'inscription de la notice, le secrétaire
général, sur la demande qui lui en est faite par ou en faveur de la
partie qui a donné cette notice, est tenu de délivrer un certificat
signé par lui dans la forme de la cédule (B), annexée ci-après, à
moins qu'un empêchement légal ne soit jugé süffisant par ce secrétaire général pour arrêter la délivrance de ce certificat, à moins
aussi qu'une opposition n'ait été faite à cette délivrance de la manière qui sera mentionnée ci-après par la ou les personnes à ce
autorisées, comme il sera dit plus loin. Ce certificat renfermera
les particularités contenues dans la notice, le jour de l'inscription de cette notice, qu'il s'est écoulé une période complète de
sept ou de vingt et un jours (selon le cas) depuis l'inscription de
cette notice, et qu'il n'a été formé aucune opposition à sa délivrance par la ou les personnes à ce autorisées. Il est dû au secrétaire général, pour ce certificat, 1 shilling (2).

871. On vient de voir, au numéro précédent, que le mariage
peut être célébré, ou immédiatement après l'expiration des vingt
et un jours, ou des sept jours, à partir de l'inscription de la notice ; or, dans ce dernier cas, les futurs doivent être porteurs d'une
licence, et cette licence peut être accordée par le secrétaire général dans la forme de la cédule (C), annexée ci-après. Il est dû,
pour cette licence, la somme de 3 livres sterling, outre le coût
du timbre. Cette licence ne peut être accordée par le secrétaire
général que pour les mariages à célébrer dans une des églises ou
un des édifices de son district (3). Et pour distinguer les certificats délivrés pour mariages avec licence, de ceux délivrés pour
mariages sans licence, une marque à l'eau dans la forme du mot
« licence, » en lettres romaines, doit être apposée en fabriquant
la substance du papier destiné à écrire ou imprimer les certificats

(1) Statut 6 et 7, Guillaume IV, c. 85, § 6.
(2) Ibid., § 7.
(3) Ibid., § 11.

pour mariages avec licence ; ces derniers certificats seront imprimés à l'encre rouge, et les autres à l'encre noire (1).

872. Si un mariage avec licence ne peut être célébré avant l'expiration des sept jours voulus par la loi, cependant le certificat nécessaire pour contracter ce mariage peut être délivré avant la concession de cette licence ; mais alors l'un des futurs doit se présenter personnellement devant le secrétaire général, et, dans le cas où celui-ci n'aurait pas reçu la notice du mariage projeté, ce futur doit lui remettre le certificat du secrétaire général ou des secrétaires généraux auxquels cette notice aura été remise ; ce futur doit, en même temps, faire serment, ou passer une affirmation ou une déclaration solennelle, qu'il sait qu'il n'y a aucun empêchement de parenté ou d'alliance, ou aucun autre empêchement légal au mariage projeté, et que l'un des futurs, durant les quinze jours précédant immédiatement la concession de cette licence, a demeuré dans le district où doit se célébrer le mariage. Enfin, si l'un ou l'autre futur, n'étant pas veuf, est mineur de vingt et un ans, il doit rapporter le consentement de la personne ou des personnes dont le consentement est requis par la loi dans ce cas, ou qu'il n'existe personne ayant pouvoir d'accorder ce consentement, selon le cas. La licence accordée et les déclarations passées dans cette circonstance sont passibles des mêmes droits de timbre que les licences pour mariage accordées par l'ordinaire des diocèses et les affidavit faits pour se les procurer (2).

873. Quoique le mariage soit l'acte qui exige la plus grande liberté, cet acte est cependant soumis à la surveillance de ceux que la nature ou la loi ont appelés à protéger les jeunes années ou la faiblesse de la raison. De là le droit d'opposition accordé dans ce cas. En conséquence, toute personne autorisée à cet effet peut s'opposer à la délivrance du certificat du secrétaire général, en écrivant avant la délivrance de ce certificat le mot « empêché » en face de l'inscription de la notice du mariage projeté sur le registre des notices de mariages, et en y souscrivant son nom, sa demeure et sa qualité à l'égard de l'une ou de l'autre partie, d'où résulte son droit. Dans le cas où la délivrance de ce certificat a été ainsi empêchée, la notice et toutes les autres formalités ultérieures sont totalement nulles (3).

(1) Statut 6 et 7, Guillaume IV, c. 85, § 8.
(2) Ibid., § 12.
(3) Ibid., § 9.

874. Les personnes dont le consentement est exigé par la loi pour contracter un mariage, peuvent également s'opposer à la délivrance du certificat du secrétaire général, soit qu'il s'agisse d'un mariage projeté avec ou sans licence (1).

875. La loi anglaise a encore établi un autre droit d'opposition à un mariage projeté, et elle a donné à ce droit le nom de *caveat*, qui est une mesure provisoire à laquelle peuvent recourir tous les citoyens. Ainsi toute personne, en payant 5 shillings, peut prendre un caveat à l'office du secrétariat général contre la concession d'un certificat ou d'une licence pour le mariage de tous futurs y nommés; ce caveat, dûment signé par ou au nom de la personne qui l'a pris, désignant en même temps sa demeure et les motifs sur lesquels il est fondé, arrête la délivrance du certificat ou de la licence, jusqu'à ce que le secrétaire général ait pu en apprécier les causes, et qu'il ait reconnu qu'elles ne peuvent pas s'opposer à la délivrance de l'un ou de l'autre, et jusqu'à ce que la personne qui l'a pris l'ait retiré. En cas de doute, il est permis au secrétaire général de référer des causes de ce caveat au directeur général, qui est tenu d'en décider. En cas de refus de la part du secrétaire général d'accorder le certificat ou la licence qui lui sont demandés, l'impétrant a le droit d'en appeler au directeur général, qui est tenu, soit de confirmer le refus, soit d'ordonner la délivrance du certificat ou de la licence (2).

876. Cependant ce droit de prendre un caveat et d'arrêter par là l'acte le plus grave de la vie de l'homme, ne doit pas reposer sur des motifs frivoles : il faut que ces motifs soient graves, sérieux, et fondés sur le respect dû aux liens de la famille ou aux prescriptions de la loi; s'il en était autrement, le porteur d'un caveat s'exposerait à une action en dommages-intérêts, laquelle est donnée par le statut lui-même. Ainsi, quiconque prend un caveat à l'office du secrétaire général contre la concession d'une licence ou la délivrance d'un certificat, en se fondant sur des motifs déclarés frivoles par celui-ci, et non susceptibles de s'opposer à la concession de la licence, est passible des frais causés par ses actes, et de dommages-intérêts qui peuvent être demandés par une action sur le cas par la partie contre le mariage de la-

(1) Statut 6 et 7, Guillaume IV, c. 85, § 10.
(2) Ibid., § 13.

quelle ce caveat a été pris (1). Mais cette action doit être intentée
dans les trois ans à partir du quasi-délit qui y a donné lieu, autrement elle serait éteinte par la prescription (2).

877. Aucun mariage ne peut être célébré qu'après l'expiration
de vingt et un jours, ou, en cas de licence, après l'expiration de
sept jours, à partir du jour de l'inscription de la notice. Dans
l'un et l'autre cas, le mariage ne peut être célébré qu'en représentant, soit le certificat, soit la licence, que le secrétaire général
peut seul accorder (3).

878. S'il s'écoule un intervalle de plus de trois mois à partir
du jour de l'inscription de la notice, sans que le mariage ait été
célébré, cette notice, le certificat, la licence, et toutes les autres
formalités qui en ont été la suite, sont entièrement nuls. En
conséquence, nul ne célébrera de mariage, nul secrétaire ne
l'enregistrera, à moins qu'une nouvelle notice n'ait été donnée,
qu'une nouvelle inscription n'ait été faite, et qu'un nouveau
certificat n'ait été délivré à l'époque et de la manière ci-devant
relatées (4).

879. Lorsque les formalités ci-devant prescrites ont été remplies, lorsque les délais voulus sont expirés, les futurs, porteurs
du certificat du secrétaire ou des secrétaires, dans le cas où la notice a été enregistrée dans différents districts, doivent remettre
ce certificat au ministre officiant, si le mariage doit être célébré
conformément aux rites de l'Église anglicane. Le certificat ou la
licence seront remis à l'officier enregistreur de la secte des quakers du lieu où le mariage est célébré, s'il est célébré conformément aux usages de cette secte; ou à l'officier de la synagogue
par lequel le mariage est enregistré, si ce mariage doit être célébré conformément aux usages de la religion hébraïque (5); et,
dans tous les autres cas, ils seront délivrés au secrétaire présent
au mariage, comme il sera dit ci-après (6).

880. Les mariages doivent être célébrés soit dans les églises,
soit dans les édifices destinés à quelque culte religieux et recon-

(1) Statut 6 et 7, Guillaume IV, c. 85, § 37.
(2) Ibid., § 41.
(3) Ibid., § 14.
(4) Ibid., § 15.
(5) Ibid., § 16.
(6) Ibid., § 21.

nus par l'autorité (1), soit à l'office même du secrétaire général (2).

881. Après l'expiration des deux périodes de vingt et un jours ou de sept jours, en cas de licence, le mariage peut être célébré dans l'église ou l'édifice spécifiés dans la notice, entre les futurs dénommés dans cette notice, et le certificat dont ils sont porteurs, conformément aux formalités et aux cérémonies qu'ils jugeront convenable d'adopter. Le mariage sera célébré les portes ouvertes, entre huit heures du matin et midi, en présence du secrétaire du district dans lequel est situé l'édifice où se fait le mariage, et de deux ou un plus grand nombre de témoins dignes de foi. A un moment quelconque des cérémonies, en présence du secrétaire et des témoins, chacun des futurs déclarera :

« Je déclare solennellement que je ne connais aucun empêche-
« ment légal à ce que moi A. B. je sois uni en mariage à C. D. »
• Chacun des futurs dira à l'autre :

« Je déclare, devant ces personnes ici présentes comme témoins,
« que moi, A. B., je te prends, C. D., pour être ma légitime
« épouse (ou époux). »

Ces formalités sont remplies s'il n'existe aucun empêchement légal au mariage projeté entre les futurs (3).

882. Si les futurs, par un motif quelconque, préféraient se marier à l'office du secrétaire général, la loi les y autorise; et alors, après la notice et le certificat voulus, ils peuvent se présenter à cet office et y faire célébrer leur mariage en présence du secrétaire général et d'un secrétaire du district, en présence aussi de deux témoins, les portes étant ouvertes, entre huit heures du matin et midi, et en faisant la déclaration et employant la forme des mots prescrits au numéro précédent (4).

883. Il est dû au secrétaire, pour sa présence à un mariage célébré sans licence, la somme de 5 shillings, et celle de 10 shillings, si le mariage est célébré avec licence (5), et il est autorisé à interroger les futurs sur les différentes formalités dont l'enregistrement est requis pour leur mariage (6). Ce droit d'interroger

---

(1) Statut 6 et 7, Guillaume IV, c. 85, §§ 18, 19, 26, 28, 29, 30, 31, 32, 33, 34.
(2) Ibid., § 21.
(3) Ibid., § 20.
(4) Ibid., § 21.
(5) Ibid., § 22.
(6) Ibid., § 36.

les futurs sur les mêmes formalités est accordé au ministre du culte, au secrétaire enregistreur des quakers et au secrétaire de la synagogue, suivant le cas (1).

884. Les registres des mariages sont tenus en double, et lorsqu'un mariage a été célébré, le ministre du culte, ou, s'il s'agit de quakers, l'officier enregistreur, ou, s'il s'agit de juifs, le secrétaire de la synagogue, ou, si le mariage a été célébré à l'office du secrétaire général, ce secrétaire général, doivent chacun, suivant le cas, enregistrer ou faire enregistrer, immédiatement après la célébration du mariage, en double, sur les deux registres à ce destinés, les différentes formalités relatives à ce mariage conformément à la cédule (C) dont il a été parlé déjà. Cet enregistrement sera signé par le ministre du culte, par l'officier enregistreur, par le secrétaire de la synagogue, par le secrétaire du district, par les futurs et les deux témoins. Cet enregistrement a toujours lieu par ordre de numéros, depuis le commencement jusqu'à la fin de chaque registre, et le numéro d'enregistrement est le même sur les deux registres duplicata (2).

885. Lorsqu'un mariage a été célébré comme il est dit ci-dessus, il est bon et valable (3), et il n'est pas même nécessaire, pour établir sa validité, de prouver que la demeure de l'une ou l'autre partie préalablement au mariage, dans le district où ce mariage a été célébré, a duré le temps requis, c'est-à-dire sept jours, non plus que le consentement des personnes que la loi exige, et il ne peut jamais se faire d'enquête pour prouver le contraire dans tout procès quelconque, concernant la validité d'un tel mariage (4). La loi anglaise considère une pareille union comme indissoluble, sauf le divorce, et elle fait retomber, non pas sur les conjoints, à moins qu'il n'y ait fraude, la non complète exécution de ses prescriptions, mais sur les officiers qui ont facilité cette non-exécution.

886. Outre les droits spécifiés au n° 868, les futurs sont tenus de payer ceux fixés pour les ministres célébrants, et qui varient suivant les diocèses et suivant la secte religieuse à laquelle ils appartiennent. Du reste, il faut dire que le mariage célébré à

(1) Statut 6 et 7, Guillaume IV, c. 86, § 40.
(2) Ibid., § 23 ; c. 86, § 31.
(3) Ibid., § 35.
(4) Ibid., § 25.

l'office du secrétaire général est aussi valable en droit que s'il était célébré dans une église, dans une chapelle ou dans tout autre édifice reconnu par la loi, mais qu'il ne cause pas les mêmes frais, ces frais se bornant à ceux spécifiés au n° 868.

887. Après avoir réglé les formalités à remplir pour contracter valablement un mariage, la loi a établi des pénalités en cas d'inobservations, et ces pénalités sont plus ou moins sévères, selon que ces inobservations sont plus ou moins graves. Ainsi, est coupable de parjure et sera puni comme tel quiconque sciemment et volontairement fera une fausse déclaration ou signera la fausse notice du certificat requis pour contracter un mariage, quiconque aussi s'opposera à la délivrance du certificat du secrétaire général, en se présentant faussement comme étant une des personnes dont le consentement au mariage projeté est requis par la loi, et sachant que sa déclaration est fausse (1).

888. Si le mariage n'est pas célébré dans le lieu et après l'expiration des délais prescrits, il y a félonie; en conséquence est coupable de félonie, 1° quiconque sciemment et volontairement célébrera un mariage, en Angleterre, à moins de licence spéciale, dans tout autre lieu que l'église, la chapelle, l'édifice ou l'office spécifiés dans la notice et le certificat (excepté s'il s'agit d'un mariage à célébrer entre deux quakers ou deux juifs, d'après les usages de leur culte); 2° quiconque sciemment et volontairement célébrera, dans les lieux susdits, un mariage en l'absence d'un secrétaire du district dans lequel est situé le lieu où ce mariage est célébré; 3° quiconque aussi sciemment et volontairement célébrera un mariage en Angleterre dans les vingt et un jours à partir de l'inscription de la notice donnée au secrétaire général, ou, s'il y a licence, dans les sept jours après cette inscription, ou, enfin, après l'expiration des trois mois à partir de cette inscription (2).

889. Il y a également félonie, 1° lorsque le secrétaire général sciemment et volontairement délivre un certificat pour mariage après l'expiration des trois mois calendaires, à partir de l'inscription de la notice; 2° lorsqu'il délivre un certificat pour mariage avec licence avant l'expiration des sept jours à partir de l'inscrip-

(1) Statut 6 et 7, Guillaume IV, c. 85, § 38.
(2) Ibid., § 39.

tion de la notice ; 3° lorsqu'il délivre un certificat pour mariage
sans licence avant l'expiration des vingt et un jours à partir de
l'inscription de la notice ; 4° lorsqu'il délivre un certificat malgré
l'opposition de toute personne ayant capacité à cet effet ; 5° lorsqu'il enregistre sciemment et volontairement un mariage déclaré
par la loi actuelle nul et de nul effet ; 6° lorsque le secrétaire
sciemment et volontairement délivrera une licence pour mariage
après l'expiration des trois mois à partir de l'inscription de la
notice ; ou 7°, enfin, lorsque sciemment et volontairement il célébrera, dans son office, un mariage déclaré par les présentes nul
et de nul effet (1).

890. La loi, ne pouvant pas laisser les officiers publics sous
le coup d'une responsabilité perpétuelle, a dû établir une période fixe pour cette responsabilité, et cette période, elle l'a fixée
à trois ans. Ainsi, toutes les poursuites pouvant donner lieu aux
pénalités qu'elle prononce doivent commencer dans les trois ans
à partir de la perpétration du fait qui y donne lieu (2).

891. Outre les pénalités appliquées aux officiers qui ont célébré un mariage contrairement aux prescriptions de la loi et résultant d'une félonie, la loi frappe encore les mariés eux-mêmes
en annulant leur mariage. Ainsi, sera nul et de nul effet le mariage contracté entre des individus qui, sciemment et volontairement, se marieront, 1° dans un lieu autre que celui spécifié
dans la notice et le certificat ; 2° sans avoir donné une notice
légale au secrétaire général ; 3° sans licence, dans le cas où elle
est requise ; 4° ou en l'absence d'un secrétaire ou d'un secrétaire
général, lorsque leur présence est requise (3).

892. Mais lorsqu'il s'agit de faits donnant lieu à la peine du
parjure et n'annulant pas le mariage, la loi ajoute à cette pénalité une pénalité civile, en prononçant, contre la partie coupable,
une confiscation de tous les avantages stipulés en sa faveur par
suite de ce mariage. Ainsi, lorsqu'un mariage valable a été contracté en recourant volontairement à une fausse notice ou déclaration, ou à un faux certificat, au lieu de ceux prescrits par la
présente loi, l'attorney général ou le sollicitor général de Sa Majesté pourra demander la forfaiture de tous les biens et avantages

(1) Statut 6 et 7, Guillaume IV, c. 85, § 40.
(2) Ibid., § 41.
(3) Ibid., § 42.

résultant du mariage, au profit du contrevenant, et alors les procédures à suivre et leurs résultats seront les mêmes que ceux concernant les mariages célébrés avec licence avant la passation de la présente, d'après les rites de l'Église d'Angleterre (1).

893. Tout ce qui précède sur les formalités à remplir pour contracter un mariage, et se trouve compris dans ce paragraphe, ne s'applique qu'à l'Angleterre proprement dite, et non à l'Irlande ni à l'Écosse, qui sont réglés par d'autres lois sur la même matière (2).

894. En nous résumant sur ce paragraphe, il en résulte que, pour se marier en Angleterre, il faut :

1° Faire une déclaration à l'office du district dans lequel demeurent les futurs, et à l'office de chaque district, s'ils demeurent dans deux districts différents, et que le domicile, à cet égard, s'établit par une simple résidence de sept jours antérieurement à cette déclaration ;

2° Laisser écouler sept jours pleins ou vingt et un jours pleins, suivant qu'il y a ou qu'il n'y a pas licence, à partir du jour de la déclaration, avant de se marier ;

3° Que le mariage soit contracté dans les trois mois, à partir du jour de la déclaration, soit dans une église, soit dans tout autre édifice à ce destiné, soit même à l'office du secrétaire du district, et que, dans tous les cas, le mariage soit célébré les portes ouvertes, entre huit heures du matin et midi, en présence, soit du secrétaire, soit du secrétaire général et de deux témoins au moins.

895. Si un Français épouse une Française ou une étrangère en Angleterre, et qu'il se conforme aux dispositions rapportées dans ce paragraphe, son mariage sera aussi valable que s'il était contracté, soit en France, soit devant l'ambassadeur, soit devant le consul français à Londres. C'est ainsi que s'expliquent les articles 47 et 48 du Code civil des Français, cités déjà au n° 868 ci-dessus, et c'est ainsi que s'explique spécialement l'article 170 du même Code, qui dit : « Le mariage contracté en pays étranger « entre Français et entre Français et étrangers, sera valable s'il « a été célébré dans les formes usitées dans le pays, pourvu qu'il

(1) Statut 6 et 7, Guillaume IV, c. 85, § 43.
(2) Ibid., § 44.

« ait été précédé des publications prescrites par l'article 63 (que nous
« verrons au paragraphe suivant), au titre des actes de l'État civil,
« et que le Français n'ait pas contrevenu aux dispositions contenues
« au chapitre précédent (art. 144 à 164). » Nous devons faire remarquer que cet article, déclarant valable le mariage contracté
en pays étranger et conformément aux lois de ce pays, veut cependant qu'il soit précédé des publications prescrites par l'art. 63;
et de là on avait tiré en France cette conséquence, que le mariage contracté à l'étranger, sans les publications prescrites par
l'art. 63, était nul. Mais la Cour de cassation., par un arrêt rendu
en 1846, a décidé qu'un pareil mariage n'était pas nul, parce
que cette nullité n'était pas spécialement prononcée par la loi.
Au surplus, ne peut-on pas dire que le vœu de l'article 63 se
trouve rempli par la loi anglaise, quand, de son côté, elle ordonne
que la notice d'un mariage doit être lue et affichée pendant trois
semaines à l'office du secrétaire du district où cette notice est
donnée ?

896. Mais lorsqu'un mariage est ainsi contracté à l'étranger,
dans les formes usitées dans ce pays, « dans les trois mois, dit
« l'article 171 du même Code, après le retour du Français sur le
« territoire du royaume, l'acte de célébration du mariage con-
« tracté en pays étranger sera transcrit sur le registre public des
« mariages du lieu de son domicile. » Le Français ne doit jamais
négliger de remplir cette formalité à son retour en France; autrement, en cas de décès, il pourrait s'élever des contestations,
soit sur la validité de son mariage, soit sur la légitimité de ses
enfants.

Statut 6 et 7, Guillaume IV, chap. 85.

CÉDULES RELATIVES AUX MARIAGES.

CÉDULE (A).

Notice de mariage.

Au secrétaire du district de Saint-Martin-in-Fields, comté de Middlesex.

Je, soussigné, vous donne notice qu'il y a projet de mariage à célébrer, dans les trois mois à partir de la date du présent, entre moi et l'autre partie ci-dessous nommée et qualifiée, savoir :

NOMS et Prénoms.	CONDITION.	RANG ou Profession.	AGE.	DOMICILE.	DURÉE de la résidence.	ÉGLISE ou Édifice où le mariage doit être célébré.	DISTRICT et Comté du domicile de l'autre futur, quand les futurs demeurent dans différents districts.
Félix-Amédée Lebaron.	Célibataire.	Avocat.	Majeur.	64, Strand.	Plus d'un mois.	L'office du secrétaire du district.	
Florence Francq.	Célibataire.	Demoiselle.	Majeure.	64, Strand.	Plus d'un mois.		

En foi de quoi j'ai signé, le 25 février 1847.

Signé : F. LEBARON.

Statut 6 et 7, Guillaume IV, chap. 85.

CÉDULE (B).

Certificat du secrétaire.

Je, ..., secrétaire du district de ....., comté de ....., certifie par les présentes que, le 25 février, une notice a été dûment enregistrée, sur le registre des notices de mariages dudit district, du mariage projeté entre les parties ci-après nommées et qualifiées, délivrée sous la signature de F. Lebaron, l'une des parties; savoir :

NOMS et Prénoms.	CONDITION.	RANG ou Profession.	AGE.	DOMICILE.	DURÉE du domicile.	ÉGLISE ou Édifice où le mariage doit être célébré.	DISTRICT ET COMTÉ du domicile de l'autre futur, quand les futurs demeurent dans différents districts.
Félix-Amédée Lebaron.	Célibataire.	Avocat.	Majeur.	64, Strand.	Plus d'un mois.	A l'office du secrétaire du district.	
Florence Francq.	Célibataire.	Demoiselle.	Majeure.	64, Strand.	Plus d'un mois.		

Date de l'enregistrement de la notice, 25 février 1847.

Date du certificat, 19 mars 1847.

La délivrance du présent certificat n'a été empêchée par aucune des personnes autorisées à empêcher cette délivrance.

En foi de quoi j'ai signé le présent, cejourd'hui 19 mars 1847.

Signé : (signature du secrétaire).

(Ce certificat sera nul, si le mariage n'est pas célébré le ou avant le 25 mai 1847.)

Statut 6 *et* 8, *Guillaume IV, chap.* 86.

CÉDULE (C).

Licence de mariage.

A. B., secrétaire général du . . . . ., à C. D. . . . . ., de . . . . ., et
E. F. de . . . . ., salut.

Considérant que vous avez le projet de passer un contrat de
mariage, conformément aux dispositions d'un acte fait dans les
6ᵉ et 7ᵉ années du règne de Sa Majesté le roi Guillaume IV, intitulé (insérer ici le titre de cet acte), et que vous êtes désireux
de célébrer promptement et publiquement ce mariage; considérant que vous C. D. (ou vous E. F.) avez fait et souscrit une déclaration sous votre signature, que vous croyez qu'il n'y a pas
d'empêchement de parenté ou d'alliance, ou aucun autre empêchement légal audit mariage, et que vous C. D. (ou E. F.) avez
(ou a) ou votre (ou son) domicile ordinaire, durant l'espace de
quinze jours passés, dans le district de . . . ., et que vous C. D.
(ou E. F.) n'étant ni veuf (ou veuve) êtes (ou est) mineur de
vingt et un ans, et que le consentement de G. H., dont le consentement à votre (ou son) mariage est requis par la loi, a été
obtenu à cet effet (ou qu'il n'y a personne ayant autorité pour
donner ce consentement), je, par les présentes, vous octroie
pleine licence, conformément au pouvoir qui m'en est donné
par ledit acte, de procéder et célébrer ce mariage, comme aussi
au secrétaire du district de . . . . (insérer ici le nom du district
où le mariage doit être célébré) d'enregistrer ce mariage conformément à la loi : pourvu que ledit mariage soit célébré
publiquement en présence dudit secrétaire et de deux témoins
dans les trois mois, à partir de (insérer ici la date de l'enregistrement sur le livre-notice du secrétaire général), a . . . . . (nommer ici le lieu où le mariage doit être célébré), entre huit
heures du matin et midi. Donné, sous ma signature, ce 4 mars
1847.

Signé : A. B.,
secrétaire général.

Statut 6 et 7, Guillaume IV, chap. 86.

CÉDULE (C). — Mariage.

	1847.			Mariage célébré à ....., paroisse de ....., au comté de				
N°	JOUR du mariage.	NOMS et Prénoms.	AGE.	CONDITION.	RANG ou Profession.	DOMICILE au moment du mariage.	NOM et prénoms du père.	RANG et Profession du père.
20	23 mars 1847.	Félix-Amédée Lebaron. Florence Francq.	Majeurs.	Célibataires.	Avocat. Demoiselle.	64, Strand.	Jean-Baptiste Lebaron. S	

Mariés en ....., conformément ..... par licence, ou après bans, par moi.

..... Vicaire et Secrétaire.

Ce mariage a été célébré entre nous { Félix-Amédée Lebaron. Florence Francq. ‖ En la présence de nous { 1er témoin. 2e témoin.

Statut 6 et 7, Guillaume IV, chap. 8.

CÉDULE (D).

Je .. ., secrétaire au district de ...., au comté de....., certifie, par les présentes, que ceci est une copie fidèle des inscriptions de mariage enregistrées dans ledit district de l'inscription du mariage de Félix-Amédée Lebaron et Florence Francq , numéro premier à l'inscription du mariage de James Smith et Martha Green, n° 14. En foi de quoi j'ai signé, cejourd'hui 10 mars 1847.

Signé : (la signature) ,
secrétaire.

Si le Français veut se marier à l'étranger, conformément aux lois françaises, nous allons dire dans le paragraphe suivant quelles formalités il doit remplir.

§ 2.

Des formalités prescrites par la loi française pour les actes de mariage.

807. Le Français, à l'étranger, peut passer les actes de son état civil, et par conséquent contracter un mariage devant l'agent diplomatique français accrédité dans ce pays étranger. C'est en ce sens que s'exprime l'article 48 du Code civil des Français, déjà cité ci-dessus, et où on lit : « Tout acte de l'état civil « des Français en pays étranger sera valable, s'il a été reçu, con-« formément aux lois françaises, par les agents diplomatiques « ou par les consuls. » *Conformément aux lois françaises.* Or que disent ces lois ? C'est ce que nous allons faire connaître en les rapportant textuellement, c'est-à-dire le chap. 3 du titre II du livre 1er, et les chapitres 1, 2, 3, 4, 5, 6, 7 et 8 du titre V du livre 1er du Code civil des Français.

LIVRE 1er. — TITRE II. — CHAPITRE III.

« Art. 63. Avant la célébration du mariage, l'officier de l'état « civil (l'agent diplomatique français, ou le consul) fera deux « publications à huit jours d'intervalle, un jour de dimanche, de-

« vant la porte de la maison commune. Ces publications, et l'acte
« qui en sera dressé, énonceront les prénoms, noms, professions
« et domiciles de leurs pères et mères. Cet acte énoncera, en outre,
« les jours, lieux et heures où les publications auront été faites ;
« il sera inscrit sur un seul registre, qui sera coté et paraphé,
« comme il est dit en l'article 41, et déposé à la fin de chaque an-
« née au greffe du tribunal de l'arrondissement.

« Art. 64. Un extrait de l'acte de publication sera et restera
« affiché à la porte de la maison commune (de la chancellerie)
« pendant les huit jours d'intervalle de l'une à l'autre publication.
« Le mariage ne pourra être célébré avant le troisième jour, de-
« puis et non compris celui de la seconde publication.

« Art. 65. Si le mariage n'a pas été célébré dans l'année, à
« compter de l'expiration du délai des publications, il ne pourra
« plus être célébré qu'après que de nouvelles publications auront
« été faites dans la forme ci-dessus prescrite.

« Art. 66. Les actes d'opposition au mariage seront signés sur
« l'original et sur la copie par les opposants ou par leurs fondés
« de procuration spéciale et authentique : ils seront signifiés, avec
« la copie de la procuration, à la personne ou au domicile des
« parties, et à l'officier de l'état civil, qui mettra son visa sur
« l'original.

« Art. 67. L'officier de l'état civil fera, sans délai, une men-
« tion sommaire des oppositions sur le registre des publications ;
« il fera aussi mention, en marge de l'inscription desdites op-
« positions, des jugements ou des actes de mainlevée, dont ex-
« pédition lui aura été remise.

« Art. 68. En cas d'opposition, l'officier de l'état civil ne pour-
« ra célébrer le mariage avant qu'on lui en ait remis la main-
« levée, sous peine de 300 fr. d'amende et de tous dommages-
« intérêts.

« Art. 69. S'il n'y a point d'opposition, il en sera fait mention
« dans l'acte de mariage, et si les publications ont été faites dans
« plusieurs communes, les parties remettront un certificat déli-
« vré par l'officier de l'état civil de chaque commune, constatant
« qu'il n'existe point d'opposition.

« Art. 70. L'officier de l'état civil se fera remettre l'acte de
« naissance de chacun des futurs époux. Celui des époux qui se-
« rait dans l'impossibilité de se le procurer, pourra le suppléer, en

« rapportant un acte de notoriété délivré par le juge de paix du
« lieu de sa naissance, ou par celui de son domicile.

« Art. 71. L'acte de notoriété contiendra la déclaration faite
« par sept témoins de l'un ou de l'autre sexe, parents ou non pa-
« rents, des prénoms, nom, profession et domicile du futur époux,
« et de ceux de ses père et mère, s'ils sont connus ; le lieu, et,
« autant que possible, l'époque de sa naissance, et les causes qui
« empêchent d'en rapporter l'acte. Les témoins signeront l'acte de
« notoriété avec le juge de paix ; et, s'il en est qui ne puissent ou
« ne sachent signer, il en sera fait mention.

« Art. 72. L'acte de notoriété sera présenté au tribunal de
« première instance du lieu où doit se célébrer le mariage. Le
« tribunal, après avoir entendu le procureur du roi, donnera ou
« refusera son homologation, selon qu'il trouvera suffisantes ou
« insuffisantes les déclarations des témoins, et les causes qui em-
« pêchent de rapporter l'acte de naissance.

« Art. 73. L'acte authentique du consentement des père et mère
« ou aïeuls et aïeules (1), ou, à leur défaut, celui de la famille,

---

(1) 1° Avis du conseil d'État, du 27 messidor an XIII, approuvé le 4 ther-
midor, sur les formalités relatives au mariage.

Le conseil d'État est d'avis, 1° qu'il n'est pas nécessaire de produire les
actes de décès des pères et mères des futurs mariés, lorsque les aïeuls ou aïeules
attestent ce décès ; et, dans ce cas, il doit être fait mention de leur attestation
dans l'acte de mariage.

2° Que si les pères, mères, aïeuls ou aïeules, dont le consentement ou conseil est requis, sont décédés, et si l'on est dans l'impossibilité de produire
l'acte de leur décès, ou la preuve de leur absence (Code civil, 155), faute de
connaître leur dernier domicile, il peut être procédé à la célébration du mariage des majeurs, sur leur déclaration à serment que le lieu du décès et celui
du dernier domicile de leurs ascendants leur sont inconnus. Cette déclaration
doit être certifiée aussi par serment des quatre témoins de l'acte de mariage,
lesquels affirment que, quoiqu'ils connaissent les futurs époux, ils ignorent le
lieu du décès de leurs ascendants et leur dernier domicile. Les officiers de
l'état civil doivent faire mention, dans l'acte de mariage, desdites déclarations.

3° Avis du conseil d'État, du 19 mars 1808, approuvé le 30.

Le conseil d'État est d'avis que, dans le cas où le nom d'un des futurs ne
serait pas orthographié, dans son acte de naissance, comme celui de son père,
et dans celui où l'on aurait omis quelqu'un des prénoms de ses parents, le
témoignage des pères et mères ou aïeux, assistant au mariage et attestant
l'identité, doit suffire pour procéder à la célébration du mariage; qu'il doit en
être de même dans le cas d'absence des pères et mères ou aïeux, s'ils attes-

« contiendra les prénoms, noms, professions et domiciles du futur
« époux et de tous ceux qui auront concouru à l'acte, ainsi que
« leur degré de parenté.

« Art. 74. Le mariage sera célébré dans la commune où l'un
« des deux époux aura son domicile. Ce domicile, quant au ma-
« riage, s'établira par six mois d'habitation continue dans la
« même commune.

« Art. 75. Le jour désigné par les parties, après les délais des
« publications, l'officier de l'état civil, dans la maison commune,
« en présence de quatre témoins, parents ou non parents, fera
« lecture aux parties des pièces ci-dessus mentionnées, relatives
« à leur état et aux formalités du mariage, et du chapitre 6 du
« titre, *Du mariage*, sur *les droits et les devoirs respectifs des*
« *époux.* Il recevra de chaque partie, l'une après l'autre, la dé-
« claration qu'elles veulent se prendre pour mari et femme ; il
« prononcera, au nom de la loi, qu'elles sont unies par le ma-
« riage, et il en dressera acte sur-le-champ.

« Art. 76. On énoncera, dans l'acte de mariage : 1° les pré-
« noms, noms, professions, âges, lieux de naissance et domi-
« ciles des époux ; 2° s'ils sont majeurs ou mineurs ; 3° les pré-
« noms, noms, professions et domiciles des pères et mères ; 4° le
« consentement des pères et mères, aïeuls et aïeules, et celui de
« la famille, dans les cas où ils sont requis ; 5° les actes respec-
« tueux, s'il en a été fait ; 6° les publications dans les divers do-
« miciles ; 7° les oppositions, s'il y en a eu ; leur mainlevée, ou la

tent l'identité dans leur consentement donné en la forme légale ; qu'en cas de
décès des pères, mères ou aïeux, l'identité est valablement attestée, pour les
mineurs, par le conseil de famille ou par le tuteur *ad hoc*, et, pour les majeurs, par les quatre témoins de l'acte de mariage ;

Qu'enfin, dans le cas où les omissions d'une lettre ou d'un prénom se trouvent dans l'acte de décès des pères, mères ou aïeux, la déclaration à serment
des personnes dont le consentement est nécessaire pour les mineurs, et celle
des parties et des témoins pour les majeurs, doivent aussi être suffisantes,
sans qu'il soit nécessaire, dans tous ces cas, de toucher aux registres de l'état
civil, qui ne peuvent jamais être rectifiés qu'en vertu d'un jugement.

Les formalités susdites ne sont exigibles que lors de l'acte de célébration, et
non pour les publications, qui doivent toujours être faites conformément aux
notes remises par les parties aux officiers de l'état civil.

En aucun cas, conformément à l'article 100 du Code civil, les déclarations
faites par les parents ou témoins ne peuvent nuire aux parties qui ne les ont
point requises, et qui n'y ont point concouru.

« mention qu'il n'y a point eu d'opposition ; 8° la déclaration des
« contractants de se prendre pour époux, et le prononcé de leur
« union par l'officier public ; 0° les prénoms, noms, âges, pro-
« fessions et domiciles des témoins, et leur déclaration s'ils sont
« parents ou alliés des parties, de quel côté et à quel degré. »

LIVRE PREMIER.

TITRE V.

CHAPITRE PREMIER.

Des qualités et conditions requises pour pouvoir contracter mariage.

« Art. 144. L'homme, avant dix-huit ans révolus, la femme,
« avant quinze ans révolus, ne peuvent contracter mariage.

« Art. 145. Néanmoins il est loisible au roi d'accorder des dis-
« penses d'âge pour des motifs graves (1).

« Art. 146. Il n'y a point de mariage, s'il n'y a point de con-
« sentement.

« Art. 147. On ne peut contracter un second mariage avant la
« dissolution du premier (2).

(1) Arrêté du 20 prairial an XI, sur les dispenses relatives au mariage.

1. Les dispenses pour se marier avant dix-huit ans révolus pour les hommes et quinze ans révolus pour les femmes, et celles pour se marier dans les degrés prohibés par l'article 164 du Code civil, seront délivrées par le gouvernement sur le rapport du grand-juge.

2. Les dispenses pour la seconde publication des bans, dont est mention dans l'article 169 du Code civil, seront accordées, s'il y a lieu, au nom du gouvernement, par son commissaire auprès du tribunal de première instance dans l'arrondissement duquel les impétrants se proposent de célébrer leur mariage, et il sera rendu compte par ce commissaire au grand-juge, ministre de la justice, des causes graves qui auront donné lieu à chacune de ces dispenses.

(2) Art. 340 du Code pénal. Quiconque, étant engagé dans les liens du mariage, en aura contracté un autre, avant la dissolution du précédent, sera puni de la peine des travaux forcés à temps. L'officier public qui aura prêté son ministère à ce mariage, connaissant l'existence du précédent, sera condamné à la même peine.

« Art. 148. Le fils qui n'a pas atteint l'âge de vingt-cinq ans
« accomplis, la fille qui n'a pas atteint l'âge de vingt et un ans
« accomplis, ne peuvent contracter mariage sans le consente-
« ment de leurs père et mère ; en cas de dissentiment, le consen-
« tement du père suffit.

« Art. 149. Si l'un des deux est mort, ou s'il est dans l'im-
« possibilité de manifester sa volonté, le consentement de l'autre
« suffit.

« Art. 150. Si le père et la mère sont morts (1), ou s'ils sont
« dans l'impossibilité de manifester leur volonté, les aïeuls et
« aïeules les remplacent; s'il y a dissentiment entre l'aïeul et
« l'aïeule de la même ligne, il suffit du consentement de l'aïeul.
« S'il y a dissentiment entre les deux lignes, ce partage empor-
« tera consentement.

« Art. 151. Les enfants de famille, ayant atteint la majorité
« fixée par l'article 148, sont tenus, avant de contracter mariage,
« de demander, par un acte respectueux et formel, le consente-
« ment de leur père et de leur mère, ou celui de leurs aïeuls et
« aïeules, lorsque leur père et leur mère sont décédés, ou dans
« l'impossibilité de manifester leur volonté.

« Art. 152. Depuis la majorité fixée par l'article 148, jusqu'à
« l'âge de trente ans accomplis pour les fils, et jusqu'à l'âge de
« vingt-cinq ans accomplis pour les filles, l'acte respectueux pres-
« crit par l'article précédent, et sur lequel il n'y aurait pas de con-
« sentement au mariage, sera renouvelé deux autres fois de mois
« en mois ; et un mois après le troisième acte, il pourra être passé
« outre à la célébration du mariage.

« Art. 153. Après l'âge de trente ans, il pourra être, à défaut
« de consentement sur un acte respectueux, passé outre, un mois
« après, à la célébration du mariage.

« Art. 154. L'acte respectueux sera notifié à celui ou ceux
« des ascendants désignés en l'article 151, par deux notaires, ou
« par un notaire et deux témoins ; et dans le procès-verbal qui
« doit en être dressé, il sera fait mention de la réponse.

« Art. 155. En cas d'absence de l'ascendant auquel eût dû
« être fait l'acte respectueux, il sera passé outre à la célébration
« du mariage, en représentant le jugement qui aurait été rendu

(1) Voir l'avis du conseil d'État, rapporté page 451 ci-devant.

« pour déclarer l'absence, ou, à défaut de ce jugement, celui qui
« aurait ordonné l'enquête, ou, s'il n'y a point encore eu de juge-
« ment, un acte de notoriété, délivré par le juge de paix du lieu
« où l'ascendant a eu son dernier domicile connu. Cet acte con-
« tiendra la déclaration de quatre témoins appelés d'office par ce
« juge de paix.

« Art. 156. Les officiers de l'état civil qui auraient procédé à la
« célébration des mariages contractés par des fils n'ayant pas at-
« teint l'âge de vingt-cinq ans accomplis, ou par des filles n'ayant
« pas atteint l'âge de vingt et un ans accomplis, sans que le con-
« sentement des pères et mères, celui des aïeuls et aïeules, et
« celui de la famille, dans le cas où ils sont requis, soient énon-
« cés dans l'acte de mariage, seront, à la diligence des parties
« intéressées et du procureur du roi près le tribunal de première
« instance du lieu où le mariage aura été célébré, condamnés à
« l'amende portée par l'article 192, et, en outre, à un emprison-
« nement dont la durée ne pourra être moindre de six mois.

« Art. 157. Lorsqu'il n'y aura pas eu d'actes respectueux
« dans le cas où ils sont prescrits, l'officier de l'état civil qui au-
« rait célébré le mariage sera condamné à la même amende et à
« un emprisonnement qui ne pourra être moindre d'un mois.

« Art. 158. Les dispositions contenues aux articles 148 et 149,
« et les dispositions des articles 151, 152, 153, 154 et 155, rela-
« tives à l'acte respectueux qui doit être fait aux père et mère,
« dans le cas prévu par ces articles, sont applicables aux enfants
« naturels légalement reconnus.

« Art. 159. L'enfant naturel qui n'a point été reconnu, et ce-
« lui qui, après l'avoir été, a perdu ses père et mère, ou dont
« les père et mère ne peuvent manifester leur volonté, ne pourra,
« avant l'âge de vingt et un ans révolus, se marier qu'après
« avoir obtenu le consentement d'un tuteur *ad hoc*, qui lui sera
« nommé.

« Art. 160. S'il n'y a ni père ni mère, ni aïeuls ni aïeules, ou
« s'ils se trouvent tous dans l'impossibilité de manifester leur
« volonté, les fils ou filles, mineurs de vingt et un ans, ne peu-
« vent contracter mariage sans le consentement du conseil de fa-
« mille.

« Art. 161. En ligne directe le mariage est prohibé entre tous

« les ascendants et descendants légitimes ou naturels, et les al-
« liés dans la même ligne.

« Art. 162. En ligne collatérale, le mariage est prohibé entre
« le frère et la sœur, légitimes ou naturels, et les alliés au même
« degré.

« Art. 163. Le mariage est encore prohibé entre l'oncle et la
« nièce, la tante et le neveu.

« Art. 164. Néanmoins il est loisible au roi de lever, pour des
« causes graves, les prohibitions portées par l'article 162 aux
« mariages entre beaux-frères et belles-sœurs, et, par l'art. 163,
« aux mariages entre l'oncle et la nièce, la tante et le neveu. »

CHAPITRE II.

Des formalités relatives à la célébration du mariage.

« Art. 165. Le mariage sera célébré publiquement devant l'of-
« ficier civil du domicile de l'une des parties.

« Art. 166. Les deux publications ordonnées par l'article 63,
« au titre des actes de l'état civil, seront faites à la municipa-
« lité du lieu où chacune des parties contractantes aura son do-
« micile.

« Art. 167. Néanmoins, si le domicile actuel n'est établi que
« par six mois de résidence, les publications seront faites en
« outre à la municipalité du dernier domicile.

« Art. 168. Si les parties contractantes, ou l'une d'elles, sont,
« relativement au mariage, sous la puissance d'autrui, les publi-
« cations seront encore faites à la municipalité de ceux sous la
« puissance desquels elles se trouvent.

« Art. 169. Il est loisible au roi, ou aux officiers qu'il prépo-
« sera à cet effet, de dispenser, pour des causes graves, de la
« seconde publication (1). »

---

(1) Voir la note sur l'art. 145, p. 453, et pour les art. 170 et 171 la p. 443,
n.ᵒˢ 895 et 896.

CHAPITRE III.

Des oppositions au mariage.

« Art. 172. Le droit de former opposition à la célébration du
« mariage appartient à la personne engagée par mariage avec
« l'une des deux parties contractantes.

« Art. 173. Le père et, à défaut du père, la mère, et, à dé-
« faut de père et mère, les aïeuls et aïeules, peuvent former oppo-
« sition au mariage de leurs enfants et descendants, encore que
« ceux-ci aient vingt-cinq ans accomplis.

« Art. 174. A défaut d'aucun ascendant, le frère ou la sœur,
« l'oncle ou la tante, le cousin ou la cousine germains, majeurs,
« ne peuvent former aucune opposition que dans les deux cas
« suivants : 1° lorsque le consentement du conseil de famille, re-
« quis par l'article 160, n'a pas été obtenu ; 2° lorsque l'opposi-
« tion est fondée sur l'état de démence du futur époux ; cette
« opposition, dont le tribunal pourra prononcer mainlevée pure et
« simple, ne sera jamais reçue qu'à la charge par l'opposant de
« provoquer l'interdiction, et d'y faire statuer dans le délai qui
« sera fixé par le jugement.

« Art. 175. Dans les deux cas prévus par le précédent article,
« le tuteur ou curateur ne pourra, pendant la durée de la tutelle
« ou curatelle, former opposition, qu'autant qu'il y aura été au-
« torisé par un conseil de famille, qu'il pourra convoquer.

« Art. 176. Tout acte d'opposition énoncera la qualité qui
« donne à l'opposant le droit de la former : il contiendra élection
« de domicile dans le lieu où le mariage devra être célébré ; il
« devra également, à moins qu'il ne soit fait à la requête d'un
« ascendant, contenir les motifs de l'opposition ; le tout à peine
« de nullité et de l'interdiction de l'officier ministériel qui aurait
« signé l'acte contenant opposition.

« Art. 177. Le tribunal de première instance prononcera dans
« les dix jours sur la demande en mainlevée.

« Art. 178. S'il y a appel, il y sera statué dans les dix jours de
« la citation.

« Art. 179. Si l'opposition est rejetée, les opposants, autres
« néanmoins que les ascendants, pourront être condamnés à des
« dommages-intérêts. »

CHAPITRE IV.

Des demandes en nullité de mariage.

« Art. 180. Le mariage qui a été contracté sans le consente-
« ment libre des deux époux ou de l'un d'eux, ne peut être atta-
« qué que par les époux ou par celui des deux dont le consente-
« ment n'a pas été libre. Lorsqu'il y a eu erreur dans la personne,
« le mariage ne peut être attaqué que par celui des deux époux
« qui a été induit en erreur.

« Art. 181. Dans le cas de l'article précédent, la demande en
« nullité n'est plus recevable, toutes les fois qu'il y a eu cohabi-
« tation continuée pendant six mois depuis que l'époux a acquis
« sa pleine liberté, ou que l'erreur a été par lui reconnue.

« Art. 182. Le mariage contracté sans le consentement des
« père et mère, des ascendants ou du conseil de famille, dans les
« cas où ce consentement était nécessaire, ne peut être attaqué
« que par ceux dont le consentement était requis, ou par celui des
« deux époux qui avait besoin de ce consentement.

« Art. 183. L'action en nullité ne peut plus être intentée ni
« par les époux, ni par les parents, dont le consentement était re-
« quis, toutes les fois que le mariage a été approuvé expressément
« ou tacitement par ceux dont le consentement était nécessaire,
« ou lorsqu'il s'est écoulé une année sans réclamation de leur part,
« depuis qu'ils ont eu connaissance du mariage. Elle ne peut être
« intentée non plus par l'époux, lorsqu'il s'est écoulé une année
« sans réclamation de sa part, depuis qu'il a atteint l'âge compé-
« tent pour consentir par lui-même au mariage.

« Art. 184. Tout mariage contracté en contravention aux dis-
« positi   ontenues aux articles 144, 147, 161, 162 et 163,
« peut être attaqué, soit par les époux eux-mêmes, soit par tous
« ceux qui y ont intérêt, soit par le ministère public.

« Art. 185. Néanmoins le mariage contracté par des époux qui
« n'avaient point encore l'âge requis, ou dont l'un des deux n'avait
« point atteint cet âge, ne peut plus être attaqué, 1° lorsqu'il s'est
« écoulé six mois depuis que cet époux ou les époux ont atteint
« l'âge compétent; 2° lorsque la femme, qui n'avait point cet âge,
« a conçu avant l'échéance de six mois.

« Art. 186. Le père, la mère, les ascendants et la famille, qui
« ont consenti au mariage contracté dans le cas de l'article précé-
« dent, ne sont point recevables à en demander la nullité.

« Art. 187. Dans tous les cas où, conformément à l'art. 184,
« l'action en nullité peut être intentée par tous ceux qui y ont un
« intérêt, elle ne peut l'être par les parents collatéraux ou par les
« enfants nés d'un autre mariage, du vivant des deux époux,
« mais seulement lorsqu'ils y ont un intérêt né et actuel.

« Art. 188. L'époux au préjudice duquel a été contracté un
« second mariage peut en demander la nullité, du vivant même
« de l'époux qui était engagé avec lui.

« Art. 189. Si les nouveaux époux opposent la nullité du pre-
« mier mariage, la validité ou la nullité de ce mariage doit être
« jugée préalablement.

« Art. 190. Le procureur du roi, dans tous les cas auxquels
« s'applique l'article 184, et sous les modifications portées en
« l'article 185, peut et doit demander la nullité du mariage, du
« vivant des deux époux, et les faire condamner à se séparer.

« Art. 191. Tout mariage qui n'a point été contracté publi-
« quement, et qui n'a point été célébré devant l'officier public
« compétent, peut être attaqué par les époux eux-mêmes, par les
« père et mère, par les ascendants, et par tous ceux qui y ont un
« intérêt né et actuel, ainsi que par le ministère public.

« Art. 192. Si le mariage n'a point été précédé des deux pu-
« blications requises, ou s'il n'a pas été obtenu des dispenses per-
« mises par la loi, ou si les intervalles prescrits dans les publica-
« tions et célébrations n'ont point été observés, le procureur du
« roi fera prononcer contre l'officier public une amende qui ne
« pourra excéder 300 fr., et contre les parties contractantes, ou
« ceux sous la puissance desquels elles ont agi, une amende pro-
« portionnée à leur fortune.

« Art. 193. Les peines prononcées par l'article précédent se-
« ront encourues par les personnes qui y sont désignées, pour
« toute contravention aux règles prescrites par l'article 165, lors
« même que ces contraventions ne seraient pas jugées suffisantes
« pour faire prononcer la nullité du mariage.

« Art. 194. Nul ne peut réclamer le titre d'époux et les effets
« civils du mariage, s'il ne représente un acte de célébration ins-

« crit sur le registre de l'état civil, sauf les cas prévus par l'ar-
« ticle 46, au titre des actes de l'état civil (1).

« Art. 195. La possession d'état ne pourra dispenser les pré-
« tendus époux qui l'invoqueront respectivement, de représenter
« l'acte de célébration du mariage devant l'officier de l'état civil.

« Art. 196. Lorsqu'il y a possession d'état, et que l'acte de
« célébration du mariage devant l'officier de l'état civil est repré-
« senté, les époux sont respectivement non-recevables à demander
« la nullité de cet acte.

« Art. 197. Si néanmoins, dans le cas des articles 194 et 195,
« il existe des enfants issus de deux individus qui ont vécu publi-
« quement comme mari et femme, et qui soient tous deux décé-
« dés, la légitimité des enfants ne peut être contestée sous le seul
« prétexte du défaut de représentation de l'acte de célébration,
« toutes les fois que cette légitimité est prouvée par une possession
« d'état qui n'est point contredite par l'acte de naissance.

« Art. 198. Lorsque la preuve d'une célébration légale du ma-
« riage se trouve acquise par le résultat d'une procédure crimi-
« nelle, l'inscription du jugement sur les registres de l'état civil
« assure au mariage, à compter du jour de sa célébration, tous les
« effets civils, tant à l'égard des époux qu'à l'égard des enfants
« issus de ce mariage.

« Art. 199. Si les époux ou l'un d'eux sont décédés sans avoir
« découvert la fraude, l'action criminelle peut être intentée par
« tous ceux qui ont un intérêt de faire déclarer le mariage valable
« et par le procureur du roi.

« Art. 200. Si l'officier public est décédé lors de la découverte
« de la fraude, l'action sera dirigée au civil contre ses héritiers
« par le procureur du roi, en présence des parties intéressées et
« sur leur dénonciation.

« Art. 201. Le mariage qui a été déclaré nul produit néan-
« moins les effets civils, tant à l'égard des époux qu'à l'égard des
« enfants, lorsqu'il a été contracté de bonne foi.

« Art. 202. Si la bonne foi n'existe que de la part de l'un des
« deux époux, le mariage ne produit les effets civils qu'en faveur
« de cet époux et des enfants issus du mariage. »

(1) De là surtout la nécessité de se conformer aux dispositions de l'article 171, rapporté à la page 444, n° 896.

CHAPITRE V.

Des obligations qui naissent du mariage.

« Art. 203. Les époux contractent ensemble, par le fait seul « du mariage, l'obligation de nourrir, entretenir et élever leurs « enfants.

« Art. 204. L'enfant n'a pas d'action contre ses père et mère « pour un établissement par mariage ou autrement.

« Art. 205. Les enfants doivent des aliments à leurs père et « mère et autres ascendants qui sont dans le besoin.

« Art. 206. Les gendres et belles-filles doivent également, et « dans les mêmes circonstances, des aliments à leurs beau-père et « belle-mère ; mais cette obligation cesse, 1° lorsque la belle-mère « a convolé en secondes noces ; 2° lorsque celui des époux qui « produisait l'affinité et les enfants issus de son union avec l'au- « tre époux sont décédés.

« Art. 207. Les obligations résultant de ces dispositions sont « réciproques.

« Art. 208. Les aliments ne sont accordés que dans la propor- « tion du besoin de celui qui les réclame, et de la fortune de celui « qui les doit.

« Art. 209. Lorsque celui qui fournit ou celui qui reçoit des « aliments est replacé dans un état tel que l'un ne puisse plus en « donner ou que l'autre n'en ait plus besoin, en tout ou en partie, « la décharge ou réduction peut en être demandée.

« Art. 210. Si la personne qui doit fournir les aliments justifie « qu'elle ne peut payer la pension alimentaire, le tribunal pourra, « en connaissance de cause, ordonner qu'elle recevra dans sa « demeure, qu'elle nourrira et entretiendra celui auquel elle de- « vra des aliments.

« Art. 211. Le tribunal prononcera également si le père ou la « mère qui offrira de recevoir, nourrir et entretenir dans sa de- « meure l'enfant à qui il devra des aliments, devra, dans ce cas, « être dispensé de payer la pension alimentaire. »

CHAPITRE VI.

Des droits et devoirs respectifs des époux.

« Art. 212. Les époux se doivent mutuellement fidélité, se-
« cours, assistance.

« Art. 213. Le mari doit protection à sa femme; la femme,
« obéissance à son mari.

« Art. 214. La femme est obligée d'habiter avec le mari, et de
« le suivre partout où il juge à propos de résider; le mari est
« obligé de la recevoir et de lui fournir tout ce qui est nécessaire
« pour les besoins de la vie, selon ses facultés et son état.

« Art. 215. La femme ne peut ester en jugement sans l'auto-
« risation de son mari, quand même elle serait marchande publi-
« que ou non commune, ou séparée de biens.

« Art. 216. L'autorisation du mari n'est pas nécessaire, lors-
« que la femme est poursuivie en matière criminelle ou de police.

« Art. 217. La femme, même non commune ou séparée de
« biens, ne peut donner, aliéner, hypothéquer, acquérir à titre
« gratuit ou onéreux, sans le concours du mari dans l'acte, ou son
« consentement par écrit.

« Art. 218. Si le mari refuse d'autoriser sa femme à ester en
« jugement, le juge peut donner l'autorisation.

« Art. 219. Si le mari refuse d'autoriser sa femme à passer un
« acte, la femme peut faire citer directement son mari devant le
« tribunal de première instance de l'arrondissement du domicile
« commun, qui peut donner ou refuser son autorisation, après
« que le mari aura été entendu, ou dûment appelé en la cham-
« bre du conseil.

« Art. 220. La femme, si elle est marchande publique, peut,
« sans l'autorisation de son mari, s'obliger pour ce qui concerne
« son négoce, et, audit cas, elle oblige aussi son mari, s'il y a
« communauté entre eux. Elle n'est pas réputée marchande pu-
« blique, si elle ne fait que détailler les marchandises du com-
« merce de son mari, mais seulement quand elle fait un commerce
« séparé.

« Art. 221. Lorsque le mari est frappé d'une condamnation
« emportant peine afflictive ou infamante, encore qu'elle n'ait été

« prononcée que par contumace, la femme, même majeure, ne
« peut, pendant la durée de la peine, ester en jugement, ni con-
« tracter, qu'après s'être fait autoriser par le juge, qui peut, en ce
« cas, donner l'autorisation sans que le mari ait été entendu ou
« appelé.

« Art. 222. Si le mari est interdit ou absent, le juge peut, en
« connaissance de cause, autoriser la femme, soit pour ester en
« jugement, soit pour contracter.

« Art. 223. Toute autorisation générale, même stipulée par
« contrat de mariage, n'est valable que quant à l'administration
« des biens de la femme.

« Art. 224. Si le mari est mineur, l'autorisation du juge est
« nécessaire à la femme, soit pour ester en jugement, soit pour
« contracter.

« Art. 225. La nullité, fondée sur le défaut d'autorisation, ne
« peut être opposée que par la femme, par le mari, ou par leurs
« héritiers.

« Art. 226. La femme peut tester sans l'autorisation de son
« mari. »

CHAPITRE VII.

De la dissolution du mariage.

« Art. 227. Le mariage se dissout, 1° par la mort de l'un des
« époux ; 2° par le divorce (1) légalement prononcé ; 3° par la
« condamnation, devenue définitive, de l'un des époux à une peine
« emportant mort civile. »

CHAPITRE VIII.

Des seconds mariages.

« Art. 228. La femme ne peut contracter un nouveau mariage
« qu'après dix mois révolus depuis la dissolution du mariage
« précédent. »

898. On voit, par cet extrait du Code civil des Français, que

(1) Loi du 8 mai 1816, article 1er : « Le divorce est aboli. »

les formalités qu'il exige pour pouvoir contracter un mariage sont autrement nombreuses et sérieuses que celles prescrites par la loi anglaise. On pourrait même dire que, dans bien des cas, il est fort difficile, pour ne pas dire impossible, de les remplir, lorsqu'un Français veut se marier à l'étranger devant l'agent diplomatique français; mais la loi française lui laissant la faculté de se marier en observant les formes usitées dans le pays étranger où il se trouve, il est beaucoup plus simple pour le Français qui veut se marier en Angleterre de le faire conformément à la loi anglaise que conformément à la loi française.

899. Le mariage contracté en Angleterre suivant la loi anglaise par un Français, est aussi valable que s'il était contracté en France d'après la loi française. De là, la conséquence que le Français qui, avant la dissolution de ce mariage, contracterait un nouveau mariage en France, se rendrait coupable de bigamie, et, dès lors, encourrait la peine des travaux forcés à temps (1). Mais qu'arriverait-il si, après avoir divorcé en Angleterre, ainsi que la loi anglaise le permet, il contractait un nouveau mariage en France? La loi française a aboli le divorce : or, c'est un principe non susceptible d'être combattu, que le statut personnel est attaché à la personne *sicut pellis ossibus* (comme la peau l'est aux os), disent si énergiquement les jurisconsultes; et, dès lors, contracter en France un second mariage, avant que le premier soit dissous par la mort, n'est-ce pas contrevenir aux dispositions de la loi française, et se rendre coupable de bigamie?

SECTION III.

Des formalités à remplir pour constater les décès.

§ 1er.

Des formalités à remplir pour constater les décès d'après la loi anglaise.

900. Si les secrétaires de district sont tenus et même requis de s'informer soigneusement de toutes les naissances qui arrivent dans leurs districts, ils sont également tenus et même requis de s'informer soigneusement des décès qui peuvent y arriver, et

(1) Voir la note 2 à la page 453.

d'apprendre et enregistrer, aussitôt que cela peut être convenablement fait après l'événement, sans frais ni honoraires, dans le registre à ce destiné, les différentes circonstances dont l'enregistrement est requis conformément à la cédule(B), ci-après annexée, et dont l'enregistrement n'aurait pas déjà été fait. Chaque enregistrement doit être fait par ordre de numéro, depuis le commencement du registre jusqu'à la fin (1).

901. La loi anglaise veut aussi qu'en cas de décès, la déclaration en soit faite, soit par les parents, soit par les habitants de la maison où le décès a eu lieu. En conséquence, les parents, ou les habitants de la maison dans laquelle un décès a eu lieu, sont tenus, dans les cinq jours après celui du décès, d'en donner avis au secrétaire du district; et, dans le cas où un cadavre serait trouvé gisant sur la terre, le coroner en donnera immédiatement avis et information, ainsi que du lieu où gît le cadavre, au secrétaire; et dans le but de la loi, le directeur ou gardien d'une geôle, d'une prison, d'une maison de correction ou de travail, d'un hospice, d'une maison d'aliénés ou de toute autre institution publique ou charitable, en est considéré comme l'habitant devant faire la déclaration prescrite (2).

902. Si le secrétaire du district n'a pas eu connaissance du décès, toute personne présente à ce décès, ou ayant assisté à la dernière maladie du défunt, ou, en cas de décès, maladie, incapacité de cette personne, ou à son défaut, le possesseur de la maison, ou si c'est celui-ci qui est décédé, l'un des habitants devra, dans les huit jours après celui du décès, et sur la réquisition qui lui en sera faite, donner information audit secrétaire, du mieux de sa connaissance et croyance, des différentes particularités dont la connaissance et l'enregistrement sont requis par la présente loi concernant le décès de cet individu. S'il s'agit d'une enquête à faire concernant un cadavre, le jury s'informera des mêmes circonstances; le coroner fera connaître au secrétaire l'enquête du jury, et celui-ci l'enregistrera, comme il est dit pour la déclaration (3).

903. Si un des sujets de S. M. décède en mer à bord d'un bâtiment breton, le capitaine ou l'officier commandant le bâtiment

(1) Statut 6 et 7, Guillaume IV, chap. 86, § 18.
(2) Ibid., § 19.
(3) Ibid., § 25.

à bord duquel ce décès sera arrivé, devra sur-le-champ dresser une minute des différentes circonstances requises par la présente loi, pour être insérées sur le registre concernant ce décès, en tant qu'elles pourront être connues, ensemble le nom du bâtiment sur lequel ce décès sera arrivé; et, à l'arrivée de ce bâtiment dans un des ports du Royaume-Uni, ou par toute autre occasion plus expéditive, il enverra, par la voie de la poste, un certificat de sa minute au directeur général, qui en fera le dépôt et en enregistrera une copie de lui signée sur le registre de la marine, et le placera parmi ses autres registres, conformément aux dispositions de la présente loi (1).

904. Tout secrétaire, immédiatement après l'enregistrement d'un décès, ou aussitôt après qu'il en aura été requis, délivrera, sans frais ni honoraires, à l'entrepreneur ou à toute autre personne chargée des funérailles, un certificat de lui signé, conformément au modèle de la cédule (E) ci-après annexée, constatant que le décès a été dûment enregistré : ce certificat sera remis par cet entrepreneur ou autre personne au ministre ou à la personne officiant, requis pour enterrer ou célébrer les cérémonies religieuses pour l'enterrement du défunt. Si un cadavre est enterré avant que ce certificat n'ait été délivré, la personne qui aura procédé à cet enterrement ou célébré les funérailles ou le service religieux pour cet enterrement, devra immédiatement en donner avis au secrétaire. Le coroner, après l'enquête, peut ordonner que le cadavre soit enterré, s'il le juge à propos, avant l'enregistrement du décès; mais dans ce cas, il est tenu de donner un certificat par écrit et de lui signé, conformément au modèle de la cédule (F) ci-après annexée, à l'entrepreneur ou à la personne chargée des funérailles, lequel sera remis comme il est dit ci-dessus. Quiconque enterrera ou célébrera des funérailles ou services religieux pour l'enterrement d'un cadavre, avant qu'un certificat n'ait été dûment dressé et délivré comme il est dit, soit par le secrétaire, soit par le coroner, ou qui, dans les sept jours, n'en donnera pas notice au secrétaire, encourra et sera passible, pour chaque contravention, d'une amende qui n'excédera pas 10 livres sterling (250 fr.) (2).

(1) Statut 6 et 7, Guillaume IV, chap. 86, § 26.
(2) Ibid., § 27.

					1847. Décès dans le district de ...., comté de				
N°	EPOQUE du décès.	NOM et Prénoms.	SEXE.	AGE.	RANG ou Profession.	CAUSE du décès.	SIGNATURE, qualité et demeure du déclarant.	DATE de l'enregistrement.	SIGNATURE du secrétaire.
20	13 mars.	William Green.	Mâle.	150.	Juge de paix.	Vieillesse.	Rebecca Green, sa veuve, 49, Old-Compton Street.	17 mars.	.... Secrétaire.

Statut 6 et 7, Guillaume IV, chapitre 86.

CÉDULE (D). — *Naissance ou décès.*

Je, ..., secrétaire des naissances et décès pour le district
de ...., au comté de ....., certifie, par les présentes, que ceci
est une copie fidèle du registre des naissances (ou décès) dans
ledit district, de l'enregistrement de la naissance (ou du décès) de
James Green, n° 1er, à l'enregistrement de la naissance (ou du
décès) de William Strange, n° 34. En foi de quoi j'ai signé cejourd'hui 7 mars 1847. Signé, ..., secrétaire.

CÉDULE (E). — *Certificat d'enregistrement de décès.*

Je, ..., secrétaire des naissances et décès pour le district
de ....., au comté de ....., certifie que le décès de Henri
Hastings a été dûment enregistré par moi le 7 mars 1847. En
foi de quoi j'ai signé cejourd'hui 8 mars 1847. Signé, ...,
secrétaire.

CÉDULE (F). — *Ordre du coroner pour procéder à l'enterrement
d'un cadavre.*

Je, ..., coroner, pour le comté de ......, ordonne, par
les présentes, de procéder à l'enterrement du cadavre maintenant
reconnu être, par l'enquête du jury, le cadavre de John Jones.
En foi de quoi j'ai signé cejourd'hui 13 mars 1847. Signé, ...,
coroner.

CÉDULE (G). — *Certificat de baptême.*

Je, ..., vicaire de ......, dans le comté de ......,
certifie par les présentes que, cejourd'hui, j'ai baptisé du nom
de Thomas un enfant mâle, qui m'a été présenté par Guillaume
Green, comme le fils de Guillaume Green et de Rébecca Green, et
déclaré par ledit Guillaume Green être né à ....., dans le comté
de ......, le 13 mars 1847. En foi de quoi j'ai signé cejour-
d'hui 14 mars 1847. Signé, ..., vicaire.

905. Toute personne qui aura donné connaissance des circonstances contenues dans l'enregistrement d'un décès, devra signer son nom et déclarer sa qualité et sa demeure. Nul enregistrement de décès ne fera preuve légale, s'il n'a été signé par la personne qui fera sa déclaration, ou par la partie requise par la présente loi pour faire cette déclaration au secrétaire (1).

906. Quant aux fausses déclarations, aux faux enregistrements, à la destruction ou à la falsification des registres de décès, aux erreurs qui peuvent y être commises accidentellement, et au recouvrement des pénalités dans ces différents cas prononcées, nous en avons parlé dans la section 1re.

907. Il résulte que les formalités concernant les décès sont très-simples : ils doivent être déclarés, soit par les parents, soit par les habitants de la maison où le décès a eu lieu : 1° dans les cinq jours, lorsque la déclaration est volontaire; 2° dans les huit jours, lorsqu'il y a réquisition à cet effet; 3° et dans les sept jours de l'enterrement sans certificat, à peine, dans ce dernier cas, contre l'entrepreneur des funérailles, d'une amende qui n'excède pas 10 livres sterling. Il résulte aussi que nul enterrement ne peut être fait avant que le secrétaire du district n'ait délivré son certificat, pour lequel il n'est dû ni frais ni honoraires. On ne parle pas ici des frais et des pompes funéraires, qui sont toujours dus tant aux entrepreneurs qu'aux ministres officiants (2).

§ 2.

Des formalités à remplir pour constater les décès d'après la loi française.

908. Il ne faut pas oublier que nous avons dit qu'aux termes de l'article 48 du Code civil des Français, les agents diplomatiques ou les consuls français sont officiers de l'état civil des Français à l'étranger; ils peuvent donc dresser les actes de décès, aussi bien que les actes de naissance et de mariage, et dès lors ils doivent se conformer aux prescriptions des articles suivants du Code civil des Français, chapitre IV, titre 2, livre 1er.

(1) Statut 6 et 7 de Guillaume IV, chap. 86, § 41.
(2) Ibid., § 49.

CHAPITRE IV.

Des actes de décès.

« Art. 77. Aucune inhumation ne sera faite sans une autori-
« sation, sur papier libre et sans frais, de l'officier de l'état civil,
« qui ne pourra la délivrer qu'après s'être transporté auprès de
« la personne décédée, pour s'assurer du décès, et que vingt-
« quatre heures après le décès, hors les cas prévus par les rè-
« glements de police.

« Art. 78. L'acte de décès sera dressé par l'officier de l'état
« civil sur la déclaration de deux témoins. Ces témoins seront,
« s'il est possible, les deux plus proches parents ou voisins, ou,
« lorsqu'une personne sera décédée hors de son domicile, la
« personne chez laquelle elle sera décédée, et un parent ou au-
« tre (1).

« Art. 79. L'acte de décès contiendra les prénoms, nom, âge,
« profession et domicile de la personne décédée, les prénoms et
« nom de l'autre époux, si la personne décédée était mariée ou
« veuve ; les prénoms, noms, âges, professions et domiciles des
« déclarants, et, s'ils sont parents, leur degré de parenté. Le
« même acte contiendra de plus, autant qu'on pourra le savoir,
« les prénoms, noms, profession et domicile des père et mère du
« décédé et le lieu de sa naissance (2).

« Art. 80. En cas de décès dans les hôpitaux militaires, civils,
« ou autres maisons publiques, les supérieurs, directeurs, admi-
« nistrateurs et maîtres de ces maisons seront tenus d'en donner
« avis, dans les vingt-quatre heures, à l'officier de l'état civil,

(1) Voir l'article 37 du Code civil, page 21, concernant les témoins.
(2) Décret du 4 juillet 1806, concernant les enfants présentés sans vie à
l'officier de l'état civil :
1. Lorsque le cadavre d'un enfant, dont la naissance n'a pas été enregistrée, sera présenté à l'officier de l'état civil, cet officier n'exprimera pas qu'un
tel enfant est décédé, mais seulement qu'il lui a été présenté sans vie ; il recevra de plus la déclaration des témoins touchant les noms, prénoms, qualités
et demeure des père et mère de l'enfant, et la désignation des an, jour et
heure auxquels l'enfant est sorti du sein de sa mère.
2. Cet acte sera inscrit à sa date sur les registres des décès, sans qu'il en
résulte aucun préjugé sur la question de savoir si l'enfant a eu vie ou non.

« qui s'y transportera pour s'assurer du décès, et en dressera
« l'acte conformément à l'article précédent, sur les déclarations
« qui lui auront été faites et sur les renseignements qu'il aura pris.
« Il sera tenu en outre, dans lesdits hôpitaux et maisons, des re-
« gistres destinés à inscrire ces déclarations et renseignements. L'of-
« ficier de l'état civil enverra l'acte de décès à celui du dernier do-
« micile de la personne décédée, qui l'inscrira sur ses registres.

« Art. 81. Lorsqu'il y aura des signes ou indices de mort vio-
« lente, ou d'autres circonstances qui donneront lieu de le soup-
« çonner, on ne pourra faire l'inhumation qu'après qu'un officier
« de police, assisté d'un docteur en médecine ou en chirurgie,
« aura dressé procès-verbal de l'état du cadavre et des circons-
« tances y relatives, ainsi que des renseignements qu'il aura pu
« recueillir sur les prénoms, nom, âge, profession, lieu de nais-
« sance et domicile de la personne décédée.

« Art. 82. L'officier de police sera tenu de transmettre de
« suite, à l'officier de l'état civil du lieu où la personne sera dé-
« cédée, tous les renseignements énoncés dans son procès-verbal,
« d'après lequel l'acte de décès sera rédigé. L'officier de l'état
« civil en enverra une expédition à celui du domicile de la per-
« sonne décédée, s'il est connu. Cette expédition sera inscrite
« sur les registres.

« Art. 83. Les greffiers criminels seront tenus d'envoyer, dans
« les vingt-quatre heures de l'exécution des jugements portant
« la peine de mort, à l'officier de l'état civil du lieu où le con-
« damné aura été exécuté, tous les renseignements énoncés en
« l'art. 79, d'après lesquels l'acte de décès sera rédigé.

« Art. 84. En cas de décès dans les prisons, maisons de réclu-
« sion et de détention, il en sera donné avis sur-le-champ, par
« les concierges ou gardiens, à l'officier de l'état civil, qui s'y
« transportera, comme il est dit en l'article 80, et rédigera l'acte
« de décès.

« Art. 85. Dans tous les cas de mort violente, ou dans les pri-
« sons ou maisons de réclusion, ou d'exécution à mort, il ne sera
« fait sur les registres aucune mention de ces circonstances, et
« les actes de décès seront simplement rédigés dans les formes
« prescrites par l'article 79.

« Art. 86. En cas de décès pendant un voyage de mer, il en
« sera dressé acte dans les vingt-quatre heures, en présence de

« deux témoins pris parmi les officiers du bâtiment, ou, à leur
« défaut, parmi les hommes de l'équipage. Cet acte sera rédigé,
« savoir : sur les bâtiments du roi, par l'officier d'administration
« de la marine ; et, sur les bâtiments appartenant à un négociant
« ou armateur, par le capitaine, maître ou patron du navire.
« L'acte de décès sera inscrit à la suite du rôle de l'équipage.

« Art. 87. Au premier port où le bâtiment abordera, soit de
« relâche, soit pour toute autre cause que celle de son désarme-
« ment, les officiers de l'administration de la marine, capitaine,
« maître ou patron qui auront rédigé des actes de décès, seront
« tenus d'en déposer deux expéditions, conformément à l'art. 60.
« A l'arrivée du bâtiment dans le port du désarmement, le rôle
« de l'équipage sera déposé au bureau du préposé à l'inscription
« maritime. Il enverra une expédition de l'acte de décès, de lui
« signée, à l'officier du domicile de la personne décédée. Cette
« expédition sera inscrite sur les registres. »

CHAPITRE XXI.

Convention entre Sa Majesté la reine Victoria et le roi des Français, pour la
suppression de la traite des noirs; convention signée à Londres le 29 mai
1845, et dont les ratifications ont été échangées à Londres le 7 juin 1845.

Nous aurions pu terminer cet ouvrage au chapitre précédent, car le chapitre actuel a plutôt pour objet un fait historique, un traité politique, basé sur la coopération de deux
grandes nations qui veulent réellement l'abolition d'un commerce
infâme, que des intérêts privés. Mais comme ceux-ci cependant
peuvent sortir parfois de l'exécution du traité, nous avons cru
devoir rapporter ce traité dans son entier avec les instructions qui
y sont annexées. Il apprendra, aux Français qui voudraient se
livrer encore à la traite des noirs, qu'il y a, sur les mers où peut
se faire ce commerce épouvantable, des surveillants actifs auxquels il leur serait difficile d'échapper, et que s'il en était encore
parmi eux qui fussent assez oublieux pour fouler aux pieds cette
loi divine, qui leur ordonne d'aimer leurs frères dans les hommes

de toutes les couleurs, il y a cependant des lois humaines qui
attachent à cette infraction des peines sévères, à proportion de
la plus ou moins grande gravité de cette infraction.

CONVENTION.

« Sa Majesté la reine du Royaume-Uni de la Grande-Bre-
« tagne et d'Irlande, et Sa Majesté le roi des Français, con-
« sidérant que les conventions du 30 novembre 1831 et du 22
« mars 1833 ont atteint leur but, en prévenant la traite des noirs
« sous les pavillons anglais et français, mais que ce trafic odieux
« subsiste encore, et que lesdites conventions sont insuffisantes
« pour en assurer la suppression complète; Sa Majesté le roi des
« Français ayant témoigné le désir d'adopter, pour la suppression
« de la traite, des mesures plus efficaces que celles qui sont pré-
« vues par ces conventions; et Sa Majesté la reine du Royaume-Uni
« de la Grande-Bretagne et d'Irlande, ayant à cœur de concourir
« à ce dessein, elles ont résolu de conclure une nouvelle conven-
« tion qui sera substituée entre les hautes parties contractantes
« au lieu et place desdites conventions de 1831 et 1833, et, à cet
« effet, elles ont nommé pour leurs plénipotentiaires, savoir :

« Sa Majesté la reine du Royaume-Uni de la Grande-Bretagne
« et d'Irlande, le très-honorable Georges comte d'Aberdeen...
« principal secrétaire d'État de Sa Majesté, ayant le départeme
« des affaires étrangères ;

« Et le très-honorable Stephen Lushington , conseiller de Sa
« Majesté en son conseil privé , et juge de sa haute cour d'a-
« mirauté :

« Et Sa Majesté le roi des Français ,

« Le sieur Louis de Beaupoil, comte de Sainte-Aulaire....,
« son ambassadeur près Sa Majesté Britannique;

« Et le sieur Charles-Léonce-Achille-Victor, duc de Broglie....,
« vice-président de la Chambre des pairs :

« Lesquels, après s'être communiqué leurs pleins pouvoirs res-
« pectifs, trouvés en bonne et due forme, ont arrêté et conclu
« les articles suivants :

ARTICLE 1er.

« Afin que le pavillon de Sa Majesté la reine du Royaume-

« Uni de la Grande-Bretagne et d'Irlande, et celui de Sa Majesté
« le roi des Français ne puissent être usurpés, contrairement au
« droit des gens et aux lois en vigueur dans les deux pays pour
« couvrir la traite des noirs, et afin de pourvoir plus efficace-
« ment à la suppression de ce traile, Sa Majesté le roi des Fran-
« çais s'engage à établir, dans le plus court délai possible, sur la
« côte occidentale de l'Afrique, depuis le cap Vert jusqu'au 10°
« 30′ de latitude méridionale, une force navale composée au moins
« de vingt-six croiseurs, tant à voile qu'à vapeur ; et Sa Majesté
« la reine du Royaume-Uni de la Grande-Bretagne et d'Irlande
« s'engage à établir, dans le plus court délai possible, sur la
« même partie de la côte occidentale de l'Afrique, une force na-
« vale composée au moins de vingt-six croiseurs, tant à voile qu'à
« vapeur, et, sur la côte orientale de l'Afrique, le nombre de
« croiseurs que Sadite Majesté jugera suffisant pour la suppres-
« sion de la traite sur cette côte ; lesquels croiseurs seront em-
« ployés dans le but ci-dessus indiqué, conformément aux dispo-
« sitions suivantes.

ARTICLE 2.

« Lesdites forces navales anglaises et françaises agiront de
« concert pour la suppression de la traite des noirs. Elles éta-
« bliront une surveillance exacte sur tous les points de la partie
« de la côte occidentale d'Afrique où se fait la traite des noirs,
« dans les limites désignées par l'article 1er. Elles exerceront à
« cet effet, pleinement et complétement, tous les pouvoirs dont
« la couronne de la Grande-Bretagne et celle de France sont en
« possession pour la suppression de la traite des noirs, sauf les
« modifications qui vont être ci-après indiquées en ce qui con-
« cerne les navires anglais et français.

ARTICLE 3.

« Les officiers au service de Sa Majesté la reine du Royau-
« me-Uni de la Grande-Bretagne et d'Irlande, et les officiers
« au service de Sa Majesté le roi des Français, qui seront res-
« pectivement chargés du commandement des escadres anglai-
« ses et françaises destin   assurer l'exécution de la présente
« convention, se concerteront sur les meilleurs moyens de sur-
« veiller exactement les points de la côte de l'Afrique ci-dessus

« indiquée, en choisissant et en désignant les lieux de station, et
« en confiant ces postes aux croiseurs des deux nations, agissant
« ensemble ou séparément, selon qu'il sera jugé convenable; de
« telle sorte, néanmoins, que, dans le cas où l'un de ces postes
« serait spécialement confié aux croiseurs de l'une des deux na-
« tions, les croiseurs de l'autre nation puissent en tout temps y
« venir exercer les droits qui leur appartiennent pour la suppres-
« sion de la traite des noirs.

ARTICLE 4.

« Des traités pour la suppression de la traite des noirs se-
« ront négociés avec les princes ou chefs indigènes de la partie
« de la côte occidentale d'Afrique ci-dessus désignée, selon qu'il
« paraîtra nécessaire aux commandants des escadres anglaises et
« françaises.

« Ces traités seront négociés, ou par les commandants eux-mê-
« mes, ou par des officiers auxquels ils donneront à cet effet des
« instructions.

ARTICLE 5.

« Les traités ci-dessus mentionnés n'auront d'autre objet que
« la suppression de la traite des noirs. Si l'un de ces traités
« vient à être conclu par un officier de la marine britannique, la
« faculté d'y accéder sera expressément réservée à Sa Majesté le
« roi des Français. La même faculté sera réservée à Sa Majesté la
« reine du Royaume-Uni de la Grande-Bretagne et d'Irlande,
« dans tous les traités qui pourraient être conclus par un officier
« de la marine française. Dans le cas où Sa Majesté la reine du
« Royaume-Uni de la Grande-Bretagne et d'Irlande et Sa Majesté
« le roi des Français deviendraient tous deux parties contrac-
« tantes à de tels traités, les frais qui auraient pu être faits pour
« leur conclusion, soit en cadeaux, ou autres dépenses sembla-
« bles, seront supportés également par les deux nations.

ARTICLE 6.

« Dans le cas où il deviendrait nécessaire, conformément
« aux règles du droit des gens, de faire usage de la force pour
« assurer l'observation de traités conclus en conséquence de la
« présente convention, on ne pourra y avoir recours, soit par terre,

« soit par mer, que du commun consentement des officiers com-
« mandant les escadres anglaises et françaises.

« Et s'il était jugé nécessaire, pour atteindre le but de la pré-
« sente convention, d'occuper quelques points de la côte d'Afrique
« ci-dessus indiquée, cette occupation ne pourrait avoir lieu que
« du commun consentement des deux hautes parties contrac-
« tantes.

ARTICLE 7.

: « Dès l'instant où l'escadre que Sa Majesté le roi des Fran-
« çais doit envoyer à la côte d'Afrique sera prête à commen-
« cer ses opérations sur ladite côte, Sa Majesté le roi des Fran-
« çais le notifiera à Sa Majesté la reine du Royaume-Uni de la
« Grande-Bretagne et d'Irlande ; et les deux hautes parties con-
« tractantes feront connaître, par une déclaration commune, que
« les mesures stipulées dans la présente convention sont sur le
« point d'entrer en cours d'exécution ; et ladite déclaration sera
« publiée partout où besoin sera.

« Dans les trois mois qui suivront la publication de ladite dé-
« claration, les mandats délivrés aux croiseurs des deux nations,
« en vertu des conventions de 1831 et 1833, pour l'exercice du
« droit de visite réciproque, seront respectivement restitués.

ARTICLE 8.

« Attendu que l'expérience a fait voir que la traite des noirs,
« dans les parages où elle est habituellement exercée, est sou-
« vent accompagnée de faits de piraterie, dangereux pour la
« tranquillité des mers et la sécurité de tous les pavillons, consi-
« dérant en même temps que, si le pavillon porté par un navire
« est *prima facie* le signe de la nationalité de ce navire, cette
« présomption ne saurait être considérée comme suffisante pour
« interdire, dans tous les cas, de procéder à sa vérification, puis-
« que, s'il en était autrement, tous les pavillons pourraient être
« exposés à des abus, en servant à couvrir la piraterie, la traite
« des noirs, ou tout autre commerce illicite ; afin de prévenir
« toute difficulté dans l'exercice de la présente convention, il est
« convenu que des instructions, fondées sur les principes du droit
« des gens et sur la pratique constante des nations maritimes,

« seront adressées aux commandants des escadres et stations an-
« glaises et françaises sur la côte d'Afrique.

« En conséquence, les deux gouvernements se sont communi-
« qué leurs instructions respectives, dont le texte se trouve an-
« nexé à la présente convention.

ARTICLE 9.

« Sa Majesté la reine du Royaume-Uni de la Grande-Bre-
« tagne et d'Irlande et Sa Majesté le roi des Français s'engagent
« réciproquement à continuer d'interdire, tant à présent qu'à
« l'avenir, toute traite des noirs dans les colonies qu'elles possè-
« dent ou pourront posséder par la suite, et à empêcher, autant
« que les lois de chaque pays le permettront, leurs sujets respec-
« tifs de prendre, dans ce commerce, une part directe ou indi-
« recte.

ARTICLE 10.

« Trois mois après la déclaration mentionnée en l'article 7,
« la présente convention entrera en cours d'exécution. La durée
« en est fixée à dix ans. Les conventions antérieures seront sus-
« pendues. Dans le cours de la cinquième année, les deux hautes
« parties contractantes se concerteront de nouveau, et décide-
« ront, selon les circonstances, s'il convient, soit de remettre en
« vigueur tout ou partie desdites conventions, soit de modifier ou
« d'abroger tout ou partie de la convention actuelle. A la fin de
« la dixième année, si les conventions antérieures n'ont pas été
« remises en vigueur, elles seront considérées comme définitive-
« ment abrogées. Les hautes parties contractantes s'engagent, en
« outre, à continuer de s'entendre pour assurer la suppression de
« la traite des noirs par tous les moyens qui leur paraîtront les
« plus utiles et les plus efficaces, jusqu'au moment où ce trafic
« aura été complétement aboli.

ARTICLE 11.

« La convention sera ratifiée, et les ratifications en seront
« échangées à Londres à l'expiration de dix jours à compter de
« ce jour, ou plus tôt si faire se peut.

« En foi de quoi les plénipotentiaires respectifs l'ont signée et y
« ont apposé le s :ca1 de leurs armes.

« Fait à Londres, le 29 mai 1845.

« *Signé :* (L. S.) ABERDEEN, (L. S.) STEPHEN LUSHINGTON.
« (L. S.) SAINTE-AULAIRE. (L. S.) V. BROGLIE. »

———•———

*Annexe mentionnée dans l'article 8 de la Convention entre la
France et la Grande-Bretagne, pour la suppression de la
traite des noirs, signée à Londres, le 29 mai 1845.*

« MONSIEUR LE COMMANDANT,

« Une convention conclue, le 29 mai 1845, entre Sa Ma-
« jesté le roi des Français et Sa Majesté la reine de la Grande-
« Bretagne et d'Irlande, et dont vous trouverez ici copie, règle
« sur de nouvelles bases la surveillance et la répression que les
« deux pays se sont engagés à exercer de concert sur la traite
« des esclaves. Toujours d'accord sur le but à poursuivre, et fer-
« mement résolus à obtenir, par les voies les plus promptes, l'ex-
« tinction de ce trafic criminel, les deux gouvernements ont re-
« connu la nécessité d'y appliquer des combinaisons entièrement
« distinctes de celles que consacraient les traités de 1831 et de
« 1833.

« La station d'Afrique aura à prendre, à l'exécution de ce nou-
« veau traité, la part la plus active et la plus importante. Vous
« devez donc vous pénétrer de l'esprit de cet acte et du sens de
« chacune de ses dispositions. Vous n'oublierez jamais que la prin-
« cipale de vos obligations, comme commandant de cette division,
« est de faire produire à cette convention tous les résultats que
« les deux puissances contractantes sont en droit d'en attendre.

« La base de ces arrangements, le principe de l'œuvre à pour-
« suivre en commun, de la part de la France et de l'Angleterre,
« c'est un accord complet et soutenu entre la station française et
« celle de la Grande-Bretagne. Dès votre arrivée à la côte d'Afri-
« que, vous vous mettrez immédiatement en rapport avec l'officier
« commandant les forces anglaises, afin d'établir, dès le début,
« le concert qui devra présider à l'ensemble et aux détails de vos

« opérations. Vous examinerez en commun, pour l'ordre du ser-
« vice à établir, les points de la côte qui sont des foyers de traite
« déjà connus, et qui doivent être serrés de près par les deux croi-
« sières ; vous vous entendrez pour connaître subséquemment et
« faire également surveiller, à mesure qu'il y aura lieu, les loca-
« lités où la traite se transporterait, et vous ferez en conséquence
« la distribution des croiseurs placés sous vos ordres sur toutes les
« parties des côtes où le mode de coopération devra être appliqué
« simultanément ou alternativement.

   « Vous donnerez une attention toute particulière aux moyens
« à employer pour obtenir l'abandon du trafic des esclaves par
« les rois ou chefs des peuplades qui habitent le littoral. Quel-
« ques-uns ont déjà été amenés à y renoncer ; d'autres paraissent
« disposés à prendre le même parti ; le plus grand nombre a en-
« core besoin d'y être déterminé par des négociations et par des
« promesses de dédommagement. Maintenir les premiers dans
« l'observation de leurs engagements, réduire autant que possible,
« par des traités librement consentis, le nombre de ceux qui ser-
« vent encore d'auxiliaires ou d'associés aux traitants, tels sont,
« à cet égard, les résultats que le système de coopération se pro-
« pose de réaliser. La communauté d'intention et d'action dans
« ce but est un point essentiel à régler entre les commandants des
« deux divisions. Je vous recommande donc de vous entendre
« avec le chef de la division britannique, afin de déterminer les
« démarches dont chacun de vous devra se charger pour le succès
« de cette partie importante de la nouvelle convention.

   « L'accord qui se sera établi entre vous deux devra aussi se
« former, à tous les degrés de la hiérarchie, entre les officiers des
« deux escadres. Le commandant de la station anglaise recevra à
« cet égard la même recommandation, qui, de part et d'autre,
« sera applicable non-seulement aux cas de coopération explici-
« tement stipulés par le traité, mais aussi à toutes les circons-
« tances qui comporteront entre les bâtiments, les états-majors
« et les équipages des deux divisions, l'échange de bons procédés
« et la réciprocité du concours moral et matériel. Le devoir de
« chacun, à bord des croiseurs des deux nations, sera donc, tout
« en maintenant l'indépendance réciproque, de s'entr'aider cons-
« tamment dans l'exécution des ordres supérieurs, et de se com-
« muniquer toutes les informations utiles au succès des disposi-

« tions adoptées, en tout ce qui se rattache à la répression du
« trafic des esclaves.

« Quant aux navires de commerce et aux croiseurs portant le
« pavillon des autres nations dont les gouvernements ont succes-
« sivement conclu, avec la France, des conventions basées sur le
« principe du droit de visite et conformes aux traités de 1831 et
« de 1833. Il n'y a rien de modifié à l'état des choses réglé par
« ces actes, et vous aurez à exécuter, pour ce qui les concerne,
« les instructions générales précédemment émanées de mon dé-
« partement. Je me borne donc à vous rappeler ici que ces pays
« sont la Sardaigne, la Toscane, les Deux-Siciles, la Suède, le
« Danemark et les Villes Anséatiques. Je dois maintenant fixer
« votre attention sur l'article 6 de la nouvelle convention.

« Cet article rappelle un fait bien connu de tous les officiers qui
« ont été employés depuis trente ans à la répression de la traite
« des noirs.

« Tous les navires qui se livrent à ce commerce sont pourvus
« d'armes de guerre, telles que sabres, fusils, pistolets, et quel-
« ques-uns même ont à bord des petits canons ou des pierriers.
« Cette précaution leur est indispensable, ne fût-ce que pour
« maintenir dans l'obéissance, avec quelques hommes d'équipage,
« plusieurs centaines de noirs violemment arrachés à leurs fa-
« milles et à leur sol natal.

« Mais il arrive fréquemment que les commandants et les équi-
« pages des vaisseaux négriers font emploi de leurs armes dans
« un autre but non moins criminel ; qu'ils se livrent, soit entre
« eux, soit à l'égard des habitants de la côte ou des Européens qui
« la fréquentent, à des actes de déprédation et de brigandage.
« C'est ce qu'attestent les instructions remises à vos prédécesseurs,
« et en particulier celles que le gouverneur du Sénégal a données
« aux officiers employés à la station d'Afrique le 15 juillet 1841.

« C'est également un fait constant que presque tous les navires
« négriers ont à bord des expéditions doubles, des papiers émanés
« en apparence de plusieurs gouvernements différents, des rôles
« d'équipages faux, qui leur permettent de se donner, selon l'oc-
« currence, pour appartenir tantôt à une nation, tantôt à une
« autre.

« C'est d'ordinaire à Saint-Thomas et à l'île de Cuba que se
« fabriquent ces faux papiers, sur lesquels les formules imprimées

« et les signatures autographes des diverses autorités de chaque
« nation maritime sont contrefaites plus ou moins habilement.

« Vous connaissez les dispositions de la loi du 12 avril 1825
« sur la piraterie. Vous savez que cette loi considère comme pi-
« rates non-seulement les équipages des navires armés qui se
« livrent à des actes de déprédation, mais ceux qui naviguent
« sans papiers de bord, ou avec des papiers qui ne justifient point
« la régularité de l'expédition, ou enfin avec des commissions
« émanées de plusieurs puissances ou États différents, le mot
« *commission* étant entendu ici non-seulement des lettres de
« marque en temps de guerre, mais des expéditions délivrées aux
« navires marchands en temps de paix (1).

« La loi de 1825 n'a fait en cela que reproduire et consacrer de
« nouveau les principes reçus, la doctrine qui sert de fondement
« à notre législation maritime, à l'ordonnance de 1554, à l'ordon-
« nance de 1681, admise comme autorité dans toute l'Europe (2),
« à celle de 1718, et au décret du 2 prairial an XI, et ces prin-
« cipes ont toujours été appliqués par nos tribunaux tant aux na-
« vires français qu'aux navires étrangers, sans avoir donné lieu
« à aucune réclamation.

« Vous savez également qu'en cas de soupçon de piraterie, le
« droit des gens, reconnu par toutes les nations civilisées, autorise
« tout vaisseau de guerre, à quelque puissance qu'il appartienne,
« à arrêter le navire suspect, quel que soit le pavillon porté par ce
« navire, sauf à le conduire devant la juridiction qui doit pro-
« noncer sur la validité de la saisie et sur la poursuite du crime.

« Toutes les fois donc qu'un navire vous sera signalé comme
« suspect d'actes que notre législation qualifie *piraterie*, selon le
« droit des gens (à la différence de ceux qu'elle assimile simple-
« ment à la piraterie, et qui ne sont tels que selon notre droit na-
« tional), vous êtes autorisé à arrêter le navire, à vérifier si les
« soupçons sont fondés.

« Comme l'exercice de ce droit, néanmoins, pourrait donner
« lieu à des abus, s'il n'était pas contenu dans de justes limites
« par la loyauté et la discrétion des officiers qui en sont investis,

---

(1) Rapport sur la loi du 12 avril 1825, à la Chambre des pairs, par M. le
baron Portal. (*Moniteur* de 1825, 1er vol., p. 190.)

(2) Discours du garde des sceaux; discours de M. Pardessus. (Séance de la
Chambre des députés, 25 avril 1825.)

« vous n'oublierez pas qu'en pareil cas les soupçons doivent être
« réels et graves, que la vérification de la nationalité des navires
« et de la régularité de l'expédition, si le cas échet, doit être limi-
« tée aux mesures strictement nécessaires pour atteindre ce but,
« et que toute arrestation opérée légèrement et avec un déploie-
« ment de forces et de procédés que les circonstances ne justifie-
« raient pas, serait, de votre part, un acte répréhensible, et qui
« pourrait donner ouverture à des réclamations fondées.

« La loi du 12 avril 1825 ne considère point comme un acte de
« piraterie le simple fait d'arborer un pavillon qu'on n'a pas le
« droit de porter; c'est néanmoins un acte contraire au droit des
« gens, un acte frauduleux, et qui, s'il était toléré, rendrait im-
« possible toute police de la mer, toute surveillance des bâti-
« ments de guerre sur les bâtiments marchands, même celle
« qu'un croiseur est appelé à exercer sur les navires de sa propre
« nation. S'il suffisait, pour qu'un navire français chargé de noirs
« échappât à votre vigilance, qu'il arborât le pavillon d'une autre
« nation; si ce simple fait le rendait pour vous inviolable, lors
« même que vous auriez la certitude qu'il est français, qu'il fait
« la traite des noirs, et que le pavillon qu'il porte est usurpé,
« toute croisière deviendrait inutile; vous ne pourriez ni réprimer
« le commerce prohibé, ni protéger le commerce licite.

« Lors donc que vous aurez lieu de soupçonner quelque fraude
« de cette nature, vous pourrez vérifier la nationalité du bâti-
« ment suspect. Si vos soupçons se trouvent fondés, si le bâti-
« ment suspect se trouve être en effet ou français ou soumis à
« votre surveillance en vertu des traités actuellement en vigueur,
« et si ce navire est réellement engagé dans la traite des noirs,
« vous n'hésiterez point à l'arrêter. Aucune nation ne serait fondée
« à réclamer, pour son pavillon, le droit de protéger les crimes et
« de soustraire les criminels, qui lui sont étrangers, au châtiment
« qui leur est dû. Si vos soupçons, au contraire, ne sont pas fon-
« dés, si le navire suspect appartient *bona fide* à la nation dont il
« porte le pavillon, vous n'hésiterez point à le relâcher sur-le-
« champ, sauf à donner avis du fait aux croiseurs qui auraient le
« droit de l'arrêter.

« Vous ne perdrez jamais de vue, dans cette opération, que
« vous agissez à vos risques et périls, et que si, par votre fait,
« le bâtiment suspect éprouvait quelques dommages, il aurait

« droit à une indemnité. Vous ne sauriez donc user à son égard
« de trop de ménagements. »

« Signé par le ministre de la marine. »

*Instructions pour le commandant supérieur des forces navales
de Sa Majesté (la reine) sur la côte occidentale de l'Afrique,
en conformité de la convention faite avec la France, et signée
à Londres, le 29 mai 1845,*
Par les commissaires exécutant l'office du lord grand amiral
du Royaume-Uni de la Grande-Bretagne et d'Irlande, etc.

« Nous vous transmettons ici la copie d'une convention entre
« Sa Majesté et le roi des Français, datée du 29 mai 1845,
« par laquelle il est stipulé que les hautes parties contractantes
« établiront chacune sur la côte occidentale de l'Afrique une force
« navale d'au moins vingt-six bâtiments, destinée à la répression
« de la traite des noirs, en surveillant étroitement toutes les par-
« ties de la côte occidentale où se trouve portée la traite des noirs,
« depuis le cap Vert jusqu'au 10° 30' de latitude méridionale, et
« en exerçant tous les pouvoirs dont sont investies à cet effet les
« couronnes de France et de la Grande-Bretagne; et nous dési-
« rons que vous profitiez de chaque occasion et que vous employiez
« tous vos efforts pour atteindre le but de cette convention.

« Vous profiterez de la plus prochaine occasion pour vous met-
« tre en communication avec le commandant supérieur de l'esca-
« dre française, afin de vous entendre avec lui sur le mode de
« coopérer à l'exécution de cette convention, et de vous concerter
« ensemble sur les meilleurs moyens pour surveiller étroitement
« les parties ci-devant mentionnées de la côte africaine., en choi-
« sissant et spécifiant les stations à établir, et en s'y postant soit
« conjointement avec les croiseurs français, soit séparément avec
« la force sous votre commandement, soit en les abandonnant à la
« force navale française, ainsi que cela sera jugé plus conve-
« nable.

« Vous comprenez cependant que, dans le cas où une station
« serait spécialement confiée à la vigilance des croiseurs de l'une
« ou l'autre nation, les croiseurs de l'autre nation pourront s'y
« rendre en tout temps dans le but d'exercer les droits leur appar-
« tenant respectivement pour la suppression de la traite des noirs.

« Vous vous concerterez avec le commandant de l'escadre fran-

31.

« çaise pour déterminer avec quels princes ou chefs du littoral il
« sera nécessaire de négocier des traités pour la suppression de la
« traite des noirs, et vous êtes autorisé à négocier ces traités soit
« personnellement, soit par un officier muni d'instructions spé-
« ciales à cet effet. Ces traités seront faits conformément au mo-
« dèle d'engagement formant l'appendice à la section 7 des ins-
« tructions envoyées le 12 juin 1844 aux officiers de marine de
« Sa Majesté (la reine), employés à la suppression de la traite des
« noirs.

    « Toutes les fois qu'il sera nécessaire d'employer la force pour
« contraindre l'exécution légitime de traités contractés avec quel-
« ques chefs du littoral en vertu de la présente convention, dans
« lesquels traités auraient été parties Sa Majesté (la reine) et le roi
« des Français, vous vous concerterez avec le commandant de
« l'escadre française pour l'emploi de la force nécessaire, et vous
« vous disposerez, d'accord avec lui, à agir conjointement avec
« la force française, ou séparément, ainsi qu'il sera plus conve-
« nable. Mais, respectivement aux traités passés conjointement,
« vous n'emploierez la force qu'avec le consentement du comman-
« dant de l'escadre française.

    « Vous considérerez comme votre devoir, et ce sera aussi celui
« des officiers commandant les bâtiments de Sa Majesté sous vos
« ordres, de communiquer dans toutes les occasions aux officiers
« de l'escadre française toutes les informations qui seraient de
« nature à faire découvrir les fraudes employées pour la traite des
« noirs, et, spécialement, de donner connaissance de tout bâti-
« ment supposé appartenir à la France, et soupçonné d'être en-
« gagé dans la traite des nègres, qu'ils pourraient avoir rencontré,
« ou dont ils pourraient avoir ouï parler dans le cours de leur
« croisière. Vous donnerez les instructions nécessaires pour que
« les officiers sous vos ordres acquittent ce devoir avec une stricte
« attention.

    « A l'égard de la visite, de la recherche et de la détention des
« bâtiments appartenant aux nations entre lesquelles et la Grande-
« Bretagne il existe des traités relatifs à cette matière et pour la
« suppression de la traite des noirs, comme aussi à l'égard des
« bâtiments n'ayant le droit de réclamer le pavillon d'aucune na-
« tion, vous vous guiderez sur les instructions basées sur le statut
« des 2e et 3e années de Sa Majesté la reine Victoria, chapitre 73,

« et sur les traités existant avec les États étrangers, et les actes
« du Parlement faits en conformité d'iceux, qui vous ont été dé-
« livrés pour votre gouverne, les présentes instructions n'y étant
« en aucune façon contraires.

« Vous ne capturerez, visiterez, ni en aucune façon ne vous
« interférerez en ce qui concerne les bâtiments de France, et vous
« donnerez de strictes instructions aux officiers commandant les
« croiseurs sous vos ordres de s'en abstenir. En même temps,
« vous n'oublierez pas que le roi des Français est loin de vouloir
« que le pavillon de la France devienne un motif d'immunité
« pour ceux qui n'ont pas le droit de le porter, et que la Grande-
« Bretagne ne peut consentir que les vaisseaux des autres nations
« échappent à une visite et à une perquisition, en hissant le pa-
« villon de la France ou le pavillon de toute autre nation avec
« laquelle la Grande-Bretagne n'a pas, par un traité formel, le
« droit de recherche. En conséquence, lorsque, par un avis qu'aura
« reçu un officier commandant un croiseur de Sa Majesté, ou
« lorsque, par les manœuvres d'un bâtiment ou toute autre cause
« suffisante, il aura motif de croire que le bâtiment n'appartient
« pas à la nation dont il porte les couleurs, il ira, si le temps le
« permet, sur les devants du vaisseau suspect, après avoir com-
« muniqué son intention, en hélant son bâtiment et en envoyant
« un canot à son bord, pour s'assurer de sa nationalité, sans or-
« donner sa détention, dans le cas où il prouverait qu'il est réel-
« lement un bâtiment appartenant à la nation dont il a arboré les
« couleurs, et que, dès lors, il est un de ceux à l'égard desquels
« il n'a aucun droit de recherche. Mais si la violence du vent ou
« toute autre circonstance rendent impraticable ce mode de visiter
« ce bâtiment étranger, il peut requérir que le bâtiment suspect
« lui soit amené, afin de s'assurer de sa nationalité, et il aura le
« droit de l'y forcer, s'il y a lieu ; — bien entendu qu'il ne sera
« autorisé à employer des mesures coercitives qu'à défaut de toute
« autre. L'officier qui abordera le bâtiment étranger doit avoir
« pour instruction de visiter simplement d'abord les papiers de ce
« bâtiment, et de s'assurer par là, ou par toute autre preuve, de
« sa nationalité ; et s'il est prouvé que c'est réellement un bâtiment
« de la nation indiquée par ses couleurs, et un de ceux qu'il n'est
« pas autorisé à visiter, il doit immédiatement le laisser, en lui
« offrant d'inscrire sur les rôles du bâtiment la cause de suspicion

« de sa nationalité, aussi bien que le nombre de minutes qu'a
« duré la détention de ce bâtiment (s'il a été détenu) pour l'objet
« en question. Cette annotation sera signée par l'officier qui sera
« monté à bord, désignant son rang et le nom du croiseur de Sa
« Majesté. Si le commandant du bâtiment visité consent à cette
« annotation sur les rôles du bâtiment ou non (et elle ne doit pas
« être faite sans son consentement), toutes lesdites particularités
« seront immédiatement insérées sur le journal du croiseur de Sa
« Majesté. Un état intégral et complet des circonstances sera en-
« voyé à l'adresse du secrétaire de l'amirauté à la première occa-
« sion dirigée pour l'Angleterre; un état semblable vous sera aussi
« adressé en votre qualité de commandant supérieur de la station,
« pour être par vos soins envoyé à notre secrétaire, accompagné
« des remarques que vous aurez cru devoir y faire.

« Les officiers commandant les bâtiments de Sa Majesté doi-
« vent avoir toujours présent à l'esprit que l'obligation d'exécuter
« les instructions ci-contre doit s'accomplir avec beaucoup de soin
« et de circonspection. Car si quelque dommage était causé par une
« visite non motivée ou par un examen non convenablement fait,
« il serait dû une indemnité à la partie lésée, et l'officier qui au-
« rait fait procéder à une visite sans cause, et qui l'aurait faite
« non convenablement, encourrait la désapprobation du gouver-
« nement de Sa Majesté.

« Toutefois, dans le cas où les soupçons du commandant de-
« viendraient bien fondés, et si le bâtiment abordé prouvait,
« malgré ses couleurs, qu'il n'appartient pas à la nation indiquée
« par ces couleurs, le commandant du croiseur de Sa Majesté en
« agira à son égard comme il aurait été autorisé et requis de le
« faire, si ce bâtiment n'avait pas pris un faux pavillon.

« Donné sous nos signatures, etc. »

Les parlements des deux pays ont eu à s'occuper de ce traité en
ce qui concerne les moyens d'exécution, et comme la discussion
à laquelle il a donné lieu a jeté un nouveau jour sur l'intention du
traité, nous allons la rapporter telle qu'elle se trouve dans la
Revue coloniale du mois de juillet 1845.

Discussion de la Chambre des députés sur le projet de loi portant demande de crédits pour l'augmentation de la station navale
des côtes occidentales d'Afrique, en exécution de la convention
du 29 mai 1845.

Aux termes de cette convention, le nombre des bâtiments armés composant la station des côtes occidentales d'Afrique doit être augmenté et porté à vingt-six. Le gouvernement a, en conséquence, demandé, pour faire face à cette nouvelle dépense, des crédits s'élevant en totalité à 9,760,000 francs, savoir : sur l'exercice 1845, 943,000 fr., et sur l'exercice 1846, 8,817,000 fr., dont 6 millions pour subvenir aux dépenses de construction et d'armement, sur de nouveaux modèles, de sept bâtiments à vapeur munis de leurs machines motrices (1). Cette demande a soulevé dans la Chambre des députés une discussion où la convention a été examinée. Ces débats ont eu lieu dans la séance du 27 juin. Après quelques observations de MM. Denis et Mauguin, M. le procureur-général *Dupin* a dit :

Afin de ne pas revenir à plusieurs reprises sur ce sujet, je demanderai à soumettre un doute qui me vient sur le caractère des conventions, ou plutôt sur une conséquence qu'elles seraient dans le cas de recevoir, et sur laquelle je serais bien aise de donner ou de provoquer une explication.

A la place du droit de visite réciproque, qui impliquait la visite des bâtiments français par des navires étrangers, la Chambre avait exprimé formellement le vœu que ce droit, qui ne devait son existence éphémère qu'à une convention, car ce n'est pas un droit essentiel et fondamental ; que ce droit, dis-je, fût aboli ; il est suspendu, et cette suspension, je le pense, n'est qu'un acheminement à l'abolition ; je ne puis croire qu'après cinq ans écoulés on voulût le rétablir, lorsqu'on revisera le traité actuel.

Mais, en attendant, on l'a remplacé par un autre droit de visite, droit de visite tout à fait inoffensif, s'il est entendu de la manière dont il est présenté dans l'article 8 de la convention, c'est-à-dire, « comme un droit fondé sur les principes du droit « des gens et sur la pratique constante des nations maritimes. »

(1) La station se trouvera ainsi composée en 1846 :

Bâtiments à vapeur........................	8
Corvette de guerre de 30 canons.....	1
Bricks de 18 et de 20 canons........	2
Bricks-avisos..............................	9
Corvettes de 380 tonneaux...........	2
Goëlettes................................	4
Total........	26

Des expressions à peu près équivalentes sont répétées dans les instructions aux commandants. On leur dit dans ces instructions : « Vous savez également qu'en cas de soupçon de piraterie, le « droit des gens, reconnu par toutes les nations civilisées, autorise « tout vaisseau de guerre, à quelque puissance qu'il appartienne, « à arrêter le navire suspect, quel que soit le pavillon porté par « ce navire. »

Lorsqu'il s'agit d'un navire suspecté de piraterie, le droit des gens donne en effet aux vaisseaux de guerre le droit de héler ce navire, de le haranguer, et de lui demander ses papiers de bord, pour savoir s'il n'est pas un pirate. Oui, c'est là le droit des gens en général, tel qu'il a été pratiqué par nous avec mesure et modération. Mais lorsque l'on parle du droit des gens reconnu par les nations civilisées, on entend aussi les États-Unis, qui sont incontestablement une nation civilisée, quoique ce ne soit pas une nation européenne.

Or, vous savez très-bien que ce second droit de visite n'est pas entendu par les Américains comme l'entendent les Anglais : je n'affirme pas que les Anglais l'entendent mieux que les Américains. Je crois, au contraire, que les Américains l'entendent d'une manière plus libérale que les Anglais, et plus propre à conserver l'indépendance des nations et l'individualité du pavillon.

Je constate seulement qu'ils ne l'entendent pas de la même manière, et qu'ils mettent de part et d'autre un tel entêtement à soutenir leur interprétation, qu'il en est résulté des collisions ; et je ne fais pas de doute qu'il en résultera de nouvelles, si les Anglais poussent jusqu'au bout la pratique de leurs principes, et visitent à leur manière les bâtiments américains.

C'est en parlant de la manière d'entendre ce droit de visite, que le président des États-Unis, dans son allocution à l'ouverture du dernier congrès, disait : « Cette visite et cette enquête ont été « regardées comme un droit de recherche présenté sous une nou- « velle forme et avec un nouveau nom ; en conséquence, j'ai cru « de mon devoir de déclarer d'une manière positive, dans mon « message annuel au congrès, que pareille concession ne serait « pas faite, et que les États-Unis ont la volonté et le pouvoir de « faire exécuter leurs propres lois, et d'empêcher que leur pavil- « lon ne soit employé dans des vues formellement interdites par « ces mêmes lois. »

On aurait donc peu gagné si, en gagnant l'affranchissement de la visite de son propre pavillon à titre de droit de visite réciproque, on avait consacré un droit de visite moins étendu en apparence, moins catégoriquement dénommé et défini, mais plus général, puisqu'il s'appliquerait à toutes les marines et à toutes les nations, et qu'il impliquerait presque tous les mêmes procédés, avec des résultats encore plus fâcheux.

Je ne veux pas étendre l'observation, je veux la préciser au contraire; je la restreins, et je demande si, en présence de la diversité des interprétations de ce second droit de visite, que l'on présente comme le droit de toutes les nations maritimes civilisées, et qui cependant est entendu diversement par les Anglais et par les Américains, je demande si nous n'allons pas courir le risque d'être entraînés dans l'interprétation des Anglais? Nos commandants, je le sais, exerceront avec la courtoisie qui les distingue, qui n'exclut pas la fermeté, le droit des gens pratiqué entre toutes nations de s'interroger à la mer, de se demander des communications amiables. Mais si le Anglais veulent forcer la mesure; s'ils la veulent forcer avec d'autant plus de hardiesse qu'ils se croiront soutenus par les Français, et qu'ils croiront avoir lié les Français à leur politique, serons-nous, serons-nous impliqués à partager leurs conflits, en visitant les bâtiments américains à la manière anglaise?

Vous voyez, Messieurs, que, pour poursuivre ce but sacré, où nous ne mettons que de la générosité, nous pourrions nous trouver entraînés à servir une politique qui n'est pas la nôtre.

Je n'attaque pas le nouveau traité; la loi, je la voterai; mais je désire que le gouvernement se tienne bien en garde sur cette question : que les visites soient des visites courtoises à la manière française, conformes au droit des gens maritime, tel que nous l'avons pratiqué, et non pas des visites à la manière anglaise.

M. LE MINISTRE DES AFFAIRES ÉTRANGÈRES. — Je suis bien aise que l'honorable préopinant ait provoqué une explication de ma part. J'espère que celle que je vais donner ne laissera aucun doute ni dans son esprit, ni dans l'esprit d'aucun membre de la Chambre.

Nous sommes ici en présence d'une difficulté véritable. Est-il possible d'admettre, pour vérifier la nationalité d'un bâtiment, un droit de visite, d'examen, soumis à certaines conditions, contenu dans de certaines limites, et qui n'entraîne pas les inconvénients

attachés au droit de visite que les Chambres ont voulu abolir?
Voilà la question. Elle n'est pas nouvelle; elle s'est présentée,
comme l'a rappelé l'honorable préopinant, pour d'autres nations
que pour nous. Deux principes généraux ont été soutenus. Je prie
la Chambre de permettre que j'écarte pour un moment tout
exemple, tout antécédent; que je considère la question en elle-
même: je viendrai tout à l'heure aux exemples.

On a soutenu d'une part que le pavillon vrai ou faux, pris légitimement ou non, couvrait complétement le bâtiment; qu'il
était le signe infaillible, irrécusable de sa nationalité; que personne n'avait le droit d'examiner si ce signe était vrai ou faux.

La Chambre comprend tout de suite que, si un pareil principe
était admis, la police des mers serait impossible; les mers seraient livrées à l'anarchie et au brigandage. Il suffirait d'arborer un pavillon pour échapper à l'instant même à toute surveillance. Pourtant ce principe a été soutenu.

L'autre principe absolu, qui a été soutenu aussi, c'est que
tout bâtiment de guerre, appartenant à une marine militaire, a
le droit de visiter, sans condition, sans limites, sans responsabilité, tout bâtiment marchand qu'il rencontre, et de s'assurer,
par tous les moyens quelconques, de sa nationalité.

Voilà les deux principes absolus qui se sont trouvés aux prises :
ni l'un ni l'autre n'est admissible : l'un est le brigandage des
mers; l'autre est la destruction de la liberté des mers.

La nécessité d'un moyen terme, d'une transaction qui con-
ciliât les droits et les intérêts, a été sentie à l'instant même. Qu'ont
fait d'abord tous les peuples maritimes ? Ils ont établi que, sur le
soupçon de piraterie, tous les bâtiments de guerre avaient le droit
d'arrêter les bâtiments marchands, et de constater, de vérifier
leur nationalité. Entendez bien : sur le simple soupçon de piraterie; car il ne peut être question ici que d'un soupçon; personne
ne connaît le fait avec certitude. Eh bien ! il est reconnu, il est
avoué, il est pratiqué par toutes les nations maritimes, que la
marine militaire a droit de visiter les bâtiments marchands, et
de constater leur nationalité.

La France a fait plus que cela; elle a écrit dans sa loi de 1825
sur la piraterie, loi qui a été solennellement débattue dans les
deux Chambres; elle a écrit, dis-je, que le fait de naviguer sans
papiers de bord, sans papiers prouvant la légitimité de l'expédi-

tion ; que ce fait était piraterie. Elle a été plus loin ; elle a écrit, dans cette même loi, que le fait de naviguer avec plusieurs papiers de bord, avec des papiers de bord délivrés par plusieurs puissances, était piraterie. En sorte que la marine française pratique le droit d'arrêter et de visiter les bâtiments marchands, pour constater s'ils n'ont point de papiers de bord, ou s'ils ont des papiers de bord délivrés par plusieurs puissances.

Voilà l'état actuel, voilà la pratique telle qu'elle existe chez nous, comme chez les autres grandes nations maritimes : il n'y a pas de contestation à cet égard.

La question s'est élevée, vous le savez, entre les États-Unis et l'Angleterre, dans les termes absolus que j'indique. Les deux principes absolus ont d'abord été soutenus. Les Américains ont dit absolument qu'aucune puissance n'avait droit de visiter un bâtiment portant le pavillon américain.

L'Angleterre a répondu : « Moi, je visite tous les bâtiments, « quel que soit leur pavillon, quand je crois ce pavillon faux ; « car j'ai droit de m'assurer de sa nationalité. »

Il a été tenu, dans le Congrès américain et dans le Parlement, des discours conçus dans l'une et l'autre théorie, et presque aussi absolus que les théories mêmes ; mais, quand on est venu à la pratique, quand on a voulu donner des instructions aux croiseurs des deux nations, on a senti la difficulté de la position, et on est venu, comme je le disais tout à l'heure, à une transaction, à un moyen terme, qui n'a pas été solennellement proclamé dans les assemblées politiques, mais qui a été écrit dans les instructions des deux nations, à peu près avec les mêmes termes, et qui résout la question, comme elle est résolue dans les instructions annexées au traité du 29 mars dernier.

Voici, en effet, ce que je lis dans les instructions données en mars 1848, par M. Upshur, aux croiseurs américains :

« Les États-Unis ne prétendent certainement pas que l'action « de hisser le pavillon américain doive conférer un privilège à « ceux qui n'ont pas le droit de s'en couvrir ; une pareille préten- « tion exposerait leur pavillon à être dégradé et déshonoré, parce « qu'elle le ferait servir à des actes de piraterie et autres crimes « aussi atroces ; mais ils veulent que leurs citoyens, qui s'en cou- « vrent légitimement, jouissent de toute la protection qu'il en- « traîne avec lui. Toutes les fois donc qu'un croiseur d'une autre

« nation se hasardera à aborder un navire sous pavillon des
« États-Unis, il se rendra responsable de toutes les conséquences
« qui pourront s'ensuivre. Si le navire ainsi abordé se trouve être
« un navire américain, le tort ne sera pas redressé par vous; la
« partie lésée sera envoyée à se pourvoir en réparation du dom-
« mage, soit devant les tribunaux d'Angleterre, soit par un appel
« à son pays, suivant que la nature du cas l'exigera. S'il est dé-
« montré que le navire n'est pas américain, les États-Unis n'au-
« ront aucun sujet de plainte, bien que le navire fût couvert de
« leur pavillon. Ces principes sont, je crois, bien entendus et
« bien arrêtés. »

Ce n'est point là, vous le voyez, le principe absolu que je rap-
pelais tout à l'heure. Les États-Unis ont admis, non le principe
contraire, mais la nécessité pratique qui fait aux deux principes
leur part.

Le gouvernement anglais, à son tour, a dit, dans ses instructions, qu'il n'avait pas la prétention de visiter les bâtiments réellement américains, mais qu'il avait celle de constater si les
bâtiments qui porteraient le pavillon américain étaient réellement
américains, et qu'en faisant cette visite, il la faisait à ses risques
et périls, et demeurait responsable des conséquences; que s'il
avait eu raison en la faisant, s'il se trouvait que le bâtiment dont
il vérifiait ainsi la nationalité ne fût pas réellement américain,
et qu'il eût usurpé le pavillon des États-Unis, personne n'aurait
rien à dire; que si, au contraire, le croiseur anglais s'était
trompé, si le bâtiment arrêté était réellement américain, il pourrait alors y avoir lieu à des réparations et à des indemnités, dont
le gouvernement anglais répondrait.

Voilà quelle a été la transaction admise dans les instructions
des deux nations. Lisez, Messieurs, celles qui vous ont été com-
muniquées, soit les nôtres, soit celles du gouvernement anglais;
vous verrez qu'elles sont conformes à la même idée, adaptées
aux mêmes faits. Et ici je me sers à dessein du mot *faits*, parce
que les Américains n'ont pas voulu reconnaître formellement,
comme droit, la visite sur les bâtiments portant pavillon américain pour vérifier leur nationalité. Ils ont dit : « Ce n'est point
« un droit que nous reconnaissons; c'est un fait que vous accom-
« plissez à vos risques et périls. »

Ils n'ont pas écrit le mot *droit;* et nous avons fait de même.

Ce n'est pas là en effet, à proprement parler, un droit; c'est une nécessité de la vie de la mer, une nécessité de la police de la mer; nécessité qui a été admise par les Américains, comme par nous; car elle est écrite dans les instructions américaines comme dans les nôtres; nécessité qui est reconnue envers nous par l'Angleterre, dans les mêmes termes qu'envers l'Amérique.

Il n'y a donc rien là que de parfaitement conforme aux principes du droit des gens et aux nécessités de la vie maritime. Nous nous maintiendrons dans cette situation où nous nous sommes placés par nos instructions mutuelles, et qui est celle à laquelle ont abouti naturellement, je pourrais dire forcément, après de longues discussions, les deux grands gouvernements qui avaient commencé par poser des maximes plus absolues. (Très-bien! très-bien!)

M. DUPIN. — Je réponds en très-peu de mots : je voudrais en effet que nous fussions arrivés, vis-à-vis des Anglais, ainsi que vis-à-vis des Américains, à une interprétation qui fût la même pour les trois nations. Il n'y aurait aucune difficulté. Il n'y en aurait pas si les instructions faites entre les Anglais et les Américains étaient parfaitement identiques avec les nôtres, et si le sens que, en traitant, les Américains ont attaché à leur convention était le même que celui qu'attacheront peut-être les Anglais aux conventions qu'ils ont faites avec nous, et dans l'exécution desquelles ils tâcheront certainement de nous impliquer. Mon doute se fortifie, parce que je vois que, postérieurement aux instructions arrêtées en mars entre les Anglais et les Américains, M. Daniel Webster, qui est l'un des membres du cabinet de Washington, s'est exprimé à la fin d'avril au sujet de ces mêmes instructions. Il accordait, sans doute, que le pavillon ne couvrait pas absolument le bâtiment et tout ce qui s'y trouvait, et qu'il y avait des cas où il pourrait être important de s'assurer et de s'enquérir de la réalité du pavillon; mais il disait en même temps : « La « question est de savoir par quels moyens cette certitude pourra « être obtenue. »

Et alors il se demande si le navire américain, qui sera sûr de son droit, n'est pas fondé à résister aussi à l'attaque qui serait dirigée contre lui, et ce qui arriverait alors.

Vous vous croyez le droit d'attaquer un navire sous votre responsabilité; mais ce navire se croit aussi le droit de résister sous sa responsabilité. Vous considérez comme un acte du droit des gens des nations civilisées de pouvoir arrêter et détenir un bâtiment que vous suspectez; les Américains ne croient pas que vous puissiez ni que vous deviez aller jusque-là.

Entendez-vous, quand vous rencontrerez un navire américain, faire dans ce cas ce qu'ont fait jadis les Anglais, et ce qu'ils ne feraient peut-être pas aussi légèrement aujourd'hui, mais ce qu'ils se réservent probablement le droit de faire dans un cas donné? Car c'est surtout cette mainmise de leur marine sur les autres marines, sous un prétexte quelconque, qu'ils cherchent à faire passer dans le droit des gens : et c'est parce qu'ils savent que, dans l'exercice de ce qu'on appelle droit des gens, le droit commun et maritime, celui-là a la plus grande part qui a le plus de puissance; c'est pour cela qu'ils cherchent incessamment à l'étendre, et ne s'arrêtent pas devant certaines difficultés.

Eh bien! M. Webster s'exprime en ces termes : « Il est clair « qu'en pareille circonstance aucun navire n'est tenu de mettre « en panne, ni d'attendre l'approche d'un autre navire; il est en- « tièrement libre de poursuivre son chemin, et d'employer toutes « les précautions nécessaires pour éviter une attaque possible. « La liberté de la mer est aussi entière pour lui que pour tout « autre. Il a droit de ne consulter que l'intérêt de son propre « salut. »

J'abrége la discussion, pour lire les conclusions :

« En résumé, le gouvernement des États-Unis, qui s'est re- « fusé à accorder le droit de visite réciproque, tel qu'il a été re- « connu par les cinq puissances signataires du traité de décem- « bre 1841, ne peut admettre qu'il existe, en vertu du droit des « gens, quelque chose de semblable au droit de visite, et diffé- « rent du droit de recherche, par des règlements et une définition « connus. »

J'admets bien comme vous la thèse générale : aucune des propositions extrêmes n'est vraie; ainsi, il n'est pas vrai de dire qu'on ne peut, en aucun cas, demander à s'assurer du pavillon; mais il n'est pas vrai non plus qu'on puisse toujours, avec violence, autoriser le droit d'arrestation, comme l'ont prétendu, et comme l'ont pratiqué quelquefois les Anglais. En pareil cas, qui risque de se tromper, risque beaucoup, s'il se trompe en effet.

Je crois que nos instructions, avec le caractère de nos officiers, se maintiendront dans ce *medium*, qui est le droit actuel de la France et des pays civilisés qui n'ont pas excédé la vraie limite du droit.

Mais j'insiste avec force sur ce point. Il y a un fait constant aux yeux de tous : c'est qu'il y a un point sur lequel les Anglais et les Américains sont en divergence complète sur l'interprétation donnée à l'exercice de ce dernier droit.

Je demande donc que les instructions soient données à nos officiers, de telle sorte que le droit ne soit pas entendu comme l'entendent les Anglais, mais comme l'entendent les Américains. (Très-bien! très-bien!)

M. LE MINISTRE DES AFFAIRES ÉTRANGÈRES.—Nos instructions seront exécutées dans le même esprit dans lequel elles sont conçues. Personne, soit du côté de la France, soit du côté de l'Angleterre, n'en dépassera les limites. Mais que le préopinant me permette de le lui faire remarquer, dans l'intérêt de la bonne intelligence entre deux grands pays, le moment n'est pas bien choisi pour accuser l'Angleterre de vues obstinées, d'empiétement et de despotisme sur la mer.

Qu'a-t-on répété sans cesse depuis le commencement de cette longue querelle? Que l'Angleterre avait voulu fonder le droit de visite, tel qu'il existait dans les traités de 1831 et 1833, pour s'en servir contre le commerce du monde, particulièrement contre le nôtre sur les côtes d'Afrique, et pour s'arroger la complète domination des mers. Et c'est précisément ce droit, recherché, soutenu, disait-on, dans un tel esprit, que l'Angleterre vient d'abandonner. Il est du moins formellement suspendu, et suspendu sous la condition qu'il ne pourra être rétabli que par le consentement mutuel des deux gouvernements.

Cela est écrit dans le dernier article du traité; et si, au bout de dix ans, ce droit de visite n'a pas été, de notre consentement, remis en vigueur, il sera considéré comme définitivement abrogé.

M. DUPIN. — Je le souhaite.

M. LE MINISTRE. — Je ne crois pas que cela soit contesté.

Messieurs, je le dis hautement : l'Angleterre a prouvé, par sa conduite en pareille occasion, que le seul intérêt qu'elle eût à cœur, l'intérêt qui la préoccupait par-dessus tout dans cette question spéciale (Mouvement), c'était la répression de la traite; que ce qu'elle avait cherché dans les traités de 1831 et 1833, c'était uniquement la répression efficace de la traite. Quand elle a cru trouver dans les propositions qui lui ont été faites des moyens aussi efficaces de réprimer la traite, elle a aussitôt abandonné le droit de visite, elle a accepté les nouveaux moyens qui lui étaient offerts.

La France, de son côté, a prouvé que, si elle poursuivait l'abolition du droit de visite, elle continuait toujours de vouloir la répression efficace de la traite.

Les deux gouvernements ont ainsi donné ce beau spectacle de leur union sincère dans une grande pensée commune de justice et d'humanité universelle. C'est là ce que tout à l'heure l'honorable M. Mauguin appelait une passion. N'oublions jamais, Messieurs, car nous nous abaisserions en l'oubliant; n'oublions jamais que de telles passions peuvent être des convictions raisonnables fondées en droit aussi bien qu'ardentes en fait, et que, lorsqu'elles se sont ainsi emparées de l'esprit d'un grand peuple et de son gouvernement, elles deviennent des passions justes, des passions saintes, c'est-à-dire, des devoirs. (Très-bien! très-bien!)

Eh bien, dans cette occasion, la France et l'Angleterre ont donné la preuve qu'elles étaient toutes deux animées de ce grand et beau sentiment, et qu'elles poursuivraient en commun ce but, en écartant toutes les considérations subalternes qu'on supposait toujours dominantes dans leur politique : je répète que c'est un grand et beau spectacle.

Après avoir entendu ces observations, la Chambre a adopté successivement, par 243 voix contre 1, les articles du projet de loi.

Discussion de la Chambre des pairs sur le même projet.

La Chambre des pairs a été saisie immédiatement du projet, et l'a discuté dans la séance du 8 juillet 1845. M. le marquis de Boissy a présenté plusieurs objections. M. le vicomte *Dubouchage* a résumé la principale en ces termes :

On remarque que la France sera tenue d'envoyer vingt-six bâtiments à voiles ou à vapeur sur la côte occidentale d'Afrique. L'Angleterre est tenue, comme la France, d'envoyer le même nombre de bâtiments. Mais je demande, avec M. de Boissy, pourquoi cette affectation de réserver à l'Angleterre la faculté d'envoyer tel nombre de bâtiments qu'elle voudra sur la côte orientale, et de ne pas faire la même réserve pour la France. Il me semble que les deux puissances devaient se réserver d'envoyer le même nombre de bâtiments sur la côte orientale. C'est une objection assez grave pour que M. le ministre nous donne une explication.

M. LE DUC DE BROGLIE. — Bien peu de mots suffiront pour satisfaire l'honorable préopinant. Il ne faut pas confondre la faculté qu'a le gouvernement français d'avoir sur la côte orientale d'Afrique tel nombre de croiseurs que bon lui semble, avec l'obligation qu'a le gouvernement français d'entretenir sur la côte occidentale d'Afrique un certain nombre de bâtiments. La faculté est entière ; le gouvernement français peut envoyer sur la côte orientale d'Afrique tel nombre de croiseurs que bon lui semble. Sur la côte orientale comme partout, la mer est libre, elle appartient à tout le monde, et le gouvernement français peut y envoyer tel nombre de bâtiments qu'il lui plaît ; mais il n'a pas contracté l'obligation d'y entretenir un nombre déterminé de bâtiments en croisière, parce que cela n'était ni nécessaire, ni même utile.

Cela n'était pas nécessaire ; car le droit de visite réciproque, que regardait précisément la convention qui nous occupe, n'avait pas été stipulé sur la côte orientale ; comme il n'y a jamais été exercé, comme la France n'y a jamais entretenu de croisière, il n'était pas nécessaire de remplacer une obligation par une obligation nouvelle.

De plus, il n'y avait pas utilité, parce qu'il est sans exemple que la traite se soit faite sur la côte orientale d'Afrique ; elle ne s'y est jamais faite que sous un pavillon, sous le pavillon portugais. C'est pour cette raison que le gouvernement français n'y a jamais entretenu de croisière. Le gouvernement anglais, au contraire, a toujours entretenu une croisière sur ces côtes, parce qu'il est la seule puissance qui ait sur le pavillon portugais un droit de visite, et qu'il a, en vertu des derniers traités, des droits plus étendus qui lui permettent de saisir les négriers jusque dans les ports portugais. C'est pourquoi la convention a maintenu l'état des choses préexistant, c'est-à-dire, une croisière française sur la côte occidentale, où la traite se fait sous divers pavillons, et une croisière anglaise sur la côte orientale, là seulement où la traite se fait sous pavillon portugais.

Telles sont les raisons qui nous ont déterminés à maintenir l'état des choses tel qu'il a toujours existé.

Maintenant dirai-je quelques mots sur la force respective des croisières que doivent entretenir les deux nations? Je serai bien court, et je crois, en vérité, que l'explication sera tout aussi complète que celle que je viens de donner.

Le gouvernement français, en vertu de la convention de 1831, avait concédé le droit de visite, à charge de réciprocité, sur quatre points différents : aux Antilles, sur la côte orientale du Brésil, sur la côte occidentale d'Afrique, et dans les parages de l'île de Madagascar. Il y avait, par conséquent, quatre croisières de chaque nation sur ces différents points.

Voici quel était le nombre des croiseurs. Il y avait 10 croiseurs aux Antilles ; 9 sur la côte orientale du Brésil ; 12 sur la côte occidentale d'Afrique; 5 autour de Madagascar. Ce nombre a été remplacé par celui de 26.

Je ne crois pas qu'en prenant un tel engagement, le gouvernement français ait eu les torts qu'on lui a reprochés tout à l'heure; je crois qu'en réalité il a plutôt diminué qu'augmenté les charges qui pesaient sur lui.

Si l'on demande actuellement des fonds, ce n'est pas à raison de l'augmentation du nombre de nos croiseurs, mais à raison d'un fait qui a été remarqué à l'occasion de la négociation : c'est que les bâtiments employés jusqu'ici à la répression de la traite des noirs n'étaient pas des bâtiments propres à cette répression, parce qu'ils étaient trop forts et mauvais marcheurs, et qu'il n'y avait pas là de bâtiments à vapeur. Il a été reconnu à l'expérience que, pour réprimer la traite des noirs, il fallait employer des bâtiments très-légers, ayant peu de canons, peu de bois et beaucoup de voiles, et des bâtiments à vapeur dans une grande proportion. C'est là le motif qui a fait reconnaître que les bâtiments employés jusqu'à présent n'étaient pas propres à ce service, et qu'il fallait changer la composition des croisières.

C'est relativement à la nature même des bâtiments que des dépenses nouvelles sont imposées à la France; car relativement à la quantité des croiseurs résultant de la convention nouvelle, il y a eu diminution dans le nombre, parce que l'expérience a prouvé que, pour les croisières au point de vue de la répression de la traite des nègres, il était préférable d'avoir des bâtiments légers, dont la dépense est moins forte, et de supprimer les gros bâtiments.

Quant au nombre des bâtiments, nous devons dire à la Chambre qu'il n'a pas été fixé arbitrairement. Qu'est-ce qu'ont fait les commissaires chargés de préparer cette convention? Ils ont fait une enquête; ils ont fait comparaître devant eux les officiers français et les officiers anglais qui avaient servi le plus longtemps, le plus utilement, qui avaient le plus efficacement jusqu'ici contribué à la répression de la traite des nègres. Ces officiers ont été entendus séparément et successivement. Ils ont tous été à peu près du même avis, ils ont donné les mêmes indications, et quant aux moyens employés pour exécuter la répression de la traite des nègres, et quant au système de répression qu'il convenait d'y appliquer.

Après les avoir entendus séparément, on les a divisés, si je puis m'exprimer ainsi, en deux escouades : d'un côté, les officiers anglais, et de l'autre, les officiers français. On a dit à chacune des catégories de ces officiers : Concertez-vous, et présentez-nous un plan de répression pour la traite des nègres. Deux plans ont été présentés : l'un par les officiers anglais, l'autre par les officiers français; ils étaient presque analogues.

On a ensuite réuni tous ces officiers; on leur a demandé de faire disparaître quelques différences et de s'entendre à cet effet; ils se sont entendus, et ont donné le plan qui a passé dans la convention.

Je ne crois pas qu'il fût possible de s'y prendre avec plus de prudence pour atteindre ce but. Quant au nombre des bâtiments, il a été fixé précisément par la nécessité de réprimer la traite, qu'il s'agit de surveiller.

. . . .

M. LE VICOMTE DUBOUCHAGE. — A présent, il y a deux faits énoncés par l'honorable M. de Boissy, auxquels il n'a pas été répondu. J'avoue que j'ai appris avec la plus grande surprise, de l'honorable membre, que l'Angleterre s'était réservé la traite au profit de la compagnie des Indes. (Bruits divers.) J'ignorais ce fait.

M. LE DUC DE BROGLIE. — Je ne connais pas l'acte dont a parlé M. de Boissy. Mais comment voulez-vous que le gouvernement anglais se soit réservé la faculté de faire la traite? Que ferait-il de la traite? Il a aboli l'esclavage partout, non-seulement dans ses colonies, mais dans les Indes Orientales. Il n'y a pas un seul

3a.

esclave dans les possessions anglaises ; que voulez-vous que l'Angleterre fasse de la traite ?

M. LE MARQUIS DE BOISSY. — Je répondrai sans rire, mais en lisant un des statuts de la compagnie des Indes. Il est vrai que cela date de 1833 ; mais votre premier traité, relatif à la traite des nègres, est de 1831 ; la citation que je vais avoir l'honneur de lire à la Chambre se trouve dans la charte de la compagnie des Indes, p. 370, § 84, *Act not te extend to East-Indies :*

« Et qu'il soit en outre établi que rien de ce qui est contenu « dans cet acte ne sera ni ne pourra être étendu à aucun des ter- « ritoires possédés par la compagnie des Indes Orientales, ni à l'île « de Ceylan, ni à l'île Sainte-Hélène, »

Ceci est officiel, et je crois que cela répondra à l'observation de M. le duc de Broglie.

M. LE DUC DE BROGLIE. — Je ne suis pas chargé, la Chambre le sent bien, de faire ici l'apologie du gouvernement anglais et d'expliquer ses actes, surtout lorsque ces actes se reportent à dix ou douze ans en arrière ; je serais donc fort embarrassé d'expliquer cet article que vient de lire l'honorable préopinant. Cependant, autant que ma mémoire peut me le rappeler, il paraît que cet article est relatif à l'état de choses qui existait à cette époque. Le gouvernement anglais a aboli l'esclavage dans ses colonies des Antilles et à l'île Maurice, avant de l'abolir sur le territoire de la compagnie des Indes ; ce n'est qu'il y a deux ans qu'il a été aboli sur le territoire de la compagnie des Indes. La Chambre sentira bien effectivement que le travail qui existait aux Indes Orientales était d'une tout autre nature : c'était un esclavage qui ne se rapportait pas aux sujets anglais ; il pesait sur les sujets musulmans de la compagnie des Indes. Il est très-probable, très-possible que l'article en question se rapportait à une réserve faite relativement au territoire des Indes Orientales et à une précaution prise pour que les lois faites pour les Indes Occidentales ne fussent pas immédiatement applicables aux Indes Orientales. En fait, depuis deux ans l'esclavage est aboli aux Indes Orientales comme aux Indes Occidentales. Encore une fois, il n'y a d'esclaves sur aucun point du territoire appartenant à l'Angleterre.

M. GUIZOT, MINISTRE DES AFFAIRES ÉTRANGÈRES. — Je voudrais relever un fait indiqué tout à l'heure par M. le marquis de Boissy. Il n'y a de traité ni public, ni secret, qui interdise à la

France d'employer, non pas des frégates, mais des vaisseaux de ligne; non pas trois mille hommes, mais un nombre indéterminé dans les mers des Indes; aucun traité pareil n'existe.

M. LE MARQUIS DE BOISSY. — Je suis satisfait, je suis heureux de la déclaration de M. le ministre des affaires étrangères; mais je ne suis pas satisfait, je l'avouerai, du silence que garde M. le ministre compétent, le ministre de la marine, au sujet de la question que je faisais tout à l'heure relativement au nombre de bâtiments. M. le duc de Broglie a eu la bonté de répondre, et je l'en remercie; mais, négociateur habile, il n'est pas marin; je demande donc, comme je le demandais tout à l'heure, quel nombre de canons, car c'est en cela que tout se résume, sera employé, immobilisé sur la côte occidentale d'Afrique.

Je ferai une autre question : elle m'est suggérée par la réponse de M. le duc de Broglie. Il nous a dit que nous emploierons vingt-six navires, que ce nombre est moindre que celui employé auparavant, et que l'Angleterre emploiera aussi vingt-six croiseurs. Eh bien, Messieurs, dans les traités de 1821 et 1833, nous n'étions pas tenus d'employer un nombre de bâtiments égal à celui auquel était tenue l'Angleterre. Pourquoi donc a-t-on, malgré la différence des forces des deux marines, pris l'engagement d'immobiliser sur une côte lointaine, et, dans tous les cas, même en cas de guerre, un nombre de bâtiments égal à celui que l'Angleterre doit y entretenir? C'est à cette question que j'aurais désiré une réponse; car enfin il y a là un grand intérêt : il s'agit de vingt-six bâtiments qui nous seraient fort utiles en cas de guerre contre l'Angleterre.

Je sais bien que M. le ministre de la marine ne permet pas, sans protester, qu'on parle de guerre agressive contre l'Angleterre. La guerre agressive, nous ne demandons pas à la faire; mais il peut se présenter tel cas, et, pour mon compte, je l'appelle de tous mes vœux, où, de la guerre défensive nous devrons passer à la guerre agressive. Alors nous aurons besoin de toutes nos forces. Pourquoi donc, je répète ma demande, immobiliser sans intérêt pour nous, et malgré la différence des deux marines, pourquoi immobiliser sur la côte occidentale d'Afrique un nombre de bâtiments égal à celui que l'Angleterre peut immobiliser elle-même?

M. LE BARON MACKAU, MINISTRE DE LA MARINE. — L'honorable

préopinant regrette que la France ait pris l'obligation d'entretenir à la côte occidentale d'Afrique vingt-six bâtiments qui seraient là immobilisés, perdus pour le pays, et qui ne seraient pas à notre disposition si des circonstances graves, impérieuses, rendaient nécessaire autre part l'emploi de ces bâtiments. Il a demandé, de plus, comment seraient armés ces bâtiments, et combien ils auraient de canons.

Ma réponse à cet égard est très-simple.

Le nombre de canons, il est fort difficile de le déterminer à l'avance, ainsi que l'a fait observer tout à l'heure l'honorable duc de Broglie : les bâtiments les plus propres à être employés sur la côte occidentale d'Afrique sont des bâtiments légers, hauts de voilure, portant peu de canons, ayant une grande vitesse; puis des bâtiments à vapeur dans des conditions à peu près pareilles de légèreté, et portant également peu de canons. Eh bien, chacun de ces bâtiments aura plus ou moins de canons, quatre, six, quelques-uns dix. Ce à quoi nous sommes engagés, c'est à entretenir sur la côte occidentale d'Afrique, non pas un nombre déterminé de canons, mais vingt-six bâtiments; et, pour ma part, comme ministre de la marine, comme officier de marine, bien loin de partager les regrets de l'honorable préopinant, je me réjouis grandement pour le département de la marine et pour un service aussi important, que nous ayons l'occasion d'employer là une escadre dans laquelle nos officiers de marine seront à même de montrer tout ce dont ils sont capables.

Le projet de loi a été adopté par 103 voix contre 8.

Dans la séance du 16 juillet, à propos de la discussion du budget du ministère des affaires étrangères, M. le marquis de Boissy a fait, au sujet de la convention du 29 mai 1845, de nouvelles observations, qui ont ramené M. le duc de Broglie à la tribune.

M. LE DUC DE BROGLIE. — Je n'abuserai pas longtemps des moments de la Chambre. Je ne trouve aucun plaisir, aucun avantage à revenir sans cesse sur des questions épuisées, à discuter sans cesse les mérites et les torts d'un gouvernement qui n'est pas le nôtre, à discuter des accusations qui me paraissent dénuées de toute espèce de fondement.

L'honorable préopinant veut à toute force que le gouvernement anglais se soit ménagé, en 1838 et en 1843, les moyens de continuer la traite des noirs sur la côte orientale de l'Afrique.

J'ai déjà eu l'honneur de dire, et je ne puis que répéter, qu'il confond deux choses parfaitement distinctes, l'abolition de l'esclavage et l'abolition de la traite.

La traite des noirs est abolie en Angleterre, c'est-à-dire, l'opération qui consiste à aller sur la côte d'Afrique pour y chercher des nègres et les transporter dans les colonies, est abolie en Angleterre depuis 1807 sans exception, sans restriction ni réserve, et aujourd'hui tout sujet de l'Angleterre qui participerait à la traite serait condamné à mort. Mais l'Angleterre n'a point aboli l'esclavage en même temps que la traite des noirs; elle a maintenu l'esclavage dans ses colonies longtemps après l'abolition de la traite, et nous ne saurions lui en faire reproche, puisque c'est ce que nous faisons nous-mêmes, puisque, après avoir aboli la traite depuis trente ans, nous maintenons encore l'esclavage dans nos colonies.

L'Angleterre a maintenu l'esclavage jusqu'en 1833, et en 1833 elle l'a aboli à l'égard de ses colonies des Indes Occidentales, du cap de Bonne-Espérance et de Maurice; mais elle l'a maintenu dans ses colonies des Indes Orientales. C'est cette réserve que le préopinant a confondue avec le maintien, avec la réserve du droit de faire la traite, que l'Angleterre a maintenue dans ses colonies des Indes Orientales, parce qu'elle ne pouvait pas tout faire à la fois, que les deux opérations étaient distinctes et demandaient des précautions différentes. Dans les Indes Occidentales, l'esclavage était une institution civile et politique purement, et les esclaves appartenaient à un petit nombre de sujets anglais. Dans les Indes Orientales, l'esclavage était une institution religieuse, une institution profondément engagée dans le système des castes, et les esclaves appartenaient aux cent quarante millions de sujets anglais, que la compagnie des Indes gouverne avec une force européenne de vingt-cinq à trente mille hommes. Le gouvernement anglais ne pouvait donc pas agir partout à la fois; il a commencé par l'abolition de l'esclavage dans ses colonies des Indes Occidentales, parce que cette opération, toute difficile qu'elle était, était alors possible, et plus tard il a procédé à l'abolition de l'esclavage dans ses colonies des Indes Orientales, parce que là l'opération était plus difficile et plus délicate.

C'est là ce que je prie la Chambre de vouloir bien considérer.

L'article que l'honorable préopinant a cité est donc en faveur de la réserve du maintien de l'esclavage dans les Indes Orientales, et non en faveur du maintien de la réserve de la traite. Du reste, l'esclavage a été aboli il y a longtemps par l'Angleterre dans ses colonies des Indes Occidentales, et le gouvernement anglais, après avoir terminé cette première opération, en a entrepris une seconde pour ses colonies des Indes Orientales; de sorte qu'aujourd'hui l'esclavage est aboli dans la totalité des colonies de l'Angleterre.

Voilà ce que j'avais à répondre en premier lieu.

Quant à l'idée que les commissaires français auraient abandonné les intérêts de la France, par la raison qu'ils ont laissé admettre dans l'enquête un plus grand nombre d'officiers anglais que celui des officiers français entendus comme témoins dans cette enquête, l'explication est parfaitement simple.

Lorsque les deux commissaires anglais et français se sont réunis, ils se sont donné mutuellement la liste des témoins qu'ils voulaient faire entendre. J'avais, pour ma part, consulté M. le ministre de la marine, et je lui avais demandé quels officiers il désignait à cet effet. Il n'a, du reste, été fait, entre les deux commissaires, aucune objection à l'audition d'aucun témoin. On aurait pu en produire quarante, cinquante, et même cent, si on l'avait voulu. Quant à nous, nous avons fait entendre tous ceux que M. le ministre de la marine a jugés nécessaires. Originairement le nombre des témoins était égal de part et d'autre. Ce qui fait que depuis il a été inégal, c'est que, dans le cours de l'enquête, un ou deux officiers anglais ont invité quelques-uns de leurs camarades, qui avaient la connaissance des faits particuliers, à les accompagner. Mais il n'y a eu là aucun autre motif. J'ajoute que ces témoins n'ont jamais été appelés à délibérer sur aucune question; j'ajoute qu'aucune délibération n'a été prise par eux à la majorité des voix, que c'étaient de simples témoins qu'on entendait sur des faits.

Il est vrai qu'après que les dépositions ont été entendues, après que l'enquête a été close, nous nous sommes adressés, ainsi que je l'ai dit à la Chambre, aux officiers français, d'un côté, aux officiers anglais, de l'autre, pour leur demander leur idée sur un plan de répression; il est très-vrai qu'ils ont fourni, chacun de leur côté, les idées qu'ils avaient conçues sur le plan de ré-

pression qu'ils nous ont soumis. Il n'y a que nous qui ayons délibéré à cet égard.

Il est très-vrai également que ces deux plans étaient conformes
dans la plus grande partie des indications qu'ils donnaient. Nous
avons dit aux officiers anglais et français : Voyez, reprenez un
peu ce travail, discutez entre vous, pour voir si vous ne pourriez
pas vous mettre d'accord. Ils se sont mis d'accord; les deux
plans ont été réduits à un seul; mais ils n'ont jamais voté ensemble et à la majorité des voix; ils ont simplement donné leurs
idées et des indications, et ce sont les commissaires qui ont ensuite rédigé la convention : il n'y a qu'eux deux (et ils étaient en
nombre égal) qui aient délibéré dans cette affaire.

Maintenant que faut-il penser de la contradiction que l'honorable préopinant a cru devoir indiquer entre ce que je viens de
dire à la Chambre, et qui est parfaitement simple, je crois, et
parfaitement clair, et l'affirmation du premier ministre de la
Grande-Bretagne, que les dépositions n'ont pas servi de base à la
convention ?

La réponse est précisément dans l'explication que je viens de
donner.

Remarquez bien que le but de la discussion était de faire produire les dépositions, et le premier ministre de la reine de la
Grande-Bretagne a dit : Les dépositions, n'ayant pas servi de
base à la convention, ne pourraient donner aucune lumière sur le
fond même de la convention, et il n'y a pas lieu de les produire.
Évidemment les dépositions contiennent exclusivement le récit
des opérations qui se passent à la côte d'Afrique, et les deux
plans dont je viens de parler ont été donnés séparément après
l'enquête close. Ce sont des questions que nous avons adressées
aux officiers anglais et aux officiers français, auxquels nous avons
dit : Après nous avoir fait connaître les faits, communiquez-nous
vos idées.

Ces idées ont été données après l'enquête close, et n'ont rien
de commun avec les dépositions et l'enquête.

Par conséquent, il n'y a de contradiction d'aucune espèce
entre ce qui a été dit dans le Parlement anglais et ce que je dis
moi-même.

Puisque je suis sur ce sujet, j'ajouterai un mot : c'est que je
prierai l'honorable préopinant dorénavant de prendre garde

d'accueillir avec trop de facilité les indications qui pourraient lui être données sur des faits spéciaux et sur des articles isolés, soit de conventions, soit de traités, soit de lois, sans examiner de très-près les documents auxquels ils appartiennent.

Quand on accueille ainsi ces renseignements, on risque de tomber dans de singulières erreurs, et je vais en donner un exemple qui ne sortira pas de la question qui nous occupe.

Puisque l'honorable préopinant a parlé de la discussion qui a eu lieu dans la Chambre des communes, il a dû remarquer une chose assez singulière : c'est que cette disposition de la convention du 29 mai, qui confie exclusivement aux croisières anglaises la surveillance de la côte orientale d'Afrique, a été interprétée dans un sens bien différent de l'autre côté du détroit.

Ainsi, l'honorable préopinant et plusieurs de ses collègues ont pensé que le gouvernement anglais s'était fait réserver la surveillance de la côte orientale d'Afrique, pour favoriser la traite des noirs : je ne sais à quel propos, puisque la traite des noirs ne peut plus leur être d'aucune utilité, en admettant qu'elle ait jamais été d'une utilité quelconque. On a supposé que les Anglais s'étaient réservé la surveillance de la côte orientale, afin de favoriser la traite des noirs. L'honorable préopinant a cité à l'appui un article d'un bill de 1833, qui, selon lui, réservait la traite des noirs aux Anglais sur la côte orientale d'Afrique.

Eh bien, dans la Chambre des communes, l'orateur qui a principalement attaqué le gouvernement anglais a donné à cette disposition de la convention un sens précisément contraire. Il a supposé que le gouvernement français n'avait pas voulu s'astreindre à entretenir une croisière sur la côte orientale d'Afrique, afin de donner une plus grande latitude aux négriers français, et de ménager la traite des noirs que la France faisait sur la côte orientale. A l'appui de ce qu'il avançait, il a cité un article d'un prétendu traité que la France aurait fait avec l'iman de Mascate, et par lequel, suivant lui, elle se réservait la possibilité de faire la traite sur la côte orientale.

Eh bien, cet article d'un prétendu traité avec l'iman de Mascate est justement de la même valeur que l'article du bill de 1833, qui ménageait à l'Angleterre la possibilité de continuer la traite sur la côte orientale. L'un et l'autre sont sans fondement. Il est vrai que le gouvernement français a fait un traité avec l'iman de Mascate : j'ai examiné ce traité ; je l'avais encore ce matin entre les mains, et je déclare à la Chambre qu'il ne contient pas une seule disposition relative à la traite des noirs. Bien plus, ce traité a été précédé par un projet de traité dans lequel le gouverneur de Bourbon avait introduit une disposition, non pas pour réserver à la France le droit de continuer la traite, mais le droit d'engager des travailleurs libres sur la côte de Zanzibar, et de les importer à l'île Bourbon. Comme le gouvernement français a craint que cette disposition ne pût donner prétexte à la traite et dégénérer en abus, il a repoussé cet article, et n'a ratifié le traité qu'après avoir supprimé cet article.

Chose singulière, l'article qu'on a cité contre lui était précisément celui qu'on aurait pu invoquer en sa faveur.

Je dis que c'est là une erreur dans laquelle on est exposé à tomber, quand on prend des dispositions isolées, des renseignements isolés, qu'on détache des documents auxquels ils appartiennent, et qu'on ne prend pas soin d'examiner dans leur ensemble les opérations délicates et complexes dont ils font partie.

Je dirai en finissant : Que la Chambre sache bien que le nombre des officiers qui ont été entendus a été celui que chaque gouvernement a voulu, qu'aucun gouvernement n'a prescrit à l'autre le nombre des officiers qu'il pourrait faire entendre ; que ces officiers n'ont jamais été appelés à délibérer ensemble à la majorité des voix ; qu'ils n'ont fait autre chose qu'indiquer leurs vues aux commissaires, qui étaient, eux, en nombre égal, et qui seuls ont délibéré sur la convention.

Discussion de la Chambre des communes d'Angleterre, au sujet de la convention du 29 mai 1845.

Dans la séance du 8 juillet 1845, lord Palmerston a soulevé, à son tour, une discussion sur la convention du 29 mai précédent, en demandant la communication des noms et qualités des témoins qui ont été examinés devant la commission et des procès-verbaux de l'enquête.

A l'appui de cette motion, il est entré de nouveau dans de grands détails sur les avantages du droit de visite dont il a déploré l'abandon.

L'Angleterre, a-t-il ajouté, a conclu avec la France les con-

ventions de 1831 et 1833, et la traite sous pavillon français a
presque entièrement cessé. Mais voici qu'un nouveau traité vient
d'être signé, d'après lequel l'Angleterre a abandonné les droits
qu'elle avait obtenus par les conventions de 1831 et 1833. La
Chambre a le droit d'être instruite des motifs en vertu desquels
une pareille décision a été prise, et le meilleur moyen de les lui
faire connaître consiste à lui soumettre les témoignages des officiers qui ont été entendus à cette occasion. Or, il paraît que ces
témoignages prouvent que le droit de visite est indispensable
pour la répression de la traite.

On dit que l'Angleterre a obtenu une concession non moins
efficace que le droit de visite, par l'engagement qu'a pris le gouvernement français de maintenir à la côte d'Afrique une escadre
de vingt-six bâtiments; mais, d'après un relevé des forces employées l'année dernière à la côte d'Afrique, cinquante-quatre
bâtiments anglais ont reçu des mandats du gouvernement français, et cinquante-deux mandats anglais ont été délivrés aux
croiseurs de France. Ainsi, il y aurait eu, en 1844, cent six bâtiments pourvus du droit de réprimer la traite à la côte d'Afrique,
tandis que, d'après le nouveau traité, avec l'augmentation du
nombre de bâtiments qui a été stipulée, les deux pays n'auront
que cinquante-deux navires dans les mêmes mers. De plus, les
croiseurs français n'ont pas le droit de capturer les négriers portugais ou brésiliens, lors même qu'ils les rencontreraient chargés
d'esclaves : à moins donc que les navires français et anglais ne
marchent continuellement deux à deux, un très-grand nombre de
négriers parviendront à s'échapper.

Lord Palmerston désire savoir, d'ailleurs, pourquoi le traité
ne s'étend pas aux Indes Occidentales, aux côtes du Brésil, et
particulièrement à la côte orientale d'Afrique. Le récent traité
qui a été conclu entre la France et l'iman de Mascate, dit-il,
aurait dû appeler toute l'attention du gouvernement et de la commission qui a rédigé la convention du 29 mai. Par ce traité, continue lord Palmerston, les sujets français sont autorisés à louer
sur la côte orientale d'Afrique, dans les États de l'iman de Mascate, des Africains pour Bourbon, et par conséquent de les réduire, eux et leurs générations, en un état d'esclavage continuel.
Cependant l'iman de Mascate a conclu avec l'Angleterre un
traité par lequel il s'est engagé à ne pas permettre que ses sujets

vendissent des esclaves à aucune des puissances chrétiennes.
Lord Palmerston somme le gouvernement d'examiner jusqu'à
quel point cet engagement est compatible avec le traité que l'I-
man a conclu avec la France (1). Lord Palmerston approuve l'article de la convention du 29 mai 1845, en vertu duquel les deux
puissances doivent conclure des traités avec les chefs indigènes,
pour la suppression de la traite. En terminant, lord Palmerston
blâme sur deux points particuliers, non plus le fond, mais la
rédaction de la convention. Il s'étonne, d'une part, qu'il ait été
dit, dans le préambule, que les conventions de 1831 et 1833 ont
atteint leur but, en prévenant la traite des noirs sous les pavillons français et anglais. L'Angleterre seule, dit l'orateur, a mis
fin à la traite sous son pavillon. C'est calomnier la nation anglaise que prétendre que les croisières françaises sont pour
quelque chose dans la suppression de la traite sous le pavillon
d'Angleterre.

D'un autre côté, l'article 9 du traité contient l'engagement réciproque que les deux parties contractantes continueront à prohiber la traite des noirs dans toutes les colonies qui leur appartiennent, ou qui tomberont en leur possession. Cet article semble
supposer que la traite n'a pas cessé d'avoir lieu dans les colonies
anglaises, où l'esclavage a été aboli. Une telle supposition est un
outrage pour le Parlement d'Angleterre.

Lord Palmerston conclut de tout cela que le ministère anglais
montre une grande indifférence pour la répression de la traite,
et que cette indifférence s'est révélée particulièrement dans les
négociations qui ont abouti à la signature de la convention du
29 mai 1845 (2).

Sir Robert Peel, après avoir refusé de communiquer les documents demandés par lord Palmerston, a dit :

Le gouvernement croit avoir fait plus pour la suppression de
la traite des noirs, en assurant à l'Angleterre la coopération active et cordiale de la seconde puissance maritime du monde, que
lord Palmerston n'avait fait lui-même par les conventions de

(1) Voir ci-dessus, page 506, les explications données à ce sujet par M. le
duc de Broglie à la Chambre des pairs de France.
(2) On peut voir ci-dessus, aux pages 502 et 503, dans les explications données par M. le duc de Broglie, combien sont peu fondés les reproches de lord
Palmerston.

1831 et 1833. Je n'entreprendrai donc pas de justifier la convention qui vient d'être si vivement attaquée; mais je félicite la Chambre de l'avoir obtenue. Lord Palmerston a certainement le droit d'adopter, en parlant de la France, le ton qu'il juge convenable; cependant l'orateur pense que les termes dont s'est servi le noble lord sont imprudents, à cause de la haute position qu'il occupe dans le monde politique. Sa Seigneurie, continue le ministre, a mal interprété la convention conclue entre la France et l'iman de Mascate. Dans tous les cas, une enquête ne tardera pas à être faite, à l'effet de savoir si cette convention est incompatible avec celle que l'iman a conclue avec le gouvernement anglais.

Quant à la convention du 29 mai 1845, sir Robert Peel la considère comme renfermant des dispositions beaucoup plus efficaces que le droit de visite pour la répression de la traite. En effet, la convention de 1831 ne conférait pas aux croiseurs des deux puissances un droit de visite général et absolu dans toutes les mers; elle limitait l'exercice de ce droit à l'espace compris entre le cap Vert et le 10e degré de latitude. Elle ne stipulait pas que la France entretiendrait un nombre déterminé de bâtiments sur la côte d'Afrique, mais seulement que la croisière anglaise ne réunirait pas plus du double des navires employés par la France à la répression de la traite. La nouvelle convention a donc évidemment l'avantage sur ces deux points. Non-seulement l'Angleterre n'a renoncé à aucun des avantages sérieux des anciennes conventions, mais elle a obtenu par la convention de 1845 des garanties contre l'abus que des négriers pourraient faire du pavillon français.

Sir Robert Peel nie que le préambule de la convention contienne aucune allégation de nature à offenser la nation anglaise. Lord Palmerston a commis, dans la convention de 1831, précisément la même erreur dans laquelle il reproche à ses successeurs d'être tombés. Quant à l'article 9, dont Sa Seigneurie a également blâmé les termes, il signifie que les sujets de l'une et de l'autre puissance, qui se livreront à la traite, ne se rendront pas seulement coupables d'infraction à une loi en vigueur dans leur pays, mais contreviendront aussi aux termes d'un engagement solennellement contracté par les deux nations. Enfin, la convention de 1845, qui s'applique à toute l'étendue des côtes comprises entre le 10ᵉ et le 16ᵉ degré de latitude méridionale, présente à cet égard un avantage marqué sur les autres conventions. Si l'on ajoute que la nouvelle convention assure à la Grande-Bretagne le concours zélé de la France, il n'est pas douteux que cette convention ne donne à la Grande-Bretagne, pour réprimer la traite, des moyens beaucoup plus sûrs que ceux qu'offraient les conventions de 1831 et 1833.

À la suite de ce discours, et après l'audition de quelques autres orateurs, la motion de lord Palmerston a été repoussée dans la Chambre des communes par 04 voix contre 51.

FIN.

www.ingramcontent.com/pod-product-compliance
Lightning Source LLC
Chambersburg PA
CBHW060916220326
41599CB00020B/2982